2011

中国农垦统计年鉴

CHINA STATE FARMS STATISTICAL YEARBOOK

中华人民共和国农业部农垦局　编

中国农业出版社

图书在版编目（CIP）数据

2011中国农垦统计年鉴/中华人民共和国农业部农垦局编．—北京：中国农业出版社，2012.8
ISBN 978-7-109-17072-8

Ⅰ.①2… Ⅱ.①中… Ⅲ.①农垦地区-统计资料-中国-2011-年鉴 Ⅳ.①C832-54

中国版本图书馆CIP数据核字（2012）第188653号

中国农业出版社出版
（北京市朝阳区农展馆北路2号）
（邮政编码100125）
责任编辑 宋会兵 李昕昱 郭 科

北京通州皇家印刷厂印刷 新华书店北京发行所发行
2012年8月第1版 2012年8月北京第1次印刷

开本：889mm×1194mm 1/16 印张：27.75 插页：4
字数：818千字
定价：200.00元

《2011中国农垦统计年鉴》编辑委员会

2011 ZHONGGUO NONGKEN TONGJI NIANJIAN BIANJI WEIYUANHUI

《2011中国农垦统计年鉴》编辑人员

2011 ZHONGGUO NONGKEN TONGJI NIANJIAN BIANJI RENYUAN

主　　编：叶长江

副 主 编：曲晓飞　胡玉玲　武新宇　王　生　程维歧　宋会兵

编辑人员：（按垦区顺序排列）

吴家雄　张　维　杜丽岩　高保萍　叶　娟　刘淑惠　曹泽红

刘　洲　陈　秀　端　静　郑迎春　刘思媛　张敏志　万燕燕

王恭博　吕宏元　汪才清　龙　腾　刘鸿飞　韦汉东　谭家史

马晓玲　徐　东　王　犁　周　力　于智勇　涂卫东　白永录

何露蓬　魏风英　毛力滨　杨　斌　欧春莹　刁光中　王幸婕

拉　巴　王晓宇　赵喜君　王　峰　崔新民　陆雅丽

数据处理：胡玉玲　程维歧　张秋生

审　　核：胡玉玲　武新宇

编者说明

BIANZHE SHUOMING

一、《2011 中国农垦统计年鉴》（以下简称《年鉴》）是一部全面反映国民经济和社会发展情况的综合性资料刊。全书内容分为专载和 10 个部分，即：综合、农场组织、人口、从业人员和劳动报酬、固定资产投资、农业、工业、建筑业、交通运输、批发零售贸易、餐饮业、商品量、出口、物资、科研、教育、卫生、附录，并附有主要统计指标解释。反映了 2011 年全国农垦经济和社会发展情况，非国有经济资料的主要统计数据、内蒙古大兴安岭、内蒙古海拉尔、西藏国有农场情况及部分企业的经济指标资料。

二、《年鉴》中使用的度量衡单位原则上采用国际统一标准计量单位。

三、《年鉴》中符号含义的说明：

“…”表示数据不足本指标最小单位数；

“空格”表示无指标数据；

“#”表示其中的主要项；

“—”表示数据不可比。

四、《年鉴》资料来源于全国农垦 2011 年统计年报资料，是全国农垦广大统计工作者辛勤劳动的成果。农垦局的有关处室和各垦区统计部门及基层综合统计人员为此书的出版做了大量的工作，并提供了宝贵资料，在此表示诚挚的谢意。

五、限于编辑水平，该书在编纂中难免出现疏漏之处，敬请农垦系统的同志和统计界的各位同仁提出宝贵意见，以便今后不断改进。

编 者

2012 年 6 月

目　录

一、领导讲话

二、垦区经济与社会发展情况

三、主要经济与社会指标

一

领导讲话

农业部高鸿宾副部长在全国农垦工作会议上的讲话

（二〇一一年十二月二十九日）

同志们：

这次会议的主要任务是，深入贯彻落实中央经济工作会议、中央农村工作会议、全国农业工作会议精神，总结全年农垦工作，分析面临的形势，部署明年重点任务，研究推进农垦科技进步、增强农垦农产品供给保障能力和现代农业示范带动作用、推动农垦经济社会又好又快发展的重大举措。

昨天，中央农村工作会议和全国农业工作会议胜利召开，家宝总理、良玉副总理以及长赋部长作了重要讲话，充分肯定了今年“三农”工作成绩，对推进农业科技进步做出了科学阐述和系统部署，对明年农业农村经济工作做出了全面安排。我们要认真学习领会中央领导同志和韩部长重要讲话精神，结合农垦实际全面加以贯彻落实。

关于2012年的农垦工作，伟国同志上午已作安排。下面，我再讲五点意见。

一、正确分析当前形势，科学谋划明年农垦工作

今年以来，全国农垦紧紧围绕科学发展这个主题和加快转变经济发展方式这条主线，着力推进改革开放，着力加强现代农业建设，经济社会继续保持良好发展态势，呈现出“增长快、运行稳、质量高、效益好”的特点，为全面完成“十二五”各项目标任务开了个好局，实现了开门红。

——农垦经济快速高效增长：预计全年实现生产总值4 070亿元，增长13.2%，连续九年保持12%以上的增速。全年实现企业利润157.9亿元，比上年增加13.5亿元，增长9.4%。

——保障供给能力显著增强：粮食总产突破600亿斤大关，达到638亿斤，增产48亿斤，实现连续八年增产；粮食单产达到460公斤，比上年提高近30公斤，高于全国平均水平100多公斤；棉油糖奶肉蛋等主要农产品数量稳定增加、质量安全可靠。

——示范引领作用有效发挥。农垦耕种收机械化水平达到85%，高于全国30多个百分点；全年对农村机械作业面积突破5 000万亩，培训农民100万人次以上，输出先进技术近200项，供应良种近10亿公斤，带动农户加入农垦农产品质量追溯系统达11万户。境外农业合作开发达210万亩，农垦“走出去”的引领作用进一步发挥。

——民生改善呈现新亮点：预计农垦人均纯收入8 980元，增长9.1%，连续八年保持8%以上增长速度。社会保障进一步完善，道路、饮水安全、职工居住环境继续改善，危房改造开工44.9万户，竣工25.3万户，场容队貌明显改观，居民小区、小城镇建设成为亮点。

这些成绩的取得来之不易。这是各级党委政府正确领导，社会各界大力支持，广大干部职工顽强拼搏、真抓实干的结果。在此，我代表农业部，向工作在垦区一线的农垦系统干部职工致以亲切问候！向长期以来关心、支持农垦发展的各部门、各单位和社会各界表示衷心感谢！

明年是实施“十二五”规划承上启下的重要一年，也是农垦实现经济发展方式转变的关键之年。我们必须全面客观分析国内外形势，科学谋划明年工作，努力推动农垦经济社会发展再上新台阶。总的看，当前农垦发展正处在历史最好时期。随着国家“三农”政策的不断完善、民生改善力度的不断加大，农垦发展仍将面临重大机遇，并将继续保持良好发展态势。但是，我们必须清醒地看到，农垦也面临新的挑战和压力。从外部经济环境看，当前世界经济复苏的不稳定性不确定性上升，国内经济增长下行压力加大，“稳增长、控物价、调结构、惠民生、抓改革、促和谐”对农垦经济发展提出了更高要求和更大挑战，特别是将对农垦二、三产业的发展带来较大影响。从内部发展现状看，农业特别是粮食生产依靠扩大规模、调整结构的空间在逐步缩小，应对极端天气、抗灾减灾的工作难度在逐

步加大；受原材料和人力成本上升的影响，农垦企业生产经营风险加大，发展速度和增效能力减弱；影响发展的体制机制性障碍、经济发展方式粗放以及垦区发展不平衡、民生建设欠账较多等问题依然存在。

要缓解外部经济环境的压力、激发内部经济运行的活力，农垦系统必须继续以科学发展为主题，以加快转变经济发展方式为主线，更加注重协调发展、均衡发展、全面发展，把加速科技进步作为重点，不断提高干部的执行力，激发职工的创造力，继续扎实推动垦区深化改革、加快发展、改善民生。特别是要结合各垦区实际，认真分析产业发展面临的不利因素和有利因素，科学研判宏观经济走向，趋利避害，提前谋划应对措施，做好企业风险防控，抢占工作的主动权，实现农垦经济社会又好又快发展。

二、继续深化和完善农垦改革，不断强化农垦发展的体制机制保证

当前，农垦改革仍处在一个十分关键的时期，一些领域的改革难度很大、制约因素很多。我们一定要坚定方向，增强信心，加大力度，不断深化和完善农垦各项改革。

改革仍然是促进农垦发展的强大动力。近年来，各垦区从自身实际出发，大力推进农垦改革，与社会主义市场经济相适应、具有农垦特点的体制机制基本形成，为促进农垦经济持续快速发展和垦区社会和谐稳定提供了重要保障。但是，我们也要清醒地看到，由于体制机制还不完善，一些影响农垦发展的难点问题还没有实质性突破，一些涉及职工切身利益的深层次矛盾还没有根本解决。解决这些矛盾和问题只能依靠继续深化改革。面对农垦改革的艰巨性、复杂性、长期性，我们必须坚决克服畏难情绪，克服改革任务已经完成的错误认识，坚定不移地深化农垦改革，把深化改革作为一项重大而紧迫的任务，放在农垦工作全局和战略的高度抓紧抓好，不断取得新的进展。

农垦改革关键要在深化和完善上下功夫。深化和完善农垦改革，必须始终注意把握几个问题。首先，要把握农垦的基本定位。农垦的基本定位是企业，是国有农业企业，是服务于国家核心利益的战略力量。谋划农垦改革必须强调农垦的企业化、市场化改革取向，强调农垦的社会责任和历史使命。要通过改革，构建有利于农垦承担责任、发挥作用的体制机制，不断巩固和提升农垦保障粮食等主要农产品供给安全、示范带动现代农业建设的能力。其次，要把握改革有利于农垦做强做大的战略基点。要通过改革，使农垦企业和优势产业进一步做强做大，使农垦的企业化、组织化、机械化、规模化、集约化等优势进一步增强，而不是削弱业已形成的优势，更不是一提农垦改革就是体制下放。要坚决反对改革就是下放的想法和做法。再次，要把握因地制宜、分类指导的基本原则。农垦情况极为复杂，各地垦区类型、现行体制、区位条件、职责任务、生产力水平等差异很大，深化改革一定要从实际出发，选择符合自身实际的改革的具体思路、方式和方法，而不是一刀切、一个模式。要允许和鼓励各垦区、农场在改革上的大胆探索和创新，并及时总结、推广成功的改革经验和做法。最后，要把握农垦改革的目的在于使职工群众得实惠的根本要求。改革中要切实维护职工群众利益，以充分调动职工群众参与改革的积极性，努力形成推进改革的强大合力。

处理好改革、发展和稳定的关系。这个问题过去经常讲，今天再特别加以强调，有着十分重要的现实意义。主要是因为个别地方和单位在实际工作中没有处理好三者关系，在推进改革的具体方式方法上、甚至在改革的思路上出现偏差，在一定范围和一定程度上影响到发展和稳定。正确处理改革、发展和稳定三者关系，关键在于实现好、维护好、发展好垦区职工群众的根本利益。一定要紧紧抓住职工利益这个核心，切实把改革、发展和稳定有机地结合起来，不失时机地推进改革，毫不放松地加快发展，积极有效地维护稳定。特别是要着力解决群众反映强烈的焦点、难点问题，不断理顺各方面的利益和情绪，尽可能减少改革带来的震荡。尤其要高度重视加强和创新垦区社会管理，努力化解各种社会矛盾和问题，为促进农垦经济又好又快发展和垦区社会和谐稳定奠定坚实基础。

三、推动农业科技进步，不断提升农垦经济发展的科技支撑和保障能力

这次中央农村工作会议把推进农业科技改革发展作为明年“三农”工作的重点，明确了当前和今后一个时期全面推进农业科技改革发展的总体要求。应该说，经过多年建设和发展，农垦已经形成

具有自身特色的农业科技创新与推广体系，农垦农业科技总体水平处于全国领先地位。但也必须清醒地看到，有的垦区对科技重视不够、投入不大、创新能力不强，科技发展速度已经滞后于地方。如果不加快发展，我们的优势就会越来越小，保障国家粮食安全和现代农业建设示范带动作用就不能得到充分发挥。各垦区一定要进一步提高对农业科技工作极端重要性的认识，加快推进农业科技进步，显著增强科技的支撑和引领能力。

突出先行先试，在新技术、新成果的率先应用推广上发挥示范引领作用。中央多次强调，要“发挥国有农场运用先进技术和建设现代农业的示范作用”。农垦要作现代农业建设的主力军和排头兵，首先要作先进农业科技成果转化的先行者和试验田，率先在农业先进技术的推广应用上发挥示范引领作用。只有比农村应用得早、运用得好，农垦的示范带动作用才能立得住、靠得牢。现在，技术对产业转型升级的推动作用越来越明显，一项关键技术的突破就可能带动产业革命性的变化。要充分发挥农垦的规模化、组织化和职工素质高的优势，重点围绕主导产业、优势作物和关键环节遴选一批新品种、新技术、新装备开展试验示范，确保农垦在我国农业科技应用中的领先地位。要围绕加强农机农艺结合、良种良法配套、高产优质技术统筹开展集成应用研究，构建适合农垦农业集约化生产、规模化经营特点的技术体系，着力组装配套一批抗灾增产和轻简化节本增效技术，不断提高农业生产效率和综合生产能力。

突出机制创新，在推动科技创新应用一体化和构建新型农业科技服务体系上发挥示范引领作用。要针对农业科技普遍存在的产学研脱节问题，积极探索构建农垦科研、推广、教学机构和企业等创新主体之间联合协作的机制，通过对系统内部科技上中下游资源的有效整合，形成合力，系统谋划科技创新的重点领域和核心内容，解决现代产业发展中的技术瓶颈问题。要按照优势互补、利益共享的原则，加强与社会科研教学单位的研发和推广合作，探索建立农垦与社会科技资源共建共享的合作机制，走出一条市场引导科研、科研带动产业、产业振兴经济的产学研相结合的新路子，促进先进科研成果在农垦企业的吸收与转化。要结合农垦的实际，完善农业技术推广服务体系建设，既要积极争取财政对公益性推广工作的支持，也要发挥农场和企业等推广主体的积极性，切实加强自身的科技投入。要适应农业生产专业化、社会化的新要求，发挥农垦的优势，探索发展现代农业科技服务型产业。特别是农垦种业要通过资本重组、并购收购等方式整合资源，不断健全种业的研发、推广、应用体系，创新良种扩繁机制，提高技术创新和服务水平，进一步发挥农垦种业对周边农村的辐射带动作用。

突出队伍建设，在提高职工科技文化素质、培养职业农工上发挥示范引领作用。人才是科技发展的关键。各垦区必须高度重视对农业科技人才队伍的培养，把科技人才队伍建设纳入垦区经济社会发展战略，统筹规划，优先推进。农垦现有的 3 个省级农业科学研究院、77 个地级农科所、800 多个农场试验站和 7 800 多名科研工作人员，是我们推动农业科技进步的重要力量，必须把他们的作用发挥好、运用好。要根据现代农业发展需求，着力引进、培养一批农业科技领军人才和科技创新团队，加大科研投入和支持，加快科技成果创新。要以开展“农业科技促进年”活动为契机，加强农垦农技推广队伍建设，大力开展形式多样的技术交流和学习培训活动，着力提高人员的技术服务水平。以家庭农场经营者、承包大户、农机手等为重点，以“阳光工程”、“科技之冬”、“农广校”和“职业技能培训”等为手段，加强对农业从业人员的培训，逐步培养一大批懂技术、会经营、善管理的高素质新型职业农工。

四、统筹推进工业化、城镇化和农业现代化，努力实现垦区工农、城乡协调发展

在工业化、城镇化深入发展中同步推进农业现代化，是中央根据我国经济社会发展进入新阶段的新形势要求作出的重大战略部署。农垦贯彻中央决策部署，统筹推进“三化”，就是要在国家同步推进“三化”的大背景下抓住有利的发展机遇，探索具有农垦特点的“三化”发展道路，实现农垦经济社会全面协调可持续发展。目前，农垦正处在农业现代化发展的关键时期、工业化发展的升级时期、城镇化发展的爬坡时期，统筹好三者关系，必须统一思想，以农业现代化为根本，以工业化为重点，以城镇化为载体，通过“三化”深度融合、互动发展来保持农垦经济的发展速度、体现农垦经济的特色。

大力推进农业现代化，始终保持农垦在我国现代农业建设中的领先地位。农业是农垦的主业，是体现农垦保障作用和示范能力的主要领域，没有农业现代化，就没有农垦的工业化和城镇化。推进农垦农业现代化，要以改善农田水利等基础设施建设为重点，大幅提高农业物质技术装备水平，加强农垦大型优质农产品生产基地建设，夯实发展基础，着力提高农业综合生产能力。要以促进农业技术集成化、劳动过程机械化、生产经营信息化为重点，加快农业生产经营专业化、标准化、规模化、集约化步伐，加快促进农垦农业发展方式转变，大幅提高农业效益。要切实加强现代农业示范区、示范场建设，继续抓好农垦农产品质量追溯系统建设，扩大示范影响，更好发挥示范带动作用。

加快推进垦区工业化，不断壮大农垦企业整体实力。工业化是农垦经济不断发展壮大的有力支撑。近年来垦区工业增长速度较快，特别是规模以上工业企业增效明显，产品竞争优势和产业主导作用逐渐显现。工业化也是促进农业劳动力转移、带动农业现代化、城镇化发展的重要途径。农垦发展工业必须立足垦区实情，紧紧围绕市场需求，以现代农业为依托，重点发展以农产品加工为主的工业企业，延长农业产业链，提升农业的综合效益。要以科技创新突破带动产业突破，推进农垦企业由初级产品加工向高精深加工转变，由传统工艺向现代工艺转变，由单一产品向综合利用转变，由低附加值生产向高附加值生产转变，打造一批技术含量高、拥有自主知识产权、市场容量大的优势产品、名牌产品；要建立健全现代企业管理制度，加大资本运营和资源整合力度，积极推进对外合作，逐步培育一批市场竞争力和产业带动能力强的大型农产品加工和食品企业。有基础、有条件的垦区要继续围绕医药、机械制造等核心产业，加快优势资源积聚，培育新兴产业，走新型工业化道路。

稳步推进垦区城镇化，加快改善职工群众的生活环境和生活质量。城镇化是垦区完善社会事业发展、改善民生的基础，是垦区职工提高生活质量、转变生活方式的有效载体。近几年各垦区千方百计增加投入，积极推进以农场场部为重点的小城镇建设，但重建设、轻规划，重硬件、轻软件，产业支撑能力和吸纳辐射能力弱的问题比较突出。城镇化建设不仅仅是“建房盖楼”，要把重点放在改善民生、提高生活质量上。要结合经济区位、资源环境和管理体制的实际，坚持统筹规划、合理布局、强化功能、相对集中的原则，以农场场部为重点实现集约发展和要素聚集，走低成本高质量的城镇化发展道路。要在不断完善水、电、路等基础设施，提升公共服务水平的同时，大力发展休闲农业、旅游产业和服务业，注重构建绿色生态环保的城镇化建设机制，完善小城镇的功能，实现垦区生产、生活、生态的有机衔接，营造宜居环境。继续深化垦地合作，加强垦区和地方在土地资源方面的合作，推进公共服务设施的共建共享，增强农垦小城镇对周边农村的辐射带动作用，推动区域融合发展。

五、加强农垦文化建设，不断增强农垦系统的凝聚力

农垦文化根植于农垦事业的广袤沃土，不但底蕴深厚，而且内涵丰富，在垦荒创业、开拓建设和改革开放的各个时期都发挥了极其重要的作用。当前，农垦正处在加快转变经济发展方式、大力推进科学发展的关键时期，垦区内部不同的利益诉求和价值观念相互交织，社会各界对农垦的认识和理解各不相同，迫切需要加强农垦文化建设。党的十七届六中全会从战略上对文化改革发展做出了重要部署，为推动农垦文化建设、促进农垦文化繁荣指明了方向、提供了机遇、注入了动力。我们一定要顺势而为、趁势而上，在发展经济的同时同步推进农垦文化建设，为促进农垦经济社会又好又快发展提供重要保障。

推动农垦文化建设，必须牢固树立社会主义核心价值理念，大力弘扬时代新风。要把坚持马克思主义指导思想、中国特色社会主义共同理想，大力弘扬以爱国主义为核心的民族精神和以改革创新的时代精神，践行社会主义荣辱观，贯穿到垦区改革和发展的各个领域，体现到农垦文化建设各个方面。以弘扬“艰苦奋斗、勇于开拓”的农垦精神为核心，进一步坚定文化信念和文化追求，不断丰富农垦精神内涵，建设具有新的时代特征的农垦特色文化，以高度的文化自觉和文化自信凝聚人心，夯实农垦人共同奋斗的思想基础，建设共有精神家园。要将文化建设作为农垦的“凝心聚力工程”来抓，用文化包装农垦、宣传农垦、推销农垦，增强垦区广大干部职工对农垦的认同感、归属感、责任感和使命感，使文化软实力成为农垦经济发展的硬支撑。

推动农垦文化建设，必须以满足垦区人民精神

文化需求为目标，大力发展农垦公益性文化事业。要积极争取将公益性文化事业建设纳入国家和地方的发展规划，进一步完善垦区文化基础设施建设。要着力营造良好环境，充分发挥职工群众文化创造的积极性，创新文化形式，开展形式多样的文化活动，不断丰富职工文化生活。要积极培育企业文化，用各具特色的企业文化提升企业形象，提升产品品牌形象，增强企业的凝聚力。要充分挖掘军旅文化、知青文化和农耕文化等资源，探索发展具有农垦特色的文化产业，培育新的经济“增长极”。

同志们，让我们以十七届六中全会、中央农村工作会议以及全国农业工作会议精神为指导，锐意进取，开拓创新，迎难而上，埋头苦干，全力推进农垦改革、发展、稳定和民生改善等各项工作，努力开创农垦经济社会科学发展的新局面，以优异的成绩迎接十八大的胜利召开。

抓住机遇　大力推进科技进步
推动农垦经济社会文化全面发展

——农业部农垦局局长李伟国同志在全国农垦工作会议上的讲话

（二〇一一年十二月二十九日）

同志们：

这次会议的主要任务是，全面贯彻落实中央经济工作会议、中央农村工作会议和全国农业工作会议精神，总结 2011 年农垦工作，研究部署 2012 年工作。下午，高鸿宾副部长将就农垦工作有关重大问题作重要讲话，请大家认真学习贯彻。下面，我着重就今年和明年的主要工作讲两点意见。

一、2011 年农垦工作成效显著，实现“十二五”发展良好开局

2011 年，在部党组的正确领导下，全国农垦认真贯彻落实党的十七届五中全会决策部署，以科学发展为主题，以加快转变经济发展方式为主线，全面推进各项工作，农垦经济社会继续保持良好发展态势，“十二五”发展取得良好开局。

——农垦经济快速增长，质量效益明显提高。预计实现生产总值 4 070 亿元，比上年增长 13.2%，连续 9 年增速 12%以上；企业利润 157.9 亿元，增长 9.4%；出口供货商品总金额 671.2 亿元，增长 24.0%。农垦经济呈现出“增长快、运行稳、质量高、效益好”的发展格局。

——粮食生产再上新台阶，主要农产品供给能力不断增强。粮食总产突破 600 亿斤大关，预计达到 638 亿斤，增长 8.1%，实现“八连增”。棉油糖奶肉等主要农产品产量全面增长，增幅高于全国平均水平。全国橡胶总产 72 万吨，增长 8.3%，其他主要热作产品稳定增长，效益继续提高。

——职工收入稳步增加，垦区民生进一步改善。预计农垦人均纯收入 8 980 元，比上年增长 9.1%，连续 8 年保持 8%以上的增长速度；职工和离退休人员社会保险的参保率稳步提高，养老保险参保率分别达到 93%和 99.5%，医保参保率分别达到 91.4%和 92.6%，人均年退休金达到 12 598元；农垦危房改造开工 44.9 万套，完工 25.3 万套，场容队貌明显改观。

过去的一年，农垦上下围绕深化改革、加快发展、改善民生，做了大量卓有成效的工作。

（一）深入推进改革，农垦发展的动力和活力不断增强

垦区管理体制不断完善。集团化垦区着力完善体制机制，加快向现代企业转型；大力整合内部资源和优势产业，积极推进资本运作和战略并购，加快向集团经营转型，形成一批有重大影响力和较强市场竞争力的行业龙头企业，地位作用进一步提升。非集团化垦区根据自身管理体制特点，创新工作手段和方法，切实履行指导、协调和服务职能，为农场改革发展创造条件；进一步明确农场改革思路和工作重点，推动不同类型农场不断深化改革；支持农场发挥自身优势，在推进当地现代农业建设和区域经济发展中发挥示范带动作用。

农业经营体制改革继续深化。各垦区在规范农业承包经营主体，保障农工土地承包权益的前提下，积极创新农业经营组织形式，推进多种形式的适度规模经营，农业生产经营的组织化程度进一步提高。大力加强农工负担监管，规范各项收费，对以社会保险缴费上涨为名搭车收费等违规问题进行专项检查和重点查处，农工负担得到有效控制。

社会管理体制改革稳步推进。各垦区按照现代企业制度要求，加快分离农场教育卫生等社会职能，并积极配合相关部门，推动出台支持国有农场办社会职能改革试点政策，截至 2011 年底，已有 31 个垦区移交撤并普通中小学，30 个垦区移交医疗卫生机构。同时围绕提高农场运行效率，加大内部机构改革整合力度，精简人员，农场管理费比上年减少近 10 亿元。理顺社会管理渠道，通过加强居民委员会、村民委员会等基层群众自治组织建

设，创新农场社区管理模式。

（二）加快推进现代农业建设，主要农产品供给保障能力和现代农业示范带动能力不断提升

强化农业生产指导管理，提高粮食综合生产能力。各垦区按照“稳面积、调结构、提质量”的方针，千方百计挖掘粮食增产潜力，优化生产结构和布局，扩大优质粳稻和高产玉米种植规模；以新增千亿斤粮食工程等为契机，加快农业基础设施建设和农机更新，切实改善农业生产条件，农垦耕种收综合机械化率达85%，耕地有效灌溉面积超过5 400万亩；针对局部地区干旱、低温冷害等极端天气和病虫草害影响，立足抗灾夺丰收，及时制定防灾减灾预案，落实技术和管理措施，在多灾之年实现了粮食生产的八连增。

着力加强技术推广，提升现代农业示范带动能力。各垦区以粮棉油糖高产创建、畜牧高产攻关和示范区创建为抓手，以新科技、新品种、新机具为支撑，加大新技术集成推广应用力度，推动农机农艺融合、良种良法配套，进一步提升了农业生产水平。目前，全国农垦已经创建各级各类农业示范区616个，当年高产创建和高产攻关单位达380个，其生产和技术应用水平大大高于当地乃至全国平均水平。通过场县共建、窗口展示、科技服务和跨区作业，现代农业示范带动作用进一步增强。全年为周边农村培训农民100万人次，发放技术资料277万份；输出高新技术198项，覆盖农作物5 622万亩；供应良种9.6亿公斤、冷冻精液819万支、雏禽4 236万羽；完成农机跨区作业5 072万亩。

推进农业标准化和农产品质量追溯工作，增强优质安全农产品供给能力。各垦区围绕种养业的主导产业，积极开展标准化示范园区（场）创建，大力推行模式化栽培、测土配方施肥、耕种收全程机械化等标准化生产，农业标准化生产水平进一步提高。在养殖标准化方面，有228家养殖场参加我部和农垦系统的畜禽标准化养殖示范场建设，有53家获得国家“标准化良好行为”认证。推进质量追溯系统建设，推出一批在国内外市场品牌信誉度高、安全保障能力强、社会影响力大的可追溯产品。今年，农垦共有162家企业完成农产品质量追溯系统建设并投入运行，年内新增62家，其中带动地方企业12家。种植业可追溯农产品规模达370多万亩，比上年新增70多万亩；养殖业可追溯农产品规模达到3 649万头（只），产量达到26万吨，新增2 149万头（只）和15万吨；追溯品种已覆盖谷物、蔬菜、水果、茶叶、畜禽肉、禽蛋、水产、牛奶等主要农产品。农垦农产品质量安全水平全面提升，据8家部级质检中心对近300多个批次追溯产品抽样检测，合格率达到99.5%。

（三）调整优化产业结构，二、三产业发展质量和水平不断提高

2011年农垦二、三产业继续保持快速增长，第二产业增加值1 690亿元，同比增长16.9%；第三产业增加值1 032亿元，同比增长12.1%。主要工业产品产量增加，农产品和食品加工产业发展势头强劲。一是企业结构进一步优化，体制机制进一步完善，资本经营和市场融资步伐加快，资源和产业整合取得明显成效，大型企业集团和产业化龙头企业的主体作用日趋凸现。二是农产品市场建设继续推进，农产品物流配送、冷链运输等服务业加快发展。三是园区建设实现良性发展，一大批以农产品加工为主的工业建设项目有序推进，为垦区经济发展注入新的活力，农垦旅游产业和休闲农业的发展成为新亮点。特别是境外农业合作开发，既拓宽了农垦发展空间，又促进了产业优化升级。今年农垦境外新增投资36.2亿元，实现境外产值94亿元、净利润9.7亿元；境外农作物种植面积212万亩，比上年增加49万亩，新增粮食生产能力2.5亿斤；境外天然橡胶加工能力达到35万吨，新增加工能力8万吨。境外农业资源开发和产业并购取得重大突破。

（四）强化政策争取和行业指导，热作产业发展后劲不断加大

围绕落实国务院办公厅45号文件，科学谋划、狠抓落实，着力推进各项工作。一是协调争取中央财政加大对热作农技推广、种质资源保护等支持力度，研究谋划天然橡胶非生产期抚育管理补贴等政策，推动主要热区省政府出台支持热作产业发展政策，为热作产业发展创造了良好环境。二是全面落实天然橡胶良种补贴政策，积极开展生产管理指导与服务特别是割胶技能培训和白粉病监测防治，促进了天然橡胶生产较快增长、总产再创历史新高。三是加强热作标准化生产示范园创建工作，新增94个示范园创建单位，在巩固已建108个示范园基础上新认定54个示范园，适时开展培训5万多人次，推进了热作标准化生产进程。四是有效应对气候等突发事件，最大限度降低灾害损失，确保热作生产与市场稳定发展。同时稳步推进以天然橡胶、木薯等为重点的境外生产、加工等领域的投资合作，成功主办天然橡胶生产国联合会 2011 年年会，提升了热作产业国际影响力和竞争力。

（五）全面落实中央强农惠农政策，垦区民生不断改善

加大协调力度，“三农”政策得到较好落实。今年，全国农垦共落实各项强农惠农政策措施资金 60 多亿元，比上年增加 4 亿多元，新增农业补贴资金进一步向产粮大场和种粮大户倾斜，有力调动了垦区发展农业生产的积极性。义务教育债务化解工作已在绝大多数垦区完成，锁定的债务全部化解，其中，黑龙江、广东和海南三垦区落实中央化债奖补资金近 10 亿元。世行贷款化债已有初步意见，涉及债务 20 多亿元。27 个参加国有农场税费改革的垦区，有 26 个开展了村级公益事业建设一事一议筹资筹劳，20 个垦区享受到财政奖补政策，其中，新纳入财政奖补范围的黑龙江和广东垦区今年争取中央财政奖补资金 3 亿多元。中央直属农垦企业首次纳入国有资本经营预算试点范围，已落实中央财政资金 10 亿多元，为进一步优化垦区产业结构和提升现代农业建设水平搭建了新的平台。政策性农业保险覆盖面进一步扩大，种植业投保面积达 6 450 万亩，占种植面积的 68%；养殖业投保 1.21 亿头（只）；天然橡胶保险政策性补贴区域从海南扩大到广东农垦，两垦区共投保近 8 000 万株。

社会发展政策覆盖面扩大，职工群众合法权益得到切实保障。各垦区把抓好职工社会保险参保工作作为重点，主动反映情况，争取政策支持，妥善解决了一批遗留问题，确保职工养老等参保率稳步上升、保障水平逐年提高。协调有关部门将农垦国有农场受灾人员纳入民政自然灾害救助范围，使这一长期未能解决的遗留问题终于得到解决。中小学学费减免、困难学生资助、农村重点文化惠民工程等政策项目在垦区逐步落实。

精心组织实施农垦危房改造项目，职工住房条件显著改善。今年，农垦危房改造由 7 个垦区扩大到全国农垦系统，计划任务、中央投资规模均超过前三年总和，中央投资补助 37 亿元。各垦区认真贯彻落实中央决策部署，千方百计抓好危改项目实施，普遍成立领导和工作机构，层层落实工作责任和目标任务，协调政府和相关部门落实配套资金和土地、税费等优惠政策，扎实做好规划布局、项目管理、督导检查等各项工作，圆满完成了全年危房改造工作任务。

落实农垦公路建设、安全饮水、农网改造等建设规划任务，部分垦区项目开工建设。今年开始，在配合当地政府做好前期准备的基础上，农垦 1.2 万公里公路建设规划和 494 万人安全饮水规划纳入了国家“十二五”规划，并在各地切块陆续实施。农场电网升级改造纳入各省区电网改造规划，部分垦区农场已列入 2011 年工程投资计划。

扶贫开发扎实推进，贫困农场生产经营状况明显好转。各垦区和贫困农场科学谋划“十二五”扶贫开发工作，创新工作思路，以发展壮大农场经济、提高职工群众生活水平为目标，以实施基础设施和生产发展两大类项目建设为抓手，进一步强化和落实扶贫措施，扶贫开发取得新成效。今年，预计重点扶持农场人均纯收入 4 850 元，比上年增长 12.3%，资产负债率下降 1 个百分点，亏损总额减少 7 000 万元。

此外，国有农场土地管理继续加强，土地确权发证工作稳步推进，发证率明显提高。土地维权及监管进一步加强，失地势头得到初步遏制。土地资源管理系统建设逐步推进，有 85 个农场参加试点并取得成效。

这些成绩的取得和工作的推进，是各级党委政府正确领导和各方面关心支持的结果，是各级农垦主管部门团结带领广大干部职工兢兢业业、埋头苦干、不懈奋斗的结果。在此，我代表农业部农垦局向长期关心、支持农垦工作的各部门、各单位和社会各界表示衷心的感谢！对长期奋战在农垦战线的广大干部职工表示诚挚的慰问！

二、认清形势，增强责任感和紧迫感，努力做好 2012 年各项工作

明年是实施“十二五”规划承上启下的重要一年。做好明年农垦工作，继续为维护改革发展稳定大局作出新贡献，意义重大，任务艰巨。从总体上看，随着国家“三农”政策的不断完善，投入力度的不断加大，特别是国家对社会建设、民生改善的高度重视和全面推进，农垦改革、发展、稳定和民生建设已经出现新的局面并将迎来更好的机遇和条件。但是，外部环境的变化对农垦带来的挑战依然十分严峻。我们必须清醒地看到，明年宏观经济面

临较大下行压力，我国经济增速趋缓，经济运行中的结构性矛盾和潜在风险加大，对农垦经济特别是农垦二、三产业的发展将带来较大的影响，而农垦农业的发展又面临市场波动，气候不确定性和成本增加的挑战。我们也必须清醒地看到，农垦自身还存在不少深层次矛盾和问题。垦区间、农场间发展差距加大，影响发展的体制机制障碍依然存在，基础设施和民生建设欠账太多，企业数量多规模小、产业集中度和关联度低，以及增长方式粗放、竞争力弱的问题还很突出。我们还必须清醒地看到，在连续近10年经济高速增长、职工收入较快增长、粮食大幅度增产的基础上，继续保持良好发展势头、实现新的进步，难度加大，要求更高。各级农垦主管部门必须对当前面临的形势有一个正确的判断和科学的把握，切实增强责任感、使命感和紧迫感，充分利用有利条件，着力化解不利因素，进一步明确工作思路和目标任务，采取更加积极有力的措施，推动农垦经济社会又好又快发展。

2012年农垦工作的总体要求是：认真贯彻中央决策部署，继续坚持以科学发展为主题，以加快转变经济发展方式为主线，以加快推进科技进步为重点，进一步深化改革，不断完善管理体制和经营机制，切实增强经济发展的活力；进一步加快发展，不断提高粮棉胶等重要农产品供给保障能力和示范带动能力，切实壮大农垦主导产业和企业实力；进一步改善民生，切实保障职工的经济政治权益，增强农垦的凝聚力，努力实现农垦经济社会又好又快发展。2012年，主要预期目标是：实现农垦生产总值4 440亿元，增长9%以上；人均纯收入9 610元，增长7%以上；粮食总产稳定在600亿斤以上。

按照上述要求，着重抓好以下八方面工作：

（一）围绕中心服务大局，确保粮食等主要农产品有效供给，在加强基地建设、提高农业综合生产能力上下功夫

继续加强农垦粮棉等大宗农产品生产基地建设。切实把农田水利作为农业基础设施建设重点，围绕建设粮食、棉花、糖料、种业等农垦大型农产品生产基地，通过政策引导，技术支持，项目推动等，大兴农田水利建设，加快高标准农田建设，积极开展农田整治、土壤改良、田间配套设施建设、机耕道建设和农机停放场（库、棚）建设，提高农业基础设施建设水平。加强抗旱应急水源工程建设，提高农垦农产品生产基地的防汛抗旱应急能力。坚持把发展粮食生产放在农垦工作的突出位置，按照“稳定面积、优化结构、增加效益、提高质量”的主攻方向，加快科技进步，提升装备水平，推进规模经营，优化生产布局，提高优质粮食比重。2012年全国农垦粮食播种面积要稳定在6 700万亩以上，确保总产稳定在600亿斤以上。以兵团等优势产棉区为重点，建设大型优质棉生产基地，加快推进全程机械化，稳定棉花生产，全国农垦棉花种植面积稳定在960万亩以上，确保总产稳定在135万吨以上。

加快推进高效特色农业发展。依托各垦区资源禀赋和区位优势，加快高效特色农业发展步伐，着力提高农业效益、增加职工收入。种植业重点推进蔬菜、水果、茶叶、花卉等园艺作物标准园创建，抓好北方节能日光温室、南方大棚、集约化育苗及采后商品化处理等设施建设，密切关注市场行情，加强市场开发、品牌培育和产销衔接，不断提升产业素质；以推进标准化规模养殖为重点，继续开展好畜牧高产攻关、现代养殖示范场创建、水产健康养殖场创建等活动，培育垦区农业经济新的增长点。同时要按照当地兽医主管部门统一部署，切实落实好各项防疫措施，确保垦区不出现区域性重大动物疫情。

大力提升农业机械化发展水平。全力推进农机农艺紧密融合，调整和优化农机装备结构，积极推广先进适用、节能环保、适应规模经营和区域特点的农业机械。针对机插秧、植保、施肥、收获等薄弱环节，重点推广深松整地、激光平地、精量播种、免耕播种、机械插秧、化肥深施、航化植保、膜下滴灌、机械收获、秸秆还田等十项农业机械化技术。推动农机科技进步，加强对农机手培训力度，稳步提高农垦耕种收综合机械化水平。

（二）强化科技支撑，发挥农垦在先进实用技术试验推广中的示范作用，在先行先试、集成应用上下功夫

加强农业技术推广。积极探索适合垦区实际的农业技术推广体系，加强农技推广服务能力建设，推动和引导垦区龙头企业、科研院所建立技术研发、转化、推广中心，特别要强化农场的农技推广站建设，建成机构设置合理、队伍优化精干、创新推广能力强的基层农业技术推广体系。努力争取政策，把农垦辖区内具有区域性、公益性的农业技术推广机构纳入国家基层农技推广体系建设范围。着力集成配套并重点推广一批节本、增产、增效、抗灾的先进适用技术，促进各项重点新技术在垦区推广应用，不断提高农技推广应用水平。

加快发展农垦种业。充分利用当前种业发展的有利时机，进一步增强农垦种业创新发展能力，力求在品种创新、基地建设和做大做强上有新突破。加强品种自主创新，支持农垦种子企业整合现有育种力量和资源，充分利用公益性科研成果，增强农垦品种研发能力；加强种子生产基地、加工和仓储设施建设，扩大农垦良种市场供应份额；积极争取政策，加快西北、西南、海南农垦种子繁育基地建设，在杂交制种规模和市场份额上取得新突破；通过收购、兼并、股份合作、种业板块上市和吸引工商资本进入农垦种业领域等有效措施，做大种业规模，做强种子企业。

加大技术培训力度。要以明年部里开展的“农业科技促进年”活动为契机，大力开展技术培训，加快提升现代农业人才素质。把抓培训作为提升农垦农业人才素质的一项重要工作，充分利用系统内外资源，依托大专院校、科研基地和各级培训机构，以新知识、新技术和经营管理知识为培训重点，多层次、多渠道、多形式地开展农业从业人员培训，造就一支具有文化知识、专业特长、适应现代农业建设的职业化农工队伍。

加强农产品质量安全管理。力争明年全程可追溯企业数量扩大到200家，实现信息有记录、质量可监管的企业数量达到400个，示范带动一批地方农业企业、农民专业合作社开展追溯系统建设。强化质量安全责任落实，加强投入品管理，提高农业标准化生产水平，推动农垦农产品质量水平进一步提升。

提升境外农业合作开发水平。以粮食、天然橡胶、食用油等境外合作开发为重点，积极推进境外重大项目建设，加快跨国并购步伐，不断扩大境外产业规模。加强金融合作，拓宽融资渠道，增强投资能力。继续争取和落实国家的支持政策，切实加强对境外企业的指导和服务，强化经营管理，不断提高境外企业经济效益。稳步扩大农产品进出口规模，加强对外经济、技术和文化交流。加强外经贸人才队伍建设，加快培养跨国经营管理人才和技术人才。

（三）坚持市场化发展方向，促进产业转型、结构升级，在做大做强主导、优势产业上下功夫

坚持市场化改革和发展，进一步优化产业结构，整合优势资源，围绕农产品加工、食品制造、医药等核心产业，提高产业的集中度；以粮、棉、油、糖、胶、乳、肉等主导产业为重点，加快推进农垦农业产业化经营，延长产业链条，培育一批加工型、营销型、带动型、成长型的大型农业产业化龙头企业，发挥龙头带动作用，完善利益联结机制，促进农垦三次产业协调发展；深化企业改制，强化企业管理，进一步加快企业股份制改造和上市融资步伐，增强企业创新能力和科技研发水平，增强企业发展能力和市场竞争力。继续推进农垦工业信息化建设，提高农垦工业化发展水平。科学有序地发展农垦园区经济，积极推进生态工业建设，促进节能减排。整合旅游资源，发展农垦旅游文化产业和休闲观光农业。

（四）推进科学发展，提升热作产业发展水平，在完善产业政策、抓好重点环节上下功夫

继续深入贯彻落实国办45号文件，加大政策谋划和落实力度。启动木薯生产基地建设补助政策研究，争取尽快实施天然橡胶非生产期抚育管理补贴试点工作，争取扩大天然橡胶良种补贴、热作标准化生产示范园建设、热作种质资源保护、病虫害监测防治等资金支持，推动香蕉等优势特色作物列入政策性农业保险试点范围。同时，认真落实天然橡胶良种补贴政策，狠抓种质资源创新利用、标准化生产示范、病虫害监测防控、信息化建设与综合开发。

强化主要热作生产基地建设、灾害监测预警和应急响应，优化热作产业结构，培育壮大优势特色产业。组织开展全国割胶工技能大赛、热作种质资源保护成果展示、热作关键技术现场培训活动，遴选推广一批热作主导品种和主推技术，进一步提升热作产业科技支撑能力。推进以天然橡胶、木薯、油棕等为重点的境外生产、加工、研究等领域合作，进一步拓展热作产业发展空间。

（五）加大政策协调力度，加快社保和垦区各项公益事业建设，在资金争取和项目落实上下功夫

完善社会保障体系。以扩大覆盖面、提高缴费率、提升待遇水平为主攻方向，做好职工养老等社会保障工作，鼓励和引导非职工从业人员和垦区居民根据自身实际选择适合的参保方式，力争明年基本实现垦区职工和居民养老和医疗保险全覆盖。同时要加大工作力度，确保国有农场自然灾害救助政策及社会救济救助政策落到实处。

加强垦区社会建设。密切跟踪并切实落实国家支持社会发展的政策措施，争取把垦区教育、卫生、文化等社会事业纳入政策覆盖范围，实现基本公共服务均等化，促进垦区社会事业加快发展。国务院已初步决定明年开展国有农场社会职能改革试点，各有关垦区要切实配合抓好试点工作。全面推进垦区危房改造、公路建设、安全饮水、农网改造等公益性基础设施建设，结合垦区不同管理体制，协助各类基础设施建设主管部门制定和完善农垦建设项目的实施和管理意见，细化年度实施方案，明确工作职责，落实政策措施，协调解决建设中出现的新问题，加快项目实施进度，同时注意做好项目建成后的运行管理工作。

抓好农垦扶贫开发工作。以解决制约农场脱贫的关键问题为重点，优先扶持贫困农场主导产业，形成一场一业，依靠产业脱贫，推动贫困农场尽快走上增强积累、稳定发展的轨道。同时要紧紧把握国家新一轮扶贫攻坚战机遇，积极争取各级政府扩大贫困农场扶贫资金投入规模，并吸引各种社会资金参与贫困农场建设和发展。加强扶贫开发项目的督促检查和考核评估，建立健全项目和资金管理的长效机制。

强化农场土地使用管理。要高度重视土地管理工作，明确垦区在本省土地主体功能区规划中所处的功能定位和发展方向，组织农场编制好相应的产业发展和资源生态保护等规划，争取更好的发展条件。土地确权进度较慢、问题较多的垦区，要加大工作力度，主要领导亲自抓，尽快完成确权任务。加快推进土地信息化建设，全面提高土地利用管理水平。

（六）继续深化农垦改革，进一步增长发展活力，在完善体制、创新机制上下功夫

顺应现代农业发展需要，深入推进农业经营体制改革。加强土地承包经营管理，清理规范土地承包合同，妥善处理二、三产业下岗人员转岗经营土地等问题，切实保障农工的土地承包经营权益。鼓励支持农业经营制度创新，推动各种形式的适度规模经营，大力发展社会化服务组织，加强流通体系建设和市场营销，提高农业产出效益。继续做好农工减负工作，加强农工负担监测预警，加大专项整治力度，扎实做好农工负担信访督查督办。全面推进一事一议筹资筹劳财政奖补工作，规范议事程序，加强奖补资金监管，提高农场公益事业建设水平。

实现与市场经济有机融合，深入推进垦区管理体制改革。集团化垦区要坚定不移地推进产业化、集团化、股份化，加快完善以资本为纽带的母子公司体制，实现从行政性治理向经济性治理转变；积极引进现代企业成熟的绩效考核、薪酬激励等制度，科学处理利益关系，激发内部发展活力；加强资源整合重组，创新商业运行模式，打造核心赢利企业；强化资本运作，扩大对外收购兼并，促进做大做强。非集团化垦区要围绕发挥农垦地位作用，进一步完善改革思路，积极争取有利于垦区和农场发展的政策环境。

坚持企业化改革方向，深入推进国有农场管理体制改革。绝大多数农场尤其是集团化垦区农场，要积极探索社会职能移交途径，努力向公司制企业方向改革。已经进行行政化改革的农场，在保障职工权益和确保社会稳定的前提下，进一步规范机构设置和职能，处理好改革遗留问题，并争取尽快纳入地方政府序列。

以基层群众自治组织建设为基础，深入推进垦区社会管理创新。尚未开展基层群众自治组织建设的垦区和农场，要主动与民政等部门沟通，规范申报、组建，尽快形成党委领导、政府负责、社会协同、公众参与的国有农场社会管理新格局。已经建立居（村）民委员会的，要理顺社会管理渠道，切实将农场居（村）民委员会纳入当地城乡社区统一建设范围；要加强制度建设，完善议事机制，确保农场社区各项事务运转畅通、居民能依法办理自己的事情；要狠抓社区基础设施建设，增强社区管理和服务功能。

（七）加强农垦文化建设，弘扬农垦精神，在推动构建和谐农垦、文明垦区上下功夫

大力发展农垦公共文化事业。积极争取将农垦公益文化建设纳入当地政府文化发展规划及公共财政支持范围，切实保障职工群众文化权益，实现垦区公共文化服务均等化。垦区文化基础设施建设要与垦区小城镇建设相结合，完善公共文化服务网络，提高农垦文化事业发展水平。

积极开拓农垦特色文化产业。大力实施农垦文化产业开发战略，充分发挥市场在文化资源配置中的积极作用，加快将丰厚的农垦文化底蕴、文化特色、文化设施和自然人文景观转化为资源优势和产业优势。尤其要依托军垦文化、知青文化、民族文化、农耕文化等农垦特色文化积淀，建设一批独特的文化产业项目，培育一批文化企业，全面提升农垦文化软实力，增强农垦企业影响力和竞争力。

高度重视农垦企业文化建设。农垦独特的精神文化既是农垦事业的组成部分，也是农垦事业发展的不竭动力。要在社会主义核心价值体系引领下，大力培育农垦企业核心价值和经营理念。要将企业文化建设和现代企业制度建设、农垦体制改革结合起来，大力发扬“艰苦奋斗、勇于开拓”的农垦精神，大力倡导改革创新，形成与时俱进、开拓创新的精神风貌。坚持以人为本，大力开展丰富多彩的企业文化活动，不断满足职工群众的文化需要，提升干部职工文化素质，更加有效地凝聚和增强促进企业发展的精神动力。

着力培养农垦文化人才。加强职工群众科技文化教育，大力培育基层文化骨干，努力造就一批高层次、高素质的农垦文艺创作人才、演艺人才、管理人才和群众骨干文化人才。营造鼓励文化创造的良好氛围，激发文化创作活力，多出贴近生活、贴近实际、贴近群众的文化精品力作。

（八）切实加强自身建设，努力转变机关作风，在深入为垦区服务、为职工服务上下功夫

加强对形势的分析研判，积极主动应对。明年经济形势复杂多变，我们将面对许多难以预料的新情况、新问题，要加强调查研究，做好形势变化对农垦改革发展及产业影响的预警分析和判断，及时完善思路和措施，降低风险。

坚持深入基层，积极开展为民服务创先争优活动。各级领导干部要按照韩部长的要求，切实转变作风，走出大楼、下到田头，倾听职工群众的心声，切实为基层办实事，为职工办实事。要建立健全领导干部基层联系点制度，深入了解基层生产、生活和政策落实等情况，切实提高做群众工作、处理实际问题和应对复杂局面的能力。要紧紧抓住一两个影响垦区改革发展和民生的突出问题，集中力量，进行深入的调查研究，争取有所突破。

加强协调，全面落实“十二五”规划有关政策、项目。要把握好国家和地方各项规划发布后目标任务细化分解时机，强化沟通协调，积极争取纳入规划实施的政策范围，有效落实农垦建设任务，推动垦区在区域经济中同步发展。垦区自身发展建设规划及目标任务，也要细化分解，统筹年度安排，切实发挥规划指导和引领发展的作用。

加强宣传工作，营造良好氛围。要加大对外宣传力度，充分利用各类宣传媒体和资源，全面开展新闻宣传工作，为农垦改革发展稳定营造良好的舆论氛围。加大对内宣传工作力度，尤其是新政策宣传和重点工作的宣传，统一思想，凝聚人心。加强新闻宣传队伍建设，全面提升新形势下农垦新闻宣传工作水平。要充分发挥工青妇群众组织的作用，共同为农垦改革发展稳定保驾护航。

同志们，做好明年农垦各项工作，面临许多有利条件，也面临不少困难和挑战。让我们以中央经济工作会议、中央农村工作会议和全国农业工作会议精神为指导，振奋精神，共同努力，开拓进取，进一步做好农垦改革、发展、稳定和民生改善的各项工作，以优异成绩迎接党的十八大胜利召开！

二

垦区经济与社会发展情况

2011年全国农垦经济和社会发展统计公报

农业部农垦局

2012年4月16日

2011年，面对极为复杂严峻的国内外经济形势，全国农垦系统坚持以科学发展为主题，以加快转变经济发展方式为主线，着力推进改革开放，着力加强现代农业建设，经济持续平稳快速发展，垦区民生继续改善，各项社会事业取得新进步，“十二五”规划实现良好开局。

一、综合

农垦经济总量首超4 000亿元，实现快速高效增长。全年实现农垦生产总值4 212.47亿元，比2010年增长13.5%，连续9年保持12%以上增速（图1）。其中，第一产业增加值1 394.97亿元，增长9.8%；第二产业增加值1 748.69亿元，增长17.9%；第三产业增加值1 068.81亿元，增长12.5%。第一、第二、第三产业增加值占农垦生产总值的比重分别为33.1%、41.5%和25.4%。人均农垦生产总值31 691元，同比增长12.6%；人均纯收入9 344元，扣除物价上涨因素，比2010年实际增长9.2%（图2）。

图1 2007—2011年农垦生产总值及增长速度

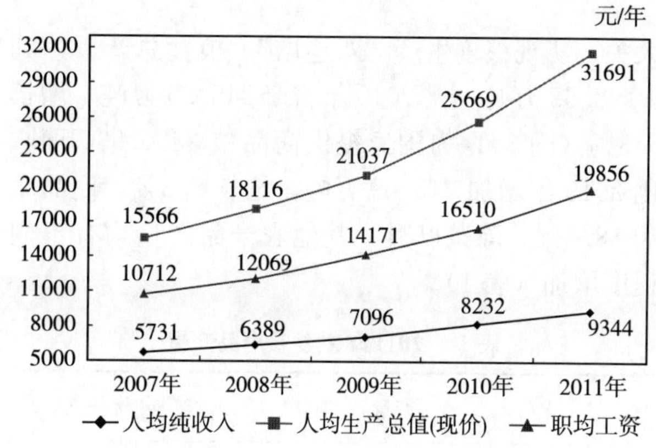

图2 2007—2011年农垦人均指标情况

二、农业

近年来，全系统深入贯彻落实强农、惠农、扶农政策措施，加快农业科技推广应用步伐，大力推进标准化生产，加强现代农业示范区建设，农业综合生产能力和主要农产品供给保障能力进一步增强。

全年实现农业总产值2 803.86亿元，比2010年增长11.2%。其中，种植业产值1 657.34亿元，林业产值142.96亿元，牧业产值771.44亿元，渔业产值134.85亿元，服务业产值97.27亿元。

全年农作物播种面积为6 414.64千公顷，比2010年增加104.22千公顷。其中，粮食播种面积4 613.53千公顷，增加55.89千公顷，增长1.2%，占农作物播种面积的71.9%；棉花面积719.32千公顷，增加53.95千公顷，增长8.1%；油料面积377.47千公顷，增加2.11千公顷，增长0.6%；糖料面积112.55千公顷，增加8.66千公顷，增长8.3%。

粮食生产再上新台阶，粮食总产破600亿斤[①]

①斤为非法定计量单位，1斤=500克。

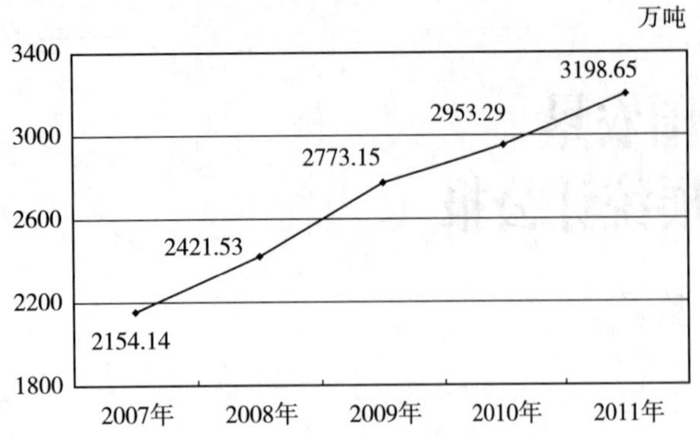

图3　2007—2011年农垦粮食总产量

大关，实现粮食生产“八连增”。粮食总产量达到3 198.65万吨，比2010年增产245.36万吨，增长8.3%（图3）；为国家提供商品粮2820.93万吨，比2010年增加215.69万吨，增长8.3%，商品率为88.2%。除茶叶外，其他农产品产量均有不同程度增加（表1）。

表1　2011年主要农产品产量

产品名称	产量（万吨）	比2010年增长（%）
粮食	3 198.65	8.3
棉花	163.80	13.8
油料	82.74	3.0
糖料	818.54	6.7
茶叶	4.54	−1.9
水果	337.19	4.3

畜牧业持续稳步增长。畜牧业产值在农业总产值的比重达到27.5%，比2010年提高1.5个百分点；牲畜年末存栏总数及主要畜产品产量均有增长（表2）。

表2　2011年牲畜年末存栏总数及主要畜产品产量

产品名称	单位	产量与年末数	比2010年增长（%）
大牲畜总头数	万头	340.82	6.8
其中：奶牛	万头	153.68	7.4
猪存栏	万头	1 216.57	7.3
羊存栏	万只	1 319.16	1.6
肉类总产量	万吨	278.91	8.8
牛奶	万吨	405.94	10.9
禽蛋	万吨	44.04	10.9

全年水产品产量126.74万吨，比2010年增长10.0%。其中，淡水产品产量103.32万吨，增长6.1%；海水产品产量23.42万吨，增长31.8%。对虾产量4.56万吨，增长16.3%。

全年植树造林面积66.42千公顷，退耕还林0.79千公顷，退耕还草3.42千公顷。

农业装备水平稳步提高，年末农业机械总动力2 283.85万千瓦，比2010年增长7.4%；大中型农用拖拉机16.17万台，增长10.8%；农用小型及手扶拖拉机34.70万台，增长5.2%。

三、工业和建筑业

全年完成工业增加值1 379.34亿元，比2010年增长18.1%，实现利润361.46亿元，增长44.5%。实现工业总产值5 477.98亿元，增长20.1%。其中，国有工业总产值1 009.44亿元，占工业总产值的18.4%；非国有工业总产值4 468.54亿元，占工业总产值的81.6%。其中，轻工业产值3 002.18亿元，占工业总产值的54.8%。农垦工业主要支柱产业（产值100亿元以上）创产值3 824亿元，占工业总产值的69.8%。农副食品加工业1 224.27亿元，食品制造业491.74亿元，化学原料及化学制品制造业371.69亿元，石油加工、炼焦及核燃料加工业384.17亿元，非金属矿物制品业333.87亿元，交通运输设备制造业231.95亿元，纺织业220.62亿元，金属制品业233.78亿元，饮料制造业191.44亿元，电力、燃气及水的生产和供应业140.47亿元。

主要工业产品产量见表3。

表3　2011年主要工业产品产量

产品名称	单位	产量	比2010年增长（%）
原煤	万吨	3 382.88	16.6
混配合饲料	万吨	584.63	21.0
食用植物油	万吨	227.61	17.9
机制糖	万吨	206.99	0.6
乳制品	万吨	267.81	−5.7
#液体乳	万吨	235.30	−5.0
饮料酒	亿升	15.68	8.6
水泥	万吨	2 747.09	22.4
砖	亿块	126.56	34.6
发电量	亿千瓦时	225.95	44.3

年末建筑企业3 495个，从业人员36.07万人，全年实现增加值369.35亿元；年末固定资产

原值达 162.05 亿元；全年施工房屋建筑面积达 10 993万平方米。

四、运输业、批发零售贸易业、服务业及出口商品

全年共完成货运量 11.25 亿吨，客运量 6.05 亿人，实现营业收入 230.54 亿元。

年末批发零售贸易业、住宿餐饮业、服务业营业单位总数 10.25 万个，拥有固定资产原值 448.38 亿元，营业用房总面积 2 215.00 万平方米，从业人员 74.73 万人，全年完成商品销售额和营业收入 3413.79 亿元。

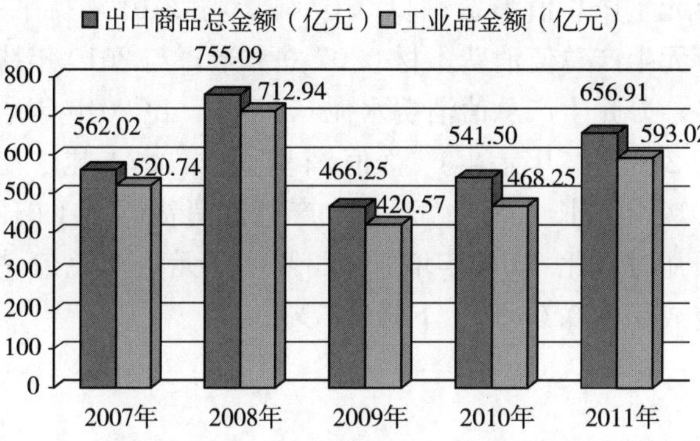

图 4　2007—2011 年农垦出口情况图

全年出口供货商品总金额 656.91 亿元（图 4），比 2010 年增加 115.41 亿元，增长 21.3%。其中，工业品出口额 593.02 亿元，增加 124.77 亿元，增长 26.6%。出口商品供货总额超过 10 亿元的垦区分别是新疆兵团 423.65 亿元、广东 51.23 亿元、浙江 32.69 亿元、黑龙江 31.44 亿元、湖北 23.39 亿元、辽宁 21.19 亿元、江西 18.78 亿元和广西 11.34 亿元，上述 8 个垦区出口金额合计达 613.71 亿元，占全国农垦的 93.4%。

五、科技、教育、卫生

年末全系统拥有科研单位 328 个，职工 1.59 万人，其中，科技人员 9 135 人。全年科研经费 21.10 亿元，增长 65.71%；其中，国家拨款 9.28 亿元，占科研经费 44.0%；企业自筹 7.72 亿元，占科研经费 36.6%。

各类学校 1 334 所，教职工 10.82 万人，在校学生 127.91 万人，当年毕业生 32.56 万人。其中，普通中学 562 所，在校学生 46.40 万人，当年毕业生 13.83 万人；小学 692 所，在校学生 55.23 万人，当年毕业生 9.71 万人。

医疗单位 5 703 个，其中，医院 1 052 所，疗养院 6 所；医务人员 6.19 万人，其中，医生 2.93 万人；病床 6.19 万张。

六、固定资产投资

全年固定资产投资总额 2 441.26 亿元（图 5），比 2010 年增加 630.04 亿元，增幅为 34.8%；当年新增固定资产 1 733.26 亿元。其中，第一产业投资额 282.25 亿元，占投资总额的 11.6%；第二产业投资额 1 186.13 亿元，占投资总额的 48.6%；第三产业投资额 972.87 亿元，占投资总额的 39.8%。全年国有固定资产投资总额 888.70 亿元，占投资总额的 36.4%。

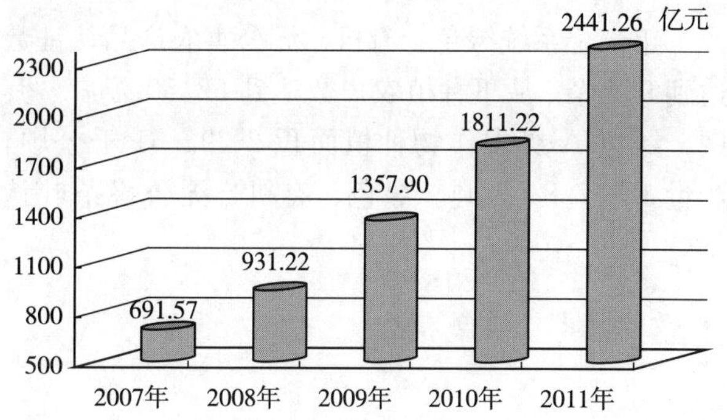

图 5　2007—2011 年农垦固定资产投资情况

新增固定资产主要是大中型拖拉机 10 785 台，小型及手扶拖拉机 8 664 台，农用运输汽车1 684 辆，水库 3 座，橡胶定植 9.63 千公顷，输电线路 0.22 万千米，学校用房 28.90 万平方米，住房 2 719.30万平方米。

七、人口、就业和劳动工资

年末农垦系统总人口 1 352.48 万人，比 2010 年增加 20.17 万人，增长 1.5%；全年人口出生率为 6.9‰，人口死亡率为 4.6‰，人口自然增长率为 2.3‰。

年末社会从业人员 647.18 万人。其中，第一产业 360.74 万人，第二产业 137.29 万人，第三产业 149.15 万人，分别占社会劳动者总数的 55.7%、21.2%和 23.1%。

年末职工 329.32 万人，其中，在岗职工 297.41 万人。全年工资总额 653.89 亿元，职工年平均工资 19 856 元，增长 14.3%。

八、非国有经济

全年非国有经济单位完成生产总值为 1 934.28 亿元，占全系统生产总值的 45.9%，比 2010 年下降 1.3 个百分点。其中，第一产业增加值 345.82 亿元，第二产业增加值 1 045.06 亿元，第三产业增加值 543.40 亿元，分别占非国有经济总量的比重为 17.9%、54.0%和 28.1%。年末非国有经济从业人员达到 245.96 万人，其中，第一产业 84.95 万人，第二产业 84.65 万人，第三产业 76.36 万人。从业人员收入总额为 493.24 亿元，年人均收入 20 054 元。全年共实现利税 440.14 亿元，其中，利润 314.86 亿元。

九、绿色、有机食品、无公害农产品生产

年末全系统绿色、有机、无公害农产品认证数达到 916 个，从事种植农户数达到 52.50 万户。其中，绿色 A 级农作物种植面积 2 292.51 千公顷，产量 1 417.84 万吨。绿色、有机、无公害茶叶认证数 76 个，从事种植农户数达到 3.60 万户。其中，绿色 A 级面积 7.38 千公顷，产量 5 063 吨。绿色、有机、无公害水果认证数达到 137 个，从事种植农户数达到 4.32 万户。其中：绿色 A 级面积 73.19 千公顷，产量 23.08 万吨。

十、资源消费

主要资源消费量中：钢材 299.81 万吨，比 2010 年增长 28.6%；木材 289.04 万立方米，增长 15.6%；水泥 1 492.26 万吨，增长 29.8%；煤炭 3 085.57 万吨，增长 27.7%；成品油 270.64 万吨，增长 10.5%；电 426.32 亿度，增长 28.6%。万元生产总值消费钢材 0.07 吨，与 2010 年持平；万元生产总值消费木材 0.07 立方米，与 2010 年持平；万元生产总值消费水泥 0.35 吨，比 2010 年增长 2.9%；万元生产总值消费煤炭 0.73 吨，比 2010 年增长 2.8%；万元生产总值消费电力 1 012 千瓦时，比 2010 年增长 3.3%；万元生产总值消费成品油 0.06 吨，下降 8.3%。

注：1. 农垦生产总值、各产业增加值、工农业总产值等价值指标均按现价计算，增长速度按可比价计算。

2. 公报数据如有出入，以《中国农垦统计年鉴》为准。

新疆生产建设兵团2011年经济和社会发展统计公报

新疆生产建设兵团统计局　国家统计局兵团调查总队

2011年，在新疆兵团党委、兵团的正确领导下，兵团上下深入贯彻落实中央新疆工作座谈会和兵团党委六届六次全委（扩大）会议精神，以科学发展为主题，以加快转变经济发展方式为主线，积极有效应对复杂多变的经济形势，加快推进“三化”建设，实施“十件实事”，加强基础设施、重点产业和民生建设，国民经济继续保持平稳较快发展，各项社会事业全面进步，实现了“十二五”良好开局。

一、综合

初步核算，全年实现兵团生产总值968.84亿元，比2010年增长16.0%。其中，第一产业增加值327.62亿元，增长7.6%；第二产业增加值367.27亿元，增长30.5%；第三产业增加值273.95亿元，增长9.6%。三次产业占生产总值比重为34∶38∶28。三次产业对经济的贡献率分别为17.2%、65.0%和17.8%，分别拉动经济增长2.7个、10.4个和2.9个百分点。人均生产总值37 113元，比2010年增长14.4%。

2011年12月28日，北屯市正式成立。

全年兵团国有及国有控股农工建交商企业实现利润57.11亿元，比2010年增加16.85亿元。

初步统计，全年上缴各类税费106.42亿元。

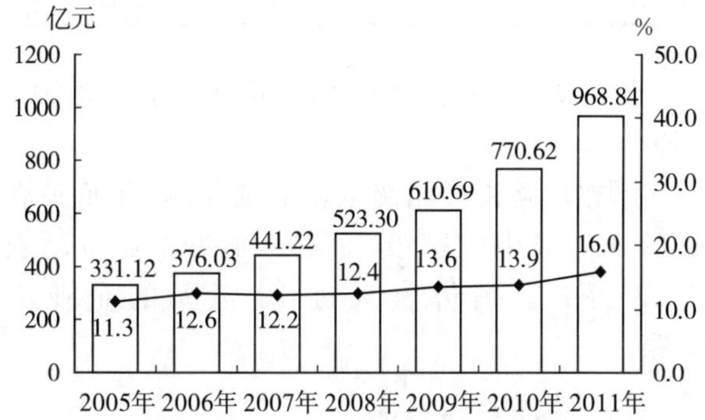

图1　2005—2011年兵团生产总值及其增长速度

全疆全年居民消费价格比2010年上涨5.9%（表1），其中，食品价格上涨12.6%，居住价格上涨5.4%，服务项目价格上涨4.0%，农业生产资料价格上涨6.6%，工业生产者出厂价格上涨14.8%，工业生产者购进价格上涨17.8%，固定资产投资价格上涨7.1%。

表1　居民消费价格增减变动情况

指　标	比2010年增长（%）
居民消费价格总水平	5.9
#城市	5.5
农村	6.8
食品	12.6
#粮食	8.7
肉禽及其制品	20.1
油脂类	12.6
蛋类	12.2
水产品	10.7
菜类	4.6
烟酒及用品	3.3
衣着	1.1
家庭设备用品及服务	2.4
医疗保健和个人用品	4.3
交通和通信	0.5
娱乐教育文化用品及服务	1.1
居住	5.4
水、电、燃料	3.7
自有住房	6.6
建房及装修材料	4.8

全年兵团农产品生产价格上涨11.0%，工业生产者出厂价格上涨8.7%，工业生产者购进价格

上涨 7.6%。

年末从业人员 111.36 万人，比 2010 年增长 4.9%。年末在岗职工 68.16 万人，比 2010 年增长 0.6%。全年新增劳动力就业 8.55 万人。年末城镇登记失业率 2.6%。

全年 4 个季度企业家信心指数和企业景气指数均处于较景气区间。一季度至四季度企业家信心指数分别为 158.1、143.2、144.5 和 135.5，分别比 2010 年同期提高 13.9 点、4.2 点、7.5 点和下降 9.1 点；企业景气指数分别为 145.1、142.6、143.5 和 139.5，分别比 2010 年同期提高 20.2 点、17.1 点、5.0 点和 3.9 点。

二、农业

全年完成农业总产值 675.85 亿元，比 2010 年增长 9.4%。

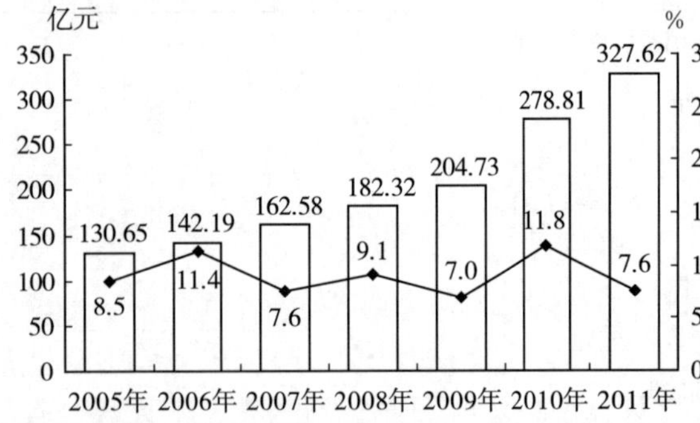

图 2　2005—2011 年农业增加值及其增长速度

全年农作物播种面积 1 114.08 千公顷，比 2010 年下降 0.5%。其中，粮食种植面积 252.34 千公顷，下降 11.4%；棉花种植面积 534.62 千公顷，增长 7.4%；油料种植面积 63.33 千公顷，下降 6.6%；甜菜种植面积 27.27 千公顷，增长 6.8%；蔬菜种植面积（含菜用瓜）84.43 千公顷，增长 6.0%。

农作物精量半精量播种面积 777.30 千公顷，比 2010 年增长 9.6%。其中，棉花精量播种面积 446.39 千公顷，增长 22.5%。测土配方施肥面积 802.00 千公顷，增长 29.6%。

有效灌溉面积 1 091.49 千公顷。高新节水灌溉面积 727.74 千公顷，其中当年新增 45.58 千公顷。

全年棉花产量 129.31 万吨，比 2010 年增长 12.4%（图 3）；粮食产量 167.29 万吨，下降 21.7%；油料产量 17.87 万吨，下降 4.0%；甜菜产量 205.92 万吨，增长 13.4%。

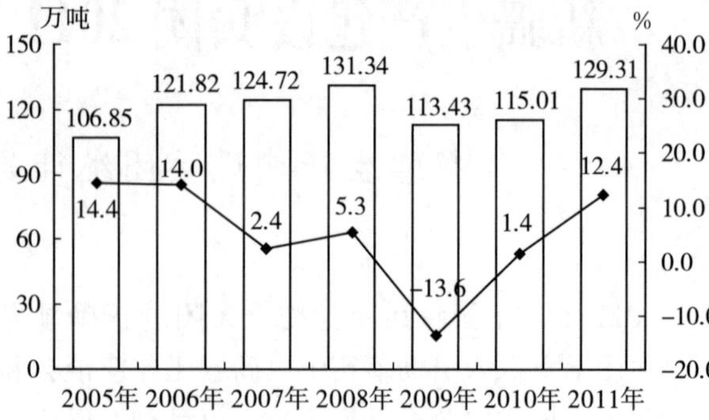

图 3　2005—2011 年棉花产量及其增长速度

主要农、畜产品产量保持增长（表 2）。

表 2　2011 年主要农、畜产品生产情况及其增长速度

指　标	计量单位	绝对数	比 2010 年增长（%）
粮食	万吨	167.29	−21.7
棉花	万吨	129.31	12.4
油料	万吨	17.87	−4.0
甜菜	万吨	205.92	13.4
蔬菜	万吨	625.67	7.6
# 工业用番茄	万吨	446.50	5.7
水果	万吨	126.45	3.2
年末牲畜存栏头数	万头（只）	668.40	7.1
# 牛	万头	40.53	10.0
猪	万头	183.40	18.0
羊	万只	440.13	2.9
年内牲畜出栏头数	万头（只）	765.25	12.2
肉类总产量	万吨	38.23	19.5
羊毛产量	万吨	1.14	0.8
禽蛋产量	万吨	5.41	18.4
牛奶产量	万吨	49.66	12.1
水产品产量	万吨	3.09	15.7

全年农业机械总动力 39.626 万千瓦，比 2010 年增长 7.3%。

有国家级和兵团级农业产业化重点龙头企业 69 家，其中国家级 15 家。龙头企业带动农户 42 万户。销售收入过 10 亿元的企业有 12 家。

三、工业与建筑业

全年全部工业增加值 253.88 亿元，比 2010 年增长28.6%。规模以上工业增加值增长28.3%，其中，国有及国有控股企业增长21.4%；轻工业增长5.0%，重工业增长41.0%。

规模以上工业中，煤炭开采和洗选业增加值比2010年增长45.5%，农副食品加工业增长16.3%，食品制造业增长14.0%，饮料制造业增长14.3%，纺织业下降10.6%，化学原料及化学制品制造业增长46.4%，非金属矿物制品业增长11.1%，有色金属冶炼及压延加工业增长160%，电力、热力的生产和供应业增长38.3%。

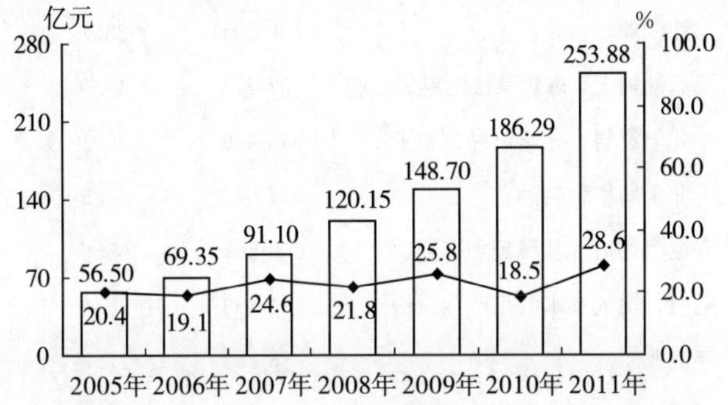

图4　2005—2011年工业增加值及其增长速度

主要工业产品产量大部分保持增长（表3）。

全年规模以上工业企业实现利润69.14亿元，比2010年增长44.1%（表4）。

年末兵团共有各类园区22个，其中国家级经济开发区1个，自治区和兵团级园区21个。当年新批准设立8个兵团级工业园区。

表3　2011年全部工业主要产品产量及其增长速度

产品名称	计量单位	绝对数	比2010年增长（%）
原煤	万吨	1 141.35	23.3
发电量	亿千瓦时	197.59	46.5
食用植物油	万吨	39.88	29.8
成品糖	万吨	16.77	−2.7
乳制品	万吨	12.24	27.2
番茄酱	万吨	83.53	28.5
饮料酒	亿升	1.88	25.6
软饮料	万吨	49.24	1.1
纱	万吨	19.30	−14.3
布	亿米	0.54	−40.0
机制纸及纸板	万吨	13.52	6.4
焦炭	万吨	165.46	−1.3
初级形态的塑料	万吨	103.81	41.6
塑料制品	万吨	40.56	29.0
水泥	万吨	1 206.96	24.8

表4　2011年规模以上工业企业实现利润及其增长速度

指　标	绝对数（亿元）	比2010年增长（%）
规模以上工业	69.14	44.1
# 国有控股企业	46.60	29.6
# 有限责任公司	38.98	44.1
股份有限公司	14.20	39.6
外商及港澳台商投资企业	2.94	−66.0
# 私营企业	7.91	111.5

全年全社会建筑业增加值113.39亿元，比2010年增长35.3%。建筑施工企业完成总产值461.21亿元，比2010年增长54.5%，其中，国有控股企业完成366.97亿元，比2010年增长57.7%。

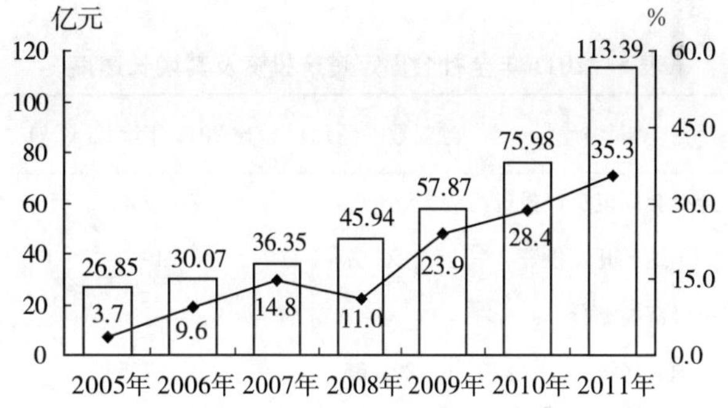

图5　2005—2011年建筑业增加值及其增长速度

各类建筑施工单位签订合同额780.01亿元，比2010年增长59.7%，其中，本年新签合同额562.54亿元，增长79.9%。全年房屋建筑施工面积3 251.41万平方米，增长57.8%，其中，本年新开工面积2 501.69万平方米，增长67.2%。房屋建筑竣工面积1 435.22万平方米，增长28.7%。全部职工自有技术装备率4 771元/人，自有动力装备率2.63千瓦/人。全员劳动生产率183 034元/人，增长22.7%。

具有资质等级的总承包和专业承包建筑业法人企业实现利润6.01亿元，比2010年增长53.7%，其中，国有控股企业实现利润4.93亿元，增长57.5%。

四、固定资产投资

全年全社会固定资产投资683.51亿元，比2010年增长52.5%（图6）。其中，第一产业

50.18亿元，增长28.1%；第二产业365.49亿元，增长58.6%；第三产业267.84亿元，增长49.9%（表5）。固定资产投资三次产业构成为7∶54∶39。按地区分，南疆垦区投资133.36亿元，增长51.5%，北疆垦区投资550.15亿元，增长52.7%。

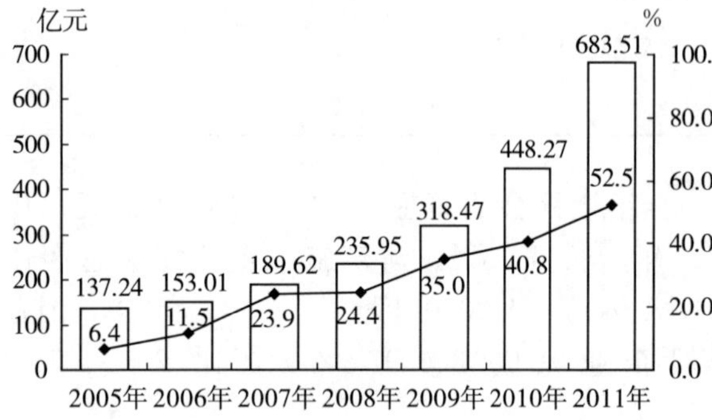

图6　2005—2011年固定资产投资及其增长速度

表5　2011年全社会固定资产投资及其增长速度

指　标	绝对数（亿元）	比2010年增长（%）
全社会固定资产投资	683.51	52.5
# 房地产开发投资	50.07	49.3
按经济类型分		
# 国有经济	295.65	27.5
集体经济	0.22	−57.2
私营个体	107.42	43.9
其他	280.22	98.3
按用途分		
# 第一产业	50.18	28.1
第二产业	365.49	58.6
第三产业	267.84	49.9

全年房地产开发投资50.07亿元，比2010年增长49.3%。商品房销售面积240.74万平方米，增长27.2%，其中，住宅212.69万平方米，增长21.3%。商品房待售面积20.95万平方米，下降55.9%。商品房销售额76.68亿元，增长52.4%。

工业完成投资363.67亿元，比2010年增长59.3%。其中，制造业完成投资241.27亿元，增长53.5%；电力、燃气及水的生产和供应业完成投资112.45亿元，增长78.6%（表6）。

表6　2011年分行业全社会固定资产投资及其增长速度

指　标	绝对数（万元）	比2010年增长（%）
总计	6 835 110	52.5
农、林、牧、渔业	501 787	28.1
采矿业	995 35	22.1
制造业	2 412 663	53.5
# 农副食品加工业	80 441	−35.0
食品制造业	219 790	113.8
饮料制造业	47 711	−20.8
纺织业	229 204	28.7
石油加工、炼焦及核燃料加工业	37 277	−45.0
化学原料及化学制品制造业	545 476	26.1
非金属矿物制品业	377 642	34.5
有色金属冶炼及压延加工业	609 561	163.6
电力、燃气及水的生产和供应业	1 124 499	78.6
建筑业	18 183	−17.2
交通运输、仓储和邮政业	360 487	−2.2
信息传输、计算机服务和软件业	8 190	13.0
批发和零售业	36 232	30.1
住宿和餐饮业	27 690	44.0
金融业	1 092	−69.1
房地产业	1 724 804	76.3
租赁和商务服务业	1 370	−6.9
科学研究、技术服务和地质勘查业	4 874	−49.7
水利、环境和公共设施管理业	349 191	67.7
居民服务和其他服务业	6 118	17.3
教育	77 023	−19.1
卫生、社会保障和社会福利业	30 491	20.6
文化、体育和娱乐业	24 914	14.5
公共管理和社会组织	25 967	73.5

交通运输业完成投资30.26亿元，比2010年下降11.5%。新建改建公路1 398千米，新建等级客运站23个。

农田水利及水利工程完成投资19.39亿元，比2010年下降2.4%。

以民生为主的“十件实事”完成投资175.2亿元。实施保障性安居工程18.6万户，其中，建设保障性住房17.43万户，完成保障性住房建设投资155亿元。

固定资产投资建设资金来源总额 743.44 亿元，其中，本年资金来源 724.86 亿元。本年资金来源中，国家预算内资金 93.82 亿元，国内贷款 71.29 亿元，利用外资 3.33 亿元，自筹资金 434.58 亿元，其他资金 121.84 亿元。在自筹资金中，企事业单位自有资金 356.30 亿元，增长 95.5%。

全年新增固定资产 405.94 亿元，比 2010 年增长 22.4%。主要新增生产能力或效益：原煤开采 135 万吨，水泥 484 万吨，棉纺锭 16 万锭，焦炭 60 万吨，电解铝 20 万吨，石墨及碳素制品 33 万吨，发电装机容量 136.86 万千瓦，输电线路 1 017 千米。

五、公路运输业

年末民用汽车保有量 13.80 万辆，比 2010 年末增长 14.0%，其中，私人汽车 12.05 万辆，增长 17.1%。民用轿车 5.39 万辆，增长 24.2%，其中，私人轿车 4.88 万辆，增长 27.2%。

民用汽车中，载客汽车 6.91 万辆，增长 23.1%；载货汽车 3.59 万辆，增长 12.8%；其他汽车 3.30 万辆，下降 0.3%。

全年道路运输旅客周转量 62.75 亿人千米、货物周转量 138.98 亿吨千米，分别比 2010 年增长 12.3%和 30.2%（表 7）。

表 7　2011 年道路运输业营运情况

指　标	计量单位	绝对数	比 2010 年增长（%）
货物周转量	亿吨千米	138.98	30.2
# 个体	亿吨千米	125.82	32.3
货运量	亿吨	1.53	28.9
# 个体	亿吨	1.39	28.5
旅客周转量	亿人千米	62.75	12.3
# 个体	亿人千米	43.25	13.7
客运量	亿人	1.18	13.6
# 个体	亿人	0.89	9.5
营运收入	亿元	68.41	28.7
#个体纯收入	亿元	26.37	25.6

年末兵团公路通达里程 32 058 千米。其中，一级 14.8 千米、二级 1 314.3 千米、三级 5 399.5 千米、四级 8 403.3 千米。

年末拥有飞机 33 架，全年总飞行时间 4 293 小时，起落 3 699 架次。其中，用于农林牧业飞行 2 929 小时，工业飞行 1 057 小时，训练飞行 144 小时。

六、国内贸易

全年批发零售业商品销售总额 836.09 亿元，比 2010 年增长 28.8%，其中，限额以上批发和零售业商品销售总额 618.24 亿元，增长 29.7%。限额以上批发和零售业商品销售类值中，棉麻类销售额比 2010 年增长 28.5%，石油及制品类增长 26.9%，建筑及装潢材料类增长 30.5%。

全年社会消费品零售总额 242.71 亿元，比 2010 年增长 19.6%（图 7），扣除价格因素，实际增长 13.8%。按行业分，批发和零售业零售额 201.96 亿元，增长 17.6%；住宿和餐饮业零售额 40.75 亿元，增长 30.8%。

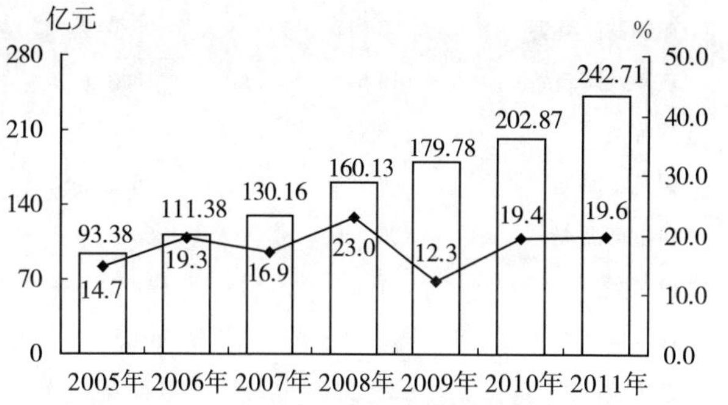

图 7　2005—2011 年社会消费品零售总额及其增长速度

七、对外贸易、经济技术协作与旅游

全年货物进出口总额 76.37 亿美元，比 2010 年增长 36.7%。其中货物出口 64.96 亿美元，增长 30.5%；货物进口 11.41 亿美元，增长 86.8%（表 8、图 8）。

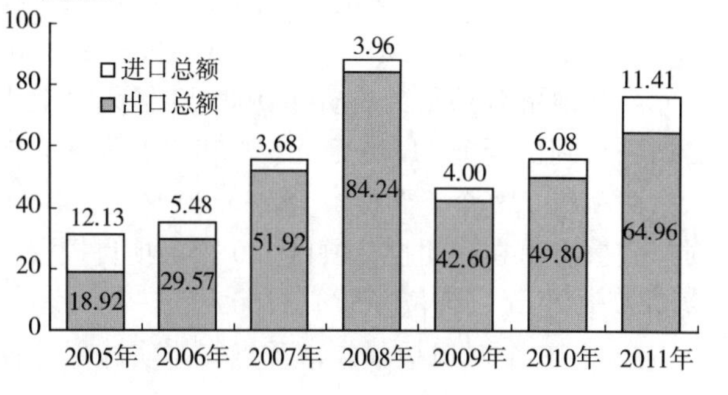

图 8　2005—2011 年货物进出口总额

表 8　2011 年货物进出口总额及其增长速度

指　标	绝对数（万美元）	比 2010 年增长（%）
进出口总额	763 697	36.7
出口总额	649 556	30.5
进口总额	114 141	86.8
出口商品按类值分		
动物产品类	258	126.0
植物产品类	23 979	231.0
食品饮料烟酒类	24 238	43.2
矿产品类	5 495	
化工类	16 089	347.0
塑料制品类	17 888	−10.0
木制品类	15914	488.0
纺织原料及制品类	291 346	25.0
鞋帽类	73 342	16.5
矿物制品类	2 017	305.0
玻璃及陶制品	13 643	13.3
珠宝类	33	
黑色金属类	6 974	5.9
机电产品类	108 939	50.0
汽车类	21 957	−12.1
医疗器械类	83	104.0
杂项制品类	27 361	140.0

注：数据为海关统计口径。

新批外商投资企业 11 家，合同外资金额 37 161万美元，增长10倍，实际使用外资 7 905 万美元。

对外承包工程、劳务合作完成营业额 3.41 亿美元，增长 10.7%。

全年招商引资项目 801 个，当年引进兵团以外项目到位资金 397.60 亿元，比 2010 年增长 99.5%。其中，第一产业 4.70 亿元，第二产业 344.00 亿元，第三产业 48.90 亿元。外省投资项目到位资金 272.80 亿元，外资项目到位资金 4.80 亿元，兵地融合项目到位资金 108.50 亿元，上市公司项目到位资金 11.50 亿元。城市、开发区、园区招商项目 219 个，到位资金 266.30 亿元。10 个对口支援省市在兵团投资项目 219 个，项目投资规模 624.60 亿元，到位资金 121.00 亿元。

全年 10 个对口援疆省市重点安排实施保障性住房、设施农业、城镇基础设施建设等项目 163 个，总投资 67.05 亿元，其中援助资金 15.96 亿元。当年开工建设项目 158 个，完成投资 60.42 亿元，到位援助资金 13.49 亿元。

年末有旅行社 104 家，旅游星级饭店 54 家，国家等级旅游景区（点）34 家。有全国工农业旅游示范点 12 家，全国休闲农业与乡村旅游示范点 4 个，星级农家乐 11 个，旅游规划资质单位 9 家，旅游集团公司 2 家，优秀旅游城市 1 座，全国特色旅游名镇 3 个。在册导游 2 560 人。

全年接待旅游者 616 万人次，比 2010 年增长 54.0%。旅游总收入 23.8 亿元，增长 19.0%。

八、金融与保险

全年驻疆 20 家银行金融机构对兵团贷款余额 1 170.34 亿元，比年初增长 33.7%。其中中长期贷款 485.00 亿元，增长 9.4%；短期贷款 685.34 亿元，增长 58.2%。

兵团农业银行年末各项本外币存款余额 812.20 亿元，比年初增长 15.6%。其中，个人存款 404.88 亿元，增长 18.3%；单位存款 404.82 亿元，增长 0.6%。各项贷款年末余额 268.54 亿元，增长 15.6%。

全年兵团企业注册发行短期融资券 45.0 亿元，中期票据 15.5 亿元，信托 8.2 亿元。截至 2011 年年末，兵团企业累计注册发行短期融资券 116.0 亿元，中期票据 21.5 亿元，企业债 14.8 亿元。

兵团控股的 14 家上市公司累计募集资金 104.70 亿元，其中，发行上市募资 38.39 亿元，再融资 66.31 亿元。

九、科学技术与教育

年末有各类学校 538 所，在校学生 54.94 万人，教职工 4.36 万人。其中，普通高等学校在校生 4.72 万人，比 2010 年增长 0.8%；招生 1.29 万人，比 2010 年减少 3.7%；毕业生 1.17 万人，比 2010 年增长 14.0%（表 9）。小学适龄儿童入学率 99.8%，初中适龄人口入学率 95.4%。

年末有科学研究与技术开发机构 18 个，各类专业技术人员 11.80 万人。

表 9　2011 年各类学校基本情况

指　标	学校数（所）	在校生数（人）	#新招生（人）	教职工数（人）	#专任教师（人）	毕业生数（人）
合计	538	549 362	158 130	43 551	34 569	152 322
普通高等学校	5	47 170	12 882	4 220	2 797	11 681
成人高等学校	2	12 274	4 926	984	623	3 471
中等职业学校	23	36 491	15 453	1 876	1 181	12 598
普通中学	246	184 582	62 718	17 648	14 589	62 275
小学	68	212 154	33 147	15 276	13 318	38 807
幼儿园	194	56 691	29 004	3 547	2 061	23 490

全年各类科技经费总额 2.57 亿元，比 2010 年增长 15.2%。争取科技部等各类国家科技计划项目批准立项 180 项，兵团本级科技项目立项 388 项，项目年投入强度每项 15.97 万元。

全年 1 项成果获国家科技进步奖二等奖。66 项成果获兵团科技进步奖，其中，一等奖 3 项，二等奖 21 项，三等奖 42 项。

十、文化、卫生与体育事业

年末有广播电视播出机构 197 座，其中，兵、师电视台 2 座，广播电台 1 座，广播电视台 13 座。兵团卫视综合频道进入 19 省直辖市、自治区有线电视网络 1.43 亿户。广播覆盖率 96.5%，电视覆盖率 98.5%。实施数字电影放映工程，全年放映 2.35 万场次。

年末有兵团文化中心 1 座，兵团军垦博物馆 1 座，国家三级图书馆 1 座。8 个师建有文化中心（文化宫），有历史文物点 513 处，兵团级爱国主义教育基地 23 个。

年末有出版社 1 家，有网站 66 家，新华网、中新网、经济日报网、中广网均设有兵团频道。有公开发行报纸 17 种，期刊 16 种。全年出版各类报纸、期刊 5 381.5 万份（册），出版图书 14 种、23 万余册。

1 名职工获全国道德模范殊荣，4 名职工获道德模范提名奖。21 个单位被评为全国文明单位和文明村镇。命名表彰 158 个兵团文明单位和 15 个兵团级文明生态小康连队。

年末有各类卫生机构 1 350 个（含营利性卫生机构），卫生人员 23 352 人。其中，执业和执业助理医师 8 286 人，注册护士 8 193 人。每千人执业（助理）医师 3.22 人，每千人注册护士 3.18 人，每千人有医院床位 7.2 张。传染病报告发病率（甲乙类传染病）349.72/10 万，婴儿死亡率 6.15‰，孕产妇死亡率 28.39/10 万。

2011 年，参加第十一届全国中学生运动会，获得男子跳高金牌 1 枚、铜牌 1 枚，1 个第七名、2 个第八名。代表团获得“体育道德风尚奖代表团”，乒乓球队、武术队获得“体育道德风尚奖运动队”。

十一、人口人民生活与社会保障

年末，兵团总人口 261.37 万人，比 2010 年增长 0.3%，其中，男性 137.30 万人，女性 124.07 万人，男女性别比为 110.7。全年出生人口 1.38 万人，出生率 5.3‰；死亡人口 1.22 万人，死亡率 4.67‰。人口自然增长率 0.63‰。

全年兵团城镇居民人均可支配收入 16 625 元，比 2010 年增长 14.2 %，扣除价格因素，实际增长 8.2%；团场农牧工家庭人均纯收入 10 233 元，增长 16.5%，扣除价格因素，实际增长 9.1%（图 9）。

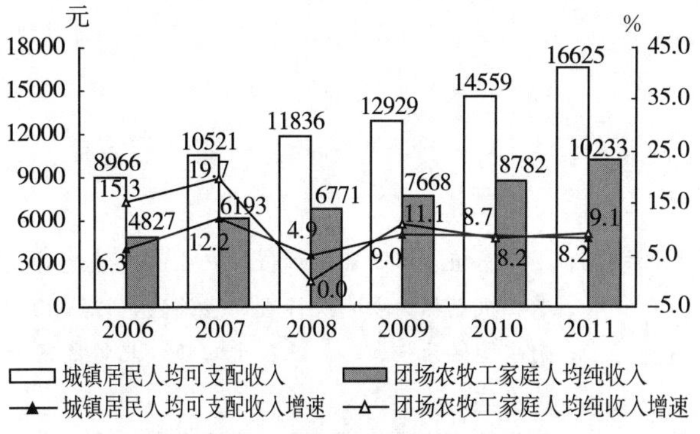

图 9　2006—2011 年城镇、团场居民收入及其增长速度

全年在岗职工工资总额 230.17 亿元，增长

16.1%。在岗职工平均工资 31 343 元，比 2010 年增加 4 602 元，增长 17.2%，扣除价格因素，实际增长 10.7%。

年末参加基本养老保险人数 84.45 万人、基本医疗保险 219.78 万人、失业保险 63.51 万人、工伤保险 66.34 万人、生育保险 62.02 万人。

全年有各类收养性单位 88 个。平均每月有 11.8 万人得到居民最低生活保障，人均补助 217 元。全年医疗救助 22.6 万人次。国家抚恤、补助各类优抚对象 0.38 万人。

全年受理劳动保障监察投诉案件 1 096 件，结案 1 095 件，结案率 99.9%；接到行政复议案件 45 件，其中，立案受理 45 件，结案 45 件，结案率 100%；处理劳动争议案件 1 309 件，其中，调解 683 件，立案处理 607 件，结案率 98.5%。

十二、资源、环境与安全生产

年末拥有水库 125 座，总库容 32.72 亿立方米。机电井 17 146 眼，提水量 23.32 亿立方米。修建水闸 114 座，堤防建设长度 2 594.47 千米。全年水利工程供水量 129.19 亿立方米。

全年人工造林作业面积 13.32 千公顷，下降 7.5%，无林地和疏林地新封面积 5.33 千公顷，与 2010 年持平。

全年规模以上工业企业综合能源消费量 1 102.12万吨标准煤，比 2010 年增长 37.2%。其中，煤炭消费量 1 658.25 万吨，比 2010 年增长 45.1%；汽油 0.36 万吨，比 2010 年增长 8.1%；柴油 3.34 万吨，比 2010 年增长 82.4%；天然气 6155.37 万立方米，比 2010 年增长 68.5%；电 179.99 亿千瓦时，比 2010 年增长 50.3%；热力 12 909 600 百万千焦，增长 8.4%。

全兵团化学需氧量、氨氮、二氧化硫、氮氧化物 4 项主要污染物排放量分别为 9.88 万吨、0.52 万吨、10.49 万吨、9.92 万吨，分别比 2010 年增长 4.5%、2.4%、9.4%和 13.2%。

全年兵团工矿商贸企业共发生职工死亡事故 12 起，事故死亡 15 人，死亡人数比 2010 年下降 44.4%。亿元生产总值生产安全事故死亡人数 0.015 人，下降 57.1%。工矿商贸企业 10 万从业人员死亡人数 0.242 人，下降 94.8%。煤矿百万吨死亡人数 0.088 人，下降 94.6%。百万车千米事故死亡人数 0.0171 人，上升 10.3%。

注：1. 生产总值、各产业增加值、农业总产值绝对数按现价计算，增长速度按可比价格计算。

2. 本公报数据为初步统计数，最终数据以《2012 年兵团统计年鉴》为准。

3. 南疆垦区为一、二、三、十四师，北疆垦区为四、五、六、七、八、九、十、建工师、十二、十三师及兵团直属单位。

4. 全疆居民消费价格、农业生产资料价格、工业生产者出厂价格、工业生产者购进价格和固定资产投资价格指数为国家统计局新疆调查总队调查数据。

5. 从 2011 年开始，纳入规模以上工业统计范围的工业企业起点标准从年主营业务收入 500 万元提高到 2 000 万元。

黑龙江农垦2011年经济和社会发展统计公报

黑龙江省农垦总局统计局

2011年，黑龙江垦区各级在省委、省政府和农业部的正确领导下，以党的十七大，十七届五中、六中全会精神为指导，全面贯彻落实科学发展观，坚持“抓城、强工、带农”统筹发展方针，围绕建设现代化大农业和城乡一体跨越发展目标，加快转变经济发展方式，优化战略布局，建设绿色垦区，使垦区经济呈现持续快速发展态势，各项社会事业取得新的进步，实现了“十二五”的良好开局。

一、综合

经济总量再上新台阶。全年垦区生产总值首次突破900亿元大关，达到916.4亿元，比2010年增加228.3亿元，增长21.1%，GDP连续9年保持两位数增长，近3年增速均在18%以上（图1）。人均生产总值达到54 136元，按可比价格计算增长19.5%，以当年平均汇率折算人均地区生产总值为8 592美元，比2010年增加2 517美元。全年实现非公有制经济增加值394.6亿元，比2010年增长23.2%。

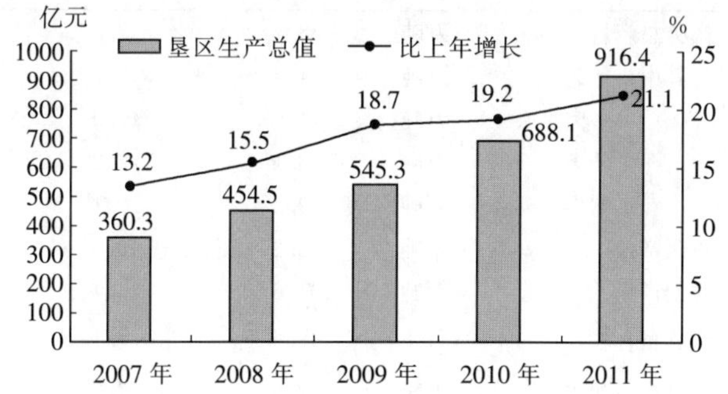

图1　2007—2011年垦区生产总值及其增长速度

三次产业均保持两位数增长。第一产业增加值473.3亿元，比2010年增长15.8%，第二产业增加值218.2亿元，比2010年增长32.8%，第三产业增加值224.9亿元，比2010年增长22.0%。一、二、三产业对垦区当年经济增长的贡献率分别为39.8%、34.2%和26.0%。

经济结构调整有新变化。三次产业结构为51.7∶23.8∶24.5，第二产业比重比2010年提高1.8个百分点；农、林、牧、渔业及服务业结构为72.2∶0.8∶24.5∶0.5∶2.0，牧业比重比2010年提高0.7个百分点；公有和非公有经济结构为56.8∶43.2，非公有经济比重比2010年提高0.8个百分点。

二、农、林、牧、渔业

粮食生产连续8年实现播种面积、综合单产和总产量历史性突破。2011年垦区种植各种农作物284.3万公顷，比2010年增长1.5%，实现农业增加值341.9亿元，增长14.8%。其中，粮食种植面积274.4万公顷，比2010年增长1.5%，占全部农作物的比重达96.5%。高产作物水稻和玉米分别达到145.5万公顷和68.0万公顷，两者占粮食面积的比重为77.8%，比2010年提高7.4个百分点，为垦区粮食总产量跃上新台阶奠定了坚实的基础。粮食综合单产实现7 423千克/公顷，比2010年增长10.4%。粮食综合生产能力再创历史新高，总产量达到203.7亿千克，比2010年增长12.0%。在省粮食生产中的地位和对国家粮食安全的贡献进一步增强，粮食产量占全省和全国的比重分别为36.6%和3.6%，对当年全省和全国粮食增量的贡献率分别为39.3%和8.9%。为国家提供的商品粮达到191.5亿千克，粮食商品率达94.0%，比2010年提高0.8个百分点（表1、图2）。

历经64年的开发建设，垦区已累计生产粮食2 637.7亿千克，累计向国家交售商品粮2028亿千克。粮食综合生产能力实现了4次跨越式发展，即1995年由1978年的不到25亿千克，首次跨越50亿千克；2005年和2009年分别突破100亿千克和150亿千克；2011年首次跃上200亿千克新台阶，其中商品粮191.5亿千克，可以保障全国1.2亿城镇人口一年的口粮供应，成为国家抓得住、调得动、能有效应对突发事件的“中华大粮仓”。

表 1　2011 年主要农产品产量

产品名称	产量（万吨）	比 2010 年增长（%）
粮食	2037.0	12.0
其中：水稻	1 278.9	16.9
小麦	53.5	−5.4
玉米	557.8	15.8
大豆	124.0	−23.6
杂豆	10.7	20.7
马铃薯（折粮）	11.9	−14.2
油料	2.9	29.8
亚麻	0.4	−16.6
甜菜	83.4	56.3
蔬菜	31.8	1.8
瓜类	29.2	−9.5
饲料作物	226.8	−1.1

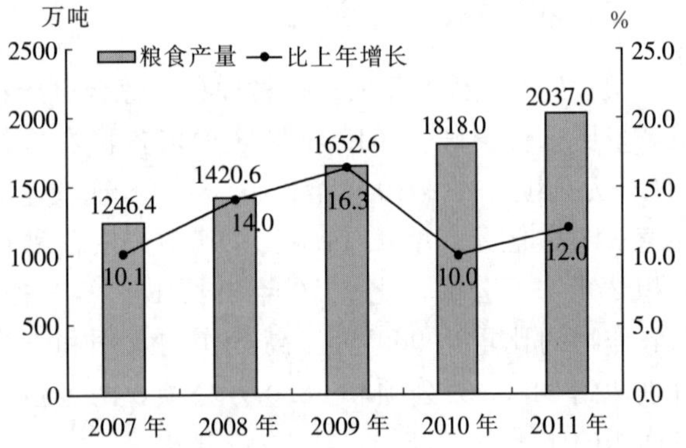

图 2　2007—2011 年粮食产量及其增长速度

绿色、有机食品和无公害农产品认定规模逐年扩大、质量安全体系建设日臻完善。年末垦区有效使用绿色食品标志产品数达到 285 个，比 2010 年增加 28 个，占全省的 23%；全年种植绿色有机食品农作物 175.6 万公顷，占垦区农作物总种植面积的 62.7%，占全省绿色有机食品认证面积的 41%；无公害农产品产地认定总数达 606 个，占全省的 15.2%，产地认定面积 232.5 万公顷，占全省的 24%，无公害农产品 567 个，比 2010 年增加 66 个。到 2011 年年末，垦区获得国家地理标志产品 1 个，累计获得全国农业标准化示范农场项目 23 个，全国绿色食品标准化原料生产基地 63 个。农垦农产品质量追溯系统项目建设稳步增加，2011 年建设项目 16 个，创建项目 42 个。垦区农产品检验检测体系建设全面展开，建成部级质检中心 3 个，6 个重点县级和 3 个县级农产品质检站项目全面启动。

森林垦区创建活动开局良好，生态经济型林业得到快速发展。2011 年垦区林业以创建“森林垦区”为重点，全面实施林业生态护农工程、林业产业富民工程和农垦城镇森林靓化工程，使垦区园林化档次大幅度提高，林业产业得到快速发展。全年实现林业增加值 3.8 亿元，比 2010 年增长 22.8%。当年完成造林绿化 20 万亩①，使城镇暨管理区绿化覆盖率提高 2 个百分点，达到 37%。林业生态建设和产业发展全面，垦区林业全面纳入国家“十二五”规划，并赢得省、国家林业政策和项目支持。林业队伍素质全面提高，林政案件查处力度进一步加大，全年未发生大的森林草原火灾、森林病虫害和毁林毁湿案件，总局获省委、省政府造林绿化三年决战全省唯一标兵单位，森林、湿地资源得到有效保护。

畜牧业继续保持增长势头。2011 年，垦区扎实推进畜牧业“倍增计划”，继续加大畜牧业标准化、规模化、产业化养殖力度，积极转变畜牧发展方式，大力提升产业科技含量，加快垦区绿色健康养殖基地建设步伐。在生猪和鲜奶市场价格高位运行的拉动下，垦区畜牧业生产继续保持稳步发展势头。全年实现畜牧业增加值 116.0 亿元，比 2010 年增长 15.7%。主要畜禽存栏和产品产量如表 2。

表 2　2011 年主要畜产品产量和年末存栏

指标名称	计量单位	绝对数	比 2010 年增长（%）
肉类总产量	万吨	68.7	12.6
其中：猪肉	万吨	44.4	12.7
牛肉	万吨	11.6	10.9
羊肉	万吨	3.1	2.2
禽肉	万吨	9.3	20.1
禽蛋产量	万吨	8.3	10.4
牛奶产量	万吨	131.6	10.4
大牲畜存栏	万头	95.6	7.1
其中：奶牛	万头	42.5	7.7
黄牛	万头	52.6	6.5
猪存栏	万头	243.3	5.2
其中：能繁母猪	万头	29.0	4.4
羊存栏	万只	170.5	1.9
其中：绒山羊	万只	80.8	−1.5

①亩为非法定计量单位，1 亩≈667 平方米。

（续）

指标名称	计量单位	绝对数	比2010年增长（%）
家禽存栏	万只	1540.5	1.2
其中：鹅	万只	135.4	持平
鹿存栏	万只	2.4	−5.6
兔存栏	万只	11.8	−26.8

渔业生产稳步增长。全年实现渔业增加值2.3亿元，比2010年增长22.8%。全年养殖面积为2.63万公顷，水产品产量2.85万吨，比2010年增长10.6%。

农业基础设施建设得到加强，现代化水平进一步提高。年末垦区有效灌溉面积达153.7万公顷，增长10.3%，其中节水灌溉面积19.2万公顷；机电井8.2万眼，增长10.5%。现有粮食处理中心268座，种子加工厂82个，金属粮仓2 273座，水泥晒场2 542万平方米，农用飞机场68处。粮食仓储能力达到847万吨，比2010年增长22.4%。农机装备能力显著提升，截至2011年末，垦区建设完善了351个现代农机装备作业区，农业生产田间作业综合机械化率提高到97.0%。年末拥有农用机械总动力745.6万千瓦，比2010年增长11.0%；农用大中型拖拉机5.84万台，增长11.2%，其中100马力[①]以上拖拉机6 105台，增加696台；机动水稻插秧机6.6万台，增长8.7%；联合收获机2.19万台，增长10.5%（图3）。现有农用飞机44架，垦区航化作业面积158.4万公顷，比2010年增长12.2%。

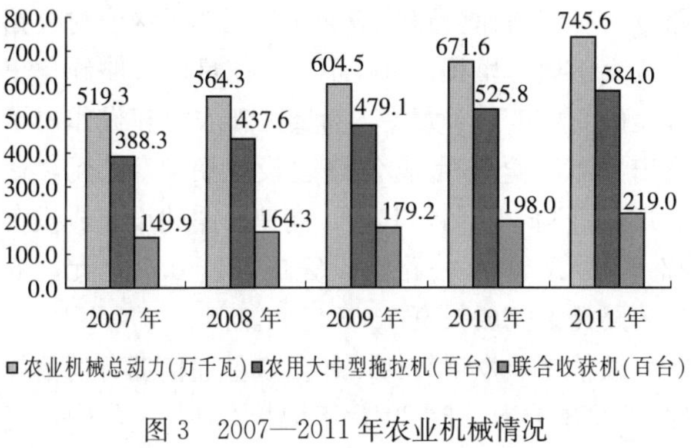

图3 2007—2011年农业机械情况

三、工业和建筑业

工业生产增速加快，整体实力不断增强。2011年，垦区继续实施“强工”战略，突出抓好工业重点项目建设，大力推进农业产业化经营，着力做强米、面、油、乳、肉、药、薯等十大支柱产业，提高企业的竞争实力和运行质量。全年实现工业增加值156.8亿元，比2010年增长31.2%，其中，规模以上企业完成增加值85.9亿元，增长22.6%；省级以上龙头企业完成增加值45.4亿元，增长20.8%。在全部工业增加值中，轻工业增加值118.6亿元，增长28.7%；重工业增加值38.2亿元，增长34.3%。公有控股企业增加值51.7亿元，增长15.4%；大中型企业完成增加值54.7亿元，增长23.0%；小型工业企业和个体工业增加值102.1亿元，增长33.9%，占全部工业增加值的65.1%，成为拉动垦区工业经济增长的重要力量。

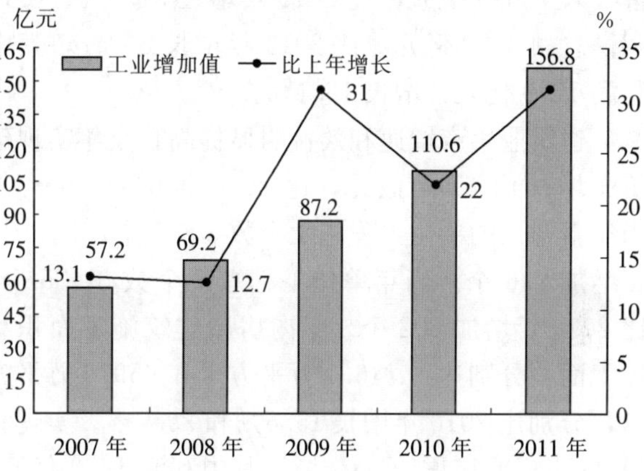

图4 2007—2011年工业增加值及其增长速度

表3 2011年主要工业产品产量

指标名称	计量单位	产 量	比2010年增长（%）
小麦粉	万吨	28.1	19.6
大米	万吨	466.5	29.8
食用植物油	万吨	112.6	8.0
乳制品	万吨	28.2	−7.5
其中：液体乳	万吨	20.7	−10.8
成品糖	万吨	3.8	13.6
鲜肉、冷藏肉、冻肉	万吨	16.3	−10.7

①马力为非法定计量单位，1马力=735.499瓦。

（续）

指标名称	计量单位	产　量	比 2010 年增长（%）
白酒	千升	60 675	22.9
大麦芽	万吨	22.1	0.9
配混合饲料	万吨	42.0	22.4
豆粕	万吨	489.0	3.1
中成药	万吨	0.21	16.8
化肥（实物量）	万吨	34.6	16.5
水泥	万吨	220.8	16.5
焦炭	万吨	12.8	35.3
发电量	亿千瓦时	5.8	23.3
机制纸及纸板	万吨	3.6	−2.8
豆制品	万吨	6.6	27.3
精甲醇	万吨	0.29	−70.4
淀粉	万吨	6.5	46.5

工业企业增效明显。全部工业企业全年实现销售收入 733.5 亿元，比 2010 年增长 31.5%；实现利税总额 35.0 亿元，比 2010 年增长 8.3%，其中利润 16.9 亿元，增长 16.1%。

建筑业生产增速和效益明显提高。全年实现建筑业增加值 61.4 亿元，比 2010 年增长 36.8%。当年新开工的单位工程施工个数 3 846 个，比 2010 年增加 796 个。当年单位工程竣工个数 3 435 个，比 2010 年增加 602 个。年内房屋建筑施工面积和竣工面积分别达到 746.0 万平方米和 659.6 万平方米，分别比 2010 年增长 15.6%和 25.7%。实现利税 23.1 亿元，增长 58.2%，其中利润 16.3 亿元，增长 66.3%。

四、固定资产投资

固定资产投资持续快速增长。2011 年垦区继续抓住国家加大农业投入和推进城乡一体化发展的机遇，以加速实现垦区"三化"进程为目标，积极推进大项目战略的实施，突出农产品龙头加工项目、国家大型商品粮基地、农业水利设施、农机具购置、高速公路和农村公路建设、农场危房改造和廉租房等重点建设项目的投资，固定资产投资呈现大幅度增长。全年完成固定资产投资总额 285.5 亿元（图 5），比 2010 年增长 38.5%，其中，生产性建设投资 109.8 亿元，增长 16.1%，非生产性建设投资 175.7 亿元，增长 57.4%。从产业投向上看，第一产业 50.3 亿元，增长 17.0%，占 17.6%；第二产业 26.3 亿元，增长 82.6%，占 9.2%，其中工业 26.0 亿元，增长 92.2%，比历史最高水平的 2005 年增长 15.5%，为垦区工业经济健康持续发展提供后劲；第三产业 208.9 亿元，增长 40.5%，占 73.2%。第二产业投资比重比 2010 年提高了 2.2 个百分点。当年投资对经济增长的贡献率达到 34.8%。

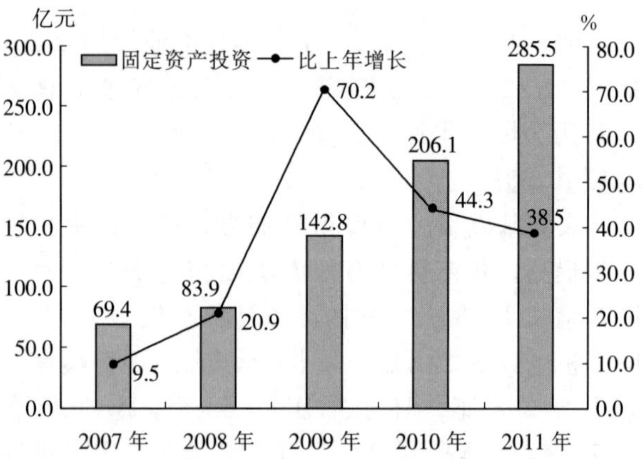

图 5　2007—2011 年固定资产投资及其增长速度

五、交通运输、通讯和旅游业

交通运输业持续发展。全年垦区完成运输场站、公路养护中心和区域物流园区建设等投资 6.5 亿元，比 2010 年增长 14.1%。新建农场客运站 8 个，新建管理区客运站 7 个；新建公路养护中心 2 个；续建区域性物流园区 2 个。运输基础设施进一步完善，运输生产能力显著增强。全年共完成道路客运量 0.1 亿人次，客运周转量 6.5 亿人千米，货运量 0.2 亿吨，货运周转量 13.0 亿吨千米，分别比 2010 年增长 0.7%、1.6%、3.0%和 2.3%。

公路三年决战成果显著。垦区第一条高速公路——三江高速公路建成通车，当年垦区农村公路完成交工通车里程 1 400 千米，使垦区公路硬化里程突破 9 200 千米大关，为垦区新农村建设作出了突出贡献。全年完成公路建设投资 37 亿元，比 2010 年下降 2.4%，其中，高速公路建设完成投资 22.6 亿元，重点公路建设完成投资 0.7 亿元，农村公路建设完成投资 13.7 亿元。

通信事业发展较快。年末农垦通信拥有通信线路 26 823 千米，比 2010 年增长 2.1%。其中，光缆线路总长度 15 656 皮长公里，增加 854 皮长公里。垦区固定电话达到 47.7 万部，比 2010 年增长 4.1%，户均电话普及率达到 73.2%，比 2010 年提高0.1个百分点。宽带用户达到13.5万户，比2010年增加2.5万户，增长22.7%。

旅游业发展迅速。全年累计接待国内外旅游者379.2万人次，实现旅游收入18.1亿元，比2010年分别增长35.8%和36.2%。年末，垦区拥有A级以上景区18个，比2010年增加8个。其中，AAAA景区2个，AAA景区14个，AA景区2个；北大荒现代农业园被评为“全国休闲农业与乡村旅游4星级示范创建企业”，是省首批唯一一家获此殊荣的企业；海林、七星、兴凯湖农场被确定为黑龙江省旅游名镇。

六、国内贸易和对外经济

消费品市场平稳较快发展。全年垦区实现社会消费品零售总额137.7亿元，比2010年增长18.0%。其中，农场及农场以下消费品零售额117.1亿元，增长18.8%；批发零售贸易业消费品零售额118.0亿元，增长17.8%；餐饮业零售额17.5亿元，增长20.7%；食品类商品零售额53.6亿元，增长18.6%，占全部零售额的比重为38.9%。

对外贸易稳步发展。全年实现外贸进出口总额22.1亿美元，比2010年增长7.8%，其中，出口总额实现7.1亿美元，比2010年增长16.4%。北大荒绿色特色产业出口基地成为全省唯一一家国家级外贸转型升级示范基地。

招商引资和对外经济贸易合作取得新成效。全年签订国内外经济技术合作项目413项，其中利用外资项目53项。实际利用国内外资金65亿元，比2010年增长75.2%。其中合同利用外资到位额8 441万美元，比2010年增长62.4%。

垦区实施“走出去”战略向纵深发展。在俄罗斯、菲律宾、朝鲜、美国、巴西、哈萨克斯坦、中国香港等国家和地区注册公司19个，合作企业达9个；境外产业多元发展，开发内容不断丰富，在优势农业境外开发的基础上，产业链条延伸到加工业、畜牧业、木材采伐、矿藏开采、贸易流通、现代物流网络建设等行业。在境外租种土地150万亩；对外劳务输出累计达到11 080人次，输出生产机械3 200台（套）；累计境外投资超过5.24亿元人民币，累计生产粮豆9.5亿千克。

七、科技、教育、卫生、文化和体育

科技事业成果丰硕。2011年年末垦区有专业科研机构19个，技术推广中心（站）113个，省级科技成果推广示范基地11个，国家级工程技术中心1个，省部级工程技术中心、生产力促进中心、企业研发中心等27个。年内开展的科技项目68个，其中省部级以上科技项目41个，获得总局以上项目经费6 850万元，比2010年增长4.4%。全年垦区各级科技投入6.2亿元，比2010年增长51.2%。有7项科技成果获得黑龙江省科技奖励。拥有高新技术产品15项，高新技术企业13个，民营科技企业44个，民办非企业科技类单位5个。2011年新增专利申请量50个，专利授权量48个，新增专利优势企业1个，累计5个。

教育事业稳步发展。年末垦区有独立普通小学47所，招生1.6万人，在校生9.6万人，毕业生2.1万人；普通中学124所，招生3.2万人，在校生10.9万人，毕业生3.4万人；普通高等院校3所，招生0.8万人，在校生2.8万人，毕业生0.8万人；中等职业教育学校11所，招生1.4万人，在校生4.8万人，毕业生2.9万人。当年高考进入普本分数线以上的有5 366人，比2010年增加275人。

医疗卫生服务能力不断提升。2011年年末垦区共有各级各类医疗卫生机构1 960个，其中综合医院116所，专科医院1所，疗养院1所；卫生监督所（含疾病预防控制中心）118个，妇幼保健院97所。卫生技术人员14 936人，其中，执业医师和执业助理医师8 596人，注册护士4 748人。拥有住院床位和观察床位12 015张。全垦区现有社区卫生服务中心112个，社区卫生服务站429个，基层卫生覆盖率达100%。当年报告乙、丙传染病共15种，比全省少10种；报告发病率为124.12/10万，比全省发病率低148.68/10万。

文化艺术事业更加繁荣。年末垦区共有博物馆12个，图书馆（室）537个，俱乐部（文化站）163个，文化广场295个。现有一报四刊，《北大荒日报》全年总印数2 090万份，杂志4种，全年总印数25.78万册。2011年垦区继续实施文化信息资源共享工程，在27个农场建立文化信息资源展示系统（LED室外全彩显示屏系统）；在32个农场、158个管理区实施送书下乡工程；在32个农场、167个管理区建设农村综合文化室。全年共举办各种文艺演出4 000余场，各类比赛活动3 600余场；举办各种精品展览400余次，展出各类艺术作品 5 000 余幅。

广播电视事业稳步发展。各级广播电视台站共开办专栏 180 余个，累计播出 1 200 余期，省级以上媒体播发新闻 280 余条。农垦广播电视台开辟电视栏目 22 个，播出 380 余期，新闻 3 800 余条。"龙广北大荒之声"正式开播，实现了 19 个频点覆盖，播出自办广播节目《北大荒新闻》、《陇上行》、《北大荒文化周刊》，引进转播中央台和省台广播节目 7 个。继续推进数字电视平移，目前用户已达到 30 万户，比 2010 年增加 7 万多户。年末垦区共有 69 个数字电影放映队，全年放映电影 3 680 场。

全民健身运动深入开展，体育事业再创佳绩。年末垦区拥有体育场馆 137 个，全年组织各类体育运动会及体育比赛 492 次，有 14.7 万人参加了各种类型的体育运动项目。继续加大全民健身工程投入力度，当年在垦区建设国家级全民健身工程 3 个，省级体育健身工程 62 个，总局级公共体育场（社区多功能运动场）16 个。在黑龙江省首届全民健身运动会上，农垦总局获得体育道德风尚奖、优秀组织奖；在全省第二届智力运动会上，垦区代表队取得了团体总分第六名的好成绩，并且被大会组委会授予体育道德风尚奖；农垦总局首次单独组团参加了全国第十二届冬季运动会。

八、社会保障和环境保护

社会保障事业成效显著。2011 年，垦区基本养老、医疗、失业、工伤、生育等"五险合一"的社会保险制度不断完善，各项社会保险覆盖范围继续扩大，基金规模持续增长，保障能力明显提高。2011 年末参加企业基本养老保险人数达到 47.2 万人；离退休人员达到 33.8 万人，比 2010 年增长 1.2%。企业退休人员养老金连续 7 次上调，全年累计发放养老金 48.6 亿元，比 2010 年增长 12.9%。年末参加基本医疗保险人员为 146.2 万人，其中，参加职工医疗保险 72.5 万人，参加居民医疗保险 73.7 万人，全年支付医疗保险基金达到 9.7 亿元，比 2010 年增长 39%；参加失业保险人员达到 43.4 万人，全年发放失业保险基金 415 万元，比 2010 年下降 49.6%；参加工伤保险人员 40 万人，全年支付工伤保险基金 4 305 万元，比 2010 年增长 69.4%。参加生育保险人员 38.9 万人，全年支付生育保险基金 1 284 万元，比 2010 年增长 5.4%。

资源环境保护力度加大。年末垦区已建各级各类自然保护区 22 个，保护地 130 个，总面积 75.3 万公顷，使垦区受保护土地面积达到 13.6%。进一步加大环境保护工程投入力度，全力推进污水处理厂、垃圾处理场项目建设，累计投资近亿元。继续强化环境监管工作，严格控制"三同时"制度，对无治理设施的 18 个单位限期治理，对超标排放、存在环境安全隐患的 26 个排污单位责令停止生产，限期整改，对不符合国家产业政策的排污单位限期淘汰落后生产设备。认真落实全民环境教育工作，加快绿色学校创建工作。

九、人口与人民生活

人口保持低速增长。全年垦区人口出生率为 3.97‰，比 2010 年提高 0.08 个千分点，人口自然增长率为－1.3‰，比 2010 年下降 0.01 个千分点。年末垦区总人口 171.2 万人，比年初增加 3.8 万人。其中，农场人口 146.5 万人，占总人口的 85.6%。

从业人员薪酬保持较高增长。年末垦区从业人员 95.7 万人，全年从业人员劳动报酬 176.9 亿元，比 2010 年增长 22.3%；年末全部在岗职工 37.7 万人，比 2010 年减少 0.2 万人，在岗职工年平均工资为 20 480 元/人，比 2010 年增长 16.1%。

农场职工家庭人均纯收入再创历史新高。全年农场职工家庭人均纯收入突破 16 000 元大关，达到 16 466 元，比 2010 年增加 3 199 元，扣除物价因素实际增长 17.3%（图 6）。其中，工资性收入增长 8.8%，家庭经营性收入增长 20.2%，财产性收入增长 16.4%，转移性收入增长 19.4%。农场职工家庭人均生活消费支出 8 675 元，比 2010 年增长 11.8%，其中食品消费支出所占比重即恩格尔系数为 33.2%。耐用消费品数量稳中有增。年末，平均每百户农场职工家庭拥有彩电 106 台、洗衣机 94 台、电冰箱 78 台、空调 3 台、摩托车 69 辆、热水器 43 台、微波炉 16 台、照相机 23 台、影碟机 33 台、家用计算机 60 台、移动电话 199 部、生活用汽车 7 辆。

小城镇建设超常规发展。垦区继续加快小城镇基础设施和城区环境绿化美化建设，增强城镇的综合载体功能。全年新建小城镇住房 985.0 万平方米，比 2010 年增加 246.8 万平方米，增长

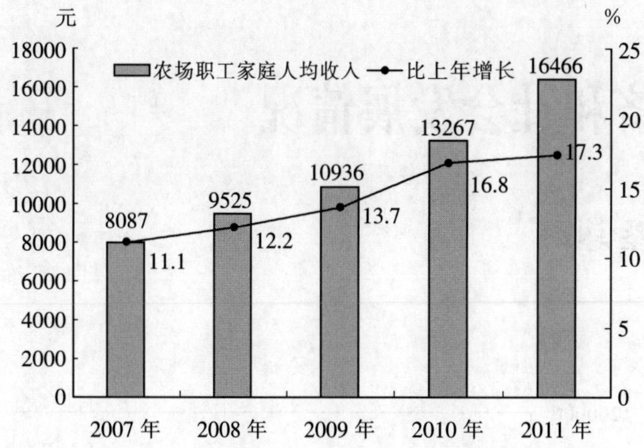

图6　2007—2011年农场职工家庭人均纯收入及其增长速度

33.4%，小城镇人均拥有住房面积30.0平方米，比2010年增加1.8平方米；集中供热面积3 210.3万平方米，比2010年增长33.3%；城镇高等级混凝土路面已达1 640千米，增长16.9%；人均绿地面积36平方米，增长2.9%。

居民居住条件得到持续改善。垦区继续加快居民住宅基础设施、公共设施建设步伐，全年用于住宅的投资达123.9亿元，比2010年增长53.5%。到年末，垦区居民住房面积达到4 830.0万平方米，比2010年增长14.6%，人均住房面积28.2平方米，比2010年增加3.0平方米。

居民储蓄存款继续增加。年末垦区居民储蓄总额254.4亿元，比2010年增长15.9%，人均储蓄额14 859元。

注：1. 垦区生产总值、各产业增加值绝对数按现价计算，增长速度按可比价格计算。

2. 公报数据为初步统计数据，最终数据以《2012年黑龙江垦区统计年鉴》为准。

广东农垦 2011 年经济和社会发展情况

广东省农垦总局

2011 年，是“十二五”规划开局之年，广东农垦在农业部和广东省委、省政府的正确领导下，以邓小平理论和“三个代表”重要思想为指导，深入贯彻落实科学发展观，认真贯彻落实中央和省委会议精神，围绕“推进农业现代化，打造跨国大集团，建设美好新垦区”的总目标，继续推进垦区各项改革，克服各种困难和挑战，大力促进结构调整和经济发展方式转变，实现了“十二五”时期垦区经济社会发展的良好开局。垦区社会经济保持稳定健康发展，综合经济实力增强，经济运行质量良好，民生工程取得重大进展，职工收入大幅度增加，社会保持和谐稳定。

一、综合

2011 年，广东农垦实现生产总值 97.63 亿元（图 1），比 2010 年增长 16.8%。其中，第一产业增加值 27.98 亿元，增长 16.4%，对 GDP 增长的贡献率为 28.1%；第二产业增加值 46.18 亿元，增长 16.8%，对 GDP 增长的贡献率为 47.5%；第三产业增加值 23.47 亿元，增长 17.1%，对 GDP 增长的贡献率为 24.4%。三次产业结构由 2010 年的 28.76∶47.27∶23.97 变为 2011 年的 28.65∶47.30∶24.05，经济结构进一步优化。人均农垦生产总值达 25 597 元，增长 14.2%。国有在岗职工年平均收入26 674元，增长 17.9%，垦区人口人均纯收入13 261元，增长 20.1%。全年国有企业主营业收入达 118.3 亿元，增长 32.7%，实现利润 4.6 亿元，增长 38.2%。

垦区经济和社会发展存在的主要困难和问题：一是垦区经济区域发展不够平衡，产业结构优化升级不够；二是经济总量、速度与质量不太平衡，人均水平不高；三是垦区部分项目配套资金能力不足；四是社会事业发展仍滞后，改善民生任务艰巨，关系到职工切身利益的社保、医保问题，仍未从根本上解决，社区管理难度加大等。

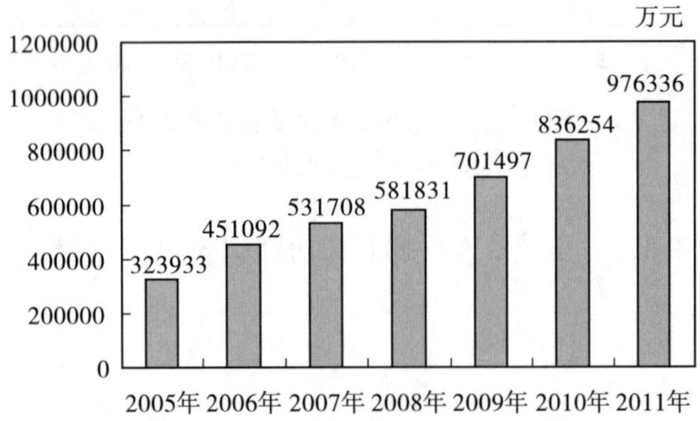

图 1　2005—2011 年农垦生产总值

二、农业

2011 年，广东农垦实现第一产业增加值 27.98 亿元，增长 16.4%，占生产总值的 28.65%。农业总产值按现行价计算达 52.05 亿元，增长 19.8%，农业商品产值为 33.49 亿元，增长 44.37%，农业商品率为 90.3%。

2011 年，实现农作物总播种面积 4.73 万公顷，比 2010 年增长 4.1%。其中，粮食播种面积 0.87 万公顷，增长 2.2%；糖蔗种植面积 2.94 万公顷，增长 6.2%；油料播种面积 0.29 万公顷，增长 5.5%；蔬菜播种面积 0.48 万公顷，增长 2.4%。

垦区基地橡胶年末实有面积 4.35 万公顷，增长 4.8%；水果年末实有面积 2.51 万公顷，增长 1.3%；剑麻 0.43 万公顷，负增长 30.7%；茶叶 753 公顷，负增长 3.1%。

全年生猪饲养量 115.43 万头，增长 21.3%。其中，年末存栏 48.51 万头，增长 32.7%；牛年末存栏 2.65 万头，其中，奶牛 0.84 万头；家禽饲养量 1 431.87 万只，增长 2.7%；全年水产养殖面积 0.40 万公顷。

全年粮食产量 6.18 万吨，比 2010 年增长 10.4%；糖蔗产量 202.90 万吨，比 2010 年增长 4.4%；油料产量 0.82 万吨，比 2010 年增长

4.1%；蔬菜产量10.23万吨，比2010年增长9.1%；干胶产量11.29万吨（包含海外、海南和云南），比2010年增长7.3%；水果产量44.22万吨，比2010年增长10.1%；剑麻直纤维产量1.31万吨，比2010年负增长3.6%；茶叶产量0.12万吨，比2010年增长5.8%。

全年肉类总产量7.35万吨，比2010年增长14.6%。其中，猪肉产量5.48万吨，增长17.9%；禽肉产量1.76万吨，增长9.3%，禽蛋产量3 069吨，增长21.2%。全年水产品产量3.13万吨，比2010年增长3.0%，其中海水养殖0.95万吨，淡水养殖2.18万吨。鲜牛奶产量2.86万吨，比2010年增长8.9%

全年农业固定资产投入4.90亿元，比2010年增长20.4%。年末农业机械总动力为30.29万千瓦，比2010年增长17.4%。全年农用化肥施用量（折纯）5.12万吨；农用塑料薄膜用量782吨；农药施用量5 574吨；农场用电量29 902万千瓦时；有效灌溉面积达16 231公顷。

三、工业和建筑业

2011年，实现第二产业增加值46.18亿元，增长16.8%，占生产总值的47.30%。

2011年，全年实现工业增加值35.98亿元，增长16.4%，实现工业总产值按现行价计算（下同）为138.39亿元，比2010年增长19.4%。其中，轻工业产值129.18亿元，占工业总产值的93.4%；重工业产值9.21亿元，占工业总产值的6.6%。工业产品销售率为96.8%（图2）。

2011年垦区二十二大类工业产品中，产值排前10位的行业是：食品制造业产值41.95亿元（现价，下同），占30.3%；其他制造业37.15亿元，占26.8%；食品加工业产值28.91亿元，占比重为20.9%；塑料制品业6.59亿元，占4.8%；金属制品业6.43亿元，占4.6%；建筑材料业产值3.37亿元，占2.4%；饮料制造业产值1.77亿元，占1.3%；服装及其他纤维制品制造业1.58亿元，占1.1%；纺织业产值1.55亿元，占1.1%；橡胶制品业产值1.42亿元，占1.0%。这十大产业创产值130.70亿元，占工业总产值的94.4%。全年实现工业利润是6.26亿元，应交税金5.25亿元。

2011年垦区工业主要产品产量及其增长速度见表1。

表1　2011年工业主要产品产量及增长速率

产品名称	计量单位	产量	比2010年增长（%）
水泥	吨	617 356	18.6
机制糖	吨	437 270	−15.6
罐头	吨	5 501	−57.7
有机复混肥	吨	49 341	18.8
乳制品	吨	87 951	18.7
砖	万块	41 451	3.7
家具	万件	262.07	18.1
地毯	万平方米	26.51	−30.1
白棕绳	吨	3 293	−10.3

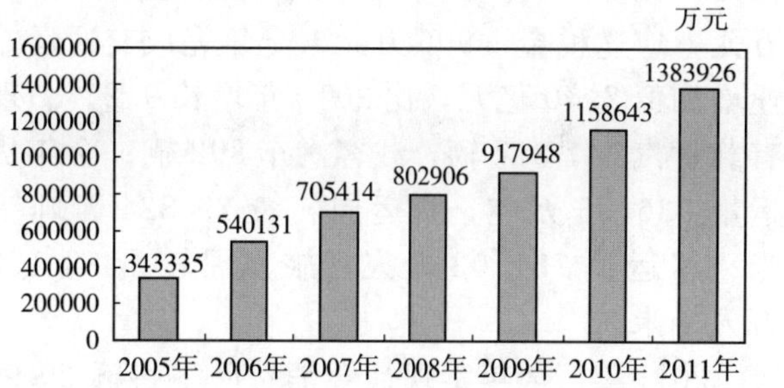

图2　2005—2011年工业总产值

2011年，全年完成建筑业产值12.41亿元，比2010年增长23.4%，房屋施工面积128.85万平方米，负增长7.6%，房屋竣工面积107.84万平方米，负增长12.4%。建筑业增加值达4.31亿元，增长19.7%，实现利润总额7 247万元，增长17.9%，应交税金4 588万元。

四、固定资产投资

2011年，全年全社会固定资产投资总额21.56亿元，比2010年增长6.6%（图3），其中，国有固定资产投资完成13.42亿元，增长5.8%，非国有投资完成8.14亿元。在国有固定资产投资额中，基本建设投资10.97亿元，占81.8%，更改措施投资2.45亿元，占18.2%。

分三次产业看，第一产业投资4.90亿元，比2010年增长20.4%；第二产业投资4.84亿元，增长45.8%；第三产业投资11.82亿元，增长7.9%。主要投向两大主产业、六大支柱产业和公益民生工程。

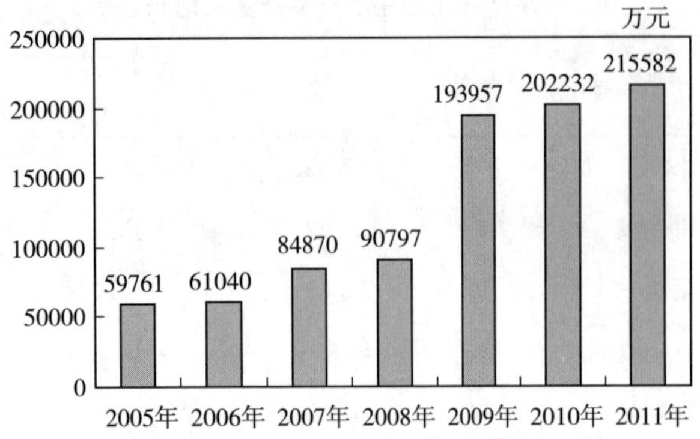

图 3　2005—2011 年固定资产投资

五、交通运输业、批零贸易业、餐饮业、服务业、房地产业及出口商品

2011 年，全年完成交通运输业总产值 4.63 亿元，比 2010 年增长 10.5%，全年盈利 4 043 万元，应缴税金 1 996 万元。全年完成交通运输业增加值 2.50 亿元，比 2010 年增长 9.2%。现有载货汽车 1 317 辆，载客汽车 892 辆；全年货运量 236.55 万吨，货运周转量 29 824 万吨千米；客运量 751.02 万人，旅客周转量 87 173 万人千米。

2011 年，全年实现社会消费品零售额 20.91 亿元，增长 33.5%。年末批零贸易业、餐饮业、居民服务业营业单位总数达 4 853 个，从业人员 18 812人，年末固定资产原值 19.86 亿元，营业用房 57.35 万平方米，销售和营业总额 86.84 亿元，增长 34.4%；利润总额 31 794 万元，应交税金 15 724万元。

2011 年，垦区房地产从业人员 75 人，年内销售商品房 20 997 万平方米，增长 154.2%，利润总额 6 225 万元，增长 86.5%，缴纳税金 4 121 万元，增长 77.7%。

2011 年，年末共有物业管理公司 12 个，物业管理人员达 662 人，年末实有可出租房屋面积 74.08 万平方米，已出租房屋面积 68.33 万平方米，出租率达 92.2%，物业管理公司营业或服务收入达 11 829 万元，其中物业管理费收入 2 660 万元，占总收入的 22.5%；出租写字楼及宿舍收入达 3 494 万元，占总收入的 29.5%；出租厂房收入 3 055 万元，占总收入的 25.8%。

2011 年，受内外经济环境好转影响，出口额大幅度增加。出口商品总金额达到 51.23 亿元（图 4），比 2010 年增长 13.3%。出口创汇金额 74371 万美元，比 2010 年增长 7.2%。其中，工业品出口达 46.79 亿元，占出口总额的 91.3%。

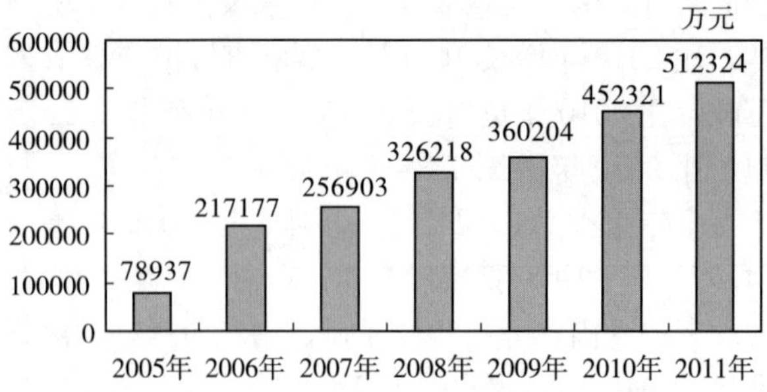

图 4　2005—2011 年 出口商品总金额

六、科技生产、土地

2011 年，共落实财政资金项目 20 大项 230 多个小项，资金总额 13 729 万元，比 2010 年增加 1 650万元，增长 13.7%。

1. 科技推广与成果方面　2011 年高抗高产新品种试种、新型配方肥的试用和土壤改良技术等主产业技术环节的试验取得成效，新植胶园葛藤等优质绿肥覆盖技术得到全面认同，中小苗胶园抚管效率得到显著提升，人均抚管定额达到 3 500 株左右。

2. 种苗生产情况　2011 年推进橡胶和甘蔗两主产业种苗设施建设，新增高标准育苗设施 9 057 平方米。

3. 标准化方面　2011 年蜂泉牌鲜菠萝通过无公害农产品认证；名富牌番石榴、火龙果通过有机食品认证；肥农牌生物有机肥及银月牌白砂糖等荣获省名牌产品称号，丰牌白砂糖、三环牌白砂糖、太阳牌剑麻纤维、广垦橡胶牌高氨浓缩天然胶乳通过有效期复审。

4. 安全生产方面　2011 年，开展安全生产标准化和农场安全社区建设工作，燕塘乳业公司安全生产标准化通过广州市安监局认证，华海糖业公司通过了第三方评审，南华、火星、葵潭农场安全社区建设起步。全年垦区各级签订的安全生产责任书达 4 000 多份，无重大安全事故发生。

2011 年，垦区当年土地确权发领证 2.9 万亩，累计确权发证率达到 98.2%；回收土地 1.008 万亩；盘活利用土地 34 宗，共 13318 亩，合同补偿金额 6.11 亿元，实收金额 4.2 亿元，超额实现年初计划 3.5 亿元的目标，按比例总局可获土地收益 1.06 亿元，为垦区发展增添了血液。

七、教育和卫生

垦区教育事业健康发展。推进示范性学校建设，修订了《广东农垦义务教育示范性学校标准》，抓好 18 所农垦示范性中小学校工作。大力改善教学硬软件设施和环境，整合教育资源，提高了教学质量。

据统计，2011 年垦区示范性建设资金总投入达到 2 946 万元，新建校舍 20 986 平方米（竣工 12 164 平方米），维修校舍 6 400 平方米；安排 1 118万元用于教学仪器设备购置，添置电脑、实验室、多媒体教学平台等设备 1 168 台（套）；撤并了 4 所小学和若干教学点；培训教师达 3 689 人次。2011 年，湛江垦区初中的中考平均分超过湛江市地方学校平均分 51 分；幸福、华海、红江、鸡山等中学中考成绩在所在县名列前 4；湛江农垦实验中学高考综合成绩在湛江市 81 所高中排名第五。

2011 年，垦区有各类学校 149 所，教职工 5 408人，在校学生 99 317 人，当年毕业生 22 170 人。其中，普通高等学校 1 所，在校学生 17 964 人，当年新招生人数 6 319 人，当年毕业生5 204 人；中专 1 所，在校学生 11 791 人，当年毕业生 2 112人；技工学校 1 所，在校学生 435 人，当年毕业生 260 人；普通中学 47 所，在校学生 27 092 人，当年毕业生 7 034 人；小学 99 所，在校学生 42 035 人，当年毕业生 7 560 人；幼儿园 40 所，入园儿童 6 020 人。

2011 年，垦区医疗卫生软硬件设施不断完善。农场医院基本被列入地方医保定点医院。

目前垦区现有医疗单位 62 个，其中，省地级医院 5 个，疗养院 1 个，场级医院 55 个。病床 4 956张，增加了 368 张。医务人员 4 114 人，其中，医生 1 544 人。平均每个医生承担服务人口量为 247 人。

八、公路、小城镇和安居工程建设

2011 年建设四级道路 312.1 千米，出口路 25.9 千米，桥梁 2 座，完成投资 12 673.5 万元，其中财政专项资金 6 072 万元。

2011 年，制定了《广东农垦建设项目修建性详细规划方案和建筑方案审查管理规定》、《关于打造垦区示范场部示范队的意见》两个制度性文件，把规划、设计和示范场部示范队建设纳入各级管理范围；加快垦区危房改造、移民和归难侨危房改造等安居工程建设，提高农场小城镇建设和项目管理的业务水平；水库移民后期扶持工作，编制了水库移民 3 个“十二五”规划和 4 个批次的年度计划，落实下达财政资金 8 616.81 万元，完成水库移民人口复核工作，新增 7 849 人纳入扶持范围。把胜利等 3 个农场和华海 12 队等 7 个队列入省第一批名镇名村计划。

截至 2011 年年底，垦区危房改造项目接近全面完成：当年完成垦区危房改造 1.66 万户，当年竣工面积 180 万平方米，累计完工 6.058 万户，完工率达 99.7%，累计竣工面积 468 万平方米；当年完成水库移民建房 2 079 户，竣工面积 26.4 万平方米；当年完成归难侨危房改造 239 户，竣工面积 2 万平方米。垦区农场小城镇建设已经全面铺开，一批配套基础设施和公共服务设施整体推进。

九、人口、职工与人民生活

2011 年全垦区年末总人口 38.21 万人，全年出生人口 2 676 人，年内死亡人口 1 889 人。

2011 年年末垦区国有职工总数 5.92 万人，其中，在岗职工为 5.75 万人，长期职工为 4.30 万人。全年在岗职工纯收入合计 151 768 万元，国有职工年平均收入 26 674 元，增长 17.9%（图 5）。

2011 年垦区居民人均纯收入 13 261 元，增长 20.1%。

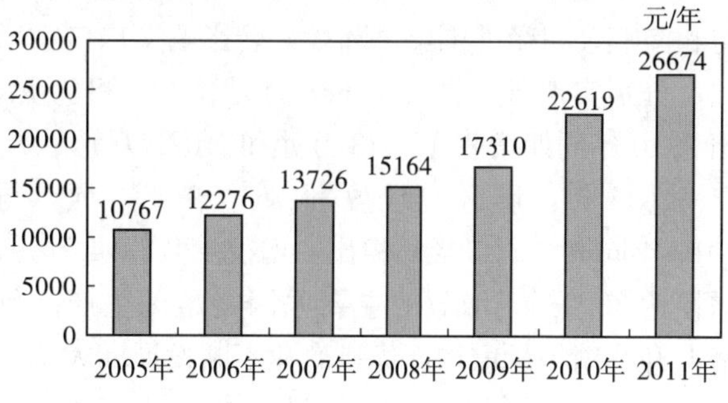

图 5　2005—2011 年国有在岗职工人均年收入

2011 年年末从业人员 14.24 万人，其中，从事第一产业 6.92 万人，占从业人员总数的 48.6%；从事第二产业 3.83 万人，占从业人员总数的 26.9%；从事第三产业 3.49 万人，占从业人员总数的 24.5%。从业人员年平均收入 22 068 元，增长 22.5%。

十、农业产业化重点龙头企业和境外企业基本情况

2011 年，垦区农业产业化龙头企业取得新进展。垦区原有的 8 家国家级和省级龙头企业顺利通过 2011 年度年审。同时，完成 2011 年龙头企业的申报工作，新增广东农垦进出口集团为省级龙头企业，畜牧集团升格为国家龙头企业。到 2011 年年末，垦区共有 9 家省级龙头企业，其中 4 家为国家级龙头企业。

2011 年末，垦区境外企业达 10 家，境外企业从业人员 1 013 人，境外企业全年总收入 26.01 亿元。

十一、营业收入、利润和税金

2011 年全垦区实现主营业收入 118.3 亿元，同口径比 2010 年增加 32.7 亿元，增幅达 38.1%。增长的主要动力来源于主导产品天然橡胶、白糖价格的大幅度上升，海外橡胶项目的达产达效。广垦橡胶集团全年实现营业收入 47 亿元，比 2010 年 28.6 亿元增加 18.4 亿元，增幅达 64.3%。垦区蔗糖产业在白糖单价大幅度上升的情况下（单价上升 1 421 元/吨），全年实现营业收入 25.5 亿元，同口径对比增收 4.9 亿元；乳业继续保持产销强劲增长的势头，乳制品销量增加 12 165 吨，实现销售收入 64 903 万元，同比增收 13 124 万元，增长达 25.3%。2011 年新组建的广垦畜牧集团当年实现收入 2.1 亿元。另外，垦区出口外向型的进出口公司和南燕公司受外围经济环境好转影响，出口额增加，分别实现营业收入 84 689 万元和 14 398 万元，比 2010 年同期增收 12 343 万元和 5 022 万元。

2011 年，垦区实现盈利 46 019.2 万元，与 2010 年同期（同口径）相比，增盈 12 723.4 万元，增幅达 38.2%。增盈的主要原因是垦区主产品价格上升及销售量增加，优势产业不断发展壮大，主产业盈利能力增强。2011 年垦区主产品毛利增加 1.6 亿元。其中，白糖由于价格的大幅度提升和销量的增加毛利增加了 9 659 万元，糖业实现利润 8 458万元，同比增加 4 920 万元，增幅达 71.9%；乳制品在价量齐升的推动下，毛利增加 1 251 万元，乳业实现利润 6 222 万元，剔除 2010 年内部股权转让收益同比增盈 1 515 万元；猪肉和仔猪由于价格大幅度上升，毛利增加 1 850 万元，畜牧业实现利润2 056万元；橡胶产业在销售成本和期间费用大幅度增加的情况下，仍实现利润 1.37 亿元。

2011 年，垦区实现各项税费 31 631.3 万元，比 2010 年的 26 550.6 万元增加 5 080.7 万元。主要是因为垦区主营业收入和利润大幅度增加，企业所得税和增值税相应增加。其中，企业所得税应纳税额为 5 721.2 万元，比 2010 年增加了 878 万元；增值税 15 604.4 万元，比 2010 年增加 3 485.9 万元。

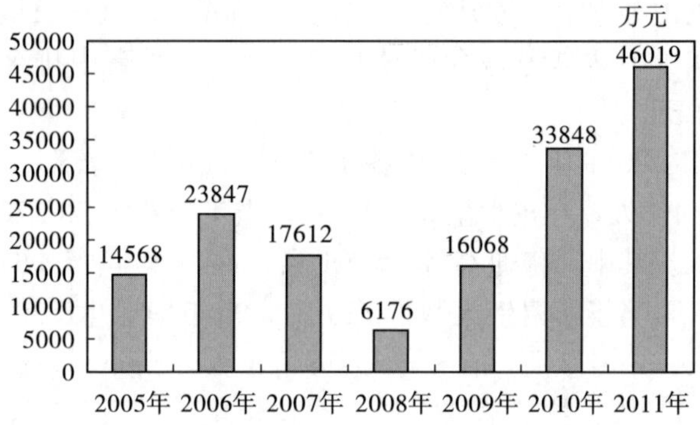

图 6　2005—2011 年利润总额

十二、非国有经济

2011 年，垦区实现非国有经济生产总值 47.79 亿元，增长 12.8%，占垦区经济总量的 48.9%。其中第一产业增加值 5.07 亿元，第二产业增加值 32.86 亿元，第三产业增加值 9.86 亿元，各产业占非国有经济总量的比重分别为 10.6%、68.8%、20.6%。非国有经营单位个数 6 409 个，从业人员达 6.04 万人，其中，第一产业 1.78 万人，第二产业 2.33 万人，第三产业 1.93 万人。从业人员总收入 13.71 亿元，人均收入 22 693 元。全年共实现利税 13.20 亿元，其中利润 9.14 亿元。

海南农垦2011年经济和社会发展统计公报

海南省农垦总局

2011年是实施“十二五”规划的第一年。海南垦区围绕抓改革促发展的工作中心，着力调整产业结构，加快农场经济发展步伐，努力实现农垦“二次创业”，促进了海南农垦经济和社会的稳步发展。

据统计，2011年海南垦区完成主要经济指标如下：

完成农垦生产总值135.85亿元（现价），比2010年增长10.4%，其中，第一产业86.82亿元，增长2.8%；第二产业19.43亿元，增长14.7%；第三产业29.60亿元，增长35.1%。

完成固定资产投资60.93亿元，比2010年增长19.6%。

实现劳动者人均报酬34 179元，比2010年增长24.9%。

人均纯收入达到8 530元，比2010年增长21.0%。

完成干胶总产17.18万吨，比2010年下降6.7%。

垦区主要经济指标完成达到预期目标。

一、农业

全年完成农、林、牧、渔、服务业总产值143.10亿元，比2010年增长16.8%。其中，农业产值43.19亿元，林业产值65.69亿元，牧业产值23.38亿元，渔业产值6.97亿元，农林牧渔服务业产值3.87亿元。完成农业增加值86.82亿元，比2010年增长2.8%，农业生产继续保持稳定的发展态势。

（一）天然橡胶生产

海南垦区天然橡胶产业以海南天然橡胶产业集团股份有限公司经营为主，天然橡胶主产业地位继续得到巩固，年末天然橡胶保有量仍达374.40万亩。2011年垦区在着力调整产业结构中，进一步巩固天然橡胶主产业的地位，在巩固和完善开割胶园长期承包责任制的同时，不断加大胶园管理和投入，2010年由于倒春寒、干旱等原因普遍推迟1个月割胶，加上9月底又遭“纳沙”强台风的袭击，垦区天然橡胶产业遭受严重损失，但经过垦区职工的努力，橡胶生产稳步发展。全年完成干胶总产17.18万吨，比2010年减产6.7%。同时，天然橡胶胶园更新速度加快，全年完成橡胶定植面积9.12万亩。

（二）非胶农业生产

在海南垦区农业生产中，非胶农业占据“半壁江山”。2011年完成农业总产值中，非胶农业产值达81.74亿元，占农业总产值的57.1%。在非胶农业生产中，以农作物、水果、热带经济作物和畜牧养殖业为主要构成。2011年完成主要农经作物产品产量：粮食总产量14.40万吨，增长12.4%；瓜菜总产30.11万吨，增长4.2%；水果总产量47.49万吨，增长12.1%；生猪出栏77.78万头，猪肉总产6.88万吨，分别增长22.1%和21.2%；水产品产量4.01万吨，增长6.0%。垦区畜牧业发展形成新的发展动力，特别是海垦畜牧公司年生猪饲养量达24.6万头，比2010年大幅度增长。已经建成年产生猪20万头生产能力的养殖基地，为扩大生产能力提供了保障。

特别是2011年7月北京农业项目推介会后，以项目促发展成为经济建设重心。北京农业项目推介会推出项目139个，涉及土地面积36.3万亩。其中，农业休闲观光项目24个，占地面积4.8万亩；热带作物基地项目16个，占地面积8.8万亩；热带瓜菜基地项目14个，占地面积3.6万多亩；热带水果项目16个，占地面积6万亩；花卉苗木基地项目14个，占地面积2.6万亩；养殖业项目7个；农产品加工项目8个。

二、工业

2011年垦区工业摆脱近年来的困扰，迅速走出困境，工业经济总量快速增长，总体规模进一步扩大，工业结构进一步改善，新兴工业带来新的增长点。

全年完成工业总产值 26.94 亿元，比 2010 年增长 23.2%；工业增加值 6.45 亿元，比 2010 年增长 15.1%。其中垦区规模以上工业完成工业总产值 12.02 亿元，比 2010 年增长 1.5%。完成工业销售产值 25.29 亿元，工业产销率 93.9%，工业产销状况运行良好。工业增长的主要因素：一是新增工业企业拉动。当年垦区列入新增工业企业 4 家，其中，海南美好西林生物制药有限公司年产值 5 025 万元、海南经纬乳胶丝有限公司年产值 2 607万、海南安顺达橡胶制品有限公司年产值 1 695万元、海南知知乳胶制品有限公司年产值 4 463万元；二是受国际市场成品糖价格高位运行的影响，制糖业大幅度增长，2011 年制糖产值完成 19 046 万元，比 2010 年增长 84.0%；三是医药制造业生产出现较大增长，2011 年垦区医药制造业完成产值 58 983 万元，比 2010 年增长 16.9%。其中，海南皇隆制药厂有限公司成为垦区医药行业的龙头企业，产值达 34 887 万元，占垦区同行业的 59.1%。

三、第三产业

2011 年垦区第三产业以海南建设国际旅游岛为契机，大力推进产业结构调整，形成以旅游和旅游地产业为主导的持久性盈利产业，促进了垦区第三产业的发展。据统计，2011 年垦区全年完成第三产业增加值 29.60 亿元，比 2010 年增长 35.1%。完成社会消费品零售总额 17.60 亿元，增长 15.5%。

2011 年海南省农垦总局出台了相应的政策措施，鼓励和支持农场盘活土地资源，加快农垦二次创业的步伐。海胶、林产、物流、畜牧、农工贸、花卉等各大产业集团以项目带动、合作开发的方式，带动农场产业发展。垦区土地等资源开发步伐加快，省内外有多家企业先后进入农垦洽谈休闲度假、旅游地产等项目的合作开发。成功策划了旅游、休闲度假等项目 33 个，其中康疗养生项目有 30 个，旅游度假项目 13 个，涉及土地面积 10 万亩。此外，垦区还开工建设了一批重点项目，主要包括海南农垦商业中心、红林恒基花园项目等。

四、固定资产投资

2011 年垦区固定资产投资总额不断加大，投资增长速度稳步增长。民生工程建设是拉动固定资产投资增长的最重要因素。

全年完成固定资产投资 60.83 亿元，比 2010 年增长 19.4%，其中第一产业投资 6.29 亿元，比 2010 年增长 20.3%；第二产业投资 7.53 亿元，比 2010 年增长 64.0%；第三产业投资 47.01 亿元，比 2010 年增长 12.6%。投入职工住房、饮水和道路等民生工程建设速度明显加快。全年新建改建职工住宅 285.3 万平方米，投资 25.04 亿元；完成饮水工程投资 0.15 亿元，受益人口 1.9 万人；完成道路建设 346 千米，投资 1.18 亿元；完成沼气 42.66 万立方米，投资 0.06 亿元。

五、人口与职工收入

2011 年年末，海南垦区农垦总人口（常住）97.78 万人，其中职工人数 18.10 万人，离退休及病退人员 20.25 万人，非职工人员 21.96 万人，家属小孩 37.47 万人。全年人口出生率 9‰；自然增长率 5‰。

2011 年垦区职工收入水平有很大的提高。全年劳动者人均报酬 34 179 元，比 2010 年增长 24.9%，其中工资收入 21 462 元，增长 23.9%；自营经济收入 12 717 元，增长 26.6%。全垦区年人均纯收入 8 530 元，增长 21.0%。

云南农垦2011年经济和社会发展统计公报

云南农垦集团有限责任公司

从2010年开始的云南农垦改革，是云南农垦创建以来，涉及范围最广、影响程度最深的一次大变革。2011在云南省委、省政府的正确领导下，省农垦总局与相关州市密切配合，深入贯彻落实省委19号文件和有关农垦改革发展稳定的方针政策，紧紧围绕“体制融入地方、管理融入社会、经济融入市场”的总体改革方向，按照“属地管理、产权到场、承包到户，创新管理体制、激活经营机制、调整利益分配、理顺劳动关系、健全社会保障”的工作要求，积极动员部署、强化组织保障、狠抓工作落实。在垦区广大干部职工的共同努力下，农垦改革得以顺利推进，基础设施和民生明显改善，职工收入明显增加，垦区社会稳定。保持了垦区经济的持续发展。

一、经济总量快速增长，综合性主要经济指标均比2010年增长，整体经济形势良好

2011年云南农垦实现生产总值（现价，下同）37.5亿元，同比增长2.3%。其中第一产业增加值25.2亿元，第二产业增加值4.3亿元，第三产业增加值8.0亿元。

一、二、三产业结构从2010年的77.5∶9.8∶12.7调整为67.0∶11.6∶21.4。职工人均生产总值48 761元，同比增长23.5%。

实现工农业总产值64.43亿元，其中工业总产值11.20亿元，农业总产值53.23亿元。同比分别增长23.8%、13.6%、26.2%。

经济效益良好，全年实现利润3.54亿元。按原口径统计集团公司资产总额86.01亿元，增长5.7%，净资产32.05亿元，增长10.8%。

二、农业生产形势在遭受严重自然灾害的情况下，保持了适度的规模。除粮食产量增长外，橡胶、茶叶、水果、糖料（甘蔗）因自然灾害不同程度减产

1. 橡胶种植面积由于统计口径调整的原因有所减少（西双版纳垦区根据西双版纳傣族自治州统计要求，职工在农场范围以外种植的橡胶不再纳入职工非公经济统计），但橡胶产量依然保持增长　作为云南农垦支柱产业的作物——天然橡胶，其种植面积连续多年保持增长，但由于热区土地资源限制增长速度逐步趋缓。截至2011年年末，垦区共种植橡胶165 059公顷，其中，公有橡胶121 150公顷，同比减少1.0%。橡胶投产面积同比下降，2011年橡胶开割面积921 220公顷，其中，公有橡胶开割80 109公顷，同比分别减少5.1%、5.6%。

2011年垦区生产橡胶13.43万吨，同比增长4.4%；其中国有橡胶生产11.33万吨，同比增长2.2%。

2011年橡胶销售均价为29 927元/吨，比2010年增长21.5%。

2. 茶叶种植面积基本保持2010年水平，但产量有所下降　到2011年年末垦区茶叶种植面积4 889公顷，比2010年减少19公顷，减幅为0.4%；全年生产干毛茶8 559吨，同比减少191吨，减幅为2.2%。

3. 水果种植面积有所减少，但单产不同程度提高，总产量增长较大　2011年垦区水果种植面积达到7 864公顷，同比减少463公顷，减幅为5.6%。但水果产量大幅度增长为12.14万吨，同比增加2.23万吨，增长22.5%

4. 粮食种植面积和产量不同程度下降　2011年垦区粮食种植面积11 515公顷，同比减少3.4%，生产粮食56 325吨，同比减少2.7%。

5. 糖料（甘蔗）种植面积和产量不同程度下降　由于耕地资源的限制，2010/2011榨季垦区种植甘蔗4 483公顷，同比减少6.6%，整个榨季产甘蔗43.88万吨，同比减少3.9%。

6. 畜牧业、渔业生产与2010年相比不同程度下降　2011年垦区肉类总产量为5 598吨，同比减少1 232吨，减幅为18%。全年生产水产品5 046吨，同比减少644吨，减幅为11.3%

三、工业总体上保持了合理的适度的增长水平，工业盈利水平比 2010 年大幅度增长

2011 年农垦共实现工业总产值 11.20 亿元，同比增长 13.6%。其中国有企业完成工业总产值 10.5 亿元，同比增长 17.5%。

2011 年云南农垦主要工业品产量见表 1。

表 1　2011 年主要工业品产量情况表

产品名称	计量单位	2011 年产量	2010 年产量	同比增减量	同比增长（%）
食糖	吨	61 500.9	60 107.9	1 393.0	2.3
酒精	吨	4 115.6	3 988.6	127.0	3.2
发电量	万千瓦时	38 044.8	26 390.5	11 654.2	44.2
各种胶鞋	万双	775.5	1 070.2	−294.8	−27.5
锯材及人造板材	立方米	8 691.0	31718.9	−23 027.9	−72.6
精制茶	吨	4 790.0	3 610.5	1 179.5	32.7
钢模板	吨	5 411.0	9 197.0	−3 786.0	−41.2
马铃薯片	吨	1 086.1	1 164.3	−78.2	−6.7
咖啡粉	吨	266.2	162.0	104.2	64.3
水泥	吨	183 014	147 162	35 852	24.4

工业产值增长的主要原因是：虽然胶鞋、锯材及人造板、钢模板、马铃薯片等主要工业品产量下降，但其他产品的产值增长抵消了减产产品产量下降对产值的影响。

垦区实现工业增加值 4.2 亿元，同比增长 22.5%。

各类工业企业全年实现利润 8 310.4 万元，同比增长 72.0%，其中国有工业企业实现利润 7 406.9，同比增长 73.5%。

就全垦区综合情况来看，2011 年工业企业产销衔接良好，产销率高于 2010 年水平。各工业企业全年完成工业销售产值 10.73 亿元，同比增长 14.4%。工业品产销率为 95.8%，比 2010 年提高 0.6 个百分点。

四、交通运输业收入同比减少

2011 年交通运输业实现营业收入 15 800.9 万元，比 2010 年减少 1 516.6 万元，同比下降 8.76%。

五、贸易批发服务业出现回落趋势

2011 年垦区贸易、批发、服务业实现营业收入 67 310.7 万元，同比减少 5 410.3 万元，减幅为 7.4%，贸易、批发、服务业上交税金 2 028万元，同比增长 15.5%，贸易、批发、服务业实现利润 5 377万元，同比减少 386.5 万元，减幅为 6.7%。

六、由于第一产业投资额大幅度下降，导致国有固定资产投资规模同比减少

2011 年，国有固定资产投资总额为 55 925.3 万元，比 2010 年减少 2 076.8 万元，同比减少 3.6%。一、二、三产业投资额分别为 10 853.2 万元、10 139.7 万元、34 932.4 万元，同比增长量分别为−66.6%、49.0%、86.7%。

七、职工及离退休人员收入较快增长，垦区职工生活明显改善

2011 年垦区从业人员年均工资收入为 13 716 元，比 2010 年增加 490 元，增幅为 3.7%；离退休人员年均退休金 16 200 元，同比增长 12.3%。

北京农垦2011年经济和社会发展统计公报

北京首都农业集团有限公司

2011年，在农业部、北京市国资委和市政府的领导下，北京首都农业集团有限公司（以下简称“北京农垦”）大力发展畜禽良种繁育、养殖、食品加工、生物制药、物产物流等，已具有行业明显优势，业已形成从田间到餐桌的完整产业链条，拥有5家国家级重点农业产业化龙头企业和“三元”、“华都”、“双大”三个“中国名牌”及一批著名商标，并与多家国际知名企业建立良好合作关系，具有较强的市场竞争力和影响力。

一、综合

北京农垦经济持续稳定增长，综合实力和竞争力进一步增强，经济运行质量和效益、职工的收入和生活水平进一步提高。北京农垦2011年统计数据包含了大发畜产公司，因此指标较2010年增长较大。

2011年北京农垦实现生产总值40亿元，2010年同期是32.53亿元，增加了7.47亿元。其中，营业盈余2.18亿元。

按产业分析，2011年第一产业增加值13.8亿元，2010年9.78亿元。2011年第二产业增加值9.2亿元，2010年8.35亿元。2011年第三产业增加值17亿元，2010年14.4亿元。第一、第二、第三产业增加值在生产总值中的比重为34%、23%、43%（图1）。

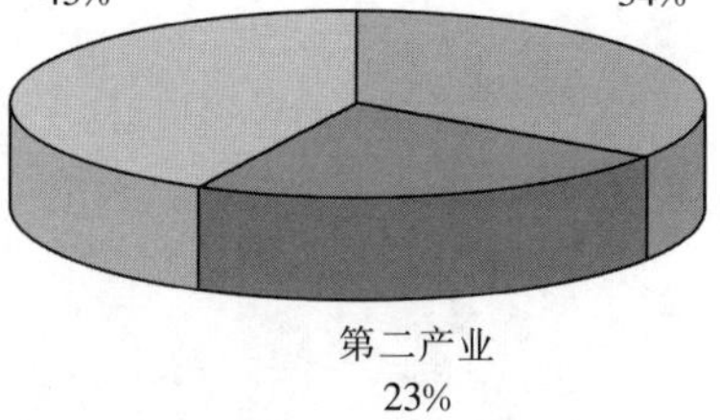

图1　北京农垦2011年第一、第二、第三产业增加值在生产总值中的比重

北京农垦2011年年末国有及国有控股企业在岗职工人数为32 502人，从业人员人均劳动报酬3.95万元。

北京农垦土地总面积7 013公顷，其中耕地面积1 455公顷。

二、一产

（一）农牧渔业总产值

北京农垦目前9个农场，2011年实现农牧渔业总产值85.65亿元，比2010年同期的68.83亿元增长24%。其中，国有83.41亿元。

农业产值3 903万元，比2010年同期的3 454万元增长13%。

林业产值11万元，2010年40万元。

牧业产值84.46亿元，比2010年的67.66亿元增长25%。

农、林、牧、渔、服务业产值7 924万元，比2010年的8 162万元略有下降。

（二）农牧业生产情况

2011年年末奶牛牛群存栏4.34万头，比2010年的3.73万头增加16%；本期牛奶总产量217 815吨，比2010年的201 944吨增长8%，奶牛单产产量有所提高。

2011年年末生猪存栏5.31万头，比2010年的4.73万头增长12%；猪肉产量4 989吨，比2010年的4 850吨增长2.8%。

2011年家禽年末存栏576.39万只，2010年422.49万只；禽蛋产量35 119吨，禽肉产量217 815吨。

2011年粮食作物播种面积1 175公顷，比2010年的1 120公顷增加55公顷；粮食总产量4 145吨，比2010年的4 275吨减少3%，主要原因是种植结构的调整，减少了春播。

2011年蔬菜播种面积62公顷，比2010年的60公顷增加2公顷；产量2 045吨。

2011 年年末果园实有面积 340 公顷，果品产量1 284吨，比 2010 年的 1 741 吨减少 26%。

三、二产

根据北京农垦的经济发展战略和“十一五”发展规划，北京农垦以做大、做强食品加工为目标，通过主辅分离、辅业改制和压缩管理层级等措施，逐步实施工业结构调整。从 2011 年的经济运行情况分析，北京农垦的工业结构调整成效显著、发展态势良好，收入和利润双增长，规模和效益双提高。北京农垦工业企业 22 个。

全年完成工业总产值 35.4 亿元，比 2010 年的 28.99 亿元增长 22%，其中，按行业分析，食品加工业总产值 31.03 亿元，占工业总产值的 97%；

工业企业全年实现销售收入 40.2 亿元，比 2010 年的 32.9 亿元增长 22%；利润总额 33 749 万元，比 2010 年的 36 372 万元减少 7.2%。

四、三产

运输业保持较快的增长，2011 年实现营业收入 3 3734.35 万元，比 2010 年的 20 924.96 万元增长 6%。

批发零售业全年实现营业收入 21.92 亿元，比 2010 年的 19.62 亿元增长 12%。

住宿餐饮业全年实现营业收入 25.15 亿元，比 2010 年的 20.23 亿元增长 24%。

服务业全年实现营业收入 8.02 亿元，比 2010 年的 7.33 亿元增加 9.4 %。

全年外贸出口供货商品金额 6.99 亿元，比 2010 年的 5.36 亿元增长较大，主要是华都出口。

五、固定资产投资

全年固定资产投资总额 14.62 亿元，比 2010 年的 12.22 亿元增长 20%。其中，国有固定资产投资总额 12.29 亿元，占投资总额的 92%。

投资总额中用于第一产业的投资 4.17 亿元，占投资总额的 28%；投资总额中用于第二产业的投资 7.06 亿元，占投资总额的 48%；投资总额中用于第三产业的投资 3.39 亿元，占投资总额的 24%。

2011 年当年新增固定资产 15 亿元。

六、非国有经济

非国有经济的健康、快速发展，为北京农垦的经济建设和发展作出了贡献。北京农垦生产总值中非国有经济完成额为 13.7 亿元，非国有经济从业人员达到 9 374 人；非国有经济全年共实现利润总额 3.57 亿元。

天津农垦2011年经济和社会发展情况

天津农垦集团总公司

天津农垦有35个直属单位，共有98个生产经营单位，其中农、林、牧、渔、业25个，工业22个，建筑业3个，商业7个，社会服务业10个，分布在天津市郊区县和市内各区。2011年农垦总人口1.9万人，其中职工0.6万人。土地7 472公顷，其中耕地2 949公顷，以现代农牧业及产品深加工、酒业与奶业、物产物流业三大板块为主业，以金属制品业、纸制品业为非主业。近年来，天津农垦以发展都市农业和农产品加工业为特征，多个强势产业并举，发展多元所有制经济，实施股权投资，整合资源，专业化经营，发挥优势，在“农”字上做文章，形成了农垦特有的发展模式，为做强做大农垦奠定了基础。“十一五”期间，天津农垦总资产规模从48.8亿元增长为147亿元，发展触角不断扩张，5年间上缴税金累计21.6亿元，进入天津企业100强。2011年天津农垦在认真按照集团总公司的工作思路和具体部署，贯彻落实天津农垦“二次创业”指导思想下，认真履行岗位职责，在农垦广大干部职工的齐心努力下完成了各项经济指标。

一、经济总量情况

2011年天津农垦资产总额147亿元。实现生产总值13.17亿元，其中第一产业1.54亿元，第二产业4.42亿元，第三产业7.21亿元。比2010年生产总值的12.68亿元，增长了3.8%，其中，第一产业增长了17.5%，第二产业减少了19.3%，第三产业增长了22.3%。营业收入120亿元，比2010年的103亿元增加了17亿元，同比增长16.5%；实现利润总额全年完成5.01亿元，比2010年的6.38亿元减少了1.37亿元，同比减少了20%；固定资产投资完成额3.5亿元，比2010年的6.01亿元减少了2.51亿元，同比减少了41.8%；在岗职工人均纯收入6.56万元，比2010年的4.25万元增加了2.31万元，比2010年增长54.4%。

二、农牧业生产情况

进一步推进农牧业结构优化调整。农垦年末耕地面积2 949公顷，由于调整种植结构，改善农田水利设施，采用优良品种和先进科学技术，加大农业设施建设投入，使种植业生产得以稳步发展。农作物总播种面积3 207公顷，比2010年的3 329公顷减少了122公顷，其中粮食播种面积2 416公顷，比2010年的2 567公顷减少了151公顷，棉花播种面积685公顷，比2010年增加了92公顷，粮食总产16 859吨，比2010年16 864吨基本持平，棉花产量2 410吨，比2010年1 684吨增长了43.1%。草坪种植面积32公顷，提供商品草皮10万平方米。果园面积257公顷，比2010年的145公顷增加了112公顷，增长了77.2%；水果总产量1 340吨。

天津农垦奶牛饲养业自组建嘉立荷牧业有限公司4年来，各国有农场下属的奶牛场归嘉立荷牧业有限公司统一管理，由各农场分散管理到搞专业化奶牛场统一集中管理，奶牛平均年单产只有6 000千克，通过科学管理之后，现在平均年单产10 000千克。从此，天津农垦的奶牛业在调整改革中壮大发展，奶牛年末存栏达到1.94万头，成母牛1.1万头，全年牛奶总产量10万吨。

水产品养殖面积668公顷，比2010年减少了38公顷，水产品总产量7 390吨，比2010年减少了49吨，减少了0.1%。

三、农垦工业企业情况

天津农垦工业生产总值4.42亿元，比2010年的5.44亿元，减少了19.3%，实现工业总产值21.8亿元，比2010年的22.5亿元，减少了0.7亿元，其中骨干企业中法合营王朝葡萄酿酒有限公司资产总额 16.9 亿元，实现生产总值 2.64 亿元，利润总额 0.4 万元，完成工业总产值 7.1 亿元，在 2011 年继续保持增长态势。全年生产葡萄酒 3.86 万吨，比 2010 年同期的 5.45 万吨，减少了 1.59 万吨，同比减少幅度为 29.2%。全年工业外贸出口额 4 966 万元，出口葡萄酒 41 吨，葡萄酒产业仍为亚洲地区规模最大的全汁高档葡萄酒生产企业之一。为保持葡萄酒生产优势，他们将继续增加投入，为更高、更大的跨越奠定坚实基础。农垦乳品加工业在保障产品质量和开发新产品上下工夫，在市场上深受消费者的欢迎，扩大了市场占有率。全年生产乳制品 6.37 万吨，其中液体奶 6.34 万吨，农垦包装业全年完成纸箱 5 878 吨、塑料包装 5 464吨，全年生产塑料电线 3.8 万千米。

四、第三产业情况

天津农垦第三产业实现生产总值 7.21 亿元，比 2010 年的 5.89 亿元，增长了 1.32 亿元，同比增长 22.3%。里自沽宏发超市和壳牌机动车加油服务有限公司在继续扩大规模的基础上，全年营业额和实现利润比 2010 年同期有较大的增长。农垦出租汽车公司现有出租汽车 318 辆，从而使天津农垦的特色经营不断壮大。

五、三资企业情况

三资企业完成生产总值占全系统的 30%。其中中法合营王朝葡萄酿酒有限公司完成生产总值 2.64 亿元，壳牌机动车加油服务有限公司完成生产总值 1.58 亿元。

六、固定资产投资完成情况

2011 年天津农垦完成固定资产投资 3.5 亿元。其中第一产业北大港农场投资 1 244 万元，为中法合营王朝葡萄酿酒有限公司生产高档葡萄酒建设 3 000亩的葡萄基地。里自沽农场投资 608 万元进行农业设施建设。嘉立荷牧业有限公司投资 1 424 万元进行老牛场改造。第二产业红光农场和广大纸业有限公司投资 3 414 万元进行改扩建。宝德包装有限公司搬迁项目已完成投资 2 464 万元。第三产业武清农场华北工业原材料交易城计划总投资 40 亿元，2011 年完成投资 4 400 万元，自建设至本年累计完成投资 14.5 亿元。工农联盟农场华鼎高科技创业中心计划总投资 5 亿元，2011 年完成投资 2.14 亿元。

七、职工收入情况

2010 年年末天津农垦从业人员 5 985 人，比 2010 年的 5 329 人增加了 656 人，增长 12.3%，其中职工人数 5 580 人，在岗职工 4791 人。全年从业人员人均年收入 5.9 万元，比 2010 年的 4.1 万元，增长 43.9%。职工人员人均年收入 5.9 万元，比 2010 年的 3.8 万元，增长 55.3%。在岗职工人均年收入 6.6 万元，比 2010 年的 4.3 万元，增长 53.5%。国有及国有控股企业全年从业人员劳动报酬 3.49 万元，比 2010 年同期的 2.16 万元增长 61.6%，全年共有不在岗员工 789 人，发放不在岗员工生活费 1 349 万元，全系统离退休、退职人员 0.99 万人，发放离退休、退职人员生活费总额 1.69 亿元。目前，在确保下岗职工基本生活费的基础上，继续做好企业富余职工的分流安置和再就业工作。

八、文教、卫生情况

2011 年天津农垦已将企业办中小学全部移交当地。目前还有 1 所成人中等学校，学校已被天津农学院买去，仅有 10 人在原校址临时办公。场办医疗卫生单位 6 个，病床 70 张，服务人员 25 人，其中医生 9 人。

河北农垦2011年经济和社会发展情况

河北省农业厅农垦局

2011年，是“十二五”规划的开局之年，河北垦区在省委、省政府和农业部的正确领导下，以邓小平理论和“三个代表”重要思想为指导，深入贯彻落实科学发展观，紧紧围绕全年发展目标，不断增强农垦经济发展的活力和动力，发挥农垦在现代农业建设中的示范带动作用，垦区社会事业全面和谐稳定发展，职工生活水平稳步提高，实现了年初确定的预期目标，为“十二五”规划的实施奠定了坚实的基础。

一、综合

农垦经济平稳快速增长，经济总量又跨新台阶。全年实现农垦生产总值285.76亿元（图1），比2010年增长24.93%；其中，第一产业增加值36.90亿元，增长23.87%；第二产业增加值174.69亿元，增长26.23%；第三产业增加值74.17亿元，增长27.59%。2011年，人均GDP净增加11 984元，达到66 018元，比2010年增长22.18%。人均纯收入9 344元，比2010年增长12.81 %。

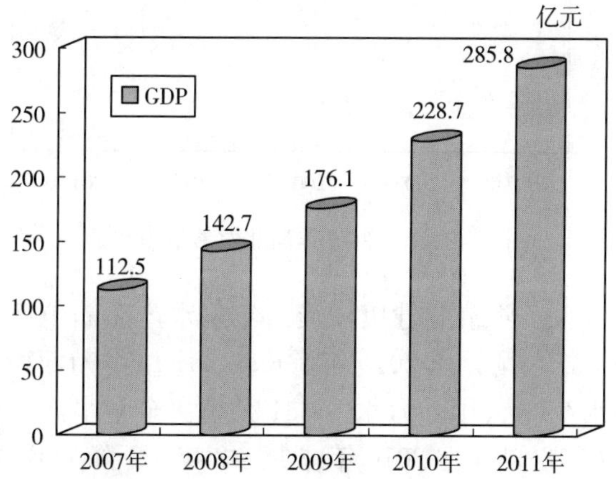

图1　2007—2011年河北农垦生产总值

各农场发挥自身优势，特色主导产业对经济发展起到了龙头拉动作用。产业结构进一步改善，二产所占比重继续增加。一、二、三产业增加值在农垦生产总值中的比重分别为12.91%、61.13%、25.96%，第一产业比重比2010年下降了1.17个百分点，第二产业比重比2010年上升了0.62个百分点，第三产业比重比2010年下降了0.55个百分点。

二、农业

2011年，垦区切实贯彻落实惠农强农政策，加快农业科技推广，加强现代农业建设，农业综合生产能力增强。全年实现农、林、牧、渔业总产值71.23亿元，比2010年增长14.61%。其中，种植业产值22.49亿元，增长12.9%；林业产值0.45亿元，下降19.64%；牧业产值27.91亿元，增长16.88%；渔业产值13.94亿元，增长15.78%；服务业产值6.44亿元，增长12%。农、林、牧、渔业产值化例结构见图2。

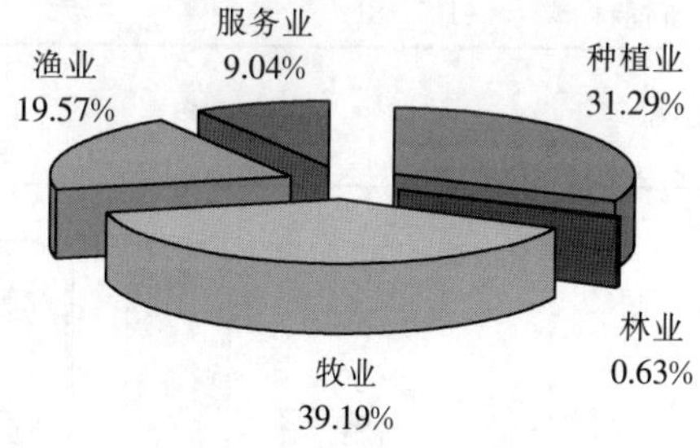

图2　农、林、牧、渔业产值比例结构图

全年农作物总播种面积为100.44千公顷，比2010年增加1.34千公顷，增长1.35%。其中，粮食作物播种面积64.47千公顷，增加0.13千公顷，增长0.2%，占农作物总播种面积的64.18%；棉花面积22.14千公顷，增加2.26千公顷，增长11.37%；油料面积2.12千公顷，增加0.10千公顷，增长5.16%；蔬菜、瓜类面积4.33千公顷，增加0.40千公顷，增长10.18%。其他作物7.26千公顷，减少1.52千公顷，下降17.31%。

垦区全年农作物总用种量7 577吨，其中，杂交水稻24吨，杂交玉米674吨，棉花552吨。种子基地种子播种面积4 136公顷，生产量合计9 148吨；加工厂7个，加工生产能力25 370吨；种子公司8个；年末从业人员423人，其中技术人员67人；种子质量检验室7个，种子检验人员24人。

粮食总产量稳步增长。全年粮食总产为42.05万吨（表1、图3），比2010年增加0.47万吨，增长1.13%。为国家提供商品粮36.89万吨，比2010年增加0.34万吨，增长0.93%，商品率为87.73%，商品率比2010年下降0.17个百分点。

表1 主要农产品产量

农作物名称	2011年产量（吨）	比2010年增长（%）
一、粮食	420 485	1.13
其中：稻谷	192 513	7.53
小麦	74 256	−1.83
玉米	10 7847	−16.62
二、油料	2 430	−7.46
其中：花生	905	−21.03
油菜籽	403	117.84
三、棉花	27 029	−16.75
四、糖料	2 680	−22.12
五、蔬菜、瓜类	169 303	14.95
六、其他作物	187 269	4.74
其中：青饲料	187 181	4.70

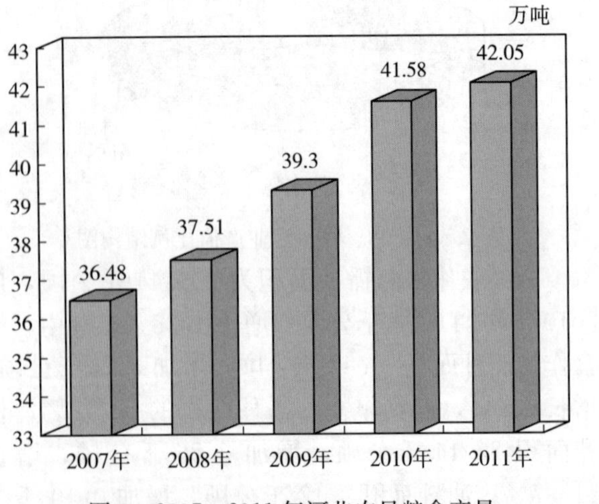

图3 2007—2011年河北农垦粮食产量

畜牧业继续保持增长趋势。2011年年末大牲畜存栏14.94万头。奶牛数量达到13.91万头，增加0.79万头，牛奶总产量48.22万吨，增加0.86万吨，比2010年增长1.82%（表2、图4）。察北、沽源、大曹庄3个农场牛奶产量分别达到19.43万吨、13.08万吨和6.32万吨，占全垦区牛奶总产量的80.53%。

到2011年年末，全垦区有种畜禽场10个。其中种牛场3个，年末存栏2.14万头，能繁母畜1.55万头；种绵羊场1个，年末存栏270只，能繁母畜140只；种蛋鸡场4个，种肉鸡场2个。

表2 牲畜2011年年末存栏及畜产品产量

牲畜种类	计量单位	2011年产量	比2010年增长（%）
大牲畜总头数	万头	14.94	8.73
其中：奶牛	万头	13.91	6.02
猪存栏	万头	29.04	6.10
羊存栏	万只	6.61	22.41
其中：绵羊	万只	6.05	21.73
家禽	万只	290.07	32.42
肉类总产量	万吨	5.95	6.25
其中：猪肉	万吨	3.41	
禽肉	万吨	1.95	8.94
牛奶	万吨	48.22	1.82
禽蛋	万吨	0.96	−4.00

图4 2007—2011年河北农垦牛奶产量

水产养殖业健康发展。年末水产品养殖面积13 867公顷，比2010年增长6.33%。养殖面积中淡水7 536公顷，海水6 331公顷。全年水产品产量77 183吨，比2010年减少932吨，下降1.19%。其中，淡水产品产量68 327吨，下降2.82%；海水产品产量8 856吨，增长13.45%。对虾产量14 214吨，比2010年增长14.32%。

全年植树造林面积2.58千公顷，其中防护林

2.10 千公顷。林地面积 84.53 千公顷。

农业基础设施建设得到加强，农业生产机械化水平进一步提高。年末农业机械总动力 951 226 千瓦，比 2010 年增长 5.85%。农用排灌动力机械 10 244 台，动力 11 6895 千瓦，大中型农用拖拉机 3 177 台，小型拖拉机 22 702 台，联合收割机 344 台，机动割晒机 888 台，机动脱粒机 5946 台。实际机耕面积 77.92 千公顷，占年末耕地面积的比重达 84.28%；当年机播面积 82.25 千公顷，占农作物总播种面积的比重达 81.89%；机械收获面积 56.91 千公顷，占农作物总播种面积的 56.66%。

三、工业和建筑业

2011 年第二产业实现增加值 174.69 亿元，比 2010 年增长 26.23%，增加值占农垦生产总值的 61.13%，其中，工业增加值 153.39 亿元（图 5），比 2010 年增长 26.79%；建筑业增加值 21.30 亿元，比 2010 年增长 22.34%。

工业保持较快发展速度。2011 年工业企业总数为 1 018 个，其中国有工业企业及规模以上的非国有工业企业 173 个，销售产值 448.02 亿元，比 2010 年增加 107 亿元，增长 31.38%。乳制品产量达到 46.91 万吨，比 2010 年增长 16.23%。其中奶粉产量 2.38 万吨，比 2010 年下降 8.46%；液体乳产量 44.52 万吨，比 2010 年增长 17.87%，其中酸奶产量 0.71 万吨，增长 2.90%。

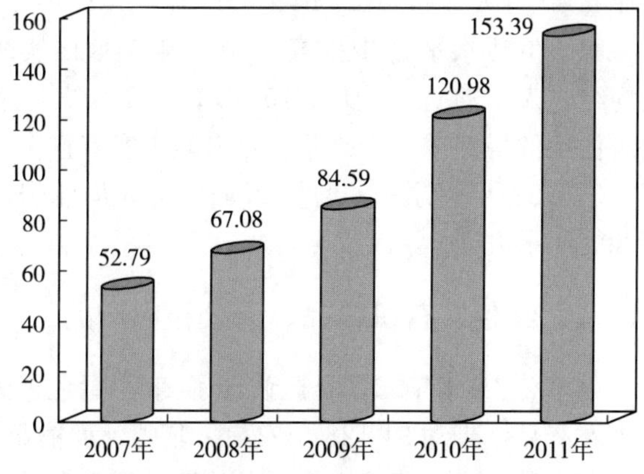

图 5　2007—2011 年河北农垦工业增加值

2011 年实现工业总产值 532.32 亿元，净增加 137.01 亿元，比 2010 年增长 34.66%。国有工业总产值 153.79 亿元，增长 24.35%；轻工业总产值 177.38 亿元，增长 24.33%；规模以上工业企业总产值 499.56 亿元，增长 39.22%。主要工业产品总产值为：农副食品加工业 16.97 亿元，增长 35.87%；食品制造业 45.10 亿元（主要为乳制品制造业），增长 31.45%；纺织业 5.66 亿元，增长 59.89%；纺织服装、鞋、帽制造业 14.68 亿元，增长 32.13%；家具制造业 12.28 亿元，增长 36.14%；化学原料及化学制品制造业 47.74 亿元，增长 19.20%；造纸及纸制品业 8.92 亿元，增长 11.50%；黑色金属冶炼及压延加工业 17.73 元，增长 25.21%；交通运输设备制造业 25.30 亿元，增长 26.12%；石油化工及炼焦业 253.79 亿元，增长 52.03%。

2011 年河北农垦主要工业产品产量见表 3。

表 3　2011 年主要工业产品产量

产品名称	绝对数（吨）	比 2010 年增长（%）
原盐	118 000	3.51
大米	55 340	−8.22
小麦粉	6 982	−7.03
混、配合饲料	217 853	73.16
乳制品	469 077	16.22
#液体乳	445 235	17.90
饮料酒	4 642	9.82
#白酒	4 607	9.74
汽油、柴油	180 049	31.19
焦炭	203 122	4.70
硫酸	25 729	−49.84
水泥	489 000	7.66
机制纸及纸板	94 454	−42.45
成品钢材	420 113	20.14

建筑业稳步发展。建筑企业 132 个，从业人员 8 655 人。全年实现增加值 21.30 亿元，增长 22.34%，年末固定资产原值 2.70 亿元，全年施工房屋建筑面积 112 万平方米，房屋竣工面积 62 万平方米。

四、固定资产投资

固定资产投资稳中有升。固定资产投资对垦区经济持续增长起着较强推动作用。2011 年全垦区完成固定资产投资总额 258.61 亿元（图 6），比 2010 年增加 32.84 亿元，增长 14.55%。国有固定资产投资 47.11 亿元，比 2010 年下降 40.72%；非国有固定资产投资

211.50 亿元，比 2010 年增长 44.57%。

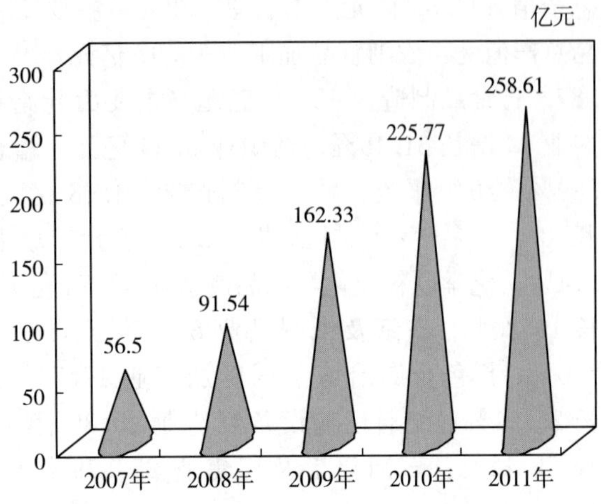

图 6　2007—2011 年河北农垦固定资产投资比较图

一、三产业投资额增加显著。第一产业投资 16.57 亿元，比 2010 年增长 28.05%；第二产业投资 152.82 亿元，比 2010 年增长 1.55%；第三产业投资 89.21 亿元，比 2010 年增长 42.08%。一、二、三产业在固定资产投资中比重为 6.41∶59.09∶34.50。

固定资产投资中，自筹资金 212 亿元，国家预算内资金 0.19 亿元，国内贷款 0.12 亿元，利用外资 11.19 亿元，其他资金 35.11 亿元。当年新增固定资产 130.16 亿元。

当年新增生产能力主要有：大中型拖拉机 56 台，联合收割机 2 台，输电线路 8 公里；住房 10 万平方米；公路 64 公里。

五、运输业、批发零售贸易业、服务业及出口商品

交通运输业全年完成货运量 51 789 万吨，客运量 507 万人次；单位个数 4 729 个，从业人员 9 768 人，营业收入 15.19 亿元，比 2010 年增长 4.76%。

批发零售业、餐饮业、服务业固定资产原值 25.12 亿元，比 2010 年增长 21.59%，营业用房面积 42.31 万平方米，增长 1.51%；营业收入 201.16 亿元，比 2010 年增长 51.65%，其中，批发零售业 155.44 亿元、餐饮业 17.20 亿元、服务业 28.52 亿元，分别比 2010 年增长 62.66%、18.54%、26.25%；批发零售业、餐饮业、服务业营业网点数 13 210 个，从业人员 4.32 万人。

全年出口商品总金额 94 703 万元，比 2010 年增长 19.63%。其中，农产品 5 751 万元，增长 6.09%；水产品 9 450 万元，增长 38.18%；工业品 79 502 万元，增长 24.40%。

六、科研、教育、卫生

2011 年年末全垦区拥有科研单位 9 个，其中省、地属科研单位 1 个，场属 8 个；职工 181 人，其中科技人员 129 人。科研经费 1 634 万元；其中国家拨款 1 118 万元，省地局自筹 379 万元，企业自筹 137 万元。

教育事业健康发展。2011 年年末全垦区拥有学校 113 所，教职工 4 548 人，其中教师 3 872 人；在校学生 47 284 人，当年毕业生 12 916 人。其中，成人高等学校 1 所，普通中等专业学校 1 所，成人中等专业学校 1 所，中学 17 所，职业中学 2 所，小学 91 所。

卫生服务体系建设得到加强。2011 年年末全垦区共有分场以上医疗单位 129 个，其中：医院 36 个；医务人员 1 464 人，其中医生 731 人；病床 1 549 张。

七、人口、职工、收入与社会保障

年末垦区总人口 43.97 万人，全年出生人口 3 901人，出生率为 8.87‰；死亡人口 2 874 人，死亡率为 6.54‰；自然增长率为 2.33‰。

年末全垦区从业人员 25.79 万人，比 2010 年增长 2.54%。其中，第一产业 11.07 万人，增长 1.84%；第二产业 8.24 万人，增长 3.13%；第三产业 6.47 万人，增长 2.86%。

职工生活水平稳步提高。2011 年全垦区实现人均纯收入 9 344 元，比 2010 年增长 12.81%。职工居住条件得到进一步改善，年末职工实有住房面积 1 316.58 万平方米，增长 2.98%，人均住房面积 29.94 平方米。

八、绿色、有机食品、无公害农产品

截至 2011 年年末，垦区认证了 28 个绿色、无公害农产品，带动 31 128 个农户。其中，种植业 7 个，含水稻 5 个、蔬菜 2 个；已认证的绿色食品 A 级面积 15 307 公顷，产量 144 667 吨；已认证的有机食品面积 3 公顷，产量 31 吨；已认证的无公害农产品面积 6 003 公顷，产量 70 031 吨。渔业 3 个，含淡水鱼 1 个、海水鱼 1 个、蟹 1 个；已认证

的绿色食品A级面积2 500公顷，产量2 625吨；已认证的无公害农产品面积2 000公顷，产量1 235吨。畜牧业16个，其中，生猪6个、肉牛养殖1个、奶牛养殖7个、蛋鸡1个；已认证的无公害农产品中，牛奶产量23 534吨。加工业2个，均为乳制品，已认证有机食品产量210 553吨。

九、非国有经济

非国有经济在农垦生产总值中比重继续增加。2011年，非国有经济全年实现农垦生产总值182.16亿元，比2010年增长28.50%，占全社会经济总量的63.75%（图7），比2010年增加1.77个百分点。其中第一产业增加值10.64亿元，增长15.03%；第二产业增加值113.92亿元，增长29.04%；第三产业增加值57.60亿元，增长30.20%。各产业在非国有经济农垦生产总值中所占比重分别为5.84 %、62.54%、31.62%。

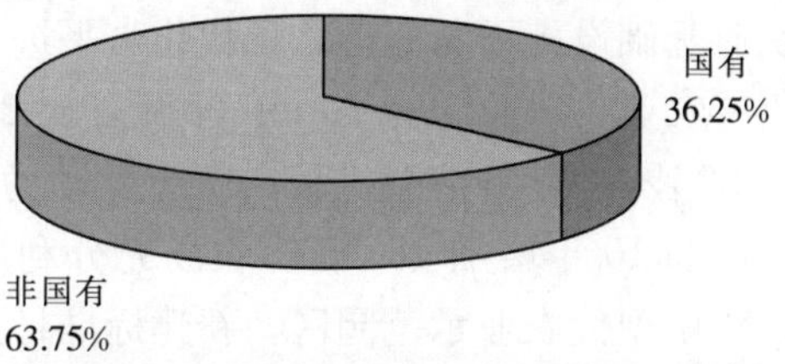

图7　GDP中国有与非国有经济比例

年末非国有经营单位23 502个。其中，集体经济80个，个体企业21 455个，私营企业1 946个，港澳台及外商企业21个。从业人员17.75万人，其中，第一产业4.88万人，第二产业6.21万人，第三产业6.66万人。从业人员收入总额29.97亿元，比2010年增长7%；人均收入16 885元，增长4.36%；全年共实现利税45.68亿元，增长32.35%。

十、其他

全垦区33个农牧场中，生产总值超过1亿元的有9个。这9个农牧场共有职工6.75万人，耕地74.93千公顷。2011年实现生产总值281.81亿元，占垦区生产总值的98.62%。其中，农业增加值35.68亿元，工业增加值151.6亿元，利润总额15.74亿元，销售税金11.51亿元。生产总值列前3位的是柏各庄农场、中捷农场、南大港农场，生产总值分别为85.92亿元、72.05亿元、36亿元。

2011年年末全垦区拥有大中型工业企业11家，全年完成总产值206.47亿元，占垦区工业总产值的38.79%；销售产值210.46亿元；增加值51.68亿元，占全垦区工业企业增加值的33.69%。年末资产总额50.53亿元，固定资产原值33.57亿元，从业人数0.86万人，实现利税总额9.1亿元。农业产业化龙头企业5家，总产值26.90亿元，增加值8.89亿元，年末资产总额12.82亿元，实现利税总额3.46亿元。

截止到2011年年底，全垦区共有“三资”企业24家。这24家企业投资总额约21.45亿元人民币，其中外方投资总额20.73亿元，我方投资总额0.72亿元。

山西农垦 2011 年经济和社会发展情况

山西省农业厅农垦局

2011 年是“十二五”规划的开局之年，山西垦区在省委、省政府的正确领导下，在农业部农垦局的大力支持指导下，认真学习贯彻党的十七届五中、六中全会精神，深入落实科学发展观，围绕省委提出的“转型发展，跨越发展”的战略，结合农垦工作的实际，以加快转变现代农业发展方式为主题，以提高垦区经济效益和职工收入为目的，大力实施“一场一品”战略，全面加快农垦经济发展，垦区工作得到稳步推进。

一、综合情况

2011 年，山西垦区拥有国有农场 26 个，农场年末总人口 24 190 人，年末社会从业人员 12 017 人，第一产业 5 502 人，第二产业 2 641 人，第三产业 3 874 人，各业人员所占比重分别为 46∶22∶32。人均收入 5 852 万元，比 2010 年增加 1 022 元，增长 21.6%。年末国有单位从业人员 5 115 人，从业人员劳动报酬 6 582 万元，比 2010 年增长 20.04%。

土地总面积 340 757 亩，其中，耕地面积 99 854亩，占总面积的 32%；牧草地面积 88 019 亩，林地面积 89 881 亩，可垦荒地面积 8 916 亩，居民及工矿用工面积 21 022 亩。因果树品种老化，经济收入低，果园面积逐年在减少，由 2010 年的 1 735 亩减少到 1078 亩。

由于 2010 年垦区煤矿进行资源整合，煤矿承包费和土地租赁费大幅度减少。全年实现生产总值 35 724 万元，比 2010 年减少 5.19%，其中，第一产业产值 10 425 万元，比 2010 年减少 14.79%；第二产业产值 13 338 万元，比 2010 年增加 0.88%；第三产业产值 11 961 万元，比 2010 年减少 2.143%。一、二、三产比重为 30∶37∶33。

二、农业生产

2011 年垦区充分利用农垦土地等资源优势，整合资源，引进合作，大力推进“一场一品”现代农业示范区建设，稳步发展园区经济，拓宽职工就业渠道，增加职工收入。

全年实现农、林、牧、渔业总产值 22 136 万元，比 2010 年增长 3.87%，其中，农业产值8 061 万元，比 2010 年增长 12.85%。农业商品产值 14 890万元，比 2010 年增长 19.64%。

种植业结构继续调整，农产品产量有增有减。全年农作物播种面积 94 107 亩，比 2010 年减少 56 亩，其中，粮食作物 71 293 亩，油料作物 1 580 亩，蔬菜、瓜果 8 414 亩，其他作物 8 162 亩。

农业基础设施不断完善，现代化水平进一步提高。年末农业机械总动力 23 097 千瓦，比 2010 年增长 22.75%；农用排灌机械 467 台，动力 7 587 千瓦，比 2010 年增加 157 台。农场充分利用自身优势，建设现代农业示范园区，新建标准日光温室大棚 413 204 平方米，比 2010 年增加 281 700 平方米，不仅增加了农场职工的收入，解决了富余人员就业难的问题，还惠及到周边乡村。

2011 年山西农垦主要农产品产量见表 1。

表 1　2011 年主要农产品产量

产品名称	2011 产量（吨）	比 2010 年增长（%）
粮食总产量	30 719	5.79
其中：小麦	1 117	10.05
玉米	23 961	3.36
豆类	339	−1.86
薯类	4 934	17.64
油料作物	194	−37.84
其中：向日葵	123	−47.41
棉花	161	−11.54
甜菜	8 895	60.3
蔬菜、瓜果	10 822	31.61
其他作物	17 465	−11.02

畜牧业生产情况：畜牧业生产克服了饲料涨价等因素带来的影响，积极调整优化养殖结构，大力

发展规模化、标准化养殖，畜牧生产基本保持了平稳发展态势。2011 年，畜牧业实现产值 13 814 万元，比 2010 年减少 0.48%。奶牛存栏受多种因素的影响同比下降了 5.26%。

2011 年年末山西农垦大牲畜存栏及畜产品产量见表 2。

表 2 大牲畜 2011 年年末存栏及畜产品产量

指标产品名称	计量单位	2011 年产量	比 2010 年增长（%）
大牲畜总头数	头	12 887	−4.39
其中：奶牛	头	12 077	−5.26
猪存栏	头	1 0490	45.82
羊存栏	头	8 807	−47.14
家禽	只	43 765	35.55
肉类总产量	吨	892.73	−14.69
牛奶产量	吨	38 002	0.31
禽蛋产量	吨	342	−43.75

三、第二产业

2011 年，山西农垦采取多种形式发展工业产业，2010 年新建饲料厂 2011 年正式投产，年产配合饲料 11 868 吨，取得较好的经济效益。全年完成工业总产值 26 734 万元，比 2010 年增长 20.7%；工业销售产值 24 109 万元，比 2010 年增长 8.85%；产品销售收入 23 473 万元，比 2010 年增长 11.05%；，利润 2 862 万元，比 2010 年增长 3.85%。从业人员 3 067 人，年报酬 5 307 万元，人均年收入 17 303 元。

四、第三产业

垦区第三产业持续发展，批发零售业、餐饮业、服务业全年完成商品销售总额 2.7 亿元，比 2010 年增长 12.5%。批发零售业年末单位 866 个，营业收入 2.2 亿元；餐饮服务业年末单位 174 个，营业收入 0.4 亿元；服务业年末单位 47 年，营业 0.1 亿元。全年从业人员 3 256 人，从业人员报酬 4 028 万元，年末固定资产 3 868 万元。

运输业保持发展趋势，营业总收入 525 万元，比 2010 年增长 25%。其中，货运 483 万元，比 2010 年增长 19%。

五、固定资产投资完成情况

固定资产投资规模进一步扩大，垦区除加强农场基础设施建设的投资外，还利用农场土地、地理位置等优势，加大招商引资力度，给垦区经济的发展注入更多资金。而且按照观光、旅游、生态节能、优质高效的理念，建成标准化日光温室413 204平方米，对垦区经济增长的拉动起到关键性作用。2011 年完成固定资产投资总额 4 289 万元，比 2010 年增长 48.8%。其中第一产业 3 724 万元，第二产业 80 万元，第三产业 485 万元。

六、科技、教育、卫生

2011 年垦区加大科技研发力度，新增科研单位 3 个，投资 123 万元，占用实验场地 1 100 亩，对标准化日光温室大棚进行推广研究。

2011 年有中小学校 4 所，教职工 122 人。其中，教师 111 人，在校生 906 人，当年毕业生 196 人。

全垦区拥有医疗机构 8 个，其中医院 6 个，病床 45 张，医务人员 53 人。

七、非国有经济

2011 年全垦区非国有经济发展较快，成为拉动垦区经济的主力。经营单位数已达 1 486 个，主要以个体经济为主。其中，个体经济 1 433 个，私营经济 52 个。现有从业人员 6 473 人，从业人员劳动报酬 9 783 万元，比 2010 年增长 11.68%，实现生产总值 24 685 万元，其中，第一产业 968 万元，比 2010 年增长 66.32%；第二产业 130 40 万元，比 2010 年减少 5.25%；第三产业 10 677 万元，比 2010 年增长 0.33%。实现利润 6 440 万元，比 2010 年增长 3.34%；上交税金 2 418 万元。

内蒙古农垦 2011 年经济和社会发展情况

内蒙古自治区农业厅农场管理局

2011 年，内蒙古农垦系统积极贯彻中央、自治区农村牧区和农业工作会议精神，继续深化改革，重点突出产业结构调整，使得经济生产和社会稳步发展，取得经济效益好成果。全年实现农垦生产总值 952 100 万元（当年价，下同），其中，第一产业增加值 430 181 万元，第二产业增加值 346 808 万元，第三产业增加值 175 111 万元。

一、综合情况

2011 年内蒙古农垦拥有农牧场个数 104 个，总人口 49.04 万人，其中，农牧场人口 42.50 万人。全年出生人口 2 352 人，死亡人口 1 656 人；人口自然增长率为 1.50‰。

人均年纯收入 8 260 元。

年末农垦社会从业人员 261 009 人，其中，第一产业 204 089 人，第二产业 23 759 人，第三产业 33 161 人。

土地总面积 5 288 015 公顷，其中，耕地面积 651 048 公顷，草原面积 2 435 745 公顷，林地面积 254 593 公顷，水面面积 57 948 公顷，果园面积 1 845 公顷。

年末实有住房面积 770 万平方米，其中，当年私人新建 9.2 万平方米。

二、农业

2011 年，全垦区生产基础建设进一步加强，农业投入继续加大。通过产业结构的优化和调整，经济效益显著提高，全年实现农、林、牧、渔总产值906 874万元（现行价，下同）。其中，种植业产值564 143万元，林业产值 8 894 万元，牧业产值 329 740 万元，渔业产值 4 097 万元。

农作物播种面积 588 705 公顷，其中，粮食作物 415 192 公顷，油料作物 148 564 公顷。

2011 年内蒙古农垦主要农产品产量见表 1。

表 1　2011 年主要农产品产量

产品名称	计量单位	2011 年实际数量
粮食	吨	1 693 124
其中：小麦	吨	409 007
大豆	吨	190 880
薯类	吨	48 884
油料作物	吨	263 537
其中：油菜籽	吨	178 750
葵花籽	吨	80 755
棉花	吨	60
糖料	吨	20 840
水果	吨	15 708
其中：梨	吨	5 295

畜牧业生产在 2010 年的基础上又有较快发展，其中，奶业生产继续保持良好态势，以包头、海拉尔、巴彦淖尔等主要垦区为中心的奶业养殖及乳品加工业都具备了一定的规模。良种及改良种乳牛比 2010 年增加 1.48 万头。

2011 年内蒙古农垦牲畜年末存栏及主要产品产量见表 2。

表 2　2011 年年末牲畜存栏及主要产品产量

产品名称	计量单位	2011 年实际数量
牲畜总头数	万头、只	477.64
1. 大牲畜	万头	41.43
2. 羊	万只	227.12
3. 猪	万头	20.13
肉类总产量	吨	76 515
其中：牛肉	吨	23 480
羊肉	吨	27 544
猪肉	吨	18 900
其他	吨	6 591
牛奶	吨	470 334
羊毛、绒	吨	4 871
禽蛋	吨	5 650
蜂蜜	吨	830
鹿茸	千克	1 318

全年水产品产量1 616吨，其中，养殖产量1 553吨。

全年植树造林7 129公顷，零星植树82万株，木材采伐量5 902立方米。

农业生产条件进一步得到改善，年末机械总动力1 578 693千瓦，比2010年增加26 068千瓦。其中，柴油发动机动力1 388 446千瓦，汽油发动机动力108 702千瓦，电动机动力78 253千瓦，其他机械动力3 292千瓦。大中型拖拉机9 644台，小型拖拉机46 356台。农用排灌机械10 208台(套)，农用水泵13 070台。

农业基础设施建设进一步加强，年末拥有机电井18 337眼，其中，已配套14 768眼。

农用化肥施用总量（折纯量）118 806吨，其中，施用于农作物的数量为94 653吨。生物肥施用量13 963吨，有机肥施用量551 744吨。

有效灌溉面积139 152公顷，其中，机灌面积52 639公顷，电灌面积19 963公顷，节水灌溉面积28 569公顷。

农用塑料薄膜使用量1 871吨，其中，地膜使用量1 669吨，地膜覆盖面积35 604公顷。

农田基本建设机械474台，其中，推土机359台。

三、工业和建筑业

工业生产总体保持2010年水平，2011年实现工业总产值（现行价）616 546万元。按行业划分，内蒙古垦区支柱产业食品制造业产值179 049万元，其中，液体乳及乳制品制造业3 820万元；农副食品加工业16 109万元；非金属矿物制品业31 376万元；煤炭开采和洗选业298 843万元。

2011年内蒙古农垦主要工业产品产量见表3。

表3 2011年主要工业产品产量

产品名称	计量单位	2011年实际数量
原煤	吨	19 666 002
大米	吨	2 000
小麦粉	吨	47 206
混合饲料	吨	35 191
配合饲料	吨	550
食用植物油	吨	66 970
乳制品	吨	23 414
白酒	吨	1 349
砖	万块	45 392

建筑业发展平稳，年末农垦全社会拥有固定资产3 693万元。全年施工房屋建筑面积25万平方米。

年末拥有机械设备总台数为509台。

四、交通运输业

2011年实现交通运输业增加值39 624万元（当年价），实现营业总收入30 277万元。现有主要运输工具1 503台，其中，载货汽车1 304台，载客汽车199台。全年完成客货运输量分别为385万人和869万吨。

五、批发和零售贸易、餐饮业

2011年实现批发零售业和餐饮业增加值79 986万元（当年价），实现销售总额或营业收入187 139万元。年末拥有固定资产原值26 937万元。

批发和零售业、餐饮业、服务业年末营业单位4 939个，从业人员11 443人。

六、科研教育和卫生

年末垦区拥有各类学校32所。其中，普通中学5所，小学校26所。教职员工882人，其中，教师782人。在校学生3 981人，其中，当年新招生818人，当年毕业生850人。

年末垦区拥有各类医疗机构299个，其中，医院59个，病床1 221张。医务人员1 480人，其中，医生815人。

年末拥有科研机构14个，科技人员95人。

七、固定资产投资

年末农垦全社会完成固定资产投资611 041万元，总投资额中，用于第一产业166 304万元，第二产业213 996万元，第三产业230 741万元。

当年新增固定资产611 041万元。

八、新增生产能力及主要物资消费量

当年新增生产能力：造林7 344公顷，果树定植34公顷，草原建设13 786公顷；大中型拖拉机877台，小型拖拉机1 893台，机引农具1 970台；公路建设279千米，电话线路4千米；畜禽生产用房7.23万平方米。

全年主要物资消费：钢材1 8673吨，木材33 153立方米，水泥143 449吨，煤炭251 345吨，成品油60 168吨。

辽宁农垦2011年经济与社会发展情况

辽宁省农垦局

2011年辽宁农垦在农业部、省委、省政府的正确领导下，全面贯彻落实党的十七届五中全会决策部署，落实全国农业工作和农垦工作会议精神，以再造新农垦为目标，以现代农垦建设为重点，围绕“高起点开局、高质量发展”，推进各项工作全面开展，垦区经济和社会发展取得了较好的成绩，为“十二五”规划的全面实施打下坚实基础，实现了“十二五”开门红。主要经济指标全面完成且大幅度增长。

一、综合

2011年，辽宁垦区拥有国有农场108个，年内平均总人口90.56万人，其中从业人员44.57万人，比2010年增加1.23万人，其中第一产业25.72万人，第二产业9.86万人，第三产业8.99万人，各业人员所占比重分别为58：22：20。年末国有单位从业人员29.73万人，其中在岗职工26.25万人，其他从业人员3.48万人，从业人员年劳动报酬为16 055元/人。

土地总面积512 331公顷，其中耕地156 119公顷，占30%，水田95 518公顷，占耕地的61%，旱田60 601公顷，占耕地的39%；林地72 352公顷，占土地总面积的14%；牧草地25 430公顷，占5%；水面86 643公顷，占17%；果园12 395公顷，占2.4%；居民点及工矿用地50 219公顷，占10%，其他98 806公顷，占19%。

小城镇36个，小城镇人口127 674人，占总人口数的14%，小城镇占地面积8 405公顷，占土地总面积的1.6%。

全年实现生产总值2 002 935万元，比2010年增长21.5%，其中第一产业694 304万元，比2010年增长16%，第二产业917 999万元，比2010年增长28%，第三产业390 632万元，比2010年增长18%。一、二、三产业比重为35：46：19。人均生产总值22 118元，比2010年增加3 966元。全年以增加值计算的全社会劳动生产率为44 939元，比2010年增加6 903元。人均纯收入9 576元，比2010年增加1 331元，高于全省农村人均纯收入1 200元以上。年末实有住房面积2 414.88万平方米，人均住房27平方米。

非国有经济迅猛发展。年末经济单位53 928个，比2010年增加15 376个，其中集体经济64个，个体经济49 070个，私营经济4 779个，港澳台及外商经济15个。按三次产业划分，第一产业30 791个，第二产业7 065个，第三产业16 072个。年末从业人员22.47万人，占全部从业人员的50.4%，从业人员劳动报酬为393 931万元，平均每人每年为17 531元。全年实现生产总值1 452 980万元，占全部生产总值的73%，比2010年增长25%，其中第一产业245 139万元，增长6%，第二产业896 910万元，增长31%，第三产业310 831万元，增长27%，一、二、三产业所占比重为17：62：21。当年固定资产投资额为1 853 575万元，比2010年增长87%，占总投资额的87%。资产总额为4 010 865万元，比2010年增长25%。固定资产原值3 621 213万元，比2010年增长8%。实现税金为194 710万元，比2010年增长12%，实现利润254 662万元，比2010年增长22%。

固定资产投入力度加大。全年固定资产投资额为2 130 521万元，增长46%，其中非国有1 853 575万元，占总投资额的87%；国有276 946万元，占13%。按工程用途分，第一产业402 750万元，比2010年增长67%，第二产业1 048 482万元，比2010年增长25%，第三产业379 989万元，比2010年增长79%。一、二、三产业投资比为19：49：32，2010年为17：57：26。按资金来源划分，国家预算内资金14 714万元，增长8%，占1%，国内货款698 241万元，增长119%，占33%，利用外资119 328万元，比2010年略有下降，占6%，自筹资金1 004 353万元，增长12%，占47%，其他资金293 885万元，增长193%，占13%。

年末外资出口供货商品金额242 180万元，比2010年增长9%。其中直接出口115 120万元，下降4%，占48%。出口额中，农产品12 480万元，增长37%，占5%，水产品4 010万元，下降49%，占2%，工业品225 690万元，增长9%，占93%。出口的主要品种有服装、地毯、工艺品、花卉、禽肉、家具、水果等。

农、林、牧、渔业商品的产值为1 095 195万元，比2010年增长6%，占农业总产值的76%。粮豆商品量为1 117 264吨，粮食商品率为85%；油料商品量为12 881吨，商品率为52%，肉类商品量为207 292吨，商品率为83%。

实现生产总值超1亿元的农场41个，盘锦垦区有23个，占56%。超亿元农场实现生产总值1 851 954万元，占全省农垦生产总值的92%。排在前10位的农场依次是铁岭市种畜场（269 584万元）、营口西海农场（172 000万元）、阜新市农场（110 000万元）、锦州大有农场（101 365万元）、抚顺高湾种畜场（86 917万元）、盘锦前进农场（81 950万元）、盘锦唐家农场（63 402万元）、辽阳首山农场（52 070万元）、盘锦东风农场（48 914万元）、盘锦清水农场（48 502万元）。前10位农场实现的生产总值是1 034 704万元，占全垦区生产总值的52%。区域经济的发展，是农垦经济发展的最大亮点。

二、农业

经过多年的开发建设，农垦的农业现代化已经走在全省前列。目前辽宁农垦的主要粮食作物良种率达到98%，经济作物良种率达到87%。通过增加投入和加强农田水利基本建设，农业的生产条件和基础设施建设得到改善和加强。2011年辽宁垦区的农业在人努力、天帮忙的基础上，喜获全面丰收。

全年实现农业产值1 432 842万元，比2010年增长15%。其中种植业产值661 633万元，比2010年增长12%，林业产值18 923万元，比2010年增长26%，牧业产值358 735万元，比2010年增长14%，渔业产值357 685万元，比2010年增长15%，农林牧渔服务业产值35 866万元，比2010年增长69%。各业在农业总产值中的比重为46∶1∶25∶25∶3。农业总产值按经济类型分国有888 441万元，比2010年下降7%，集体16 366万元，比2010年下降10%，个体487 692万元，比2010年增长97%，其他40 343万元，比2010年增长46%，所占比重为62∶1∶34∶3。

粮食生产再攀新高，粮食产量突破130万吨，达到1 312 687吨，比2010年增加111 873吨，增长9%。农作物播种面积174 071公顷，比2010年增加14 460公顷，其中粮食作物播种面积155 088公顷，比2010年增加14 242公顷，占总播种面积的89%；油料作物4 976公顷，占3%；蔬菜、瓜类13 322公顷，占8%。在粮食作物中，水稻播种面积103 950公顷，占粮食作物播种面积的67%；玉米40 505公顷，占26%；高粱1 460公顷，占1%；谷子1 828公顷，占1%。在粮食总产量中，水稻总产931 108吨，占71%；玉米总产343 124吨，占26%，豆类总产18 250吨，占1%。在粮食生产中，水稻占有绝对优势，其次是玉米。

畜牧业发展速度加快。年末大牲畜存栏13.33万头，比2010年增加1.78万头。其中牛9.77万头，比2010年略有减少，马0.60万头，比2010年增加0.11万头。年末生猪存栏79.27万头，比2010年略有减少，家禽存栏1 598.78万只，比2010年增加96.68万只。肉类总产量249 354吨，增加25 445吨，增长11%。其中，猪肉117 601吨，增加10 189吨，增长9%；牛肉14 073吨，与2010年基本持平；羊肉2 298吨，增加289吨；禽肉110 355吨，增加11 454吨，增长12%。牛奶产量130 154吨，减少3 919吨，主要是奶牛的减少所致；禽蛋77 699吨，增加18 234吨，增长31%。

渔业生产势头强劲。水产品总产量401 798吨，比2010年增加67 744吨，增长20%，其中淡水产品208 681吨，增加13 065吨，增长7%，海水产品193 117吨，增加54 679吨，增长39%。在水产品总产量中鱼类213 147吨，增加7 064吨，增长3%；虾蟹类90 865吨，增加17 722吨，增长24%；贝类93 392吨，增加40 566吨，增长77%。

水果生产喜获丰收。年末水果种植面积12 395公顷，其中苹果种植面积7 017公顷，占水果面积的57%，梨2 142公顷，占17%，桃1 027公顷，占8%，葡萄700公顷，占6%。水果总产量达到134 559吨，创历史新高，比2010年增长13%。水果总产量中苹果79 558吨，占水果总产量的59%，梨16 069吨，占12%，桃14 870吨，占11%，葡萄16 956吨，占13%。

全年植树造林4 542公顷，其中用材林1 133公顷，经济林948公顷，防护林2 441公顷，薪炭林6公顷。当年零星植树180万株，年末实有育苗面积453公顷，幼株抚育6 656公顷，成林抚育4 115公顷，木材采伐量22 604立方米。

农业生产机械化水平逐年提高。年末农业机械总动力1067 548千瓦，比2010年增加79 653千瓦，增长8%，其中柴油机发动机动力745 381千瓦，汽油发动机动力96 518千瓦，电动机动力178 062千瓦，其他机械动力47 587千瓦。拥有大中型拖拉机4 023台，比2010年增加208台，小型及手扶拖拉机11 274台，比2010年增加891台，农用排灌动力机械18 394台，联合收获机262台，比2010年增加142台，农用运输车15 604辆。当年实际机耕面积131 720公顷，占年末耕地面积的84%；当年实际机播面积67 402公顷，占农作物播种面积的39%；当年机械收割面积74 804公顷，占收获面积的43%。农场用电量51 583万千瓦时，比2010年增加6 626万千瓦时，增长15%。农药施用量3 673吨，增加1 115吨。农用化肥施用量89 164吨，比2010年减少8 759吨。生物肥施用量3 166吨，比2010年减少1 387吨，有机肥施用量151 672吨，比2010年增加14 346吨。有效灌溉面积123 506公顷，比2010年减少10 178公顷。沼气池2 877个，机电井3 936眼，增加192眼，排灌站286个。

三、第二产业

辽宁垦区经济的发展主要得益于第二产业的迅猛发展，尤其是工业园区的建立，已成为当地发展成熟且潜力巨大的骨干力量。国有农场充分利用拥有大量国有土地的优势，积极开展招商引资，区域内国有蓬勃发展。

1. 工业 以国有农场为核心的一大批经济产业区的建立，通过招商引资形成产业聚集，引进先进技术和人才，吸引大量资金，推动工业生产迅猛发展。年末国有及非国有规模以上工业企业791个，比2010年减少67个，实现工业销售产值7 638 674万元，比2010年增长28%，实现销售收入7 574 692万元，比2010年增长34%，实现产值6 270 889万元，比2010年增长39%。产值超10亿元的产业为交通运输设备制造业（739 838万元），石油加工、炼焦及核燃料加工业（720 044万元），农副食品加工业（634 515万元），金属制品业（488 258万元），化学原料及化学制品制造业（449 347万元），通用设备制造业（358 147万元），非金属矿物制品业（356 299万元），橡胶制品业（351 507万元），专用设备制造业（284 265万元），黑色金属冶炼及压延加工业（267 827万元），食品制造业（264 479万元），塑料制品业（179 552万元），通信设备、计算机及其电子设备制造业（164 892万元），仪器仪表及文化、办公机械制造业（158 759）万元，有色金属冶炼及压延加工业（112 670）万元，电器机械及器材制造业（152 888万元），有色金属冶炼及压延加工业（108 707万元）。大中型及龙头企业24个，实现产值741 410万元。

主要工业产品中，饮料酒375 009千升，比2010年增加74 264千升，增长25%，乳制品124 505吨，比2010年增加18 305吨，增长17%，服装530万件，增长23%，水泥36万吨，增长215%，红砖24 035万吨，增长1%。

2. 建筑业 年末建筑企业304个，比2010年增加34个，从业人员21 410人，比2010年增加6 012人，年末固定资产原值80 465万元，年末拥有机械设备3 589台，增加943台，全年施工房屋建筑面积563万平方米，比2010年增加97万平方米，竣工房屋面积368万平方米。

四、交通运输、批发零售业、餐饮业、服务业

年末运输单位6 276个，比2010年减少335个，年末从业人员16 584人，固定资产总值87 921万元，比2010年增加24 905万元，主要运输工具11 906台，比2010年增加3 101台，实现营业总收入153 536万元，比2010年增长65%，全年货运量8 016万吨，客运量1 708万人。

批发零售业年末单位6 913个，从业人员28 226人，从业人员劳动报酬46 056万元，固定资产总值92 518万元，销售额514 824万元，增长8%。

住宿餐饮业1 447个，增加100个，从业人员

10 853 人，从业人员劳动报酬 16 389 万元，年末固定资产总值 77 001 万元，营业收入 123 017 万元，增长 6%。

服务业年末单位 3 154 个，从业人员 11 368 人，从业人员劳动报酬 18 154 万元，年末固定资产原值 65 016 万元，营业收入 106 469 万元，增长 16%。

五、其他

年末医疗单位 696 个，其中医院 118 个，病床 2 723 张，职工 2 328 人，其中医生 988 人。

年末科研单位 28 个，比 2010 年增加 1 个，其中省属 1 个，场属 27 个，职工 619 人，科技经费 687 万元，实验地面积 267 公顷。

吉林农垦2011年经济和社会发展统计公报

吉林省农垦局

2011年是"十二五"规划的开局之年，一年来，在农业部农垦局和吉林省农委党组的正确指导和具体领导下，按照"强产业、增收入、惠民生、保稳定"的总体思路，深入落实科学发展观，农业稳步提升，工商业发展壮大，民生事业逐步推进，圆满完成了2011年的各项目标任务，为2012年全省农垦经济发展打下了良好的基础。

一、综合情况

吉林农垦系统现有独立核算企业90个，全垦区总人口27.13万人，其中从业人员年末人数12.21万人，比2010年增加3 131人，第一产业10.51万人，第二产业0.64万人，第三产业1.06万人，各业人员所占比重分别为86∶5∶9。年末国有单位从业人员8.33万人，其中在岗职工5.02万人，其他从业人员3.3万人。从业人员劳动报酬8.13亿元，人均年劳动报酬9 760元。

土地总面积32.02万公顷，耕地面积11.77万公顷，牧草地面积7.10万公顷，林地面积4.61万公顷，水面面积0.28万公顷，果园面积0.30万公顷，居民点及工矿用地2.73万公顷（图1）。

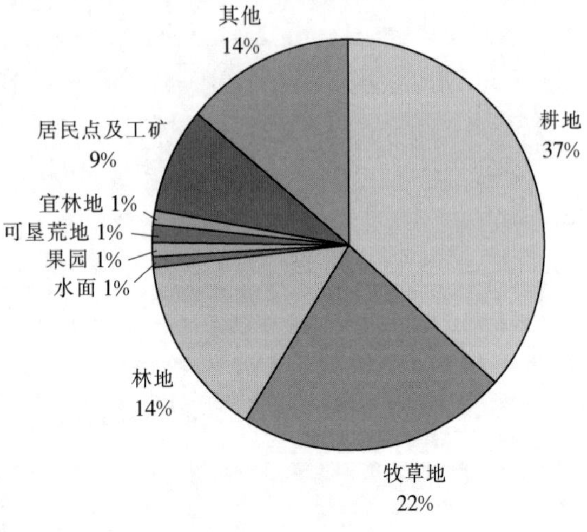

图1　土地面积构成图

2011年全垦区实现生产总值17.26亿元，比2010年增长12%。一、二、三产业增加值占国民生产总值的比重分别为79%、14%、7%。其中，第一产业增加值13.69亿元，比2010年增长4.2%，第二产业增加值2.34亿元，比2010年增长94%，第三产业增加值1.23亿元，比2010年增长11.3%。人均生产总值6 257元，比2010年增加601元。人均纯收入5 937元，比2010年增长11%。年末实有住房面积566万平方米，人均住房面积21平方米。

全年固定资产投资额1.63亿元，比2010年增长62%，其中非国有投入4 280万元，占总投资额的27%；国有投入12 037万元，占73%。第一产业7 903万元，第二产业7 140万元，第三产业1 274万元，一、二、三产业投资比例48∶44∶8。在资金投入来源中，国家预算内资金286万元，占比2%，自筹资金14 457万元，占88%，其他资金1 574万元，占10%。当年新增固定资产1.61亿元，其中国有12 895万元，占比80%；非国有3 197万元，占比20%。

农、林、牧、渔业商品产值为23.69亿元，占农业总产值的89%，粮豆商品量为59.76万吨，商品率为81%，油料商品量为1.46万吨，商品率为99%，肉类商品量为5.27万吨，商品率为93%。外贸出口商品总金额达到1 500万元，出口蜂蜜1 500吨。

实现生产总值超亿元的农场3个，全部是谷物农场，共实现生产总值6.69亿元，占全省农垦生产总值的39%。四平辽河农垦管理区辽河农场3.64亿元，前郭灌区国营红旗农场1.75亿元，前郭灌区国营红光农场1.30亿元。

二、农业

第一产业质量提升，农业生产大发展，全年实现农、林、牧、渔业总产值26.43亿元，比2010

年增长17%。其中，种植业产值14.54亿元，增长15%，牧业产值11.49亿元，增长20%，渔业产值2 157万元，增长34%，林业产值1 506万元，与2010年持平。

全年农作物总播种面积为117.99千公顷，比2010年增加3 224公顷，增加2.8%。其中，粮豆播种面积106.18千公顷，比2010年增加2 488公顷，占农作物总播种面积的90%。油料作物播种面积9千公顷，比2010年增加79公顷。蔬菜、瓜果类播种面积493公顷，比2010年增加81公顷。其他作物播种面积1 925公顷，比2010年增加696公顷。

粮食总产量持续增长。全年粮豆产量74.07万吨，比2010年增产5.44万吨，增长8%，创历史新高。主要是玉米产量增加。

2011年吉林农垦主要农产品产量见表1。

畜牧业平稳发展。2011年大牲畜存栏4.52万头，增加0.29万头，良种及改良种乳牛1.04万头，增加0.26万头。

表1　2011年主要农产品产量

农作物名称	2011年产量（吨）	比2010年增长（%）
粮食	740 758	8
其中：稻谷	326 770	2.2
玉米	374 623	14.34
高粱	21 429	2.3
大豆	9 529	－4.92
杂豆	6 648	15.8
油料	14 332	6.38
其中：花生	4 654	37.86
向日葵	9 530	－1
药材类	727	62.28

表2　2011年牲畜年末存栏及畜产品产量

种类	计量单位	2011年产量	比2010年增长（%）
大牲畜总头数	万头	4.52	6.86
其中：良种及改良种乳牛	万头	1.04	33.34
猪存栏	万头	14.74	－5.51
羊存栏	万只	16.98	11.49
家禽	万只	481.44	－9.37
肉类总产量	吨	56 857	5.12
其中：猪肉	吨	23 851	0.67
禽肉	吨	25 543	13.01
牛奶	千克	30 704	91.37
禽蛋	吨	60 434	－2.36
鹿茸	千克	13 854	－13.21

农业生产机械化程度有所提高，农业基础设施得到改善。2011年年末农业机械总动力78.6万千瓦，大中型农用拖拉机3 054台，比2010年增长4.78%，小型及手扶拖拉机23 065台。当年实际机耕面积83.25千公顷，占年末耕地面积70.7%；实际机播面积67.87千公顷，占农作物播种面积的57.5%；机械收获面积32.35千公顷，占农作物播种面积的27.4%。

三、工业

吉林垦区第二产业呈现出良好的发展势头，发展迅猛，总量扩大，招商引资成果丰硕。2011年实现工业总产值7.4亿元，比2010年增长21.7%。工业主要集中在四平、松原两大垦区，主要产品产量如表3。

表3　2011年主要产品产量

产品名称	计量单位	2011年产量	比2010年增长（%）
碾米	吨	59 085	24.08
中成药	吨	300	－6.25
水泥	万吨	85	10.4

四、交通运输、批发零售业、餐饮业、服务业

第三产业蓄势待发，年末运输单位503个，年末从业人员1 959人，固定资产原值6 197万元，拥有载货汽车1 410辆，载客汽车407辆，全年货运量19万吨，客运量64万人。

批发零售业年末单位977个，年末从业人员3 372人，从业人员报酬1 532万元，固定资产原值3 747万元，销售总额7 159万元，比2010年增长48%。

住宿餐饮业年末单位317个，比2010年增加5个，年末从业人员1 182人，从业人员报酬660万元，固定资产原值2 066万元，全年营业收入1 742万元，比2010年增长7.4%。

服务业年末单位232个，比2010年增加5个，年末从业人员549人，从业人员报酬330万元，固定资产原值535万元，全年营业收入463万元。

上海农垦 2011 年经济和社会发展统计公报

光明食品集团有限公司

2011 年，光明食品集团以邓小平理论和“三个代表”重要思想为指导，坚持用科学发展观统领改革、发展、稳定全局，按照“发展、转型、整合、提升”的工作主基调，聚焦核心主业，加快对外并购，持续推进转型，深化产业协同，加强内部管控，注重改善民生，促进和谐发展。2011 年集团经济运行质量的提高，为实现三年战略打下坚实基础。

一、综合

2011 年，光明食品集团全年实现增加值 123.71 亿元，按可比价格计算，比 2010 年增长 8.65%。其中，第一产业增加值 8.72 亿元，第二产业增加值 46.10 亿元，第三产业增加 68.89 亿元。

2011 年，光明食品集团工农业总产值（按现行价）245.51 亿元，比 2010 年增长 13.47%。

2011 年，光明食品集团全年完成工农业出口商品额 9.10 亿元，比 2010 年增长 27.03%。其中，工业出口 88 066 万元，比 2010 年增长 26.04%；农业出口 2 913 万元，比 2010 年增长 58.75%。

2011 年，光明食品集团固定资产投资完成额 27.75 亿元，比 2010 年增长 38.17%。

2011 年，光明食品集团年末从业人员 12.09 万人，比 2010 年增长 5.81%。

二、第一产业

2011 年，光明食品集团围绕实现现代农业“五三计划”，按照高效、生态发展要求，积极做好农业发展规划，加强农业科技工作，增强农业基础建设和设施保障能力，积极推进农业产业化、市场化工作，加快农业产业转型，不断优化发展模式，产品的市场竞争力、影响力持续提高。

2011 年，光明食品集团第一产业增加值 87 174万元，比 2010 年增长 6.04%，占总增加值的 7.05%。全年完成农业总产值 347 428 万元，比 2010 年增长 30.50%。其中，种植业 129 252 万元，比 2010 年增长 8.22%；林业 7 446 万元，比 2010 年增长 177.42%；畜牧业 171 401 万元，比 2010 年增长 47.53%；渔业 39 054 万元，比 2010 年增长 41.29%。

2011 年，种植业生产情况：粮食播种面积 40 749公顷，比 2010 年增长 4.63%，粮食总产量 308 898 吨，比 2010 年增长 6.39%；蔬菜产量 174 841吨，比 2010 年增长 21.46%；西瓜产量 21 738吨，比 2010 年下降 28.82%；鲜切花 1 090 万枝；盆栽花卉 375 万盆；草坪销售量 258 万平方米。全年新增造林面积 846 公顷。

2011 年，养殖业生产情况：生奶产量、生猪上市量、水产品产量增长。全年牛奶产量 225 521 吨，比 2010 年增长 36.31%；生猪上市量 431 784 头，比 2010 年增长 5.54%；家禽上市量 1 047 055 只，比 2010 年增长 1 899.57%；禽蛋产量 2 285 吨，比 2010 年减少 0.65%；鸽子上市量 425 758 羽，比 2010 年增长 69.62%。全年水产品产量 33 342吨，比 2010 年增长 29.81%，其中，鱼类产量 31 237 吨，虾蟹类产量 2105 吨。

三、第二产业

2011 年，光明食品集团的工业持续加大科技投入。乳业：依托国内唯一的乳业生物技术国家重点实验室，不断推出拥有自主知识产权的新产品；酒业：积极开发新品，加大黄酒产品结构的调整，发展中高端产品。光明食品集团的工业企业生产稳步发展。2011 年，光明食品集团第二产业增加值 461 049 万元，比 2010 年增加 10.77%，占总增加值的 37.26%。第二产业的增加值中，工业增加值 448 113 万元，建筑业增加值 12 936 万元。

2011 年，全年完成工业总产值 2 107 685 万元，比2010年增长11.08%，工业销售产值为2075 161万元，比2010年增长11.12%，产销率98.46%。大中型企业总产值1 640 885万元，占77.9%；农副食品加工业、食品制造业和饮料制造业企业总产值为1 881 687万元，占总产值的89.28%。

全年工业企业主要产品产量：大米82 179吨，比2010年增长1.67%；白砂糖656 209吨，比2010年增长1.85%；糖果22 007吨，比2010年增长46.11%；乳制品768 445吨，比2010年下降5.76%；乳制品中液体乳733 212吨，其中酸奶306 067吨；罐头52 914吨，比2010年增长12.66%；味精16 186吨，比2010年增长9.60%；酒98 300千升，比2010年下降10.02%；软饮料513 174吨，比2010增长103.04%。

建筑业生产情况：全年完成建筑业施工产值83 803万元；比2010年增长32.41%。施工面积117.29万平方米；竣工面积27.84万平方米。

四、第三产业

2011年，光明食品集团的第三产业经营规模继续持续增长，整体经营业绩继续稳步提高。2011年，第三产业增加值688 900万元，比2010年增长7.30%，占总增加值的55.69%。

第三产业中，运输业及仓储业的增加值118 398万元，比2010年增长6.13%，批发零售贸易业增加值332 675万元，比2010年增长10.42%，房地产业增加值212 442万元，比2010年增长8.46%，住宿餐饮业增加值10 570万元，比2010年增长5.41%。

年末，批发零售贸易业的营业网点有4 594个，比2010年增长5.88%，营业面积122.36万平方米。

营运的出租车辆9 622辆，比2010年增长2.65%。

全年房地产销售面积47.73万平方米，比2010年增长0.72%；销售额35.90亿元，比2010年增长0.86%。其中，农工商房地产集团销售面积46.65万平方米，比2010年下降1.50%；销售额34.49亿元，比2010年下降2.39%。

五、固定资产投资

2011年，光明食品集团完成固定资产投资277 460万元，比2010年增长38.17%。固定资产投资总额中，第一产业51 517万元，比2010年增长21.41%；第二产业80 051万元，比2010年增长34.23%；第三产业145 892万元，比2010年增长47.75%。一、二、三产业的投资比重分别为18.57%、28.85%和52.58%。当年新增固定资产11.24亿元。

六、职工和工资

2011年，光明食品集团年末从业人员120 852人，比2010年增长5.81%。其中，第一产业7 898人，第二产业31 010人，第三产业81 944人。一、二、三产业的从业人员比重分别为6.54%、25.66%和67.80%。第三产业中批发和零售业的从业人员51 193人，占全部从业人员的42.36%。

2011年，全部职工人数86 638人，其中，在岗职工人数77 195人。

2011年，从业人员年平均报酬36 358元，比2010年增长15.44%；全部职工年平均工资38 315元，比2010年增长13.01%；在岗职工年平均工资42 555元，比2010年增长12.64%。

注：1. 公报中提到的增加值按现行价格计算，增长速度按可变价格计算。

2. 公报中的统计数据口径是集团控股企业财务合并、事业单位和控股财务不合并的单位。

3. 公报中第三产业行业分类是按国民经济行业分类与代码（GB/T 4754—2011）标准。

江苏农垦2011年经济和社会发展统计公报

江苏省农垦集团有限公司

2011年是“十二五”规划开局之年，面对宏观调控带来不确定因素增多的市场环境，以及农业生产遭遇低温冻害和干旱的影响，江苏农垦集团上下认真贯彻省委、省政府和省国资委对经济发展的部署和要求，全力以赴抓经营促发展、抓改革促转型，全面完成了年初董事会确定的经营目标和各项任务，实现了江苏农垦集团“十二五”时期发展的良好开局。

一、综合

2011年，垦区生产总值85.27亿元，比2010年增长20.95%。其中，第一产业增加值22.04亿元，比2010年增长15.33%；第二产业增加值42.01亿元，比2010年增长25.48%；第三产业增加值21.22亿元，比2010年增长18.48%。三次产业比重为26：49：25。人均生产总值净增加7 366元，达到40 774元，比2010年增长22.05%。全垦区营业收入294.76亿元，比2010年增长19.39%。实现利润总额24.86亿元，比2010年增长23.25%。上交国家税金11.91亿元，比2010年增长31.31%。

经济持续快速增长。江苏农垦实现国有营业收入130.5亿元，比2010年增长24.9%；实现国有利润总额12.7亿元，比2010年增长25.6%；归属集团母公司净利润5.6亿元，比2010年增长26.5%。年末资产总额130.8亿元，比2010年增长21.4%；归属集团母公司所有者权益35.8亿元，比2010年增长20.8%。

企业经营业绩提升。营业收入超5亿元的企业8个，其中苏舜集团首超30亿元；营业收入增幅25%以上的企业15个。利润总额超千万元的企业21个，其中江苏正大天晴7.29亿元，南通农场6 069万元；利润增幅25%以上的企业20个。

运行质量不断提高。集团公司剔除非经常性损益后的净资产收益率15.8%，比2010年提高0.73个百分点。三次产业结构比重由2010年的27：47：26优化为26：49：25，非农产业比重达74%，比2010年提高1个百分点。农业科技进步贡献率65%左右，高出全省5个百分点，较好地发挥了示范带动作用。

垦区民生逐步改善。全年职均收入31 142元，比2010年增长10.2%。农场居民人均纯收入15 415元，比2010年增长10.3%。农场安全饮用水改造项目全部完工。少数农场社保缴费集体部分不到位的问题全部得到解决，部分断保职工社会保险接续工作按政策有序推进。6 100套危房改造全面开工。

一年来，集团上下紧紧围绕“开好头、布好局”的工作方针，进一步解放思想、转变观念、攻坚克难，积极开展大量卓有成效的工作，取得了实效。

二、农业

以体现核心产业核心价值为导向，现代农业发展步伐加快。粮食生产连续8年丰收。

在种植面积略降和灾害性气候频发的情况下，全年粮食总产91.05万吨，比2010年增加4.38万吨，增长5.05%，小麦亩产比2010年增40千克。新洋农场水稻平均亩产659千克，刷新垦区农场最高纪录。东坝头农场小麦平均亩产554千克，创造垦区农场最高水平。9个农场12个万亩示范区参加省部级万亩高产创建活动，全部完成预期目标。新洋农场八大队联合生产承包体负责人被授予“全国种粮大户”荣誉，受到国务院表彰。

高效农业规模化发展效果显著。

新增瓜果蔬菜合作社25个，新增高效农业园区3个，带动垦区高效种植业面积和设施栽培面积分别比2010年增长13.4%和9.1%。新增规模化养殖小区 10 个，垦区养殖总产值和增加值分别比 2010 年增长 16.2%和 32%。养殖水面 4.99 千公顷，总产量 4.66 万吨，比 2010 年增长 2.35%。云台农场“连云港花果山外向型农业示范区”通过验收，成为国家级出口食品质量安全示范区。东辛农场新建 1.2 万平方米虾苗繁育场，当年实现利润 117 万元。新曹农场强力推进林下草鸡养殖小区标准化建设，全年存栏达 130 万羽。

龙头企业带动服务功能增强。

大华种业、苏垦米业、苏垦麦芽累计在农场订单种植面积达 127.3 万亩，占农场大宗粮食作物种植面积 71%。垦区大宗粮食作物种子统供率达 97.5%，农资统供率达 85%。大华种业继苏垦米业之后成为垦区第二个农业产业化国家重点龙头企业。

农业科技工作全面加强。

实施 4 个农业部农业技术推广项目和 10 个集团公司农业科技创新项目，其中“大华香糯的选育和应用”项目荣获省政府科技进步三等奖。建立稻麦生产专家库，组织开展技术指导和培训。垦区各类农机投入 1.51 亿元，比 2010 年增长 37.3%；主要农作物耕种收综合机械化率达 94%，比 2010 年提高 3 个百分点，特别是水稻机插率比 2010 年提高 22.6 个百分点。新洋农场率先在垦区实现粮食生产全过程机械化。集团公司成功承办 2011 年全国农机技能竞赛活动。

农产品品牌优势逐渐显现。

新增省名牌（农）产品 4 个，垦区省名牌农产品总数占全省比重达 9.3%。10 个农场的 33 种农产品被许可使用绿色食品或有机食品认证标识。苏垦大米荣获中国第九届国际农产品交易会金奖。东辛农场东米鸡肉获得农产品质量追溯标识使用权。

2011 年江苏农垦主要农产品产量见表 1。

表 1　2011 年主要农产品产量

指标	计量单位	数量	比 2010 年增长（同口径）（%）
稻谷	万吨	50.76	11.17
小麦	万吨	29.09	3.38
大豆	万吨	0.13	−50
棉花	万吨	0.45	40.62
油料	万吨	0.21	−8.69

2011 年年末江苏农垦牲畜年末存栏总数及主要畜产品产量见表 2。

表 2　2011 年年末牲畜存栏总数及主要畜产品

指标	计量单位	数量	比 2010 年增长（同口径）（%）
肉类总产量	万吨	8.21	4.85
猪牛羊肉	万吨	2.29	3.62
禽肉	万吨	5.91	5.16
生猪年末存栏	万头	8.23	7.58
牛年末存栏	万头	0.46	9.52
羊年末存栏	万只	1.21	−9.02
家禽年末存栏	万只	427.8	9 10.99
肉猪出栏数	万头	26.25	1.59
禽蛋产量	吨	12 243	25.9
牛奶产量	吨	8 188	7.09

三、工业和建筑业

2011 年，垦区实有工业企业 367 个，其中规模以上 65 个。全年实现工业总产值（现行价）136.25 亿元，比 2010 年增长 19.25%。产品销售收入 123.75 亿元，比 2010 年增长 12.97%。

工业技改扩能项目取得成效。

苏垦麦芽塔式生产线竣工并投入生产，全年生产麦芽 9.2 万吨，较 2010 年增长 160.8%。苏垦米业 4 个米厂技改项目如期完成。江苏正大天晴海州制剂新区建成投产，取得国家和省新版 GMP 认证第一号证书，润众制药二期项目进入安装和调试阶段。南京正大天晴完成工程技术中心和 QC 中心改造扩建，新厂区建设已落实用地。金象传动加工中心安装调试成功，新厂区已全面运营。苏垦银河新厂区建设进展顺利，主体工程已封顶，6 条生产线技改工作有序实施。

工业科技创新力度不断加大。

江苏正大天晴以推进科技创新为抓手，强化核心竞争力打造，全年投入研发经费 1.83 亿元，获得多个品种的生产批件和临床批件，公司获“全国化学制药行业创新型企业品牌十强”第四位，在“化学制药行业创新企业品牌榜”位列第 28 位。金象传动大力开发新产品，取得 5 项国家实用新型专利，并成功中标特大型碾环机用减速机订单。苏垦银河高端裂解连杆比重已达 64%，荣获韩国现代

“质量五星企业”称号，成为国家高新技术企业。

2011 年江苏农垦主要工业产品产量见表 3。

表 3　2011 年主要工业产品产量

指标	计量单位	数量	比 2010 年增长（同口径）（%）
大米	吨	294 768	3.79
食用植物油	吨	12 989	1.11
原盐	吨	15 764	11.01
棉纱	万吨	2.66	−0.75
针织服装	万件	3 728	2.16
电子元件	万只	44 987	0.26

2011 年，建筑业快速发展。全垦区建筑业实现产值 145 040 万元，同口径比 2010 年增长 31.77%；实现建筑业增加值 46 018 万元，比 2010 年增长 30.69%；实现利润总额 8 666 万元，比 2010 年增长 36.26%；上交税金 2 578 万元，比 2010 年增长 65.68%。

四、第三产业

2011 年，垦区第三产业完成营业收入 99.7 亿元，比 2010 年增长 28.5%。其中，批发零售贸易业 76.74 亿元，比 2010 年增长 17.05%；餐饮业 2.48 亿元，比 2010 年增长 23.38%；服务业 11.98 亿元，比 2010 年增长 19.68%。

第三产业市场业务向纵深拓展。

苏舜集团构建“大营销”体系，主营业务收入逆势增长 6%。苏垦物流内外市场并举，销售收入超过 7 亿元。镇江储运勇于开拓，艰苦创业，经济效益快速增长。中山大厦通过“四星”复核，经营业绩持续增长。通宇公司在提高商品住宅楼盘品质的同时，探索发展商业地产项目，无锡丰汇广场项目招商出租率超过 95%，承建集团公司总部大楼项目已开始实施。

五、固定资产投资

2011 年，全垦区完成固定资产总投资 25.48 亿元，比 2010 年增长 28.43%，基本建设投资完成 19.81 亿元，占固定资产总投资的 77.71%。在整个固定资产投资中，生产性固定资产完成 21.17 亿元，占整个固定资产总投资的 83.08%。

在全部固定投资中，第一产业投资完成 3.75 亿元，第二产投资完成 7.71 亿元，第三产业投资完成 14.02 亿元，分别占总投资的 14.72%、30.26%、55.02%，主要是房地产投资增长较多。

在全部固定资产投资中，国有固定资产投资完成 19.23 亿元，比 2010 年增长 48.15%，占整个投资的 75.47%。

六、科技、卫生

2011 年，全垦区共有各级各类科技专业技术人员 577 人。全年投入科研经费 34 799 万元，比 2010 年增长 53.96%。

2011 年，卫生事业继续改善，全垦区共有医疗单位 18 个，其中，医院 18 个，病床 1 062 张，各类卫生技术人员 1 135 人，其中医生 583 人。全年医疗卫生经费支出 10 728 万元，比 2010 年增长 16.55%。

七、人口和职工收入

2011 年，全垦区总人口 211 677 人。其中，农场人口 197 423 人，总人口比 2010 年减少 382 人。全垦区人口出生率 7.06‰，人口死亡率 6.24‰，人口自然增长率为 0.82‰。2011 年，全系统平均社会从业人员 105 028 人，其中第一产业 42 222 人，第二产业 37 614 人，第三产业 25 192 人，分别占全部从业人数的 40%、36%、24%。职工收入继续提高，垦区职工全年平均收入 31 142 元，比 2010 年增长 10.2%。2011 年垦区农场居民人均纯收入 15 415 元，较 2010 年增长 10.3%。

八、非国有经济

2011 年，全垦区非国有增加值 435 599 万元，比 2010 年增长 13.71%，其中，第一产业增加值 113 759 万元，第二产业增加值 197 309 万元，第三产业增加值 124 531 万元，分别比 2010 年增长 8.44%、27.06%、25.86%。三次产业比重为26∶45∶29。年末非国有经营单位 20 926 个，其中，私营企业 1 393 个，个体经济 19 505 个。从业人员 70 999 人，其中，第一产业 25 511 人，第二产业 27 373 人，第三产业 18 115 人。从业人员收入总额 211 345 万元。营业收入为 142.49 亿元，占全部收入的 48.34%。全年共实现利税 135 806 万元，其中，利润 114 145 万元。当年非国有经济完成固定资产投资额 62 543 万元。

九、其他

全系统18个农场中，生产总值超过1亿元的有16个。这16个农场总人口为194 918人，耕地面积71 217公顷。2011年实现生产总值589 277万元，占垦区生产总值的69.1%。其中，农业增加值216 682万元，占垦区生产总值的25.41%，工业增加值160 413万元，占垦区生产总值的18.81%。销售税金27 570万元，利润总额138 769万元。东辛农场、南通农场、黄海农场列生产总值前3位。

全系统有大中型工业企业10家，共完成现价总产值563 686万元，销售产值547 843万元。增加值213 422万元，增加值占垦区全部工业企业增加值的57.08%。年末固定资产原值195 569万元，职工人数8 694人，实现利税总额138 480万元。

浙江农垦2011年经济和社会发展情况

浙江省农业厅农场管理局

2011年，浙江垦区深入贯彻落实省政府32号文件和全省农场工作会议精神，按照加快“功能定位、经营机制、发展方式、服务形式”转型的总要求，分类推进农场改革，着力破解体制机制创新难题；推进以危旧房改造为重点的住房解困，着力破解改善农场民生难题；推进现代农业建设，着力破解农场产业提升难题，促进农场经济社会稳定健康发展。

一、综合

（一）农垦经济稳定运行

2011年全系统实现生产总值45.3亿元，比2010年略有增长。其中，第一产业增加值2.35亿元，第二产业增加值41.23亿元，第三产业增加值1.72亿元，三次产业增加值比重为5.2∶90.8∶4。垦区人均生产总值62 671元。农垦整体实力有所提高，实现利润10.59亿元，上交税金6.08亿元。

（二）农业生产稳定发展

全年农业总产值8.78亿元，其中牧业产值4.7亿元，全年农作物播种面积5 613公顷，与2010年基本持平，其中粮食作物播种面积2 632公顷，比2010年减少3%。粮食总产量12 434吨，比2010年减少明显，主要是垦区稻谷播种面积减少，加上寒冷天气，影响了粮食总产量。水果总产量19 399吨，比2010年增长18.1%，其中柑橘增长较快。茶叶总产量4 374吨，与2010年基本持平。全年肉类总产量28 569吨，其中出栏生猪42.24万头，比2010年减少17%，主要是萧山农垦一大型养殖场整体搬迁。水产品总产量5 356吨，比2010年增长4%。

（三）工业生产快速增长

全年完成工业总产值291.1亿元，比2010年增长18%。轻工业企业总产值比2010年增长38%。规模以上工业企业总产值比2010年增长15%。印刷业和记录媒介的复制业、化学原料及化学制品制造业、水泥制造业、非金属矿物制品业、塑料制品业、医药制造业等均比2010年增长；农副食品加工业、饮料制造业、饲料加工业、食品制造业、家具制造业、化学纤维制造业等总产值下降。但由于材料、人工费用的增加，利润上升幅度小。

（四）固定资产投资增幅下降

全年完成固定资产投资9.2亿元，比2010年略有增加。其中，第一产业完成投资0.12亿元；第二产业完成投资8.6亿元，比2010年增加11%；第三产业完成投资0.48亿元。非国有经济单位仍是农场投资的主体，占农场固定资产投资的90%。

（五）外贸出口恢复性增长

全年外贸出口商品总金额32.69亿元，比2010年增长43%，主要是萧山引进一批大型外向型企业，出口额明显上升。出口商品中速冻蔬菜、汽车配件、磁钢、涤纶丝、童车等均有较大幅度增长，服装、布、茶叶出口与2010年基本持平。

二、取得的成效

一年来，全省农场系统围绕改革和发展的中心任务，扎实推进，狠抓落实，各项工作取得了较好的成效。

（一）全面推进危旧房改造，促进农场民生改善

全面贯彻落实《浙江省人民政府办公厅关于做好国有农场危旧房改造工作的通知》（浙政办发［2010］145号）和保障性住房建设的要求，组织实施中央预算内危旧房改造投资计划，全面推进危旧房改造工作。一是加强组织领导，落实工作责任。按照五年基本解决农场困难的目标，编制完成“十二五”危旧房改造计划，并将改造计划分解到年度和各地市。专题召开全省国有农场住房解困工作会议，对国有农场危旧房改造工作和年度计划进行具体部署，进一步明确任务，落实责任。为确保列入2011年中央预算内危旧房改造投资计划项目

的如期开工建设，要求12个项目农场所在地市、县（市、区）人民政府都作出项目如期建成的书面承诺。二是加强督促检查，加快工作推进。组织厅危旧房改造工作督查组，由两位副厅长带队，先后赴金华、绍兴、温州、嘉兴、湖州等地对农场危旧房改造工作进行专项督查，指导、督促各地加大政策宣传和工作协调力度，加快农场危旧房改造进程。多次召集项目农场主要负责人和主管部门负责人，交流项目进展情况，分析存在的问题，商讨解决办法，确保2011年中央预算内危房改造投资计划项目顺利完成。三是加强项目管理，规范资金使用。督促各项目单位严格财务制度，规范专项资金使用，强化资金管理，注重提高资金使用效率，严禁挪用挤占，杜绝不廉洁和腐败行为。要求各项目单位规范操作程序，按照群众参与、公开操作、科学决策、民主管理的方式，充分发挥职工的监督作用，保障资金安全，确保工程质量，顺利推进住房解困工作。国家住建部、国家审计局驻上海特派员办事处检查组均对浙江省危旧房改造项目开工情况和财政资金落实、使用情况表示满意。四是加强沟通协调，积极争取支持。建立危房改造工程进展情况快报制度，及时掌握各地、各农场项目建设进度，并按时向农业部农垦局、浙江省保障性安居工程统计工作联席会议报送农场危旧房改造进度信息；积极参加全国和省的保障性安居工程推进会，了解保障性安居工作的有关政策和精神，加强与住房和城乡建设、发改、国土等有关部门沟通协调，反映当前国有农场危房改造工作存在的问题和困难，探讨加快建设的有关政策措施，积极争取相关部门的支持和帮助，共同推进农场危改工作。据统计，全年全省共启动危旧房改造3 217户、28.6万平方米，其中列入2011年中央预算内投资计划的12家农场1 300户危房改造也已经开工建设，总面积9.6万平方米。中央和省级危房改造补助资金2 145万元（每户1.65万元）已经全部到位。

（二）加强现代农业建设，提升示范带动作用

一是指导农场推进现代农业“两区”建设。2011年是浙江省现代农业园区和粮食生产功能区“两区”建设的推进之年，浙江省农业厅农场管理局及时进行专题研究和部署，下发了《关于在全省国有农场开展“两区”建设等情况调查的通知》，重点了解和掌握农场“两区”建设单位基本情况，督促指导农场积极参与“两区”建设，搞好项目包装储备，积极与厅有关部门协调沟通，争取政策与资金支持。加强对项目工程进度、建设质量等情况检查，充分发挥项目资金使用效率。二是加强宣传报道。在农村信息报开辟《走基层——国有农场》专栏，开展现代示范农场建设先进典型宣传报道活动，总结余杭农林集团、宁海县青珠农场、绍兴县茶场等一批在体制机制创新、农业产业发展、种质资源保护和改善职工民生等方面的先进典型，充分展示浙江国有农场建设成果。

（三）组织实施农场总体规划，分类推进现代国有农场改革发展

根据《浙江省分类推进现代国有农场建设总体规划》，按照重点提升一批、稳定一批、退出一批的原则，分类推进农场改革，加快农场布局调整和机制创新。重点对21家示范带动型和21家资源保护型农场的有关情况进行深入调查，分析和掌握农场农业示范和特色产业开发情况，指导农场立足资源优势加快发展。对已整体改制、丧失了原有基本功能的国有农场，在2010年已退出10家的基础上，2011年又组织人员对义乌市杨梅岗农垦场进行实地评估，完成撤销义乌市杨梅岗农垦场建制工作。协调指导庆元县将县良种繁育场、种畜场、农垦特产场、茶场合并组建为庆元县联合农场，通过整合农场资源，扩大农场规模，提升经营管理水平，增强农场发展活力。

（四）维护农场职工合法权益，推动农场社区和谐稳定

妥善处理农场信访诉求。随着农场企业改革的不断深入和人们维权意识的加强，一些历史遗留逐渐暴露，目前正处于各种矛盾的高发期和凸显期，农场企业职工上访呈上升趋势。为此，浙江省农业厅农场管理局高度重视，认真应对，努力维护和谐稳定。继续加强国有农场土地保护管理工作。加强对国有农场土地确权认证工作，对权属来源合法、界址清楚、面积准确、无争议的土地，督促尽快登记办证；对存在土地权属争议的，要求各地严格按照国办发［2001］8号文件及相关法律规定确定权属并登记发证。目前，浙江省农场土地确权率达97.6%，发证率73.2%，土地确权登记工作走在全国中小垦区前列。

安徽农垦 2011 年经济和社会发展情况

安徽省农垦集团公司

2011 年是“十二五”规划的开局之年，在集团公司党委的坚强领导下，在全系统广大干部职工的努力下，深入贯彻落实科学发展观，坚持加快发展，改革创新，努力化解经济发展的诸多不利因素，降低了自然灾害给农业生产带来的影响，实施了廉租房建设等民生工程，垦区经济社会发展取得了良好成绩，为实现“十二五”时期良好开局打下了坚实基础。

一、主要经济指标完成情况

垦区全年完成生产总值 18.89 亿元，比 2010 年增长 11.1%，完成年初提出的生产总值 18.2 亿元的目标。其中第一产业增加值 9.97 亿元，第二产业 5.05 亿元，第三产业 3.88 亿元，分别增长 8.3%、16.3%、12.3%。三次产业结构比例分别为 52.8%：26.7%、20.5%，二、三产比重比 2010 年上升 1.4 个百分点。垦区人均生产总值 13 290 元/年，全社会劳动生产率 28 604 元/年，分别比 2010 年增长 10.0%和 10.9%。在全部生产总值中，国有经济完成 11.88 亿元，占 62.9%；非国有完成 7.01 亿元，占 37.1%。

垦区全年完成工农业总产值 41.78 亿元，按现价计算，比 2010 年增长 9.2%。其中农业增长 11.4%，工业增长 7.4%。全系统在岗职工年均收入 19 596 元，垦区人均纯收入 12 660 元，分别比 2010 年增长 14.0%和 11.2%，完成年初提出的职均收入 1.7 万元，人均收入 1.1 万元的目标。

二、农业

2011 年气象灾害为农业生产带来了不稳定因素。去冬今春连续干旱和 3～4 月的霜冻灾造成产量下降，但由于全系统上下一心，克服困难，通过积极发展高效农业、扩大种植面积等举措，全年农业总产值按现价计算增长 9.2%。

全年农作物播种面积 6.86 万公顷，全年复种指数为 198%。全年粮豆播种面积 6.15 万公顷，粮豆总产量 37.07 万吨，同比增长 8.79%。其中小麦 19.12 万吨，同比增长 4.0%，去冬今春的持续干旱使沿淮小麦单产受到不同程度的影响，但由于沿江农场小麦种植面积的继续扩大、单产提高，小麦仍取得了丰收。水稻总产 14.52 万吨，种子生产量 97 558 吨，同比分别增长 10.76%、16.3%，大豆 2.73 万吨，同比下降 2.19%。

油料播种面积减少，全年播种面积为 1 270 公顷，比 2010 年减少 312 公顷，总产量 2 493 吨，同比下降 24.1%；棉花播种面积 3 726 公顷，比 2010 年减少 39 公顷，总产量 5 947 吨，同比增长 9.5%。全年干毛茶产量 10 749 万吨，比 2010 年略减。园林水果 1.84 万吨，同比减少 30.8%，这是由于砀山酥梨受 3 月底 4 月初霜冻灾害影响，但由于价格的上涨，产值与去年基本持平。

种植业结构继续调整，全年蔬菜及草本水果种植面积 1 502 公顷，实现产值 1.69 亿元，同比增长 67.3%；现有大棚面积 242.6 万平方米，同比增长 32.7%，为高效农业的进一步发展奠定了基础。

养殖业方面，当年出栏猪 6.26 万头，同比增长 14.9%；出栏家禽 351 万只，同比增长 10.4%；肉牛 2 867 头，同比下降 14.2%。肉类总产量 12 200吨，同比上升 10.54%；水产品产量 4 565 吨，同比下降 4.4%。

全年农业固定资产投资 1.54 亿元，其中国有投资 1.11 亿元，主要项目为农业综合开发、现代农业、农田水利基本建设、土地复垦、农机购置等项目。

全系统家庭农场纯收入 66 034 万元，比 2010 年增长 9.6%，劳动力年平均收入 18 629 元，同比增长 14%。

三、第二产业

垦区年末工业企业 155 个，实现工业总产值 22.2 亿元，增加值 3.70 亿元，同比分别增长 7.4%和 7.1%；工业产销率 92.9%，比 2010 年减少 1.3 个百分点，主要原因是部分产品价格变化大，厂家库存产品等待提价。工业增加值率16.6%，与2010年基本持平。在全部工业企业中，雁湖面粉和益益乳业2个大中型工业企业实现产值3.61亿元，占工业总产值的16.3%，比2010年上升1.3个百分点。

建筑业方面，全年完成建筑业产值5.01亿元，增加值13 763万元，同比分别增长30.1%和50.7%；其中农垦建筑公司完成产值2.61万元，增加值8 372万元，分别增长85%、88%，主要得益于农垦近年来廉租房项目等民生工程的实施，带动农垦建筑业整体效益有所提高。

四、第三产业

垦区第三产业持续稳定发展，全年完成商品销售总额9.5亿元，住宿餐饮业营业额4.03亿元，服务业收入9 193万元，分别比2010年增长5.6%、13.8%和7.6%。第三产业增加值3.88亿元，同比增长12.5%。

五、固定资产投资

全社会固定资产投资总额7.94亿元，比2010年增长40.0%；其中国有投资完成4.82亿元，非国有投资3.12亿元，分别增长51.5%和25.3%，二者比重分别为60.8%、39.2%。

在全部投资中，农、林、牧、渔建设用1.54亿元，工业建筑业用1.16亿元，第三产业用1.02亿元，住宅建设用4.22亿元；第一产业同比下降7.8%，第二产业同比上升43.45%；第三产业同比下降25.5%，住宅建设同比增长131.9%。在国有项目投资中，生产经营性建设投资完成1.35亿元，占全部国有投资的28%；非生产性投资3.47亿元，主要是2011年廉租房、危房改造等保障性住房工程累计完成投资3.14亿元。

六、人口、生活及就业情况

农场基础设施条件进一步提高，辖区内长途通信线路1 691千米，比2010年增加36千米；沙石及以上等级公路1 303千米，同比增加10公里；水泥晒场120.8万平方米，同比增加了3.6万平方米。生活条件进一步改善，农场人均住房面积29.4平方米，比2010年增加0.3平方米；自来水管线长度、使用管道水、电视、电话、互联网用户均比2010年增加。

垦区年末总人口13.64万人，人口出生率5.6‰，人口自然增长率−0.35‰，均呈下降态势。

全社会年末从业人数65 731人，其中第一产业40 216人，第二产业11 794人，第三产业13 721人，其比重分别为61.2%、16.9%和20.9%；第一产业比重比2010年降低1.6个百分点，第二产业增加1个百分点，第三产业增加0.6个百分点。

国有单位年末从业人数44 681人，其中第一产业37 761人，第二产业3 085人，第三产业3 835人，其比重分别为84.5%、7.0%和8.5%。

劳动者年总收入127 946万元，比2010年增长13%。国有从业人员总收入88 838万元，同比增长16%；从业人员平均收入19 883元，同比增长15.9%；承包家庭农场人员平均收入18 629元，实发工资职均收入24 696元，同比分别增长13.7%和18.7%。全系统在岗职工平均工资19 596元，比2010年增长14.0%；人均纯收入12 660元，同比增长11.2%。

福建农垦 2011 年经济和社会发展情况

福建省农业厅农垦局

2011 年全省农垦系统认真贯彻党的十七届五中全会精神，坚持以邓小平理论和“三个代表”重要思想为指导，牢固树立科学发展观，根据农业部农垦局和福建省农业厅的工作部署，重点开展了现代农业，农垦民生和南亚热作建设工作，克服了低温冻害、强降雨等恶劣天气影响，各项工作都取得一定成效。

一、概况

全省农垦系统现有独立核算企业 126 个，其中农场 115 个，工业企业 5 个，商业 6 个。比 2010 年减少 1 个服务业。土地总面积 117 千公顷，与 2010 年基本持平，耕地面积 11.04 千公顷，比 2010 年减少 0.5%，减少的主要原因是国家建设用地。全省农垦系统总人口 23.53 万人，比 2010 年增长 1.66%，从业人员 11.39 万人，比 2010 年减少 2.01%。全垦区完成生产总值 40.40 亿元，扣除价格因素（下同），比 2010 年增长 11.35%，人均生产总值 17 559 元，比 2010 年增长 16.48%。一、二、三产业的比例为 22∶69∶9，比 2010 年（24∶67∶9），第一产业所占的比例下降了 2 个百分点，第二产业所占的比例上升了 2 个百分点，第三产业保持不变。工农业总产值 108.38 亿元，比 2010 年增长 13.41%。主要原因，工业方面是漳州市非公的工业企业恢复正常生产，或新引进一批大中型工业企业。出口商品总金额 3.28 亿元，比 2010 年减少 16.69%，主要原因是受国际金融危机影响、各类出口产品都减少。人均纯收入 8 447 元，比 2010 年增长 13.55%。福建省农垦经济是多种经济成分并存，国有、集体、个体、私营、三资经济成分在国民生产总值中所占比例分别为 22∶3∶11∶36∶28，非国有经济所占比例达 75%，比 2010 年减少 2 个百分点。非国有经济占绝对比例，非公经济得到迅速发展。

二、第一产业

农业生产 2011 年受旱灾、冻害、台风、暴雨等自然灾害影响较少，各种惠农政策得到较好的落实，农业平稳增长。第一产业增加值 9.02 亿元，比 2010 年增长 3.80%；农业总产值 21.35 亿元，比 2010 年增长 3.73%。农业总产值中国有、集体、个体、私营、三资经济比例为 56∶13∶17∶11∶3。国有经济仍保持优势，占 56%，非国有经济所占比例达 44%，与 2010 年持平，农业的非国有经济虽有所发展，但所占比例还偏小，发展速度很小，还需要继续积极鼓励发展。农、林、牧、渔服务业结构为 45∶3∶35∶13∶4，与 2010 年相比林业、渔业、农业服务业比重各提高了 1 个百分点，种植业、牧业各下降 2 个百分点。农业产业结构有所调整，但还不尽合理，农业服务业所占比例偏小，与 2010 年比较调整的步伐缓慢，需进一步加大力度进行调整。

种植业生产受市场经济、自然灾害、各种惠农政策等影响，种植业结构继续进一步调整，农产品产量有增有减。农作物总播种面积 23 507 公顷，与 2010 年基本持平，复种指数达 213%，比 2010 年增加 2 个百分点，其中粮食种植面积 12 676 公顷，比 2010 年增长 0.55%。水果种植面积 12 853 公顷，比 2010 年减少 1.91%。茶叶种植面积4 632 公顷，比 2010 年增长 3.46%。种植业结构有所调整，但还够完善，需进一步加强调整。主要农产品产量如表 1。

表 1　2011 年主要农产品产量

作物名称	2011 年产量（吨）	比 2010 年增长（%）
粮食	70 241	1.12
油料	4 448	5.65
甘蔗	29 245	−5.81
水果	108 853	2.56
茶叶	5 812	3.80

造林绿化面积保持稳步发展。全垦区现有林地总面积 56 205 公顷，比 2010 年增加 83 公顷。森林覆盖率达 48% ，比 2010 年持平。2011 年全垦区共完成造林面积 1 485 公顷，比 2010 年增长 31.77%，多造林 358 公顷。木材采伐 20 918立方米，比 2010 年增长 6.33%，多采伐 1 923立方米；毛竹采伐 243 万根，比 2010 年增长 8.%，多砍 18 万根。森林面积有所减少，采伐量也 2010 去年虽有所增加。这不利于促进保护森林资源，保持生态平衡。

畜牧业生产继续高速发展，加大调整产业结构，大力发展养猪业。主要畜产品产量和牲畜存栏如表 2。

表 2　2011 年主要畜产品产量和牲畜存栏

指标名称	计量单位	2011 年产量	比 2010 年增长（%）
肉类总产量	吨	45 025	8.08
其中：猪肉	吨	39 164	8.29
禽蛋	吨	4 995	－6.11
牛奶	吨	9 358	－2.92
牛年末存栏	头	13 312	1.19
猪年末存栏	头	407 998	5.44
猪全年出栏	头	548 782	8.70

渔业生产保持稳定发展。全年水产品产量 33 389吨，比 2010 年减少 2.67%，养殖面积 2147 公顷，比 2010 年增长 3.87% 。主要受气候与市场价格因素的影响，渔业生产 2011 年仍保持较好的增长速度。

橡胶生产。福建省诏安县建设农场种植橡胶，种植橡胶达 74 公顷，总计 5 万株。还未开割。

农业现代化水平有所提升、生产条件有所改善。年末全垦区拥有农业机械总动力 79 398 千瓦，比 2010 年基本持平。全年化肥施用量（折纯量） 41 927 吨，比 2010 年增长 0.74%，全年农药施用量达 1 087 吨，比 2010 年减少 2.07%，少用了 23 吨。农业生产施用化肥有所减少，现代化水平、生产条件有所改善，农产品生产的无公害问题应引起各级有关部门和企业高度重视。

三、第二产业

工业生产高速发展。漳州等垦区农场的工业区（开发区）一些工业企业恢复正常生产，或新引进一批大中型工业企业，工业生产出现高速增长。工业增加值达 27.19 亿元，比 2010 年增长 16.02%，工业产值 87.03 亿元，比 2010 年增长 16.49%，其中国有、集体、个体、私营、三资经济成分比例为 4：1：3：73：19。非国有经济所占比例达 96%，与 2010 年持平，占绝对主导地位，私营企业经济所占比例大大提高，主要原因是大力发展、完善工业园区、开发区的建设，积极鼓励发展非公经济，新引进一批非公的工业企业，更新改造提高产品的档次，以提高企业经济效益。主要产品产量如表 3。

表 3　2011 年主要工业产品产量

产品	计量单位	2011 年产量	比 2010 年增长（%）
原煤	吨	106 200	7.33
原盐	吨	12 005	75.54
液体奶	吨	1 295	持平
罐头	吨	1 576	－5.12
饮料酒	千升	5 098	57.05
软饮料	吨	3 910	3.99
精制茶	吨	4 624	－13.34
机制纸	吨	66 865	0.79
水泥	吨	650 000	44.44
砖	万块	21 645	－0.32
发电量	万千瓦时	11 472	0.71

建筑业继续保持稳定增长。建筑业增加值达 0.57 亿元，比 2010 年增长 1.57%。年末固定资产原值 874 万元，比 2010 年减少 31.24%。2011 年施工房屋建筑面积 45.92 万平方米，比 2010 年减少 8.21%。年末拥有机械设备总台数 329 台，比 2010 年减少 96 台。

四、第三产业

第三产业保持持续增长。第三产业增加值达 3.62 亿元，比 2010 年增长 7.87%，占生产总值比重 9%，与 2010 年减少 2 个百分点，所占比例很小，应继续大力鼓励发展。

运输业保持发展。营业总收入 13 872 万元，比 2010 年增长 2.16% 。其中，货运收入 11 673 万元，也比 2010 年增长 0.68%。年末拥有主要运输工具 1 150 台，比 2010 年持平。

商业、餐饮业、服务业保持稳定发展。年末营业单位数 3 328 个，比 2010 年增加 54 个。商品销售总额或营业收入达 10.41 亿元，也比 2010 年增长 7.32%。年末固定资产原值 3.47 亿元，比 2010 年增长 147.85%。

五、市场经济

农业商品产值、商品量及出口供货商品量有增有减。农业商品产值达 15.53 亿元，比 2010 年增长 12.05%，商品率达 73%，比 2010 年上升了 2 个百分点。出口供货商品金额 3.28 亿元，比 2010 年减少 16.69%，主要原因是受金融危机影响，出口供货商品量大幅度下降。

六、农垦从业人员生活

农垦从业人员生活水平有所提高。据全省农垦系统抽样调查结果，全省农垦系统人均纯收入 8 447元，比 2010 年增长 13.55%，从业人员年纯收入达 13 633 元，比 2010 年增长 13.46%。职工收入有所改善提高。人均住房面积达到 35.16 平方米，与 2010 年增长了 14.68%。人均多了 4.5 平方米。职工生活水平有所改善。

江西农垦2011年经济和社会发展情况

江西省农垦事业管理办公室

2011年，在江西省委、省政府的坚强领导下，全省农垦系统千方百计保增长，尽心尽力保民生，全力以赴保稳定，开创了经济社会发展的良好局面。现将2011年江西垦区经济建设和社会发展情况报告如下：

一、基本情况

1. 全垦区独立核算企业个数统计 2011年，江西垦区现有独立核算农垦农工商公司6个（即乐平市农垦农工商公司、景德镇市农垦农工商公司、鹰潭市独立核算农垦农工商公司、贵溪市农垦农工商联合公司、九江市农垦农工商公司、上饶市铅山农垦农工商公司），减少1个独立核算农垦农工商公司，即南昌市农垦农工商公司（企业改制）（表1）。

2. 主要经济指标快速增长 2011年，一、二、三次产业结构比例由2010年的17∶59∶24调整为15∶64∶21（表2）。

3. 经济效益方面 垦区盈利能力持续强势增长，增盈的局面得到巩固，全省农垦162个独立核算企业中，盈利企业105个，盈利面为64.8％；盈利企业盈利额为55 223万元，亏损企业亏损额为5 766万元，盈亏相抵后盈利49 457万元。

表1 江西农垦全垦区独立核算企业个数统计

指标名称	计量单位	2011年实际	2010年同期
独立核算企业合计	个	162	163
1. 垦殖场、企业集团	个	154	154
其中：企业集团	个	9	9
其中：场办工业	个	912	944
场办商业	个	2 286	2 280
场办建筑业	个	70	69
场办运输业	个	247	213
2. 独立核算的工业企业	个	2	2
3. 独立核算的农垦农工商公司	个	6	7

4. 农场按工农业总产值大小排序 2011年，全省农垦工农业总产值达到上亿元的企业集团（场、厂）有39家，比2010年增加了2家。其中：①2011年新增加了3家，即宜春垦区的干州垦殖场、雷公尖垦殖场，上饶垦区的永平垦殖场，②2011年减少了1家，即南昌垦区的扬子州垦殖场。

按工农业总产值大小顺序排列如表3。

表2 主要经济指标增长情况

指标名称	计量单位	2011年实际	2010年同期	比2010年增长（%）
生产总值	万元	1 151 082	937 603	22.77
其中：第一产业增加值	万元	167 227	157 878	5.92
第二产业增加值	万元	737 293	557 492	32.25
第三产业增加值	万元	246 562	222 233	10.95
工农业总产值	万元	3 196 812	2 449 203	30.52
其中：工业产值	万元	2 791 857	2 065 405	35.17
农业产值	万元	404 955	383 798	5.51
全垦区固定资产总投入	亿元	122.72	94.11	30.40
人均纯收入	元	7064	5797	21.86

表3　农场按工农业总产值大小顺序排列

排　序	农场名称	工农业总产值（万元）	人均纯收入（元/年）
1	共青场	1 428 635	7 700
2	云山集团	137 711	5 786
3	桑海场	132 609	6 328
4	大茅山场	101 585	7 333
5	梅岩场	99 979	8 242
6	新岗山场	90 710	6 180
7	红星场	66 613	7 040
8	恒丰场	56 457	6 850
9	墨山场	53 350	7 320
10	罗家场	47 622	8 120
11	九龙山场	46 700	8 900
12	黄岗山场	45 930	7 280
13	芙蓉场	45 427	6 600
14	花亭场	40 362	6 100
15	五星场	34 080	6 000
16	长红场	31 072	6 988
17	刘家站场	30 600	7 750
18	旭光场	29 733	6 160
19	五府山场	29 593	6 150
20	西郊场	28 685	9 395
21	武夷山场	28 508	6 130
22	上十岭场	28 356	7 280
23	五厂	26 934	14 500
24	东风场	25 717	6 980
25	赛湖场	24 654	6 862
26	阁山场	19 757	7 287
27	饶丰场	18 841	6 216
28	洋峰场	15 346	6 500
29	恒湖场	15 290	6 630
30	翠雷山场	13 128	7 053
31	乐丰场	13 126	6 200
32	万埠场	12 869	7 000
33	怀玉山场	12 272	6 200
34	七里岗场	12 207	7 023
35	南英场	11 600	8 815
36	千州场	11 345	5 540
37	永平场	11 008	6 120
38	鸦鹊湖场	10 810	6 260
39	雷公尖场	10 253	7 450

二、工业方面

2011年，江西垦区共引进各类项目595个，招商引资总额291.3亿元，已到位资金76亿元，为农垦事业的科学发展积蓄了强大后劲。共青垦殖场充分发挥注意力优势，坚持“变招企业为招产业”，全年新引进项目41个，合同资金196.24亿元，其中亿元以上项目35个，10亿元以上项目5个。目前已聚集电子电器企业30多家，其中手机及相关配套企业20多家，新能源企业6家，纺织服装企业270多家，文化旅游企业20多家。全年新增开工项目36个（不含城市建设项目），总投资133.6亿元。

2011年，江西垦区实现工业产值279.19亿元，比2010年增长35.17%；工业企业实现增加值65.13亿元、利润11.27亿元，分别比2010年增长26.76 %、81.48%。

其中规模较大的、上5亿元的行业有13个，较2010年增加2个，累计完成工业产值246.3亿元，占工业总产值的88.22%，比2010年同期增加40.73%。其中，皮革、皮毛、羽毛（绒）及其制品业产值91.39亿元，较2010年增长30.76%，通信设备、计算机及电子制造业产值35.21亿元，是2010年的5.79倍，非金属矿物制品业产值16.14亿元，较2010年增长111.81%。

这些上亿元的行业按产值大小顺序排列见表4。

表4 工业按产值大小顺序排列

排　序	指标名称	企业个数（个）	工业产值（万元）	占工业总产值（%）
	5亿元以上行业 合计	732	2 462 952.7	88.22
1	皮革、皮毛、羽毛（绒）及其制品业	293	913 941	32.74
2	通信设备、计算机及电子制造业	9	352 058	12.61
3	化学原料及化学制品制造业	35	211 131	7.56
4	非金属矿物制品业	91	161 401	5.78
5	医药制造业	21	161 056	5.77
6	纺织业	19	102 426	3.67
7	造纸及纸制品业	23	98 006	3.51
8	有色金属矿采选业	2	97 115	3.48
9	木材加工，竹、藤、棕、草制品业	83	93 016	3.33
10	农副食品加工业	56	84 222	3.02
11	食品制造业	41	79 498	2.85
12	金属制造业	21	56 334	2.02
13	电力、燃气及水的生产和供应业	38	52 748	1.89

从轻重工业方面看，江西农垦工业发展还是以轻工业为主，轻工业产值166.05亿元，占工业总产值的59.48%。

从工业产品产量看，几个主要工业产品产量分别为：原煤258 762吨，饮料酒42 755千升，机制纸47 337吨，日用陶瓷11 470万件，砖144 192万块，黄金3 270千克，发电量204 42万千瓦时，中成药5 774吨。

三、农业方面

2011年，粮食总产量51.14万吨，连续8年实现增产。农业产业化取得新进展，全垦区现有国家级农业产业化龙头企业2个，省级农业产业化龙头企业24个，全国现代农业示范场7个。农业机械化水平实现新突破，落实农机补贴3 500万元。现代种业迈出新步伐，建立水稻种子生产基地2.5万亩，年生产种子350万千克。农产品质量追溯体系建设取得新成效，建成运行项目6个，创建单位24个。

2011年实现农业增加值167 227万元，比2010年增长5.92%，完成农业产值404 955万元，占工农业总产值的12.67%，其中，种植业产值

210 520 万元，占农业总产值的 51.99%；林业产值 32 032 万元，占农业总产值的 7.91 %；牧业产值 108 199 万元，占农业总产值的 26.72 %；渔业产值 36 097 万元，占农业总产值的 8.91 %，服务业产值 14 967 万元，占农业产值的 3.7 %。

农作物播种面积及产量见表 5。

表 5 农作物情况

指 标	播种面积（公顷）		比 2010 年增减（%）	产量（吨）		比 2010 年增长（%）
	2011 年	2010 年		2011 年	2010 年	
农作物合计	108 086	107 105	0.92	—	—	—
其中：粮豆	78 378	77 370	1.30	511 359	503 201	1.62
油料	12 446	12 652	-1.63	26 069	22 112	17.90
棉花	3 244	3 053	6.26	9 740	8 675	12.28
茶叶	5 918	6 002	-1.40	4 300	4 494	-4.32
水果	9 595	9 355	2.57	64 763	56 992	13.64

畜牧业产品情况见表 6。

表 6 畜牧业情况

指 标	计量单位	2011 年	2010 年	比 2010 年增长（%）
大牲畜存栏	万头	3.19	3.29	-3.04
其中：奶牛	万头	0.63	0.62	1.61
牛奶产量	吨	20 080	20 205	-0.62
生猪出栏	万头	91.28	85.14	7.21
肉类总产量	吨	84 687	77 834	8.80
其中：肉类交售量	吨	79 717	72 664	9.71
商品率	%	94.13	93.36	增 0.77 个点

水产业方面：2011 年，全垦区水产品养殖面积 18 444 公顷，其中，精养鱼池 1 079 公顷。全年水产品产量 36 546 吨，其中，养殖产量 25 428 吨，占水产品的总产量的 69.58%。

土地总面积情况见表 7。

表 7 土地总面积情况

指 标	2011 年（公顷）	占土地总面积（%）	2010 年（公顷）	占土地总面积（%）
土地总面积	593 184.91	—	592 421	—
其中：耕地	52 475.1	8.85	52 116	8.8
林地	415 015.7	69.96	414 197	69.92
水面	27 596.48	4.65	27 773	4.69
宜林荒山	6 769.34	1.14	6 757	1.14
茶桑、果园	15 760.7	2.66	15 516	2.62

林地面积情况见表 8。

表 8 林地面积情况

指 标	2011 年产量（公顷）	占林地总面积（%）	2010 年产量（公顷）	占林地总面积（%）
林地总面积	415 016	—	414 197	—
其中：用材林	270 895	65.27	264 271	63.8
经济林	29 287	7.06	28 504	6.88
防护林	80 151	19.31	86 708	20.93
薪炭林	15 765	3.80	15 797	3.81
特种用材林	18 918	4.56	18 918	4.57
当年造林面积	5 246	—	5 324	—
当年幼林抚育面积	17 548	—	17 395	—

四、农业商品产值及出口商品总金额方面（表 9、表 10）

表 9　农产品商品量情况

指　标	计量单位	2011 年	2010 年	比 2010 年增长（%）
农业商品产值	万元	318 333	281 643	13.03
粮豆	吨	366 964	343 778	6.74
棉花	吨	9 551	7 401	29.05
肉类	吨	79 717	72 664	9.71
其中：猪肉	吨	73 835	67 026	10.16

表 10　出口商品情况

指　标	计量单位	2011 年	2010 年	比 2010 年增长（%）
出口商品总金额	万元	187 795	117 929	59.24
其中：畜产品	万元	13 952	12 942	7.80
工业产品	万元	166 653	102 561	62.49
其中：纺织品	万元	32 850	54 548	－39.78
出口的主要产品	—			
其中：生猪	头	88 104	98 160	－10.24
活性炭	吨	5 100	5 100	0.00
羽绒制品及服装	万件	173	151	14.57
异维生素 C 钠	吨	15 000	15 000	0.00

五、固定资产投资方面

2011 年，江西垦区共完成固定资产投资总额 1 227 156万元，较 2010 年增长 30.40%，其中，第一产业 36 077 万元，占投资总额的 2.94 %；第二产业 916 753 万元，占投资总额的 74.71 %；第三产业 274 326 万元，占投资总额的 22.35 %。共青垦殖场固定资产投资高速增长，2011 年社会固定资产投资 62.9 亿元，增长 44.2 %，其中工业固投 57.6 亿元，增长 59.5%。2011 年，重点实施了 90 个城建项目，总投资 34.33 亿元，南湖大桥、国家羽绒制品质检中心等 33 个项目已建成，完成投资 16.5 亿元。总投资 7 亿元的格兰云天五星级大酒店 2012 年上半年投入运营。全国青年创业基地污水处理厂基本建成，排放水质达到一级 A 标准。

六、科技、教育、卫生事业方面

2011 年，全垦区科研单位 7 个，职工 714 人，其中科研人员 416 人，占职工人数的 58.26%，科研经费 2 422 万元。

有医疗卫生单位 58 个，其中医院 39 个，病床 551 张，职工 662 人，其中医务人员 553 人，占职工人数的 83.53 %。

有各类学校 55 所，教职工人数 1 069 人，其中教师 886 人，在校学生 12 659 人，其中新招收学生 3 831 人，当年毕业生 2 539 人。学校总数中，普通中等学校 1 所（即江西省通用技术工程学校），有教职员工 161 人，其中教师 82 人，在校学生 4 119人，当年新招收学生 1 412 人，当年毕业生 1 129人；普通中学 7 所；小学 47 所。

七、劳动工资与人口方面

2011 年，全省农垦年末从业人员数 286 536 人，离开本单位仍保留劳动关系的职工有 71 649 人，其中内部退养职工 3 421 人，全年从业人员劳动报酬和生活费 333 497 万元，年平均收入 11 646 元，较 2010 年增加 1 436 元。

全年农垦年末总人口 890 537 人，人口自然增长率为 4.14‰；年内出生人口 6 303 人，年内死亡人口 2 619 人，死亡率 2.94‰。

八、非国有经济方面

2011 年，全垦区 10 085 户非国有经营单位拉动了区域经济跨越发展，从分类情况看，其中，集体经济 26 个，私有经济单位 2 491 个，港澳台经济单位 13 个，个体经济 7 555 个。现有从业人员 96 425 人，从业人员收入 140 248 万元，年平均收入 14 545 元，比 2010 年增加 1 494 元，比全系统的年平均收入高 2 899 元。实现生产总值 584 747 万元，资产总额 382 250 万元，年末固定资产原值 470 911 万元，全年实现利润 35 336 万元，税金 25 069万元。

山东农垦2011年经济和社会发展统计公报

山东省农业厅农垦局

2011年，在山东省各级党委政府的正确领导下，在农业部农垦局的关心支持下，山东农垦按照“发展高效农业，创建特色垦区”的总体发展思路，以提高经济效益和增加职工收入为目标，不断深化农垦改革，优化提升产业结构，强化内部管理，转变经济增长方式，促进了垦区经济和社会事业平稳健康发展。

一、综合

截至2011年底，山东农垦共有国有农场14个，土地总面积30790公顷，耕地面积10 159公顷，总人口19 546人。垦区实现生产总值81 200万元（现价，下同），同比增长96 %。其中，第一产业增加值30 429万元，同比增长32 %；第二产业增加值46 278万元，同比增长222 %；第三产业增加值4 493万元，同比增长14 %。一、二、三产业增加值分别占生产总值的37.5%、57.0%、5.5%。人均生产总值达到20 442元，同比增长20.0%；人均纯收入11 121元，同比增长27.5%；职工年均收入22 368元，同比增长42.4%。

二、第一产业

2011年，山东农垦粮食播种面积7 545公顷，比2010年减少4%；粮食总产45 020吨，比2010年增长1.4%；小麦总产22 849吨，比2010年减少6.8%；棉花总产5 736吨，比2010年减少10.7%；蔬菜10 472吨，比2010年增长231%；油料总产286吨，比2010年减少27.2%。

年末实有果园面积92公顷，水果产量449吨；当年造林面积206公顷，零星植树14万株，育苗面积11公顷，采伐木材1 603立方米。

大牲畜年末存栏0.42万头，比2010年增长20%；猪年末存栏1.88万头，比2010年减少0.5%；羊年末存栏0.95万只，比2010年减少4%；家禽年末存栏6.17万只，比2010年减少130万只。肉类总产量12 928吨，比2010年增加19.1%；牛奶总产量10 685吨，比2010年增长73.9%；禽蛋产量868吨，比2010年增长3.8%。

水产养殖业面积4 534公顷，与2010年基本持平；水产品总产量5 606吨，比2010年增长1.7%，其中鱼类产量2 792吨，虾蟹类产量1 880吨，贝类产量934吨。

农业机械化水平不断提升，2010年拥有农业机械总动力56 096千瓦，比2010年增长1.3%。其中，拖拉机及配套机械方面，拥有大中型拖拉机219台，小型及手扶拖拉机8 512台，大中型拖拉机配套农具275部，小型农具832部，播种机419台，排灌机械732台，农用水泵1156台，滴喷灌溉机械117套，机动喷雾机965台，联合收获机71台，机动割晒机36台，脱粒机54台，种子清选机26台；农副产品加工机械方面，拥有粮食加工机械31台、棉花加工机8台、油料加工机6台；畜牧业机械方面，拥有牧草播种机1台，牧草收割机2台，牧草打捆机10台；运输机械方面，拥有各类农用运输车167辆；农田基本建设机械方面，拥有推土机21台，挖掘机16台，开沟机18台。当年机播面积达到11 196公顷，占农作物总播种面积的79.3 %。设施农业建设稳步开展，建设温室及大棚60 588平方米。农资用量略有增长，全年农用化肥施用总量7 163吨，有机肥施用量550吨，农药施用量264吨，使用农用塑料膜265吨。农田水利建设稳步开展，累计建设机电井889眼，排灌站9座，有效灌溉面积8 259公顷，其中机灌面积2 729公顷，电灌面积4 846公顷。

全年完成农、林、牧、渔业总产值73 586万元，比2010年增长18.7%。其中，农业总产值29 973万元，比2010年减少15.9%；林业总产值2 170万元，比2010年下降29.4%；牧业总产值27 438万元，比2010年增长107%；渔业总产值7 510万元，比2010年增长20.4%。实现农林牧渔业商品总产值 62 359 万元，比 2010 年增长 13.2%，为社会提供商品粮豆 45 020 吨，比 2010 年增长 5.1%，商品率达 91.9%；提供棉花商品 4 970 吨，比 2010 年减少 22.3%，商品率达 86.6%；提供肉类商品 12 925 吨，比 2010 年增长 19.4%，商品率达 99.9%。

三、第二产业

2011 年，山东农垦累计发展工业企业 30 个，其中，非金属矿采选业 6 个，农副食品加工业 4 个，石油加工及炼焦业 2 个，化学原料制造业 9 个，非金属矿制品业 4 个，金属制品业 1 个，通用设备制造业 1 个，交通运输设备制造业 2 个，电力、燃气及水的生产和供应业 1 个。实现工业总产值 476 515 万元，比 2010 年增长 93.3%，完成工业销售产值 477 812 万元，比 2010 年增长 102.9%，实现利润总额 25 002 万元，比 2010 年增长 359%，从业人员 2 099 人，从业人员年劳动报酬总额 5 237 万元，人均年收入 24 938 元，比 2010 年增加 30.3%。

从企业分类看，有国有工业企业 6 个，轻工业企业 9 个，规模以上企业 8 个。

主要工业产品完成原盐 346 040 吨，混合饲料 370 吨，小麦粉 890 吨，柴油 16.7 万吨，石油沥青 36 万吨，砖 1 380 万块，泵 1.5 万台。

年末建筑业单位 6 个，从业人员 317 人，从业人员年报酬总额 934 万元。建筑业单位固定资产原值 1 084 万元，拥有机械设备 150 台，全年建筑房屋面积 15 万平方米，竣工 13 万平方米。

四、第三产业

2011 年第三产业实现增加值 4 493 万元，比 2010 年增长 14.2%。

年末交通运输业单位 46 个，从业人员 75 人，从业人员年报酬 262 万元，拥有固定资产原值 582 万元，载货汽车 47 辆，载客汽车 28 辆。全年货运量 30.2 万吨，客运量 37 万人，实现营业总收入 856 万元。

年末批发零售业单位 170 个，实现营业收入 8 711万元；餐饮业单位 43 个，实现营业收入 2 082万元；服务业单位 105 个，实现营业收入 1 695万元。

五、固定资产投资和新增生产能力

2011 年，固定资产投资总额 30 729 万元，其中第一产业投资 8 676 万元，占投资总额的 28.3%；第二产业投资 18 878 万元，占投资总额的 61.4%；第三产业投资 3 175 万元，占投资总额的 10.3%。

新增生产能力方面，当年新增大中型拖拉机 1 台，小型及手扶拖拉机 10 台，机引农具林业机械 20 台，畜牧机械 38 台，造林 175 公顷，铺设输电线路 55 千米，新建住房 0.7 万平方米。

六、从业人员及劳动报酬

2011 年山东农垦社会年末从业人数 10 619 人，其中，第一产业社会从业人数 6 768 人，第二产业 2 608 人，第三产业 1 243 人。在岗职工 6 064 人，与 2010 年基本持平；在岗职工劳动报酬 13 564 万元，比 2010 年增长 45.6%；职工年均工资 22 368 元，比 2010 年增长 42.4%。

七、非国有经济基本情况

2011 年山东农垦非国有经营单位 437 个，个体经济和私营经济是非国有经济的主体，其中，个体经济 122 个，私营经济 310 个。非国有经营单位拥有从业人员 4 103 人，资产总额 243 940 万元，固定资产 104 282 万元；从业人员劳动报酬 11 715 万元，人均收入 28 552 元。非国有经济实现生产总值 58 320 万元，实现利润 29 519 万元；上缴税金 5 706 万元。

河南农垦2011年经济和社会发展情况

河南省农业厅农场管理局

2011年是“十二五”规划开局之年，河南农垦广大干部职工在河南省委、省政府的正确领导下，在上级部门的大力支持下，在党的十七届三中、四中全会精神指引下，高举中国特色社会主义伟大旗帜，认真贯彻落实中央一1号文件以及中央和省关于农业农村工作的精神，紧紧抓住国家大力发展农业农村经济重大机遇，围绕现代农业建设这一主线，以企业增效、职工增收和示范带动作用增强为目标，积极探索中国特色农业现代化之路和增强示范带动作用的具体途径和方法，进一步解放思想，深化改革，扎实工作，河南农垦经济社会实现又好又快发展。

2011年河南农垦经济保持健康发展，全年实现生产总值117 687万元（现价，下同），比2010年增长14.6%。其中，第一产业增加值53 320万元，比2010年增长12.8%；第二产业增加值39 608万元，比2010年增长19.2%；第三产业增加值24 759万元，比2010年增长11.8%。一、二、三产业增加值在生产总值中的比重分别为45 ：34 ：21。实现人均生产总值10 050元；农垦一、二、三产业及各项社会事业得到长足发展，职工群众生活条件进一步提高，人均收入7 090元，人均住房面积达25平方米。收入的增加得益于主要农作物产量增加，农产品市场价格的稳步上涨以及各种支农惠农政策的落实、农垦办工业的快速发展、非国有经济的飞速发展。

一、农业

农业生产抓住机遇保持平稳发展，主要农产品连续增产，产量和效益同步增长，为河南农垦经济平稳较快发展打下了坚实基础。2011年实现农、林、牧、渔业总产值128 918万元，比2010年增长10.8%。其中，种植业产值76 556万元，比2010年增长11%；林业产值854万元，比2010年稍减；牧业产值45 827万元，比2010年增长8.9%；渔业产值4 814万元，比2010年增长40.3%。农、林、牧、渔比重为59∶1∶36∶4。

种植业生产围绕两个基地建设，以提高优质、安全、生态农产品产量为中心，加快种植业结构调整步伐，为保证粮食安全，粮食作物播种面积稳定增加，单产和总产连续增长，粮食总产量连续8年创历史最高水平。棉花生产开始走出低谷，出现恢复性增长；油料种植止住下滑趋势，播种面积和单产均增加，总产量出现较大增长。各农场加大了对农业的投入，农药、化肥、农膜等使用量增加，农业机械总动力、机电井数量、有效灌溉面积、设施农业等农业基础设施建设投入加大，生产条件改善。人努力天帮忙，农业生产保持平稳发展，主要农产品粮、棉、油总产量均出现增长，质量和效益大幅度增长，农业效益显著增加。主要农产品产量见表1。

表1 主要农产品产量情况

产品名称	计量单位	2011年产量	比2010年增长（%）
粮食	吨	273 259	11.7
大豆	吨	12 741	−28
棉花	吨	3 302	23.9
油料	吨	9 430	11.2
水果	吨	45 110	−13.6

畜牧业生产在连续几年快速增长的情况下，继续保持稳定增长势头，奶牛养殖保持稳定。全年实现牧业总产值45 827万元，占全系统农林牧渔业总产值的比重提升到36%。畜牧业生产效益增长明显。畜牧业占农业的比重和对农垦职工增收的作用和贡献率进一步提高。牲畜年末存栏总数及主要畜产品产量见表2。

表 2 牲畜年末存栏总数及主要畜产品

指标名称	计量单位	2011 年产量	比 2010 年增长（%）
大牲畜存栏	头	8 529	−17
奶牛	头	2 384	−46.9
猪年末存栏	头	253 311	9.9
猪年末出栏	头	372 466	4.4
肉类总产量	吨	30 090	11.9
牛奶	吨	4 989	3.7
水产品	吨	5 389	0.8

二、工业和建筑业

河南农垦工业企业坚持以市场为导向，加大了结构调整的力度，骨干企业规模不断扩大，经营水平不断提高，市场竞争力不断增强，效益同步提高，结构调整成效显著。在稳定提高的基础上，重点对骨干企业和产业化龙头企业进行技术改造，运用先进的科学技术，开发研制了新产品，提高了科技含量，提升了优势产业，增强了市场竞争力，取得了良好的经济效益。一些农垦工业初步形成了具有区域特色和一定规模的主导产业，成为农业产业化的龙头企业。河南农垦现有工业 58 个，全年实现工业总产值 22.9 亿元，比 2010 年增长 30.1%；完成工业增加值 37 423 万元，比 2010 年增长 18.8%，工业成为拉动经济增长的主要力量。优势工业企业得到加强，劣势企业逐步退出。主要工业企业的主要产品稳定增长，产品产量见表 3。

表 3 主要工业企业的主要产品产量情况

指标名称	计量单位	2011 年产量	比 2010 年增长（%）
方便面	吨	38 806	19.3
中西药	吨	2 512	−3.7
酒精	吨	115 898	129
饮料酒	吨	3 040	−89
酸奶	吨	12 922	5.1
面粉	吨	54 201	5.6
饲料加工	吨	89 500	6.6
硫酸	吨	114 367	3.5
农用磷肥	吨	10 423	49.9

建筑企业 13 个，在岗职工 1 198 人，承包施工工程 118 个，全年施工房屋面积 12 万平方米，实现增加值 2 135 万元。

三、人口和劳动工资

2011 年年末总人口 129 841 人，其中，农场人口 99 117 人；场带农村人口 30 724 人。农垦社会从业人员 57 013 人，其中，第一产业 42 329 人，第二产业 9 118 人，第三产业 5 566 人。国有经济从业人员 43 721 人，在岗职工 34 501 人。劳动力继续呈现从第一产业向第二产业流动和从国有经济向非国有经济流动的特点。

湖北农垦2011年经济和社会发展统计公报

湖北省农垦事业管理局

2011年，是“十二五”规划开局之年，湖北农垦在湖北省委、省政府的正确领导下，在农业部及相关部门的大力支持下，以科学发展观统领工作全局，面对金融危机和灾害性天气的影响，进一步解放思想，抢抓机遇，开拓创新，围绕发展现代农业、开发海外农业、建设新农村、推进工业上规模等战略，调整优化产业结构，转变经济发展方式，做强优势主导产业，全面超额完成年初的目标任务，实现“十二五”开门红。通过全系统干部职工共同努力，出现了农垦工业快速发展，企业效益大幅度增长，职工收入快速提高，农场经济规模迅速扩大，社会事业全面进步的良好局面。

一、农垦综合情况

2011年，湖北农垦经济较快发展，经济规模迅速扩大，职工收入快速增长，产业结构调整加快，第一产业比重逐步缩小，第二产业比重逐步增大。全年实现农垦生产总值456.3亿元（现价），比2010年增加94亿元，按可比价计算增长19.6%（下同）；其中，第一产业增加值70亿元，增长7.5%；第二产业增加值277亿元，增长23.7%；第三产业增加值108亿元，增长18.5%；人均创增加值3.2万元；一、二、三产业增加值比重为15∶61∶24，产业结构进一步优化。全系统人均纯收入8 830元，比2010年增加1 220元，增长16%；实现工农业总产值977亿元（现价），比2010年增长29%；垦区国有经济实现利润1.67亿元，上缴税金（全口径）83.5亿元。

全省农垦国有农场中，增加值超过1亿元的农场有39个，总值达448亿元，占全省农垦增加值的98%，排在前5名的农场依次是东西湖农管局（252亿元）、汉南农管局（68亿元）、武湖农场（18亿元）、龙感湖农场（13.8亿元）、五三农场（12.8亿元）。

2011年末，湖北农垦拥有国土面积34.44万公顷，比2010年增加586公顷，其中耕地面积13.68万公顷，比2010年增加200公顷；年末国有及国有控股工业84家；国有商业企业19家；分场191个；农业渔业生产队2 213个。

2011年，湖北农垦年末拥有45.1万户家庭，人口为142.4万人，比2010年增加2.5万人，人口出生率为10.8‰，人口死亡率为4.5‰，人口自然增长率为6.3‰，低于全省同期水平。

二、农业发展情况

2011年，湖北农垦农业由于种植结构调整，主要农产品产量粮、棉、油、渔、肉、果等均有小幅度的增长，由于农产品价格上调原因，农垦农业职工收入增长较多。全系统全面实施了农业税费改革，实施了粮食补贴、农机补贴和农资综合补贴等政策，各项惠农政策提高了农工的种粮积极性。全年实现农业总产值143亿元，比2010年增加20亿元，增长16.5%，其中种植业产值70亿元，畜牧业产值36亿元，渔业产值33亿元，林业产值1.6亿元。

全年农作物播种总面积30.7万公顷，比2010年减少1万公顷，其中粮食播种面积15万公顷，与2010年减少7 000公顷；棉花播种面积5.88万公顷，比2010年增加4 800公顷；油料面积3.36万公顷，减少5 000公顷。主要农产品产量见表1。

表1　主要农产品产量表

农产品名称	计量单位	2011年产量	2010年产量	2011年比2010年增长（%）
粮食	万吨	87.7	87.6	0.1
棉花	万吨	8.29	7.36	13
油料	万吨	9.4	10.6	−11
蔬菜、瓜类	万吨	163	166.6	−2
肉类	万吨	17.5	17.1	2.4
水产品	万吨	36.6	33.37	9.8
水果	万吨	8.57	8.56	0.2

农垦畜牧、水产业生产平稳增长、势头良好。大牲畜年末存栏3.76万头，肉猪出栏191万头，增长5.1%；肉类总产量17.5万吨，增长2.4%；禽蛋总产量4.95万吨；水产品36.6万吨，增长9.8%，牛奶3.34万吨。

2011年，垦区农业生产条件进一步改善，年末农垦系统拥有农业机械总动力154万千瓦，其中大中型拖拉机6 703台，小型拖拉机4.26万台；排灌机械2.1万台，总动力29万千瓦，农业用电量3.6亿千瓦时，农业化肥施用折纯量15万吨，当年机械播种面积3.7万公顷，机械收割面积12.7万公顷，2011年新造林面积3 719公顷，新增水泥晒场10万平方米，新增输电线路41千米。

三、工业和建筑业发展情况

2011年，湖北农垦工业实现了跨越式发展，近年来招商引资项目、工业园区项目已陆续投产，并产生效益，产值规模迅速扩大，企业效益明显提高，全系统规模以上的工业企业达583家。

2011年，全垦区实现工业增加值225亿元，按可比价比2010年增长27%；实现工业总产值833亿元（现价），国有及规模以上的非国有工业企业实现产品销售收入697亿元，实现利润79亿元。主要工业产品产量见表2。

表2　2011年主要工业产品产量情况

名　称	计量单位	2011年产量	比2010年增长（%）	名　称	计量单位	2011年产量	比2010年增长（%）
水泥	万吨	252	−9	酸奶	万吨	9.1	20
红砖	亿块	25.4	41	白酒	万吨	1.16	38
石灰	万吨	8.9	9.8	啤酒	万吨	35.4	—
棉纱	万吨	19.628	34	发电	亿千瓦时	1.34	—
布	万平方米	20 462	61	植物油	万吨	57	26
机制纸	万吨	3.2	23	饲料	万吨	76	13
服装	万件	3 904	10	软饮料	万吨	156	25.8

2011年年末，垦区拥有大中型工业企业35家，其中大型企业3家，中型企业32家，实现工业总产值260亿元；实现工业增加值77亿元；共创利税29.5亿元（以上工业指标均为全社会口径）。

2011年农垦建筑业平稳增长，经济效益进一步好转，全年共实现增加值51.9亿元（现价），比2010年增长17.8%。年末拥有各类建筑单位530个（含个体），从业人员9.3万人，固定资产原值27.5亿元，各种机械总台数2万台，全年完成施工建筑总面积4 332万平方米，建筑工程造价323亿元。

四、第三产业及对外贸易

2011年，湖北农垦系统第三产业得到进一步发展，结构更趋合理，经营领域不断拓宽，服务水平进一步提高。全系统共拥有批发零售贸易单位2.3万个（含个体，下同），从业人员5.6万人，实现销售收入239亿元；服务业单位4 085个，从业人员0.9万人，营业收入3.3亿元；旅馆及餐饮业年末营业单位5 235个，从业人数1.5万人，营业收入7.2亿元；有个体运输户1.1万个，各类运输车辆1.77万台，全年运输业总收入10.9亿元。

2011年，由于实施积极的出口政策，湖北农垦商品出口呈快速增长态势，全年外贸出口供货商品金额为23亿元，比2010年增加7亿元，增长43%，出口生猪4万头，家禽68万只，再制蛋1 400万枚，罐头1万吨，服装91万件。出口金额最高的3个农场依次分别是东西湖农场（11.9亿元）、后湖农场（5亿元）、龙王嘴农场（1.2亿元）。

五、固定资产投资

随着国家拉动内需政策的出台，2011年湖北省国有农场工业园区、新村镇及基础建设建设力度明显加大，全年投资超过1亿元的农场有32个，全年完成固定资产投资317亿元，比2010年增加82亿元，增长35%。其中，第一产业17亿元，第二产业221亿元，第三产业79亿元（按全社会口径统计）。

六、科研、教育、卫生

湖北农垦继续坚持“科教兴垦”的战略，加大教育和科研资金投入，促进农垦经济发展，农垦系统教育、卫生基础设施得到较大改善。2011年年垦区拥有科研单位30个，职工1 274人，其中科技人员367人，投入科研经费2 740万元。全系统教育事业继续平稳发展，年末垦区共有各类学校274所；教职工1.2万人，在校学生14万人，当年毕业生3.7万人。通过多年的努力农垦系统卫生医疗条件有了较大的改善，2011年年末拥有医疗单位597个，其中医院80所，病床5 816张，医生2 604人。

七、职工就业、劳动报酬、职工生活

2011年湖北农垦拥有国有经济职工39.5万人，比2010年有少量增加。垦区国有职工全年劳动报酬及生活费59.2亿元，增长14.7%。

2011年湖北垦区社会平均从业人数为72万人，与2010年增加2万人。其中，第一产业为35万人，第二产业为22.5万人，第三产业为14.5万人。农垦从业人员劳平收入15 183元，人均纯收入8 830元，增长16%。

2011年湖北农垦有22.9万退休职工和34.3万在职职工进入社保，退休农工月平均工资671元，月增资89元，退休非农工月平均工资1 193元，月增资166元，解决了农垦职工老有所养的问题，全系统社保净收入15.2亿元。

湖南农垦 2011 年经济和社会发展统计公报

湖南省农业厅农垦局

2011 年是湖南农垦的机遇年，也是这几年来任务最重的一年。一年来，湖南农垦系统，在农业部农垦局和省农业厅的正确领导下，在各级有关部门的高度关怀和大力支持下，坚持科学发展，转变发展方式，团结一致，克服困难，积极奋斗拼搏，赢得了经济社会的全面发展，特别是在现代农业建设、工业园建设、特色产业发展、危旧房改造等方面取得了新的成绩。2011 年湖南农垦综合经济实力得到了显著提高，民生得到了进一步改善，农垦的凝聚力得到了增强，实现了湖南农垦经济社会又好又快发展。

一、综合

经济平稳保持高速发展。2011 年，全垦区总人口数为 68.40 万人，农场人口 57.84 万人。人均生产总值为 13 784 元，比 2010 年增加 2 481 元，增幅 22%。实现生产总值为 94.3 亿元，其中第一产业增加值 33.7 亿元，与 2010 年持平；第二产业增加值 41.80 亿元，比 2010 年增加 19.9 亿元；第三产业增加值 18.8 亿元，比 2010 年减少 2.87 亿元。人均纯收入 7 700 元，比 2010 年增加 810 元，增幅达 12%。

危房改造年度任务全面完成。2011 年，中央下达湖南农垦危房改造任务 24 800 套。面对这项起步迟、时间紧、配套少、底子薄、任务重、要求高的工作，在湖南省农业厅党组的领导和省直相关部门以及垦区当地党委政府的大力支持下，从省局到各项项目实施单位，上下一盘棋，强化领导，统筹安排、精心组织，扎实工作，战胜困难全面完成了危房改造目标任务。全年规模危房改造实际开工 28 840套，开工率达 116.29%，竣工 21 510 套，竣工率达 86.73%，实现了按时、保质、超量、零事故的工作目标。

二、农业

农业生产稳定增长。2011 年，湖南农垦农作物播种面积 150 135 公顷，增加 2.3%，其中粮食播种面积 94 916 公顷，增长 2.5%；油料种植面积 23 484公顷，增加 3%；棉花种植面积 7010 公顷，增加 2%；蔬菜种植面积 20 217 公顷，增加了 18%。粮食总产量 60 万吨，增长 3.8%，其中稻谷产量 55.4 万吨，与 2010 年基本持平。

现代农业示范迈出重大步伐。示范区建设成效显著，大通湖水稻高产示范区，君山、西洞庭棉花高产示范区，西湖油菜高产示范区，屈原生猪高产示范区等示范区建设，都取得较好成效；西湖、西洞庭和大通湖管理区继屈原管理区之后，又被农业部认定为第二批国家现代农业示范区，自此，湖南垦区国家级现代农业示范区实际已有 4 家。

农业综合生产能力继续提高。湖南垦区新增农田有效灌溉面积 160 公顷，新增造林面积 740 公顷，新增果树定植 32 公顷，新增茶树定植 107 公顷，受国家农机补贴政策影响，新增大中型拖拉机 335 台，小型及手扶拖拉机 356 台。

2011 年，受局部自然灾害的影响，造成受灾面积 52 759 公顷，其中绝收 4 031 公顷。受灾面积中旱灾面积 38 109 公顷，其中绝收 2 242 公顷；洪涝面积 3 681 公顷，其中绝收 210 公顷；病虫灾面积 1 065 公顷，其中绝收 226 公顷；霜冻灾2 189公顷，其中绝收 273 公顷。成灾人口 33 924 人，减产粮食 13 116 吨、棉花 9 874 吨、油料8 418吨，直接经济损失 13 913 万元。

三、工业和建筑业

工业生产进入稳定期。2011 年，垦区工业经济出现一定增长，第二产业完成总产值 91.45 亿元，比 2010 年增长 10%，完成增加值 41.85 亿元，比 2010 年增长了 91%。同时，工业园区建设态势良好，新增规模工业园 8 个，其中常德农垦办和西洞庭管理区通过积极争取，落户的大型食品加工企业达 50 多家，2010 年园区投入建设的资金逾

2亿多元，园区加工业产值达12.6亿元，增长30%。通过结构调整，淘汰落后工艺和产能，龙形经济产业链基本形成，并引导带动了周边地区的快速发展。

建筑业快速发展。由于2011年湖南垦区危房改造项目正式启动，中央下垦区危房改造任务2.48万户。截至2010年11月底，湖南农垦危房改造2.48万户全部开工，建成21 510户，完工率达86.73%。垦区危房改造大力促进可建筑业的发展，全垦区建筑企业189个，比2010年增加8个。年末从业人数10 700人，比2010年增加2 588人，增加32%。

四、固定资产投资

固定资产投资总量有所增加。受国家宏观经济影响，在国家经济刺激政策的影响以及垦区危房改造项目的拉动下，2011年全省全社会固定资产投资75.4亿元，比2010年增加10%。第二产业固定资产投资37.27亿元，其中国有17.62亿元，分别比2010年增长了40%和39%。

五、科学技术和教育

年末垦区拥有各类科研单位22家，与2010年持平，科研人员和技术工人人数保持稳定，总人数为651人，比2010年减少了3%。因贯彻湖南省相关文件精神，农场办教育、医疗卫生等职能进行了剥离，以往因教育遗留下来的债务也在进一步化解当中。

六、资源与环境保护

2011年垦区继续把粮食生产放在重要位置，确保粮食生产不动摇。全年未出现建设违规占用耕地的现象，耕地面积减少的势头进一步趋缓。农工环保意识得到加强，全年未发生重大面源污染事件，全年新增造林面积740公顷，新增果树定植32公顷，少砍伐树木5 000立方米，荒山变了青山，生态环境得到明显改善。

七、人口与社会保障

人口2011年年末，湖南农垦总人口为68.42万人，比2010年增加0.12万人。其中农场人口57.85万人，城镇人口9.51万人，小城镇化进程得到进一步发展，农闲时到城镇打工的劳动力数量持续增加，职工群众的收入逐步得到提高，生产生活水平有效提升，人口居住进一步集中。

社会保障工作全面发展。湖南农垦职工参加基本养老保险人数26.26万人，企业参加基本养老保险的离退休人员12.75万人，参加失业保险人数2.61万人，参加医疗保险人数30.2万人，全年发放企业离退休人员基本养老金11.32亿元，社会化发放基本养老金7.99亿元，社会化发放人数12.65万人，占离退休人员数的99%，企事业参保离退休人员人均养老金740元/月，离退休职工的生活待遇进一步提高。

广西农垦 2011 年经济和社会发展统计公报

广西壮族自治区农垦局

2011 年，管区上下认真贯彻党的十七大和十七届五中、六中全会，全国农业和农垦工作会议精神以及自治区有关会议精神和部署，按照“保增长、保民生、保稳定，保持良好发展势头”的要求，继续以“四个非常”措施积极应对新情况新问题，狠抓做大做强做优国有企业集团、经济园区建设、农业产业化基地建设、项目投资建设、招商引资、海外项目建设、民生工程建设等重点工作落实，巩固扩大了管区经济社会发展的良好势头，实现了“十二五”规划的良好开局。现将 2011 年国民经济和社会发展统计如下：

一、经济运行的基本情况

2011 年，管区保持了经济平稳较快发展的良好势头。经测算，全年管区实现经营总收入 755.8 亿元（其中公有经济 145.1 亿元，同比增长 23.3%），同比增长 24.9%；实现生产总值（GDP）296.7 亿元（图 1），同比增长（按可比价计算，下同）15.0%，比全区高 2.7 个百分点，从 2002 年起，连续 10 年保持 15%以上的增长；其中，一、二、三产业实现增加值分别为 39.7 亿元、180.5 亿元和 76.5 亿元，分别同比增长 3.0%、14.1%、24.3%，三次产业对经济增长的贡献率分别为 11.2%、58.0%和 30.8%。

图 1 2007—2011 年管区 GDP 总值及其增长速度

二、经济运行的主要特点

（一）产业结构进一步优化

2011 年管区第一、二、三产业增加值的结构为 13.4∶60.8∶25.8，与 2010 年的 14.0∶61.5∶24.5 相比，第一产业下降 0.6 个百分点，第二产业下降 0.7 个百分点，第三产业提高了 1.3 个百分点（图 2）。

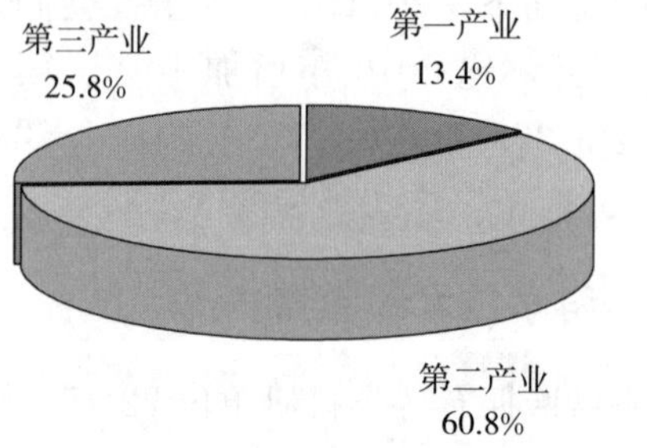

图 2 2011 年管区一、二、三产业增加值构成

（二）非公经济占据管区经济的主导地位

2011 年管区非公经济实现经营总收入、地区生产总值、固定资产投资分别为 610.5 亿元、240.2 亿元、145.3 亿元，分别占管区的 80.8%、81.0%、80.6%，非公经济对管区以上 3 项经济指标增长的贡献率分别达到 81.7%、81.2%、97.7%，拉动管区生产总值增长 12.2 个百分点。

（三）牧业、渔业、农林牧渔服务业平稳增长，种植业、林业下降

2011 年管区第一产业实现增加值 39.7 亿元，同比增长 3.0%。其中，牧业、渔业、农林牧渔服务业增加值分别为 16.2 亿元、1.3 亿元、3.1 亿元，同比分别增长 6.6%、3.1%、23.7%，种植业、林业增加值分别为 18.3 亿元、0.8 亿元，同比分别下降 1.0%、26.7%。第一产业增加值种植业、林业、牧业、渔业、农林牧渔服务业结构为 46.1∶2.0∶40.8∶3.4∶7.7（图 3）。

1. 甘蔗 2011 年，管区 68.7%耕地用于种植甘

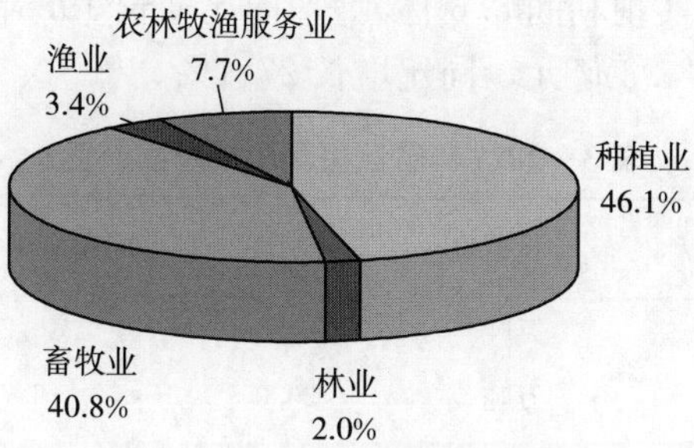

图3　2011年管区农业增加值构成

蔗，甘蔗种植面积7.3万公顷，同比增长0.3%；虽然在甘蔗生产后期，部分蔗区遭受强台风影响导致甘蔗倒伏减产，但全年甘蔗产量预计仍达到223.7万吨（表1、图4），亩产达6.4吨；当年甘蔗价格升至历史最高水平，全年实现甘蔗产值12.0亿元，同比增长9.6%，甘蔗产值占种植业产值的46.1%。

2. 水果　全年水果种植面积0.9万公顷，同比增长2.9%，2011年是水果生产的“大年”，水果总产量18.0万吨（表1），同比增长11.6%，全年实现水果产值5.5亿元，同比增长13.7%，水果产值占种植业产值的21.2%。

3. 剑麻　全年剑麻种植面积0.4万公顷，同比下降1.8%，剑麻纤维产量2.0万吨（表1），同比增长12.5%，剑麻种植面积减少而纤维产量却有较大幅度增长主要是由于几年前新光农场等单位新种的剑麻陆续进入开割期、当年开割面积同比增加11.0%的缘故，全年实现剑麻产值1.3亿元，同比增长25.4%。

表1　2011年管区主要农产品产量

指标名称	计量单位	产量	同比增长（%）
甘蔗	万吨	223.7	－1.8
剑麻纤维	吨	20 234	12.5
茶叶	吨	849	－3.6
水果	万吨	18.0	11.6
橡胶	吨	195	－42.7
木薯	万吨	2.1	4.0

4. 生猪　全年管区生猪饲养量321.7万头（其中公有经济生猪饲养量69.3万头，同比增长9.1%），同比增长8.2%。其中生猪年末存栏100.3万头，同比增长11.3%；出售肉猪129.9万头，同比增长0.1%；出售仔猪84.2万头，同比增长18.3%；出售种猪6.4万头，同比增长15.1%。肉猪出售量基本持平而仔猪出售量大幅度增长，其主要原因是：畜牧集团为应对近年来生猪疫病流行的严峻形势，一是将饲养方式由传统式改为“三点式”，即是将小猪、母猪、育肥猪分场饲养，因此造成能用于养殖育肥猪的猪舍相对地减少；二是针对仔猪在保育期后期（15～25千克阶段）容易发病的特点，将进入保育期后期的部分仔猪出售，既加快了资金周转，又减轻了养大猪饲养时间长而染病的风险。当年畜牧集团实现利润4 815万元，同比增长2.8倍。

主要畜禽存栏和产品产量如表2。

表2　2011年主要畜产品产量和年末存栏

指标名称	计量单位	绝对数	同比增长（%）
出栏肉猪	万头	130.9	0.2
出售仔猪	万头	84.2	18.3
出售种猪	万头	6.4	15.1
肉类总产量	万吨	10.1	0.3
其中：猪肉	万吨	9.2	0.2
禽肉	万吨	0.9	1.0
牛奶产量	吨	4471	2.4
大牲畜存栏	万头	11.8	16.3
其中：奶牛	头	1619	－13.6
猪存栏	万头	100.3	11.3
其中：能繁母猪	万头	11.8	16.3
家禽存栏	万只	249.8	27.3

2011年，在生猪市场价格高位运行的拉动下，全年管区实现畜牧业总产值27.1亿元（其中生猪产值22.8亿元，同比增长35.7%，占84.1%），同比增长30.6%。

5. 渔业　全年实现渔业增加值1.3亿元，同比增长3.1%。全年养殖面积为1 363公顷（其中海水养殖295万公顷，占21.6%），水产品产量1.6万吨，同比增长4.5%。

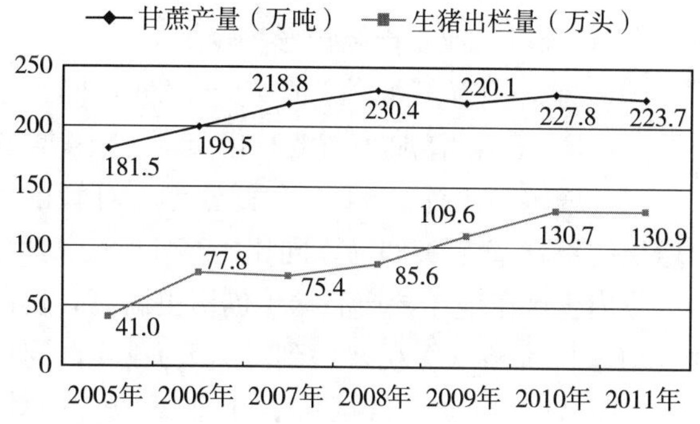

图4　2005—2011年管区甘蔗、生猪出栏量

（四）农业基础设施建设得到加强，现代化水平进一步提高

2011 年，农业生产基础设施建设得到加强，管区全年在水利灌溉设施建设上完成的固定资产投资额 2 454 万元，年末管区有效灌溉面积达 1.25 万公顷，同比增长 9.0%，其中节水灌溉面积 0.7 万公顷，增长 12.8%；全年机耕作业面积 2.1 万公顷，同比增长 12.2%；年末拥有农用大中型拖拉机 1 319 台，小型拖拉机 6 804 台，农用运输车 663 台，农用机械总动力 25.3 万千瓦，同比增长 7.1%；温室面积 12.9 万平方米，同比增长 18.3%。

（五）工业持续、稳健发展

2011 年，管区全社会实现工业总产值 354.1 亿元，同比增长 24.2%，实现工业增加值 137.3 亿元，同比增长 11.4%（图 5），占管区生产总值的比重为 46.3%，工业经济对管区经济增长的贡献率为 39.7%。

工业企业经济效益持续向好，规模以上工业全年实现利润总额 24.2 亿元，同比增长 36.6%，规模以上工业全年上缴税金 10.3 亿元，同比增长 13.7%。

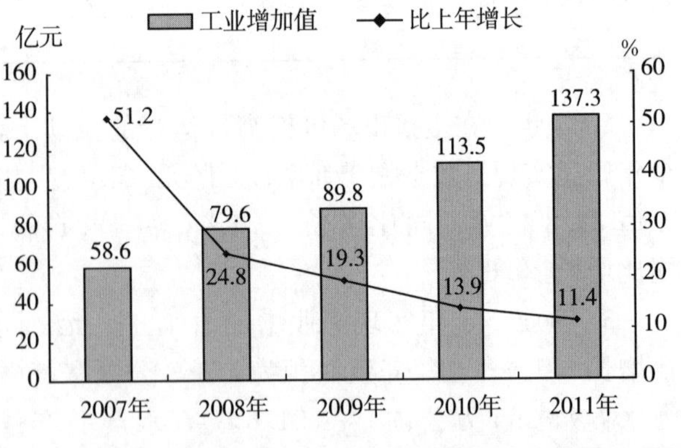

图 5　2007—2011 年广西农垦管区工业增加值及其增长速度

（六）国有工业生产经营形势较好

2011 年，国有工业总产值 79.6 亿元，同比增长 36.8%，工业增加值 28.1 亿元，同比增长 18.0%，增幅同比提高 11.8 个百分点，对管区工业增长的贡献率为 25.9%，同比提高 11.9 个百分点；年内管区工业主导产品糖价创历史新高，机制糖平均销售价格（含税）达到 7 157 元/吨，同比增长 35.7%，拉动了管区国有工业增收、增效，全年国有规模以上工业实现利润 4.6 亿元（其中糖业集团实现利润 3.6 亿元），同比增长 19.3%，上缴税金 4.3 亿元，同比增长 27.1%。

表 3　2011 年管区主要工业产品产量

指标名称	计量单位	产　量	同比增长（%）
机制糖	万吨	67.6	10.2
酒精	万吨	20.0	−6.7
成品茶	吨	2 188.0	−4.8
剑麻制品	万吨	4.9	13.3
淀粉	万吨	30.0	4.9
矿泉水	万吨	29.9	12.7
奶制品	吨	3 415.0	47.8
罐头	吨	8 426.0	10.9
水泥	万吨	53.8	15.7
砖	万块	102 857.0	14.5
饲料	万吨	41.2	31.2
发电量	万千瓦时	20 109.0	14.1

（七）第三产业平稳较快增长

全年管区第三产业实现增加值 61.3 亿元，同比增长 24.3%，其中，交通运输业、批发零售业、住宿餐饮业、服务业、房地产业、卫生、教育、科研等行业的增长率分别为 10.0%、23.2%、4.6%、19.2%、117.4%、−0.8%、89.5%、0.5%。第三产业增加值中，公有和非公有经济所占份额比例分别为 1.8∶98.2。

1. 运输业　管区运输业年末从业人员 9 869 人，拥有各种运输车辆约 1.4 万辆，全年完成货运量9 393.2万吨，客运量 812.8 万人次，实现增加值 10.0 亿元，同比增长 10.0%，其中，公有和非公有经济所占份额比例为 0.1∶99.9。

2. 批发零售业　管区批发零售业网点年末数为7 258个，其中，国有网点 29 个；年末从业人员17 903人，其中国有企业从业人员 459 人；全年实现增加值 38.3 亿元，同比增长 23.2%，其中，公有和非公有经济所占份额比例为 2.0∶98.0。

3. 住宿餐饮业　管区住宿餐饮业网点年末数为1 314个，其中国有 5 个；年末从业人员 5 482 人，其中国有企业从业人员 103 人；全年实现增加值 7.5 亿元，同比增长 4.6%。其中，公有和非公有经济所占份额比例为 0.7∶99.3。

4. 服务业　管区实有服务业网点年末数为

1 686个，其中国有 9 个；年末从业人员 5 319 人，国有从业人员 168 人；全年实现增加值 5.5 亿元，同比增长 19.2%，其中，公有和非公有经济所占份额比例为 4.0∶96.0。

5. 教育 管区从 2006 年开始推动公办学校向地方剥离工作，到 2009 年底，公办中小学移交地方管理工作全面完成，目前，仍保留广西职业技术学院 1 所公办高校；2011 年底，广西职业技术学院在校学生 1.17 万人，同比增长 4.5%。

6. 卫生 年末管区有医疗卫生机构 13 个，其中国有 12 个，非国有 1 个；另外，有个体诊所 165 个；年末国有卫生机构从业人员 168 人，非公卫生从业人员 484 人，全年实现地区生产总值 5 627万元，同比下降 0.8%。

7. 科研 建立有糖业集团、明阳生化集团的 2 个广西千亿元产业研发中心和国家重点实验室；全年管区获得科技成果 8 项，专利 6 项，广西科技进步奖 7 项，其中二等奖 3 项、三等奖 4 项；获全国农牧渔业丰收奖二等奖 1 项，获广西技术标准奖 1 项；年末管区有科研单位 3 家，科研单位年末从业人员 644 人，其中科技人员 241 人，全年科技经费收入 6 083 万元。

（八）固定资产投资和招商引资成效显著

2011 年，管区固定资产投资额和招商引资到位资金再创历史新高，共完成固定资产投资 180.2 亿元（图 6、表 4），同比增长 37.2%，完成自治区下达目标任务的 100.1%；签订招商引资协议（合同）个数 124 个，总金额 171.6 亿元；招商引资到位资金达 109.9 亿元，同比增长 21.7%，完成自治区下达年度工作目标任务 90 亿元的 122.1%；全年推进的重点建设项目 602 个，其中总投资 1 000 万元以上的项目 336 个（含总投资 5 000万元以上的项目 192 个，总投资亿元以上的项目 118 个），年内已开工项目 560 个，已竣工项目 361 个，其中竣工投产明阳生化集团“年产 10 万吨木薯变性淀粉高技术产业化示范工程”及“木薯废渣及黄浆综合利用项目”等。

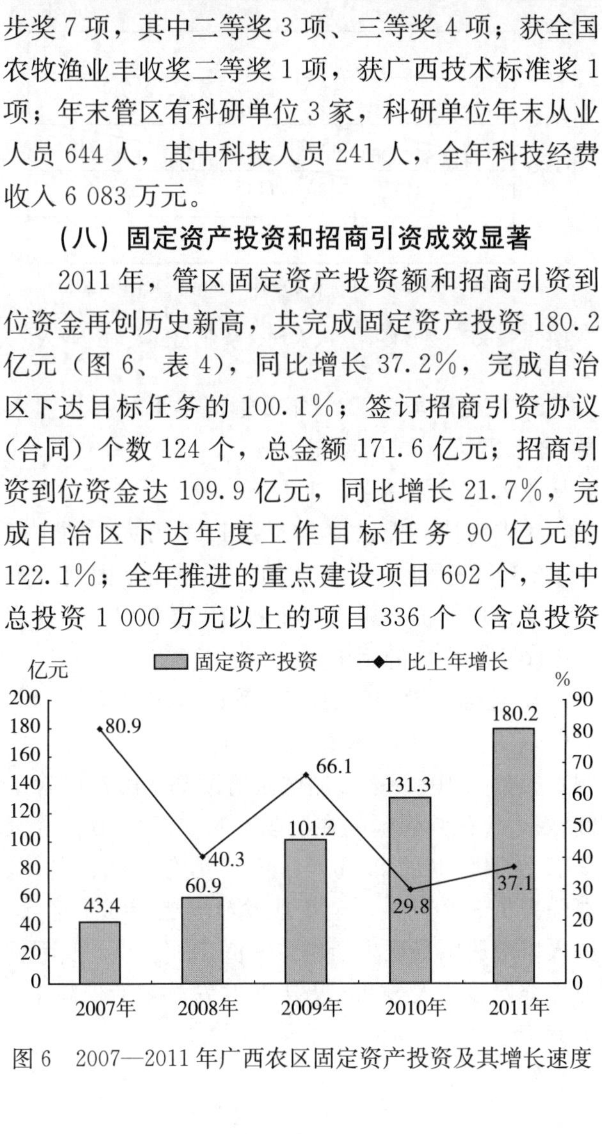

图 6　2007—2011 年广西农区固定资产投资及其增长速度

表 4　2011 年管区固定资产投资完成额

	项目	数量（亿元）	同比增长（%）
全年固定资产投资完成额		180.2	37.2
按经济类型分组	1. 国有企业	34.9	3.6
	2. 非国有企业	127.5	39.1
	3. 个体家庭	17.8	204.2
按建设种类分组	1. 基本建设投资	107.4	28
	2. 更新改造投资	15.8	60
	3. 其他投资	9.1	64.4
	4. 房地产开发	33.3	21.6
	5. 私人建房	14.6	217
按工程用途分组	1. 第一产业投资	7.2	31.3
	2. 第二产业投资	92.4	16.4
	3. 第三产业投资	80.6	73.7

（九）园区建设成效显著，主导地位进一步增强

经济园区是支撑管区经济快速增长的主导力量和最有活力的经济增长点。2011 年，园区各项工作取得新成绩，全年实现经营总收入、生产总值、固定资产投资、招商引资金到位分别为 529.1 亿元、209.7 亿元、144.3 亿元、99.4 亿元，分别同比增长 26.6%、24.2%、36.5%、13.9%；分别占管区的比例为 70.0%、70.7%、80.1%、90.4%。

（十）发展生态循环经济工作有新突破

2011 年，管区在推进制糖、木薯生化、剑麻综合利用等生态循环经济项目建设方面取得新进展。

1. 糖业循环经济方面 继天成纸业公司在 2010 年 12 月竣工投产，2011 年生产蔗渣浆 7.5 万吨，实现产值 3.5 亿元之后；糖业集团在 2011 年内实施生态循环经济项目达 18 个，当年完成固定资产投资额 9.1 亿元，其中，华成纸业年产 20 万吨高级文化用纸项目完成 4.4 亿元；昌菱、金光两家制糖公司节能技改项目完成1.92亿元；昌菱制糖公司1.2万吨/天节能技改项目完成6 565万元；华盛化工年产1万吨糠醛项目完成5 901万元；糖业集团电器设备节能技改项目完成4 100万元；良圻生物年产1万吨木糖醇联产L-阿拉伯糖项目完成2 596万元；星星制糖公司4 000吨/天技改项目完成2 313万；昌菱制糖公司年产3万吨微生物复合肥项目完成830万元；昌菱年产1万吨朗姆酒项目完成350万元等。

2. 其他方面 明阳生化公司在建的9个生态循环经济固定投资项目，当年共完成投资2.4亿元，其中，木薯废渣及黄浆综合利用项目完成投资3 500万元；利用木薯酒糟渣年产10万吨科赛包装材料项目完成投资2 272万元；非粮生物质酶解国家重点实验室科研综合楼项目完成投资1 424万元。另外，山圩农场引入南剑科技生物公司年产600吨剑麻果胶项目，全年完成投资2 600万元，已进入设备安装阶段。

（十一）海外项目建设取得新进展

2011年，管区在印度尼西亚、越南、俄罗斯等境外投资项目建设取得新进展。

1. 中国-印度尼西亚经贸合作区 全年完成固定资产投资额3.0亿元人民币，累计完成固定资产投资6.2亿元，已有中国西电集团、印度尼西亚天泰投资有限公司、南通市康桥油脂有限公司等13家中外企业与合作区项目公司签订了入园投资开发《土地买卖协议》，已售出土地共计32.09万平方米，总价款约2 148.3万美元，实际到账778万美元。

2. 明阳生化越南归仁项目 年产10万吨木薯变性淀粉、30万吨木薯干片仓储项目建设进展顺利，当年完成固定资产投资1.3亿元人民币，一期基础房建设正在进行中。

3. 俄罗斯诺夫哥罗德农产品物流中心 经营状况良好，2011年开始实现扭亏为盈。

（十二）民生继续改善

2011年，管区职工在生活环境、收入、就业、社会保障等方面的状况持续改善。

1. 小城镇建设 全年管区职工建房完成投资16.9亿元，在道路建设上共完成投资3.2亿元，人畜饮水工程完成投资3 597万元，环境绿化美化完成投资1 915万元，职工群众的生活条件大为改善。其中，涉及48个农场共53个建设单位、26 400户的危房改造工程，共获得中央预算内投资补助23 760万元，自治区财政补助10 982万元，年内全部实现了开工建设，当年共实际完成投资13.7亿元，竣工9 762户，面积92.52万平方米。

2. 居民收入 2011年，甘蔗、生猪、食糖等在管区产业中占主导地位的产品的市场销售价格涨升至历史高位，并且随着国家一系列支农惠农政策的落实和管区经济持续健康发展，促进了职工增收，当年，管区年末总人口31.8万人，管区人均纯收入达到14 775元，同比增加1 465元，增长11.0%，比全区农民人均纯收入5 231元高出9 544元；从业人员人均纯收入达23 198元，同比增长10.4%；在岗职工人均纯收入达24 310元，同比增长13.0%。

图7 2005—2011年管区人均、从业人员人均纯收入

3. 就业形势 2011年，管区年末社会从业人员18.5万人，同比增长9.4%，其中一、二、三产从业人数分别为：6.1万人、8.2万人、4.2万人，年末为社会提供就业人数14.9万人，同比增长12.6%。就业人数增加的主要原因是固定资产投资建设规模扩大，建筑业的用工增加以及新投产的入园企业增加的用工等。

4. 社会保障 2011年，管区参加社会统筹养老保险的在册职工人数达3.4万人，占应参保在册职工人数的100%；参加城镇居民基本医疗保险或“新农合”医疗保险的在册职工3.58万人，占管区全部在册职工的98.6%；年末实有离休、退休、退职人员3.8万人，全年共发放养老金6.1亿元；纳入城镇居民最低生活保障家庭1.0万户，实际领取社会保障金人数2.4万人，共发放生活保障金3 339万元。

重庆农垦2011年经济和社会发展情况

重庆市农垦控股（集团）有限公司

2011年是重庆农垦“十二五”经济发展的起步之年，在重庆市委、市政府和农业部农垦局的正确领导下，重庆垦控股（集团）有限公司牢固树立和全面落实科学发展观，充分发挥国有农业企业集团在推进城乡统筹、建设现代农业中的示范带动作用，进一步深化改革、整合内外资源，加快产业和产品结构调整，强化企业经营管理，构建和谐企业集团，实现了垦区经济的较快发展。

一、综合

垦区经济保持较快增长。垦区全年实现生产总值（GDP）108 732万元，较2010年增长18%。其中，第一产业实现增加值10 925万元，增长197%，第二产业实现增加值67 090万元，增长4%，第三产业实现增加值30 717万元，增长29%。按垦区人口计算，人均生产总值57 340元，较2010年增长15%。

产业结构进一步优化调整。国民经济中三次产业比例由2010年的4：70：26调整为10：62：28，三次产业比重增加了2个百分点。

职工生活水平进一步提高。垦区年末总人口19 195人，年人均纯收入9 173元，比2010年增长5%；年末实有住房面积59.08万平方米，较2010年增长2.5%；年末从业人员12 258人，比2010年增长1%，人均年劳动报酬34 887元，较2010年增长11.6%。

二、第一产业

农业经济保持稳步增长。2011年垦区实现农、林、牧、渔业总产值33 658万元，较2010年增长9%。其中畜牧业产值占农业总产值的91%。年末生猪存栏6.31万头，增长15%；存栏奶牛2.89万吨，增长4%；家禽存栏量66.78万只，增长40.5%；全年肉类总产量8 932吨，增长4.6%，猪肉产量5 042吨，下降4%；牛奶产量50 245吨，增长1%；禽蛋产量3 925吨，增长6%；水产品产量306吨，增长96%；水果872吨，增长1%。

三、第二产业

工业经济保持平稳发展。2011年年末垦区工业企业10户，实现工业总产值551 924万元，较2010年增长23%，销售产值551 707万元，产销率达到100%；产品销售收入550 017万元，较2010年增长22%；工业增加值64 433万元，较2010年增长2.4%；受原辅材料、能源价格、人力成本大幅度上涨以及统计口径等诸多因素影响，垦区2011年工业企业实现利润16 783万元，较2010年下降17%。主要产品乳制品产销实现195 888吨，增长6%；饲料465 800吨，增长12%；套装门95万套，与2010年基本持平。

建筑业持续稳中有升。垦区唯一的建筑企业全年施工面积40万平方米，竣工面积28万平方米，全年实现营业收入41 900万元，实现利润633万元。

四、第三产业

房地产业快速发展。年内成功地开发了凤凰湾、棠麓源两个在重庆业内具有较大影响力的高品质社区，配套建成宏帆路、凤凰湾会所、重庆第一个高档马会等重点项目，成为江北农场改制房地产企业12年来，建设规模最大、取得效益最好、江北农场片区形象提升最大的一年。2011年垦区房地产业实现营业收入67 000万元，利润14 000万元。

现代物流业建设步伐加快。万吨冷储物流市场10万吨冻库库容即将全面达产，2011年万吨冷储市场商品交易额达到150亿元，较2010年增长25%，成为西南地区具有先导性的最大冷链物流企业；在重庆市级有关部门的大力支持下，重庆农垦牵头规划的库容规模 30 万吨、市场交易额达到 500 亿元的重庆市白市驿冷链物流产业园建设方案已纳入《重庆市人民政府关于加快重庆市农产品冷链物流发展的实施意见》，重庆农垦控股（集团）有限公司成为重庆建设长江上游农产品冷链物流枢纽的第一实施平台。

五、固定资产投资

2011 年固定资产投资 26 873 万元，比 2010 年增长 6%。资金主要集中用于农垦主业及其生产设施建设。从具体投资项目看，主要用于乳业奶牛示范养殖场和渔业天然水域牧场建设、乳业加工基地技改扩能、冷储物流市场冻库扩容、房地产开发项目等。

六、2011 年主要工作及成效

（一）管控架构实现转型

2011 年，重庆农垦控股（集团）有限公司按专业化原则重构管控结构，将直接管理的 29 个资产零散、规模弱小的企业，重组整合为资源集中度高，产业关联性强的 8 个专业公司，产业门类由 15 个调整为 7 个，形成集团独资、控股的 7＋1 产业格局，实现集团从单纯的母子公司垂直管理向以业务板块为单元的专业化管理的转型。经过 1 年的运行，集团的经营亏损面从 2010 年的 55%一举实现 2011 年的全面盈利，管理架构调整的成效初步显现。

（二）科技能力有效提升

引进全球知名的以色列阿菲金公司奶牛养殖、管理技术，全球领先的美国原种胚胎牛基因组和繁育技术，垦区奶牛养殖水平一举得以重大提升。引进当前国际最先进灌装技术的瑞典利乐、德国康美包新型灌装系统，成为国内第一个掌握“利乐”钻石型灌装技术的乳制品企业，集团乳品年灌装能力增加 9 万吨。创新研发，成功开发出“妙昔”、“24K 优酪”、“悠智” 3 个国内首创的乳品新品种。创新实施生猪“全漏缝高床保育”技术，大力推进生猪种群胎次结构优化，引进“生猪养殖零排放”养殖技术，实现死淘率降低 5%以上。引进中国循环经济研究所微生物工程专利、专有技术，开展种养殖废弃物资源再利用实验，试行有机种植，初步建立循环农业基础。自主研发自由过船智能化拦鱼电栅栏、宽大断面拦鱼复合电栅网拦，基本实现大水位落差下鱼苗的有效拦截及 1 000吨级轮船自由穿梭水域牧场，为三峡生态渔业安全发展探索出了一条新路。重庆市水产研究所成功突破白甲鱼、大鳍鳠人工繁殖技术，有利于有效遏制三峡库区濒危水产物种的减少，保护三峡库区的物种多样性。

（三）产业发展能力进一步增强

一是实现生猪产业链战略性结构升级。按照重庆市政府有关会议精神，平稳接管重庆市种畜场及华牧公司，实现了重庆两大国有生猪产业资源的整合；控股重庆德佳食品公司，获得 10 万吨年生产能力的猪肉食品深加工生产线、港澳东南亚猪肉食品销售市场、中粮集团猪肉食品销售品牌等优质资源。

二是推进安全奶源建设科技化转型。在宁夏中宁县开工建设万头中以合作现代奶牛示范牧场，为乳业产业发展奠定坚实的安全奶源保障。

三是初步形成三峡生态渔业先行先试的产业发展体系。建成涪陵龙潭标准化生态鱼苗良种繁育场，与涪陵梓里、长寿湖新渔村、铜梁虎峰生态鱼苗良繁场基地共同构成年总产 3 亿尾水花鱼苗的生产能力；按照“以水养鱼、以鱼治水”思路，建成长江三峡忠县龙滩河、忠县甘井河两个总水域面积 15 000 亩的水域牧场；创建三峡生态鱼品牌，已获得三峡生态鱼、有机鱼认证。

四是起步建设种米业。与重庆市农业科学院合作，重组农科院所属金穗种业公司，获得一批科技含量高、市场前景广、具有自主知识产权的优质作物种的市场开发权，形成重庆农垦控股（集团）有限公司在种业领域整合育种科研资源，建设育繁推一体化种业企业的战略发展能力。

五是初步建成全国农垦区域性农产品质量检测中心。重庆市水产研究所承担的全国农垦区域性农产品质量检验检测中心完成全部基础设施建设工作，一批具有国内先进水平的检测设备、药剂陆续到位，即将面向全市开展检测服务工作，集团成为保障农产品质量、维护食品安全的重要力量。

六是盘活集团存量资源、推进改革改制工作取得重要进展。总部办公大楼、农垦大厦二期工程项目启动实施，集团沉淀资产进一步转化为经营性资产；实现一批农场原农用地调规为建设用地，集团存量土地资源资产价值进一步提升。

（四）“民生责任”深入担当

2011年，重庆农垦控制（集团）有限公司在“承担国企责任、发挥国企功能”方面，总投入超过2亿元，惠及人数超过10万人，直接带动近6万农户增收致富。一是通过融资，按照城市中等社区标准，建成了合川大柱村农民新居，成为全市推广的新农村建设示范工程。二是开工建设“城口山地鸡”现代化屠宰线、冷链物流中心、山地鸡食品深加工体系，“城口山地鸡”产业链整体开发向纵深推进，直接带动重庆贫困县城口县20 000农户年均增收超过3 000元。三是推进“公司＋奶联社＋农户”的奶牛养殖黔江模式，经营与农民共建的合作奶牛牧场，实现直接向农民让利近5 000万元，并通过提高牛奶收购价格、降低农民经营风险等方式，让5万农户实现经营收益增加超过2亿元。四是投入资金，对老农场、老企业的危旧房实施改造，惠及困难职工超过3 000人，切实改善困难人群的生活质量。

（五）融资结构进一步丰富

2011年，集团成功发行5亿元短期融资债券，由此进入债券市场，实现融资市场化。以项目为载体，整合各种资金4.1亿元，其中，获得的各级政府支持资金超过7 600万元，成为市属国有企业中涉农资金融通的主平台。

（六）安全工作取得实效

全年投入安全生产经费800万元，组织各项安全专项检查476次，排查整改安全隐患201项，杜绝了集团重大安全生产事故和食品安全事故发生。集团安全生产工作多次获得重庆市安全生产监督管理局、重庆市国有资产监督委员会委好评和表彰。

2011年垦区所取得的成绩，凝聚了农业部农垦局、重庆市委、市政府的倾情关怀，凝聚了集团1万多名员工的辛勤付出和无私奉献，托起了重庆农垦控股（集团）有限公司快速发展的坚实基础。2012年，重庆农垦人将进一步坚定信心，抢抓机遇，开阔视野，围绕创新主线，把集团的发展推进新阶段。

四川农垦2011年经济和社会发展统计公报

四川省农业厅农垦局

2011年四川农场工作成效显著，实现了“十二五”规划良好开局。四川农场系统在各级党委、政府的领导下，在农业部农垦局的指导下，全面贯彻党的十七届六中全会和四川省委九届九次全会精神，落实中央农村工作会议、全国农业工作会议、全国农垦工作会议和全省农业工作会议精神，积极推进农场科技进步，增强农产品供给保障能力和现代农业示范带动作用，全面推进各项工作，推动农场经济社会又好又快发展。

一、农场经济持续健康快速发展

（一）综合

四川农垦统计报表汇总企业数47个，较2010年减少1个（系攀枝花市综合农场撤销）。2011年四川农垦经济总量继续保持稳定增长，实现了农场经济效益和职工收入、生活水平双增加的良好态势，全年农垦生产总值16 589万元，比2010年增长24.1%。其中，第一产业增加值5 061万元，增长7.2%；第二产业增加值9 163万元，增长26.4%；第三产业增加值2 365万元，增长70%。第一、第二、第三产业增加值占农垦生产总值的比重分别为30.5%、55.2%、14.3%。人均农垦生产总值11 670元，同比增长24.9%；人均纯收入5 120元，比2010年增长4.2%。

（二）农业

全年实现农业总产值9 208万元，比2010年增加355万元，增幅4%。其中，农业产值3 824万元，林业产值216万元，牧业产值4 818万元，服务业产值350万元。

全年农作物总播种面积为908公顷，比2010年减少179公顷。其中，粮食播种面积439公顷，减少136公顷，占农作物总播种面积48.3%；油料面积19公顷，减少1公顷；蔬菜、瓜类面积144公顷，增加1公顷；烟叶面积3公顷；青饲料面积303公顷，减少42公顷。粮食、油料等产量较2010年均有不同程度减少。

畜牧业稳定增长，在农业总产值的比重为52.3%，比2010年增长5.9个百分点；牲畜年末存栏总数111 468头（只），较2010年增加265头（只）；主要畜产品产量中肉类2 508吨，较2010年增加194吨，增长8.4%；牛奶产量10 271吨，较2010年增加1 846吨，增长21.9%；山羊毛产量、蜂蜜产量与2010年持平；蚕茧产量63吨，较2010年增加57吨，增加9.5倍，2010年主要是凉山彝族自治州西昌农场蚕房搬迁，影响了生产，2011年新建蚕房后恢复生产。

受干旱影响，全年淡水产品产量继续下降，比2010年减少17吨。

全年植树造林11公顷，与2010年持平。

农业机械总动力837千瓦，比2010年增长2.4%。

（三）工业和建筑业

全年实现工业增加值9 055万元，比2010年增加1 805万元，增长24.9%，实现利润2 548万元，增长44.2%。实现工业总产值31 368万元，减少9.6%。其中，国有工业总产值705万元，占工业总产值2.2%；非国有工业总产值30 663万元，占工业总产值97.8%。

年末建筑企业1个，比2010年减少2个，全年实现增加值108万元，全年施工房屋建筑面积22 670平方米。

（四）餐饮业、服务业

年末餐饮业、服务业营业单位总个数5个，从业人员333人，拥有固定资产原值7 303.3万元，营业用房总面积5 646平方米，实现销售或营业收入598.6万元。

（五）固定资产投资

全年固定资产投资1 665万元，比2010年增加929万元，增长126.2%。主要是四川农场棚户区改造投入进入实施阶段。当年新增固定资产

1 725万元。其中，第一产业投资额 773 万元，占投资额的 46.4%；第二产业投资额 882 万元，占投资额的 53.0%；第三产业投资额 10 万元，占投资额的 0.6%。全年国有固定资产投资总额 313 万元，占投资额的 18.8%。

（六）人口、职工和劳动报酬

年末全垦区总人口 14 215 人，较 2010 年减少 0.57%，全年出生人口 36 人，年内死亡人口 41人。

年末社会从业人员 7 372 人。其中第一产业 5 863人，第二产业 1 184 人，第三产业 325 人，分别占社会劳动者总数的 79.5%、16.1%、4.4%。

年末职工 7 342 人，其中，在岗职工 3 321 人，离退休职工 2 823 人。全年工资总额，职工平均工资 16 458 元，比 2010 年增长 6.5%。人均纯收入 5 120 元，人均增收 206 元，较 2010 年增加 4.2%。

（七）非国有经济

2011 年，非国有经济完成生产总值 11 372 万元，比 2010 年增长 24.8%，无第三产业。其中，第一产业增加值 1 287 万元，第二产业增加值 10 085万元，分别占非国有经济总量的 11.3%和 88.7%。年末非国有经济从业人员 1 443 人，其中，第一产业 358 人，第二产业 1 085 人。从业人员劳动报酬 3 100 万元，年人均收入 21 483 元。全年实现利税 8 539 万元，同比增长 137.4%，其中，利润 5 922 万元。

土地总面积 49.79 万公顷，较 2010 年减少 11.56%，其中，耕地 859 公顷，牧草地 395 116 公顷，林地面积 20 227 公顷，水面 3 422 公顷，茶果桑园 1 242 公顷。

二、农场工作全面发展

（一）圆满完成全省农场地震灾后恢复重建

灾后恢复重建，是一项浩大的系统工程。3 年来，按照中央、省委、省政府加强地震灾后恢复重建的要求，各级各地农场主管部门采取各种方式，协调当地政府和有关部门支持农场地震灾后恢复重建工作，做了大量艰苦卓有成效的工作。全省 39 个极重灾县农场的灾后恢复重建也已全面完成，灾后重建取得决定性胜利。受灾农场通过灾后重建，及时从困境中解脱出来，恢复了正常的生产和生活秩序，保证了场区的社会稳定和社会和谐。农场基础设施得到了完善，防灾减灾能力得到加强，增强了农场发展后劲。各地农场主管部门高度重视农场灾后重建后的发展问题，及时研究措施，要求受灾农场将工作重点转移到促进农场经济发展上来，把灾后恢复重建与新农村示范场建设、产业培育、结构调整、经济发展结合起来通盘考虑。极大促进了受灾农场的经济发展，绝大部分农场已取得显著成效。

（二）实施民生工程成效显著

全系统把争取落实惠场惠民政策作为民生工程的首要任务。2010 年，各级各地农场主管部门重点抓了全省农场系统棚户区改造工作，取得重大成效。国家 2010 年下达了四川省农场危房改造计划 3 600 户，这一重大的民生工程，惠及四川省 10 个市州的 58 个农场。在四川省农业厅农垦局、市州县各级农业部门的积极努力下，去年 3 600 户改造任务已全面落实，开工率已达 85%左右，已竣工 1 174户。棚户区改造工程的实施，大大改善了全省农场职工的居住条件。对促进农场经济社会发展，建设和谐农场打下坚实基础。

（三）产业化经营取得新成效

2010 年，各地狠抓产业化经营，共培育农业产业化组织 58 个，其中规模以上农业产业化经营组织 19 家，带动农户 100 万户，建立种植业基地 130 万亩，饲养畜禽 81.7 万头（只），户平增收 338 元。宜宾叙府酒业公司在宜宾市农业局的指导支持下，已建立酿酒专用粮基地 12.85 万亩，订单农户 5 万余户，每户农民增收 1 520 元。邛崃市原种场建立小麦基地 1.5 万亩，带动 2 000 余户农民，增加收入 3 000 多万元。宜宾叙府酒业有限公司、邛崃嘉乐集团有限公司、川北农产品交易市场 3 家省级农业产业化龙头企业，继续保持良好的发展势头，对当地农村农业经济发展起到了极大促进作用，带动了农业增效，农民增收。

（四）建设和谐场区取得明显实效

全省各级农场主管部门针对农场改革和土地征占用中出现的损害农场职工和职工利益的问题，积极主动地向当地党政领导汇报，积极与有关部门协调研究解决办法，切实维护农场和职工权利。对收入分配、安全生产中出现的问题，农场主管部门都及时指导农场做好工作。2011 年，全省农场加大社保参保力度，提高参保率。目前，全省养老保险参保人数已达到 4 317 人，参保率 92%，进入最低生活保障的职工，每人每月领取生活补助费 230 元。积极协调有关部门，加大农场社会事业发展，大力改善农场、职工物质条件和精神生活。对场区道路建设、电网改造工程等场区基础设施建设，四川省农业厅农垦局都已同四川省交通厅、四川省发展和改革委员会进行了对接，经审查批准后将实施，这必将极大改善农场和职工的办公、生产生活条件。

（五）农场扶贫开发取得新进展

开展农场扶贫开发，对加快贫困农场及其职工脱贫致富，推进农场经济社会全面协调发展至关重要。2011 年，按农业部要求，对“十一五”期间开展扶贫开发的农场进了全面验收，又重点落实了 3 个贫困农场的扶贫开发。已实施完扶贫开发项目的农场，农场经济社会取得了较大发展，如南江县元顶子茶场通过扶贫开发后，已建成南江县大叶茶核心基地，农场的经济社会发展取得了显著效果，职工收入增加，场容场貌得到较大改善。正在实施的 3 个贫困农场，也必将会取得较大的经济社会效益。

贵州农垦 2011 年经济和社会发展统计公报

贵州省农业厅农垦局

2011 年，贵州农垦系统在各级党委政府的领导和支持下，积极推进垦区危房改造工作进度，调整和优化种植业、养殖业结构。经过全系统广大干部职工的共同努力，艰苦奋斗，克服了种种困难，经济增长回升态势明显，人均收入水平得到提高，市场适应能力得到加强，经济和社会发展取得了较好的成绩，全垦区实现盈利 214 万元。

一、基本情况

贵州垦区 2011 年有农垦企业 38 个，比 2010 年减少 3 个，农垦年末总人口为 26 201 人，比 2010 年减少 136 人，主要是有农场剥离减少人口，年末在职职工总数为 5 429 人，比 2010 年减少 1 424人，原因同上。人均纯收入 3 921 元，比 2010 年增加 268 元，增长 7.3%。

二、农业情况

农牧渔业总产值 18 596 万元（现价），比 2010 年增加 7 393 万元，增加 66.0%，原因是贵州垦区最大奶牛场大规模增加奶牛存栏数，牛奶产量大幅度增加，2012 年还将有较大幅度增长；垦区总面积 21 353 公顷，比 2010 年减少 2 877 公顷，原因为农场个数减少及原属农场水库区调整归口地方管理；农作物播种面积 2 319 公顷；粮食产量 5 974 吨，比 2010 年减少 357 吨；茶叶产量 4 120 吨，比 2010 年减少 319 吨；水果产量 8 492 吨，比 2010 年增加 809 吨，增长 10.5%；牛奶产量 39 841吨，比 2010 年增加 6 087 吨，增长 18%，奶牛存栏数 2.05 万头，比 2010 年增长 0.58 万头。

三、工业情况

工业总产值 45 089 万元（现价），比 2010 年增加 18 296 万元，增幅 68.3%，主要原因为奶制品产业结构调整，按新规定，所有非纯奶产品均属工业产量。原煤产量 2011 年为 0，原因为贵州垦区目前唯一一个煤矿正在改造，预计 2012 年 9 月开始生产，产能从年产 3 万吨将提高到年产 12 万吨；混合饲料产量 21 070 吨，比 2010 年有大幅度减少加，原因为主要饲料企业 2011 年土地被征用，正在搬迁新厂址；名优茶产量超过 900 吨；水电发电量 120 万千瓦时，与 2010 年持平。

四、评价

1. 主要问题　2011 年，贵州农垦总体形势保持良好势头，亏损企业亏损额度大幅度减少，自然灾害的影响相对也较小，但是，农垦系统进入社会养老统筹后，虽然保障了退休职工的养老金，但企业缴费负担仍然十分沉重，部分企业不能按时缴纳社保基金现象仍然存在；各地区企业办社会职能因为各方面原因暂时不能剥离，企业负担仍然严重；医疗保险门栏过高，医疗费用农场负担过大，垦区危房改造全面推进后，职工出现大面积借债建房，负债较高，这些已成为制约贵州农垦企业的进一步发展的主要因素。

2. 发展形势　2011 年，贵州垦区在加大企业改革力度的情况下，通过经济转向，着重加大了效益明显的产业投入，特别是乳业、茶业和水果业有较大的发展，茶叶生产由以往的生产普通茶重点转向生产名优茶为主，质量得到提高，因而增加了产品的附加值，提高了经济效益；乳业在得到地方政府支持后，2011 年净增奶牛 0.58 万头，2012 年计划增加 0.6 万头，发展形势喜人。

陕西农垦2011年经济和社会发展统计公报

陕西省农垦农工商总公司

2011年，陕西农垦认真贯彻党的十七大和十七届三中、四中、五中、六中全会精神，以邓小平理论和“三个代表”重要思想为指导，深入贯彻落实科学发展观，把握机遇，理清思路，深化改革，努力建设现代农业，转变发展方式；着力调整经济结构，创新发展路径；大力突出重点产业，立足跨越发展，主要经济指标显著增长，各项工作顺利推进。

2011年陕西农垦实现生产总值56 317万元（现价，下同），同比增加6.63%。其中，第一产业增加值24 242万元，同比增加1.27%；第二产业增加值28 625万元，同比增加5.99%；第三产业增加值3 450万元，同比增加84.79%。全省实现工农业总产值114 811万元，同比增加8.19%。其中农业总产值40 693万元，工业总产值74 118万元。

一、农业

发展特色产业，推进区域化布局，现代农业建设开创新局面。第一，种子产业整合取得实质性进展，拉开了集团公司产业整合的序幕。集团公司加快种业整合步伐，克服资金紧张等困难，全力推进种业公司组建工作，目前由华阴农场种子公司注册资本增资扩股到3 100万元的工作已基本完成，各农场注资参股和与外部种子科研机构的合作等事宜也在紧锣密鼓地进行中。第二，大樱桃产业结果面积达到4 000亩，超过总面积50%以上。大樱桃总产、平均亩产、总收入、平均亩收入均比2010年有较大幅度增长；大荔农场65亩果园全部收回投资，实现产业盈利；华阴、沙苑农场共有1 400亩果园收回当年投资，实现年度盈利。我们有理由相信，随着大樱桃产业进入收益期，它将在增加企业和职工收入，促进产业结构调整，鼓舞和凝聚人心等方面发挥巨大作用。第三，华阴农场生态园内抓管理，外抓销售，经营服务水平进一步提高，全年预计完成销售收入700万元。第四，英考股份公司在转型升级中求生存、谋发展，实现了两升一进。即适度规模养殖，种鸟产蛋率、受精率、孵化率、育雏成活率均有较大提升，远远高于全国平均水平；调整销售策略，肉、皮、蛋等产品价格均有回升，每张鸵鸟生皮价格上涨50元，加工肉制品价格上浮20%，每吨鸵鸟肉增加收入7 000多元；着力生化开发，化妆品、保健药贴等市场开拓取得新进展。第五，进一步推进农业区域化布局向板块化、园区化发展。华阴农场把大华公路以西的各个产业以生态观光产业为核心整合为一个产业园区，统一规划、统一管理。大荔农场依托当地独特光热资源、水果成熟早的区位优势和已形成的4 000多亩滴灌设施优势，把108国道以东的大樱桃、早熟苹果和大棚葡萄整合在一起，发展高效果业园区。

2011年陕西农垦共产粮食76 104吨。主要农作物产量如下：稻谷192吨，小麦25 525吨，玉米45 816吨，大豆954吨。油料合计1 030吨，其中花生911吨。向日葵104吨，棉花1 096吨，水果总产量10 739吨，蔬菜、瓜类25 608吨。

2011年农垦在克服畜禽类疫病的影响下，共生产牛奶3 522吨，肉类2 237吨，禽蛋149吨，水产品42吨。存栏奶牛0.11万头，猪1.79万头，羊1.71万只，家禽6.52万只，商品鸵鸟1.81万只。

二、工业

体制改革进一步深化。省政府对农垦14户转产工商企业实行属地化管理，卸下了转产历史遗留问题给农垦形成的包袱。陕西省农垦集团有限责任公司成立，农垦集团化改革全面展开。国有农场体制改革总体思路和方案基本形成，改革在试验和探索中稳步推进，国有农场税费改革顺利落实。

发展二、三产业力度加大。陕西农垦一产独大，二、三产业比重过小的经济结构开始转变。农垦矿业公司要积极寻找门路，创新工作思路，把国有企业的品牌优势和民营企业的机制优势有机结合起来，采取各种方式尽快开展业务，争取早日投入运营，使矿业公司和煤炭产业真正成为集团公司新的经济增长点。第一，要加大工作力度，继续加强与横山县人民政府和延长集团的沟通协调，积极争取整合配置石马坬农场煤矿周边煤炭资源。第二，要加大工作力度，继续加强与省政府、省国资委、省国土资源厅、榆林市及榆阳区有关部门的沟通，争取对乌苏海子土地和煤炭资源进行综合开发。第三，积极拓展合作项目和业务渠道，加强与有关能源矿业公司的合作，通过投资参股等形式参与煤炭产业经营。2011 年共实现工业总产值 74 118 万元。

2011 年主要工业产品产量有：原煤 1 509 491 吨，食用植物油 1 980 吨，液体乳 3 670 吨，其中，酸奶 200 吨。

三、商贸服务业

2011 年商业年末经营单位 31 个，商品销售总额 388 万元。住宿餐饮业年末经营单位 20 个，营业收入 966 万元。服务业经营单位 17 个，营业收入 3 010 万元。

四、固定资产投资

全省农垦固定资产投资 12 555 万元，其中，第一产业 7 239 万元，占投资总额的 57.66%，第二产业 1 438 万元，占投资总额的 11.46%，第三产业 3 878 万元，占投资总额的 30.88%。

按投资来源划分，国家预算资金 90 万元，国内贷款 860 万元，自筹资金 11 334 万元，其他资金 271 万元。当年新增固定资产 1 950 万元。

五、劳动工资、人口

2011 年年末农垦社会从业人员 9 936 人，其中，第一产业 7 568 人，第二产业 1 035 人，第三产业 1 333 人，分别占总数的 76.16%、10.42%、13.42%。农垦从业人员中，属于国有经济从业人员的共有 5 089 人，劳动报酬 9 417 万元。其中，在岗职工 5 034 人，劳动报酬 9 013 万元；其他从业人员 55 人，劳动报酬 404 万元；离开本单位仍保留劳动关系的职工 5 人，职工生活费 5 万元。农场的国有经济从业人员有 4 769 人，劳动报酬 8 750万元。全年人均纯收入 5 613 元。

六、科研、文教、卫生

农垦现有医疗单位 11 个，医院 11 所，病床 155 张，医务人员 83 人，其中，医生 45 人。

近两年来，农垦办中小学校部分移交地方政府，农垦现有学校 1 所，教职工 29 人，其中，教师 29 人。在校生 1 511 人，当年新招生 695 人，当年毕业生 419 人。

甘肃农垦2011年经济和社会发展统计公报

甘肃省农垦集团有限责任公司

2011年是“十二五”规划的开局之年，也是甘肃农垦经济和社会事业稳步发展的一年。一年来在甘肃省委、省政府的正确领导下，在农业部农垦局的支持指导及甘肃省国有资产监督管理委员会的监管指导下，在农垦集团公司党委和领导的带领下，全垦区以邓小平理论和“三个代表”重要思想为指导，深入贯彻落实科学发展观，紧紧围绕“2552”工程和“十二五”规划目标，大力实施“三化”战略，坚持抓生产、促经营；调结构、转方式；惠民生、促和谐，经过广大干部职工的顽强拼搏和积极努力，各项经营任务得到圆满完成，实现了“十二五”规划发展的开门红。

一、综合情况

2011年甘肃农垦全垦区现有总土地面积542.17千公顷，年末实有耕地面积53.71千公顷，年末总人口102 744人，其中农场人口70 436人；年末社会从业人员34 808人，年末国有单位从业人员劳动报酬81 108万元，其中农场45 212万元。全垦区完成生产总值12.86亿元，比2010年增长10.21%，其中，第一产业增加值53 000万元，比2010年增长9.03%；第二产业增加值68 077万元，比2010年增长13.69%；第三产业增加值7 483万元，比2010年下降6.88%；主营业务收入突破40亿元大关，达到44亿元，增长10%；利税4.3亿元，增长34%；资产总额达到120亿元，国有资产保值增值率达110%，经营利税，出现了30%的增长速度。人均生产总值达到12 857元，比2010年增加933元，增长7.82%；人均收入8 303元，比2010年增加160元，增长1.96%。

二、农、林、牧、渔业生产情况

2011年垦区干旱、低温、沙尘暴、雪灾、洪涝等农业自然灾害频发，农资价格、人工工资大幅度上涨，使农业生产成本居高不下。面对不利因素，在集团公司党委的正确领导和农业部农垦局的支持下，为实现职工增收、企业增效，充分发挥农垦农业企业规模化、组织化和机械化优势，加快农业结构调整，大力发展特色、优质、高效经济作物；在做好农业产业化项目的同时，做大做强产业化基地和产业化专业公司；全面推广高效节水滴灌项目；积极向外寻求更大的发展空间，2011年，全垦区有关单位对外承租或订单面积达16.33万亩；加强“千元田”建设，使全垦区“千元田”面积达到45万亩，实现了农业企业经济稳步发展的目标。

2011年，甘肃垦区共完成农作物种植面积54.04千公顷，比2010年增长2.6%，其中粮食种植面积35.61千公顷，比2010年增长8.37%，粮食总产25.10万吨，比2010年增长22.86%。在粮食作物中，小麦播种面积16.91千公顷，比2010年下降2.82%，小麦总产10.41万吨，比2010年增长8.89%；啤酒大麦播种面积5.67千公顷，比2010年增长50.8%，啤酒大麦总产3.52万吨，比2010年增长73.4%；玉米播种面积11.58千公顷，比2010年增长9.25%，玉米总产10.1万吨，比2010年增长27.04%；棉花播种面积4.86千公顷，比2010年下降20.98%，皮棉总产0.89万吨，比2010年下降12.75%；油料播种面积3.9千公顷，比2010年增长33.56%，油料总产1.48万吨，比2010年增长60.87%；啤酒花种植面积1.13千公顷，比2010年下降11.72%，啤酒花总产0.41万吨，比2010年下降21.95%；药材种植面积2.03千公顷，比2010年下降17.14%；果园面积3.01千公顷，比2010年下降17.31%，水果总产6.06万吨，与2010年持平。

2011年全垦区大牲畜年末存栏1.19万头，比2010年下降7.75%，其中牛年末存栏1.05万头，比2010年下降5.41%；猪年末存栏1.38万头，比2010年增长17.95%；羊年末存栏15.65万只，比2010年下降1.82%；家禽年末存栏22.9万只，比2010年下降11.82%。肉类总产量0.3万吨，与2010年持平；牛奶总产量0.15万吨，比2010年增长13.3%；禽蛋总产量0.17万吨，比2010年增长42.86%。

三、工业生产情况

2011年，全垦区工业企业按照年初农垦工作会议总体部署，克服各种不利因素造成的影响，积极开拓市场，提高产品质量，狠抓内部管理，强化安全生产，加快技术改造，使垦区工业经济总体保持了平稳发展态势，大部分工业企业取得了良好的经营业绩。一是金泥集团、西部水泥、莫高股份、药物碱厂、瑞盛·亚美特公司、农垦药材公司等骨干工业企业克服各种燃料和原材料大幅度涨价的不利因素，严抓现场管理，不断加强技术创新和成果转化，加大市场建设力度，使生产、销售和收入均保持较好的增长势头。二是场办工业企业加大技改投入，提高管理水平，狠抓营销管理，生产经营水平得到明显提升，经济效益较往年都有了大幅度提升。三是西部水泥投资1 000多万元的水泥大磨；中天公司对盐酸、氯气干燥、液氯储槽等七大项目利用新技术、新工艺、新设备；药碱厂对可利用各种先进的设备进行产品标准制订、工艺优化、中试生产、标准品制备、标准分析方法的建立，以及对新药的研究开发；八一农场磷肥厂两条生产线的原料入口和成品出料口的技术改造；山丹芋兴粉业公司颗粒粉生产线的技改、环保工程项目、磨粉车间建设和设备安装调试等项目技术改造和创新工作有了新进展。四是继续深入推行开展"5S"管理活动，通过加强企业管理，降低生产成本，各项能耗明显下降，管理对经济发展的贡献率得到了显著的提高。

2011年，全垦区实现工业增加值6.57亿元，比2010年增长11.59%，完成工业销售产值25.65亿元，与2010年基本持平，其中国有24.24亿元，比2010年增长1.64%；产品销售收入27.56亿元，比2010年增长14.59%，其中国有25.57亿元，比2010年增长10.74%。主要工业产品产量增减情况如下：水泥230.89万吨，比2010年下降11.33%；葡萄酒0.65万吨，比2010年增长8.33%；麦芽4.13万吨，比2010年下降35.06%；啤酒171 300千升，比2010年增长13.82%；硅铁1.75万吨，比2010年增长32.57%；聚乙烯醇（折标）1.22万吨，比2010年下降52.46%；烧碱1.47万吨，比2010年增长8.1%；合成盐酸1.06万吨，比2010年增长63.08%；液氯0.97万吨，比2010年增长5.43%；番茄酱0.48万吨，比2010年下降28.36%。

四、固定资产投资完成情况

项目建设是甘肃垦区经济发展的推动器和稳定器，集团公司党委和领导非常重视。全垦区按照年初和"十二五"规划确定的目标任务，创新思路，强化措施，扎实抓好项目的储备、论证、上报和审批工作，积极主动地大力争取项目和资金。以项目建设为主要支撑，进一步优化投资结构，充分享受国家的惠农政策，加大第一产业的投资力度，使全垦区的固定资产投资保持较高增长态势。

2011年，垦区各类固定资产投资项目（含非生产性、续建项目）共计98个，计划项目总投资40.69亿元。投资在1亿元以上的建设项目9个，其中新建项目4个，续建项目5个；5 000万元至1亿元投资的建设项目11个，其中新建项目9个，续建项目2个；1 000万至5 000万元投资的建设项目22个，其中新建项目17个，续建项目5个；1 000万元以下投资的建设项目56个，其中新建项目46个，续建项目10个。

全年完成固定资产投资104 472万元，比2010年增长106.23%，其中国有102 344万元，比2010年增长104.7%。投资按用途分，第一产业完成39 233万元，比2010年增长418.89%，其中国有38 061万元，比2010年增长415.33%；第二产业完成46 582万元，比2010年增长18.24%，其中国有45 736万元，比2010年增长16.98%；第三产业完成18 657万元，其中国有18 547万元。一、二、三产业固定资产投资分别占全年完成固定资产投资总额的比重为37.55%、44.59%、17.86%，其中国有一、二、三产业完成投资分别占全年完成国有固定资产投资总额的比重为37.19%、44.69%、18.12%。投资按资金来源划分，国家预算内资金13 727万元，是2010年的近10倍，其中国有13 479万元，是2010年的近10倍；国内贷款17 506万元，比2010年下降1.18%，其中国有17 506万元，比2010年下降1.18%；企业自筹67 731万元，比2010年增长

149.24%，其中国有66 378万元，比2010年增长147.44%；其他资金5 508万元，比2010年增长27.88%，其中国有4 981万元，比2010年增长24.68%。当年新增固定资产24 210万元，其中国有21 898万元。

五、第三产业基本情况

2011年，全垦区拥有科研单位11个，职工271人，其中科技人员188人，科技经费投入2 158.52万元，其中国家拨款1 437.20万元，企业自筹619.32万元。

拥有各类学校5所，教职工121人，其中教师101人，在校学生8 449人，当年新招生2 358人，当年毕业生1 127人。其中有成人高等学校1所，教职工45人，其中教师35人，在校学生7 597人，当年新招生2 038人，当年毕业生798人；成人中等专业学校1所，教职工42人，其中教师34人，在校学生540人，当年新招生250人，当年毕业生270人；普通中学1所，教职工14人，其中教师12人，在校学生88人，当年新招生28人，当年毕业生26人；小学2所，教职工20人，其中教师20人，在校学生224人，当年新招生42人，当年毕业生33人。

拥有卫生医疗单位36个，从业人员340人，其中医务人员253人，拥有病床641张。

拥有批发零售业、餐饮业、服务业经营单位231个，其中国有及国有控股29个；年末从业人员766人，其中国有及国有控股454人；全年从业人员劳动报酬1 777万元，其中国有及国有控股1 187万元；年末固定资产原值17 710万元，其中国有及国有控股16 956万元；全年营业收入37 326万元，其中国有及国有控股35 539万元。

青海农垦2011年经济和社会发展情况

青海省农垦局

2011年，青海农垦进一步加快企业改制步伐，狠抓农牧业结构调整，突出科技兴农兴场，积极发展现代农业，大力提高农业综合生产能力，虽然遭受较为严重的自然灾害，但总体上农牧业生产形势比较稳定。

一、基本情况

截至2011年年末，青海农垦共有各类企业农场17个，农垦系统土地总面积为51.05万公顷，其中，耕地面积为26 220公顷，草场面积为39.6万公顷，林地面积为5.9万公顷，水面面积为534公顷；农垦年末总人口为55 168人，其中农场人口为36 816人，社会从业人员20 718人，企业职工7 761人，其中国有单位职工6 050人，非国有经济单位1 169人。年末实有住房面积54万平方米。

二、农垦经济发展情况

全系统现有耕地面积2.65万公顷，播种面积1.93万公顷。2010年粮食作物播种面积7 629公顷，油料面积10 955公顷。全年粮食总产达到0.92万吨；油料产量1.7万吨。虽然粮油作物减产，但由于2011年油料、蔬菜等农产品价格攀升，农业减产不减收，收入较2010年有一定上涨。蔬菜面积301公顷，生产蔬菜1.94万吨。畜牧业稳中有增，大牲畜存栏4.63万头，猪存栏0.34万头，羊存栏27万只，牛羊繁活率、出栏率均略高于2010年，肉类产量2 957吨，牛奶产量3 000吨，羊毛产量410吨，由于汇总单位增加，均较2010年有大幅度增长，退耕还林成绩得到较好巩固，截至2010年底共退耕还林还草保有面积45.5万亩。2011年实现生产总值2.66亿元，较2010年增加8.1%。其农垦企业人均收入3 800元，比2010年增长15.4%。

宁夏农垦2011年经济和社会发展情况

宁夏回族自治区农垦事业管理局

2011年，是“十二五”规划的开局年，也是加快农垦改革发展的攻坚年。在自治区党委、政府和农业部农垦局的正确领导下，垦区上下深入贯彻落实科学发展观，紧紧围绕“职工增收、企业增效、引领示范作用增强”目标不动摇，抢抓机遇，深化改革，乘势而上，加快发展，垦区经济社会整体呈现出“增速较快、效益向好，投资扩大、环境优化，民生改善、稳定和谐”的良好局面，圆满完成了年初宁夏回族自治区农垦事业管理局（集团）确定的各项工作目标任务。

一、综合

2011年垦区经济运行平稳，综合实力进一步增强。经初步核算，全年实现垦区生产总值（现价，下同）16.29亿元，同比增长17%。其中，第一产业增加值9.05亿元，增长16%；第二产业增加值4.43亿元，增长17.7%；第三产业增加值2.81亿元，增长19.2%。一、二、三产业增加值构成比例为55.6∶27.2∶17.1。

2011年垦区人均纯收入为11 548.7元，比2010年增加1 462.9元，增长14.5%，是全区农民人均纯收入5 410元的2.13倍，是全区城镇居民人均可支配收入17 578.9元的65.7%。垦区职均收入20 180.1元，比2010年增加2 832.6元，增长16.3%。

2011年垦区总户数39 726户，总人口126 753人，其中，达到小城镇规模农场个数13个。年末单位从业人员人数19 204人，其中，职工人数15 836人；离退休职工18 975人。年末单位从业人员工资总额43 314.3万元，职工人均工资收入24 039.46元，同比增长27.5%。

二、农业

2011年，宁夏农垦抢抓机遇，认真落实中央文件精神和自治区制定的一系列支农惠农政策，以建设现代农业为主线，稳步推进农业产业化经营，发展壮大葡萄产业、设施农业、适水产业、奶产业和生猪养殖业，并积极应对各种自然灾害，使垦区农业总体上呈现出持续、稳步、健康发展的良好势头。全年实现农业总产值211 846.81万元（现价，下同），同比增长15.4%；实现农业增加值90 505.76万元，同比增长16%。

2011年垦区农作物总播种面积40 505公顷，全年粮食播种面积32 851公顷，其中，夏粮播种面积3 543公顷，同比下降36.9%；秋粮播种面积29 308公顷，同比增长6.3%；春小麦播种面积1 423公顷，同比减少40.8%；冬麦播种面积2 117公顷，同比减少33.7%；水稻播种面积11 246公顷，同比增长3%；玉米播种面积18 024公顷，同比增长9.3%。

全年粮食总产量32.48万吨，同比增长5.3%，占自治区粮食总产量的9%。其中，夏粮产量2.57万吨，同比下降32.3%；秋粮产量29.91万吨，同比增长10.5%（表1）。

表1 2011年垦区种植业基本情况表

产品	计量单位	2011年产量	比2010年增长（%）
粮食产量	吨	324 777	5.3
其中：小麦	吨	25 647	－32.1
水稻	吨	92 379	8.3
玉米	吨	206 675	11.7
油料	吨	8 226	－21.1
水果	吨	46 819	6.6
其中：葡萄	吨	19 478	2.6

年末大牲畜存栏3.44万头，同比增长7.5%，其中，年末牛存栏3.43万头，增长7.6%；良种

奶牛存栏 3.02 万头，增长 13.1%；年末生猪存栏 3.41 万头，同比增长 0.9%；年末羊只存栏 6.86 万只，同比下降 6.8%（表 2）。

依托垦区湿地优势资源，积极发展适水产业。渔业养殖面积 10.53 万亩，同比增长 6.4%；全年鱼产品产量 10 134 吨，同比增长 17.3%。

表 2　2011 年垦区畜牧业基本情况

产品或存栏	计量单位	数　量	比 2010 年增长（%）
年末牲畜存栏	头	34 386	7.5
年末牛存栏	头	34 309	7.6
其中：奶牛	头	30 239	13.1
年末羊存栏	只	68 632	−6.8
其中：山羊		21 399	−2.3
绵羊		47 233	−8.8
年末猪存栏	头	34 139	0.9
其中：能繁母猪	头	4 498	−7.8
当年牲畜出栏			
其中：牛出栏	头	8 573	−11.9
羊只出栏	只	37 259	−10.3
生猪出栏	头	50 346	−3
家禽出栏	百只	3 426	−4.3
肉类总产量	吨	6 115	−0.4
其中：猪肉产量	吨	3 745	7.9
牛肉产量	吨	1 193	−17.4
羊肉产量	吨	620	−0.5
禽肉产量	吨	549	−17.7
牛奶产量	吨	116 323	16.9
禽蛋产量	吨	1 259	11.6

年末已培育了 2 个国家级、7 个自治区级农业产业化龙头企业，培育出了“沙湖”、“西夏王”、“西夏”、“贺兰山”、“金夏”、“碧宝”、“双丰”、“灵农”等十多个在区内外有一定影响的品牌，取得绿色无公害食品认证个数 38 个，其中，蔬菜类 5 个、枸杞类 5 个、酒类 16 个、肉类 6 个、大米 1 个、水产品 5 个。7 个品牌被评为宁夏著名商标，5 个系列产品进入全国农产品质量追溯体系，“沙湖”大鱼头通过国家农产品地理标志认证。绿色、有机食品、无公害农产品实现产值 59 613 万元，同比增长 18.6%，占垦区工农总产值的 19.6%，完成增加值 24 605 万元，同比增长 34.6%。

垦区农机装备水平和机械作业性能继续提升，不仅促进了农业综合生产能力的提高，也加快了农业产业结构的调整。年末拥有大中型拖拉机 1996 台，同比增长 6.3%；拥有联合收割机 542 台，同比增长 15.1%；农业机械总动力 242 592 千瓦，同比增长 8.9%。

三、工业和建筑业

按照“一个产业、一个龙头企业”的要求，把培育和壮大龙头作为产业结构调整的切入点，以实施“龙头企业升级工程”为重点，全面推进农垦工业化发展进程，不断促进资源优势向经济优势转变。进一步提升壮大垦区酿造、畜牧水产、粮油果蔬三大农产品加工企业集群，做强支柱产业，做大新兴企业。年末垦区工业企业个数 55 个，其中，国有及年销售收入 2 000 万元以上的非国有工业企业 18 个 。全年实现工业总产值（现价）92 698.4 万元，增长 7.9%；实现工业增加值 30 076 万元，其中，西夏嘉酿啤酒有限公司实现工业增加值 15 289.1 万元，增长 15.6%，占工业增加值 50.8%。

2011 年宁夏垦区工业产品产量见表 3。

表 3　2011 年垦区工业产品产量

产　品	计量单位	数　量	比 2010 年增长（%）
原煤（含精洗煤产量）	吨	65 318	128.3
乳制品	吨	19 816	1.6
其中：酸奶	吨	816	19
饮料酒	千升	166 275	14.4
其中：啤酒	千升	162 216	15.1
白酒	千升	494	−62
葡萄酒	千升	3 565	14.6
其中：西夏王	千升	1 350	3.1
混配合饲料	吨	25 986	4.3
大米	吨	8 295	31.2

垦区建筑业充分发挥农垦集聚和配置资源的特殊优势，积极投身全区沿黄城市带建设，完成沙湖水镇一期建设工程；完成玉泉葡萄小镇西夏王葡萄酒庄建设；开工建设渠口农场滨河新村 400 户；快速推进垦区生态移民项目等重点民生工程；同时加大实施危房改造、道路建设、清洁能源，着力改善人居环境，建设适宜发展、适宜居住的新农垦。年

末实现建筑业增加 10 798.3 万元，同比增长 29.6%。房屋建筑施工面积 21.85 万平方米，竣工面积 9.4 万平方米。

四、固定资产投资

把加大项目投资作为加快垦区经济社会发展的第一拉动力，垦区固定资产投资总量较快增长，年末完成固定资产投资 101 389.71 万元，同比增长 46%。其中，利用外资贷款 9 355.43 万元，占总投资额的 9.2%，主要用于垦区葡萄种植及加工、奶牛繁育养殖、肉牛养殖育肥、沙湖湿地及鸟类栖息项目建设。

按固定资产投资分类：基本建设完成投资 90 833.25万元，增长 42.9%，占总投资额的 89.6%；更新改造完成投资 10 556.46 万元，占总投资的 10.4%。具体内容如下：

一是全力完成自治区下达的移民计划，快速推进垦区生态移民项目。二是积极推进自治区“黄河金岸”建设，完成沙湖水镇一期建设工程；完成玉泉葡萄小镇西夏王葡萄酒庄建设；开工建设渠口农场滨河新村；完成葡萄酒加工园区总体规划，引进并开工建设 5 个酒堡；完成年产 20 万头生猪肉联厂异地搬迁改扩建；完成农垦现代农业科技示范园区建设，并交付使用；完成西夏王葡萄酒厂 2 万吨葡萄酒生产能力配套建设；完成 10 万吨精米加工厂一期建设；开工建设场镇公路 50 千米；完成平吉堡、玉泉营、前进等农场供热设施改扩建工程；完成连湖、平吉堡、前进、贺兰山农牧场、南梁 5 个农场环境连片整治。三是以农业综合开发和宁夏中北部土地开发整理重大工程项目为载体，推进垦区农田水利基本建设，实施规模和投入资金均创农垦历史新高。

五、贸易及旅游

2011 年垦区第三产业实现增加值（现价，下同）28 100.9 万元，同比增长 19.2%。实现社会消费品零售额 38 284.74 万元，同比增长 7.1%，其中，批发零售贸易业实现零售额 28 861.7 万元，增长 10.4%；住宿餐饮业实现零售额 9 423.04 万元，与 2010 年同期持平。

一年来，垦区大力发展旅游业，倾力打造西部独具特色旅游景点。全年接待游客 103 万人次，实现旅游收入 2.13 亿元，增长 23.9%；实现利润 2 733万元，从而带动了垦区第三产业的稳步发展。

六、商品出口

外贸出口商品总金额 6 583.56 万元，同比下降 17.7%，出口供港露地蔬菜 15 199 吨，比 2010 年下降 6%。

七、农业产业化

垦区紧紧围绕“充分发挥宁夏农垦对现代农业的引领和示范作用”目标，按照“高产、优质、高效、生态、安全”的要求，发展优质粮食、葡萄、生猪、奶牛、设施农业、水产、酿造、清真牛羊肉、旅游、马铃薯脱毒种薯等优势特色产业，以促进垦区经济发展壮大。2011 年农垦农业产业化工程完成产值 25.38 亿元，占垦区工农业总产值的 83.3%。其中，优质粮食产业完成总产值 7.21 亿元，占垦区工农业总产值的 23.7%；奶牛产业完成总产值 0.25 亿元，占垦区工农业总产值的 0.8%；生猪产业完成总产值 0.87 亿元，占垦区工农业总产值的 2.9%；葡萄产业完成总产值 1.17 亿元，占垦区工农业总产值的 3.8%；湿地适水产业完成总产值 1.04 亿元，占工农业总产值的 3.4%；良种繁育完成总产值 5.68 亿元，占工农业总产值的 18.7%；西夏嘉酿完成总产值 3.83 亿元，占工农业总产值的 12.6%；西夏王酒业完成总产值 0.34 亿元，占工农业总产值的 1.1%；绿色蔬菜完成总产值 1.5 亿元，占工农业总产值的 4.9%；奶产业完成总产值 3.49 亿元，占垦区工农业总产值的 12.4%；精品旅游完成总产值 2.13 亿元。

八、科研、文教

年末农垦科研单位有 2 个；科研职工 57 人，其中，科研人员 34 人；科研经费 72 万元。

年末中等职业中专学校 1 所，教职工 49 人，其中，教师 34 人。在校学生 881 人，其中，成人高等教育教学点学生 512 人，当年毕业学生 164 人；中等专业教学点学生 369 人，当年毕业学生 262 人。

新疆地方国有牧场 2011年经济和社会发展统计公报

新疆维吾尔自治区畜牧厅产业发展与牧场管理局

2011年是中国共产党成立90周年，实施“十二五”规划的开局之年，是贯彻落实中央新疆工作座谈会精神，全面实施对口援疆工作的起步之年。新疆地方国有牧场在农业部和自治区党委、人民政府的大力支持下，在自治区畜牧厅党组的正确领导下，始终以邓小平理论和“三个代表”重要思想为指导，积极贯彻一系列援疆、惠疆的优惠政策，以“促发展、抓稳定、助民富、保生态”为出发点和落脚点，以市场为导向，以农民持续增收为核心目标，加大对农牧产业结构的调整，并对畜牧、棉花、林果等经济作物加大投入，使全区地方国有牧场经济保持较好增长势头，运行的质量不断提高，职工生活条件不断改善，生活水平不断提高，呈现出经济与社会协调发展的良好局面。

新疆地方国有牧场有124个，分布新疆14个地州（市），牧场占地面积1 122.71万公顷，总人口40.86万人，社会从业人员19. 23万人。2011年完成社会总值54.72亿元（现价，下同），较2010年增长26.09%，实现生产总值28.97亿元，较2010年增长18.3%，人均收入5 646.31元，有小幅度增长。但是在国有牧场经济运行中，还存在着资本结构单一，非国有经济比重偏低，市场应变能力较弱，农畜产品深加工能力低，加上企业历史包袱沉重等因素，只有通过政府政策和财力支持的推动，扩大招商引资渠道，对牧场进行深层次的改制，才能使国有牧场解脱困境。

一、农牧业生产

地方国营牧场认真贯彻中央及自治区发展农牧业的各项方针、政策，积极采取有效措施，加大农业经济结构调整的力度，加大农业基础建设和科技投入，为全疆农牧业的发展起到了带头示范作用。2011年实现农业产值22.56亿元，较2010年增长28.7%；实现牧业产值18.66亿元，增长23.16%；林业实现产值1.62亿元。

农业机械化及播种面积与产量：2011年完成粮食总产量54.95万吨，比2010年增长72.29%；油料总产量5.2万吨，比2010年增长43.27 %；棉花总产量10.62万吨，比2010年增长252.16%。其中包含企业增加的因素。

农业基础设施建设进一步加强，农业基本生产条件及现代化水平得到进一步改善。2011年区国有牧场农业机械总动力达60.7万千瓦，拥有大中型拖拉机1.1万台，小型及手扶拖拉机3.1万台，配套农机具2.1万台，联合收割机680台。当年农作物播种面积17.4万公顷，其中机耕面积16.28万公顷，比2010年增长36 %；机播面积14.76万公顷，增长28.46%；机收面积10.06万公顷，增长25.3%。

畜牧业生产仍然坚持以牧为主农牧结合，走产、供、销、加一条龙的产业化发展道路，2011年主要畜产品产量：完成肉类总产量7万吨，较2010年增长4.8%；牛奶总产量15.1万吨，较2010年增长19.03%；羊毛总产量0.6万吨，较2010年增长1.1%；年末牲畜存栏头数388.2万头（只），较2010年增长3.7 %。企业始终提倡科学的饲养方法，大力推广以人工种草建设为重点的牧民定居，加快传统畜牧业向现代畜牧业转变的步伐，推广和普及各种先进适用的科学饲养技术，加大对草场的投入和生态保护，加强兽医防疫监督体系的建设和兽药市场的规范化管理，努力提高科技在畜牧业生产中的贡献率。

从目前情况看，农牧业生产存在的主要问题首先是农牧业生产基础投入不足，农牧业抵御自然灾害的能力差；其次是农牧业产品技术含量不高，品质不高，技术推广体系需要进一步健全，职工生产技能需进一步提高；再次是农资价格不断升高，加上产品单一市场信息不灵等都制约了国有牧场经济的发展。

二、工业和建筑业

2011 年工业和建筑业完成工业总产值 9.08 亿元，较 2010 年增长 21%。其中煤炭开采和选矿业完成产值 1.66 亿元，农副食品加工业完成产值 1.69 亿元，食品制造业完成 2.64 亿元。

主要工业产品产量：生产原煤产量 1.2 万吨；生产石灰石产量 21 万吨；饲草料加工 8.09 万吨，较 2010 年增长 141.5%；乳制品加工 5.78 万吨，较 2010 年增长 26.8%；发电 566 万千瓦时，加工面粉 1 787 吨；榨食油 5841 吨。

建筑业全年完成总产值 6 578 万元，全年完成工程面积 1.3 万平方米。

三、运输业及商、饮、服务业

2011 年新疆第三产业实现总产值 0.8 亿元，同比减少 2.4 %。

运输业完成货运周转量 6 548 万吨，完成客运周转量 3 526 万人。

商、饮服务业共有 13 个单位，从业人员 3 757人，拥有固定资产 66 万元，营业总收入 1.73 亿元，比 2010 年增长 10.2%，非国有经济的商、饮、服务业发展很快，繁荣了市场。

四、固定资产投资

2011 年投资结构进一步调整、优化，更新改造的力度加强，初步改善了牧场基础条件。2011 年国有固定资产投资总额 11.16 亿元，比 2010 年 3.23 亿元，增加 245.5%，其中第一产业投资 9.36 亿元，第二产业投资 1.72 亿元，第三产业投资 0.08 亿元。资金主要来源：国家预算内资金 3.88 亿万元，国内贷款 0.15 亿元，利用外资 0.16 亿元，自筹资金 4.15 亿元，自筹资金占总投资的 37.2%。

2011 年国有牧场新增生产能力：开垦造林 1.4 千公顷，草场改良 12.5 千公顷，增加有效灌溉面积 142.6 千公顷，购置大中型拖拉机 333 台，小型及手扶拖拉机 295 台，农用运输车 73 辆，机引农具 274 台，畜牧机械 21 台，输电线路 183.7 千米，修建公路及牧道 1 152 千米，畜禽生产用房 10.4 万平方米，各类仓库 11 座共 1.08 万平方米，文教用房 1.23 万平方米，电话线路 95 千米，兴建职工住房 290.5 万平方米。新建成的基础设施为牧场的扩大再生产，加快改善企业生产条件和职工生活水平，促进牧场经济发展奠定了良好基础。

五、文教、卫生、科研

2011 年共有学校 15 所，教职工 768 人，在校学生 4 073 人，普通中学 5 所，在校学生 812 人，当年毕业生 349 人，国有牧场认真贯彻“科教兴国”的方针，积极努力争取地方财力支持，使办学条件得到不同程度的改善。同时也积极将国有牧场学校移交当地教育部门管理。

国有牧场卫生事业继续加强。各场积极改革医疗保健制度，同时加大资金投入，完善合作医疗制度，为广大职工治病就医提供了较好的医疗条件。2011 年有医疗单位 15 个，病床 125 张，医疗卫生保健人员 147 人，其中医生 62 人。

国有牧场科研工作有了较大发展。牧场的科技部门认真落实“科教兴农”的战略，贯彻科技是第一生产力的思想，加速牧场的科技进步，加快新技术的推广，提高科技在牧业中的贡献率。为了加大科普教育，通过各种培训形式，对各行各业的广大干部职工进行专业培训，把牧场经济建设植入到依靠科技进步和提高劳动者素质的轨道上来，取得了较好的效果。2011 年有科研单位 5 个，职工 4 人，科研人员 10 人，科研经费 15 万元。

六、劳动工资、人口

2011 年国有牧场社会从业人员 19.2 万人，其中，在册职工 17.9 万人，在岗职工 12.1 万人，国营牧场职工有各类职称的人员 5 309 人，是企业的中坚力量。随着牧场经济的发展，职工生活水平也有一定程度的提高，全年从业人员收入总额 21.4 亿元，职工平均收入 1.11 万元，人均纯收入 6 300元。

七、其他

国有牧场数量比 2010 年增加 2 个，有国家级种畜场 3 个。

新疆地方国有农场 2011年经济和社会发展情况

新疆维吾尔自治区农业厅农场管理局

2011年，新疆地方国有农场在自治区党委、人民政府及农业部的正确领导下，认真贯彻党的十七届五中、六中全会精神，紧紧围绕自治区农村工作会议确定的各项工作任务，以实现农场增效、职工增收为目标，不断深化体制改革和机制创新，提高农场经济运行质量和效益，实现了新疆地方国有农场经济和社会又好又快发展。

一、综合

2011年全区地方国有农场完成生产总值182 924万元，比2010年增长8%，其中第一产业增加值109 929万元，增长7.4%，第二产业增加值35 025万元，增长9.7%，第三产业增加值37 970万元，增长7.8%，三次产业比例结构为60.1∶19.1∶20.8，人均纯收入6 135元，比2010年增加453元。

二、农业

2011年，新疆地方国有农场战胜低温、旱灾、风雹、病虫害等自然灾害的不利影响，充分发挥农业企业特有优势，继续保持了社会经济全面发展的好势头。完成农、林、牧、渔业总产值248 002万元。其中，农业产值达195 365万元，牧业产值达42 198万元，林业产值达5 800万元，渔业产值3 108万元，农林牧渔服务业产值1 531万元。按经济类型划分，国有为176 081万元，增长5.4%，集体为28 520万元，增长16.1%，个体为41 707万元，增长1%，其他经济类型为1 694万元，增长8%。

1. 种植业　全年农作物播种面积80 400公顷，其中，粮食播种面积31 800公顷，比2010年略有提高；棉花播种面积36 650公顷，较2010年增加117公顷；糖料播种面积1 300公顷，较2010年略有减少；油料播种面积4 400公顷，较2010年减少110公顷；瓜菜种植面积4 680公顷，较2010年略有提高。其主要产品产量见表1。

表1　种植业主要产品产量

作物	计量单位	2011年产量	比2010年增长（%）
粮食	吨	222 272	—
棉花	吨	73 667	2.3
油料	吨	11 000	−1.4
甜菜	吨	68 640	—
瓜菜	吨	159 210	—
麻类	吨	2 155	−2.1

2011年，新疆地方国有农场不同程度地遭受了洪涝、旱灾、病虫害、霜冻及风雹灾等自然灾害，受灾面积达17 122公顷，绝收面积达3 002公顷。其中，粮食受灾面积2 203公顷，减产粮食2 753吨，棉花受灾面积9 020公顷，减产棉花8 851吨，油料受灾面积20公顷，减产油料10吨，糖料受灾面积150公顷，减产糖料1 011吨，直接经济损失10 360万元。

2. 畜牧业及水产业　2011年新疆地方国有农场畜牧业发展总体呈平稳趋势，主要牲畜和畜禽产品产量见表2。

表2　2011年主要牲畜和畜禽产品产量

名称	计量单位	2011年产量	比2010年增长（%）
大牲畜	万头	6.87	—
猪	万头	5.20	1.9
羊	万只	31.1	—
家禽饲养量	万只	129.3	24.7
肉类总产量	吨	10 680	5.5
牛奶产量	吨	16 710	—
禽蛋产量	吨	5 970	1

2011 年新疆地方国有农场水产品养殖面积为 3 300 公顷，水产量为 1 840 吨，比 2010 年增加 3.3%。

3. 水果及林业 2011 年新疆地方国有农场水果生产保持平稳发展，总面积 35 881 公顷，较去年增加 148 公顷，产量由于受自然灾害影响，苹果、香梨减产幅度较大，总产 172 027 吨，减少 7.8%，其主要产品见表 3。

表 3 水果及林业主要产品产量

名称	计量单位	2011 年产量	比 2010 年增长（%）
苹果	吨	48 750	−11
梨	吨	51 937	−13.9
葡萄	吨	62 600	—
桃	吨	1 695	−5.9
红枣	吨	1 830	—
其他水果吨		5 215	—

2011 年新疆地方国有农场林地总面积 47 930 公顷。当年新造林 2 549 公顷，其中用材林 202 公顷，经济林 1 507 公顷，防护林 830 公顷，薪炭林 10 公顷。当年零星植树 345 万株，育苗面积 300 公顷，其中当年新育面积 80 公顷。

2011 年新疆地方国有农场生产条件进一步改善，农业机械总动力为 347 870 千瓦，比 2010 年略有增长，拥有大中型农用拖拉机 3 205 台，机械总动力 117 975 千瓦，小型拖拉机 8 290 台，机械总动力 98 405 千瓦，大中型拖拉机配套农机具 4 050台，小型拖拉机配套农机具 27 380 台，联合收获机 165 台，推土机 253 台，挖掘机 91 台，开沟机 230 台，农用运输汽车 1 131 辆。农场用电量 11 500 万千瓦时，农用化肥施用总量（按折纯量计算）25 180 吨，农药施用量 380 吨，农用塑料薄膜使用量 2 895 吨。

三、工业和建筑业

2011 年新疆地方国有农场完成工业产值 65 089万元，比 2010 年增长 5%。按行业划分煤矿采选业 2 485 万元，占 3.8%，农副食品加工业 10 839万元，占 16.7%，食品制造业 7 143 万元，占 11%，纺织业 25 363 万元，占 40%，非金属矿制品业 4 619 万元，占 7.1%，其主要工业产品见表 4。

表 4 主要工品产量

工业品名称	计量单位	2011 年产量	比 2010 年增长（%）
原煤	吨	129 116	3.7
小麦粉	吨	15 613	2.6
食用植物油	吨	10 490	2.3
胶合板	立方米	29 823	4.1
砖	万块	35 646	7.8
发电量	万千瓦时	2 200	2.3
棉纱	万吨	2.23	1.4
奶粉	吨	273	1.1

年末建筑业单位 65 个，其中国有 14 个，年末从业人员 1 640 人，拥有固定资产原值 6 054 万元，机械设备总数为 698 台，全年施工房屋建筑面积 36 万平方米。

四、固定资产完成情况及新增生产能力

2011 年，完成固定资产投资 19 733 万元（含国有 15 823 元），其中第一产业 13 775 万元，占 69.8%，第二产业 2 968 万元，占 15%，第三产业 2 990 万元，占 15.2 %。按资金来源分国家预算内资金 3 025 万元，占 15.3%，自筹资金 3 223 万元，占 16.3%，当年新增固定资产 13 650 万元，其中国有 10 985 万元。

全年造林面积 2 351 公顷，新增大中型拖拉机 5 台（动力 50 千瓦），小型拖拉机 15 台（动力 175 千瓦），农用运输车 8 辆，机引农具 13 台，新建公路 25 千米，电话线路 18 千米，住房 153 万平方米。

五、科研、教育和卫生

2011 年，新疆地方国有农场有科研单位 8 所，科技人员 111 人，科技经费 180 万元，企业自筹 180 万元。

六、人口、土地

2011 年，新疆地方国有农场年末总人口 222 402人，年末土地总面积 547 338 公顷，其中耕地面积 89 500 公顷，牧草地面积 299 170 公顷，已利用牧草地面积 137 824 公顷，林地面积 47 930 公顷，水面面积 4 348 公顷，果园面积为 35 864 公顷，可垦荒地面积 17 821 公顷，宜林地面积 12 060公顷，居民点及工矿用地面积 11 105 公顷，其他面积 29 540 公顷。

七、非公有经济发展情况

2011 年，新疆地方国有农场年末非国有经营单位 2 211 个，其中，第一产业 325 个，第二产业 281 个，第三产业 1 605 个。年末从业人员有 7 492 人，从业人员劳动报酬 8 674 万元，国内生产总值 35 318 万元，当年固定资产投资为 3 910 万元，年末资产总额 19 040 万元，固定资产原值为 13 785 万元，应交税金 1 038 万元，利润总额 5 881 万元 。

中国热带农业科学院 2011 年基本情况

中国热带农业科学院

一、基本概况

中国热带农业科学院（简称热科院）创建于 1954 年，前身是设立在广州的华南特种林业研究所，1994 年经国家有关部门批准更为现名。现拥有儋州、海口、湛江、三亚（筹建）4 个院区，设有 14 个科研机构，分布在海南、广东二省六市。拥有国家工程技术研究中心、国家重点实验室培育基地、农业部重点开放实验室等 30 多个科研条件平台和 2 个博士后科研工作站，是一个学科门类齐全、研究重点突出、领域特色鲜明的国家级综合性农业科研机构。中国热带农业科学院在农业部领导下，在新的发展时期，坚持开放办院、特色办院、高标准办院的办院方针，加快热带农业科技创新、人才培养、成果转化、国际合作、科技服务五大基地建设，创建世界一流的热带农业科技中心。

二、综合

2011 年年末总人口 12 975 人，年内平均人口 12 245 人，人均纯收入 17 690.12 元/年，年末实有住房面积 133.99 万平方米。年末从业人员 4 871 人，其中，在岗职工 2 983 人。全年职工劳动报酬 19 761.55 万元。

土地总面积 4 562.41 公顷，其中，耕地面积 469.78 公顷，林地面积 1 811.66 公顷，水面面积 34.49 公顷，茶果桑园 29.89 公顷，可垦荒地面积 72.85 公顷，宜林地面积 38.87 公顷，居民点及工矿用地面积 516.13 公顷。

据初步核算，全年生产总值 22 901.57 万元，比 2010 年增长 19.75%，其中，科学研究和综合技术服务业生产总值 17 182.13 万元，批发和零售业 3 254.30 万元，文化体育和娱乐业生产总值 1 621.90万元。

三、农业

全年农、林、牧、渔业总产值 4 598.19 万元，其中，农业产值 594.15 万元，林业产值 2 875.83 万元，牧业产值 1 015.80 万元，渔业产值 62.42 万元。农作物播种面积 261.07 公顷，总产量 1 572.60吨，单产 6 020 公斤；其中，粮食产量 1 378.50吨，比 2010 年减少 22.%；全年水果产量 261.80 吨，比 2010 年增加 64.85%，水果主要分布在香蕉、菠萝、荔枝、龙眼、芒果、杨桃等热带水果；当年造林面积 19 公顷，采伐木材 3 747.64 立方米。肉类总产量 450.79 吨，水产品总产量 83.23 吨，养殖面积 19.09 公顷。

橡胶年末实有面积 1 653.03 公顷，全年干胶总产量 810.59 吨。年内实际达到开割面积 1 181.71公顷，当年新开割面积 39.79 公顷，达到开割株数 33.07 万株。橡胶生产总产值 2508.94 万元，比 2010 年减少 809.06 万元，减少 32.25%，因受台风、暴雨影响，2011 年橡胶产量总体降低，各项指标略有下降。

热带、亚热带作物生产情况：2011 年总面积 154.67 公顷，收获面积 28.01 公顷。其中，椰子种植面积 101.29 公顷，产量 5.62 万个；南药种植面积 11.78 公顷，产量 17.27 吨。

四、其他产业

热科院属科学研究和综合技术服务业，生产总值均列入第三产业增加值中。从事第三产业的单位 5 个，主要发布在批发零售业、住宿餐饮业、服务业，从业人员 813 人，营业收入 102 53.39 万元。

五、固定资产

截至 2011 年 12 月 31 日，热科院资产总额 15.92 亿元，其中固定资产 7.15 亿元。2011 年固定资产投资总额为 2.33 亿元，包括基本支出（办公设备、专业设备、交通工具）和项目支出两部分。2011年比2010年实际增加较多，当年新增固定资产1.51亿元。主要原因是新建房屋、购置大型仪器设备、在建项目通过验收等，

六、科学技术

拥有科研单位15个，职工2 983人，基中，科技人员1 301人。科研经费3.96亿元，其中，国家拨款3.72亿元，占科研经费93%。

2011年，热科院紧紧抓住国家重视热带农业和科技创新的有利机遇，多渠道争取上级部门支持，全面启动和加强了重点学科、重要热作产业技术体系、重要平台和项目库建设，全院科研立项、科技产出呈现了良好的增长势头，科研立项进展顺利。围绕国家战略和热带现代农业产业发展需求，凝练关键、共性科学问题和技术难题，扎实推进国家、院、所三级项目库建设。2011年全院共获批立项300多项，资助经费1.06亿元，科技成果不断涌现。获得中华农业科技奖8项，其中一等奖2项，“特色热带作物产品加工关键技术及产品研发创新团队”获优秀创新团队。获得海南省科技奖励23项，其中科技进步一等奖3项，二等奖8项，科技成果转化一等奖1项，二等奖2项。发表论文1 000余篇，其中SCI收录论文134篇，ISTP和EI收录论文32篇；获授权各类专利78项。目前，2项成果正在抓紧申报2012年国家奖。平台建设取得重大进展。国家重要热带作物工程技术研究中心以优秀成绩通过验收。启动了1个农业部综合性实验室和7个专业性实验室、3个科学观测实验站建设，新增2个农业部安全风险评估实验室和1个加工技术研发分中心、2个省级重点实验室和工程技术研究中心。2个部级平台以优秀成绩通过复评。同时，围绕产业发展技术需求，拓展研究领域，增设的香蕉研究所等7个院级平台均挂牌成立，初步形成特色鲜明的热带农业科技平台体系。产业技术体系逐步健全。2011年，热科院新增国家现代农业产业技术体系岗位专家5名，新增综合实验站2个，并进一步完善了院级重要热带作物产业体系。热带作物及制品标准化技术委员会和学会工作富有成效。完成了热带作物标准的归类清理工作，热带作物品种审定委员会获批成立，即将开展热带作物品种审定工作，将大大推动热带作物新品种选育及推广工作。

七、教育和卫生

全年院属普通中学2所，小学5所。教职工数共计179人。在校生2 325人，其中新招生704人，比2010年减少16人，当年毕业生545人，比2010年减少112人。

现有医疗单位8个，医务人员17人，基中医生7人。

八、其他

全年各类自然灾害造成农业直接经济损失为1 736.89万元，农作物受灾面积1 607公顷。灾害主要有：国庆前后连续两次强台风“纳沙”“尼格”重创热科院种植业，台风引发的大暴雨造成水灾，严重影响农作物产量，热科院儋州院区受灾，房屋、水坝、桥梁等基础设施受损严重，尤其是科研基础设施和种质资源圃遭受不同程度的破坏。

广州农垦 2011 年经济和社会发展情况

广州风行发展集团

2011 年，广州风行发展集团以邓小平理论、“三个代表”重要思想和科学发展观为指导，紧紧围绕集团“十二五”规划的总体目标，以加快转变经济发展方式为主线，以推动产业转型升级为突破口，加快推进重点项目建设与企业股改步伐，全面开展各项工作，确保各项经营指标达到预算目标，取得“十二五”规划的良好开局。

一、综合情况

集团通过产业整合、结构调整，已形成以乳业、药业、现代服务业三大板块为主的经济结构。其中乳业被列入广州市国有资产监督管理委员会重点扶持发展项目，两大奶源基地及巴氏奶车间升级改造工程项目进入实质建设阶段，“风行牛奶”已成为本地市场优质品牌，年销售量保持快速增长势头；药业转换经营机制，引入战略投资者，扩大产品生产规模，开拓新的营销市场；现代服务业一方面通过盘活物业资产，提高租赁收益，另一方面利用自留发展用地，吸引外来投资者，筹建具有国际先进水平的酒店项目，为集团经济发展注入新的活力。

集团现有子公司 3 家，各级独立核算企业 27 家，职工人数 1 755 人，土地总面积 43 公顷。

2011 年集团实现生产总值 18 597 万元，同比增长 21.33%，其中：第一产业 3 980 万元，同比减少 20.53%；第二产业 10 411 万元，同比增长 53.49%；第三产业 4 206 万元，同比增长 7.96%。实现利润总额 4 019 万元，同比增长 44.72%。人均年收入 44 732 元，同比增长 18.62%。

二、农业生产情况

由于集团原有的农用地已全部被政府征收，目前集团已没有农业用地及农作物生产。

三、畜牧业生产情况

集团畜牧业以奶牛饲养为主，现有 3 个在产牧场，1 个在建牧场，分布在广州市郊。年末奶牛总存栏 5 400 头，比 2010 年增加 100 头，增长 1.89%；能繁殖母畜 4 200 头，比 2010 年增加 100 头，增长 2.44%；当年生仔畜 2 700 头，比 2010 年增加 300 头，增长 12.5%。集团在奶牛饲养管理过程中，继续挖掘生产潜力，通过改良饲料结构、改善饲养环境、加强疾病控制等多种手段，提高奶牛科学饲养水平，成母牛单产再创新高。全年实现生鲜奶产量 20 728 吨，比 2010 年增加 2 470 吨，增长 13.53%，出口鲜奶收入 2 584 万元，比 2010 年增加 295 万元，增长 12.89%。当年通过绿色食品认证的奶牛 0.17 万头，年产生鲜乳 1 400 吨，乳制品两个品种，产量 1 520 吨。

四、工业生产情况

集团工业以制药、乳制品加工为主，2011 年纳入统计范围的工业企业 3 个，与 2010 年保持不变。全年实现工业销售产值 40 507 万元，同比增加 9 319 万元，增长 29.84%，持续保持快速增长势头；实现产品销售收入 41 585 万元，同比增加 9 201 万元，增长 28.41%；实现利润总额 452 万元，同比减少 105 万元，下降 18.85%，主要原因是药业销量下降，利润减少，致使集团工业整体利润减少。

主要产品产量完成情况：2011 年集团生产乳制品 30 362 吨，比 2010 年增加 3 994 吨，增长 15.15%，其中，炼乳 1 875 吨，液体乳 27 458 吨，奶粉 1 011 吨。生产中成药 2 420 吨，比 2010 年增加 11 吨，增长 0.46%。

五、批发零售、服务业情况

集团 2011 年年末纳入统计范围批发零售、服务业企业 12 个，比 2010 年增加 2 个，主要是集团根据企业实际经营情况进行重分类，由其他行业划入，其中，正常经营企业 9 个，关停企业 3 个；年末从业人员 210 人，其中，批发零售业 28 人，服务业 182 人；全年实现营业收入 17 265 万元，同比增长 4.04%，其中，批发零售业营业收入13 450万元，同比下降 5.84%；服务业营业收入3 815万元，同比增长 65.22%；年末拥有固定资产原值 39 275 万元，其中，批发零售业 214 万元，服务业 39 061 万元；营业用房 159 449 平方米，其中，批发零售业 160 平方米，服务业 159 289 平方米。

六、固定资产投资情况

2011 年年集团继续推进重点项目建设，完成固定资产投资总额 6 863 万元，同比增加 1 145 万元，增长 20.02%。其中，第一产业完成投资 1 730万元，第二产业完成投资 1 197 万元，第三产业完成投资 3 936 万元。投资资金全部通过自筹解决。当年新增固定资产 5 506 万元。

七、其他生产及社会负担情况

2011 年，末集团没有渔业、林业、建筑业生产企业，也没有受托管理的非国有经济实体；集团原办理的教育、医疗卫生机构已全部移交地方管理。

南京农垦 2011 年经济和社会发展情况

南京农垦产业（集团）有限公司

一、基本概况

2011 年南京农垦集团继续调整主业结构，完善业务体系，在稳健投资，平稳过渡的指导思想下，通过垦区全体干群齐心协力，开拓创新，为“十二五”规划的开局谱写了崭新的一页。

二、稳健经营抓发展，确保国有资产保值增值

农垦集团下属农场只有南京市青龙山林场一家，原来拥有国有划拨土地由 15 万亩减至 1.2 万亩，国有资产缩减为 4.33 亿元。面临困境重新确定发展定位，明确了以都市型农业、金融投资、房地产开发、职业教育、物业管理为发展重点。

所属农场青龙山林场场办工业 1 个，现有土地面积 833 公顷，其中林地面积 434 公顷，茶果桑园 38 公顷，居民点及工矿用地面积 81 公顷，其他面积 280 公顷。2011 年农垦年末总人口 3 141 人，其中农场人口 2 980 人。

三、强化管理抓稳定

农垦作为老国企，历史遗留问题多。近几年，由于体制调整、企业改制、拆迁开发，稳定工作艰巨。2011 年，全系统在岗人员工资总额比 2010 年增长 7.1%。人均纯收入 32 365 元，农场年末实有住房面积 10.12 万平方米。现有职业中等学校 1 所，教职员工 101 人，教师 53 人，在校生2 807人。

四、工业生产情况

2011 年全垦区仅存的 5 家工业企业，其中国有工业企业为 1 家。现价工业总产值为 10 199 万元，比 2010 年增加 11 %，工业销售收入 9 834 万元，比 2010 年减少 3%，产品销售利润 93 万元，比 2010 年减少 76%，工业生产总值为 1 239 万元，比 2010 年减少 16%。

五、第三产业经济发展情况

2011 年的三产各企业从自身情况出发，挖掘潜力，取得一定成效。第三产业生产总值 2 938 万元，比 2010 年减少 6%，零售业、餐营业及服务业的经营单位为 115 个，全年零售、餐饮及服务业总收入为 4 270 万元，比 2010 年减少 6%。

六、固定资产投资情况

2011 年南京农垦产业（集团）有限公司全年固定资产投资总额为 140 万元。其中国有投资额为 140 万元，第三产业投资为 140 万元 占投资总额的 100%。

从以上经济情况可以看出，南京农垦 2011 年的整体规模虽然缩小，但系统的职工收入还是有增加，集团公司的发展战略已根本转移。2012 年，在农业部农垦局的领导和支持下，大力加强资本运作，围绕农垦的发展战略，扎实做好各项工作，促进南京农垦的进一步发展。

三

主要经济与社会指标

综合情况

1-1 主要年份全国农垦经济主要指标

指 标 名 称	计量单位	1995年	2000年	2005年	2010年	2011年	2011年比2010年增长	
							绝对数	%
一、基本情况								
农垦独立核算企业	个	5 464	5 469	6 197	5 261	5 072	−189	−3.6
# 农牧企业	个	2 129	2 026	1 923	1 807	1 785	−22	−1.2
工业企业	个	1 219	1 677	1 809	1 290	1 218	−72	−5.6
建筑企业	个	117	237	443	537	523	−14	−2.6
运输企业	个	47	67	270	290	234	−56	−19.3
批零贸易餐饮企业	个	1 952	1 462	1 752	1 337	1 312	−25	−1.9
农垦年末总人口	万人	1 233.07	1 198.49	1 259.53	1 332.31	1 352.48	20.17	1.5
职工总数	万人	502.05	391.88	335.93	330.75	329.32	−1.43	−0.4
耕地面积	千公顷	4 560.13	4 803.54	5 038.13	5 989.27	6 116.33	127.06	2.1
当年造林面积	千公顷	44.41	75.76	126.18	88.25	66.42	−21.83	−24.7
橡胶面积	千公顷	377.20	382.34	424.16	469.40	462.44	−6.96	−1.5
农垦生产总值（现价）	亿元	564.97	720.62	1 358.65	3 382.67	4 212.47	829.80	13.5
第一产业增加值	亿元	260.31	311.33	560.43	1 171.30	1 394.97	223.67	9.8
第二产业增加值	亿元	177.26	219.16	417.18	1 341.69	1 748.63	406.94	17.9
第三产业增加值	亿元	127.48	190.13	381.04	869.68	1 068.87	199.19	12.5
各产业占生产总值比重								
第一产业	%	46.1	43.2	41.2	34.6	33.1		−1.4
第二产业	%	31.4	30.4	30.7	39.7	41.5		1.8
第三产业	%	22.5	26.4	28.1	25.7	25.4		−0.4
人均生产总值	元/年	4 643	5 991	10 851	25 669	31 691	6 022	12.6
工农业总产值（现价）	亿元	1 372.09	1 379.48	2 472.34	6 535.24	8 291.60	1 756.36	15.5
农林牧渔业总产值	亿元	583.00	644.04	1 118.51	2 342.34	2 803.86	461.52	11.2
占工农业总产值	%	42.5	46.7	45.2	35.8	33.8		−2.0
工业总产值	亿元	789.09	735.44	1 353.83	4 192.90	5 487.74	1 294.84	20.1
占工农业总产值	%	57.5	53.3	54.8	64.2	66.2		2.0
工资总额	亿元	186.02	210.97	277.30	546.06	653.89	107.83	19.7
职工平均工资	元/年	3 677	5 384	8 255	16 510	19856	3 346	14.3
人均纯收入	元/年	2 422	3 036	4 195	8 232	9344	1 112	9.2
固定资产投资	亿元	124.81	153.21	449.54	1 811.22	2 441.26	630.04	34.8
固定资产投资按来源合计	亿元	128.19	153.80	448.29	1 808.79	2 480.65	671.86	37.1
# 国家预算内资金	亿元	5.54	22.51	47.50	169.01	191.53	22.52	13.3
利用外资	亿元	13.38	4.53	20.18	56.89	35.93	−20.96	−36.8
自筹资金	亿元	63.96	79.96	282.84	1 074.21	1 564.96	490.75	45.7

注：表中生产总值、总产值等价值量均按当年价格计算，增长速度按扣除统计口径变动因素的可比价格计算。

1－1续表1

指 标 名 称	计量单位	1995年	2000年	2005年	2010年	2011年	2011年比2010年增长	
							绝对数	%
二、主要农作物面积产量								
农作物播种面积	千公顷	4 472.76	4 755.82	5 145.25	6 310.42	6 414.64	104.22	1.7
粮食作物播种面积	千公顷	3 153.84	3 163.87	3 375.83	4 557.64	4 613.53	55.89	1.2
总产量	万吨	1 251.89	1 465.21	1 858.99	2 953.29	3 198.65	245.36	8.3
公顷产量	千克	3 969	4 631	5 507	6 480	6 933	453	7.0
棉花播种面积	千公顷	396.17	527.28	649.37	665.37	719.32	53.95	8.1
总产量	万吨	53.83	83.16	124.69	143.93	163.80	19.87	13.8
公顷产量	千克	1 359	1 577	1 920	2 163	2 277	114	5.3
油料合计播种面积	千公顷	351.34	461.19	371.20	375.36	377.47	2.11	0.6
总产量	万吨	47.77	71.25	66.94	80.34	82.74	2.40	3.0
公顷产量	千克	1 360	1 545	1 803	2 140	2 192	52	2.4
糖料合计播种面积	千公顷	163.67	103.55	100.51	103.89	112.55	8.66	8.3
总产量	万吨	661.33	589.48	667.52	766.86	818.54	51.68	6.7
公顷产量	千克	40 406	56 927	66 416	73 815	72 730	－1 085	－1.5
干胶总产量	万吨	33.61	34.68	31.99	32.78	32.09	－0.69	－2.1
剑麻总产量	万吨	3.68	2.79	2.60	3.21	3.36	0.15	4.7
水果总产量	万吨	99.72	118.63	178.79	323.40	337.19	13.79	4.3
#主要热带水果产量	万吨	18.22	30.79	55.32	100.00	109.02	9.02	9.0
茶叶总产量	万吨	4.00	3.90	4.64	4.63	4.54	－0.09	－1.9
人参总产量	吨	1 941.00	2 365.00	187.22	646.16	322.24	－323.92	－50.1
三、畜牧、水产情况								
年末牲畜存栏头数	万头	1 611.64	1 797.45	2 622.04	2 752.10	2 876.55	124.45	4.5
大牲畜年末头数	万头	235.80	214.62	305.03	319.22	340.82	21.60	6.8
牛	万头	183.15	173.12	270.69	292.01	307.17	15.16	5.2
#良种及改良种乳牛	万头	52.21	51.32	101.63	143.15	153.68	10.53	7.4
猪	万头	449.77	478.14	722.82	1 134.18	1 216.57	82.39	7.3
羊	万只	926.07	1 104.69	1 591.57	1 298.74	1 319.16	20.42	1.6
肉类总产量	万吨	68.82	84.96	145.76	256.43	278.91	22.48	8.8
牛奶产量	万吨	102.91	116.50	245.49	366.09	405.94	39.85	10.9
羊毛产量	万吨	2.02	2.09	2.92	2.72	2.77	0.05	1.8
禽蛋产量	万吨	23.98	20.44	22.38	39.71	44.04	4.33	10.9
鹿茸产量	吨	41.36	41.47	78.56	77.45	84.29	6.84	8.8
蜂蜜产量	吨	1 535	2 565	6 504	8 481	7 264	－1 217	－14.3
水产品总产量	万吨	35.92	49.10	79.48	115.17	126.74	11.57	10.0

1-1续表2

指标名称	计量单位	1995年	2000年	2005年	2010年	2011年	2011年比2010年增长	
							绝对数	%
四、主要农业机械、电、化肥用量								
农业机械总动力	万千瓦	1 022.37	1 159.44	1 463.07	2 126.49	2 283.85	157.36	7.4
大中型拖拉机	万台	6.09	6.66	8.00	14.60	16.17	1.57	10.8
小型及手扶拖拉机	万台	14.34	21.35	26.98	32.97	34.70	1.73	5.2
农用运输车	万辆	6.58	1.25	5.73	8.33	8.32	−0.01	−0.1
排灌动力机械	万台	9.37	13.89	19.19	24.84	26.18	1.34	5.4
联合收获机	万台	1.48	1.49	2.03	3.92	3.98	0.06	1.5
农场用电量	亿千瓦时	57.28	57.02	72.38	174.12	119.03	−55.09	−31.6
农用化肥施用总量（按折纯量计算）	万吨	106.79	131.69	159.60	227.81	241.16	13.35	5.9
五、主要工业产品产量								
原煤	万吨	764.35	607.42	576.48	2 901.05	3 382.88	481.83	16.6
混配合饲料	万吨	146.45	149.54	213.63	483.13	584.63	101.50	21.0
食用植物油	万吨	30.33	38.99	82.06	193.08	227.61	34.53	17.9
机制糖	万吨	61.59	76.10	115.02	205.79	206.99	1.20	0.6
乳制品	万吨	10.63	10.42	15.37	283.99	267.81	−16.18	−5.7
液体乳	万吨	43.30	74.53	93.59	247.60	235.30	−12.30	−5.0
饮料酒（混合量）	亿升	10.055	11.77	14.12	14.44	15.68	1.24	0.86
纱	万吨	15.92	19.56	26.43	51.16	52.82	1.66	3.2
布	亿米	2.91	2.98	4.88	6.48	6.95	0.47	7.3
机制纸及纸板	万吨	55.95	74.35	100.44	61.72	55.48	−6.24	−10.1
合成氨	万吨	16.91	7.89	11.63	19.38	21.31	1.93	10.0
农用氮、磷、钾化学肥料总计（折纯量）	万吨	16.38	15.78	23.60	35.67	49.70	14.03	39.3
水泥	万吨	488.88	618.37	1 046.00	2 245.07	2 747.09	502.02	22.4
砖	亿块	88.87	67.92	60.79	94.02	126.56	32.54	34.6
发电量	亿千瓦时	26.45	34.23	59.04	156.63	225.95	69.32	44.3
拖拉机配件	万元	11 297	2 751	8 852	4 345	5 974	1 629	37.5
六、粮豆商品量	万吨	890.03	1 115.43	1 404.40	2 605.24	2 820.93	215.69	8.3
粮豆商品率	%	71.09	76.13	84.29	88.21	88.19		
七、外贸出口供货商品金额	亿元	78.98	98.26	254.22	541.50	656.91	115.41	21.3
工业品	亿元	56.10	71.26	215.96	468.25	593.02	124.77	26.6
八、批发零售贸易业、餐饮业销售总额	亿元	461.95	472.13	764.25	2 490.73	3 261.26	770.53	30.9
九、服务业营业收入	亿元	37.21	44.19	68.38	127.18	152.53	25.35	19.9

注：乳制品从2009年始含液体乳。

1－2 主要年份全国农垦主要经济指标占全国比重

计量单位：%

指 标 名 称	2005年	2006年	2007年	2008年	2009年	2010年	2011年
农垦年末总人口	0.96	0.97	0.97	0.98	0.99	0.99	1.00
生产总值	0.75	0.79	0.80	0.78	0.82	0.85	0.89
固定资产投资	0.51	0.49	0.50	0.54	0.60	0.65	0.78
农作物播种面积总计	3.31	3.51	3.68	3.73	3.83	3.93	3.95
粮食作物播种面积	3.24	3.49	3.52	3.70	4.02	4.15	4.17
粮食作物总产量	3.84	4.13	4.27	4.58	5.22	5.40	5.60
棉花播种面积	12.83	12.46	13.56	13.14	13.25	13.72	14.27
棉花总产量	21.82	21.00	20.67	21.84	22.15	24.11	24.82
油料播种面积	2.59	2.63	2.99	3.20	2.72	2.70	2.74
油料总产量	2.18	2.11	2.35	2.66	2.57	2.49	2.52
糖料播种面积	6.42	6.54	6.73	5.91	5.41	5.41	5.77
糖料总产量	7.06	7.44	7.09	6.30	6.18	6.37	6.54
大牲畜年末头数	2.53	2.68	2.44	2.51	2.57	2.61	2.85
肉类总产量	1.88	2.22	2.58	2.64	2.92	3.24	3.51
牛奶产量	8.92	8.51	8.26	9.02	9.80	10.25	11.10
羊毛产量	6.79	7.50	7.27	6.09	6.10	6.33	6.34
禽蛋产量	0.78	0.77	0.95	0.95	1.14	1.44	1.57
蜂蜜产量	2.22	2.04	1.72	1.48	1.62	2.11	1.69
农业机械总动力	2.13	2.12	2.19	2.20	2.25	2.29	2.34
大中型（拖拉机）	8.50	7.81	5.06	3.91	3.76	3.72	3.67
小型及手扶拖拉机	2.03	2.05	1.85	1.80	1.85	1.85	1.91
原煤	2.55	2.43	0.21	0.39	0.54	0.90	0.85
纱	1.84	1.69	2.13	2.12	1.76	1.88	1.82
布	1.04	0.90	0.63	0.69	0.88	0.81	0.83
发电量	0.24	0.26	0.26	0.30	0.38	0.37	0.48

1－3 农垦基本情况

计量单位：个

地　区	农垦国有企业个数					
	合计	农场	工业企业	建筑企业	运输企业	商业企业
全国农垦	**5 072**	**1 785**	**1 218**	**523**	**234**	**1 312**
北　京	49	8	22	3	4	12
天　津	49	15	21	3	1	9
河　北	82	33	21	9	3	16
山　西	28	26	1			1
内蒙古	144	104	17	1	1	21
辽　宁	194	108	18	11	1	56
吉　林	99	88	9			2
黑龙江	612	113	142	37	87	233
上　海	419	19	91	6	53	250
江　苏	51	18	21	7		5
浙　江	67	57	4			6
安　徽	56	21	11	5		19
福　建	165	115	44			6
江　西	293	154	77	22	8	32
山　东	26	14	6	1		5
河　南	144	96	36	1		11
湖　北	184	53	84	14	4	29
湖　南	301	70	118	95	6	12
广　东	262	46	113	15	8	80
广　西	157	41	68	16	1	31
海　南	211	47	46	62	8	48
重　庆	25	15	4	1		5
四　川	47	39	6			2
贵　州	43	38	5			
云　南	150	41	44	5	32	28
陕　西	69	12	6			51
甘　肃	96	17	57	4		18
青　海	22	17	4			1
宁　夏	42	14	17	3		8
新疆(兵团)	691	175	56	188	8	264
新疆(农业)	154	46	41	14	9	44
新疆(畜牧)	128	124	4			
热科院	4					4
广　州	6		3			3
南　京	2	1	1			

1-3 续表 1

地　区	出口商品总金额（万元）	耕地面积（公顷）	大中型农用拖拉机（台）	联合收割机（台）
全国农垦	**6 569 085**	**6 116 329**	**161 705**	**39 828**
北　京	69 862	1 455	60	16
天　津	4 966	2 949	68	2
河　北	94 703	92 472	3 177	344
山　西		6 657	53	6
内蒙古	592	651 048	9 644	1 637
辽　宁	211 933	156 119	4 023	262
吉　林	1 500	117 699	3 200	2 091
黑龙江	314 382	2 853 885	58 454	21 888
上　海	90 979	29 449	1 247	145
江　苏	29 749	72 864	3 606	2 029
浙　江	326 913	4 208	91	53
安　徽		34 546	2 639	1 171
福　建	32 764	11 045	88	40
江　西	187 795	52 475	777	1 339
山　东		10 159	219	71
河　南	4 303	26 838	998	659
湖　北	233 855	136 878	6 703	2 775
湖　南	24 488	67 246	3 624	1 630
广　东	512 324	37 534	509	32
广　西	113 431	32 911	1 319	20
海　南	55 984	36 786	517	
重　庆		4 987		
四　川	128	859		
贵　州		1 753	56	
云　南	1 942	12 016	944	16
陕　西		9 070	157	54
甘　肃	1 077	53 714	2 877	94
青　海		26 492	360	183
宁　夏	6 584	39 625	1 996	542
新疆（兵团）	4 236 499	1 241 161	40 017	1 884
新疆（农业）	9 750	89 500	3 205	165
新疆（畜牧）		201 459	11 060	680
热科院		470	13	
广　州	2 584		4	
南　京				

1-3续表2

地　　区	农垦生产总　值（万元）	第一产业		第二产业		第三产业	
		增加值（万元）	占农垦生产总值（%）	增加值（万元）	占农垦生产总值（%）	增加值（万元）	占农垦生产总值（%）
全国农垦	**42 124 655**	**13 949 680**	**33.1**	**17 486 294**	**41.5**	**10 688 681**	**25.4**
北　　京	400 750	138 041	34.4	92 140	23.0	170 569	42.6
天　　津	131 680	15 405	11.7	44 223	33.6	72 052	54.7
河　　北	2 857 631	368 988	12.9	1 746 928	61.1	741 715	26.0
山　　西	35 724	10 425	29.2	13 338	37.3	11 961	33.5
内 蒙 古	952 100	430 181	45.2	346 808	36.4	175 111	18.4
辽　　宁	2 002 935	694 304	34.7	917 999	45.8	390 632	19.5
吉　　林	172 532	136 930	79.4	23 283	13.5	12 319	7.1
黑 龙 江	9 163 724	4 733 535	51.7	2 181 884	23.8	2 248 306	24.5
上　　海	1 237 123	87 174	7.0	461 049	37.3	688 900	55.7
江　　苏	852 714	220 360	25.8	420 086	49.3	212 268	24.9
浙　　江	453 113	23 519	5.2	412 354	91.0	17 240	3.8
安　　徽	188 865	99 654	52.8	50 456	26.7	38 754	20.5
福　　建	404 022	90 173	22.3	277 645	68.7	36 204	9.0
江　　西	1 151 082	167 227	14.5	737 293	64.1	246 562	21.4
山　　东	81 200	30 429	37.5	46 278	57.0	4 493	5.5
河　　南	117 687	53 320	45.3	39 608	33.7	24 759	21.0
湖　　北	4 563 000	699 973	15.3	2 775 368	60.8	1 087 659	23.8
湖　　南	942 856	336 245	35.7	418 531	44.4	188 080	19.9
广　　东	976 336	279 768	28.7	461 793	47.3	234 775	24.0
广　　西	2 966 738	397 302	13.4	1 804 858	60.8	764 578	25.8
海　　南	1 358 453	868 159	63.9	194 303	14.3	295 991	21.8
重　　庆	108 732	10 925	10.0	67 090	61.7	30 717	28.3
四　　川	16 589	5 061	30.5	9 163	55.2	2 365	14.3
贵　　州	25 801	6 837	26.5	18 933	73.4	31	0.1
云　　南	379 785	255 844	67.4	43 459	11.4	80 482	21.2
陕　　西	56 317	24 242	43.0	28 625	50.8	3 450	6.1
甘　　肃	128 560	53 000	41.2	68 077	53.0	7 483	5.8
青　　海	22 783	20 519	90.1	1 076	4.7	1 188	5.2
宁　　夏	162 869	90 506	55.6	44 262	27.2	28 101	17.3
新疆（兵团）	9 688 364	3 276 231	33.8	3 672 035	37.9	2 740 098	28.3
新疆（农业）	182 924	109 929	60.1	35 025	19.1	37 970	20.8
新疆（畜牧）	295 542	211 045	71.4	20 674	7.0	63 823	21.6
热 科 院	22 902					22 902	100.0
广　　州	18 597	3 980	21.4	10 411	56.0	4 206	22.6
南　　京	4 626	449	9.7	1 239	26.8	2 938	63.5

1-3 续表 3

地区	农垦生产总值（万元）	排序	第一产业		第二产业		第三产业	
			增加值（万元）	排序	增加值（万元）	排序	增加值（万元）	排序
全国农垦	**42 124 655**		**13 949 680**		**17 486 294**		**10 688 681**	
北京	400 750	16	138 041	15	92 140	16	170 569	14
天津	131 680	23	15 405	28	44 223	22	72 052	16
河北	2 857 631	5	368 988	8	1 746 928	5	741 715	5
山西	35 724	29	10 425	30	13 338	30	11 961	27
内蒙古	952 100	11	430 181	6	346 808	13	175 111	13
辽宁	2 002 935	6	694 304	5	917 999	6	390 632	7
吉林	172 532	21	136 930	16	23 283	27	12 319	26
黑龙江	9 163 724	2	4 733 535	1	2 181 884	3	2 248 306	2
上海	1 237 123	8	87 174	21	461 049	9	688 900	6
江苏	852 714	13	220 360	12	420 086	10	212 268	11
浙江	453 113	14	23 519	26	412 354	12	17 240	25
安徽	188 865	19	99 654	18	50 456	19	38 754	18
福建	404 022	15	90 173	20	277 645	14	36 204	20
江西	1 151 082	9	167 227	14	737 293	7	246 562	9
山东	81 200	27	30 429	24	46 278	20	4 493	29
河南	117 687	25	53 320	22	39 608	24	24 759	23
湖北	4 563 000	3	699 973	4	2 775 368	2	1 087 659	3
湖南	942 856	12	336 245	9	418 531	11	188 080	12
广东	976 336	10	279 768	10	461 793	8	234 775	10
广西	2 966 738	4	397 302	7	1 804 858	4	764 578	4
海南	1 358 453	7	868 159	3	194 303	15	295 991	8
重庆	108 732	26	10 925	29	67 090	18	30 717	21
四川	16 589	34	5 061	32	9 163	32	2 365	33
贵州	25 801	30	6 837	31	18 933	29	31	35
云南	379 785	17	255 844	11	43 459	23	80 482	15
陕西	56 317	28	24 242	25	28 625	26	3 450	31
甘肃	128 560	24	53 000	23	68 077	17	7 483	28
青海	22 783	32	20 519	27	1 076	34	1 188	34
宁夏	162 869	22	90 506	19	44 262	21	28 101	22
新疆（兵团）	9 688 364	1	3 276 231	2	3 672 035	1	2 740 098	1
新疆（农业）	182 924	20	109 929	17	35 025	25	37 970	19
新疆（畜牧）	295 542	18	211 045	13	20 674	28	63 823	17
热科院	22 902	31					22 902	24
广州	18 597	33	3 980	33	10 411	31	4 206	30
南京	4 626	35	449	34	1 239	33	2 938	32

1－3续表4

地　区	工农业 总产值 （万元）	农业 总产值 （万元）	占工农业总产值比重 （%）	工业 总产值 （万元）	占工农业总产值比重 （%）
全国农垦	**82 916 044**	**28 038 636**	**33.8**	**54 877 408**	**66.2**
北　京	1 210 701	856 481	70.7	354 220	29.3
天　津	276 742	59 122	21.4	217 620	78.6
河　北	6 035 426	712 263	11.8	5 323 163	88.2
山　西	48 870	22 136	45.3	26 734	54.7
内蒙古	1 552 420	906 874	58.4	645 546	41.6
辽　宁	7 703 731	1 432 842	18.6	6 270 889	81.4
吉　林	338 276	264 279	78.1	73 997	21.9
黑龙江	15 431 264	8 798 021	57.0	6 633 243	43.0
上　海	2 455 113	347 428	14.2	2 107 685	85.8
江　苏	1 876 810	514 358	27.4	1 362 452	72.6
浙　江	3 048 795	87 784	2.9	2 961 011	97.1
安　徽	417 848	196 288	47.0	221 560	53.0
福　建	1 083 756	213 461	19.7	870 295	80.3
江　西	3 196 812	404 955	12.7	2 791 857	87.3
山　东	550 101	73 586	13.4	476 515	86.6
河　南	358 182	128 919	36.0	229 263	64.0
湖　北	9 769 107	1 430 898	14.6	8 338 209	85.4
湖　南	1 445 567	531 062	36.7	914 505	63.3
广　东	1 904 378	520 452	27.3	1 383 926	72.7
广　西	4 171 440	629 958	15.1	3 541 482	84.9
海　南	1 700 403	1 431 031	84.2	269 372	15.8
重　庆	585 582	33 658	5.7	551 924	94.3
四　川	40 577	9 209	22.7	31 368	77.3
贵　州	63 658	18 569	29.2	45 089	70.8
云　南	644 269	532 315	82.6	111 954	17.4
陕　西	114 811	40 693	35.4	74 118	64.6
甘　肃	402 507	142 321	35.4	260 186	64.6
青　海	29 462	26 899	91.3	2 563	8.7
宁　夏	304 545	211 847	69.6	92 698	30.4
新疆（兵团）	15 270 476	6 758 492	44.3	8 511 984	55.7
新疆（农业）	313 091	248 002	79.2	65 089	20.8
新疆（畜牧）	507 336	438 542	86.4	68 794	13.6
热科院	4 598	4 598	100.0		
广　州	47 470	9 573	20.2	37 897	79.8
南　京	11 919	1 720	14.4	10 199	85.6

1-4　各垦区主要农产品产量

计量单位：吨

地　区	粮食	棉花	油料	糖料	水果
全国农垦	**31 986 531**	**1 637 974**	**827 445**	**8 185 414**	**3 371 857**
北　京	4 145				1 284
天　津	16 859	1 651	15		1 340
河　北	420 485	27 029	2 430	2 680	13 511
山　西	30 720	161	194	8 895	467
内蒙古	1 693 124	60	263 537	20 840	15 708
辽　宁	1 312 687		24 504	1 340	134 559
吉　林	740 758		14 332		12 520
黑龙江	20 369 839		28 960	834 173	23 780
上　海	308 898	210	244		2 896
江　苏	910 512	4 474	2 134		3 612
浙　江	12 434	69	136		19 399
安　徽	370 681	5 947	2 493	7	18 358
福　建	70 241		4 448	29 245	108 853
江　西	511 359	9 740	26 069	5 814	64 763
山　东	45 020	5 736	286		449
河　南	273 259	3 302	9 431		45 110
湖　北	877 350	82 889	93 763	10 240	85 755
湖　南	600 278	13 858	57 280	61 009	31 582
广　东	61 767		8 185	2 028 975	442 195
广　西	14 567		3 135	2 170 184	180 406
海　南	143 953		5 770	325 188	474 922
重　庆	40		6		872
四　川	3 957		33		1 765
贵　州	5 974		751		8 492
云　南	56 325		200	438 817	121 375
陕　西	76 104	1 096	1 030		10 739
甘　肃	251 011	8 865	14 774	2 118	60 581
青　海	33 381		13 344		
宁　夏	324 777		8 226	90	46 819
新疆（兵团）	1 672 930	1 293 053	178 701	2 059 217	1 264 456
新疆（农）	222 272	73 667	11 000	68 640	136 294
新疆（畜）	549 445	106 167	52 029	117 943	38 733
热科院	1 379		4		262
广　州					
南　京					

1－5 各垦区主要工业产品产量

地　区	发电量（万千瓦时）	原煤（吨）	农用化肥（吨）	水泥（万吨）	砖（万块）	机制纸及纸板（吨）
全国农垦	**2 259 531**	**33 828 806**	**497 031**	**2 747**	**1 265 631**	**554 816**
北　京						3 500
天　津						5 878
河　北	40 380		7 350	49	20 427	94 454
山　西						
内蒙古		19 666 002		90	45 392	1 830
辽　宁			5 695	36	24 035	3 415
吉　林				85	1 200	6 800
黑龙江	57 665	667 798	150 565	221	163 989	36 144
上　海						
江　苏			920		23 872	
浙　江	15 779			120	1 150	
安　徽	13 000			23	9 785	
福　建	11 472	106 200	40	65	21 645	66 865
江　西	20 442	258 762	4 960	76	144 192	47 337
山　东					1 380	
河　南			10 423	9	4 006	2 430
湖　北	13 480		16 046	252	254 398	32 974
湖　南	5 985				16 013	38 670
广　东	14 283			62	41 451	17 547
广　西	20 109		127 257	54	102 857	59 331
海　南	6 606			90	3 990	
重　庆						
四　川	21 316	669			430	
贵　州	120				46	
云　南	38 045		12 369	18	6 585	
陕　西		1 509 491				
甘　肃	2 210		27 533	231		
青　海					1 440	
宁　夏		65 318			29 791	
新疆（兵团）	1 975 873	11 413 450	133 873	1 207	294 131	135 218
新疆（农业）	2 200	129 116			35 646	
新疆（畜牧）	566	12 000		60	17 780	2 423
热科院						
广　州						
南　京						

1-5 续表

地区	纱 (万吨)	布 (万米)	机制糖 (吨)	饮料酒 (千升)	乳制品 (吨)	食用植物油 (吨)
全国农垦	**52.82**	**69 503**	**2 069 886**	**1 568 299**	**2 678 149**	**2 276 083**
北京				20	239 343	
天津				38 565	63 665	
河北	0.01	8 176		4 642	469 077	30 813
山西					770	
内蒙古				1 349	23 414	66 970
辽宁				375 009	124 505	23 237
吉林				23		
黑龙江			37 699	60 675	282 439	1 126 424
上海			656 209	98 300	768 445	
江苏	2.66					12 989
浙江		31 244		60	6 690	
安徽	0.96			5 554	18 350	2 938
福建		1 946		5 098	2 880	820
江西	3.00	2 029		42 755	700	14 478
山东						
河南	1.36	23		4 440	12 922	2 721
湖北	19.60	20 462		366 060	91 788	571 528
湖南	3.70	234	4 349	4 412	5 486	3 516
广东			437 270	2 638	87 951	1 960
广西			675 545	14 528	3 415	468
海南			29 575	149		70
重庆					195 888	
四川				7 164	2 189	
贵州					43 566	
云南			61 501	400		
陕西					3 670	1 980
甘肃				178 035		
青海						
宁夏				166 275	19 816	13
新疆(兵团)	19.30	5 389	167 738	187 980	122 403	398 827
新疆(农业)	2.23			4 168	539	10 490
新疆(畜牧)					57 876	5 841
热科院						
广州					30 362	
南京						

1－6 主要农产品商品量

计量单位：吨

地区	1. 粮豆合计	#大豆	2. 棉花	3. 油料	4. 肉类	#猪肉
全国农垦	**28 209 291**	**1 435 291**	**1 621 156**	**742 666**	**2 576 983**	**1 534 249**
北京	2 514	26			222 797	4 989
天津	16 807	116	1 651	15	952	192
河北	368 936	3 236	26 125	2 035	56 077	33 310
山西	20 790	10	161	137	819	605
内蒙古	1 283 255	172 795		255 380	72 620	8 016
辽宁	1 117 264	12 167		12 881	207 292	97 265
吉林	597 673	8 138		14 582	52 751	20 634
黑龙江	19 147 649	1 155 463		25 363	645 360	421 370
上海	299 944	338	210	244	31 444	29 361
江苏	627 631	1 319	4 474	2 050	82 136	21 786
浙江	10 918	1 924	69	92	26 411	26 322
安徽	356 605	27 052	5 887	1 966	10 751	4 682
福建	41 059	1 758		3 427	43 852	37 978
江西	366 964	2 184	9 551	17 215	79 717	73 835
山东	45 020	2 264	4 970	274	12 925	2 186
河南	217 705	9 788	3 060	9 431	26 664	25 006
湖北	738 292	11 715	81 388	83 306	170 416	144 891
湖南	460 977	2 082	12 590	46 710	138 210	134 975
广东	44 911	420		5 001	71 758	54 570
广西	3 653	196		2 705	95 784	90 964
海南	99 184	391		4 154	81 213	65 756
重庆	20	4		6	8 902	5 042
四川	1 273	3		21	2 357	640
贵州	3 775	26		277	237	189
云南	49 500				5 050	4 010
陕西	53 707	954	1 001	974	1 788	1 582
甘肃	234 022	20	8 811	14 232	2 685	653
青海	27 325			9 813	2 595	96
宁夏	306 179	53		6 864	5 505	3 362
新疆（兵团）	1 241 896	17 790	1 293 053	178 701	382 317	213 477
新疆（农业）	222 272	3 060	73 667	11 000	10 680	4 415
新疆（畜牧）	201 570		94 488	33 810	24 350	1 688
热科院					442	402
广州						
南京					125	

1－7 固定资产投资完成情况

计量单位：万元

地　区	投资总额	投资中：第一产业	第二产业	第三产业	新增固定资产
全国农垦	**24 412 601**	**2 822 544**	**11 861 307**	**9 728 749**	**17 332 570**
北　京	146 226	41 744	70 576	33 906	150 307
天　津	34 969	3 276	5 878	25 815	6 690
河　北	2 586 063	165 738	1 528 247	892 078	1 301 624
山　西	4 289	3 724	80	485	4 029
内蒙古	611 041	166 304	213 996	230 741	611 041
辽　宁	2 130 521	402 750	1 048 482	679 289	1 974 584
吉　林	16 317	7 903	7 140	1 274	16 092
黑龙江	2 855 291	502 581	262 934	2 089 776	2 506 694
上　海	277 460	51 517	80 051	145 892	112 381
江　苏	254 852	37 549	77 146	140 157	142 489
浙　江	91 973	1 161	85 943	4 869	52 324
安　徽	79 368	15 383	11 587	52 398	46 841
福　建	170 297	8 448	130 931	30 918	136 669
江　西	1 227 156	36 077	916 753	274 326	820 410
山　东	30 729	8 676	18 878	3 175	30 729
河　南	16 526	3 635	11 221	1 670	16 014
湖　北	3 173 848	176 580	2 208 373	788 895	2 567 000
湖　南	754 025	281 329	372 687	100 009	749 760
广　东	215 582	49 002	48 380	118 200	135 164
广　西	1 802 099	72 264	924 172	805 663	1 044 665
海　南	608 292	62 847	75 321	470 124	577 301
重　庆	26 873	7 568	9 717	9 588	8 714
四　川	1 665	773	882	10	1 725
贵　州	14 533	11 760	2 773		12 550
云　南	64 786	15 018	11 323	38 445	49 605
陕　西	12 555	7 239	1 438	3 878	1 950
甘　肃	104 472	39 233	46 582	18 657	24 210
青　海	2 695	2 633		62	2 501
宁　夏	101 390	28 904	13 551	58 935	41 812
新疆（兵团）	6 835 110	501 787	3 654 880	2 678 443	4 059 376
新疆（农业）	19 733	13 775	2 968	2 990	13 650
新疆（畜牧）	111 568	93 636	17 221	712	92 471
热科院	23 294			23 294	15 054
广　州	6 863	1 730	1 197	3 936	5 506
南　京	140			140	638

1-8 各垦区粮、油产量的位次及比重

地　区	粮食总产量（吨）	排序	占全国农垦比重（%）	油料总产量（吨）	排序	占全国农垦比重（%）
全国农垦	**31 986 531**			**827 445**		
北　京	4 145	30	0.01			
天　津	16 859	26	0.05	15	30	…
河　北	420 485	11	1.31	2 430	20	0.29
山　西	30 720	25	0.10	194	27	0.02
内蒙古	1 693 124	2	5.29	263 537	1	31.85
辽　宁	1 312 687	4	4.10	24 504	8	2.96
吉　林	740 758	7	2.32	14 332	10	1.73
黑龙江	20 369 839	1	63.68	28 960	6	3.50
上　海	308 898	14	0.97	244	25	0.03
江　苏	910 512	5	2.85	2 134	21	0.26
浙　江	12 434	28	0.04	136	28	0.02
安　徽	370 681	12	1.16	2 493	19	0.30
福　建	70 241	20	0.22	4 448	17	0.54
江　西	511 359	10	1.60	26 069	7	3.15
山　东	45 020	23	0.14	286	24	0.03
河　南	273 259	15	0.85	9 431	13	1.14
湖　北	877 350	6	2.74	93 763	3	11.33
湖　南	600 278	8	1.88	57 280	4	6.92
广　东	61 767	21	0.19	8 185	15	0.99
广　西	14 567	27	0.05	3 135	18	0.38
海　南	143 953	18	0.45	5 770	16	0.70
重　庆	40	33	…	6	31	…
四　川	3 957	31	0.01	33	29	…
贵　州	5 974	29	0.02	751	23	0.09
云　南	56 325	22	0.18	200	26	0.02
陕　西	76 104	19	0.24	1 030	22	0.12
甘　肃	251 011	16	0.78	14 774	9	1.79
青　海	33 381	24	0.10	13 344	11	1.61
宁　夏	324 777	13	1.02	8 226	14	0.99
新疆（兵团）	1 672 930	3	5.23	178 701	2	21.60
新疆（农业）	222 272	17	0.69	11 000	12	1.33
新疆（畜牧）	549 445	9	1.72	52 029	5	6.29
热科院	1 379	32	…	4	32	…
广　州						
南　京						

1-9 各垦区糖料、水果产量的位次及比重

地区	糖料总产量（吨）	排序	占全国农垦比重（%）	水果总产量（吨）	排序	占全国农垦比重（%）
全国农垦	**8 185 414**			**3 371 857**		
北京				1 284	28	0.04
天津				1 340	27	0.04
河北	2 680	15	0.03	13 511	20	0.40
山西	8 895	13	0.11	467	30	0.01
内蒙古	20 840	11	0.25	15 708	19	0.47
辽宁	1 340	17	…	134 559	6	3.99
吉林				12 520	21	0.37
黑龙江	834 173	4	10.19	23 780	16	0.71
上海				2 896	25	0.09
江苏				3 612	24	0.11
浙江				19 399	17	0.58
安徽	7	19	…	18 358	18	0.54
福建	29 245	10	0.36	108 853	8	3.23
江西	5 814	14	0.07	64 763	10	1.92
山东				449	31	0.01
河南				45 110	13	1.34
湖北	10 240	12	0.13	85 755	9	2.54
湖南	61 009	9	0.75	31 582	15	0.94
广东	2 028 975	3	24.79	442 195	3	13.11
广西	2 170 184	1	26.51	180 406	4	5.35
海南	325 188	6	3.97	474 922	2	14.08
重庆				872	29	0.03
四川				1 765	26	0.05
贵州				8 492	23	0.25
云南	438 817	5	5.36	121 375	7	3.60
陕西				10 739	22	0.32
甘肃	2 118	16	…	60 581	11	1.80
青海						
宁夏	90	18	…	46 819	12	1.39
新疆（兵团）	2 059 217	2	25.16	1 264 456	1	37.50
新疆（农业）	68 640	8	0.84	136 294	5	4.04
新疆（畜牧）	117 943	7	1.44	38 733	14	1.15
热科院				262	32	0.01
广州						
南京						

1-10 各垦区肉类、牛奶产量的位次及比重

地　　区	肉类总产量（吨）	排序	占全国农垦比重（%）	牛奶总产量（吨）	排序	占全国农垦比重（%）
全国农垦	**2 789 114**			**4 059 434**		
北　　京	222 804	4	7.99	228 585	5	5.63
天　　津	952	30	0.03	100 020	10	2.46
河　　北	59 520	14	2.13	482 233	3	11.88
山　　西	893	31	0.03	38 005	13	0.94
内 蒙 古	76 515	11	2.74	470 334	4	11.59
辽　　宁	234 354	3	8.40	110 154	9	2.71
吉　　林	56 857	15	2.04	30 704	15	0.76
黑 龙 江	687 525	1	24.65	1 316 563	1	32.43
上　　海	31 444	17	1.13	225 521	6	5.56
江　　苏	82 136	10	2.94	8 188	24	0.20
浙　　江	28 672	19	1.03	7 904	25	0.19
安　　徽	12 200	21	0.44	19 554	19	0.48
福　　建	45 025	16	1.61	9 358	23	0.23
江　　西	84 687	9	3.04	20 080	18	0.49
山　　东	12 928	20	0.46	12 480	21	0.31
河　　南	30 090	18	1.08	4 989	26	0.12
湖　　北	175 467	6	6.29	33 398	14	0.82
湖　　南	179 236	5	6.43	740	30	0.02
广　　东	73 482	12	2.63	28 641	16	0.71
广　　西	101 049	7	3.62	4 471	27	0.11
海　　南	98 083	8	3.52			
重　　庆	8 932	23	0.32	50 245	11	1.24
四　　川	2 508	28	0.09	10 271	22	0.25
贵　　州	333	33	0.01	39 841	12	0.98
云　　南	5 598	25	0.20	256	32	0.01
陕　　西	2 237	29	0.08	3 522	28	0.09
甘　　肃	3 029	26	0.11	1 471	29	0.04
青　　海	2 957	27	0.11	290	31	0.01
宁　　夏	6 110	24	0.22	116 323	8	2.87
新疆（兵团）	382 317	2	13.71	496 553	2	12.23
新疆（农业）	10 680	22	0.38	16 840	20	0.41
新疆（畜牧）	69 919	13	2.51	151 172	7	3.72
热 科 院	451	32	0.02			
广　　州				20 728	17	0.51
南　　京	125	34	…			

1-11 生产总值

（2011 年） 计量单位：万元

项 目	合计（按当年价格计算）	劳动者报酬	固定资产折旧	生产税净额	#补贴	营业盈余
一、农垦总收入	**42 095 336**	**18 985 303**	**4 827 573**	**3 628 746**	**370 525**	**14 653 714**
二、生产总值	**42 124 655**	**19 014 627**	**4 827 570**	**3 628 746**	**370 525**	**14 653 712**
第一产业（农林牧渔业及其服务业）	13 949 680	8 353 703	1 072 204	−141 967	297 866	4 665 739
第二产业	17 486 294	5 725 286	2 285 981	2 772 829	57 332	6 702 197
1. 工业	13 792 804	3 922 112	1 935 445	2 302 725	31 263	5 632 522
2. 建筑业	3 693 490	1 803 175	350 536	470 104	26 069	1 069 676
第三产业	10 688 681	4 935 637	1 469 385	997 883	15 328	3 285 775
1. 交通运输及仓储业	1 468 975	612 388	206 254	133 104	9 427	517 229
2. 信息传输、计算机服务和软件业	148 353	55 116	27 889	20 070		45 277
3. 批发和零售业	3 055 714	1 154 642	286 159	361 195	3 375	1 253 718
4. 住宿和餐饮业	854 260	361 376	100 591	88 615	180	303 677
5. 金融业	560 728	153 640	63 053	54 110		289 925
6. 房地产业	1 150 288	173 496	418 381	186 552		371 860
7. 租赁和商务服务业	212 177	129 637	40 468	27 909		14 164
8. 科学研究和综合技术服务业	160 396	111 652	15 427	10 863		22 455
9. 水利、环境和公共设施管理业	138 205	76 014	22 377	14 254	523	25 561
10. 居民服务和其他服务业	754 675	431 583	80 022	54 422	619	188 648
11. 教育	653 504	561 099	59 581	9 116		23 709
12. 卫生、社会保障和社会福利业	483 935	356 334	56 147	15 722	114	55 731
13. 文化、体育和娱乐业	77 595	44 469	14 416	5 615		13 095
14. 公共管理和社会组织	969 877	714 191	78 621	16 337	1 090	160 727
三、国（地区）外净要素收入	**−29 319**	**−29 324**	**3**			**2**
1. 国（地区）外汇回要素收入	5 156	5 151	3			2
2. 国（地区）内汇出要素收入	34 475	34 475				

1－12 各垦区按产业分的农垦总收入

（2011 年） 计量单位：万元

地区	农垦总收入	生产总值	第一产业（农业）	第二产业			第三产业	
					工业	建筑业		交通运输及仓储业
全国农垦	**42 095 336**	**42 124 655**	**13 949 680**	**17 486 294**	**13 792 804**	**3 693 490**	**10 688 681**	**1 468 975**
北京	400 750	400 750	138 041	92 140	91 365	775	170 569	15 448
天津	131 680	131 680	15 405	44 223	43 292	931	72 052	422
河北	2 857 631	2 857 631	368 988	1 746 928	1 533 879	213 049	741 715	165 142
山西	35 724	35 724	10 425	13 338	13 338		11 961	689
内蒙古	952 100	952 100	430 181	346 808	312 379	34 429	175 111	39 624
辽宁	2 002 935	2 002 935	694 304	917 999	796 293	121 706	390 632	93 626
吉林	172 600	172 532	136 930	23 283	19 437	3 846	12 319	3 977
黑龙江	9 163 724	9 163 724	4 733 535	2 181 884	1 568 198	613 686	2 248 306	304 072
上海	1 237 123	1 237 123	87 174	461 049	448 113	12 936	688 900	118 398
江苏	852 714	852 714	220 360	420 086	373 871	46 215	212 268	21 386
浙江	453 113	453 113	23 519	412 354	412 354		17 240	2 342
安徽	188 865	188 865	99 654	50 456	36 694	13 763	38 754	4 718
福建	404 022	404 022	90 173	277 645	271 873	5 772	36 204	7 829
江西	1 151 082	1 151 082	167 227	737 293	651 252	86 041	246 562	28 481
山东	81 200	81 200	30 429	46 278	44 333	1 945	4 493	380
河南	117 687	117 687	53 320	39 608	37 473	2 135	24 759	4 049
湖北	4 563 000	4 563 000	699 973	2 775 368	2 256 345	519 023	1 087 659	126 472
湖南	942 856	942 856	336 245	418 531	186 104	232 427	188 080	42 506
广东	976 336	976 336	279 768	461 793	418 684	43 109	234 775	24 973
广西	2 966 738	2 966 738	397 302	1 804 858	1 372 570	432 288	764 578	100 020
海南	1 358 453	1 358 453	868 159	194 303	64 531	129 772	295 991	22 335
重庆	108 732	108 732	10 925	67 090	64 433	2 657	30 717	8 848
四川	16 589	16 589	5 061	9 163	9 055	108	2 365	
贵州	25 801	25 801	6 837	18 933	18 933		31	
云南	379 785	379 785	255 844	43 459	42 518	941	80 482	9 834
陕西	56 317	56 317	24 242	28 625	28 625		3 450	
甘肃	128 560	128 560	53 000	68 077	65 675	2 402	7 483	681
青海	22 783	22 783	20 519	1 076	1 076		1 188	
宁夏	162 869	162 869	90 506	44 262	30 076	14 186	28 101	4 861
新疆（兵团）	9 658 977	9 688 364	3 276 231	3 672 035	2 538 182	1 133 853	2 740 098	310 292
新疆（农业）	182 924	182 924	109 929	35 025	19 405	15 620	37 970	6 890
新疆（畜牧）	295 542	295 542	211 045	20 674	10 799	9 875	63 823	626
热科院	22 902	22 902					22 902	
广州	18 597	18 597	3 980	10 411	10 411		4 206	
南京	4 626	4 626	449	1 239	1 239		2 938	54

注：本表按当年价格计算。

1－12 续表 1

地　区	第三产业							
	信息传输、计算机服务和软件业	批发和零售业	住宿和餐饮业	金融业	房地产业	租赁和商务服务业	科学研究和综合技术服务业	水利、环境和公共设施管理业
全国农垦	**148 353**	**3 055 714**	**854 260**	**560 728**	**1 150 288**	**212 177**	**160 396**	**138 205**
北　　京		11 684	89 291		24 698	10 583		
天　　津		17 660	43		6 783	28 498	1 121	
河　　北	12 645	201 449	80 744	38 573	71 236	29 851	3 783	1 122
山　　西		9 127	508			716		
内 蒙 古	1 702	59 873	20 113	911	14 987	372	813	284
辽　　宁	4 942	119 848	40 368	3 357	44 867	11 171	5 440	8 876
吉　　林	242	2 642	1 227				24	4
黑 龙 江	24 560	735 677	152 707	126 680	221 728	44 175	25 952	30 125
上　　海	1 524	332 675	10 570		212 442	−6 416	700	1 892
江　　苏	81	78 166	14 878	81	16 393	351	789	2 018
浙　　江		4 311	638		4	6 443		8
安　　徽		11 325	11 092		3 637	1 219	389	
福　　建	584	12 023	3 757	195	57	905	1 044	86
江　　西	9 283	59 022	34 901	1 890	13 482	2 815	561	1 714
山　　东		1 670	994			21	32	
河　　南	95	11 244	1 853	922	828	195	183	584
湖　　北	19 710	345 119	53 435	100 144	106 437	34 265	31 775	22 547
湖　　南	3 170	38 625	13 855	6 807	20 145	1 370	394	961
广　　东		50 347	22 483		11 569		676	
广　　西		382 967	74 904		82 477		4 565	
海　　南	1 486	43 391	20 928		36 377	978	1 715	94
重　　庆		416	2 884		17 685	781	103	
四　　川			148					
贵　　州								
云　　南		8 717	7 121				2 827	51
陕　　西		541	1 058			84		
甘　　肃		2 343	723			44	473	249
青　　海		15	15			1 140		
宁　　夏		4 793	4 472		2 089		243	28
新疆（兵团）	68 329	483 672	181 928	281 168	240 871	38 034	59 205	67 422
新疆（农业）		20 900	6 050		1 060	1 295	407	140
新疆（畜牧）		568						
热 科 院		3 254	285				17 182	
广　　州		1 004				3 202		
南　　京		646	287		436	85		

1－12续表2

地　　区	第三产业					国（地区）外净要素收入	国(地区)外汇回要素收入	国(地区)内汇出要素收入
	居民服务和其他服务业	教育	卫生、社会保障和社会福利业	文化、体育和娱乐业	公共管理和社会组织			
全国农垦	**754 675**	**653 504**	**483 935**	**77 595**	**969 877**	**－29 319**	**5 156**	**34 475**
北　　京	16 862	756	35	657	555			
天　　津	17 347	54	124					
河　　北	35 015	29 846	17 345	2 679	52 285			
山　　西	529	345	47					
内 蒙 古	9 307	6 347	6 834	357	13 587			
辽　　宁	28 528	4 431	8 088	2 190	14 900			
吉　　林	798	2 671	592	54	88		68	
黑 龙 江	141 880	153 240	107 165	6 456	173 889			
上　　海	8 814	5 065	3 236					
江　　苏	38 953	2 377	19 806	655	16 334			
浙　　江	1 880	542	146	25	901			
安　　徽	3 800	249	2 326					
福　　建	5 479	1 144	667	106	2 328			
江　　西	80 288	3 203	3 013	6 361	1 548			
山　　东	1 355		41					
河　　南	1 109	1 059	485	554	1 599			
湖　　北	23 558	78 721	36 412	6 386	102 678			
湖　　南	26 436	11 931	3 122	15 270	3 488			
广　　东	39 743	25 494	21 326	1 395	36 769			
广　　西	55 499	20 846	5 627		37 673			
海　　南	40 791	4 577	36 254	1 101	85 964			
重　　庆								
四　　川	2 217							
贵　　州			31					
云　　南	8 567	109	874	235	42 147			
陕　　西	1 569	263	179		－244			
甘　　肃	753	560	279	63	1 315			
青　　海			18					
宁　　夏	10 299	300			1 016			
新疆（兵团）	111 246	295 304	208 900	31 278	362 449	－29 387	5 088	34 475
新疆（农业）	305		710	151	62			
新疆（畜牧）	40 715	3 115	253		18 546			
热 科 院		558		1 622				
广　　州								
南　　京	1 033	397						

1－13 各垦区生产总值构成

（2011年） 生产总值＝100

地区	第一产业（农业）	第二产业			第三产业	
			工业	建筑业		交通运输及仓储业
全国农垦	**33.1**	**41.5**	**32.7**	**8.8**	**25.4**	**3.5**
北京	34.4	23.0	22.8	0.2	42.6	3.9
天津	11.7	33.6	32.9	0.7	54.7	0.3
河北	12.9	61.1	53.7	7.5	26.0	5.8
山西	29.2	37.3	37.3		33.5	1.9
内蒙古	45.2	36.4	32.8	3.6	18.4	4.2
辽宁	34.7	45.8	39.8	6.1	19.5	4.7
吉林	79.4	13.5	11.3	2.2	7.1	2.3
黑龙江	51.7	23.8	17.1	6.7	24.5	3.3
上海	7.0	37.3	36.2	1.0	55.7	9.6
江苏	25.8	49.3	43.8	5.4	24.9	2.5
浙江	5.2	91.0	91.0		3.8	0.5
安徽	52.8	26.7	19.4	7.3	20.5	2.5
福建	22.3	68.7	67.3	1.4	9.0	1.9
江西	14.5	64.1	56.6	7.5	21.4	2.5
山东	37.5	57.0	54.6	2.4	5.5	0.5
河南	45.3	33.7	31.8	1.8	21.0	3.4
湖北	15.3	60.8	49.4	11.4	23.8	2.8
湖南	35.7	44.4	19.7	24.7	19.9	4.5
广东	28.7	47.3	42.9	4.4	24.0	2.6
广西	13.4	60.8	46.3	14.6	25.8	3.4
海南	63.9	14.3	4.8	9.6	21.8	1.6
重庆	10.0	61.7	59.3	2.4	28.3	8.1
四川	30.5	55.2	54.6	0.7	14.3	
贵州	26.5	73.4	73.4		0.1	
云南	67.4	11.4	11.2	0.2	21.2	2.6
陕西	43.0	50.8	50.8		6.1	
甘肃	41.2	53.0	51.1	1.9	5.8	0.5
青海	90.1	4.7	4.7		5.2	
宁夏	55.6	27.2	18.5	8.7	17.3	3.0
新疆（兵团）	33.8	37.9	26.2	11.7	28.3	3.2
新疆（农业）	60.1	19.1	10.6	8.5	20.8	3.8
新疆（畜牧）	71.4	7.0	3.7	3.3	21.6	0.2
热科院					100.0	
广州	21.4	56.0	56.0		22.6	
南京	9.7	26.8	26.8		63.5	1.2

1－14　各垦区按要素分的生产总值

（2011 年）　　　　计量单位：万元

地　区	合计（按当年价格计算）	劳动者报酬	固定资产折旧	生产税净额	＃补贴	营业盈余
全国农垦	**42 124 655**	**19 014 627**	**4 827 570**	**3 628 746**	**370 525**	**14 653 712**
北　京	400 750	213 456	62 222	47 374	108	77 698
天　津	131 680	47 902	15 866	34 869		33 043
河　北	2 857 631	998 081	317 047	351 067	1 618	1 191 435
山　西	35 724	17 426	3 714	7 285	400	7 299
内蒙古	952 100	461 490	113 807	64 669	3 933	312 134
辽　宁	2 002 935	905 198	289 416	206 874	716	601 447
吉　林	172 532	132 882	7 326	3 430	383	28 894
黑龙江	9 163 724	3 684 510	1 000 287	134 770	270 225	4 344 157
上　海	1 237 123	558 761	112 606	291 822	12 171	273 934
江　苏	852 714	359 708	109 902	84 213		298 891
浙　江	453 113	120 672	65 980	58 479		207 982
安　徽	188 865	113 359	18 666	16 263		40 577
福　建	404 022	164 014	64 533	31 400	60	144 075
江　西	1 151 082	668 738	127 711	140 168	1 019	214 465
山　东	81 200	27 045	8 143	6 537		39 475
河　南	117 687	65 378	10 599	6 572	357	35 138
湖　北	4 563 000	1 902 423	608 403	774 994		1 277 180
湖　南	942 856	381 217	119 209	118 636	33 170	323 794
广　东	976 336	358 641	69 336	78 909		469 450
广　西	2 966 738	591 220	200 220	247 319		1 927 979
海　南	1 358 453	1 013 699	82 734	65 026		196 994
重　庆	108 732	42 765	11 985	17 970		36 012
四　川	16 589	7 580	2 398	3 846	699	2 765
贵　州	25 801	24 570	872	145		214
云　南	379 785	260 683	27 321	10 701		81 080
陕　西	56 317	22 611	2 272	13 143	100	18 291
甘　肃	128 560	73 468	25 588	17 442	4 649	12 062
青　海	22 783	18 231	1 731	2 019	2 084	802
宁　夏	162 869	89 808	14 738	17 689		40 634
新疆（兵团）	9 688 364	5 279 942	1 293 068	757 930	35 833	2 357 424
新疆（农业）	182 924	117 162	19 976	11 381	3 000	34 405
新疆（畜牧）	295 542	256 626	16 679	1 019		21 217
热科院	22 902	21 662	1	811		428
广　州	18 597	10 876	2 632	3 188		1 901
南　京	4 626	2 823	582	785		436

1－15　各垦区生产总值要素构成

（2011年）　　生产总值＝100

地　区	劳动者报酬	固定资产折旧	生产税净额	营业盈余
全国农垦	**45.1**	**11.5**	**8.6**	**34.8**
北　京	53.3	15.5	11.8	19.4
天　津	36.4	12.0	26.5	25.1
河　北	34.9	11.1	12.3	41.7
山　西	48.8	10.4	20.4	20.4
内蒙古	48.5	12.0	6.8	32.8
辽　宁	45.2	14.4	10.3	30.0
吉　林	77.0	4.2	2.0	16.7
黑龙江	40.2	10.9	1.5	47.4
上　海	45.2	9.1	23.6	22.1
江　苏	42.2	12.9	9.9	35.1
浙　江	26.6	14.6	12.9	45.9
安　徽	60.0	9.9	8.6	21.5
福　建	40.6	16.0	7.8	35.7
江　西	58.1	11.1	12.2	18.6
山　东	33.3	10.0	8.1	48.6
河　南	55.6	9.0	5.6	29.9
湖　北	41.7	13.3	17.0	28.0
湖　南	40.4	12.6	12.6	34.3
广　东	36.7	7.1	8.1	48.1
广　西	19.9	6.7	8.3	65.0
海　南	74.6	6.1	4.8	14.5
重　庆	39.3	11.0	16.5	33.1
四　川	45.7	14.5	23.2	16.7
贵　州	95.2	3.4	0.6	0.8
云　南	68.6	7.2	2.8	21.3
陕　西	40.1	4.0	23.3	32.5
甘　肃	57.1	19.9	13.6	9.4
青　海	80.0	7.6	8.9	3.5
宁　夏	55.1	9.0	10.9	24.9
新疆（兵团）	54.5	13.3	7.8	24.3
新疆（农业）	64.0	10.9	6.2	18.8
新疆（畜牧）	86.8	5.6	0.3	7.2
热科院	94.6	0.0	3.5	1.9
广　州	58.5	14.2	17.1	10.2
南　京	61.0	12.6	17.0	9.4

1－16　各垦区第一产业增加值

（2011 年）　　　　计量单位：万元

地　　区	合计（按当年价格计算）	劳动者报酬	固定资产折旧	生产税净额	#补贴	营业盈余
全国农垦	**13 949 680**	**8 353 703**	**1 072 204**	**－141 967**	**297 866**	**4 665 739**
北　　京	138 041	92 015	17 686	1 624	82	26 716
天　　津	15 405	7 991	3 913	98		3 403
河　　北	368 988	234 179	32 562	8 189	14	94 058
山　　西	10 425	7 149	531	3 074	400	－329
内 蒙 古	430 181	255 151	46 052	9 550	3 770	119 428
辽　　宁	694 304	397 841	78 452	33 912	663	184 099
吉　　林	136 930	112 865	4 159	1 623	381	18 283
黑 龙 江	4 733 535	2 050 318	359 182	－258 764	259 090	2 582 799
上　　海	87 174	40 819	12 981	673	9 512	32 701
江　　苏	220 360	107 734	20 577	281		91 768
浙　　江	23 519	14 253	1 677	183		7 406
安　　徽	99 654	65 128	9 645	353		24 528
福　　建	90 173	63 567	5 932	1 957	16	18 717
江　　西	167 227	130 106	10 515	4 895	822	21 711
山　　东	30 429	15 675	1 438	662		12 654
河　　南	53 320	41 162	3 019	572	357	8 567
湖　　北	699 973	536 660	28 978	8 356		125 979
湖　　南	336 245	115 333	55 751	34 760	7 130	130 401
广　　东	279 768	135 255	25 099			119 414
广　　西	397 302	143 903	35 358	2 175		215 866
海　　南	868 159	708 142	27 961	6 184		125 872
重　　庆	10 925	4 974	1 860	511		3 580
四　　川	5 061	4 288	304	89	7	380
贵　　州	6 837	6 710	127			
云　　南	255 844	216 792	16 886	1 086		21 080
陕　　西	24 242	12 968	1 013	219	55	10 042
甘　　肃	53 000	42 237	5 818	169	82	4 776
青　　海	20 519	16 877	1 591	1 562	2 084	489
宁　　夏	90 506	58 593	8 316	526		23 071
新疆（兵团）	3 276 231	2 440 461	238 024	－12 870	10 400	610 616
新疆（农业）	109 929	79 480	5 144	6 250	3 000	19 055
新疆（畜牧）	211 045	192 138	11 243	66		7 598
热 科 院						
广　　州	3 980	2 508	392	67		1 013
南　　京	449	431	17	2		－1

1－19 各垦区建筑业增加值

（2011年） 计量单位：万元

地区	合计（按当年价格计算）	劳动者报酬	固定资产折旧	生产税净额	#补贴	营业盈余
全国农垦	**3 693 490**	**1 803 175**	**350 536**	**470 104**	**26 069**	**1 069 676**
北京	775	415	47	234		79
天津	931	732	42	159		－2
河北	213 049	87 203	25 219	25 913		74 714
山西						
内蒙古	34 429	9 895	4 692	4 397	21	15 445
辽宁	121 706	60 503	17 001	17 179		27 023
吉林	3 846	2 987	256	175		428
黑龙江	613 686	307 247	40 620	67 633		198 186
上海	12 936	6 151	167	2 906		3 712
江苏	46 215	20 378	14 362	2 809		8 666
浙江						
安徽	13 763	10 419	134	1 915		1 295
福建	5 772	4 154	302	332		984
江西	86 041	28 416	26 529	8 013		23 083
山东	1 945	1 201	83	255		406
河南	2 135	1 144	100	266		625
湖北	519 023	218 641	89 515	89 777		121 090
湖南	232 427	60 827	17 870	37 820	26 040	115 910
广东	43 109	22 367	4 232	4 588		11 922
广西	432 288	108 250	18 371	39 624		266 043
海南	129 772	74 958	5 866	25 927		23 021
重庆	2 657	300	87	1 636		634
四川	108	33	24	14		37
贵州						
云南	941	540	13	200		188
陕西						
甘肃	2 402	1 590	83	566		163
青海						
宁夏	14 186	8 728	153	1 010		4 296
新疆（兵团）	1 133 853	753 772	79 248	135 419	8	165 414
新疆（农业）	15 620	6 705	5 520	1 015		2 380
新疆（畜牧）	9 875	5 620		322		3 934
热科院						
广州						
南京						

1-20 各垦区第三产业增加值

（2011 年） 计量单位：万元

地区	合计（按当年价格计算）	劳动者报酬	固定资产折旧	生产税净额	#补贴	营业盈余
全国农垦	**10 688 681**	**4 935 637**	**1 469 385**	**997 883**	**15 328**	**3 285 775**
北京	170 569	80 569	18 591	33 518		37 891
天津	72 052	19 001	3 787	19 969		29 295
河北	741 715	319 578	95 367	50 010	1 604	276 759
山西	11 961	5 125	968	1 272		4 596
内蒙古	175 111	99 671	31 676	10 355	119	33 409
辽宁	390 632	199 055	52 510	48 110	51	90 957
吉林	12 319	9 719	972	305	2	1 323
黑龙江	2 248 306	891 618	422 358	121 813	402	812 517
上海	688 900	352 964	54 556	170 635	1 242	110 745
江苏	212 268	102 148	37 509	13 137		59 474
浙江	17 240	10 750	1 035	1 246		4 209
安徽	38 754	22 998	3 621	4 608		7 527
福建	36 204	19 810	3 310	3 581	14	9 503
江西	246 562	182 781	18 284	9 781	—6	35 716
山东	4 493	2 584	281	216		1 412
河南	24 759	12 054	3 656	623		8 427
湖北	1 087 659	496 758	154 276	113 853		322 772
湖南	188 080	111 597	25 644	12 551		38 288
广东	234 775	115 448	16 624	21 841		80 862
广西	764 578	156 182	44 077	68 627		495 692
海南	295 991	200 488	39 813	16 538		39 152
重庆	30 717	6 546	1 702	6 793		15 676
四川	2 365	313	1 242	665	619	145
贵州	31	22	3	2		4
云南	80 482	23 144	4 132	2 827		50 379
陕西	3 450	2 524	452	75	45	399
甘肃	7 483	5 871	1 387	642	41	—417
青海	1 188	866	84	138		100
宁夏	28 101	14 600	2 906	3 604		6 990
新疆（兵团）	2 740 098	1 366 415	420 890	256 397	11 195	696 396
新疆（农业）	37 970	23 497	3 367	1 886		9 220
新疆（畜牧）	63 823	55 474	2 889	208		5 251
热科院	22 902	21 662	1	811		428
广州	4 206	2 273	927	665		341
南京	2 938	1 532	488	581		337

1－21　各垦区交通运输、仓储和邮政业增加值

（2011 年）　　　　计量单位：万元

地　区	合计（按当年价格计算）	劳动者报酬	固定资产折旧	生产税净额	#补贴	营业盈余
全国农垦	**1 468 975**	**612 388**	**206 254**	**133 104**	**9 427**	**517 229**
北　京	15 448	8 063	4 149	1 219		2 017
天　津	422	334	19	104		－35
河　北	165 142	51 622	10 062	18 278		85 180
山　西	689	242	110	132		205
内蒙古	39 624	17 391	8 075	1 047	89	13 111
辽　宁	93 626	47 304	13 799	9 240		23 283
吉　林	3 977	2 800	589	98	1	490
黑龙江	304 072	108 489	40 770	21 495	324	133 319
上　海	118 398	83 618	20 925	4 831	1 242	9 024
江　苏	21 386	10 440	7 229	842		2 875
浙　江	2 342	1 896	602	205		－361
安　徽	4 718	2 873	726	393		726
福　建	7 829	4 481	1 020	738	4	1 590
江　西	28 481	22 227	1 767	690		3 797
山　东	380	272	12	23		73
河　南	4 049	2 105	868	93		983
湖　北	126 472	49 434	18 345	22 221		36 472
湖　南	42 506	24 059	1 925	2 384		14 138
广　东	24 973	15 393	2 813	1 996		4 771
广　西	100 020	31 033	6 877	7 285		54 825
海　南	22 335	16 796	2 249	1 925		1 365
重　庆	8 848	2 641	789	2 182		3 236
四　川						
贵　州						
云　南	9 834	5 172	1 444	607		2 611
陕　西						
甘　肃	681	540	34	48		59
青　海						
宁　夏	4 861	2 302	775	329		1 455
新疆（兵团）	310 292	97 295	59 595	33 930	7 767	119 472
新疆（农业）	6 890	3 538	675	700		1 977
新疆（畜牧）	626			63		563
热科院						
广　州						
南　京	54	29	11	6		8

1－22 各垦区信息传输、计算机服务和软件业增加值

（2011 年）　　　　计量单位：万元

地　区	合计（按当年价格计算）	劳动者报酬	固定资产折旧	生产税净额	# 补贴	营业盈余
全国农垦	**148 353**	**55 116**	**27 889**	**20 070**		**45 277**
北　京						
天　津						
河　北	12 645	3 206	2 829	604		6 006
山　西						
内蒙古	1 702	236	649	214		603
辽　宁	4 942	3 024	409	266		1 243
吉　林	242	216	26			
黑龙江	24 560	14 763	5 833	1 292		2 672
上　海	1 524	459	169	57		839
江　苏	81	61	10	8		2
浙　江						
安　徽						
福　建	584	234	45	55		250
江　西	9 283	3 426	316	597		4 944
山　东						
河　南	95	33	30	11		21
湖　北	19 710	6 813	1 713	6 268		4 916
湖　南	3 170	3 005	62	8		95
广　东						
广　西						
海　南	1 486	825	199	649		－187
重　庆						
四　川						
贵　州						
云　南						
陕　西						
甘　肃						
青　海						
宁　夏						
新疆（兵团）	68 329	18 816	15 599	10 041		23 873
新疆（农业）						
新疆（畜牧）						
热科院						
广　州						
南　京						

1－23 各垦区批发和零售业增加值

（2011年）　　　　计量单位：万元

地区	合计（按当年价格计算）	劳动者报酬	固定资产折旧	生产税净额	#补贴	营业盈余
全国农垦	**3 055 714**	**1 154 642**	**286 159**	**361 195**	**3 375**	**1 253 718**
北京	11 684	5 157	3 046	1 095		2 386
天津	17 660	4 487	1 112	5 567		6 494
河北	201 449	84 736	14 706	20 334		81 673
山西	9 127	3 482	577	872		4 196
内蒙古	59 873	31 616	9 077	6 355		12 825
辽宁	119 848	60 989	12 716	16 924		29 219
吉林	2 642	1 644	198	146	1	654
黑龙江	735 677	222 136	61 902	55 050	77	396 589
上海	332 675	193 118	17 687	87 641		34 229
江苏	78 166	35 486	10 444	6 282		25 954
浙江	4 311	1 711	59	381		2 160
安徽	11 325	6 763	915	1 066		2 581
福建	12 023	4 548	518	1 880	3	5 077
江西	59 022	40 731	3 916	2 480	1	11 895
山东	1 670	871	79	116		604
河南	11 244	3 628	1 250	393		5 974
湖北	345 119	110 667	68 927	17 085		148 440
湖南	38 625	33 147	2 816	2 214		448
广东	50 347	21 418	3 549	8 619		16 761
广西	382 967	62 393	12 296	39 643		268 635
海南	43 391	32 387	2 614	6 677		1 713
重庆	416	115	208	53		40
四川						
贵州						
云南	8 717	4 659	774	948		2 336
陕西	541	221	80			240
甘肃	2 343	1 386	468	246	41	243
青海	15	15				
宁夏	4 793	2 832	535	217		1 210
新疆（兵团）	483 672	166 954	53 781	77 448	3 252	185 489
新疆（农业）	20 900	14 323	1 695	627		4 255
新疆（畜牧）	568		123	22		423
热科院	3 254	2 429		549		276
广州	1 004	207	12	151		634
南京	646	386	81	115		64

1－24 各垦区住宿和餐饮业增加值

（2011 年） 计量单位：万元

地　　区	合计（按当年价格计算）	劳动者报酬	固定资产折旧	生产税净额	＃补贴	营业盈余
全国农垦	**854 260**	**361 376**	**100 591**	**88 615**	**180**	**303 677**
北　　京	89 291	40 258	5 974	14 822		28 237
天　　津	43	180	36	42		－215
河　　北	80 744	24 439	4 353	3 221		48 731
山　　西	508	262	15	35		196
内 蒙 古	20 113	10 842	3 726	1 048		4 497
辽　　宁	40 368	19 614	5 446	4 279		11 029
吉　　林	1 227	694	68	43	1	422
黑 龙 江	152 707	53 308	21 007	13 561	1	64 832
上　　海	10 570	6 528	1 567	1 597		878
江　　苏	14 878	8 351	3 358	1 195		1 974
浙　　江	638	537	21	38		42
安　　徽	11 092	7 148	1 072	1 540		1 331
福　　建	3 757	1 972	507	343	1	935
江　　西	34 901	25 708	1 483	1 688	1	6 022
山　　东	994	568	57	48		321
河　　南	1 853	1 095	246	75		438
湖　　北	53 435	28 269	5 582	8 134		11 450
湖　　南	13 855	2 400	6 275	4 129		1 051
广　　东	22 483	10 124	2 199	2 972		7 188
广　　西	74 904	19 115	3 989	5 078		46 722
海　　南	20 928	14 615	3 335	1 723		1 255
重　　庆	2 884	1 538	349	329		668
四　　川	148	68	27	46		7
贵　　州						
云　　南	7 121	4 248	765	626		1 482
陕　　西	1 058	506	265			287
甘　　肃	723	714	232	90		－313
青　　海	15	15				
宁　　夏	4 472	2 837	611	580		443
新疆（兵团）	181 928	72 334	27 549	20 828	176	61 217
新疆（农业）	6 050	2 650	450	460		2 490
新疆（畜牧）						
热 科 院	285	270		15		
广　　州						
南　　京	287	169	29	29		60

1－25　各垦区金融业增加值

（2011 年）　　　　计量单位：万元

地　区	合计（按当年价格计算）	劳动者报酬	固定资产折旧	生产税净额	#补贴	营业盈余
全国农垦	**560 728**	**153 640**	**63 053**	**54 110**		**289 925**
北　京						
天　津						
河　北	38 573	25 950	1 716	2 724		8 183
山　西						
内蒙古	911	613	28	3		267
辽　宁	3 357	1 262	527	382		1 186
吉　林						
黑龙江	126 680	27 398	5 108	7 120		87 054
上　海						
江　苏	81	40	25	10		6
浙　江						
安　徽						
福　建	195	112	12	5		66
江　西	1 890	533	50	117		1 190
山　东						
河　南	922	347	41			534
湖　北	100 144	21 211	23 074	15 660		40 199
湖　南	6 807	1 484	2 980	297		2 046
广　东						
广　西						
海　南						
重　庆						
四　川						
贵　州						
云　南						
陕　西						
甘　肃						
青　海						
宁　夏						
新疆（兵团）	281 168	74 690	29 492	27 792		149 194
新疆（农业）						
新疆（畜牧）						
热科院						
广　州						
南　京						

1－26 各垦区房地产业增加值

(2011 年)　　　　计量单位：万元

地　区	合计（按当年价格计算）	劳动者报酬	固定资产折旧	生产税净额	＃补贴	营业盈余
全国农垦	**1 150 288**	**173 496**	**418 381**	**186 552**		**371 860**
北　京	24 698	4 576	405	10 123		9 594
天　津	6 783	2 063	428	2 786		1 506
河　北	71 236	11 552	39 449	429		19 806
山　西						
内蒙古	14 987	10 470	3 455	763		299
辽　宁	44 867	16 245	7 192	10 523		10 907
吉　林						
黑龙江	221 728	4 789	194 938	7 707		14 294
上　海	212 442	29 110	4 379	71 751		107 202
江　苏	16 393	2 137	1 402	2 924		9 930
浙　江	4		4			
安　徽	3 637	713	255	1 345		1 325
福　建	57	18	1	1		37
江　西	13 482	6 342	2 468	2 310		2 362
山　东						
河　南	828	190	435	1		202
湖　北	106 437	31 612	19 706	12 376		42 743
湖　南	20 145	7 723	2 850	216		9 356
广　东	11 569	1 280	35	4 121		6 133
广　西	82 477	3 252	14 426	10 153		54 646
海　南	36 377	2 786	24 491	931		8 169
重　庆	17 685	1 748	130	4 099		11 708
四　川						
贵　州						
云　南						
陕　西						
甘　肃						
青　海						
宁　夏	2 089	112	18	743		1 216
新疆(兵团)	240 871	35 891	101 822	42 968		60 190
新疆(农业)	1 060	719	75	31		235
新疆(畜牧)						
热科院						
广　州						
南　京	436	168	17	251		

1-27 各垦区租赁和商务服务业增加值

(2011年)

计量单位：万元

地区	合计（按当年价格计算）	劳动者报酬	固定资产折旧	生产税净额	#补贴	营业盈余
全国农垦	**212 177**	**129 637**	**40 468**	**27 909**		**14 164**
北京	10 583	5 560	1 632	2 483		908
天津	28 498	8 936	1 330	4 494		13 738
河北	29 851	18 143	7 763	810		3 135
山西	716	386	143	129		58
内蒙古	372	301	36	31		4
辽宁	11 171	5 057	1 992	1 238		2 884
吉林						
黑龙江	44 175	17 068	5 482	1 188		20 437
上海	−6 416	28 497	8 653	3 206		−46 772
江苏	351	245	91	10		5
浙江	6 443	3 926	221	595		1 701
安徽	1 219	1 089	130			
福建	905	191	76	185		453
江西	2 815	1 387	249	163		1 016
山东	21	15	6			
河南	195	160	28	3		5
湖北	34 265	15 172	4 487	6 114		8 492
湖南	1 370	1 002	30	58		280
广东						
广西						
海南	978	1 591	236	378		−1 227
重庆	781	401	226	130		24
四川						
贵州						
云南						
陕西	84	74	101	30		−121
甘肃	44	41		3		
青海	1 140	820	82	138		100
宁夏						
新疆（兵团）	38 034	16 543	6 435	5 957		9 099
新疆（农业）	1 295	926	123	48		198
新疆（畜牧）						
热科院						
广州	3 202	2 066	915	514		−293
南京	85	40	1	4		40

1－28 各垦区科学研究、技术服务业和地质勘察业增加值

（2011 年） 计量单位：万元

地　　区	合计（按当年价格计算）	劳动者报酬	固定资产折旧	生产税净额	#补贴	营业盈余
全国农垦	**160 396**	**111 652**	**15 427**	**10 863**		**22 455**
北　　京						
天　　津	1 121	938	82	74		27
河　　北	3 783	2 741	320	78		644
山　　西						
内 蒙 古	813	562	181	54		16
辽　　宁	5 440	2 711	1 261	625		843
吉　　林	24	24				
黑 龙 江	25 952	20 690	2 952	849		1 462
上　　海	700	529	86	20		65
江　　苏	789	461	61	6		261
浙　　江						
安　　徽	389	234	80	48		27
福　　建	1 044	1 010	12	4		18
江　　西	561	508	50	3		
山　　东	32	22	4			6
河　　南	183	165	18			
湖　　北	31 775	15 176	3 774	2 877		9 948
湖　　南	394	330	26	1		37
广　　东	676	495	15			166
广　　西	4 565	2 547	239	6		1 773
海　　南	1 715	905	5	286		519
重　　庆	103	103				
四　　川						
贵　　州						
云　　南	2 827	2 522	243	136		－74
陕　　西						
甘　　肃	473	459	2	2		10
青　　海						
宁　　夏	243	243				
新疆（兵团）	59 205	40 809	5 969	5 784		6 643
新疆（农业）	407	287	46	9		65
新疆（畜牧）						
热 科 院	17 182	17 181	1			
广　　州						
南　　京						

1-29 各垦区水利、环境和公共设施管理业增加值

(2011年)　　计量单位：万元

地　　区	合计（按当年价格计算）	劳动者报酬	固定资产折旧	生产税净额	#补贴	营业盈余
全国农垦	**138 205**	**76 014**	**22 377**	**14 254**	**523**	**25 561**
北　　京						
天　　津						
河　　北	1 122	614	270	599	520	−361
山　　西						
内 蒙 古	284	202	82			
辽　　宁	8 876	3 785	1 857	862		2 372
吉　　林	4	4				
黑 龙 江	30 125	20 239	3 799	573		5 514
上　　海	1 892	1 164	135	584		9
江　　苏	2 018	1 150	382	6		480
浙　　江	8	8				
安　　徽						
福　　建	86	73	6	5	3	2
江　　西	1 714	1 235	479			
山　　东						
河　　南	584	303	230			51
湖　　北	22 547	12 304	993	4 788		4 462
湖　　南	961	816	46	16		83
广　　东						
广　　西						
海　　南	94	83	3	2		6
重　　庆						
四　　川						
贵　　州						
云　　南	51	51				
陕　　西						
甘　　肃	249	152	18			79
青　　海						
宁　　夏	28	28				
新疆（兵团）	67 422	33 714	14 026	6 819		12 863
新疆（农业）	140	89	51			
新疆（畜牧）						
热 科 院						
广　　州						
南　　京						

1-30 各垦区居民服务和其他服务业增加值

（2011 年）　　计量单位：万元

地　　区	合计（按当年价格计算）	劳动者报酬	固定资产折旧	生产税净额	#补贴	营业盈余
全国农垦	**754 675**	**431 583**	**80 022**	**54 422**	**619**	**188 648**
北　　京	16 862	15 635	3 263	3 630		−5 666
天　　津	17 347	1 885	780	6 902		7 780
河　　北	35 015	12 197	4 983	1 315		16 520
山　　西	529	365	119	104		−59
内 蒙 古	9 307	5 707	2 185	545		870
辽　　宁	28 528	17 460	3 073	2 481		5 514
吉　　林	798	643	55	16		84
黑 龙 江	141 880	66 708	19 719	10 603		44 851
上　　海	8 814	5 031	379	396		3 008
江　　苏	38 953	16 775	10 444	1 724		10 010
浙　　江	1 880	1 138	94	16		632
安　　徽	3 800	2 295	248	153		1 104
福　　建	5 479	4 189	332	202		756
江　　西	80 288	71 937	3 127	1 064		4 160
山　　东	1 355	798	120	29		408
河　　南	1 109	1 043	31	11		24
湖　　北	23 558	14 478	1 801	1 406		5 873
湖　　南	26 436	17 103	3 014	1 729		4 590
广　　东	39 743	19 296	5 527	4 133		10 787
广　　西	55 499	16 805	1 790	2 787		34 117
海　　南	40 791	38 022	539	653		1 577
重　　庆						
四　　川	2 217	245	1 215	619	619	138
贵　　州						
云　　南	8 567	3 207	536	501		4 323
陕　　西	1 569	1 540	2			27
甘　　肃	753	416	234	74		29
青　　海						
宁　　夏	10 299	4 930	968	1 735		2 666
新疆（兵团）	111 246	50 460	14 994	11 407		34 385
新疆（农业）	305	251	43	11		
新疆（畜牧）	40 715	40 494	221			
热 科 院						
广　　州						
南　　京	1 033	530	187	176		140

1－31 各垦区教育增加值

（2011年）　　　　计量单位：万元

地　区	合计（按当年价格计算）	劳动者报酬	固定资产折旧	生产税净额	#补贴	营业盈余
全国农垦	**653 504**	**561 099**	**59 581**	**9 116**		**23 709**
北　京	756	410	19	14		313
天　津	54	54				
河　北	29 846	27 216	2 408	3		219
山　西	345	343	2			
内蒙古	6 347	4 986	1 354	1		6
辽　宁	4 431	4 219	190	2		20
吉　林	2 671	2 617	45			9
黑龙江	153 240	129 668	20 408	53		3 112
上　海	5 065	1 658	567	552		2 288
江　苏	2 377	1 985	275	7		110
浙　江	542	537	3			2
安　徽	249	233	16			
福　建	1 144	1 026	60	20		38
江　西	3 203	2 253	934			16
山　东						
河　南	1 059	938	90			31
湖　北	78 721	67 389	1 706	7 866		1 760
湖　南	11 931	7 800	2 415	298		1 418
广　东	25 494	22 018	1 384			2 092
广　西	20 846	9 390	1 425	210		9 821
海　南	4 577	4 370	207			
重　庆						
四　川						
贵　州						
云　南	109	109				
陕　西	263	263				
甘　肃	560	540	20			
青　海						
宁　夏	300	300				
新疆（兵团）	295 304	266 894	25 891	90		2 429
新疆（农业）						
新疆（畜牧）	3 115	3 115				
热科院	558	558				
广　州						
南　京	397	210	162			25

1－32 各垦区卫生、社会保障和社会福利业增加值

（2011 年） 计量单位：万元

地区	合计（按当年价格计算）	劳动者报酬	固定资产折旧	生产税净额	＃补贴	营业盈余
全国农垦	**483 935**	**356 334**	**56 147**	**15 722**	**114**	**55 731**
北京	35	57	1			－23
天津	124	124				
河北	17 345	11 206	1 600	256	26	4 283
山西	47	45	2			
内蒙古	6 834	5 192	1 183	217		242
辽宁	8 088	5 898	771	351	51	1 068
吉林	592	938	－12	2	－1	－336
黑龙江	107 165	75 575	13 860	1 342		16 389
上海	3 236	3 252	9			－25
江苏	19 806	17 531	954	2		1 319
浙江	146	143	1			2
安徽	2 326	1 650	180	62		433
福建	667	514	49	7		97
江西	3 013	1 838	948	197	38	30
山东	41	38	3			
河南	485	356	62			67
湖北	36 412	30 030	1 210	1 943		3 229
湖南	3 122	2 777	143	57		145
广东	21 326	16 778	885			3 663
广西	5 627	2 374	406	172		2 675
海南	36 254	33 796	2 063	17		378
重庆						
四川						
贵州	31	22	3	2		4
云南	874	810	64			
陕西	179	137	1			41
甘肃	279	249	23	2		5
青海	18	16	2			
宁夏						
新疆(兵团)	208 900	144 314	31 447	11 094		22 045
新疆(农业)	710	550	160			
新疆(畜牧)	253	124	129			
热科院						
广州						
南京						

1－33　各垦区文化、体育和娱乐业增加值

（2011 年）　　计量单位：万元

地　区	合计（按当年价格计算）	劳动者报酬	固定资产折旧	生产税净额	＃补贴	营业盈余
全国农垦	**77 595**	**44 469**	**14 416**	**5 615**		**13 095**
北　京	657	329	79	116		133
天　津						
河　北	2 679	1 525	563	79		512
山　西						
内蒙古	357	223	114	22		－2
辽　宁	2 190	1 067	409	268		446
吉　林	54	51	3			
黑龙江	6 456	4 957	998	286		214
上　海						
江　苏	655	497	37	1		120
浙　江	25	25				
安　徽						
福　建	106	72	7	7		20
江　西	6 361	2 713	2 181	401		1 066
山　东						
河　南	554	230	192	37		95
湖　北	6 386	4 041	262	963		1 120
湖　南	15 270	7 405	2 548	1 076		4 241
广　东	1 395	1 395				
广　西						
海　南	1 101	737	141	81		142
重　庆						
四　川						
贵　州						
云　南	235	18	164	7		46
陕　西						
甘　肃	63	63				
青　海						
宁　夏						
新疆（兵团）	31 278	17 779	6 685	2 024		4 790
新疆（农业）	151	118	33			
新疆（畜牧）						
热科院	1 622	1 224		247		152
广　州						
南　京						

1－34　各垦区公共管理和社会组织增加值

（2011 年）　　计量单位：万元

地　区	合计（按当年价格计算）	劳动者报酬	固定资产折旧	生产税净额	#补贴	营业盈余
全国农垦	**969 877**	**714 191**	**78 621**	**16 337**	**1 090**	**160 727**
北　京	555	524	23	16		−8
天　津						
河　北	52 285	44 431	4 346	1 280	1 058	2 228
山　西						
内蒙古	13 587	11 330	1 531	55	30	671
辽　宁	14 900	10 420	2 868	669		943
吉　林	88	88				
黑龙江	173 889	125 831	25 583	695		21 780
上　海						
江　苏	16 334	6 989	2 797	120		6 428
浙　江	901	829	30	11		31
安　徽						
福　建	2 328	1 370	665	129	3	164
江　西	1 548	1 943	316	71	−46	−782
山　东						
河　南	1 599	1 462	136			1
湖　北	102 678	90 162	2 696	6 152		3 668
湖　南	3 488	2 546	514	68		360
广　东	36 769	7 251	217			29 301
广　西	37 673	9 273	2 629	3 293		22 478
海　南	85 964	53 575	3 731	3 216		25 442
重　庆						
四　川						
贵　州						
云　南	42 147	2 348	142	2		39 655
陕　西	−244	−217	3	45	45	−75
甘　肃	1 315	1 311	356	177		−529
青　海						
宁　夏	1 016	1 016				
新疆（兵团）	362 449	329 922	27 605	215		4 707
新疆（农业）	62	46	16			
新疆（畜牧）	18 546	11 742	2 416	123		4 265
热科院						
广　州						
南　京						

1－35 各垦区非国有经济基本情况

（2011 年）

项 目	计量单位	合 计	第一产业	第二产业	#工业	第三产业
一、经营单位个数	个	**677 806**	**305 012**	**38 693**	**29 548**	**334 101**
1. 集体经济	个	3 137	2 122	314	229	701
#股份合作制经济	个	335	50	129	87	156
2. 个体经济	个	608 575	277 607	25 418	18 253	305 550
3. 私营经济	个	60 445	20 457	12 656	10 643	27 332
4. 港澳台及外商经济	个	361	42	296	296	23
二、从业人员	人	**2 459 630**	**849 514**	**846 523**	**644 858**	**763 593**
1. 集体经济	人	134 124	110 861	16 903	13 399	6 360
#股份合作制经济	人	8 207	1 760	5 187	3 676	1 260
2. 个体经济	人	1 502 232	660 734	225 731	129 801	615 767
3. 私营经济	人	744 558	74 780	537 119	437 946	132 659
4. 港澳台及外商经济	人	77 385	2 798	66 283	63 398	8 304
三、从业人员劳动报酬	万元	**4 932 413**	**1 384 592**	**2 010 369**	**1 497 792**	**1 537 452**
1. 集体经济	万元	199 501	157 945	33 314	27 085	8 242
#股份合作制经济	万元	18 426	3 802	13 408	12 048	1 216
2. 个体经济	万元	2 773 459	1 087 493	471 009	289 462	1 214 958
3. 私营经济	万元	1 704 885	126 481	1 308 786	986 530	269 618
4. 港澳台及外商经济	万元	230 869	8 461	178 147	176 662	44 261
四、生产总值	万元	**19 342 838**	**3 458 233**	**10 450 554**	**8 396 106**	**5 434 051**
1. 集体经济	万元	457 572	229 868	133 719	105 892	93 985
#股份合作制经济	万元	170 696	23 362	93 599	91 042	53 735
2. 个体经济	万元	8 229 606	2 804 255	1 723 104	1 076 777	3 702 247
3. 私营经济	万元	8 691 510	383 283	6 942 424	5 604 324	1 365 803
4. 港澳台及外商经济	万元	1 910 110	35 488	1 605 416	1 562 591	269 206

1－35 续表

项　目	计量单位	合　计	第一产业	第二产业	#工业	第三产业
五、当年固定资产投资额	**万元**	**13 324 611**	**891 285**	**7 891 508**	**6 139 374**	**4 541 817**
1. 集体经济	万元	136 923	42 447	52 925	31 590	41 551
#股份合作制经济	万元	21 273	1 517	19 706	18 884	50
2. 个体经济	万元	2 824 606	448 521	542 946	441 740	1 833 139
3. 私营经济	万元	9 538 787	388 260	6 814 619	5 450 156	2 335 908
4. 港澳台及外商经济	万元	565 113	4 471	228 193	227 330	332 449
六、资产总额	**万元**	**33 401 874**	**2 613 977**	**22 210 583**	**19 419 250**	**8 577 314**
1. 集体经济	万元	616 458	255 224	262 510	199 828	98 724
#股份合作制经济	万元	226 212	24 047	186 141	137 970	16 024
2. 个体经济	万元	8 127 533	1 683 046	2 170 048	1 507 057	4 274 439
3. 私营经济	万元	20 284 950	576 558	15 903 525	13 915 784	3 804 867
4. 港澳台及外商经济	万元	43 009 35	59 579	3 847 599	3 778 950	393 757
七、固定资产原值	**万元**	**20 725 705**	**2 293 553**	**13 809 415**	**12 356 461**	**4 622 737**
1. 集体经济	万元	339 040	135 720	141 776	124 437	61 544
#股份合作制经济	万元	109 857	6 211	91 432	84 013	12 214
2. 个体经济	万元	6 148 668	1 433 012	1 794 136	1 384 870	2 921 521
3. 私营经济	万元	11 386 100	516 694	9 442 102	8 471 209	1 427 304
4. 港澳台及外商经济	万元	2 683 600	161 202	2 329 481	2 259 772	192 917
八、税金	**万元**	**1 252 872**	**14 180**	**921 253**	**749 809**	**317 439**
#1. 集体经济	万元	11 019	1 994	5 668	5 120	3 356
2. 港澳台及外商经济	万元	203 292	581	172 507	169 122	30 204
九、利润总额	**万元**	**3 148 550**	**639 052**	**1 674 005**	**134 3297**	**835 493**
#1. 集体经济	万元	42 008	5 789	18 500	17 327	17719
2. 港澳台及外商经济	万元	438 834	6 576	370 859	349 943	61 399

1－36 各垦区非国有经济经营单位个数

（2011年） 计量单位：个

地区	合计	第一产业	第二产业	#工业	第三产业
全国农垦	**677 806**	**305 012**	**38 693**	**29 548**	**334 101**
北京	16	1	8	8	7
天津	7	6	1	1	
河北	22 956	2 143	3 346	2 520	17 467
山西	1 486	260	55	55	1 171
内蒙古	31 700	21 317	1 636	1 250	8 747
辽宁	53 928	30 791	7 065	5 907	16 072
吉林	2 446	692	213	150	1 541
黑龙江	142 846	86 951	4 497	3 665	51 398
上海					
江苏	20 926	12 559	962	345	7 405
浙江	442	138	134	134	170
安徽	4 271	193	354	146	3 724
福建	5 746	583	1 170	956	3 993
江西	10 085	2 569	1 745	1 168	5 771
山东	437	69	33	29	335
河南	1 962	575	55	48	1 332
湖北	59 408	1 455	7 154	5 959	50 799
湖南	14 579	7 777	825	588	5 977
广东	6 409	43	647	397	5 719
广西	18 712	838	1 272	863	16 602
海南	96 437	65 398	1 872	351	29 167
重庆	7	1	6	6	
四川	8	5	3	3	
贵州					
云南	46 716	40 168	39	32	6 509
陕西	132	19	23	23	90
甘肃	1 689	1 120	20	12	549
青海	1	1			
宁夏	8 868	5 969	67	48	2 832
新疆（兵团）	110 966	15 300	5 019	4 659	90 647
新疆（农业）	2 211	325	281	186	1 605
新疆（畜牧）	12 318	7 745	186	34	4 387
热科院					
广州	1		1	1	
南京	90	1	4	4	85

1－37 各垦区非国有经济从业人员

（2011 年）　　　　计量单位：人

地　区	合　计	第一产业	第二产业	#工业	第三产业
全国农垦	**2 459 630**	**849 514**	**846 523**	**644 858**	**763 593**
北　京	9 374	569	2 129	2 129	6 676
天　津	74	15	59	59	
河　北	176 248	47 592	62 076	50 392	66 580
山　西	6 473	783	2 311	2 311	3 379
内蒙古	61 655	29 675	14 055	10 060	17 925
辽　宁	224 705	59 101	94 786	77 297	70 818
吉　林	10 828	4 400	2 582	1 716	3 846
黑龙江	332 373	144 803	86 986	63 157	100 584
上　海					
江　苏	70 999	25 511	27 373	24 384	18 115
浙　江	32 337	1 967	28 496	28 496	1 874
安　徽	21 347	2 928	8 654	7 291	9 765
福　建	63 674	13 953	37 573	35 115	12 148
江　西	96 425	17 430	60 208	54 234	18 787
山　东	4 103	720	2 425	2 157	958
河　南	6 653	1 071	2 663	2 355	2 919
湖　北	307 460	25 631	186 107	129 494	95 722
湖　南	116 144	55 108	35 778	19 792	25 258
广　东	60 405	17 772	23 403	16 977	19 230
广　西	126 214	20 145	66 800	44 407	39 269
海　南	281 489	196 692	22 277	7 204	62 520
重　庆	6 684	112	6 572	6 572	
四　川	1 443	358	1 085	1 073	
贵　州					
云　南	67 601	57 066	973	848	9 562
陕　西	655	41	326	326	288
甘　肃	2 467	1 411	366	327	690
青　海	230	230			
宁　夏	20 308	11 523	2 819	1 260	5 966
新疆（兵团）	303 837	81 350	62 950	52 933	159 538
新疆（农业）	7 492	2 555	1 415	1 073	3 522
新疆（畜牧）	39 482	28 982	3 027	1 170	7 473
热科院					
广　州	81		81	81	
南　京	370	21	168	168	181

1－38　各垦区非国有经济从业人员劳动报酬

（2011 年）　　计量单位：万元

地　区	合　计	第一产业	第二产业	＃工业	第三产业
全国农垦	**4 932 413**	**1 384 592**	**2 010 369**	**1 497 792**	**1 537 452**
北　京	56 163	4 517	12 222	12 222	39 424
天　津	225	25	200	200	
河　北	297 057	45 449	124 241	104 584	127 368
山　西	9 783	798	4 817	4 817	4 168
内蒙古	217 600	87 746	62 563	50 314	67 291
辽　宁	393 931	46 204	240 588	191 009	107 139
吉　林	12 598	5 565	3 609	2 451	3 424
黑龙江	700 095	309 868	201 798	135 152	188 429
上　海					
江　苏	211 345	52 753	94 506	76 060	64 086
浙　江	115 852	6 760	99 817	99 817	9 275
安　徽	34 974	2 983	16 395	13 221	15 596
福　建	97 594	10 630	73 475	70 895	13 489
江　西	140 248	12 711	100 443	90 643	27 094
山　东	11 715	2 831	7 596	7 061	1 288
河　南	9 374	1 354	3 696	3 312	4 324
湖　北	508 441	30 285	344 657	244 333	133 499
湖　南	126 602	42 317	42 900	36 873	41 385
广　东	137 053	22 747	70 256	52 330	44 050
广　西	320 756	46 669	173 061	106 651	101 026
海　南	541 979	403 309	57 669	20 174	81 001
重　庆	18 355	968	17 387	17 387	
四　川	3 100	492	2 608	2 552	
贵　州					
云　南	51 632	38 913	1 460	1 151	11 259
陕　西	989	135	511	511	343
甘　肃	3 806	1 655	721	640	1 430
青　海					
宁　夏	28 577	15 327	4 759	3 275	8 491
新疆（兵团）	845 111	171 583	240 059	145 709	433 469
新疆（农业）	8 674	3 023	1 574	990	4 077
新疆（畜牧）	27 668	16 953	5 965	2 642	4 750
热科院					
广　州	415		415	415	
南　京	702	23	401	401	278

1－39　各垦区非国有经济生产总值

（2011年）　　　　计量单位：万元

地区	合计	第一产业	第二产业	#工业	第三产业
全国农垦	**19 342 838**	**3 458 233**	**10 450 554**	**8 396 106**	**5 434 051**
北京	137 474	10 304	37 841	37 841	89 329
天津	336	40	296	296	
河北	1 818 089	102 841	1 139 210	961 754	576 038
山西	24 685	968	13 040	13 040	10 677
内蒙古	488 917	118 296	272 117	183 989	98 504
辽宁	1 452 880	245 139	896 910	782 941	310 831
吉林	73 063	12 062	54 685	53 079	6 316
黑龙江	3 947 546	1 258 039	1 463 198	1 051 992	1 226 309
上海					
江苏	435 599	113 759	197 309	154 921	124 531
浙江	442 171	15 949	410 939	410 939	15 283
安徽	70 136	5 751	38 689	34 066	25 697
福建	315 404	29 089	261 999	236 086	24 316
江西	584 747	38 567	465 895	386 607	80 285
山东	58 320	9 119	44 627	43 430	4 574
河南	30 232	2 400	14 994	14 043	12 838
湖北	2 834 939	101 718	1 997 220	1 622 596	736 001
湖南	345 799	85 496	192 874	138 921	67 429
广东	479 665	52 273	328 828	295 549	98 564
广西	2 352 174	210 800	1 447 155	1 051 317	694 219
海南	729 158	483 071	114 885	48 351	131 202
重庆	50 417	10 551	39 866	39 866	
四川	11 372	1 287	10 085	8 585	
贵州					
云南	93 318	65 356	3 488	2 872	24 474
陕西	2 842	644	1 250	1 250	948
甘肃	14 272	1 722	11 071	11 051	1 479
青海	979	979			
宁夏	47 786	23 272	10 129	8 327	14 385
新疆（兵团）	2 380 557	398 658	955 388	784 506	1 026 511
新疆（农业）	35 318	9 795	9 780	8 015	15 743
新疆（畜牧）	81 580	49 937	14 881	7 970	16 761
热科院					
广州	701		701	701	
南京	2 363	351	1 204	1 204	808

1-40 各垦区非国有经济资产总额

（2011年） 计量单位：万元

地区	合计	第一产业	第二产业	#工业	第三产业
全国农垦	**33 401 874**	**2 613 977**	**22 210 583**	**19 419 250**	**8 577 314**
北京	349 704	39 540	122 436	122 436	187 728
天津	1 641	229	1 412	1 412	
河北	2 825 393	179 728	1 974 183	1 778 110	671 482
山西	41 119	2 816	23 813	23 813	14 490
内蒙古	487 977	161 390	239 214	70 572	87 373
辽宁	4 010 865	374 435	3 101 050	2 661 699	535 380
吉林	34 737	6 565	21 615	20 060	6 557
黑龙江	4 027 409	754 831	1 992 351	1 515 900	1 280 227
上海					
江苏	632 490	95 839	415 859	370 027	120 792
浙江	2 904 685	30 807	2 778 109	2 778 109	95 769
安徽	164 590	9 644	112 904	107 755	42 042
福建	688 552	40 714	576 639	573 126	71 199
江西	382 250	41 164	274 401	255 649	66 685
山东	243 940	9 700	229 378	221 275	4 862
河南	74 314	2 151	66 764	66 411	5 399
湖北	5 738 374	112 675	5 170 377	4 578 782	455 322
湖南	546 453	67 999	343 905	267 941	134 549
广东	238 143	11 232	130 629	119 164	96 282
广西	5 409 079	127 442	2 672 395	2 027 031	2 609 242
海南	738 743	151 732	296 292	290 298	290 719
重庆	124 431	8 667	115 764	115 764	
四川	57 673	6 637	51 036	49 149	
贵州					
云南	204 696	149 712	9 776	9 386	45 208
陕西	5 178	748	2 546	2 546	1 884
甘肃	21 830	6 367	12 715	12 608	2 748
青海	2 030	2 030			
宁夏	72 581	21 619	24 328	22 795	26 634
新疆（兵团）	3 292 923	168 789	1 425 442	1 339 127	1 698 692
新疆（农业）	19 040	1 940	8 420	6 589	8 680
新疆（畜牧）	51 478	26 298	8 576	3 462	16 605
热科院					
广州	3 040		3 040	3 040	
南京	6 516	537	5 214	5 214	765

1-41 各垦区非国有经济利润总额

(2011年) 计量单位：万元

地区	合计	第一产业	第二产业	#工业	第三产业
全国农垦	**3 148 550**	**639 052**	**1 674 005**	**1 343 297**	**835 493**
北京	35 670	4 743	9 122	9 122	21 805
天津	−154	15	−169	−169	
河北	316 856	20 061	185 513	165 944	111 282
山西	6 440	240	2 742	2 742	3 458
内蒙古	80 654	22 269	46 301	38 140	12 084
辽宁	354 662	71 315	204 416	160 128	78 931
吉林	4 725	598	2 828	2 582	1 299
黑龙江	1 102 449	410 736	310 105	178 203	381 608
上海					
江苏	114 145	36 904	45 582	37 265	31 659
浙江	77 450	1 132	71 672	71 672	4 646
安徽	10 508	525	5 438	4 958	4 545
福建	45 223	2 497	36 905	35 608	5 821
江西	35 336	9 356	16 369	12 146	9 611
山东	29 519	1 888	26 302	24 914	1 329
河南	15 585	288	12 182	12 097	3 115
湖北	290 002	5 512	258 091	206 157	26 399
湖南	58 840	1 924	29 857	20 315	27 059
广东	91 410	9 131	52 396	46 144	29 883
广西	260 216	3 270	214 468	180 193	42 478
海南	39 267	13 968	19 774	12 478	5 525
重庆	15 995	342	15 653	15 653	
四川	5 922	55	5 867	5 825	
贵州					
云南	25 135	15 322	1 059	904	8 754
陕西	247	64	−109	−109	292
甘肃	1 855	225	1 313	1 313	317
青海	−171	−171			
宁夏	11 446	5 265	2 629	2 548	3 553
新疆(兵团)	112 578	1 157	96 065	95 565	15 356
新疆(农业)	5 881	431	1 565	910	3 885
新疆(畜牧)	715		122	101	593
热科院					
广州	−179		−179	−179	
南京	323	−10	127	127	206

农场组织

2-1 农场、小城镇和农垦所属乡（镇）情况

（2011年） 计量单位：个

地区	农场个数	小城镇情况			乡（镇）情况		
		小城镇个数	小城镇人口（人）	小城镇占地面积（公顷）	乡（镇）政权个数	村民委员会个数	乡（镇）办工业个数
全国农垦	**1 785**	**887**	**3 973 209**	**234 982**	**120**	**1 376**	**707**
北京	8						
天津	15						
河北	33	42	153 659	22 056	9	89	
山西	26				1	1	
内蒙古	104	35	101 541	8 467			
辽宁	108	36	127 674	8 405	42	374	
吉林	88	9	41 973	10 711	4	35	
黑龙江	113	140	1 253 427	34 300			
上海	19						
江苏	18	30	129 386	2 984			
浙江	57						
安徽	21	11	69 257	1 819		2	
福建	115	39	92 354	43 929	8	58	141
江西	154	87	215 437	44 411			
山东	14	1	1 345	75		10	
河南	96	10	47 950	2 704		34	
湖北	53	51	358 686	9 820	2	134	53
湖南	70	70	95 075	355	27	363	205
广东	46	45	118 416	6 750			
广西	41	23	110 973	2 368			
海南	47						
重庆	15						
四川	39						
贵州	38	16	10 344	133		4	
云南	41	32	141 224	3 399			
陕西	12	6	19 313	1 251			
甘肃	17	1	2 460	13			
青海	17	1	1 470	60			
宁夏	14	13	44 958	846			17
新疆（兵团）	175	175	708 833	17 500	3	29	71
新疆（农业）	46	6	25 665	1 110	2	98	198
新疆（畜牧）	124	7	98 809	11 435	22	144	22
热科院							
广州							
南京	1	1	2 980	81		1	

2－2 农场按生产总值排序

农场名称	生产总值（万元）	排序	工业增加值（万元）	排序	农业增加值（万元）	排序	耕地面积（公顷）	排序	年平均职工人数（人）	排序
湖北省东西湖农管局	2 520 000	1	1 366 801	1	122 067	11	13 097	112	183 233	1
河北省柏各庄农场	859 192	2	221 556	6	158 000	3	26 711	57	39 520	7
河北省中捷友谊农场	720 503	3	542 330	2	17 418	136	5 551	220	7 847	108
湖北省汉南农场管理局	686 826	4	320 654	3	92 360	15	10 465	138	65 415	2
江西省九江市共青场	422 651	5	304 502	4	9 775	231	2 317	336	50 795	4
河北省国营南大港农场	360 000	6	226 915	5	21 900	112	6 345	201	6 491	143
黑龙江省八五二农场（上市）	342 224	7	53 514	29	171 779	2	76 535	5	27 926	13
黑龙江省友谊农场（上市）	298 207	8	49 783	33	186 258	1	106 676	1	49 748	5
辽宁省铁岭市种畜场	269 584	9	169 507	10	28 819	87	1 725	359	14 785	38
河北省芦台农场	263 799	10	179 319	8	27 065	90	7 667	175	4 062	219
广西柳州市柳江县新兴农场	259 498	11	190 723	7	10 666	213	2 555	329	13 567	44
黑龙江省八五三农场（上市）	225 288	12	43 647	42	129 372	7	68 000	7	24 749	14
河北省汉沽农场	223 438	13	98 862	14	37 324	59	6 047	209	2 969	279
黑龙江省查哈阳农场	215 160	14	19 211	134	100 262	14	67 333	9	29 046	12
新疆兵团农八师石河子总场	210 054	15	77 005	19	47 707	49	12 826	114	8 334	102
湖南省屈原管理区	210 000	16	155 000	11	36 000	64	9 179	154	41 389	6
黑龙江省七星农场（上市）	205 004	17	18 600	142	142 695	5	81 360	3	19 546	18
黑龙江省八五六农场（上市）	203 007	18	20 015	122	145 708	4	78 867	4	11 152	64
湖南省岳阳市君山农场	195 000	19	48 630	35	135 000	6	14 451	103	37 800	8
黑龙江省八五四农场（上市）	182 090	20	26 142	86	122 653	9	67 927	8	7 862	107
湖北省武湖农场	177 884	21	112 094	13	15 668	152	1 193	383	20 474	16
浙江省杭州市萧山区红山农场	176 774	22	174 334	9	1 590	446	235	454	8 625	94
辽宁省营口西海农场	172 000	23	17 400	149	122 300	10	802	402	9 640	76
新疆兵团农六师芳草湖农场	168 636	24	76 149	21	29 947	82	39 938	20	10 669	66
黑龙江省八五九农场（上市）	163 920	25	15 007	171	123 803	8	87 200	2	13 691	43
浙江省杭州市萧山区红垦农场	152 729	26	142 266	12	760	481	46	484	11 448	61
广西贵港市港北区西江农场	151 268	27	26 879	84	25 081	96	1 977	347	10 336	70
黑龙江省五九七农场	146 294	28	22 212	108	86 361	17	40 826	18	18 729	22
黑龙江省前进农场	144 772	29	16 941	155	106 895	13	53 067	11	12 723	49
黑龙江省宝泉岭农场（上市）	142 570	30	6 912	293	77 399	27	29 650	48	15 614	33
河北省察北牧场	140 000	31	78 932	17	46 000	51	6 742	192	1 108	464
湖北省龙感湖农场	138 745	32	90 088	15	24 593	98	3 920	270	17 749	25
黑龙江省八五七农场	137 119	33	23 437	101	83 558	21	36 063	31	7 029	125
黑龙江省绥滨农场	135 844	34	15 307	169	86 099	19	35 800	33	13 965	42
黑龙江省二九〇农场（上市）	133 504	35	21 000	116	79 922	25	41 111	17	11 990	57
黑龙江省八五八农场	130 618	36	19 725	129	84 627	20	40 267	19	7 702	110
江苏省国营东辛农场	130 027	37	33 328	68	33 002	73	11 533	124	7 926	105

2－2续表1

农场名称	生产总值（万元）	排序	工业增加值（万元）	排序	农业增加值（万元）	排序	耕地面积（公顷）	排序	年平均职工人数（人）	排序
湖北省五三农场	128 707	38	38 609	53	30 525	79	9 500	151	33 944	11
黑龙江省前锋农场	127 184	39	3 297	360	112 359	12	71 334	6	7 222	119
新疆兵团农六师新湖农场	126 637	40	76 471	20	14 977	160	37 146	28	7 588	113
黑龙江省军川农场	124 806	41	9 642	233	82 727	22	39 301	21	12 359	51
新疆兵团农八师一二一团	124 184	42	72 637	22	21 799	114	30 405	45	11 768	59
河北省沽源牧场	121 526	43	88 790	16	26 486	94	8 246	166	2 806	302
黑龙江省八五〇农场	120 072	44	19 900	123	69 919	33	33 601	38	8 760	91
黑龙江省二九一农场（上市）	119 927	45	6 194	303	78 613	26	37 877	26	13 184	47
河北省大曹庄农场	119 579	46	77 975	18	19 062	123	5 502	223	1 594	419
黑龙江省普阳农场	114 975	47	14 514	174	80 587	24	33 800	37	10 185	71
辽宁省阜新市农场	110 000	48	59 339	25	6 853	294	188	458	850	482
黑龙江省勤得利农场（上市）	109 066	49	3 328	359	90 499	16	55 267	10	11 991	56
黑龙江省创业农场	107 914	50	21 209	115	71 686	31	37 333	27	8 937	86
黑龙江省庆丰农场（上市）	107 755	51	23 135	103	67 057	35	44 431	14	6 810	135
黑龙江省兴凯湖农场（上市）	107 615	52	8 702	253	66 217	36	39 090	22	6 451	145
黑龙江省大兴农场	105 510	53	1 637	417	86 125	18	48 065	12	5 727	169
黑龙江省胜利农场	104 584	54	7 551	282	74 391	29	46 200	13	12 028	55
黑龙江省红卫农场	103 559	55	3 712	348	81 486	23	38 667	23	5 136	180
黑龙江省饶河农场	102 265	56	8 551	256	68 131	34	33 334	41	9 129	82
新疆兵团农六师奇台农场	10 1696	57	37 915	55	38 458	57	14 565	101	4 855	193
辽宁省锦州大有农场	101 365	58	67 190	23	34 175	71	3 331	300	2 279	351
黑龙江省云山农场	100 029	59	6 980	292	70 027	32	31 480	43	5 246	178
黑龙江省名山农场	93 128	60	13 677	181	56 320	43	17 672	81	7 391	118
黑龙江省新华农场（上市）	92 509	61	13 636	182	56 690	42	29 307	50	13 215	46
黑龙江省共青农场	91 496	62	12 514	196	65 013	37	30 800	44	9 171	81
黑龙江省浓江农场	91 031	63	1 718	415	75 122	28	35 533	35	3 822	231
新疆兵团农八师一四三团	87 825	64	43 207	44	6 768	297	17 168	83	6 893	127
辽宁省抚顺高湾种畜场	86 917	65	47 930	36	4 247	371	721	410	16 500	27
黑龙江省红旗岭农场	86 389	66	17 843	146	47 376	50	18 327	78	6 408	147
黑龙江省北兴农场	86 059	67	8 439	259	61 492	38	33 334	41	12 351	52
光明食品集团上海长江总公司	84 256	68	14 195	176	1 584	448	11 546	123	5 529	175
黑龙江省洪河农场	83 020	69	2 631	380	74 014	30	42 666	15	4 148	215
黑龙江省八五一一农场	82 525	70	15 308	168	41 517	54	22 993	64	6 041	158
黑龙江省八五一Ｏ农场	82 404	71	20 729	120	34 380	68	21 629	67	5 531	174
辽宁省盘锦前进农场	81 950	72	28 014	80	15 070	159	3 410	296	15 858	30
黑龙江省铁力农场	80 721	73	18 294	144	34 202	70	13 348	110	7 097	123

2-2 续表 2

农场名称	生产总值（万元）	排序	工业增加值（万元）	排序	农业增加值（万元）	排序	耕地面积（公顷）	排序	年平均职工人数（人）	排序
黑龙江省江滨农场（上市）	80 110	74	12 815	189	49 584	48	23 348	62	10 388	68
新疆兵团农七师一二五团	79 774	75	55 244	28	14 489	166	16 617	85	5 010	185
黑龙江省江川农场	78 458	76	9 207	245	53 250	45	18 467	77	8 552	95
湖南省常德市西洞庭农场	78 000	77	23 050	104	15 500	155	6 879	190	36 120	9
新疆兵团农二师二十九团	77 753	78	52 038	31	13 337	180	9 557	150	5 711	170
黑龙江省克山农场	77 329	79	5 311	316	36 517	62	29 606	49	16 079	29
黑龙江省鹤山农场	76 715	80	5 333	315	52 215	46	35 578	34	12 165	53
海南省国营桂林洋农场	75 114	81	28 851	76	16 985	140	1 008	389	4 739	197
新疆兵团农八师一四二团	74 842	82	59 986	24	5 686	325	23 723	60	5 042	182
广西南宁市西乡塘区金光农场	74 152	83	6 786	295	30 295	80	4 788	244	6 755	138
新疆维吾尔自治区巴州阿瓦提农场	73 000	84	9 325	244	38 000	58	6 967	188	6 860	131
新疆兵团农八师一五零团	72 573	85	53 093	30	7 206	288	17 972	79	5 167	179
新疆兵团农七师一三零团	72 155	86	44 253	41	10 468	217	16 293	91	2 572	320
新疆兵团农一师三团	70 905	87	57 488	26	4 429	364	11 085	129	3 411	249
新疆兵团农一师十六团	70 904	88	42 810	45	9 573	234	9 773	146	2 778	305
黑龙江省青龙山农场（上市）	70 225	89	1 605	421	56 794	41	36 666	30	7 079	124
黑龙江省二道河农场	70 072	90	2 394	390	60 749	39	34 887	36	2 981	278
新疆兵团农一师十团	69 823	91	56 033	27	4 741	356	11 493	125	2 890	290
黑龙江省前哨农场	68 773	92	3 130	365	51 681	47	38 333	25	5 761	168
黑龙江省鸭绿河农场	68 386	93	2 059	405	60 061	40	29 067	51	5 033	184
广东省燕塘投资有限公司	68 274	94	34 326	65	5 599	330			989	475
黑龙江省曙光农场	67 599	95	16 120	161	36 637	60	13 659	108	5 805	165
新疆兵团农一师一团	66 076	96	50 785	32	6 531	301	16 017	93	3 024	273
新疆兵团农七师一三一团	66 048	97	34 123	66	13 584	176	10 905	132	2 941	286
新疆兵团农八师一四八团	66 029	98	43 377	43	4 485	363	16 083	92	8 443	100
黑龙江省绥棱农场	65 953	99	8 268	262	41 153	55	14 614	99	4 442	208
新疆兵团农三师四十五团	65 125	100	44 975	39	6 425	305	8 102	168	6 248	151
黑龙江省逊克农场	65 083	101	3 796	343	39 284	56	42 221	16	8 879	88
湖北省总口农场	64 164	102	38 742	52	19 177	122	5 725	217	15 187	35
新疆兵团农八师一三三团	63 683	103	47 333	37	3 208	407	21 349	69	6 108	154
新疆兵团农七师一二九团	63 416	104	34 854	63	8 240	269	11 017	130	3 858	226
辽宁省盘锦唐家农场	63 402	105	36 945	57	15 788	151	7 870	171	19 510	19
黑龙江省七星泡农场	62 750	106	4 402	330	43 570	52	33 529	39	7 874	106
新疆兵团农六师一O一团	62 446	107	21 847	112	5 880	322	4 711	247	1 990	379
黑龙江省八五五农场	62 427	108	7 381	287	36 530	61	30 014	47	6 880	128
新疆兵团农十二师一O四团	61 516	109	8 480	258	11 261	201	1 830	353	2 278	352

2-2续表 3

农场名称	生产总值（万元）	排序	工业增加值（万元）	排序	农业增加值（万元）	排序	耕地面积（公顷）	排序	年平均职工人数（人）	排序
黑龙江省赵光农场	61 195	110	4 932	322	34 758	67	33 360	40	11 155	63
山东省东营市高效生态农业示范区	61 018	111	40 813	46	17 141	139	3 516	292	2 785	304
湖北省后湖农场	60 643	112	33 400	67	23 000	108	3 008	315	14 172	41
黑龙江省海伦农场	59 696	113	7 550	283	31 593	78	16 577	86	6 370	148
黑龙江省双鸭山农场	58 747	114	8 340	261	33 231	72	14 800	97	9 862	74
江苏省国营南通农场	58 529	115	27 105	83	5 922	321	1 593	366	2 609	315
黑龙江省嘉荫农场	58 082	116	9 451	240	29 164	85	16 406	89	6 098	155
黑龙江省二龙山农场	57 722	117	8 596	255	32 081	77	27 286	53	8 200	103
新疆兵团农八师一三四团	56 994	118	44 518	40	3 023	413	18 857	75	9 199	79
新疆兵团农六师一O二	56 800	119	16 540	159	6 226	308	8 964	156	2 809	301
黑龙江省尖山农场	56 685	120	6 000	307	41 662	53	27 130	54	9 410	78
湖北省张集农场	56 124	121	12 097	203	34 912	66	8 716	163	24 082	15
新疆兵团农一师二团	55 354	122	40 143	47	4 971	348	10 572	137	2 560	321
黑龙江省海林农场	55 156	123	7 955	274	26 783	91	8 944	158	4 309	209
广西农垦博白县茂青农场	54 469	124	39 805	49	11 469	195	34	487	1 840	395
新疆兵团农二师二十二团	53 784	125	21 364	114	24 472	100	6 138	207	4 669	199
广西崇左市扶绥县山圩农场	53 508	126	48 781	34	3 965	379	1 146	386	1 707	407
辽宁省辽阳首山农场	52 070	127	35 377	62	9 300	243	791	404	4 988	186
江苏省国营黄海农场	52 016	128	10 515	222	32 866	74	12 300	117	7 179	121
江苏省国营岗埠农场	51 771	129	12 367	200	18 082	128	5 402	224	3 376	251
新疆兵团农一师七团	51 740	130	38 324	54	3 685	388	7 712	174	2 283	350
新疆兵团农八师一四四团	51 717	131	39 706	50	3 578	393	17 263	82	3 439	246
黑龙江省红光农场	51 595	132	12 589	192	22 950	109	9 928	144	6 571	142
黑龙江省梧桐河农场	51 518	133	11 898	205	34 238	69	17 884	80	7 569	115
新疆兵团农一师八团	51 448	134	37 288	56	5 540	333	9 166	155	1 980	381
黑龙江省大西江农场	51 156	135	4 007	340	32 703	76	20 030	74	6 877	130
新疆兵团农五师八十三团	50 490	136	30 017	74	5 074	347	8 861	160	6 900	126
广东省丰收糖业发展有限公司	50 429	137	26 385	85	19 432	120	3 448	295	4 680	198
广西南宁市横县良圻农场	49 904	138	23 027	106	11 317	198	2 100	342	4 910	189
新疆兵团农七师一二三团	49 560	139	25 838	87	5 617	329	12 362	116	3 903	224
黑龙江省嫩江农场	49 365	140	3 385	357	35 064	65	30 038	46	6 056	157
广西玉林市陆川县红山农场	49 314	141	46 379	38	840	479	4	505	1 732	405
黑龙江省红星农场	49 288	142	4 849	323	29 335	84	27 333	52	6 754	139
黑龙江省长水河农场	49 119	143	8 200	263	24 526	99	24 067	59	8 771	90
辽宁省盘锦东风农场	48 914	144	27 850	81	10 819	209	4 904	238	15 653	32
新疆兵团农一师十一团	48 650	145	38 884	51	3 713	386	9 785	145	1 631	414

2-2续表4

农场名称	生产总值（万元）	排序	工业增加值（万元）	排序	农业增加值（万元）	排序	耕地面积（公顷）	排序	年平均职工人数（人）	排序
黑龙江省建边农场	48 619	146	2 690	377	26 714	92	20 225	72	6 716	140
辽宁省盘锦清水农场	48 502	147	24 304	99	15 520	154	4 240	257	16 345	28
新疆兵团农一师十二团	48 454	148	25 001	91	4 250	370	11 911	119	1 101	465
新疆兵团农八师一四七团	47 988	149	34 512	64	6 037	317	12 229	118	4 536	204
江西省九江市云山农场	47 688	150	36 772	58	7 420	285	1 764	357	7 586	114
黑龙江省富裕牧场	47 514	151	3 629	352	36 064	63	11 667	121	6 477	144
新疆兵团农十三师火箭农场	47 503	152	17 189	152	16 052	147	3 508	294	3 216	260
新疆兵团农一师十四团	47 248	153	39 828	48	1 452	456	7 287	185	2 507	325
新疆兵团农一师五团	47 209	154	24 742	94	2 624	420	6 406	198	2 818	299
黑龙江省山河农场	47 147	155	4 059	338	32 804	75	26 767	56	8 506	96
辽宁省盘锦新立农场	46 772	156	19 025	136	14 734	162	4 760	245	10 452	67
新疆兵团农八师一四九团	46 756	157	35 966	59	1 501	452	13 150	111	6 803	136
新疆兵团农六师一O三	46 532	158	24 570	97	6 197	311	10 987	131	3 166	266
黑龙江省宁安农场	46 101	159	9 716	231	28 479	88	4 589	249	3 216	260
黑龙江省延军农场	45 945	160	17 619	148	21 430	115	14 675	98	7 643	111
新疆兵团农一师十三团	45 539	161	35 581	60	4 057	376	8 665	164	2 458	331
黑龙江省和平牧场	45 505	162	9 990	226	23 497	106	7 551	179	5 792	167
黑龙江省龙镇农场	45 155	163	4 338	333	21 816	113	22 341	65	6 622	141
新疆兵团农四师六十六团（中心团场）	44 547	164	20 866	118	8 562	260	5 086	231	6 092	156
河南省黄泛区农场	44 253	165	7 317	289	18 082	128	6 701	194	10 066	72
辽宁省盘锦新兴农场	43 501	166	19 812	127	8 511	262	3 557	289	16 859	26
新疆兵团农七师一二八团	43 251	167	32 528	69	2 177	432	12 967	113	3 605	238
新疆兵团农七师一二四团	43 134	168	30 023	73	2 512	421	10 254	142	3 025	271
黑龙江省嫩北农场	42 719	169	3 600	353	28 967	86	27 012	55	6 856	132
辽宁省盘锦西安农场	42 492	170	19 650	131	8 414	264	4 720	246	10 878	65
新疆兵团农十师一八四团	42 327	171	24 377	98	9 733	232	11 645	122	1 562	422
海南省国营西培农场	41 922	172	1 315	435	26 668	93	3 318	304	3 737	234
新疆兵团农三师四十四团	41 823	173	30 769	70	3 805	381	6 157	204	2 299	346
辽宁省抚顺兰山农场	41 809	174	12 450	198	1 389	459	515	426	5 500	176
新疆兵团农八师一四一团	41 632	175	27 222	82	3 724	384	11 094	128	2 748	308
黑龙江省引龙河农场	41 493	176	3 214	362	23 810	105	23 340	63	5 888	161
新疆兵团农六师红旗农场	41 154	177	15 774	165	5 633	328	10 076	143	235	504
黑龙江省荣军农场	40 848	178	4 049	339	24 084	102	16 408	88	4 946	187

2-2续表5

农场名称	生产总值（万元）	排序	工业增加值（万元）	排序	农业增加值（万元）	排序	耕地面积（公顷）	排序	年平均职工人数（人）	排序
新疆兵团农五师八十九团	40 848	179	28 824	77	1 903	441	8 892	159	5 861	162
新疆维吾尔自治区博州精河县八家户农场	40 540	180	773	458	17 564	134	7 359	183	2 850	296
辽宁省盘锦太平农场	40 244	181	9 432	242	12 503	189	3 601	286	8 480	98
海南省国营八一总场	40 147	182	6 889	294	18 193	127	1 655	362	2 546	322
新疆兵团农三师四十九团	40 097	183	30 143	72	3 016	414	10 707	135	3 066	269
新疆兵团农四师六十二团	39 482	184	16 615	158	7 881	277	5 895	213	3 526	243
新疆兵团农六师共青团	39 218	185	28 066	79	458	495	11 343	126	1 574	421
辽宁省盘锦榆树农场	38 926	186	14 143	178	14 266	170	5 004	234	8 985	84
黑龙江省尾山农场	38 407	187	3 052	368	21 137	116	15 238	95	4 856	192
黑龙江省汤原农场	38 381	188	5 890	309	23 838	104	9 690	149	4 453	207
黑龙江省格球山农场	38 288	189	8 124	268	16 760	141	14 400	104	4 118	216
湖北省草埠湖农场	38 053	190	17 234	151	15 938	149	4 600	248	14 209	40
江苏省国营新曹农场	37 746	191	4 480	329	22 036	111	6 127	208	6 449	146
黑龙江省建设农场	37 721	192	1792	409	22 794	110	20 080	73	7 589	112
广西南宁市邕宁区明阳农场	37 214	193	1 036	446	3 456	400	501	428	1 896	388
辽宁省盘锦荣兴农场	37 151	194	11 200	213	12 939	183	2 971	316	8 971	85
黑龙江省肇源农场	36 918	195	5 568	313	24 416	101	4 012	266	2 814	300
辽宁省锦州市果树农场	36 800	196	7 500	285	2 200	431	225	456	1 850	393
新疆兵团农六师一O五团	36 777	197	22 927	107	2 738	419	6 510	197	2 467	328
湖北省沙市农场	36 557	198	24 972	92	8 351	265	509	427	8 886	87
新疆维吾尔自治区库尔勒市普惠农场	36 525	199		496	29 522	83	11 333	127	1 781	400
吉林省四平国营梨树农场	36 451	200	1 545	426	30 019	81	16 313	90	35 520	10
江西省南昌市桑海农场	35 827	201	18 748	141	2 232	429	1 402	373	5 986	159
黑龙江省红五月农场	35 709	202	4 260	336	24 654	97	16 487	87	6 358	149
新疆兵团农十三师红星一场	35 543	203	15 789	164	8 203	271	3 771	274	1 620	417
湖北省太湖港农场	35 359	204	13 394	184	12 670	186	4359	253	19 096	21
北京市南郊农场	35 138	205	18 971	137	2 852	417	422	434	313	501
海南省国营南田农场	35 128	206	33	494	26 363	95	983	391	2 965	282
新疆兵团农五师八十六团	35 043	207	25 676	88	3 616	391	3 941	268	4 550	203
辽宁省盘锦石山种畜场	35 033	208	12 658	191	14 684	164	5727	216	9 818	75
新疆兵团农十三师黄田农场	34772	209	12 548	195	11 913	192	2 473	330	2 010	373
广东省广前糖业发展有限公司	34 525	210	13 828	180	17 756	131	6597	196	3 496	244
广西柳州市绿达公司	34 168	211	23 247	102	4 859	352	159	464	2 534	323
新疆兵团农一师阿拉尔农场	33 932	212	30 379	71	2 041	435	7 556	178	2 108	361
新疆兵团农四师七十一团	33 502	213	14 513	175	11 301	199	6 906	189	3 708	235
新疆兵团农三师五十一团	33 478	214	21 884	111	3 560	394	12 791	115	1 385	441

2-2 续表 6

农场名称	生产总值（万元）	排序	工业增加值（万元）	排序	农业增加值（万元）	排序	耕地面积（公顷）	排序	年平均职工人数（人）	排序
江苏省国营白马湖农场	32 820	215	5 155	319	13 900	174	3 328	301	4 535	205
新疆兵团农二师三十三团	32 790	216	24 686	95	1 211	466	4 335	255	2 899	288
辽宁省盘锦平安农场	32 652	217	18 371	143	5 429	339	3 763	275	11 395	62
新疆兵团农一师南口农场	32 426	218	29 431	75	1 479	455			2 063	367
新疆兵团农五师九十团	32 316	219	24 630	96	2 456	424	6 779	191	3 480	245
新疆兵团农一师六团	32 260	220	20 749	119	3 548	395	4 830	241	1 989	380
新疆兵团农四师七十六团	32 209	221	19 899	124	5 269	341	14 480	102	3 211	262
湖南省茶盘洲	32 000	222	19 860	125	8 900	250	3 543	291	14 320	39
新疆兵团农三师五十三团	31 985	223	25 047	90	1 169	467	9 282	152	1 170	457
新疆兵团农五师八十一团	31 926	224	25 367	89	1 888	442	6 662	195	3 605	238
广东省华海糖业发展有限公司	31 840	225	9 633	234	19 560	119	5520	222	3 010	276
黑龙江省襄河农场	31 759	226	2 756	376	17 297	138	18 606	76	4 924	188
新疆兵团农七师一二六团	31 507	227	19 823	126	750	482	7 389	182	2 070	366
新疆兵团农十师一八八团	31 152	228	7 991	273	11 809	193	7 486	181	2 422	333
新疆兵团农八师一五二团	31 120	229	6 650	297	14 525	165	1 166	384	3 318	255
新疆兵团农一师幸福城农场	30 886	230	28 560	78	641	488			1 752	403
新疆兵团农三师五十团	30 879	231	23 526	100	2 099	433	11 755	120	1 446	432
湖北省中洲垸农场	30 567	232	6 305	302	11 272	200	3579	288	12 979	48
湖北省华严农场	30 459	233	19 707	130	7 128	289	1287	379	8 497	97
新疆兵团农八师一三六团	30 405	234	22 117	109	900	475	9 756	147	2 887	291
光明食品集团上海东海总公司	30 357	235	10 204	224	11 060	203	550	423	1 353	445
新疆兵团农四师七十七团	30 049	236	15 541	166	6 208	310	14 210	105	2 467	328
湖北省朱湖农场	29 898	237	6 310	301	18 600	125	2 241	340	10 378	69
新疆兵团农六师军户农场	29 844	238	19 328	132	571	492	5 024	232	2 344	340
江西省上饶市五府山场	29 840	239	12 580	193	812	480	665	414	11 638	60
福建长泰县古农农场	29 838	240	2 530	382	3 270	405	1 393	374	3 958	223
光明食品集团上海五四有限公司	29 724	241	9 836	229	4 384	366	2 666	326	4 064	218
辽宁省盘锦王家农场	29 653	242	16 109	162	7 926	276	2 873	321	8 842	89
云南省东风农场	29 579	243	197	482	27 348	89	264	449	4 827	194
广西南宁市武鸣县东风农场	28 930	244	10 992	216	10 783	211	611	416	3 368	252
新疆兵团农二师三十团	28 788	245	23 048	105	1 985	438	6 385	200	2 996	277
黑龙江省宝山农场	28 675	246	1 496	427	17 470	135	7 326	184	3 146	267
新疆兵团农一师塔水处	28 658	247	21 900	110	1 061	469	14 889	96		
新疆兵团 222 团	28 310	248	14 577	173	2 313	427	5 911	211	2 760	307
新疆兵团农十三师红星二场	28 304	249	13 503	183	6 559	300	3 077	314	1 660	410
辽宁省盘锦赵圈河农场	28 124	250	7 576	280	8 181	272	1 818	354	6 190	152

2-2续表7

农场名称	生产总值（万元）	排序	工业增加值（万元）	排序	农业增加值（万元）	排序	耕地面积（公顷）	排序	年平均职工人数（人）	排序
新疆兵团农四师六十四团	28 039	251	17 814	147	3 636	390	8 956	157	5 843	163
辽宁省锦州小东种畜场	27 990	252	1 583	423	24 057	103	8 299	165	18 155	24
新疆兵团农四师六十七团	27 800	253	18 859	139	1 490	454	5 216	229	2 002	374
海南省国营金江农场	27 619	254	269	477	17 606	133	448	433	2 587	317
江西省上饶市新岗山场	27 356	255	24 850	93	330	499	34	488	1 883	390
江苏省国营滨淮农场	27 333	256	2 149	402	12 746	185	3 788	272	2 016	371
江苏省国营三河农场	27 248	257	8 919	252	9 609	233	3 246	306	2 896	289
江苏省国营弶港农场	26 973	258	4 783	325	13 426	179	3 328	301	2 248	353
新疆兵团农七师一二七团	26 861	259	18 150	145	1 936	440	7 936	169	2 390	334
广西来宾市兴宾区红河农场	26 753	260	3 745	344	8 424	263	1 285	380	3 402	250
黑龙江省香坊实验农场	26 746	261	11 772	206	5 826	324	706	412	2 964	283
新疆兵团农十师一八三团	26 727	262	12 838	188	5 930	320	9 200	153	2 381	335
广西南宁市兴宁区九曲湾农场	26 682	263	9 442	241	1 647	444	274	448	3 827	229
湖北省王集农场	26 574	264	5 189	317	16 669	142	4 180	260	19 935	17
黑龙江省庆阳农场	26 561	265	10 770	218	12 015	190	3 341	299	3 861	225
辽宁省阜新阿尔乡畜牧场	26 500	266	3 217	361	16 220	146	3 889	271	435	495
辽宁省朝阳八家农场	26 472	267	16 483	160	3 100	410	3 106	312	5 543	173
江苏省国营新洋农场	26 250	268	9 158	247	9 172	245	3 967	267	2 966	280
湖北省大同湖农场	26 156	269	1 739	412	17 879	130	1 865	352	15 187	35
湖北省南湖农场	26 132	270	19 105	135	4 860	351	416	436	3 680	237
湖北省人民大垸农场	25 511	271	4 116	337	16 608	144	7 151	186	18 266	23
海南省国营西联农场	25 412	272	2 501	383	10 216	225	1 386	376	4 245	211
湖北省蒋湖农场	25 378	273	7 410	286	8 900	250	3 328	301	9 876	73
新疆兵团农三师伽师总场	25 332	274	17 025	154	1 674	443	6 741	193	2 642	312
广西北海市合浦县三合口农场	25 191	275	9 848	228	7 970	275	1 285	380	4 614	200
辽宁省本溪张其寨畜牧场	25 139	276	19 785	128	4 199	373	739	409	3 110	268
新疆兵团农四师七十团（中心团场）	25 118	277	13 307	185	6 392	306	3 604	285	2 852	295
新疆兵团农四师六十一团	25 013	278	14 183	177	5 153	344	59 115	210	4 793	195
江苏省国营临海农场	24 952	279	4 351	332	14 803	161	4 814	242	2 500	326
黑龙江省绿色草原牧场	24 805	280	1 220	439	19 902	117	5 667	218	3 199	264
辽宁省盘锦大荒农场	24 701	281	6 082	305	14 178	172	4 550	251	8 370	101
新疆石河子乡人民政府	24 676	282	12 966	186	5 174	343				
新疆兵团农三师四十八团	24 506	283	18 780	140	1 386	460	4 865	239	1 543	425
广西来宾市武宣县黔江农场	24 391	284	8 142	267	7 541	283	1 874	351	1 894	389
湖北省万福店农场	24 345	285	5 909	308	8 733	256	1 998	345	12 671	50
新疆兵团农四师六十三团	24 327	286	16 022	163	4 538	362	5 907	212	3 324	253

2-2续表8

农场名称	生产总值（万元）	排序	工业增加值（万元）	排序	农业增加值（万元）	排序	耕地面积（公顷）	排序	年平均职工人数（人）	排序
江西省上饶市武夷山场	24 246	287	9 979	227	1 556	451	916	394	1 863	391
新疆兵团农二师二十四团	24 220	288	16 786	157	3 154	409	4 344	254	3 039	270
云南省勐腊农场	24 209	289		496	23 036	107	360	440	2 707	311
辽宁省葫芦岛市大台山果树农场	24 200	290	2 200	398	5 100	346	348	441	1 701	408
新疆兵团农十三师红星四场	24 129	291	12 931	187	3 096	411	3 303	305	1 817	397
新疆维吾尔自治区红旗坡农场	24 000	292		496	17 637	132	14 000	106	5 650	171
广西防城港市上思县昌菱农场	23 976	293	2 633	379	10 657	214	2 411	331	4 234	213
新疆兵团农十二师三坪农场	23 951	294	12 394	199	3 213	406	4 236	258	2 367	337
新疆兵团农四师七十二团	23 949	295	9 039	250	4 941	349	6 140	206	3 023	274
新疆维吾尔自治区巴州清水河农场	23 949	296	832	453	10 252	224	4 128	263	1 310	448
广西桂林市平乐县源头农场	23 841	297	4 378	331	8 906	249	12	501	1 904	386
江西省上饶市大茅山场	23 838	298	21 429	113	1 579	449	280	446	5 102	181
新疆兵团农二师三十四团	23 832	299	20 960	117	305	501	3 712	280	2 091	363
黑龙江省依安农场	23 689	300	3 722	347	16 000	148	5 744	215	2 632	313
黑龙江省红色边疆农场	23 660	301	1 707	416	12 545	188	16 633	84	3 836	228
新疆兵团农十二师头屯河农场	23 612	302	9 061	249	886	476	1 407	372	1 951	383
黑龙江省红旗农场	235 819	303	9 570	237	6 379	307	831	400	4 564	202
北京市西郊农场	23 578	304	(79)	503	720	484	83	473	2 051	368
新疆兵团农二师二十一团	23 462	305	17 397	150	2 078	434	6 213	202	2 928	287
黑龙江省龙门农场	23 245	306	2 002	406	10 833	208	15 765	94	4 276	210
新疆兵团农二师三十一团	23 233	307	18 925	138	908	474	6 143	205	1 899	387
湖北省花湖农场	23 143	308	13 980	179	5 940	319	48	483	2 724	309
广西桂林市雁山区良丰农场	23 055	309	2 180	400	6 177	314	126	469	1 117	462
黑龙江省哈拉海农场	23 035	310	3 806	342	17 311	137	10 730	134	2 345	339
江西省上饶市饶丰场	22 986	311	2 960	371	11 428	196	3 719	279	15 326	34
辽宁省盘锦新开农场	22 890	312	5 142	320	15 624	153	3 079	313	9 073	83
湖北省熊口农场	22 827	313	11 061	215	10 095	226	2 405	332	7 126	122
新疆兵团农六师一〇六团	22 650	314	14 754	172	999	472	5 748	214	1 658	412
湖北省大沙湖农场	22 454	315	6 354	300	9 943	227	2 889	318	15 800	31
辽宁省盘锦城郊农场	22 442	316	6 769	296	5 133	345	828	401	9 181	80
云南省黎明农场	22 439	317	9 200	246	10 523	216	2 615	328	3 202	263
新疆兵团农十四师二二四团	22 331	318	19 313	133	85	509	5 230	227	4 775	196
新疆兵团农九师一六八团	22 279	319	11 700	207	1 031	470	7 603	176	3 261	257
新疆维吾尔自治区哈图布呼农场	22 265	320	533	467	15 423	156	5 533	221	1 003	472
海南省国营红明农场	21 987	321	280	475	16 659	143	1 317	378	3 845	227
江苏省国营江心沙农场	21 899	322	12 269	201	4 744	355	1 393	374	1 496	427

2－2续表 9

农场名称	生产总值（万元）	排序	工业增加值（万元）	排序	农业增加值（万元）	排序	耕地面积（公顷）	排序	年平均职工人数（人）	排序
福建漳浦县大南坂农场	21 670	323	15 266	170	3 802	382	525	425	145	509
新疆兵团十师一八一团	21 469	324	10 150	225	4 559	359	7 860	172	3 540	242
新疆兵团农十三师红山农场	20 953	325	8 509	257	6 705	298	4 911	237	3 190	265
江苏省国营淮海农场	20 862	326	696	461	14 458	167	5 370	225	2 966	280
云南省勐捧农场	20 852	327		496	19 680	118	25	493	9 433	77
广西玉林市博白县旺茂总场	20 833	328	12 497	197	4 173	375	53	480	1 666	409
新疆兵团农二师三十六团	20 766	329	16 911	156	1 312	462	2 897	317	1 436	433
广西贺州市富川县立新农场	20 668	330	11 611	209	5 448	337	106	471	1 853	392
福建晋江市西滨农场	20 500	331	20 384	121	116	508	65	477	10	512
海南省国营南滨农场	20 300	332		496	13 198	181	334	442	2 312	344
黑龙江省齐齐哈尔种畜场	20 283	333	2 206	397	12 775	184	4 556	250	3 984	222
广东国营湖光农场	20 267	334	5 807	311	11 053	204	2 681	325	1 954	382
广东国营平岗农场	20 204	335	89	488	18 632	124	53	480	394	496
广西北海市银海区星星农场	20 121	336		496	10 884	207	1 907	349	2 960	284
广西桂林市全州县桂北农场	20 120	337	12 729	190	1 340	461	42	485	1 349	446
广西合浦县滨海农场	19 910	338	5 086	321	10 786	210	1 617	365	3 025	271
江苏省国营宝应湖农场	19 728	339	5 601	312	7 722	280	2 644	327	2 575	318
广西陆川县五星农场	19 723	340	9 432	242	7 438	284	169	462	2 518	324
新疆兵团农一师四团	19 618	341	12 552	194	2 866	416	5 217	228	1 392	440
新疆兵团农九师一六三团	19 378	342	12 175	202	1 590	446	5 642	219	3 016	275
内蒙古上库力农场	19 297	343	270	476	18 514	126	37 076	29	1 374	442
光明米业有限责任公司	19 263	344	1 551	424	19 360	121			1 289	450
辽宁省盘锦羊圈子苇场	19 200	345	2 300	394	11 000	205	3 120	311	19 399	20
黑龙江省闫家岗农场	18 870	346	3 415	356	7 001	291	539	424	2 072	365
湖北省西大垸农场	18 862	347	8 064	270	9 564	235	2 887	319	6 880	128
黑龙江省锦河农场	18 719	348	2 327	392	8 589	259	10 791	133	4 003	221
新疆兵团农十师一八七团	18 680	349	8 111	269	5 645	327	8 799	161	2 127	359
黑龙江省泰来农场	18 674	350	1 935	407	14 239	171	4 854	240	1 369	443
湖北省阳新综合农场	18 658	351	3 655	351	5 489	336	1 009	388	11 845	58
新疆兵团农二师二十七团	18 634	352	9 593	236	5 548	332	4 095	264	2 297	347
新疆兵团农四师六十八团	18 360	353	9 776	230	4 407	365	6 201	203	2 185	355
新疆兵团农四师七十三团	18 328	354	8 190	265	2 380	426	3 341	298	1 182	455
海南省国营南新农场	17 909	355	3 079	366	2 789	418	24	494	1 761	402
海南省国营新中农场	17 887	356	162	483	9 815	229	251	453	2 378	336
上海市上海农场	17 878	357	1 303	436	15 313	158	5 009	233	1 149	458
广东国营胜利农场	17 816	358	2 555	381	8 267	268	31	490	1 335	447

2－2 续表 10

农场名称	生产总值（万元）	排序	工业增加值（万元）	排序	农业增加值（万元）	排序	耕地面积（公顷）	排序	年平均职工人数（人）	排序
广西龙州县龙北农场	17 811	359	1 316	434	12 001	191	670	413	3 316	256
新疆兵团农四师六十九团	17 808	360	7 378	288	6 039	316	4 040	265	1 562	422
北京市东郊农工商联合	17 743	361	(409)	504	0	512	186	459	1 041	471
江苏省国营海安农场	17 742	362	17 134	153	215	506	328	444	100	510
辽宁省盘锦坝墙子农场	17 709	363	4 803	324	3 719	385	3605	284	6 290	150
湖北省运粮湖农场	17 706	364	7 051	291	8 719	257	3 209	308	7 729	109
新疆兵团农六师土墩子农场	17 686	365	9 678	232	4 540	361	4 973	235	1 140	459
海南省国营东红农场	17 632	366	1 396	430	11 388	197	276	447	2 183	356
广东省国营铜锣湖农场	17 595	367	2 894	372	7 800	278	774	408	672	490
吉林省前郭灌区国营红旗农场	17 528	368	8 054	271	8 107	274	2 745	323	4 013	220
新疆兵团农七师一三七团	17 476	369	6 564	299	3 757	383	3 670	281	1 659	411
江西省宜春市墨山农场	17 413	370	15 395	167	885	477	130	468	2 015	372
辽宁省盘锦胡家农场	17 402	371	1 473	428	2 311	428	8 106	167	5 900	160
新疆兵团农五师八十四团	17 269	372	8 383	260	4 553	360	8 734	162	2 341	342
海南省国营红华农场	17 248	373	1 719	414	8 518	261	3 937	269	1 591	420
内蒙古特泥河农场	17 194	374	955	448	15 391	157	25 521	58	991	474
新疆兵团农四师七十五团	17 146	375	7 765	275	5 651	326	7 090	187	1 226	452
内蒙古那吉屯农场	17 108	376	1 611	420	14 707	163	20 663	70	188	508
云南省江城橡胶公司	170 29	377		496	16 457	145	23	495	4 583	201
湖北省三湖农场	16 800	378	3 051	369	9 530	237	3 152	310	8 450	99
海南省国营乐光农场	16 770	379		496	11 535	194	261	450	1 641	413
云南省景洪农场	16 696	380		496	14 115	173	57	479	2 598	316
海南省国营西达农场	16 662	381		496	9 815	229	1 726	358	2 787	303
新疆兵团农十三师柳树泉农场	16 640	382	11 623	208	1 102	468	1 657	361	295	502
辽宁省大连三寰集团	16 624	383	5 163	318	3 388	401	256	452	989	475
湖北省周矶农场	16 463	384	7 676	276	6 811	295	786	405	6 818	134
湖北省清河农场	16 386	385	2 160	401	12 665	187	1 455	371	5 812	164
广西龙州县北耀农场	16 293	386	1 114	444	6 645	299	1 205	382	3 740	233
内蒙古三河农场	16 281	387	31	495	15 813	150	38 367	24	1 308	449
广西灵山县新光农场	16 275	388	4 303	334	7 597	282	590	420	1 723	406
安徽省寿西湖农场	16 192	389	3 545	354	8 841	254	3 745	277	3 580	241
新疆兵团农二师二二三团	16 157	390	7 633	278	5 400	340	2 731	324	1 744	404
黑龙江省柳河农场	16 122	391	2 380	391	9 306	242	4 252	256	1 467	430
黑龙江省依兰农场	16 078	392	2 419	386	8 891	252	3 632	282	2 573	319
江西省上饶市旭光场	16 069	393	3 156	364	520	494	299	445	2 338	343
新疆兵团农九师一六六团	15 984	394	11 496	210	2 470	423	13 489	109	2 835	298
江西省新余市九龙山场	15 960	395	12 000	204	2 500	422	599	417	4 898	190
广西防城港市防城区垌美农场	15936	396	10 872	217	2 219	430	410	438	3 232	259

2-2续表11

农场名称	生产总值（万元）	排序	工业增加值（万元）	排序	农业增加值（万元）	排序	耕地面积（公顷）	排序	年平均职工人数（人）	排序
江西省九江市芙蓉农场	15 900	397	8 642	254	3 593	392	854	397	6 140	153
湖北省荒湖农场	15 831	398	3 370	358	10 405	219	3 186	309	8 698	92
云南省橄榄坝农场	15 830	399	701	460	13 698	175	175	460	2 862	293
黑龙江省四方山农场	15 793	400	290	474	13 005	182	7 602	177	2 031	369
海南省国营东太农场	15 719	401	563	465	8 743	255	145	466	2 344	340
广东国营曙光农场	15 624	402	776	456	10 552	215	78	474	742	487
内蒙古谢尔塔拉农场	15 585	403	5 517	314	9 498	239	20 560	71	842	484
新疆兵团农十四师皮山农场	15 577	404	11 212	212	303	502	1 992	346	5 041	183
内蒙古甘河农场	15 572	405	906	451	10 319	222	21 546	68	2 289	349
海南省国营乌石农场	15 566	406	862	452	9 263	244	470	431	1 631	414
新疆维吾尔自治区博孜达克农场	15 433	407	379	472	9 123	246	7 780	173	1 220	453
云南省陇川农场	15 351	408		496	3 059	412	2 826	322	4 235	212
黑龙江省松花江农场	15 136	409	8 193	264	4 220	372	4 204	259	2 614	314
湖北省长港农场	15 064	410	3 705	349	9 460	241	1 345	377	12 043	54
辽宁省盘锦甜水农场	15 042	411	2 852	373	4 316	369	3 600	287	6 766	137
湖北省菱角湖农场	15 035	412	2 405	388	9 542	236	2 279	337	6 823	133
广西合浦县珠光农场	14 971	413	2 197	399	3 643	389	419	435	2 296	348
内蒙古哈达图农场	14 919	414	556	466	13 467	178	21 893	66	808	485
江西省抚州市红星垦殖场	14 699	415	10 644	220	3 822	380	882	396	3 320	254
湖北省龙王咀农场	14 616	416	9 600	235	3 380	402	415	437	4 460	206
广东国营红峰农场	14 586	417	3 214	363	5 493	335	27	492	993	473
江西省上饶市康山场	14 580	418	1 198	442	4 015	377	2 359	335	2 719	310
海南省国营立才农场	14 535	419	154	484	7 108	290	834	399	2 463	330
新疆兵团农三师四十一团	14 312	420	9 106	248	420	496	4 813	243	1 485	429
辽宁省鞍山新华农场	14 300	421	1 622	419	1 235	465	3 511	293	3 420	247
江西省九江市恒丰场	14 255	422	8 925	251	4 368	367	962	393	7 210	120
江西省上饶市信丰场	14 150	423	1 633	418	739	483	976	392	2 367	337
辽宁省营口熊岳农场	14 044	424	240	479	13 500	177	7	503	1 260	451
广东国营团结农场	13 897	425	1 188	443	6 156	315	48	482	1 365	444
广东国营火星农场	13 873	426	718	459	6 508	302	15	498	863	480
新疆兵团农十二师西山农场	13864	427	3 666	350	2 383	425	2 360	334	1 129	461
海南省国营东兴农场	13 859	428	78	489	8 918	248	476	430	2 139	357
黑龙江省岔林河农场	13 677	429	1 880	408	8 867	253	4 139	262	2 000	375
新疆兵团监狱管理局	13 620	430	6 634	298		512				
新疆兵团农六师六运湖农场	13566	431	7 567	281	325	500	3 747	276	854	481
辽宁省朝阳热水农场	13 524	432	2 261	395	4 325	368	4 175	261	5 464	177
广西防城港市防城区火光农场	13475	433	7 600	279	1 269	463	7	503	1 489	428
江苏省国营云台农场	13 381	434	2 403	389	3 979	378	2 056	344	1 420	435
新疆兵团农十师一八二团	13 199	435	6 052	306	3 332	403	7 498	180	1 607	418
黑龙江省巨浪牧场	13 099	436	1 200	441	9 056	247	2 272	338	1 843	394

2-2续表12

农场名称	生产总值（万元）	排序	工业增加值（万元）	排序	农业增加值（万元）	排序	耕地面积（公顷）	排序	年平均职工人数（人）	排序
北京市双桥农工商公司	13 075	437	8 175	266	17	511	149	465	366	497
广西宾阳县王灵农场	13 066	438	2 134	403	6 870	292	388	439	1 994	378
辽宁省锦州北山农工商公司	13 035	439	11 285	211	629	489	653	415	530	492
新疆兵团农九师一六七团	13 027	440	10 265	223	378	497	10 667	136	2 478	327
海南省国营阳江农场	13 009	441	370	473	6 184	313	1 478	370	2 105	362
黑龙江省安达牧场	1 2988	442	2 316	393	5 203	342	984	390	1 457	431
吉林省前郭灌区国营红光农场	12 983	443	2 451	384	9 828	228	3387	297	3 807	232
新疆兵团农九师一六四团	12 968	444	9 510	239	1 421	458	10 372	140	2 080	364
宁夏农垦平吉堡农业发展公司	12 875	445	819	454	10 455	218	3 544	290	1 140	459
云南省勐满农场	12 801	446		496	10 260	223	73	476	3 691	236
江西省上饶市怀玉山场	12 626	447	4 560	327	230	505	162	463	1 431	434
湖南省回龙圩管理区	12 567	448	3 734	346	6 211	309	1 888	350	14 810	37
内蒙古拉布大林农场	12 552	449	907	450	10 382	220	35 951	32	1 403	439
新疆维吾尔自治区包头湖农场	12 500	450		496	5 833	323	2 880	320	268	503
广东国营新时代农场	12 475	451	924	449	4 832	354	15	498	923	478
宁夏灵武农业发展公司	12 458	452	577	464	10 321	221	3 723	278	2 023	370
广西柳州市沙塘农场	12 456	453	1 600	422	8 307	267	209	457	1 075	466
新疆兵团农九师一六一团	12 389	454	8 044	272	237	504	7 932	170	1 629	416
黑龙江省繁荣种畜场	12 319	455	1 255	437	8 335	266	9 710	148	3 824	230
广西灵山县华山农场	12 288	456	774	457	3 178	408	13	500	1 951	383
新疆兵团农二师二十五团	12 103	457	7 083	290	1 995	436	1 918	348	1 419	436
黑龙江省五大连池原种场	12 101	458	230	480	7 242	286	1 0352	141	4 874	191
湖北省涨渡湖农场	11 951	459	3 825	341	5 438	338	1 626	363	4 104	217
河南省扶沟县农牧场	11 928	460	10 697	219	1 004	471	487	429	1 056	469
新疆兵团农三师四十六团	11 909	461	9 511	238	859	478	1 619	364	869	479
江西省上饶市禾斛岭场	11 890	462	675	462	956	473	5 242	226	3 233	258
湖北省万丈湖农场	11 823	463	4 509	328	6 862	293	1 818	354	7 409	117
江西省九江市上十岭农场	11 737	464	2 776	375	8 215	270	170	461	1 812	399
内蒙古苏沁农场	11 611	465	61	493	11 103	202	23 393	61	615	491
辽宁省盘锦辽滨苇场	11 543	466	5 878	310	130	507	556	422	8 687	93
广东国营南华农场	11 514	467	1 546	425	6 776	296	1 569	369	1 552	424
海南省国营中建农场	11 498	468	264	478	4 858	353	583	421	1 840	395
湖北省东风农场	11 422	469	1 785	410	8 124	273	598	418	5 804	166
海南省国营三道农场	11 366	470	114	486	4 866	350	60	478	1 413	437
云南省孟定农场	11 362	471	62	492	10 717	212	233	455	2 956	285
辽宁省盘锦高家农场	11 336	472	2 655	378	5 510	334	2 058	343	8 101	104
广西浦北县东方农场	11 230	473	2 113	404	3 487	399	133	467	2 876	292
湖北省小港农场	11 204	474	4 659	326	4 570	358	714	411	7 439	116
新疆兵团农四师七十九团	11 198	475	7 545	284	1 435	457	1 785	356	1 058	468
内蒙古大河湾农场	11 172	476	75	490	10 911	206	10 456	139	199	507

2－2 续表 13

农场名称	生产总值（万元）	排序	工业增加值（万元）	排序	农业增加值（万元）	排序	耕地面积（公顷）	排序	年平均职工人数（人）	排序
海南省国营东昌农场	11 030	477	213	481	7 792	279	777	407	1 190	454
广东国营新华农场	11 006	478	1 044	445	4 198	374	36	486	714	488
江西省景德镇市罗家垦殖场	10 964	479	10 534	221	302	503	100	472	2 000	375
新疆兵团农四师七十八团	10 897	480	7 634	277	1 252	464	77	475	958	477
广东国营东方红农场	10 881	481	384	471	7 600	281	591	419	1 509	426
宁夏贺兰山实业农牧场农业发展有限分公司	10 708	482	1 250	438	7 228	287	3785	273	496	493
内蒙古巴彦农场	10 667	483	398	470	8 598	258	13 750	107	2 000	375
江西省上饶市花亭场	10 542	484	3 448	355	620	490	468	432	2 862	293
新疆兵团农四师七十四团	10 509	485	6 175	304	650	487	4 962	236	1 114	463
广东国有建设农场	10 498	486	1 372	431	5 970	318	123	470	791	486
海南省国有中坤农场	10 473	487	133	485	6 451	304	849	398	2 117	360
江西省九江市赛湖农场	10 390	488	3 005	370	3 513	398	782	406	13 354	45
黑龙江省青年农场	10 352	489	4 264	335	2 933	415	331	443	1 049	470
江西省景德镇市西郊垦殖场	10273	490	1 720	413	695	486	29	491	2 442	332
湖南省大通湖管理区	10 260	491	35 500	61	55 160	44	14 600	100	64 350	3
湖北省八里湖农场	10 252	492	2 420	385	3 520	397	1 010	387	4 177	214
云南省南联山农场	10 137	493		496	9 503	238	15	496	1 906	385
湖北省军垦农场	10 127	494	1 762	411	6 500	303	1 699	360	3 412	248
河北省国营御道口牧场	10 099	495	1 326	433	3 535	396	2 120	341	1 072	467
黑龙江省大山种羊场	8 363	496	816	455	6 195	312	3 230	307	1 817	397
黑龙江省阿城原种场	6 822	497	2 843	374	3 303	404	1 578	367	2 310	345
安徽省华阳河农场	6 741	498	1 370	432	14 383	168	6 395	199	2 770	306
黑龙江省山市种奶牛场	6 402	499	586	463	4 609	357	4 490	252	3 601	240
安徽省龙亢农场	6 379	500	2 411	387	5 568	331	2 268	339	1 766	401
广州新厚德农工商联合公司	5 800	501	1 402	429		512			365	499
北京市东风农工商公司	5 388	502		496		512			366	497
湖南省东山峰管理区	5 150	503	2 218	396	1 500	453	800	403	2 850	296
北京市北郊农场	4 867	504	517	468	712	485			461	494
黑龙江省牡丹江农垦双峰农场	4 098	505	475	469	1 986	437	2 372	333	846	483
黑龙江省沙河农场	3 603	506	1 214	440	1 599	445	1 151	385	1 173	456
安徽省普济圩农场	3 370	507	3 743	345	9 476	240	5 089	230	2 137	358
北京市南口农场	2 880	508	1 016	447	567	493			1 408	438
黑龙江省红旗种马场	2 770	509	75	490	1 946	439	1 574	368	694	489
安徽省皖河农场	2 016	510	3 077	367	14 374	169	3 611	283	5 569	172
北京市巨山农场	1 964	511		496	1 578	450	15	496	206	506
安徽省十字铺茶场	1 437	512	11 175	214	3 695	387	911	395	2 218	354
黑龙江省涝洲鱼种场	743	513	108	487	608	491	8	502	315	500
北京市延庆农场	344	514		496	344	498	259	451	219	505
黑龙江省九龙山柞蚕育种场	64	515		496	55	510	32	489	63	511

人口、从业人员和劳动报酬

3－1　农垦人口和收入情况

（2011 年）　　　　　　计量单位：人

地　区	年末总人口				年内平均人口	年内出生人口	年内死亡人口	人均纯收入（元/年）
		农场人口	乡镇总人口	少数民族人口				
全国农垦	**13 524 840**	**10 991 594**	**1 535 615**	**1 326 273**	**13 294 090**	**91 112**	**60 847**	**9 344**
北　京	58 460	25 491	118	125	57 341	15	154	30 520
天　津	19 257	13 493		252	18 822	71	200	34 403
河　北	439 726	281 685	157 603	7 962	432 856	3 901	2 874	9 344
山　西	24 190	21 995	10	9	23 879	104	89	5 852
内蒙古	490 400	425 023		113 590	475 335	2 352	1 656	8 260
辽　宁	929 681	832 531	61 303	39 843	905 553	6 844	5 381	9 576
吉　林	271 320	198 232	65 701	11 146	275 851	1 417	1 093	5 937
黑龙江	1 711 963	1 465 347		37 100	1 692 727	6 738	8 677	16 466
上　海	128 236	18 723			125 083			25 835
江　苏	211 677	197 423			209 131	1 477	1 305	17 405
浙　江	72 680	58 288		215	72 300	220	238	20 191
安　徽	136 356	127 277	3 033	2 466	136 127	769	817	12 660
福　建	231 882	139 850	60 677	1 934	230 099	2 009	1 080	8 447
江　西	890 537	887 003		2 372	877 746	6 303	2 619	7 064
山　东	19 546	15 444	4 102	15	20 227	90	107	11 121
河　南	129 841	99 117	30 724	346	129 542	820	385	7 090
湖　北	1 424 345	1 305 734	86 930	6 790	1 411 220	15 048	6 549	8 830
湖　南	684 223	578 475	95 075	9 545	645 281	4 254	3 027	7 700
广　东	382 056	342 154		8 508	381 419	2 676	1 889	13 261
广　西	318 204	227 879		81 043	301 636	1 335	878	14 775
海　南	977 770	847 794		142 989	972 737	9 667	4 097	8 530
重　庆	19 195	5 203		1 977	18 963	7	12	9 173
四　川	14 215	10 718		2 410	12 581	36	41	5 120
贵　州	26 201	26 201		4 733	25 387	47	135	3 921
云　南	337 471	303 066		89 340	338 984	1 452	1 711	9 797
陕　西	28 089	26 837		235	27 519	180	94	5 613
甘　肃	102 744	70 436		2 348	99 992	247	319	8 303
青　海	55 168	36 816		3 513	17 965	322	272	3 800
宁　夏	126 753	126 753		25 490	121 406	834	418	11 549
新疆（兵团）	2 613 724	1 803 533	810 191	360 609	2 594 714	13 838	12 198	10 306
新疆（农业）	222 402	172 321	48 948	89 673	218 153	2 067	803	6 135
新疆（畜牧）	408 629	297 429	111 200	276 864	406 254	5 755	1 659	5 646
热科院	12 975			2 831	12 245	202	42	17 690
广　州	1 783	343			1 755			44 732
南　京	3 141	2 980			3 260	15	28	32 365

3－2　农垦社会从业人员

（2011 年）　　计量单位：人

地区	总计		第一产业		种植业		林业	
	年末人数	平均人数	年末人数	平均人数	年末人数	平均人数	年末人数	平均人数
全国农垦	**6 471 775**	**6 656 011**	**3 607 374**	**3 655 779**	**2 643 778**	**2 705 423**	**275 260**	**264 487**
北京	41 635	40 478	20 724	20 526	652	734	67	68
天津	6 000	5 958	1 323	1 338	224	220		
河北	257 858	257 661	110 690	110 909	81 804	81 984	786	726
山西	12 017	11 736	5 502	5 510	3 783	3 793	81	78
内蒙古	261 009	255 345	204 089	204 553	150 616	150 393	1 357	1 431
辽宁	470 439	445 689	271 647	257 249	211 807	200 582	3 967	3 756
吉林	122 091	121 822	105 151	104 993	96 769	96 711	482	481
黑龙江	957 410	966 710	599 512	601 842	474 698	479 827	5 536	5 334
上海	120 852	117 511	7 898	7 799	3 584	3 508	197	189
江苏	105 105	105 028	41 701	42 222	31 610	32 277	708	757
浙江	37 539	37 249	6 155	5 833	4 612	4 425	36	36
安徽	65 731	66 028	40 216	40 689	37 859	38 245	220	228
福建	113 890	92 624	57 935	47 662	39 494	33 941	2 955	2 170
江西	337 797	336 814	191 466	191 074	145 164	145 180	27 378	27 007
山东	10 619	10 343	6 768	6 779	5 863	6 134	397	137
河南	57 013	55 914	42 329	42 740	42 329	42 740		
湖北	724 518	720 450	350 569	349 675	275 512	276 438	3 101	3 033
湖南	373 722	368 023	228 743	226 599	193 345	192 436	9 080	9 011
广东	142 424	141 181	69 212	68 591	41 978	41 617	12 719	12 782
广西	185 138	182 079	60 911	60 396	46 353	46 084	2 260	2 404
海南	406 120	419 907	262 881	281 696	109 309	117 650	107 306	115 976
重庆	12 258	12 180	1 567	1 403	182	216	25	23
四川	7 372	7 350	5 863	5 793	1 316	1 256	68	68
贵州	7 624	7 624	6 150	6 150	4 488	4 488	18	18
云南	125 712	110 485	116 697	100 725	30 649	32 672	83 224	65 016
陕西	9 936	9 795	7 568	7 441	7 183	7 034	14	14
甘肃	34 808	33 288	22 443	21 194	21 203	19 913	493	499
青海	17 923	16 049	15 709	15 646	13 363	13 380	238	238
宁夏	49 216	49 488	35 474	35 503	28 817	28 845	1 464	1 433
新疆（兵团）	1 111 491	1 374 300	491 210	558 729	414 640	472 759	7 868	8 267
新疆（农业）	86 714	86 993	73 542	73 617	58 982	59 000	3 215	3 307
新疆（畜牧）	192 313	182 474	145 240	150 432	65 448	70 811		
热科院	4 871	4 861						
广州	1 783	1 755	326	319				
南京	827	820	163	153	142	131		

3-2 续表1

地　区	牧　业		渔　业		农业服务业		第二产业		工　业	
	年末人数	平均人数	年末人数	平均人数	年末人数	平均人数	年末人数	平均人数	年末人数	平均人数
全国农垦	**442 632**	**450 999**	**115 291**	**112 754**	**130 413**	**122 117**	**1 372 901**	**1 506 613**	**1 019 492**	**1 046 798**
北　京	19 913	19 632			92	92	7 737	7 617	7 656	7 536
天　津	1 025	1 044	15	11	59	63	2 794	2 823	2 722	2 751
河　北	21 768	21 808	4 697	4 750	1 635	1 641	82 441	82 141	67 018	66 408
山　西	1 045	1 046			593	593	2 641	2 595	2 641	2 595
内蒙古	48 538	48 178	417	414	3 161	4 137	23 759	18 136	19 064	13 796
辽　宁	29 727	28 151	18 374	17 400	7 772	7 360	103 575	98 585	82 165	77 810
吉　林	4 692	4 604	1 266	1 254	1 942	1 943	6 371	6 345	5 109	5 087
黑龙江	105 626	103 804	3 257	3 243	10 395	9 634	147 185	158 413	102 867	105 221
上　海	3 887	3 882	140	136	90	84	31 010	29 845	28 885	28 250
江　苏	3 268	3 193	1 723	1 715	4 392	4 280	37 934	37 614	34 379	34 022
浙　江	1 078	1 059	296	189	133	124	28 331	28 328	28 331	28 328
安　徽	633	675	272	299	1 232	1 242	11 794	11 739	8 016	8 075
福　建	8 968	6 118	3 741	3 139	2 777	2 294	39 469	32 040	35 022	28 353
江　西	10 437	10 406	5 290	5 298	3 197	3 183	106 823	107 105	98 646	99 065
山　东	287	287	119	119	102	102	2 608	2 330	2 283	1 829
河　南							9 118	7 692	7 920	6 382
湖　北	15 391	15 442	50 276	49 102	6 289	5 660	228 227	226 344	134 770	132 123
湖　南	2 210	2 027	5 721	5 702	18 387	17 423	58 882	57 507	48 182	47 318
广　东	10 272	10 006	4 243	4 186			38 266	38 064	30 950	30 769
广　西	8 816	8 525	1 416	1 374	2 066	2 009	82 506	80 952	58 116	56 960
海　南	32 546	35 248	9 156	9 449	4 564	3 373	38 217	37 817	12 021	11 963
重　庆	1 253	1 095	107	69			9 249	9 345	9 205	9 294
四　川	4 257	4 247	10	10	212	212	1 184	1 232	1 171	1 219
贵　州	1 510	1 510	12	12	122	122	1 459	1 459	1 459	1 459
云　南	128	139	561	581	2 135	2 317	4 318	4 788	4 175	4 630
陕　西	156	165			215	229	1 035	1 090	1 035	1 090
甘　肃	670	697	5	5	72	80	9 752	9 591	8 841	8 858
青　海	1 480	1 400			628	628	888	54	547	
宁　夏	4 070	4 110	396	393	727	722	5 632	5 993	3 146	3 367
新疆(兵团)	35 106	38 358	781	924	32 815	38 421	239 143	387 316	165 892	214 435
新疆(农业)	6 480	6 450	3 000	2 980	1 865	1 880	6 135	6 306	4 055	4 103
新疆(畜牧)	57 048	67 353			22 744	12 269	2 971	3 987	1 756	2 282
热科院										
广　州	326	319					1 247	1 218	1 247	1 218
南　京	21	22					200	202	200	202

3-2 续表 2

地 区	建筑业		第三产业		交通运输及仓储业		信息传输计算机服务和软件业	
	年末人数	平均人数	年末人数	平均人数	年末人数	平均人数	年末人数	平均人数
全国农垦	**353 409**	**459 815**	**1 491 500**	**1 493 620**	**200 169**	**201 217**	**15 779**	**16 278**
北 京	81	81	13 174	12 335	2 687	2 698		
天 津	72	72	1 883	1 797	46	48		
河 北	15 423	15 733	64 727	64 611	12 500	12 474	544	547
山 西			3 874	3 631	115	118		
内 蒙 古	4 695	4 340	33 161	32 656	3 134	3 844	44	42
辽 宁	21 410	20 775	95 217	89 855	20 677	19 266	1 172	1 109
吉 林	1 262	1 258	10 569	10 484	1 959	1 937	72	72
黑 龙 江	44 318	53 192	210 713	206 455	23 362	22 629	3 089	3 041
上 海	2 125	1 595	81 944	79 867	22 676	22 412	72	72
江 苏	3 555	3 592	25 470	25 192	2 262	2 199	20	16
浙 江			3 053	3 088	123	123		
安 徽	3 778	3 664	13 721	13 600	1 004	1 002		
福 建	4 447	3 687	16 486	12 922	2 139	1 513	180	149
江 西	8 177	8 040	39 508	38 635	3 284	3 266	822	807
山 东	325	501	1 243	1 234	75	75		
河 南	1 198	1 310	5 566	5 482	514	576	29	29
湖 北	93 457	94 221	145 722	144 431	19 766	19 521	3 050	3 048
湖 南	10 700	10 189	86 097	83 917	7 243	6 189	4 172	4 097
广 东	7 316	7 295	34 946	34 526	4 309	4 272		
广 西	24 390	23 992	41 721	40 731	9 869	9 008		
海 南	26 196	25 854	105 022	100 394	7 686	7 677	150	110
重 庆	44	51	1 442	1 432	441	453		
四 川	13	13	325	325				
贵 州			15	15				
云 南	143	158	4 697	4 972	185	323		
陕 西			1 333	1 265				
甘 肃	911	733	2 613	2 503	147	112		
青 海	341	54	1 326	349	271			
宁 夏	2 486	2 626	8 110	7 992	1 148	1 152		
新疆(兵团)	73 251	172 881	381 138	428 255	51 497	56 171	2 331	3 109
新疆(农业)	2 080	2 203	7 037	7 070	900	910	32	30
新疆(畜牧)	1 215	1 705	44 102	28 055	135	1 234		
热 科 院			4 871	4 861				
广 州			210	218				
南 京			464	465	15	15		

3－2续表3

地区	批发和零售业		住宿和餐饮业		金融业		房地产业	
	年末人数	平均人数	年末人数	平均人数	年末人数	平均人数	年末人数	平均人数
全国农垦	**435 675**	**431 398**	**151 367**	**149 929**	**16 054**	**18 295**	**20 717**	**20 470**
北京	6 399	5 511	1 075	1 081			843	849
天津	478	426	14	14			112	106
河北	18 817	18 736	8 384	8 582	996	997	477	480
山西	2 739	2 523	365	342				
内蒙古	10 361	10 145	10 307	9 681	55	55	142	142
辽宁	28 226	26 735	11 972	11 337	346	327	2 353	2 228
吉林	3 372	3 354	1 182	1 149				
黑龙江	50 383	48 349	22 613	21 549	3 668	3 590	1 045	885
上海	51 193	49 599	1 656	1 641			2 965	2 948
江苏	11 956	11 786	2 667	2 719	13	11	311	268
浙江	733	763	271	267				
安徽	5 330	5 251	4 301	4 326			231	180
福建	5 846	5 135	1 828	1 591	56	54	72	44
江西	9 857	9 751	6 604	6 487	905	875	1 111	1 024
山东	595	587	202	199				
河南	1 981	1 917	592	592	86	85	70	50
湖北	54 747	54 415	11 519	11 299	839	816	2 512	2 448
湖南	20 156	19 057	4 087	4 103	2 478	2 365	986	912
广东	8 889	8 697	3 538	3 500			75	73
广西	17 903	18 583	5 482	5 324			328	294
海南	18 852	18 228	7 499	7 244			765	961
重庆	21	21	402	426			394	432
四川			21	21				
贵州								
云南	339	374	583	586				
陕西	100	106	206	207				
甘肃	456	416	347	322				
青海	493	29	41	40				
宁夏	2 062	2 016	1 751	1 694			50	38
新疆(兵团)	97 921	104 150	40 462	42 200	6 612	9 120	5 622	5 860
新疆(农业)	1 542	1 550	1 290	1 300			155	160
新疆(畜牧)	3 757	3 020						
热科院	83	80	64	64				
广州	28	28						
南京	60	60	42	42			98	88

3-2续表4

地 区	租赁和商务服务业		科学研究和综合技术服务业		水利、环境和公共设施管理业		居民服务和其他服务业	
	年末人数	平均人数	年末人数	平均人数	年末人数	平均人数	年末人数	平均人数
全国农垦	**38 476**	**38 318**	**22 492**	**23 730**	**31 998**	**33 869**	**220 827**	**210 136**
北 京	521	539					1 511	1 517
天 津	773	760	112	104			313	305
河 北	2 597	2 597	316	315	536	514	5 509	5 361
山 西	164	158					350	348
内 蒙 古	225	225	1 376	1 370	25	25	1 597	1 539
辽 宁	1 074	1 017	597	565	1 393	1 319	18 526	17 544
吉 林			18	18			1 077	1 074
黑 龙 江	4 135	5 583	3 161	3 110	15 171	14 810	22 762	22 449
上 海	1 762	1 780	81	79	119	127	709	517
江 苏	38	38	346	348	162	163	5 376	5 317
浙 江	889	920			4	4	647	661
安 徽	81	81	109	108			1 900	1 885
福 建	173	148	657	394	4	4	3 882	2 473
江 西	623	625	380	364	338	326	5 607	5 607
山 东	3	3	8	8			342	344
河 南	155	141	92	88	299	276	219	218
湖 北	3 714	3 539	779	781	2 879	2 867	11 587	11 308
湖 南	1 563	1 482	923	920	1 135	1 028	33 526	34 156
广 东			275	266			6 335	6 132
广 西			644	644			5 319	4 746
海 南	651	671	137	151	63	129	34 639	33 674
重 庆	159	75	25	25				
四 川							304	304
贵 州								
云 南			531	525	76	75	590	548
陕 西	90	51					536	531
甘 肃	26	44	165	97	63	68	663	689
青 海	41		25				99	81
宁 夏			99	101	8	8	2 559	2 566
新疆(兵团)	7 006	10 230	7 326	9 038	9 043	11 436	33 728	36 774
新疆(农业)	1 600	1 580	180	180	680	690	230	240
新疆(畜牧)	10 231	5 842					20 237	11 068
热 科 院			4 130	4 131				
广 州	182	190						
南 京							148	160

3－2续表5

地　区	教　育		卫生、社会保障和社会福利业		文化、体育和娱乐业		公共管理和社会组织	
	年末人数	平均人数	年末人数	平均人数	年末人数	平均人数	年末人数	平均人数
全国农垦	**112 173**	**120 594**	**83 072**	**88 512**	**15 604**	**15 665**	**127 097**	**125 211**
北　京	73	76	9	9	56	55		
天　津	10	10	25	24				
河　北	4 837	4 939	2 401	2 408	498	488	6 315	6 173
山　西	110	111	31	31				
内蒙古	1 345	1 390	1 898	1 810	130	128	2 522	2 260
辽　宁	1 658	1 570	2 219	2 101	511	483	4 493	4 254
吉　林	2 290	2 288	599	592				
黑龙江	25 253	25 221	14 624	14 173	793	765	20 654	20 301
上　海	234	232	477	460				
江　苏	333	352	1 179	1 168	226	236	581	571
浙　江	113	113	41	40	18	18	214	179
安　徽			765	767				
福　建	385	371	299	241	136	66	829	739
江　西	4 266	4 213	1 410	1 412	1 226	802	3 075	3 076
山　东			18	18				
河　南	616	620	531	497	123	115	259	278
湖　北	12 677	12 779	8 152	8 141	3 058	3 025	10 443	10 444
湖　南	3 200	3 159	2 610	2 514	765	754	3 253	3 181
广　东	5 231	5 272	4 242	4 206	1 420	1 406	632	702
广　西	1 269	1 220	652	658			255	254
海　南	1 113	1 115	9 038	10 022	343	351	24 086	20 061
重　庆								
四　川								
贵　州			15	15				
云　南	254	254	492	1 262	10	5	1 637	1 020
陕　西	79	54	137	132			185	184
甘　肃	164	165	283	308	3	3	296	279
青　海	177	102	123	97			56	
宁　夏	75	72	41	42			317	303
新疆（兵团）	43 609	52 883	29 246	33 584	5 665	6 350	41 070	47 350
新疆（农业）			142	145	140	140	146	145
新疆（畜牧）	2 590	1 802	1 373	1 635			5 779	3 457
热科院	111	111			483	475		
广　州								
南　京	101	100						

3-3 国有经济从业人员

(2011年)

计量单位：人

地区	从业人员			离开本单位仍保留劳动关系的职工	
		在岗职工	其他从业人员		内部退养职工
全国农垦	**4 289 314**	**2 974 138**	**1 315 176**	**319 071**	**52 636**
北京	32 502	31 713	789	403	265
天津	6 000	4 791	1 209	789	390
河北	68 564	63 043	5 521	4 379	704
山西	5 115	3 901	1 214	968	68
内蒙古	236 009	114 840	121 169	11 911	2 319
辽宁	297 325	262 528	34 797	8 800	6 218
吉林	83 264	50 185	33 079	7 701	131
黑龙江	679 676	323 751	355 925	79 225	8 154
上海	120 852	77 195	43 657	9 443	458
江苏	64 989	64 865	124	3 597	2 878
浙江	5 268	2 004	3 264	440	182
安徽	44 334	29 823	14 511	496	478
福建	46 958	28 162	18 796	3 030	646
江西	286 356	286 203	153	71 649	3 421
山东	6 446	6 064	382	348	192
河南	43 721	34 501	9 220	3 324	744
湖北	395 674	344 436	51 238	37 228	4 687
湖南	350 891	141 726	209 165	4 583	1 247
广东	82 437	57 510	24 927	1 659	941
广西	58 879	31 628	27 251	4 478	697
海南	340 700	132 564	208 136	48 481	6 911
重庆	5 685	5 685		157	21
四川	7 342	3 321	4 021	131	
贵州	5 155	5 155			
云南	125 702	77 242	48 460	8 046	8 046
陕西	5 089	5 034	55	148	5
甘肃	32 939	21 649	11 290	604	481
青海	4 929	3 530	1 399	2 338	60
宁夏	19 204	19 145	59	907	687
新疆(兵团)	576 464	568 343	8 121		
新疆(农业)	64 080	47 630	16 450	1 520	460
新疆(畜牧)	179 606	120 714	58 892	1 373	803
热科院	4 871	2 994	1 877	342	342
广州	1 783	1 783			
南京	505	480	25	573	

3－4 国有经济从业人员劳动报酬

（2011 年） 计量单位：万元

地区	从业人员劳动报酬			离开本单位仍保留劳动关系的职工生活费
		在岗职工劳动报酬总额	其他从业人员劳动报酬	
全国农垦	**8 149 628**	**6 379 168**	**1 773 691**	**159 718**
北京	128 692	126 370	2 323	691
天津	35 166	31 775	3 391	1 349
河北	185 140	175 967	9 172	1 345
山西	6 582	5 202	1 380	1 021
内蒙古	406 528	205 165	201 363	7 117
辽宁	477 356	412 440	64 916	3 475
吉林	81 318	50 745	30 573	3 647
黑龙江	1 137 743	637 378	500 365	41 244
上海	427 249	314 938	112 311	4 766
江苏	228 059	227 751	308	2 374
浙江	9 626	4 987	4 639	263
安徽	88 839	59 457	29 382	275
福建	79 775	30 921	48 854	37 923
江西	333 497	333 043	454	5 618
山东	14 015	13 564	451	260
河南	44 004	35 278	8 726	581
湖北	591 909	519 652	72 257	6 289
湖南	330 784	169 800	160 984	26 980
广东	239 009	190 631	48 378	1 099
广西	117 570	77 378	40 192	997
海南	677 594	424 829	252 765	5 528
重庆	24 410	24 410		58
四川	7 278	5 466	1 812	2
贵州	8 733	8 733		
云南	147 963	105 532	42 431	4 784
陕西	9 417	9 013	404	5
甘肃	81 108	67 733	13 375	291
青海	7 003	7 493	166	148
宁夏	43 314	42 301	1 013	578
新疆（兵团）	1 870 476	1 790 127	80 349	
新疆（农业）	64 229	40 485	26 320	25
新疆（畜牧）	214 315	205 301	9 014	523
热科院	19 762	14 179	5 583	
广州	9 444	9 444		
南京	1 721	1 680	41	462

3－5 农场国有经济从业人员

（2011 年） 计量单位：人

地区	从业人员			离开本单位仍保留劳动关系的职工	
		在岗职工	其他从业人员		内部退养职工
全国农垦	**3 528 239**	**2 352 103**	**1 176 133**	**301 617**	**46 056**
北京	8 713	8 459	254	265	172
天津	1 807	1 452	355	472	265
河北	68 354	62 833	5 521	4 379	704
山西	4 938	3 861	1 001	932	64
内蒙古	211 439	99 498	111 941	11 591	1 993
辽宁	284 034	254 875	29 159	8 414	6 031
吉林	81 527	48 448	33 079	7 696	126
黑龙江	635 971	284 669	351 302	76 231	6 141
上海	11 339	7 006	4 333	7 384	100
江苏	53 557	53 557		3 450	2 878
浙江	5 268	2 004	3 264	440	182
安徽	38 825	27 961	10 864	483	465
福建	45 325	26 868	18 457	3 006	512
江西	284 640	284 492	148	71 394	3 413
山东	6 446	6 064	382	348	192
河南	43 721	34 501	9 220	3 324	744
湖北	387 000	337 372	49 628	37 044	4 236
湖南	252 282	92 142	160 140	1 781	674
广东	65 403	43 273	22 130	1 043	741
广西	40 249	19 644	20 605	3 186	506
海南	239 643	36 542	203 101	46 755	6 727
重庆	1 455	1 455			
四川	5 900	1 885	4 015	127	
贵州	5 155	5 155			
云南	111 815	63 980	47 835	7 792	7 792
陕西	4 769	4 765	4	148	5
甘肃	26 245	15 265	10 980	71	63
青海	4 152	2 885	1 267	754	60
宁夏	394	391	3	8	7
新疆（兵团）	406 588	404 858	1 803		
新疆（农业）	64 080	47 630	16 450	1 520	460
新疆（畜牧）	126 489	67 597	58 892	1 373	803
热科院					
广州	343	343			
南京	373	373		206	

3－6 农场国有经济从业人员劳动报酬

（2011 年） 计量单位：万元

地区	从业人员劳动报酬	在岗职工劳动报酬总额	其他从业人员劳动报酬	离开本单位仍保留劳动关系的职工生活费
全国农垦	**5 580 640**	**4 143 979**	**1 439 237**	**123 065**
北京	46 314	45 534	779	434
天津	8 618	7 769	849	912
河北	184 468	175 295	9 172	1 345
山西	6 382	5 132	1 250	1 021
内蒙古	353 511	171 862	181 649	6 452
辽宁	343 375	306 168	37 207	3 277
吉林	79 350	48 777	30 573	3 647
黑龙江	982 382	493 044	489 338	36 770
上海	48 613	33 783	14 830	2 714
江苏	166 380	166 380		2 253
浙江	9 626	4 987	4 639	263
安徽	74 672	54 153	20 519	260
福建	76 890	28 888	48 002	37 912
江西	330 970	330 520	450	5 616
山东	14 015	13 564	451	260
河南	44 004	35 278	8 726	581
湖北	548 436	482 089	66 347	5 967
湖南	192 946	76 889	116 057	1 280
广东	148 805	112 290	36 515	548
广西	61 921	34 794	27 127	875
海南	354 727	104 105	250 622	4 907
重庆	4 006	4 006		
四川	4 399	2 595	1 804	2
贵州	8 733	8 733		
云南	116 358	75 204	41 154	4 659
陕西	8 750	8 521	229	5
甘肃	45 212	32 207	13 005	231
青海	6 306	6 141	166	148
宁夏	889	859	30	9
新疆（兵团）	1 071 422	1 069 009	2 413	
新疆（农业）	64 229	40 485	26 320	25
新疆（畜牧）	170 893	161 879	9 014	523
热科院				
广州	2 572	2 572		
南京	467	467		169

固定资产投资

4－1 固定资产投资完成情况

（2011 年）　　　　计量单位：万元

地　　区	本年完成投资总额				资金来源合计	
		第一产业	第二产业	第三产业		国家预算内资金
全国农垦	**24 412 601**	**2 822 544**	**11 861 307**	**9 728 749**	**24 806 480**	**1 915 309**
北　京	146 226	41 744	70 576	33 906	146 361	
天　津	34 969	3 276	5 878	25 815	34 969	
河　北	2 586 063	165 738	1 528 247	892 078	2 586 063	1 857
山　西	4 289	3 724	80	485	4 289	232
内 蒙 古	611 041	166 304	213 996	230 741	611 041	53 880
辽　宁	2 130 521	402 750	1 048 482	679 289	2 130 521	14 714
吉　林	16 317	7 903	7 140	1 274	16 317	286
黑 龙 江	2 855 291	502 581	262 934	2 089 776	2 859 289	312 310
上　海	277 460	51 517	80 051	145 892	274 629	15 566
江　苏	254 852	37 549	77 146	140 157	254 852	28 021
浙　江	91 973	1 161	85 943	4 869	91 973	34
安　徽	79 368	15 383	11 587	52 398	77 949	32 385
福　建	170 297	8 448	130 931	30 918	170 297	4 400
江　西	1 227 156	36 077	916 753	274 326	1 227 156	47 547
山　东	30 729	8 676	18 878	3 175	30 729	
河　南	16 526	3 635	11 221	1 670	16 526	350
湖　北	3 173 848	176 580	2 208 373	788 895	3 173 848	150 304
湖　南	754 025	281 329	372 687	100 009	734 558	81 235
广　东	215 582	49 002	48 380	118 200	215 582	36 890
广　西	1 802 099	72 264	924 172	805 663	1 802 099	59 368
海　南	608 292	62 847	75 321	470 124	608 292	35 972
重　庆	26 873	7 568	9 717	9 588	26 873	742
四　川	1 665	773	882	10	1 591	103
贵　州	14 533	11 760	2 773		14 533	1 786
云　南	64 786	15 018	11 323	38 445	64 786	21 901
陕　西	12 555	7 239	1 438	3 878	12 555	90
甘　肃	104 472	39 233	46 582	18 657	104 472	13 727
青　海	2 695	2 633		62	2 695	951
宁　夏	101 390	28 904	13 551	58 935	101 390	
新疆（兵团）	6 835 110	501 787	3 654 880	2 678 443	7 248 648	938 221
新疆（农业）	19 733	13 775	2 968	2 990	19 733	3 540
新疆（畜牧）	111 568	93 636	17 221	712	111 568	38 792
热 科 院	23 294			23 294	23 294	20 104
广　州	6 863	1 730	1 197	3 936	6 863	
南　京	140			140	140	

4－1续表

地　　区	资金来源合计						附记：
	国内贷款	债券	利用外资	自筹资金	其他资金	当年新增固定资产	年末实有住房面积（万平方米）
全国农垦	**2 346 823**	**217**	**359 298**	**15 649 644**	**4 535 190**	**17 332 570**	**30 712**
北　　京	38 805			84 331	23 225	150 307	139
天　　津				34 969		6 690	59
河　　北	1 200		111 856	2 120 014	351 136	1 301 624	1 317
山　　西				1 062	2 995	4 029	34
内 蒙 古	23 198		3 640	501 394	28 929	611 041	770
辽　　宁	698 241		19 328	1 004 353	393 885	1 974 584	2 415
吉　　林				14 457	1 574	16 092	566
黑 龙 江	10 475		680	1 759 477	776 347	2 506 694	4 830
上　　海	69 026			188 660	1 377	112 381	37
江　　苏	20 829			186 326	19 676	142 489	910
浙　　江	275			91 644	20	52 324	127
安　　徽	1 812			34 532	9 220	46 841	390
福　　建	180		84 602	76 493	4 622	136 669	809
江　　西	5 400		21 700	1 016 374	136 135	820 410	2 636
山　　东				30 729		30 729	82
河　　南				15 542	634	16 014	275
湖　　北	125 947		37 285	2 090 244	770 068	2 567 000	4 877
湖　　南	242 560	217	24 500	384 521	1 525	749 760	3 320
广　　东	2 378		3 103	95 623	77 588	135 164	947
广　　西	340 549		8 322	1 119 662	274 198	1 044 665	836
海　　南	12 304			173 640	386 376	577 301	1 929
重　　庆	3 000			23 131		8 714	59
四　　川				1 488		1 725	21
贵　　州					12 747	12 550	58
云　　南	7 989			28 411	6 485	49 605	838
陕　　西	860			11 334	271	1 950	66
甘　　肃	17 506			67 731	5 508	24 210	357
青　　海				1 117	627	2 501	54
宁　　夏			9 355	92 034		41 812	361
新疆（兵团）	712 880		33 332	4 345 832	1 218 383	4 059 376	
新疆（农业）	9 945			3 025	3 223	13 650	421
新疆（畜牧）	1 464		1 595	41 456	28 261	92 471	1 026
热 科 院				3 035	155	15 054	134
广　　州				6 863		5 506	2
南　　京				140		638	10

4－2 国有单位固定资产投资完成情况

（2011年） 计量单位：万元

地 区	本年完成投资总额				资金来源合计	
		第一产业	第二产业	第三产业		国家预算内资金
全国农垦	**8 887 049**	**1 871 791**	**1 954 835**	**5 060 423**	**9 159 820**	**1 788 130**
北 京	122 934	40 997	65 128	16 809	122 934	
天 津	34 969	3 276	5 878	25 815	34 969	
河 北	471 097	72 132	227 000	171 965	471 097	1 457
山 西	2 754	2 693		61	2 754	
内蒙古	124 843	74 938	17 068	32 837	124 843	41 177
辽 宁	276 946	123 269	19 273	134 404	276 946	6 580
吉 林	12 037	6 171	5 655	211	12 037	259
黑龙江	1 732 861	341 429	171 833	1 219 599	1 755 911	312 310
上 海	277 460	51 517	80 051	145 892	274 629	15 566
江 苏	192 309	33 565	37 935	120 809	192 309	26 010
浙 江	8 898	586	3 462	4 850	8 898	34
安 徽	48 232	11 114	1 030	36 088	47 402	32 085
福 建	17 031	602	9 248	7 181	17 031	4 280
江 西	110 873	7 983	33 916	68 974	110 873	28 576
山 东	12 029	8 286	568	3 175	12 029	
河 南	5 803	2 915	2 024	864	6 702	350
湖 北	732 018	98 392	234 473	399 153	732 018	138 513
湖 南	491 899	270 385	176 170	45 344	486 919	77 419
广 东	134 190	37 879	39 837	56 474	134 190	36 890
广 西	348 996	47 995	181 514	119 487	348 996	33 920
海 南	318 844	49 894	11 674	257 276	318 844	35 972
重 庆	26 652	7 568	9 496	9 588	26 652	742
四 川	313	301	2	10	313	103
贵 州	14 533	11 760	2 773		14 533	1 786
云 南	55 173	10 116	10 125	34 932	55 173	21 901
陕 西	11 940	7 139	1 092	3 709	11 940	90
甘 肃	102 344	38 061	45 736	18 547	102 344	13 479
青 海	2 670	2 608		62	2 644	900
宁 夏	91 708	28 768	13 229	49 711	91 708	
新疆（兵团）	2 956 473	378 399	531 459	2 046 615	3 278 748	918 735
新疆（农业）	15 823	11 035	2 388	2 400	15 823	3 220
新疆（畜牧）	102 145	88 287	13 647	211	37 315	15 672
热科院	23 294			23 294	23 294	20 104
广 州	6 818	1 730	1 152	3 936	6 863	
南 京	140			140	140	

4-2续表

地　区	资金来源合计					当年新增固定资产
	国内贷款	债券	利用外资	自筹资金	其他资金	
全国农垦	**963 245**	**217**	**48 351**	**4 949 655**	**1 410 222**	**6 811 985**
北京	38 422			61 287	23 225	113 078
天津				34 969		6 690
河北				238 191	231 449	75 663
山西				37	2 717	2 754
内蒙古	830			82 836		124 843
辽宁	82 530			187 229	607	252 781
吉林				10 282	1 496	12 895
黑龙江	9 733			1 374 072	59 796	1 556 189
上海	69 026			188 660	1 377	112 381
江苏	19 728			132 332	14 239	124 768
浙江				8 844	20	445
安徽	539			13 987	791	26 108
福建			740	11 959	52	15 838
江西	1 080		700	78 353	2 164	50 959
山东				12 029		12 029
河南				6 138	214	6 220
湖北	37 992		11 000	410 552	133 961	532 557
湖南	140 860	217	21 853	245 410	1 160	468 786
广东	2 378		3 103	84 231	7 588	85 120
广西	71 382		200	209 981	33 513	258 450
海南	12 304			173 640	96 928	351 902
重庆	3 000			22 910		8 714
四川				210		373
贵州					12 747	12 550
云南	3 092			23 695	6 485	39 992
陕西	860			10 719	271	1 950
甘肃	17 506			66 378	4 981	21 898
青海				1 117	627	2 476
宁夏			9 355	82 353		33 010
新疆（兵团）	442 528		1 400	1 154 924	761 161	2 440 618
新疆（农业）	9 455			948	2 200	10 985
新疆（畜牧）				11 345	10 298	27 856
热科院				3 035	155	15 054
广州				6 863		5 416
南京				140		638

4－3 新增生产能力

(2011 年)

地区	有效灌溉面积（公顷）	#喷灌面积（公顷）	造林（公顷）	果树定植（公顷）	茶树定植（公顷）	草原建设（公顷）	农用运输车（辆）	大中型拖拉机 台	大中型拖拉机 千瓦
全国农垦	**291 172**	**21 407**	**45 345**	**24 674**	**287**	**65 116**	**1 684**	**10 785**	**621 243**
北京	11	11					8	10	496
天津								49	1 171
河北	5 288	4 793	489				20	56	3 013
山西	217	167					4	1	58
内蒙古	3 782		7 344	34		13 786	82	877	41 802
辽宁	8 759	8	2 385	729			312	127	5 328
吉林	648	13	72	3			26	166	3 849
黑龙江	45 346	11 688	6 903				360	5 484	321 564
上海								116	7 301
江苏	4 008		528	18				347	13 136
浙江	107	67	5				2		
安徽	50	33	662	5			4	74	4 917
福建	56		716	18	41		17		
江西	620		1 258	10	63		7	53	1 159
山东	424	424	175					1	70
河南	1 541	30	30	66			9	21	1 100
湖北	18 885		2 391	35	4		265	335	13 482
湖南	160		740	32	107		12	335	12 770
广东	70	70	109	3 023			77	119	16 922
广西	1 029	847	1 163	377				9	539
海南	150		615	3 042				7	60
重庆									
四川						533			
贵州			17	153	72				
云南			235				154		
陕西							4		
甘肃	6 588	2 100	2 152	3 350			5	36	1 873
青海	8	8				5 000			
宁夏			1 797					119	7 144
新疆（兵团）	50 833	1 148	11 807	13 779		33 332	233	2 104	135 116
新疆（农业）			2 351				8	5	50
新疆（畜牧）	142 591		1 401			12 465	73	333	28 305
热科院							2	1	18
广州									
南京									

4－3续表1

地　　区	小型及手扶拖拉机		联合收割机		机引农具（部）	植保机械（部）	林业机械（台）	畜牧机械（台）	烘干机（台）
	台	千瓦	台	千瓦					
全国农垦	**8 664**	**142 914**	**3 081**	**296 242**	**13 932**	**6 077**	**180**	**1 016**	**85**
北　　京	5	75	2	210					
天　　津									
河　　北	10	145	2	120					
山　　西	11	97			3			2	
内 蒙 古	1 893	32 852	149	16 996	1 970		6	556	24
辽　　宁	639	7 143	139	4 745	144	50		116	
吉　　林	125	1 208	51	2 103	80			20	
黑 龙 江	764	45 168	1 954	191 508	4 161	1 002	2	49	22
上　　海			9	1 338	131	216		2	
江　　苏	15	1 034	48	3 668	266	10			10
浙　　江			1	10			19		
安　　徽	127	1 410	96	6 519	313	841		4	20
福　　建	19	190	1	20		5			
江　　西	407	5 206	64	2 217	64	31			
山　　东	10	93					20	38	
河　　南	47	526	3	18	62	1		10	1
湖　　北	1 386	15 207	183	8 781	2 875	1 674	4	56	4
湖　　南	356	2 446	22	408		994			
广　　东	1 082	13 698	2	297	31	901		54	
广　　西	66	790	7	891	66			11	
海　　南	112	1 362				50	126		
重　　庆								6	
四　　川						15		1	
贵　　州									
云　　南	672	1 428	4	179					
陕　　西									
甘　　肃	60	988	12	1 410	69				
青　　海	1	75	17	1 742				10	
宁　　夏	13	213	71	8 709	421	158	3	38	
新疆（兵团）	520	6 571	244	44 353	2 988	127		19	4
新疆（农业）	15	175			13			3	
新疆（畜牧）	295	4 720			274			21	
热 科 院	14	95			1	2			
广　　州									
南　　京									

4－3续表2

地　区	水泥晒场（万平方米）	水库		发电（千瓦）	输电线路（千米）	变电设备		公路（千米）	电话线路（千米）	畜禽生产用房（万平方米）
		座	万立方米			台	千伏安			
全国农垦	**1 228.70**	**3**	**162.50**	**1 393 525**	**2 168**	**554**	**872 717**	**4 118**	**402**	**154.91**
北　京						1				9.35
天　津										0.07
河　北					8	19		64		1.70
山　西					2	1	500	21		
内蒙古	27.00				160	36	2 037	279	4	7.23
辽　宁	0.50				137	4	1 120	135	76	7.44
吉　林		1	1.50					12	10	1.50
黑龙江	176.43	1	80.00	15 590	245	226	21 438	704	3	18.70
上　海										2.43
江　苏	50.00			168	30	40	9 386		12	3.10
浙　江										
安　徽	3.55				4	2	472	16	10	0.21
福　建				259	3			44		2.29
江　西	0.32					9	3 630	561		0.87
山　东					55					13.21
河　南	0.13				5	2	315	27		1.25
湖　北	61.00			840	45	36	1 268	589	121	8.00
湖　南	572.00			1 678	177	10		40	53	
广　东					4			178		4.96
广　西	0.52			6 390	1	6	2 320	93		5.47
海　南					54			24		
重　庆										0.10
四　川								20		
贵　州								40		4.08
云　南		1	81.00							
陕　西	70.00									2.50
甘　肃	0.11				17	14	1 120			
青　海	220.45					1	50			0.29
宁　夏	1.00				14	8	835	18		0.14
新疆（兵团）	45.61			1 368 600	1 017	137	827 686	58		49.61
新疆（农业）					6	2	540	25	18	
新疆（畜牧）					184			1 152	95	10.42
热科院	0.08							19		
广　州										
南　京										

4-3续表3

地　　区	仓库		学校（万平方米）	医院（万平方米）	住房（万平方米）	棉纺锭（锭）	机制糖		机制纸及纸板（吨/年）
	座	万平方米					年产（吨）	日处理原料（吨）	
全国农垦	**259**	**48.93**	**28.90**	**105.49**	**2 719.30**	**215 000**	**78 800**	**9 500**	**50**
北　　京	26	3.11							
天　　津									
河　　北			0.13	0.42	10.00				
山　　西				0.12					
内 蒙 古	5	0.18		0.21	34.00				
辽　　宁	7	0.19	2.20	0.12	34.70				
吉　　林	13		0.05		11.83				
黑 龙 江	43	6.37	5.96	5.04	855.70				
上　　海	1	0.01							
江　　苏	8	2.48			48.00				
浙　　江					1.00				
安　　徽	3	0.31			16.34				
福　　建	1	0.20		0.01	4.00				
江　　西	2	0.30			66.52				
山　　东					0.70				
河　　南	8	0.39	0.02		1.40				
湖　　北	24	6.00	1.00	96.00	154.00	55 000			50
湖　　南	36	4.00			33.15				
广　　东	10	3.47	3.46	0.18	58.32		78 800	7 000	
广　　西	18	3.05	2.10	0.41	31.99			2 500	
海　　南				0.10	187.27				
重　　庆									
四　　川					0.12				
贵　　州					4.66				
云　　南					161.00				
陕　　西									
甘　　肃	4	0.20							
青　　海	3	0.85			0.66				
宁　　夏	1	0.70			1.91				
新疆（兵团）	35	16.03	12.75	2.88	543.84	160 000			
新疆（农业）					153.00				
新疆（畜牧）	11	1.08	1.23		290.52				
热 科 院					14.68				
广　　州									
南　　京									

农 业

5－1　按行业分的农业总产值

（2011 年）　　　　计量单位：万元

地　区	农林牧渔业总产值					
		农业产值	林业产值	牧业产值	渔业产值	农业服务业
全国农垦	**28 038 636**	**16 573 356**	**1 429 635**	**7 714 382**	**1 348 466**	**972 796**
北　京	856 481	3 903	11	844 643		7 924
天　津	59 122	7 240	78	42 796	8 373	635
河　北	712 263	224 872	4 512	279 112	139 398	64 369
山　西	22 136	8 061	96	13 814		165
内蒙古	906 874	564 143	8 894	329 740	4 097	
辽　宁	1 432 842	661 633	18 923	358 735	357 685	35 866
吉　林	264 279	145 411	1 506	114 980	2 157	225
黑龙江	8 798 021	6 023 540	74 053	2 500 434	43 495	156 499
上　海	347 428	129 252	7 446	171 401	39 054	275
江　苏	514 358	295 060	6 171	118 305	53 686	41 136
浙　江	87 784	28 032	1 281	46 618	11 726	127
安　徽	196 288	136 491	2 099	33 879	5 153	18 666
福　建	213 461	96 738	6 623	74 128	28 489	7 483
江　西	404 955	213 660	32 032	108 199	36 097	14 967
山　东	73 586	29 973	2 170	27 438	7 510	6 495
河　南	128 919	76 556	854	45 827	4 814	868
湖　北	1 430 898	696 879	15 693	361 263	329 006	28 057
湖　南	531 062	280 375	29 690	140 314	72 640	8 043
广　东	520 452	273 914	50 541	142 590	53 407	
广　西	629 958	260 571	10 896	270 986	21 449	66 056
海　南	1 431 031	431 892	656 915	233 851	69 694	38 679
重　庆	33 658	2 684		30 737	237	
四　川	9 209	3 824	216	4 818		350
贵　州	18 569	8 763	145	9 540	121	
云　南	532 315	89 799	404 425	15 208	5 539	17 344
陕　西	40 693	27 218	52	8 169	45	5 209
甘　肃	142 321	128 943	1 031	9 904	113	2 330
青　海	26 899	19 428	174	7 297		
宁　夏	211 847	137 694	4 848	52 126	10 377	6 801
新疆(兵团)	6 758 492	5 136 154	63 397	1 077 165	39 130	442 646
新疆(农业)	248 002	195 365	5 800	42 198	3 108	1 531
新疆(畜牧)	438 542	234 537	16 187	186 028	1 789	
热科院	4 598	594	2 876	1 016	62	50
广　州	9 573			9 573		
南　京	1 720	157		1 549	14	

5－2　按经济类型分的农业总产值

（2011年）　　　　　　　　　　　　　　　　计量单位：万元

地　区	国有	集体	个体	其他
全国农垦	**19 990 898**	**844 222**	**6 760 560**	**442 956**
北　　京	834 089			22 392
天　　津	58 767		355	
河　　北	451 447	112 905	142 676	5 235
山　　西	15 327	97	2 562	4 150
内 蒙 古	405 075		501 799	
辽　　宁	888 441	16 366	487 692	40 343
吉　　林	115 970	1 846	146 412	51
黑 龙 江	6 107 281		2 629 882	60 858
上　　海	347 428			
江　　苏	194 641		319 717	
浙　　江	16 141	1 283	46 488	23 872
安　　徽	163 357	1 198	22 461	9 273
福　　建	118 480	28 685	35 944	30 352
江　　西	274 095	20 805	84 185	25 870
山　　东	38 700	3 926	30 960	
河　　南	100 704	7 586	18 612	2 017
湖　　北	1 281 287	102 472	33 483	13 656
湖　　南	261 401	17 806	194 740	57 115
广　　东	425 602	2 860	91 990	
广　　西	281 904		245 918	102 136
海　　南	607 179	39 989	759 982	23 881
重　　庆	21 783			11 875
四　　川	7 003	663	62	1 480
贵　　州	15 541		3 028	
云　　南	396 755		135 560	
陕　　西	39 383	1 034	220	56
甘　　肃	140 689		746	886
青　　海	23 371	2 868	660	
宁　　夏	211 847			
新疆（兵团）	5 677 131	405 504	675 857	
新疆（农业）	176 081	28 520	41 707	1 694
新疆（畜牧）	282 339	47 780	104 248	4 174
热 科 院	1 956	28	2 614	
广　　州	9 573			
南　　京	129			1 591

5－3　土地利用情况

（2011 年）　　计量单位：公顷

地　区	土地总面积	耕地面积	牧草地面积	已利用面积	林地面积	橡胶面积	水面面积
全国农垦	**36 499 377**	**6 116 329**	**14 985 236**	**8 853 972**	**3 938 122**	**421 430**	**841 926**
北　京	7 013	1 455	100		1 127		44
天　津	7 472	2 949			226		894
河　北	373 572	92 472	91 469	58 591	84 531		36 503
山　西	22 717	6 657	5 868	411	5 992		10
内蒙古	5 288 015	651 048	2 435 745	1 831 794	254 593		57 948
辽　宁	512 331	156 119	25 430	16 523	72 352		86 643
吉　林	320 165	117 699	70 982	34 921	46 146		2 864
黑龙江	5 536 485	2 853 885	353 542	121 342	916 743		256 683
上　海	65 138	29 449			7 612		14 776
江　苏	127 166	72 864			21 936		13 221
浙　江	15 968	4 208			2 054		1 631
安　徽	78 269	34 546	253	95	13 063		7 300
福　建	116 897	11 045	1 550	284	56 205	74	3 828
江　西	593 185	52 475	7 081		415 016		27 596
山　东	30 790	10 159	3 327	2 600	1 280		5 642
河　南	43 933	26 838	907	120	3 413		683
湖　北	344 453	136 878	122		50 277		57 516
湖　南	197 563	67 246	7 124	2 114	28 693		40 875
广　东	227 053	37 534	297	297	66 191	43 454	6 605
广　西	168 188	32 911	2 311	30	42 239	2 569	2 883
海　南	767 948	36 786			322 401	249 347	5 054
重　庆	6 496	4 987	87	87	401		30
四　川	497 851	859	359 116	239 469	20 227		3 422
贵　州	21 353	1 753	2 014	717	3 120		551
云　南	222 489	12 016			125 945	124 333	3 297
陕　西	26 365	9 070	1 746	136	1 847		58
甘　肃	542 173	53 714	247 045	14 354	31 030		7 596
青　海	1 397 739	26 492	375 725	86 653	54 054		534
宁　夏	184 798	39 625	59 770	31 367	6 975		10 542
新疆（兵团）	6 975 927	1 241 161	2 189 620		912 584		168 928
新疆（农业）	547 338	89 500	299 170	137 824	47 930		4 348
新疆（畜牧）	11 227 088	201 459	8 444 831	6 274 240	319 674		13 387
热科院	4 562	470	3	3	1 812	1 653	34
广　州	43						
南　京	833				434		

5-3续表

地　区	水面面积	茶果桑园面积	可垦荒地面积	宜林地面积	居民点及工矿用地面积	其他面积
	养殖水面面积					
全国农垦	**270 173**	**378 985**	**664 552**	**192 231**	**820 711**	**8 561 284**
北　京	23	499			1 253	2 535
天　津	668	259	438		818	1 888
河　北	13 867	1 914	6 830	2 358	26 008	31 487
山　西	8	72	594	241	1 401	1 882
内蒙古	2 349	1 845	117 300	43 304	86 018	1 640 214
辽　宁	75 099	12 395	5 887	4 480	50 219	98 806
吉　林	976	3 048	4 569	3 567	27 264	44 026
黑龙江	26 311	3 428	162 907	17 124	229 672	742 501
上　海	3 241	421	1 676		10 514	690
江　苏	5 221	446	14		6 464	12 221
浙　江	1 032	2 653	373	300	2 603	2 146
安　徽	1 009	4 146	673	532	5 126	12 629
福　建	2 147	17 485	2 966	6 122	4 459	13 237
江　西	17 673	15 761	6 506	6 769	25 729	36 251
山　东	4 536	224	1 539	158	3 543	4 918
河　南	519	2 202	512	247	3 068	6 063
湖　北	46 071	6 472	4 821	2 491	47 117	38 759
湖　南	23 102	7 950	1 581	7 293	14 179	22 622
广　东	3 858	25 244	1 316	22 116	14 333	53 417
广　西	1 289	13 648	6 577	13 568	12 255	41 796
海　南	3 905	32 971	19 411	23 507	26 626	301 192
重　庆	28	273	7	104	173	434
四　川	60	1 242	356	831	192	111 606
贵　州	124	5 142	1 366	4 101	362	2 944
云　南	1 507	13 521	14 852	2 932	10 926	39 000
陕　西	49	1 208	4 293	1 368	1 645	5 130
甘　肃	630	3 007	19 119	5 874	4 981	169 807
青　海			2 616	2 480	1 447	934 391
宁　夏	7 020	8 572	7 787	8 265	4 325	38 937
新疆(兵团)	24 456	150 942			144 037	2 168 656
新疆(农业)	3 300	35 864	17 821	12 060	11 105	29 540
新疆(畜牧)	72	6 063	249 772		42 208	1 949 694
热科院	23	30	73	39	516	1 585
广　州					43	
南　京		38			81	280

5－4　耕地面积

（2011年）　　　　计量单位：公顷

地　区	年初实有耕地面积	当年增加的耕地面积	当年减少的耕地面积			
				国家基建占地	农场（集体）占地	个人建房占地
全国农垦	**5 991 939**	**156 057**	**31 668**	**1 990**	**1 659**	**125**
北　京	1 483		28	28		
天　津	3 191	11	253	3		
河　北	91 728	818	74	74		
山　西	6 440	399	182	171		
内蒙古	648 530	6 364	3 846	255	50	
辽　宁	146 551	11 291	1 723	234	1 362	6
吉　林	114 346	3 378	25			
黑龙江	2 800 938	59 054	6 107		3	
上　海	29 450		1	1		
江　苏	73 112		248	248		
浙　江	4 102	246	140	119	16	5
安　徽	34 746	142	342	319	14	9
福　建	11 101	24	80	79	1	
江　西	52 116	477	118	39	77	
山　东	10 165		6	6		
河　南	26 843	286	291		1	
湖　北	136 677	728	527	142	68	
湖　南	67 271		25			25
广　东	37 500	356	322	48		
广　西	32 647	756	492	57	28	7
海　南	39 178	1 017	3 409	67		
重　庆	4 987					
四　川	849	10				
贵　州	2 014		261	7		63
云　南	12 709	144	837	20	3	1
陕　西	9 081		11	11		
甘　肃	56 952	1 772	5 010			
青　海	26 220	272				
宁　夏	39 708	1 262	1 345	26		
新疆（兵团）	1 243 283	2 961	5 083			
新疆（农业）	89 500					
新疆（畜牧）	138 052	64 288	881	36	36	9
热科院	469	2	1			
广　州						
南　京						

5-4 续表

地区	当年减少的耕地面积		年末实有耕地面积		
	退耕还林	退耕还草		水田	旱地
全国农垦	**785**	**3 415**	**6 116 329**	**1 922 246**	**4 194 083**
北　　京			1 455		1 455
天　　津			2 949	578	2 371
河　　北			92 472	22 264	70 208
山　　西	11		6 657		6 657
内　蒙　古	166	3 375	651 048	5 173	645 875
辽　　宁	121		156 119	95 518	60 601
吉　　林			117 699	36 076	81 623
黑　龙　江			2 853 885	1 455 644	1 398 241
上　　海			29 449	26 923	2 526
江　　苏			72 864	64 314	8 550
浙　　江			4 208	2 679	1 529
安　　徽			34 546	14 662	19 884
福　　建			11 045	7 501	3 544
江　　西		2	52 475	43 841	8 635
山　　东			10 159	555	9 604
河　　南			26 838	1 132	25 706
湖　　北	50		136 878	44 461	92 417
湖　　南			67 246	34 096	33 150
广　　东	82		37 534	3 127	34 407
广　　西	4		32 911	986	31 925
海　　南			36 786	15 037	21 749
重　　庆			4 987		4 987
四　　川			859	1	858
贵　　州			1 753	484	1 269
云　　南	136		12 016	5 083	6 933
陕　　西			9 070	26	9 044
甘　　肃			53 714		53 714
青　　海			26 492	97	26 395
宁　　夏	198		39 625	10 422	29 203
新疆（兵团）	16		1 241 161	20 680	1 220 481
新疆（农业）			89 500	2 298	87 202
新疆（畜牧）		38	201 459	8 453	193 006
热　科　院	1		470	136	334
广　　州					
南　　京					

5－5 农作物播种面积和产量

（2011 年）

项　　目	播种面积（公顷）	总产量（吨）	每公顷产量（千克）
农作物播种面积总计	6 414 641		
一、粮食作物	4 613 526	31 986 531	6 933
#夏收作物	462 294	2 696 222	5 832
（一）谷物合计	3 895 168	29 874 255	7 670
1. 稻谷	2 002 750	17 118 391	8 547
#早稻	81 819	503 993	6 160
2. 小麦	673 216	3 273 277	4 862
#春小麦	375 268	1 388 611	3 700
3. 玉米	1 132 213	9 102 294	8 039
4. 谷子	3 509	11 610	3 308
5. 高粱	12 637	69 315	5 485
6. 其他谷物	70 264	299 369	4 261
（二）豆类合计	661 476	1 701 190	2 572
1. 大豆	602 380	1 556 986	2 585
2. 杂豆	59 096	144 204	2 440
（三）薯类	56 882	411 086	7 227
二、油料合计	377 470	827 445	2 192
#花生	30 481	106 987	3 510
油菜籽	215 348	420 874	1 954
芝麻	5 654	9 274	1 640
胡麻子	3 820	4 581	1 199
向日葵	99 335	256 596	2 583
三、棉花	719 318	1 637 974	2 277
#长绒棉	57 709	145 413	2 520
四、麻类合计	2 950	16 169	5 481
#黄红麻	54	1 617	29 944
苎麻	1 096	3 096	2 825
大麻（线麻）			
亚麻	1 800	11 456	6 364
五、糖料合计	112 545	8 185 414	72 730
#甘蔗	63 046	5 069 479	80 410
甜菜	49 500	3 115 936	62 949
六、烟叶合计	1 995	4 716	2 363
#烤烟叶	1 536	3 470	2 259
七、药材类合计	16 787	44 853	2 672
八、蔬菜、瓜类	290 059	13 041 877	44 963
#蔬菜	231 638	11 167 981	48 213
瓜类	58 420	1 868 238	31 979
九、其他作物	279 991		
#啤酒花	3 929	12 463	3 172
青饲料	111 162	3 628 313	32 640

5－6 各垦区农作物播种面积和产量

（2011年）

地区	农作物总播种面积（公顷）	一、粮食作物			#夏收作物		
		播种面积（公顷）	总产量（吨）	公顷产量（千克）	播种面积（公顷）	总产量（吨）	公顷产量（千克）
全国农垦	**6 414 641**	**4 613 526**	**31 986 531**	**6 933**	**462 294**	**2 696 222**	**5 832**
北京	1 175	891	4 145	4 652	390	1 355	3 474
天津	3207	2 416	16 859	6 978	499	2 726	5 463
河北	100 443	64 468	420 485	6 522	15 137	72 928	4 818
山西	6 274	4 753	30 720	6 463	272	1 117	4 107
内蒙古	588 705	415 192	1 693 124	4 078			
辽宁	174 071	155 088	1 312 687	8 464	211	1 569	7 436
吉林	117 987	106 181	740 758	6 976			
黑龙江	2 842 779	2 744 067	20 369 839	7 423			
上海	57 336	40 749	308 898	7 581	18 048	116 297	6 444
江苏	136 361	122 444	910 512	7 436	60 368	384 444	6 368
浙江	5 613	2 632	12 434	4 724	661	2 650	4 009
安徽	68 610	61 518	370 681	6 026	31 825	192 867	6 060
福建	23 507	12 676	70 241	5 541	2 902	14 139	4 872
江西	108 086	78 378	511 359	6 524	524	1 935	3 692
山东	14 123	7 545	45 020	5 967	3 786	22 849	6 035
河南	49 883	41 282	273 259	6 619	22 719	265 224	11 674
湖北	307 607	150 141	877 350	5 844	81 119	344 876	4 251
湖南	150 135	94 916	600 278	6 324	2 019	8 786	4 352
广东	47 337	8 746	61 767	7 062	3 159	19 615	6 209
广西	32 632	2 211	14 567	6 589	1 263	10 336	8 182
海南	59 548	29 578	143 953	4 867	13 753	77 681	5 648
重庆	112	8	40	5 000			
四川	908	439	3 957	9 013	9	50	5 882
贵州	2 319	1 108	5 974	5 392	233	343	1 472
云南	18 485	11 515	56 325	4 891	1 813	6 252	3 448
陕西	14 605	12 690	76 104	5 997	2 987	18 125	6 068
甘肃	5 4029	35 613	25 1011	7 048	22 580	139 310	6 170
青海	19 567	7 629	33 381	4 376	2	7	3 500
宁夏	40 505	32 851	324 777	9 886	3 543	25 666	7 244
新疆（兵团）	1 114 080	252 340	1672 930	6 630	133 710	764 471	5 717
新疆（农业）	80 400	31 800	22 2272	6 990	10 300	54 590	5 300
新疆（畜牧）	173 945	81 420	549 445	6 748	28 335	145 137	5 122
热科院	261	242	1 379	6	127	877	7
广州							
南京	5						

5－6续表1

地区	(一) 谷物			稻谷		
	播种面积（公顷）	总产量（吨）	公顷产量（千克）	播种面积（公顷）	总产量（吨）	公顷产量（千克）
全国农垦	**3 895 168**	**29 874 255**	**7 670**	**2 002 750**	**17 118 391**	**8 547**
北京	883	4 119	4 665			
天津	2 372	16 691	7 037	859	7 275	8 469
河北	57 475	381 926	6 645	19 805	192 513	9 721
山西	4 359	25 447	5 838			
内蒙古	311 566	1 453 360	4 665	3 584	30 012	8 374
辽宁	148 192	1 292 257	8 720	103 950	931 108	8 957
吉林	94 475	724 083	7 664	35 882	326 770	9 107
黑龙江	2 229 179	18 904 030	8 480	1 454 964	12 789 134	8 790
上海	40 553	308 539	7 608	22 505	192 242	8 542
江苏	121 878	909 193	7 460	57 916	507 566	8 764
浙江	1 774	10 290	5 800	1 019	7 179	7 045
安徽	50 190	341 655	6 807	17 676	145 190	8 214
福建	9 250	54 097	5 848	8 756	51 978	5 936
江西	74 594	493 266	6 613	73 355	486 764	6 636
山东	6 482	42 327	6 530	534	4 605	8 624
河南	36 169	260 222	7 195	950	7 282	7 665
湖北	141 860	841 582	5 932	42 288	368 100	8 705
湖南	91 420	591 397	6 469	83 356	554 110	6 648
广东	6 197	46 256	7 464	5 534	39 157	7 076
广西	1 705	12 852	7 539	629	4 720	7 504
海南	25 482	126 232	4 954	24 744	122 423	4 948
重庆	5	32	6 400			
四川	301	1 222	4 059	68	529	7 776
贵州	876	4 098	4 678	343	2 399	6 994
云南	11 165	55 503	4 971	4 152	30 388	7 319
陕西	11 946	71 533	5 988	172	192	1 116
甘肃	34 559	241 497	6 988			
青海	7 487	31 987	4 273			
宁夏	32 814	324 721	9 896	11 246	92 379	8 214
新疆(兵团)	235 210	1 592 438	6 770	20 680	180 218	8 715
新疆(农业)	30 130	215 150	7 141	3 525	32 745	9 289
新疆(畜牧)	74 380	494 882	6 653	4 018	10 042	2 499
热科院	241	1 371	6	241	1 371	5 694
广州						
南京						

5－6 续表 2

地　区	#早　稻			小　麦		
	播种面积（公顷）	总产量（吨）	公顷产量（千克）	播种面积（公顷）	总产量（吨）	公顷产量（千克）
全国农垦	**81 819**	**503 993**	**6 160**	**673 216**	**3 273 277**	**4 862**
北　京				390	1 355	3 474
天　津				499	2 726	5 463
河　北				16 576	74 256	4 480
山　西				272	1 117	4 107
内蒙古				155 829	409 007	2 625
辽　宁				106	529	4 991
吉　林						
黑龙江				93 520	534 767	5 718
上　海				10 405	67 086	6 448
江　苏				44 015	290 979	6 611
浙　江	151	823	5 450	569	2 340	4 112
安　徽	47	317	6 745	31 541	191 238	6 063
福　建	2 960	16 418	5 547	4	6	1 500
江　西	26 659	167 800	6 294	524	1 935	3 691
山　东				3 786	22 849	6 035
河　南				22 583	164 671	7 292
湖　北	2 386	15 850	6 643	78 254	334 365	4 273
湖　南	34 034	210 671	6 190	2 834	9 918	3 500
广　东	2 592	16 453	6 348			
广　西	345	2 456	7 117			
海　南	12 103	69 294	5 725			
重　庆						
四　川				64	284	4 444
贵　州				79	103	1 304
云　南	415	3 037	7 318	253	516	2 040
陕　西				5 573	25 525	4 580
甘　肃				16 906	104 075	6 156
青　海				2 578	13 283	5 153
宁　夏				3 540	25 647	7 245
新疆(兵团)				128 070	742 785	5 800
新疆(农业)				11 020	59 065	5 360
新疆(畜牧)				43 426	192 851	4 441
热科院	127	873	7			
广　州						
南　京						

5－6续表3

地区	#春小麦			玉米		
	播种面积（公顷）	总产量（吨）	公顷产量（千克）	播种面积（公顷）	总产量（吨）	公顷产量（千克）
全国农垦	**375 268**	**1 388 611**	**3 700**	**1 132 213**	**9 102 294**	**8 039**
北京				493	2 764	5 606
天津	221	1 162	5 258	1 014	6 690	6 598
河北	3 327	7 545	2 268	16 320	107 847	6 608
山西				3 947	23 961	6 071
内蒙古	155 829	409 007	2 625	126 977	940 495	7 407
辽宁	106	529	4 991	40 505	343 124	8 471
吉林				54 274	374 623	6 902
黑龙江	93 520	534 767	5 718	680 399	5 577 911	8 198
上海						
江苏				3 743	17 184	4 591
浙江				144	552	3 833
安徽				591	3 559	6 027
福建				468	2 062	4 406
江西				708	4 474	6 323
山东				2 162	14 873	6 879
河南				12 519	87 801	7 013
湖北				19 255	128 690	6 683
湖南				5 145	27 155	5 278
广东				577	6 735	11 672
广西				1 076	8 132	7 557
海南				734	3 786	5 158
重庆				5	32	6 400
四川	…	1	4 667	62	202	3 250
贵州				454	1 596	3 515
云南				6 761	24 599	3 638
陕西				6 201	45 816	7 388
甘肃	16 260	100 306	6 169	11 575	100 978	8 724
青海	2 181	11 786	5 403			
宁夏	1 423	8 745	6 145	18 024	206 675	11 467
新疆（兵团）	83 800	251 099	2 996	79 180	635 879	8 031
新疆（农业）	3 510	15 950	4 544	14 850	122 660	8 260
新疆（畜牧）	15 091	47 714	3 162	24 050	281 440	11 702
热科院						
广州						
南京						

5－6 续表 4

地区	谷子			高粱		
	播种面积（公顷）	总产量（吨）	公顷产量（千克）	播种面积（公顷）	总产量（吨）	公顷产量（千克）
全国农垦	**3 509**	**11 610**	**3 308**	**12 637**	**69 315**	**5 485**
北京						
天津						
河北	2	2	750	43	129	3 000
山西	26	66	2 538	27	140	5 185
内蒙古	950	3 747	3 944	4 907	19 960	4 068
辽宁	1 828	5 948	3 254	1 460	10 901	7 466
吉林	372	664	1 785	3 774	21 429	5 678
黑龙江	100	600	6 000	196	1 618	8 255
上海						
江苏						
浙江						
安徽				354	1 586	4 480
福建						
江西						
山东						
河南	108	438	4 056			
湖北				114	693	6 079
湖南				40	104	2 600
广东						
广西						
海南				1	8	8 000
重庆						
四川						
贵州						
云南						
陕西						
甘肃	113	142	1 257	221	956	4 326
青海						
宁夏						
新疆（兵团）	10	3	300	1 390	11 286	8 119
新疆（农业）				110	505	4 591
新疆（畜牧）						
热科院						
广州						
南京						

5－6续表5

地区	其他谷物			（二）豆类		
	播种面积（公顷）	总产量（吨）	公顷产量（千克）	播种面积（公顷）	总产量（吨）	公顷产量（千克）
全国农垦	**70 264**	**299 369**	**4 261**	**661 476**	**1 701 190**	**2 572**
北京				8	26	3 250
天津				42	116	2 762
河北	4 729	7 180	1 518	1 810	4 001	2 211
山西	87	163	1 874	239	339	1 418
内蒙古	19 319	50 139	2 595	96 498	190 880	1 978
辽宁	343	648	1 889	6 623	18 250	2 756
吉林	173	597	3 451	11 589	16 177	1 396
黑龙江				497 164	1 346 499	2 708
上海	7 644	49 211	6 438	196	359	1 835
江苏	16 204	93 464	5 768	566	1 319	2 330
浙江	42	219	5 214	848	2 071	2 442
安徽	28	82	2 925	11 057	27 344	2 473
福建	22	51	2 318	957	2 495	2 607
江西	7	93	14 308	1 897	4 130	2 177
山东				1 063	2 693	2 533
河南	9	30	3 333	5 028	12 788	2 543
湖北	1 949	9 734	4 994	6 130	17 520	2 858
湖南	45	110	2 444	1 888	3 431	1 817
广东	86	364	4 233	194	530	2 732
广西				158	599	3 798
海南	3	15	5 000	395	979	2 478
重庆				3	8	2 667
四川	107	207	1 935	3	5	1 520
贵州				56	42	750
云南				118	133	1 127
陕西				422	984	2 332
甘肃	5 744	35 346	6 154	37	88	2 378
青海	4 909	18 704	3 810	85	300	3 516
宁夏	4	20	5 000	37	56	1 514
新疆（兵团）	5 880	22 267	3 787	9 240	26 204	2 836
新疆（农业）	45	175	3 889	1 580	4 170	2 639
新疆（畜牧）	2 885	10 549	3 656	5 546	16 655	3 003
热科院						
广州						
南京						

5-6续表6

地区	大豆			杂豆		
	播种面积（公顷）	总产量（吨）	公顷产量（千克）	播种面积（公顷）	总产量（吨）	公顷产量（千克）
全国农垦	**602 380**	**1 556 986**	**2 585**	**59 096**	**144 204**	**2 440**
北京	8	26	3 250			
天津	42	116	2 762			
河北	1 773	3 927	2 215	37	74	2 000
山西	83	167	2 012	156	172	1 103
内蒙古	96 498	190 880	1 978			
辽宁	5 271	15 334	2 909	1 352	2 916	2 157
吉林	4 608	9 529	2 068	6 981	6 648	952
黑龙江	456 299	1 239 764	2 717	40 865	106 735	2 612
上海	182	338	1 854	13	21	1 575
江苏	566	1 319	2 330			
浙江	766	1 889	2 466	82	182	2 220
安徽	11 030	27 280	2 473	27	64	2 402
福建	771	2 049	2 658	186	446	2 398
江西	1 465	3 288	2 244	432	842	1 948
山东	1 063	2 693	2 533			
河南	5 006	12 741	2 545	22	47	2 136
湖北	4 730	13 632	2 882	1 400	3 888	2 777
湖南	1 356	2 571	1 896	532	860	1 617
广东	148	420	2 838	46	110	2 391
广西	100	383	3 827	58	216	3 746
海南	234	543	2 321	161	436	2 708
重庆	2	5	2 500	1	3	3 000
四川	2	4	1 880	1	1	800
贵州	27	33	1 222	29	9	310
云南				118	133	1 127
陕西	410	954	2 327	12	30	2 500
甘肃	13	20	1 538	24	68	2 833
青海				85	300	3 516
宁夏	37	56	1 514			
新疆（兵团）	8 790	23 965	2 726	450	2 239	4 976
新疆（农业）	1 100	3 060	2 782	480	1 110	2 313
新疆（畜牧）				5 546	16 655	3 003
热科院						
广州						
南京						

5-6续表7

地　　区	(三)薯　类			二、油　料		
	播种面积(公顷)	总产量(吨)	公顷产量(千克)	播种面积(公顷)	总产量(吨)	公顷产量(千克)
全国农垦	**56 882**	**411 086**	**7 227**	**377 470**	**827 445**	**2 192**
北　　京						
天　　津	2	52	26 000	10	15	1 500
河　　北	5 183	34 558	6 667	2 119	2 430	1 147
山　　西	155	4 934	31 832	105	194	1 848
内 蒙 古	7 128	48 884	6 858	148 564	263 537	1 774
辽　　宁	273	2 180	7 985	4 976	24 504	4 924
吉　　林	117	498	4 256	9 005	14 332	1 592
黑 龙 江	17 724	119 310	6 732	20 783	28 960	1 393
上　　海				133	244	1 830
江　　苏				725	2 134	2 943
浙　　江	10	73	7 300	81	136	1 679
安　　徽	272	1 683	6 195	1 270	2 493	1 963
福　　建	2 469	13 649	5 528	1 568	4 448	2 837
江　　西	1 887	13 963	7 400	12 446	26 069	2 094
山　　东				100	286	2 860
河　　南	85	249	2 929	4 304	9 431	2 191
湖　　北	2 151	18 248	8 483	33 625	93 763	2 788
湖　　南	1 608	5 450	3 389	23 484	57 280	2 439
广　　东	2 355	14 981	6 361	2 870	8 185	2 852
广　　西	348	1 116	3 204	802	3 135	3 909
海　　南	3 701	16 742	4 524	2 347	5 770	2 458
重　　庆				3	6	2 000
四　　川	135	2 731	20 227	19	33	1 753
贵　　州	176	1 834	10 420	465	751	1 615
云　　南	232	689	2 970	113	200	1 770
陕　　西	322	3 587	11 140	357	1 030	2 885
甘　　肃	1 017	9 426	9 268	3 898	14 774	3 790
青　　海	57	1 094	19 184	10 955	13 344	1 218
宁　　夏				2 616	8 226	3 144
新疆(兵团)	7 890	54 288	6 881	63 330	178 701	2 822
新疆(农业)	90	2 952	32 800	4 400	11 000	2 500
新疆(畜牧)	1 495	37 908	25 363	21 995	52 029	2 365
热 科 院	1	8	8	1	4	3
广　　州						
南　　京						

5－6 续表 8

地区	花生			油菜籽		
	播种面积（公顷）	总产量（吨）	公顷产量（千克）	播种面积（公顷）	总产量（吨）	公顷产量（千克）
全国农垦	**30 481**	**106 987**	**3 510**	**215 348**	**420 874**	**1 954**
北京						
天津	9	13	1 444			
河北	258	905	3 509	490	403	822
山西	20	37	1 850	8	27	3 375
内蒙古				111 938	178 750	1 597
辽宁	4 781	24 020	5 024			
吉林	2 391	4 654	1 946			
黑龙江	2 467	7 280	2 951			
上海				133	244	1 830
江苏	53	151	2 849	672	1 983	2 951
浙江	19	40	2 105	62	96	1 548
安徽	347	895	2 582	648	1 317	2 032
福建	1 416	4 160	2 938	113	175	1 549
江西	2 755	8 214	2 982	9 000	16 690	1 855
山东	100	286	2 860			
河南	3 875	8 809	2 273	354	543	1 534
湖北	4 720	26 297	5 571	24 451	59 982	2 453
湖南	582	1 028	1 766	22 789	56 070	2 460
广东	2 863	8 174	2 855			
广西	799	3 129	3 918			
海南	2 343	5 762	2 459			
重庆				3	6	2 000
四川	1	2	1 500	18	22	1 211
贵州				465	751	1 615
云南	81	137	1 691	32	63	1 969
陕西	255	911	3 573	8	15	1 875
甘肃				333	724	2 174
青海				10 955	13 344	1 218
宁夏						
新疆（兵团）	320	1 964	6 138	21 440	61 483	2 868
新疆（农业）	25	115	4 600	2 500	5 500	2 200
新疆（畜牧）				8 936	22 686	2 539
热科院	1	4	3			
广州						
南京						

5－6续表9

地　区	芝　麻			胡麻籽		
	播种面积（公顷）	总产量（吨）	公顷产量（千克）	播种面积（公顷）	总产量（吨）	公顷产量（千克）
全国农垦	**5 654**	**9 274**	**1 640**	**3 820**	**4 581**	**1 199**
北　京						
天　津						
河　北	2			1 254	945	754
山　西				5	7	1 400
内蒙古				2 142	2 893	1 351
辽　宁	18	17	944			
吉　林	23	15	652			
黑龙江						
上　海						
江　苏						
浙　江						
安　徽	275	281	1 021			
福　建	39	113	2 897			
江　西	692	1 164	1 683			
山　东						
河　南	75	79	1 053			
湖　北	4 408	7 410	1 681			
湖　南	113	182	1 611			
广　东	4	4	1 000			
广　西	1	1	750			
海　南	4	8	2 000			
重　庆						
四　川						
贵　州						
云　南						
陕　西						
甘　肃				229	295	1 288
青　海						
宁　夏						
新疆（兵团）				110	299	2 718
新疆（农业）				80	142	1 775
新疆（畜牧）						
热科院						
广　州						
南　京						

5－6续表10

地　区	向日葵			三、棉　花		
	播种面积（公顷）	总产量（吨）	公顷产量（千克）	播种面积（公顷）	总产量（吨）	公顷产量（千克）
全国农垦	**99 335**	**256 596**	**2 583**	**719 318**	**1 637 974**	**2 277**
北　京						
天　津	1	2	2 000	685	1 651	2 410
河　北	115	177	1 544	22 141	27 029	1 221
山　西	71	123	1 732	133	161	1 211
内蒙古	33 840	80 755	2 386	16	60	3 750
辽　宁	177	467	2 638			
吉　林	6 501	9 530	1 466			
黑龙江	983	2 044	2 079			
上　海				155	210	1 351
江　苏				2 906	4 474	1 540
浙　江				57	69	1 211
安　徽				3 726	5 947	1 596
福　建						
江　西				3 244	9 740	3 002
山　东				5 984	5 736	959
河　南				1 956	3 302	1 688
湖　北	46	74	1 609	58 820	82 889	1 409
湖　南				7 010	13 858	1 977
广　东						
广　西						
海　南						
重　庆						
四　川						
贵　州						
云　南						
陕　西	94	104	1 106	404	1 096	2 713
甘　肃	3 302	13 725	4 156	4 860	8 865	1 824
青　海						
宁　夏	2 616	8 226	3 144			
新疆（兵团）	36 780	106 950	2 908	534 620	1 293 053	2 419
新疆（农业）	1 750	5 075	2 900	36 650	73 667	2 010
新疆（畜牧）	13 059	29 344	2 247	35 949	106 167	2 953
热科院						
广　州						
南　京						

5－6续表11

地 区	＃长绒棉			四、麻 类		
	播种面积（公顷）	总产量（吨）	公顷产量（千克）	播种面积（公顷）	总产量（吨）	公顷产量（千克）
全国农垦	**57 709**	**145 413**	**2 520**	**2 950**	**16 169**	**5 481**
北 京						
天 津						
河 北						
山 西						
内 蒙 古						
辽 宁						
吉 林						
黑 龙 江				854	4 385	5 135
上 海						
江 苏						
浙 江						
安 徽						
福 建						
江 西				3	16	5 333
山 东						
河 南						
湖 北				54	57	1 056
湖 南				1 040	3 035	2 918
广 东						
广 西						
海 南				3	5	1 667
重 庆						
四 川						
贵 州						
云 南				16	1 190	74 375
陕 西						
甘 肃						
青 海						
宁 夏						
新疆（兵团）	13 200	26 921	2 039	540	5 326	9 863
新疆（农业）	8 560	12 325	1 440	440	2 155	4 898
新疆（畜牧）	35 949	106 167	2 953			
热 科 院						
广 州						
南 京						

5-6续表12

地区	黄红麻			苎麻		
	播种面积（公顷）	总产量（吨）	公顷产量（千克）	播种面积（公顷）	总产量（吨）	公顷产量（千克）
全国农垦	**54**	**1 617**	**29 944**	**1 096**	**3 096**	**2 825**
北京						
天津						
河北						
山西						
内蒙古						
辽宁						
吉林						
黑龙江						
上海						
江苏						
浙江						
安徽						
福建						
江西	1	12	12 000	2	4	2 000
山东						
河南						
湖北				54	57	1 056
湖南				1 040	3 035	2 918
广东						
广西						
海南	3	5	1 667			
重庆						
四川						
贵州						
云南						
陕西						
甘肃						
青海						
宁夏						
新疆（兵团）	50	1 600	32 000			
新疆（农业）						
新疆（畜牧）						
热科院						
广州						
南京						

5-6续表13

地　区	大　麻			亚　麻		
	播种面积（公顷）	总产量（吨）	公顷产量（千克）	播种面积（公顷）	总产量（吨）	公顷产量（千克）
全国农垦				**1 800**	**11 456**	**6 364**
北　京						
天　津						
河　北						
山　西						
内蒙古						
辽　宁						
吉　林						
黑龙江				854	4 385	5 135
上　海						
江　苏						
浙　江						
安　徽						
福　建						
江　西						
山　东						
河　南						
湖　北						
湖　南						
广　东						
广　西						
海　南						
重　庆						
四　川						
贵　州						
云　南				16	1 190	74 375
陕　西						
甘　肃						
青　海						
宁　夏						
新疆（兵团）				490	3 726	7 604
新疆（农业）				440	2 155	4 898
新疆（畜牧）						
热科院						
广　州						
南　京						

5－6续表14

地　区	五、糖　料			#甘　蔗		
	播种面积（公顷）	总产量（吨）	公顷产量（千克）	播种面积（公顷）	总产量（吨）	公顷产量（千克）
全国农垦	**112 545**	**8 185 414**	**72 730**	**63 046**	**5 069 479**	**80 410**
北　京						
天　津						
河　北	67	2 680	40 000			
山　西	174	8 895	51 121			
内蒙古	588	20 840	35 442			
辽　宁	31	1 340	43 226			
吉　林						
黑龙江	17 906	834 173	46 586			
上　海						
江　苏						
浙　江						
安　徽	1	7	7 000	1	7	7 000
福　建	389	29 245	75 180	389	29 245	75 180
江　西	200	5 814		200	5 814	29 129
山　东						
河　南						
湖　北	123	10 240		123	10 240	83 252
湖　南	860	61 009	70 941	860	61 009	70 941
广　东	29 356	2 028 975	69 116	29 356	2 028 975	69 116
广　西	22 617	2 170 184	95 954	22 617	2 170 184	95 954
海　南	5 017	325 188		5 017	325 188	64 817
重　庆						
四　川						
贵　州						
云　南	4 483	438 817	97 885	4 483	438 817	97 885
陕　西						
甘　肃	35	2 118				
青　海						
宁　夏	2	90	45 000			
新疆（兵团）	27 270	2 059 217	75 512			
新疆（农业）	1 300	68 640	52 800			
新疆（畜牧）	2 127	117 943	55 461			
热科院						
广　州						
南　京						

5－6续表15

地　　区	甜菜 播种面积（公顷）	甜菜 总产量（吨）	甜菜 公顷产量（千克）	六、烟叶 播种面积（公顷）	六、烟叶 总产量（吨）	六、烟叶 公顷产量（千克）
全国农垦	**49 500**	**3 115 936**	**62 949**	**1 995**	**4 716**	**2 363**
北　　京						
天　　津						
河　　北	67	2 680	40 000			
山　　西	174	8 895	51 121			
内 蒙 古	588	20 840	35 442	13	40	3 077
辽　　宁	31	1 340	43 226	122	431	3 533
吉　　林				8	3	375
黑 龙 江	17 906	834 173	46 586	467	1 525	3 266
上　　海						
江　　苏						
浙　　江						
安　　徽						
福　　建				409	882	2 156
江　　西				223	548	2 452
山　　东						
河　　南						
湖　　北				13	32	2 462
湖　　南				463	889	1 920
广　　东						
广　　西						
海　　南						
重　　庆						
四　　川				3	2	667
贵　　州				241	312	1 295
云　　南				33	52	1 576
陕　　西						
甘　　肃	35	2 118	60 514			
青　　海						
宁　　夏	2	90	45 000			
新疆（兵团）	27 270	2 059 217	75 512			
新疆（农业）	1 300	68 640	52 800			
新疆（畜牧）	2 127	117 943	55 461			
热 科 院						
广　　州						
南　　京						

5-6续表16

地区	#烤烟叶			七、药材类（公顷）	八、蔬菜、瓜类（公顷）	
	播种面积（公顷）	总产量（吨）	公顷产量（千克）			蔬菜（公顷）
全国农垦	**1 536**	**3 470**	**2 259**	**16 787**	**290 059**	**231 638**
北京					62	60
天津					15	15
河北				56	4 333	3 048
山西				4	561	442
内蒙古	13	40	3 077	758	10 245	6 882
辽宁				167	13 322	12 553
吉林				375	493	421
黑龙江	467	1 525	3 266	5 641	12 682	6 449
上海				177	5 117	4 713
江苏					8 979	4 151
浙江					1 842	1 204
安徽				9	1 502	1 230
福建	306	620	2 026	150	5 493	4 897
江西				548	8 040	6 502
山东					343	125
河南					2 110	1 324
湖北	13	32	2 462	375	52 660	39 836
湖南	463	889	1 920	120	20 217	17 265
广东				130	4 775	4 525
广西				63	4 685	2 446
海南				75	17 191	16 041
重庆					28	28
四川					144	143
贵州	241	312	1 295		292	236
云南	33	52	1 576	43	1 930	1 101
陕西				31	623	254
甘肃				2 030	2 538	1 651
青海				385	301	300
宁夏				60	2 036	1 752
新疆(兵团)				5 190	93 870	84 430
新疆(农业)				400	4 680	3 030
新疆(畜牧)					8 931	4 566
热科院					13	13
广州						
南京					5	5

5－6续表17

地区	八、蔬菜、瓜类	九、其他作物（公顷）		
	瓜　类（公顷）		啤酒花（公顷）	青饲料（公顷）
全国农垦	**58 420**	**279 991**	**3 929**	**111 162**
北　京	2	222		188
天　津		81		49
河　北	1 285	7 260		7 234
山　西	119	544		542
内蒙古	3 363	13 329		5 780
辽　宁	769	364		151
吉　林	72	1 925		174
黑龙江	6 233	40 379		35 032
上　海	404	11 005		4 875
江　苏	4 828	1 307		50
浙　江	638	1 001		24
安　徽	272	584		1
福　建	596	2 822		1 008
江　西	1 539	5 003		1 327
山　东	218	151		
河　南	786	231		50
湖　北	12 824	11 796		8 476
湖　南	2 952	2 025		1 347
广　东	250	1 460		502
广　西	2 239	2 254		97
海　南	1 150	5 337		143
重　庆		73		73
四　川	1	303		113
贵　州	56	213		213
云　南	829	352		209
陕　西	369	500		500
甘　肃	887	5 055	1 127	1 550
青　海	1	296		293
宁　夏	284	2 940		2 940
新疆(兵团)	9 440	136 920	2 500	14 270
新疆(农业)	1 650	730	180	550
新疆(畜牧)	4 365	23 524	122	23 402
热科院		5		
广　州				
南　京				

5－7 林业生产情况

（2011年）

地　区	当年造林面积（公顷）	用材林（公顷）	经济林（公顷）	防护林（公顷）	薪炭林（公顷）	特种用材林（公顷）
全国农垦	**66 417**	**13 247**	**10 086**	**40 608**	**291**	**544**
北　京						
天　津						
河　北	2 579	67	409	2 103		
山　西						
内蒙古	7 129	743	390	5 967	15	14
辽　宁	4 542	1 133	948	2 441	6	14
吉　林	783	82	51	570		80
黑龙江	8 294	2 874		5 176		244
上　海	846		60	786		
江　苏	396	137	115	144		
浙　江	5			5		
安　徽	662	247	387	16		13
福　建	1 485	967	218	300		
江　西	5 246	3 293	1 546	151	251	5
山　东	206		20	186		
河　南	60	32	18	7		
湖　北	3 719	1 973	1 044	691	5	6
湖　南	2 048	532	856	129	4	
广　东	109	95		14		
广　西	770	602	53			115
海　南	615	192	8	415		
重　庆						
四　川	11	10	1			
贵　州	17		17			
云　南	48	37	10	1		
陕　西	37					
甘　肃	906	9	232	665		
青　海	1 481		857			
宁　夏	1 797		1 158	639		
新疆（兵团）	18 657	20	181	18 403		53
新疆（农业）	2 549	202	1 507	830	10	
新疆（畜牧）	1 401			951		
热科院	19			19		
广　州						
南　京						

5-7 续表

地　区	当年零星植树（万株）	年末实有育苗面积（公顷）	#当年新育面积（公顷）	幼林抚育作业面积（公顷）	成林抚育面积（公顷）
全国农垦	**47 574**	**13 576**	**8 506**	**364 477**	**461 958**
北　京		5			5
天　津		9			
河　北	79	4 041	3 989	17 365	4 108
山　西		538	53	667	653
内蒙古	82	113	52	5 296	21 694
辽　宁	180	453	249	6 656	14 115
吉　林	12	10	4	2 053	244
黑龙江	44 598	2 362	1 656	31 517	31 801
上　海		290	45	1 070	
江　苏	29	148	35	2 252	5 124
浙　江		20		4	145
安　徽	5	11	4	2 575	7 712
福　建	722	887	54	2 310	5 144
江　西	296	119	22	14 275	10 055
山　东	14	31	11	215	1 130
河　南	50	89	33	142	867
湖　北	441	644	366	6 364	12 995
湖　南	234	357	74	1 684	2 635
广　东	5	88	88	1 863	4 441
广　西	1	328	83	2 200	2 708
海　南	3			650	2 408
重　庆				170	140
四　川					
贵　州				172	203
云　南		1	1	547	519
陕　西	7	57	7	111	591
甘　肃	40	192	73	2 577	5 930
青　海		10	10	563	71
宁　夏	44	235	190	4 953	1 917
新疆（兵团）	154	2 238	1 327	253 874	321 112
新疆（农业）	345	300	80	2 351	2 981
新疆（畜牧）	233				
热科院				1	76
广　州					
南　京					434

5－8　林产品产量

(2011 年)

地　区	生漆（吨）	油茶籽（吨）	乌桕籽（吨）	五倍子（吨）	棕片（吨）	松脂（吨）	竹笋干（吨）	核桃（吨）	板栗（吨）	竹木采伐	
										木材（立方米）	毛竹（万根）
全国农垦	**14**	**3 123**	**54**		**91**	**777**	**2 487**	**5 213**	**1 111**	**742 082**	**2 796**
北　京											
天　津											
河　北								4		339	
山　西											
内蒙古										5 902	
辽　宁										22 604	
吉　林										1 212	
黑龙江								181		150 103	
上　海										15 855	
江　苏										15 768	
浙　江										80	10
安　徽									42	12 430	1
福　建		192	6		41	156	1 438		107	20 918	243
江　西	14	2 731			38	300	579		368	119 522	945
山　东										1 603	
河　南									7	6 659	
湖　北		94	48				3		578	92 821	36
湖　南		106			12	190	223	2	6	33 024	167
广　东						6				57 309	277
广　西						125	147		3	69 861	81
海　南							92			23 439	1 017
重　庆											
四　川											
贵　州										52	19
云　南							5			22 909	1
陕　西										20	
甘　肃								34		552	
青　海											
宁　夏								6			
新疆(兵团)								4 339		60 941	
新疆(农业)								647		4 211	
新疆(畜牧)											
热科院										3 948	
广　州											
南　京											

5－9 畜牧业生产情况

（2011 年）

地区	大牲畜总头数（万头）	从事农事劳役（万头）	牛（万头）	能繁殖母畜（万头）	当年生仔畜（万头）
全国农垦	**340.82**	**21.05**	**307.17**	**162.23**	**86.42**
北京	4.34		4.34	2.30	1.17
天津	2.08		1.94	1.07	0.31
河北	14.94	0.04	14.69	10.43	3.61
山西	1.29	0.02	1.27	0.71	0.34
内蒙古	41.43	1.92	37.12	19.75	14.50
辽宁	13.33	0.88	9.77	4.56	2.09
吉林	4.52	0.73	3.90	1.77	0.94
黑龙江	95.60	0.03	95.20	49.70	18.90
上海	5.02		5.02	2.66	1.33
江苏	0.46	0.03	0.46	0.17	0.30
浙江	0.20		0.20	0.12	0.05
安徽	0.73	0.04	0.73	0.52	0.11
福建	1.34	0.28	1.34	0.40	0.11
江西	3.19	1.43	3.19	1.10	0.37
山东	0.42		0.42	0.35	0.07
河南	0.81	0.09	0.81	0.20	0.10
湖北	3.77	1.47	3.77	2.31	0.62
湖南	5.67	1.21	5.67	2.04	1.17
广东	2.65	1.33	2.65	1.28	0.34
广西	0.80	0.56	0.80	0.28	
海南	6.87	2.28	6.87	2.71	1.24
重庆	2.89		2.89	1.91	0.98
四川	7.58	0.23	7.21	2.91	1.02
贵州	2.16	0.11	2.14	1.79	0.77
云南	0.51	0.12	0.50	0.13	0.06
陕西	0.20	0.05	0.20	0.12	0.03
甘肃	1.19		1.05	0.58	0.33
青海	4.63		4.22	1.82	1.17
宁夏	3.43		3.43	2.24	0.72
新疆（兵团）	44.90	0.72	40.56	21.32	15.14
新疆（农业）	6.87	0.70	5.05	2.65	1.80
新疆（畜牧）	56.44	6.77	39.20	21.89	16.46
热科院	0.03	0.01	0.03	0.02	
广州	0.54		0.54	0.42	0.27
南京					

5-9续表1

地区	黄　牛（万头）			良种及改良种乳牛（万头）		
		能繁殖母畜（万头）	当年生仔畜（万头）		能繁殖母畜（万头）	当年生仔畜（万头）
全国农垦	**142.67**	**66.23**	**44.38**	**153.68**	**91.63**	**41.33**
北　京				4.34	2.30	1.17
天　津				1.94	1.07	0.31
河　北	0.78	0.43	0.22	13.91	9.99	3.39
山　西	0.06	0.02	0.02	1.21	0.69	0.32
内蒙古	16.00	9.96	6.00	21.12	9.79	8.50
辽　宁	7.10	2.66	1.50	2.67	1.91	0.59
吉　林	2.86	1.16	0.71	1.04	0.61	0.23
黑龙江	52.70	25.00	11.30	42.50	24.70	7.60
上　海				5.02	2.66	1.33
江　苏	0.09			0.37	0.17	0.30
浙　江				0.20	0.12	0.05
安　徽	0.05	0.02	0.00	0.54	0.38	0.09
福　建	0.66	0.18	0.06	0.41	0.10	0.03
江　西	1.32	0.43	0.16	0.63	0.21	0.08
山　东	0.01		0.01	0.41	0.35	0.06
河　南	0.55	0.10	0.07	0.24	0.09	0.07
湖　北	1.53	0.74	0.38	1.20	1.08	0.05
湖　南	2.58	0.79	0.43	0.02	0.01	
广　东	1.29	0.32	0.24	0.84	0.81	0.03
广　西	0.24	0.05	0.04	0.16	0.12	0.03
海　南	3.00	1.15	0.61			
重　庆				2.89	1.91	0.98
四　川	6.78	2.69	0.92	0.42	0.22	0.10
贵　州	0.05	0.02	0.01	2.05	1.73	0.76
云　南	0.30	0.09	0.03	0.03	0.01	0.01
陕　西	0.09	0.05	0.01	0.11	0.07	0.02
甘　肃	0.90	0.50	0.28	0.15	0.08	0.05
青　海	0.69	0.22	0.16	3.53	1.58	1.00
宁　夏	0.41	0.14	0.08	3.02	2.10	0.64
新疆（兵团）	19.27	8.91	7.88	21.29	12.41	7.26
新疆（农业）	3.52	1.45	1.10	1.53	1.21	1.70
新疆（畜牧）	19.84	9.15	12.15	19.36	12.74	4.30
热科院	0.01					
广　州				0.54	0.42	0.27
南　京						

5－9续表2

地　　区	水　　牛（万头）	能繁殖母畜（万头）	当年生仔畜（万头）	马（万匹）	能繁殖母畜（万匹）	当年生仔畜（万匹）
全国农垦	**10.81**	**4.30**	**1.88**	**21.23**	**9.78**	**6.62**
北　　京						
天　　津						
河　　北				0.18	0.11	0.04
山　　西						
内 蒙 古				2.35	1.04	0.84
辽　　宁				0.60	0.15	0.07
吉　　林				0.33	0.17	0.06
黑 龙 江				0.22	0.10	0.03
上　　海						
江　　苏						
浙　　江						
安　　徽	0.14	0.12	0.01			
福　　建	0.27	0.12	0.02			
江　　西	1.24	0.45	0.12			
山　　东						
河　　南	0.02	0.01				
湖　　北	1.04	0.49	0.19			
湖　　南	3.07	1.24	0.74			
广　　东	0.52	0.15	0.07			
广　　西	0.40	0.10	0.08			
海　　南	3.87	1.56	0.63			
重　　庆						
四　　川	0.01			0.26	0.08	0.02
贵　　州	0.04	0.02		0.02	0.01	
云　　南	0.17	0.03	0.02	0.01		
陕　　西						
甘　　肃				0.01		
青　　海				0.09	0.02	0.01
宁　　夏						
新疆（兵团）				2.63	0.88	0.60
新疆（农业）				0.94	0.25	0.50
新疆（畜牧）				13.59	6.97	4.44
热 科 院	0.02	0.01				
广　　州						
南　　京						

5－9续表3

地　区	驴（万头）			骡（万头）		骆驼（万头）		
		能繁殖母畜（万头）	当年生仔畜（万头）		当年生仔畜（万头）		能繁殖母畜（万头）	当年生仔畜（万头）
全国农垦	**10.84**	**4.98**	**2.92**	**0.65**	**0.07**	**0.93**	**0.23**	**0.14**
北　京								
天　津	0.14	0.13	0.02					
河　北	0.06	0.03	0.01	0.01				
山　西	0.02							
内蒙古	1.60	0.78	0.48	0.36				
辽　宁	2.75	1.44	0.74	0.21	0.07			
吉　林	0.29	0.10	0.05					
黑龙江	0.18	0.07	0.04					
上　海								
江　苏								
浙　江								
安　徽								
福　建								
江　西								
山　东								
河　南								
湖　北								
湖　南								
广　东								
广　西								
海　南								
重　庆								
四　川	0.04			0.07				
贵　州								
云　南								
陕　西								
甘　肃	0.13	0.09	0.04					
青　海						0.32	0.03	0.02
宁　夏								
新疆（兵团）	1.30	0.61	0.31			0.41	0.15	0.10
新疆（农业）	0.68	0.14	0.25			0.20	0.05	0.02
新疆（畜牧）	3.65	1.59	0.99					
热科院								
广　州								
南　京								

5－9 续表 4

地　　区	猪（万头）		羊（万只）	
		能繁殖母畜（万头）		能繁殖母畜（万只）
全国农垦	**1 216.57**	**163.57**	**1 319.16**	**827.04**
北　　京	5.31	0.57		
天　　津	0.25	0.08		
河　　北	29.04	3.32	6.61	4.55
山　　西	1.05	0.47	0.88	0.64
内 蒙 古	20.13	2.55	227.12	159.23
辽　　宁	79.27	11.40	15.78	8.19
吉　　林	14.74	1.58	16.98	7.88
黑 龙 江	243.31	29.01	170.54	85.51
上　　海	27.51	2.79		
江　　苏	8.23	1.08	1.21	0.27
浙　　江	29.00	3.40		
安　　徽	4.00	0.56	0.59	0.19
福　　建	40.80	5.49	0.88	0.21
江　　西	57.30	6.09	1.46	0.41
山　　东	1.88	0.15	0.95	0.42
河　　南	25.00	2.97	1.25	0.36
湖　　北	107.60	14.06	4.89	2.14
湖　　南	101.00	18.26	2.60	0.34
广　　东	48.51	10.48	0.15	
广　　西	100.29	11.79	0.05	0.01
海　　南	59.20	8.84	12.09	4.88
重　　庆	6.31	0.55		
四　　川	0.55	0.11	2.54	1.00
贵　　州	0.60	0.12	0.32	0.18
云　　南	6.87	0.78	0.34	
陕　　西	1.79	0.32	1.71	0.86
甘　　肃	1.38	0.28	15.65	9.96
青　　海	0.34	0.25	27.00	14.00
宁　　夏	3.41	0.45	6.86	4.38
新疆(兵团)	183.62	23.85	440.27	299.30
新疆(农业)	5.20	1.60	31.10	23.50
新疆(畜牧)	2.52	0.20	329.25	198.57
热 科 院	0.55	0.13	0.09	0.06
广　　州				
南　　京				

5-9续表5

地　区	山　羊（万只）		绵　羊（万只）		家禽年末数（万只）	兔年末数（万只）
		能繁殖母畜（万只）		能繁殖母畜（万只）		
全国农垦	**308.60**	**180.11**	**1 010.56**	**646.93**	**14 446.47**	**70.95**
北　京					576.39	
天　津					4.50	
河　北	0.56	0.31	6.05	4.24	290.07	3.58
山　西	0.67	0.49	0.21	0.15	4.38	0.32
内 蒙 古	46.64	32.56	180.48	126.67	186.87	2.09
辽　宁	5.61	2.95	10.17	5.24	3 597.78	1.30
吉　林	5.48	2.36	11.50	5.52	481.44	0.26
黑 龙 江	95.80	49.39	74.74	36.12	1 540.50	11.82
上　海					36.08	
江　苏	1.21	0.27			427.89	0.68
浙　江					3.60	
安　徽	0.59	0.19			82.47	0.05
福　建	0.88	0.21			230.54	5.67
江　西	1.46	0.41			3 229.71	0.10
山　东	0.30	0.14	0.65	0.28	6.17	0.20
河　南	1.20	0.35	0.05	0.01	34.70	0.50
湖　北	4.89	2.14			1 050.00	3.75
湖　南	2.60	0.34			342.00	0.22
广　东	0.15				429.24	1.26
广　西	0.05	0.01			249.81	0.61
海　南	12.09	4.88			509.00	3.92
重　庆					66.78	
四　川	0.24	0.08	2.30	0.92	0.45	0.03
贵　州	0.04	0.02	0.28	0.16	4.80	
云　南	0.34				81.27	
陕　西	1.37	0.74	0.34	0.12	6.52	
甘　肃	2.48	1.17	13.17	8.79	22.90	0.44
青　海	0.95	0.37	26.05	13.63	0.02	0.01
宁　夏	2.14	1.37	4.72	3.01	26.94	0.25
新疆（兵团）	42.88	28.95	397.39	270.35	762.14	32.29
新疆（农业）	5.10	3.70	26.00	19.80	129.30	1.60
新疆（畜牧）	72.78	46.64	256.46	151.92	19.01	
热 科 院	0.09	0.06			2.89	
广　州						
南　京					10.30	

5－10 畜产品产量

（2011 年）

地　　区	肉类总产量（吨）	当年出栏肉猪（万头）	猪肉产量（吨）	当年出售和自宰的肉用牛（万头）	牛肉产量（吨）	当年出售和自宰的肉用羊（万只）	羊肉产量（吨）
全国农垦	**2 789 114**	**2 102.95**	**1 620 995**	**146.00**	**247 133**	**1 127.91**	**204 991**
北　　京	222 804	6.06	4 989				
天　　津	952	0.19	192	0.28	700		
河　　北	59 520	44.72	34 087	1.94	3 243	11.44	1 853
山　　西	893	0.86	648	0.01	27	0.16	36
内 蒙 古	76 515	18.49	18 900	13.00	23 480	161.00	27 544
辽　　宁	234 354	133.42	107 601	8.89	14 073	14.65	2 298
吉　　林	56 857	30.79	23 851	1.79	2 977	8.72	1 393
黑 龙 江	687 525	588.71	444 252	68.46	115 773	199.68	31 477
上　　海	31 444	43.18	29 361				
江　　苏	82 136	26.25	21 786	0.28	566	2.54	602
浙　　江	28 672	42.24	28 569		11		
安　　徽	12 200	6.26	5 296	0.29	465	0.77	148
福　　建	45 025	54.88	39 164	0.45	453	1.14	172
江　　西	84 687	91.28	79 043	0.77	877	1.08	150
山　　东	12 928	2.42	2 128	0.03	44	0.52	65
河　　南	30 090	37.25	27 910	0.20	383	0.79	135
湖　　北	175 467	191.00	152 809	2.21	4 422	5.33	1 067
湖　　南	179 236	195.00	147 403	9.24	3 750	3.40	661
广　　东	73 482	66.92	54 769	0.29	701	0.13	40
广　　西	101 049	130.94	91 665	0.15	226	0.04	7
海　　南	98 083	77.78	68 782	2.44	2 460	20.88	3 132
重　　庆	8 932	5.90	5 042				
四　　川	2 508	0.63	644	1.43	1 558	0.63	294
贵　　州	333	0.30	285	0.01	15	0.06	12
云　　南	5 598	5.39	4 461	0.20	232	0.17	39
陕　　西	2 237	1.69	1 829	0.04	46	0.86	131
甘　　肃	3 029	0.91	791	0.24	515	8.03	1 189
青　　海	2 957	0.16	117	0.41	695	13.37	2 108
宁　　夏	6 110	5.03	3 745	0.86	1 193	3.73	620
新疆（兵团）	382 317	285.05	213 477	28.36	44 218	449.67	87 305
新疆（农业）	10 680	5.60	4 415	1.52	2 150	14.40	2 450
新疆（畜牧）	69 919	3.25	2 597	2.19	21 859	204.67	40 058
热 科 院	451	0.40	387	0.02	21	0.06	6
广　　州							
南　　京	125						

5-10续表 1

地　区	肉类总产量		牛奶产量（吨）	山羊毛产量（吨）	绵羊毛产量（吨）		
	兔肉产量（吨）	禽肉产量（吨）				细羊毛（吨）	半细羊毛（吨）
全国农垦	**4 663**	**677 410**	**4 059 434**	**1 410**	**26 325**	**11 652**	**7 940**
北　　京		217 815	228 585				
天　　津		60	100 020				
河　　北	55	19 527	482 233	3	254	234	187
山　　西		182	38 005	17	34	24	
内 蒙 古	34	6 557	470 334	122	4 577	1 690	1 838
辽　　宁	27	110 355	110 154	43	151		
吉　　林	5	25 543	30 704	22	307	186	121
黑 龙 江	1 200	93 254	1 316 563	70	2 322	589	1 733
上　　海		2 083	225 521				
江　　苏	63	59 119	8 188				
浙　　江		92	7 904				
安　　徽		6 291	19 554				
福　　建	96	5 140	9 358				
江　　西	14	4 603	20 080				
山　　东	6	10 685	12 480		2		2
河　　南	67	741	4 989				
湖　　北	50	17 117	33 398				
湖　　南	12	8 716	740	765			
广　　东	88	17 618	28 641				
广　　西	23	9 128	4 471				
海　　南	86	23 623					
重　　庆		3 890	50 245				
四　　川	1	10	10 271		14		14
贵　　州		21	39 841		4	4	
云　　南		866	256				
陕　　西		231	3 522	7	3		
甘　　肃	18	438	1 471	44	396	54	222
青　　海		27	290	3	543	241	288
宁　　夏	3	549	116 323	11	80	48	32
新疆(兵团)	2 800	31 317	496 553	259	11 141	5 110	3 413
新疆(农业)	15	1 650	16 840	45	490	400	90
新疆(畜牧)			151 172		6 006	3 072	
热 科 院		36					
广　　州			20 728				
南　　京		125					

5-10续表2

地区	羊绒产量（吨）	蜂蜜产量（吨）	禽蛋产量（吨）	蚕茧产量（吨）		鹿茸产量（千克）
					桑蚕茧产量（吨）	
全国农垦	**791**	**7 264**	**440 383**	**1 861**	**1 186**	**84 287**
北京			35 119			
天津			650			
河北			9 635			150
山西	1		342			
内蒙古	172	830	5 650	107		1 318
辽宁		16	77 699			6 381
吉林	19	16	60 434			13 854
黑龙江	317	1 189	82 551	50		23 382
上海			2 285			
江苏		37	12 243	455		
浙江			55			
安徽		51	3 176			
福建		79	4 995			
江西		471	5 927	236	236	
山东			868			
河南			2 118	110	110	
湖北		835	45 953	136	136	8 000
湖南		332	7 942	54	54	14
广东		37	3 069	650	650	
广西		59	3 017			
海南		64	2 319			
重庆			3 925			
四川		4	2	63		
贵州			36			
云南			2 127			
陕西	1	2	149			
甘肃	8		1 698			12
青海	1	1				
宁夏	6		1 259			
新疆(兵团)	59	3 188	54 123			30 195
新疆(农业)	18	53	5 970			653
新疆(畜牧)	189		3 851			328
热科院						
广州						
南京			1 197			

5－11 渔业生产情况

（2011年）

地区	水产品总产量（吨）			#养殖产量（吨）		
	合计（吨）	海水（吨）	淡水（吨）	合计（吨）	海水（吨）	淡水（吨）
全国农垦	**1 267 386**	**234 149**	**1 033 237**	**1 103 808**	**150 156**	**953 652**
北京						
天津	7 390		7 390	7 390		7 390
河北	77 183	8 856	68 327	70 687	8 856	61 831
山西	6		6	6		6
内蒙古	1 616		1 616	1 553		1 553
辽宁	401 798	193 117	208 681	305 618	112 054	193 564
吉林	1 263		1 263	1 092		1 092
黑龙江	28 535		28 535	22 163		22 163
上海	33 342		33 342	33 342		33 342
江苏	46 586	582	46 004	30 286	582	29 704
浙江	5 355	824	4 531	3 757	764	2 993
安徽	4 565		4 565	4 228		4 228
福建	33 389	4 883	28 506	25 846	4 883	20 963
江西	36 546		36 546	25 428		25 428
山东	5 606	3 608	1 998	2 826	1 566	1 260
河南	5 375		5 375	5 210		5 210
湖北	366 347		366 347	366 347		366 347
湖南	76 545		76 545	64 103		64 103
广东	31 306	9 520	21 786	31 306	9 520	21 786
广西	15 721	2 031	13 690	15 721	2 031	13 690
海南	40 131	10 728	29 403	38 629	9 900	28 729
重庆	306		306	306		306
四川	14		14			
贵州	27		27	27		27
云南	5 046		5 046	5 046		5 046
陕西	42		42	42		42
甘肃	70		70	70		70
青海						
宁夏	10 134		10 134	10 134		10 134
新疆(兵团)	30 897		30 897	30 412		30 412
新疆(农业)	1 840		1 840	1 840		1 840
新疆(畜牧)	310		310	310		310
热科院	83		83	83		83
广州						
南京	12		12			

5－11续表1

地区	在水产品产量中：					
	鱼类（吨）			虾蟹类（吨）		
		海水（吨）	淡水（吨）		海水（吨）	淡水（吨）
全国农垦	**968 507**	**61 507**	**907 000**	**160 393**	**66 020**	**94 373**
北京						
天津	7 162		7 162	228		228
河北	58 513	3 186	55 327	16 930	3 930	13 000
山西	6		6			
内蒙古	1 616		1 616			
辽宁	213 147	52 048	161 099	90 865	43 367	47 498
吉林	1 161		1 161	102		102
黑龙江	27 770		27 770	765		765
上海	31 237		31 237	2 105		2 105
江苏	41 443	402	41 041	4 563	60	4 503
浙江	2 107	72	2 035	2 283	207	2 076
安徽	4 086		4 086	476		476
福建	25 356	65	25 291	918	108	810
江西	36 546		36 546			
山东	2 792	1 314	1 478	1 880	1 600	280
河南	5 373		5 373	2		2
湖北	340 057		340 057	16 644		16 644
湖南	58 223		58 223	1 498		1 498
广东	19 371	1 295	18 076	11 740	8 225	3 515
广西	13 776	86	13 690	1 879	1 879	
海南	30 429	3 039	27 390	7 223	6 644	579
重庆	306		306			
四川	14		14			
贵州	27		27			
云南	5 043		5 043			
陕西	42		42			
甘肃	70		70			
青海						
宁夏	10 068		10 068	65		65
新疆(兵团)	30 685		30 685	212		212
新疆(农业)	1 675		1 675	15		15
新疆(畜牧)	310		310			
热科院	83		83			
广州						
南京	12		12			

5-11 续表 2

地　区	在水产品产量中：#对虾（吨）	海　水（吨）	贝　类（吨）	海　水（吨）	淡　水（吨）	藻　类（吨）	海　水（吨）
全国农垦	**45 635**	**25 071**	**115 398**	**100 476**	**14 922**	**4 460**	**4 460**
北　京							
天　津							
河　北	14 214	3 922	882	882			
山　西							
内蒙古							
辽　宁	6 574	6 574	93 392	93 308	84	4 394	4 394
吉　林							
黑龙江							
上　海							
江　苏	3 945	60	272	120	152		
浙　江	2 167	95	545	545			
安　徽			2		2		
福　建	737	22	5 719	4 710	1 009		
江　西							
山　东	582	497	934	694	240		
河　南							
湖　北							
湖　南			13 435		13 435		
广　东	10 184	6 669					
广　西	1 820	1 820				66	66
海　南	5 412	5 412	217	217			
重　庆							
四　川							
贵　州							
云　南							
陕　西							
甘　肃							
青　海							
宁　夏							
新疆（兵团）							
新疆（农业）							
新疆（畜牧）							
热科院							
广　州							
南　京							

5-11续表3

地区	在水产品产量中：			养殖面积（公顷）				
	其他产量（吨）				海水（公顷）	淡水（公顷）	#对虾（公顷）	
		海水（吨）	淡水（吨）					海水（公顷）
全国农垦	**18 628**	**1 686**	**16 942**	**309 579**	**28 782**	**280 797**	**19 636**	**15 017**
北京								
天津				668		668	200	
河北	858	858		13 867	6 331	7 536	8 240	5 310
山西				8		8		
内蒙古				2 348		2 348		
辽宁				75 099	14 119	60 980	4 548	4 548
吉林				976		976		
黑龙江				26 311		26 311		
上海				3 241		3 241		
江苏	308		308	4 988	80	4 908	548	80
浙江	420		420	1 032	179	853	621	96
安徽				1 009		1 009		
福建	1 396		1 396	2 147	277	1 870	164	71
江西				18 444		18 444		
山东				4 534	4 270	264	3 060	3 050
河南				519		519		
湖北	9 646		9 646	46 071		46 071		
湖南	3 389		3 389	50 320		50 320		
广东	195		195	3 953	1 674	2 279	1 446	1 053
广西				1 363	295	1 068	272	272
海南	2 262	828	1 434	5 462	1 557	3 905	537	537
重庆				28		28		
四川				5		5		
贵州				48		48		
云南	3		3	1 160		1 160		
陕西				33		33		
甘肃				339		339		
青海								
宁夏	1		1	7 020		7 020		
新疆（兵团）				35 186		35 186		
新疆（农业）	150		150	3 300		3 300		
新疆（畜牧）				72		72		
热科院				19		19		
广州								
南京				8		8		

5－12 茶、果、桑和人参生产情况

(2011 年)

地区	茶叶		水果					
	年末实有面积（公顷）	实际产量（吨）	年末实有面积（公顷）	实际产量（吨）	香蕉		苹果	
					年末实有面积（公顷）	实际产量（吨）	年末实有面积（公顷）	实际产量（吨）
全国农垦	**30 435**	**45 359**	**379 986**	**3 371 857**	**18 822**	**539 274**	**37 787**	**404 364**
北京			340	1 284			213	970
天津			257	1 340			14	195
河北			1 655	13 511			298	5 388
山西			72	467			37	127
内蒙古			1 845	15 708			370	3 025
辽宁			12 395	134 559			7 017	79 558
吉林			3 089	12 520			642	3 377
黑龙江			2 199	23 780				
上海	40	12	400	2 896				
江苏			206	3 612				
浙江	1 708	4 374	880	19 399				
安徽	3 040	10 749	1 090	18 358				
福建	4 632	5 812	12 853	108 853	1 191	28 495		
江西	5 918	4 300	9 595	64 763			32	81
山东			92	449			27	40
河南	30	7	2 043	45 110			917	21 911
湖北	974	429	5 027	85 755			65	167
湖南	2 021	2 940	6 972	31 582				
广东	753	1 155	25 056	442 195	6 145	213 054		
广西	752	849	8 652	180 406	1 597	56 729		
海南	776	1 195	37 103	474 922	6 582	183 388		
重庆	34	2	239	872				
四川	755	852	274	1 765			46	260
贵州	4 075	4 120	1 046	8 492			24	58
云南	4 889	8 559	7 864	121 375	3 300	57 553		
陕西			1 208	10 739			243	4 017
甘肃			3 007	60 581			734	14 692
青海								
宁夏			7 575	46 819			897	23 062
新疆（兵团）			188 870	1 264 456			15 365	204 545
新疆（农业）			35 951	136 294			10 601	34 358
新疆（畜牧）			2 059	38 733			245	8 533
热科院			73	262	7	55		
广州								
南京	38	4						

5－12 续表 1

地　区	水　果							
	柑　橘		梨		桃		葡　萄	
	年末实有面积（公顷）	实际产量（吨）	年末实有面积（公顷）	实际产量（公顷）	年末实有面积（公顷）	实际产量（吨）	年末实有面积（公顷）	实际产量（公顷）
全国农垦	**22 506**	**263 709**	**42 641**	**368 605**	**7 813**	**98 284**	**59 599**	**530 596**
北　京			7	94	34	143	12	24
天　津			37	160	26	297	167	565
河　北			168	1 895	67	2 104	64	2 019
山　西			11	192	3	85	7	60
内 蒙 古			230	5 295	1	3	769	5 160
辽　宁			2 142	16 069	1 027	14 870	700	16 956
吉　林			2 047	8 687	4	3	55	36
黑 龙 江			44	627			82	585
上　海	56	1 322	109	408	108	580	70	552
江　苏	3	43	98	1 834	44	430	28	992
浙　江	506	14 283	120	2 891	62	946	44	668
安　徽		200	829	12 975	193	4 426	11	164
福　建	1 866	21 239	230	1 735	250	2 541	39	850
江　西	6 653	51 052	1 154	5 363	1 340	6 359	176	1 295
山　东					11	57	10	199
河　南	29	50	495	14 267	366	7 607	119	408
湖　北	1 907	31 278	1 292	23 049	1 222	22 322	286	6 464
湖　南	5 763	16 300	748	1 672	117	742	96	870
广　东	304	3 678						
广　西	2 894	93 242	16	275	5	141	43	1 144
海　南	1 109	13 117						
重　庆	166	802			4	5	1	10
四　川	87	619	25	90	15	80	0	115
贵　州	421	4 522	34	93	36	142	531	3 677
云　南	742	11 962					1 400	29 929
陕　西			138	455	68	580	40	861
甘　肃			954	36 864	61	77	598	7 406
青　海								
宁　夏			74	1 925	32	449	6 034	19 478
新疆（兵团）			18 136	196 065	2 044	31 864	43 268	368 628
新疆（农业）			13 503	35 626	673	1 431	4 650	58 281
新疆（畜牧）							299	3 200
热 科 院								
广　州								
南　京								

5－12续表2

地　区	水　果					
	菠　萝		红　枣		柿　子	
	年末实有面积（公顷）	实际产量（吨）	年末实有面积（公顷）	实际产量（吨）	年末实有面积（公顷）	实际产量（吨）
全国农垦	**7 240**	**190 991**	**111 001**	**460 374**	**470**	**3 271**
北　京						
天　津						
河　北			1 009	1 874		
山　西						
内蒙古						
辽　宁			34	367		
吉　林						
黑龙江						
上　海						
江　苏					21	273
浙　江						
安　徽					25	575
福　建	244	7 101			248	786
江　西						
山　东			44	153		
河　南			14	400		
湖　北			63	611	171	1 357
湖　南						
广　东	4 888	155 258				
广　西	43	1 144			5	280
海　南	1 451	20 643				
重　庆						
四　川						
贵　州						
云　南	607	6 845				
陕　西			257	4 219		
甘　肃			535	33		
青　海						
宁　夏			500	1 385		
新疆（兵团）			104 943	434 511		
新疆（农业）			2 367	1 895		
新疆（畜牧）			1 235	14 926		
热科院	7					
广　州						
南　京						

5－12续表3

地区	水果					
	荔枝		龙眼		芒果	
	年末实有面积（公顷）	实际产量（吨）	年末实有面积（公顷）	实际产量（吨）	年末实有面积（公顷）	实际产量（吨）
全国农垦	**17 646**	**93 088**	**11 496**	**49 700**	**16 251**	**202 202**
北京						
天津						
河北						
山西						
内蒙古						
辽宁						
吉林						
黑龙江						
上海						
江苏						
浙江						
安徽						
福建	2 188	8 068	3 179	12 802	17	1
江西						
山东						
河南						
湖北						
湖南						
广东	6 711	39 682	3 827	13 134	123	823
广西	1 364	6 137	1 551	9 527	535	2 764
海南	7 185	38 256	2 757	13 280	14 691	188 054
重庆						
四川	20	110	2	5		
贵州						
云南	162	834	177	952	849	10 360
陕西						
甘肃						
青海						
宁夏						
新疆（兵团）						
新疆（农业）						
新疆（畜牧）						
热科院	16	1	3		36	200
广州						
南京						

5－12 续表 4

地　　区	水　果							
	杨　桃		火龙果		番石榴		红毛丹	
	年末实有面积（公顷）	实际产量（吨）	年末实有面积（公顷）	实际产量（吨）	年末实有面积（公顷）	实际产量（吨）	年末实有面积（公顷）	实际产量（吨）
全国农垦	**691**	**4 195**	**88**	**2 148**	**315**	**7 255**	**660**	**1 308**
北　　京								
天　　津								
河　　北								
山　　西								
内 蒙 古								
辽　　宁								
吉　　林								
黑 龙 江								
上　　海								
江　　苏								
浙　　江								
安　　徽								
福　　建	21	50	21	417	8	175		
江　　西								
山　　东								
河　　南								
湖　　北								
湖　　南								
广　　东	538	3 413	67	1 731	181	5 224		
广　　西	4	87						
海　　南	128	645			126	1 856	660	1 308
重　　庆								
四　　川								
贵　　州								
云　　南								
陕　　西								
甘　　肃								
青　　海								
宁　　夏								
新疆（兵团）								
新疆（农业）								
新疆（畜牧）								
热 作 两 院								
广　　州								
南　　京								

5-12续表5

地　区	其　他		桑园年末实有面积（公顷）	人　参	
	年末实有面积（公顷）	实际产量（吨）		年末实有面积（平方米）	实际产量（千克）
全国农垦	**24 958**	**152 492**	**1 573**	**1 261 062**	**322 238**
北　京	74	53			
天　津	13	123			
河　北	49	231			
山　西	14	3			
内蒙古	475	2 225			
辽　宁	1 475	6 739		5 900	4 000
吉　林	341	417		1 254 748	318 238
黑龙江	2 073	22 568		414	
上　海	57	34	2		
江　苏	12	40	239		
浙　江	148	611	64		
安　徽	32	18			
福　建	3 351	24 593			
江　西	239	613	248		
山　东					
河　南	103	467	129		
湖　北	21	507	349		
湖　南	248	11 998			
广　东	2 272	6 198	423		
广　西	595	8 936			
海　南	2 414	14 375			
重　庆	68	55			
四　川	79	486	98		
贵　州			21		
云　南	627	2 940			
陕　西	462	607			
甘　肃	125	1 509			
青　海					
宁　夏	38	520			
新疆(兵团)	5 114	28 843			
新疆(农业)	4 157	4 703			
新疆(畜牧)	280	12 074			
热科院	4	6			
广　州					
南　京					

5－13 全国农垦热带作物生产情况

（2011年）

项 目	计量单位	全国农垦	福建	广东	广西	海南	云南	热科院
总面积合计	**公顷**	**42 772**	**146**	**5 060**	**8 213**	**26 850**	**2 348**	**155**
＃当年新植	公顷	8 662	16	567	2 116	5 922	39	2
＃收获面积	公顷	34 768	66	4 735	7 269	20 861	1 809	28
1. 剑麻（按纤维计算）								
年末实有面积	公顷	8 863	130	4 478	4 250			5
当年新植面积	公顷	132		77	55			
收获面积	公顷	7 835	50	4 166	3 619			
每公顷产量	千克	4 283	4 000	3 151	5 591			
总产量	吨	33 559	200	13 125	20 234			
2. 香辛料								
年末实有面积	公顷	7 141		92	1 617	5 300	126	6
当年新植面积	公顷	62				61		1
收获面积	公顷	6 469		79	1 617	4 762	6	5
总产量	吨	9 467		109	404	8 911	22	21
＃胡椒（按籽计算）								
年末实有面积	公顷	5 403		92		5 300	5	6
当年新植面积	公顷	62				61		1
收获面积	公顷	4 851		79		4 762	5	5
每公顷产量	千克	1 866		1 380		1 871	1 800	4 500
总产量	吨	9 050		109		8 911	9	21
＃肉桂（按干皮计算）								
年末实有面积	公顷	991			870		121	
当年新植面积								
收获面积	公顷	871			870		1	
每公顷产量	千克	257			243		13 000	
总产量	吨	224			211		13	
＃八角（按干果计算）								
年末实有面积	公顷	747			747			
当年新植面积	公顷							
收获面积	公顷	747			747			
每公顷产量	千克	258			258			
总产量	吨	193			193			
3. 咖啡（按干豆计产量）								
年末实有面积	公顷	1 332				23	1 305	4
当年新植面积	公顷	39					39	0
收获面积	公顷	1 170				23	1 144	3
每公顷产量	千克	1 416				3 435	1 376	1 038
总产量	吨	1 656				79	1 574	3
4. 椰子（按果计产量）								
年末实有面积	公顷	1 823				1 722		101
当年新植面积	公顷							
收获面积	公顷	1 559				1 548		11
每公顷产量	个	8 936				8 962		5 268
总产量	万个	1 393				1 387		6
5. 油棕（按油计产量）								
年末实有面积	公顷	18						18
当年新植面积	公顷							

5-13 续表

项　　目	计量单位	全国农垦	福建	广东	广西	海南	云南	热科院
收获面积	公顷							
每公顷产量	千克							
总产量	吨							
6. 可可（按豆计产量）								
年末实有面积	公顷	2						2
当年新植面积	公顷	1						1
收获面积	公顷	1						1
每公顷产量	千克	3 750						3 750
总产量	吨	4						4
7. 南药								
年末实有面积	公顷	15 359			63	15 236	48	12
当年新植面积	公顷	709			63	646		
收获面积	公顷	9 998			63	9 884	42	9
总产量	吨	27 129			795	26 311	6	17
#槟榔（按果计产量）								
年末实有面积	公顷	15 172				15 161		11
当年新植面积	公顷	571				571		
收获面积	公顷	9 817				9 809		8
每公顷产量	千克	2 673				2 674		2 127
总产量	吨	26 245				26 228		17
#砂仁（干果）								
年末实有面积	公顷	48					48	
当年新植面积	公顷							
收获面积	公顷	42					42	
每公顷产量	千克	144					144	
总产量	吨	6					6	
#益智（干果）								
年末实有面积	公顷	75				75		
当年新植面积	公顷	75				75		
收获面积	公顷	75				75		
每公顷产量	千克	1 107				1 107		
总产量	吨	83				83		
8. 澳洲坚果（按干果计产量）								
年末实有面积	公顷	1 162			285		869	8
当年新植面积	公顷							
收获面积	公顷	889			272		617	
每公顷产量	千克	1 840			967		2 225	
总产量	吨	1 636			263		1 373	
9. 木薯（按干薯产量）								
年末实有面积	公顷	7 073	16	490	1 998	4 569		
当年新植面积	公顷	7 073	16	490	1 998	4 569		
收获面积	公顷	7 073	16	490	1 998	4 569		
每公顷产量	千克	20 807	30 000	19 465	10 708	25 334		
总产量	吨	147 165	480	9 538	21 394	115 753		

5－14 主要农业机械年末拥有量

(2011年)　　　　计量单位：千瓦

地区	农业机械总动力	柴油发动机动力	汽油发动机动力	电动机动力	其他机械动力
全国农垦	**22 838 495**	**18 212 651**	**1 148 637**	**3 077 368**	**399 839**
北京	10 218	9 097	317	804	
天津	17 630	9 262	105	8 263	
河北	951 226	681 600	13 729	218 623	37 274
山西	23 097	10 548	4 142	7 918	489
内蒙古	1 578 694	1 408 369	88 780	78 253	3 292
辽宁	1 067 548	745 381	96 518	178 062	47 587
吉林	786 304	695 248	45 810	42 819	2 427
黑龙江	7 455 842	6 690 739	325 838	423 492	15 773
上海	140 238	97 590	5 394	37 254	
江苏	478 972	394 035	10 069	73 778	1 090
浙江	25 446	10 364	1 206	13 368	508
安徽	469 686	328 377	13 629	127 681	
福建	79 398	50 285	7 898	17 231	3 984
江西	288 011	187 562	29 745	63 433	7 271
山东	56 096	44 139	1 393	7 689	2 875
河南	237 218	188 848	12 395	35 794	181
湖北	1 541 957	1 125 480	93 407	307 569	15 501
湖南	956 678	658 732	75 811	192 423	29 712
广东	302 882	208 165	46 865	41 131	6 721
广西	252 962	171 271	34 384	26 305	21 002
海南	331 308	219 424	59 935	24 731	27 218
重庆	290	80	40	170	
四川	837	264	125	448	
贵州	19 773	18 789	527	442	15
云南	292 671	126 749	81 717	84 205	
陕西	43 954	30 800	2 013	10 855	286
甘肃	217 681	180 665	2 368	27 286	7 362
青海	49 048	39 547	6 676	1 184	1 642
宁夏	242 592	201 713	2 339	38 445	95
新疆(兵团)	3 962 558	2 971 552	60 428	930 578	
新疆(农业)	347 870	288 855	14 400	36 355	8 260
新疆(畜牧)	607 041	417 548	10 076	20 153	159 265
热科院	1 829	824	558	447	
广州	680	550		120	10
南京	260	200		60	

5-14续表1

地　　区	拖拉机				拖拉机配套农具	
	大中型（台）	大中型（千瓦）	小型（台）	小型（千瓦）	大中型（部）	小型（部）
全国农垦	**161 705**	**6 518 269**	**347 036**	**3 884 006**	**264 711**	**310 183**
北　　京	60	2 827	60	554	32	7
天　　津	68	2 025			22	
河　　北	3 177	128 306	22 702	263 792	2 939	16 474
山　　西	53	2 844	247	5 001	69	83
内 蒙 古	9 644	346 927	46 356	687 007	13 910	44 132
辽　　宁	4 023	133 987	11 274	126 514	5 410	7 455
吉　　林	3 200	111 738	23 065	281 460	2 226	19 736
黑 龙 江	58 454	2 554 208	67 973	943 065	110 618	70 121
上　　海	1 247	67 416	300	3 209	1 386	102
江　　苏	3 606	179 949	1 820	19 279	8 148	2 675
浙　　江	91	2 778	126	1 078	56	
安　　徽	2 639	107 729	6 225	60 010	5 326	7 712
福　　建	88	2 617	799	6 702	25	1 550
江　　西	777	44 827	5 178	49 316	196	2 675
山　　东	219	8 512	1 881	19 439	275	832
河　　南	998	44 524	7 365	78 250	2 086	6 959
湖　　北	6 703	239 979	42 626	326 380	7 355	43 190
湖　　南	3 624	119 480	10 760	53 783	4 201	2 830
广　　东	509	41 379	4 026	44 902	914	
广　　西	1 319	61 326	4 741	50 149	1 365	3 695
海　　南	517	20 494	4 941	55 626	233	347
重　　庆						
四　　川			6	104		
贵　　州	56	10 150	141	627		31
云　　南	944	16 568	3 716	31 782	338	742
陕　　西	157	5 393	825	10 760	178	221
甘　　肃	2 877	121 681	3 071	38 051	2 919	5 131
青　　海	360	14 078	802	7 876	486	955
宁　　夏	1 996	90 841	1 691	20 011	3 937	1 613
新疆（兵团）	40 017	1 795 072	35 532	455 791	74 948	34 065
新疆（农业）	3 205	117 975	8 290	98 405	4 050	27 380
新疆（畜牧）	11 060	122 223	30 416	144 412	11 060	9 470
热 科 院	13	223	73	538		
广　　州	4	193	4	116	3	
南　　京			4	18		

5-14 续表 2

地　　区	耕整地及种植机械					农用排灌机械	
	播种机（台）	精量半精量播种机（台）	机动水稻插秧机（台）	化肥深施机（台）	机引铺膜机（台）	排灌动力机械（台）	排灌动力机械（千瓦）
全国农垦	**102 030**	**58 009**	**78 591**	**11 250**	**14 480**	**261 801**	**3 702 831**
北　　京	15	9				52	652
天　　津	5					145	4 318
河　　北	1 770	540	598	31	126	10 244	116 895
山　　西	97	15			41	467	7 587
内 蒙 古	20 728	10 228	77	1 242	2 581	10 208	108 029
辽　　宁	2 392	651	3 255	162	23	18 394	258 717
吉　　林	6 750	3 748	4 372	556	11	20 073	148 425
黑 龙 江	36 174	25 783	66 276	2 901	694	85 906	1 131 533
上　　海	152	7	99	11		929	17 244
江　　苏	967	524	1 648	128	96	1 102	56 244
浙　　江						1 127	7 727
安　　徽	1 510	861	452	88		5 344	85 515
福　　建			2			2 016	14 312
江　　西	50		747			5 580	61 593
山　　东	419	123	57	18	23	732	8 751
河　　南	3 524	1 243		1 490	23	6 175	48 302
湖　　北	1 186	669	334	2 661	2 802	21 215	295 753
湖　　南	1 294		42		6	15 592	183 746
广　　东						10 616	64 324
广　　西				242		3 417	34 309
海　　南						8 464	39 491
重　　庆							
四　　川						33	1 083
贵　　州						294	1 840
云　　南						898	8 200
陕　　西	686	29		30	59	1 079	11 819
甘　　肃	1 563	928		174	1 420	254	4 290
青　　海	216					27	489
宁　　夏	410	158	3	70	63	1 341	35 335
新疆（兵团）	14 444	11 399	608	822	3 079	24 903	876 179
新疆（农业）	3 273	1 094	21	624	2 188	2 260	49 745
新疆（畜牧）	4 405				1 245	2 889	20 153
热 科 院						25	231
广　　州							
南　　京							

5－14 续表 3

地区	农用排灌机械						植保机械	
	柴油机（台）	柴油机（千瓦）	电动机（台）	电动机（千瓦）	农用水泵（台）	滴喷灌溉机械（套）	机动喷雾(粉)机（台）	机动喷雾(粉)机（千瓦）
全国农垦	**145 525**	**1 657 401**	**109 842**	**2 012 336**	**287 814**	**33 900**	**99 185**	**270 735**
北京	4	48	61	773	64	171	8	30
天津	11	258	134	4 060	159	5		
河北	4 524	48 698	5 822	69 071	11 508	665	779	4 714
山西	23	407	444	7 178	97	70	1	15
内蒙古	5 669	62 473	4 533	45 407	13 070	1 977	2 368	8 355
辽宁	9 818	124 943	8 095	123 025	31 648	1 291	2 349	9 407
吉林	18 430	129 145	724	12 969	27 233	96	750	40
黑龙江	58 548	805 933	27 358	325 600	80 769	8 932	16 966	39 536
上海	1	7	928	17 237	830	16	1 043	2 238
江苏	58	1 768	1 132	57 942	935	190	2 057	3 841
浙江	358	1 111	769	6 616	729	21	665	842
安徽	4 463	27 763	881	57 752	2 859	1 894	5 463	10 609
福建	1 032	7 110	1 373	8 068	1 325	56	577	1 771
江西	1 563	13 149	3 797	45 634	3 108	14	1 711	2 397
山东	337	3 230	367	4 945	1 156	117	965	1 337
河南	1 339	16 304	4 561	31 812	7 605	1 015	768	2 041
湖北	11 830	136 016	10 094	162 413	30 586	1 163	28 448	44 262
湖南	8 170	97 894	5 531	82 433	34 358		7 140	21 144
广东	5 555	36 946	1 486	9 795	3 159	288	8 656	20 418
广西	1 813	14 735	1 501	19 109	3 078	850	2 555	9 865
海南	6 786	31 422	1 419	7 293	7 234	13	4 386	20 461
重庆					3	3		
四川	4	88	29	995	12		45	30
贵州	86	1 346	208	3 144	267		18	129
云南	323	1 741	575	6 459	553	1	5 318	24 426
陕西	136	3 546	947	10 090	1 436	45	1 140	1 690
甘肃			468	11 146	758	249	168	342
青海	23	285	7	273	6	1	1	3
宁夏	82	1 991	1 259	33 344	1 170	43	341	966
新疆（兵团）	3 445	68 284	21 458	807 895	19 375	14 498	1 897	33 843
新疆（农业）	878	18 630	1 245	26 115	1 355	150	2 460	3 425
新疆（畜牧）	208	2 077	2 615	13 557	1 329	66	67	2 348
热科院	8	53	15	177	31		75	211
广州					3			
南京			6	10	6			

5－14 续表 4

地　区	收　获　机　械							
	联合收获机（台）	联合收获机（千瓦）	＃自走式（台）	＃自走式（千瓦）	机动割晒机（台）	机动割晒机（千瓦）	其他作物收获机械（台）	其他作物收获机械(千瓦)
全国农垦	**39 828**	**2 941 276**	**33 565**	**2 560 587**	**8 020**	**107 181**	**15 358**	**258 373**
北　京	16	3 602	13	3 036			6	794
天　津	2	236	2	236			3	30
河　北	344	24 269	261	19 771	888	8 246	53	1 355
山　西	6	489	3	354			2	71
内蒙古	1 637	166 498	1 591	161 277	615	8 510	44	1 166
辽　宁	262	30 915	91	27 459	55	296	783	1 460
吉　林	2 091	87 445	415	19 645				
黑龙江	21 888	1 783 436	21 068	1 703 782	5 806	76 867	962	51 433
上　海	145	19 591	142	19 591			807	3 971
江　苏	2 029	132 930	1 958	126 710	2	120	1 620	2 547
浙　江	53	760						
安　徽	1 171	78 897	1 149	77 950	71	614		
福　建	40	741	22	360			575	895
江　西	1 339	49 352	89	4 579	21	251	315	1 194
山　东	71	5 377	63	4 817	36	775		
河　南	659	42 652	532	37 293	27	503	154	752
湖　北	2 775	124 121	1 821	88 542	37	713	319	2 711
湖　南	1 630	53 977	1 453	48 796				
广　东	32	2 316	6	120				
广　西	20	2 311	12	1 664			15	24
海　南					322	4 405		
重　庆								
四　川								
贵　州							49	151
云　南	16	583			2	80		
陕　西	54	3 617	38	2 645	2	132	16	972
甘　肃	94	8 781	82	7 548	2	199	25	984
青　海	183	13 705	73	4 266	7	492	1	1
宁　夏	542	37 829	542	37 829			46	394
新疆（兵团）	1 884	234 753	1 404	134 333	97	3 910	9 444	182 603
新疆（农业）	165	11 820	108	8 695	30	1 068	20	410
新疆（畜牧）	680	20 272	627	19 288			99	4 455
热科院								
广　州								
南　京								

5－14 续表 5

地　　区	脱粒烘干机械		种子加工设备		设施农业设备		
	机动脱粒机（台）	谷物烘干机（台）	种子包衣机（台）	种子清洗机（台）	水稻工厂化育秧设备（套）	温室及大棚（平方米）	田园管理机（台）
全国农垦	**32 890**	**3 707**	**677**	**2 301**	**504**	**145 891 345**	**7 779**
北　　京	1		2	1		519 308	4
天　　津						224 011	
河　　北	5 946	1	4	17	22	6 917 320	
山　　西	14	2	2	2		413 204	
内 蒙 古	1 933	404	64	257		213 427	59
辽　　宁	5 311	16	1	19	28	4 113 503	14
吉　　林	2 668	1		3		205 614	
黑 龙 江	3 472	466	299	988	211	63 560 506	9
上　　海	9	65	1	14	50	2 384 458	72
江　　苏	1 800	105	56	97	28	1 260 223	16
浙　　江	28					153 025	
安　　徽	60	113	12	89		2 425 684	969
福　　建	2 580					48 800	
江　　西	858	2		9	3	10 900	
山　　东	54		9	26	1	60 588	16
河　　南	96	1	43	150		379 224	
湖　　北	1 372	33	26	30	161	11 964 327	2 612
湖　　南	2 455	864				6 979	
广　　东	577						
广　　西	302					129 067	17
海　　南	340	1 292		2			
重　　庆						20 000	
四　　川							
贵　　州						4 783	
云　　南	1 164					184 384	
陕　　西	28		3	4		453 180	205
甘　　肃	81	3	20				
青　　海			2	19		1 781 834	
宁　　夏	200	26	11	49		2 991 113	566
新疆（兵团）	1 313	68	117	490		38 856 803	3 165
新疆（农业）	216	2	5	35		6 566 700	55
新疆（畜牧）	12	243				21 532	
热 科 院						20 848	
广　　州							
南　　京							

5-14 续表 6

地　区	农副产品加工机械（台）				畜牧业机械（台）		
	粮食加工机械	棉花加工机械	油料加工机械	橡胶加工机械	牧草播种机	牧草收割机	牧草打捆机
全国农垦	**11 429**	**2 337**	**2 421**	**4 175**	**2 764**	**20 612**	**3 040**
北　京							
天　津							
河　北	535	126	80		20	225	14
山　西	23		6		3	1	
内蒙古	855	5	91		560	15 781	912
辽　宁	1 417	1	76		38	561	5
吉　林	301		11		1	64	3
黑龙江	372		32		36	476	160
上　海	21	2					
江　苏	259	50	45				
浙　江	5	40	1				
安　徽	33	19	16				
福　建	205		12		1	17	2
江　西	2 210	63	162				
山　东	31	8	6		1	2	10
河　南	232	20	64		10	1	
湖　北	1 472	989	592	48		71	
湖　南	1 173	165	188				
广　东	188		45	871			
广　西	164		29	104	1		5
海　南	953		59	829			
重　庆						1	10
四　川	2						
贵　州	45		9				
云　南				2 322			
陕　西	11		3		1	4	4
甘　肃	5	7	4			9	12
青　海	13		14		16	129	20
宁　夏	94		37		20	70	85
新疆（兵团）	420	295	222		1 822	716	460
新疆（农业）	235	385	223		63	33	82
新疆（畜牧）	153	162	394		171	2 451	1 256
热科院	2			1			
广　州							
南　京							

5－14续表7

地　区	畜牧业机械		林业机械		渔业机械	运输机械	
	机动剪毛机（把）	机动挤奶器（套）	挖坑机（台）	植树机（台）	渔用机动船（艘）	农用运输车（辆）	农用运输车（千瓦）
全国农垦	**650**	**8 424**	**512**	**95**	**3 527**	**83 180**	**1 597 476**
北　京		102	2			19	374
天　津		25				65	1 454
河　北		198	5		225	8 054	186 639
山　西		105				141	3 130
内蒙古	50	315	34	17	12	4 489	111 956
辽　宁		599		3	1 815	15 604	163 790
吉　林	2	15	4	6	1	3 551	152 057
黑龙江	61	5 464	48	11	303	4 082	90 547
上　海		172				25	688
江　苏		22			3	716	2 757
浙　江						54	1 399
安　徽		11			4	1 248	20 072
福　建	1	23			74	763	17 862
江　西			20	14	177	1 102	31 504
山　东		180	4		8	167	3 493
河　南						465	10 430
湖　北			1		271	8 234	111 821
湖　南			60		235	1 982	37 718
广　东		25	10	5	6	931	68 333
广　西		5				663	17 579
海　南			115		234		
重　庆							
四　川		5					
贵　州						238	5 546
云　南						2 151	86 220
陕　西						624	5 756
甘　肃						2 037	22 212
青　海	48					248	7 251
宁　夏	1	190	12		11	1 631	31 425
新疆（兵团）	312	763	197	37	136	21 598	361 715
新疆（农业）	13	17		2		1 131	21 950
新疆（畜牧）	162	180			12	1 150	20 692
热科院						12	347
广　州		8				5	759
南　京							

5-14 续表 8

地 区	农田基本建设机械					
	推土机（台）	推土机（千瓦）	挖掘机（台）	挖掘机（千瓦）	开沟机（台）	开沟机（千瓦）
全国农垦	**6 429**	**427 089**	**2 926**	**212 033**	**2 283**	**24 742**
北 京	9	659	11	966		
天 津	10	531	6	639		
河 北	235	16 383	242	26 156	2	440
山 西	5	334	3	146		
内 蒙 古	359	22 946	96	7 980	19	749
辽 宁	282	22 272	351	35 191	17	323
吉 林	106	6 115	43	4 131	3	
黑 龙 江	313	23 216	114	12 960	8	561
上 海	4	512	3	256		
江 苏	162	11 733	570	7 284	639	2 687
浙 江	3	165	1	5		
安 徽	106	3 949	27	1 452	72	2 296
福 建	41	2 145	80	5 185	17	2 010
江 西	43	2 929	23	1 468	5	318
山 东	21	1 483	16	1 564	18	204
河 南	35	1 372	9	449	3	152
湖 北	1 244	75 139	589	51 441	193	9 460
湖 南	175	2 010	10	1 906		
广 东	118	6 701				
广 西	58	3 635	34	5 384		
海 南	210	14 314	115	6 079	28	2 699
重 庆						
四 川						
贵 州						
云 南	88	4 462	12	1 649		
陕 西	31	1 794				
甘 肃	29	1 397	16	877	9	131
青 海	14	1 376	1	110		
宁 夏	111	9 207	41	7 149		
新疆（兵团）	1 892	136 975	357	25 088	1 020	
新疆（农业）	253	13 300	91	6 097	230	2 712
新疆（畜牧）	471	40 035	65	421		
热 科 院	1					
广 州						
南 京						

5－15 农业机械化、用电、化肥和水利情况

（2011 年）　　计量单位：公顷

地　区	农业机械化情况				飞机作业情况			
	当年实际机耕面积	当年实际机播面积	机械插秧面积	当年机械收割面积	飞机播种面积	飞机施肥面积	飞机病虫害防治面积	自有农用飞机（架）
全国农垦	**5 576 900**	**5 346 675**	**1 579 143**	**4 893 746**	**7 078**	**1 178 901**	**1 427 792**	**73**
北　京	675	914		870				
天　津	3 157	2 561	452	1 467				
河　北	77 919	82 247	14 376	56 913				
山　西	5 635	4 757		552				
内 蒙 古	510 136	573 889	8 863	434 270				
辽　宁	131 720	67 402	34 010	74 804				
吉　林	83 253	67 872	24 967	32 351				
黑 龙 江	2 840 126	2 787 905	1 413 760	2 792 154		1 172 516	1 272 939	44
上　海	26 223	37 833	13 402	42 863				
江　苏	71 927	96 660	36 101	122 808			3 967	
浙　江	2 342	291	251	1 385				
安　徽	33 038	44 013	3 593	56 039		1 965	1 965	
福　建	4 290	319	20	449				
江　西	43 655	14 166	2 739	45 039	500			
山　东	11 196	12 160		5 623				
河　南	28 919	37 692	692	28 900				
湖　北	146 852	36 791	11 936	127 138				
湖　南	36 225	25 694	1 269	49 262				
广　东	38 835	1 349		2 263				
广　西	20 973	81		555				
海　南	15 629	4 130	713	5 933				
重　庆	200	66						
四　川	3							
贵　州	503	747		141				
云　南	4 877	251		3 007				
陕　西	13 724	13 068		8 713				
甘　肃	50 674	41 481		27 868				
青　海	23 624	20 306	649	19 545				
宁　夏	36 583	36 071		34 602				
新疆（兵团）	1 077 110	1 108 080	7 950	752 930	880	4 420	125 360	29
新疆（农业）	74 101	80 312	3 400	64 720				
新疆（畜牧）	162 772	147 567		100 580	5 698		23 561	
热 科 院	5			2				
广　州								
南　京								

5-15 续表 1

地　　区	农用化肥施用总量（按折纯量计算）（吨）	施用于农作物的数量（吨）	氮肥（吨）	磷肥（吨）	钾肥（吨）	复合肥（吨）	生物肥施用量（实物量）（吨）	有机肥施用量（实物量）（吨）
全国农垦	**2 411 637**	**1 931 028**	**1 007 003**	**464 631**	**285 528**	**646 745**	**211 154**	**4 191 076**
北　　京	856	69	115	3	7	731		20 088
天　　津	908	908	234	133	178	363		
河　　北	25 363	23 401	11 618	3 197	2 223	7 292	9	742
山　　西	3 556	3 234	1 294	822	245	1 195	216	56 693
内 蒙 古	118 806	94 653	49 404	28 598	9 909	30 895	13 963	551 744
辽　　宁	89 164	60 687	44 408	15 731	8 781	20 244	3 166	151 672
吉　　林	89 895	84 293	51 913	9 384	6 065	22 533	4 423	16 257
黑 龙 江	527 655	527 655	201 358	135 089	108 616	82 592	14 396	1 035 999
上　　海	20 219	20 219	11 622	1 643	570	6 384		69 172
江　　苏	59 667	51 438	41 194	10 828	799	6 846	12 465	80 014
浙　　江	9 401	4 344	3 335	1 910	816	3 340	110	3 192
安　　徽	33 214	29 576	13 809	3 652	5 862	9 892	78	17 945
福　　建	41 927	30 169	11 733	6 521	8 065	15 608	3 327	23 009
江　　西	64 577	37 038	20 110	11 105	8 878	24 484	1 723	16 917
山　　东	7 163	7 131	2 643	1 376	482	2 662	2 980	550
河　　南	22 991	13 953	9 883	4 072	1 950	4 960	3 034	11 431
湖　　北	152 708	121 221	58 001	29 445	18 062	47 200	125 266	147 916
湖　　南	125 305	50 030	64 311	28 546	12 103	20 345	628	9 670
广　　东	51 203	32 413	14 383	16 024	9 855	10 941		274 453
广　　西	55 276	38 739	12 428	7 631	8 844	26 409	2 643	195 960
海　　南	92 622	23 325	18 378	6 770	6 987	60 487	16 812	1 156 345
重　　庆	70	60	10	10	10	30		500
四　　川	4 355	4 355	1 985	1 026	906	438		
贵　　州	3 279	3 279	976	841	124	1 338		3 882
云　　南	49 103	49 103	11 573	5 657	4 665	27 208		69 972
陕　　西	10 385	9 253	4 046	1 162	795	1 671	4 650	7 361
甘　　肃	25 585	11 549	11 934	5 010	1 865	6 776		215 118
青　　海	5 260	4 332	3 107	1 169	252	1 942	560	2 524
宁　　夏	37 712	27 110	22 082	1 101	1 474	13 056	615	21 784
新疆（兵团）	578 107	542 356	266 752	99 332	46 526	165 497		
新疆（农业）	25 180	25 010	10 520	8 235	1 580	1 650	90	16 705
新疆（畜牧）	78 667		31 697	18 445	8 003	20 522		6 542
热 科 院	1 442	126	146	162	29	1 204	1	6 875
广　　州								
南　　京	15		2	2	1	10		45

5－15 续表 2

地　　区	农药施用量			农用塑料薄膜使用量			沼气池	
	合计（吨）	化学除草剂（吨）	化学除草面积（公顷）	合计（吨）	地膜（吨）	地膜覆盖面积（公顷）	数量（个）	体积（立方米）
全国农垦	**96 236**	**25 004**	**4 410 778**	**102 005**	**75 735**	**1 100 939**	**63 128**	**598 774**
北　　京	13	4	580	4	1	9	1	100
天　　津	14	9	2 479	28	28	846		
河　　北	1 145	160	25 287	1 753	1 544	24 808	3 394	36 948
山　　西	42	26	1 479	180	155	1 746	3	30
内 蒙 古	3 142	2 139	567 956	1 871	1 669	35 604		
辽　　宁	3 673	1 026	91 732	5 135	967	3 788	2 877	40 824
吉　　林	575	698	83 374	323	242	2 691	321	1 416
黑 龙 江	14 846	11 233	2 779 985	14 788	2 349	52 502	3 389	28 863
上　　海	864	256	26 526	421	122	339		
江　　苏	2 256	378	118 124	2 582	629	6 132		
浙　　江	837	50	3 493	244	110	1 213	38	3 206
安　　徽	1 597	306	53 155	250	68	667		
福　　建	1 087	164	7 525	335	123	7 375	3 870	30 175
江　　西	4 571	927	43 799	730	369	2 832	1 873	29 926
山　　东	264	42	9 343	265	254	6 730	24	2 200
河　　南	998	76	31 301	276	192	5 590	1 158	11 515
湖　　北	7 338	1 215	84 742	3 489	2 446	40 684	16 793	89 605
湖　　南	2 528	413	19 063	3 749	3 745	11 690	21 423	244 490
广　　东	5 574	1 213	38 328	782	764	18 221	324	5 508
广　　西	3 025	884	32 325	602	559	8 824	1 104	10 157
海　　南	21 284	2 031	254 889	367	367	2 695	4 132	43 551
重　　庆								
四　　川	10	3	191	13	13	30	26	2 440
贵　　州	155	27	2 402	85	37	281	217	1 893
云　　南	1 699	594	36 335	218	135	2 408	676	3 322
陕　　西	142	41	4 675	125	108	1 690	493	3 543
甘　　肃	369	231	30 562	1 655	1 650	18 999		
青　　海	37	21	5 336	13				
宁　　夏	390	281	25 368	100	44	1 072	778	7 452
新疆（兵团）	9 368			55 391	52 307	741 449		
新疆（农业）	380	27	15 063	2 895	2 580	47 655		
新疆（畜牧）	7 985	505	14 526	3 335	2 158	52 369		
热 科 院	27	23	835				214	1 610
广　　州								
南　　京								

5－15 续表 3

地　区	农田水利情况							
	有效灌溉面积（公顷）	机灌面积（公顷）	电灌面积（公顷）	节水灌溉面积（公顷）	机电井数量（眼）	已配套（眼）	排灌站数量（座）	排灌能力（立方米/秒）
全国农垦	**3 771 264**	**1 834 526**	**1 089 667**	**1 081 901**	**149 750**	**132 269**	**4 437**	**13 740**
北　京	646	389	422	257	88	66		
天　津	2 949		2 949	87	65	65	29	28
河　北	60 018	35 217	28 518	25 098	4 534	3 712	186	675
山　西	3 327	804	2 237	1 220	265	225	3	1
内蒙古	139 152	52 639	19 963	28 569	18 337	14 768	28	1
辽　宁	123 506	43 995	58 493	4 497	3 936	3 695	286	580
吉　林	55 499	38 405	16 141	533	2 324	2 270	5	158
黑龙江	1 537 003	848 374	577 263	191 861	81 711	74 174	230	2 513
上　海	23 578		23 578				539	189
江　苏	67 244	4 475	63 844	13 993	52	30	703	526
浙　江	3 334	794	2 540	80	12	12	30	113
安　徽	31 689	15 612	15 830	8 630	1 235	987	297	531
福　建	5 363	1 503	1 904	187	179	154	22	5
江　西	49 683	6 156	22 674	1 453	612	11	282	8
山　东	8 259	2 729	4 846	684	889	329	9	27
河　南	25 558	10 756	10 483	3 242	6 532	4 748	8	36
湖　北	117 194	27 752	86 974		1 264	1 234	971	3 313
湖　南	60 473	11 621	44 756	26			261	3 050
广　东	16 231	4 326	7 789	4 116	2 263	1 980	47	14
广　西	12 547	4 597	4 692	5 909	706	406	138	36
海　南	15 645	4 046	703	10 896	717	131	131	1 708
重　庆	14	14						
四　川	131	11	103	17			4	3
贵　州	865	865			64	64		
云　南	6 452	2 040	87		21	21	10	8
陕　西	8 039	3 835	3 571	760	1 211	630	6	3
甘　肃	48 780		24 820	17 910	1 847	1 829		
青　海	7 427	8		8	1	1		
宁　夏	38 696	9 103	9 248	1 266	862	710	201	108
新疆（兵团）	1 091 492	636 445		727 739	17 531	17 531		
新疆（农业）	67 863	32 010	24 750	13 900	677	671	6	3
新疆（畜牧）	142 591	35 989	30 489	18 963	1 815	1 815	5	102
热科院	17	16						
广　州								
南　京								

5-15续表 4

地 区	农业电气化情况		
	农场用电量（万千瓦时）	水电站（个）	水电站发电能力（千瓦）
全国农垦	**1 190 289**	**290**	**386 138**
北 京	4 220		
天 津	3 597		
河 北	119 360		
山 西	1 865	1	100
内 蒙 古	25 055		
辽 宁	51 583		
吉 林	30 502		
黑 龙 江	139 555		
上 海	8 260		
江 苏	40 221		
浙 江	111 277	2	500
安 徽	11 705		
福 建	12 007	32	35 961
江 西	42 097	105	118 492
山 东	1 287		
河 南	19 397		
湖 北	36 061	3	270
湖 南	31 412	6	28 189
广 东	29 902	9	2 733
广 西	48 746	6	5 035
海 南	36 427	51	69 457
重 庆	454		
四 川	58		
贵 州	13 492	1	120
云 南	16 592	27	67 230
陕 西	1 247		
甘 肃	14 666		
青 海	232		
宁 夏	7 539		
新疆（兵团）	304 767	33	55 800
新疆（农业）	11 500	11	1 750
新疆（畜牧）	15 047	3	501
热 科 院			
广 州			
南 京	160		

工　业

6－1　工业企业基本情况

（2011 年）

地　区	企业个数（个）	国有（个）	＃亏损企业数（个）	国有（个）	工业销售产值（现价）（万元）	国有（万元）
全国农垦	**6 174**	**1 218**	**660**	**227**	**52 388 694**	**10 583 003**
北　京	26	22	5	3	396 104	270 488
天　津	22	21	10	9	238 500	237 331
河　北	173	21	22	3	4 480 178	1 589 160
山　西	54	1	3	1	24 109	
内蒙古	82	17	12	5	666 092	142 487
辽　宁	791	18	12	5	7 638 674	10 892
吉　林	55	9	7	7	68 149	2 402
黑龙江	946	142	19	4	6 417 293	510 579
上　海	91	91	18	18	2 075 161	2 075 161
江　苏	367	21	20	7	1 325 335	573 858
浙　江	126	4	28	2	2 972 648	1 170
安　徽	43	11	8	3	173 304	40 628
福　建	205	44	9	4	723 437	88 633
江　西	386	77	57	31	2 471 355	551 189
山　东	20	6			477 812	4 147
河　南	58	36	7	6	223 982	92 827
湖　北	655	84	54	3	7 496 205	907 717
湖　南	336	118	145	4	1 179 899	428 341
广　东	167	113	19	19	1 253 234	715 132
广　西	292	68	6	6	3 128 806	796 230
海　南	125	46	31	14	252 908	51 982
重　庆	10	4	2	2	551 707	320 007
四　川	12	6	1	1	32 633	585
贵　州	5	5	2	2	45 366	45 366
云　南	68	44	21	18	107 289	101 126
陕　西	6	6			74 493	74 493
甘　肃	61	57	31	31	256 476	242 431
青　海	4	4			2 165	2 165
宁　夏	18	17	5	4	59 809	56 319
新疆(兵团)	649	56	96	11	7 418 292	567 019
新疆(农业)	270	41	3	2	56 627	38 515
新疆(畜牧)	41	4	4		49 948	5 219
热科院	1					
广　州	3	3	1	1	40 507	39 219
南　京	6	1	2	1	10 199	185

6-1续表1

地区	产品销售收入（万元）	国有（万元）	产品销售成本（万元）	国有（万元）	产品销售费用（万元）	国有（万元）
全国农垦	**53 353 889**	**11 554 304**	**43 918 701**	**9 523 275**	**2 481 007**	**805 739**
北京	402 026	272 134	302 070	207 024	65 025	51 129
天津	393 689	392 520	312 422	311 685	46 425	46 228
河北	5 026 708	1 581 065	4 553 812	1 428 703	97 928	13 643
山西	23 473		17 743		1 181	
内蒙古	637 981	80 896	363 298	67 413	47 097	5 486
辽宁	7 574 692	9 862	5 991 248	8 969	459 418	1 215
吉林	71 508	3 705	56 196	3 021	1 737	105
黑龙江	7 335 100	1 099 623	6 628 539	1 028 232	167 874	25 038
上海	2 584 468	2 584 468	2 003 060	2 003 060	294 861	294 861
江苏	1 237 506	488 847	861 820	237 596	181 051	142 903
浙江	2 900 327	1 155	2 612 238	1 023	48 541	56
安徽	171 714	39 647	152 339	36 615	8 572	1 632
福建	713 392	87 447	608 519	67 353	46 035	10 179
江西	2 179 125	502 418	1 809 090	424 781	151 539	38 916
山东	477 812	4 147	446 386	3 406	4 340	372
河南	213 463	87 379	179 934	71 654	9 290	4 608
湖北	6 970 255	851 145	5 411 459	774 520	284 486	9 207
湖南	1 090 280	286 109	1 019 982	250 589	49 370	24 306
广东	1 331 595	798 025	987 235	723 175	70 230	31 781
广西	3 122 548	770 423	2 498 039	608 634	84 309	20 878
海南	260 194	57 816	215 603	46 158	13 738	5 283
重庆	550 017	320 766	482 803	281 709	32 869	25 278
四川	30 167	1 046	24 568	740	2 845	139
贵州	43 291	43 291	40 844	40 844	1 786	1 786
云南	111 207	103 957	88 770	83 187	3 913	3 737
陕西	74 493	74 493	31 193	31 193	4 340	4 340
甘肃	275 599	255 673	209 002	193 285	15 906	15 250
青海	2 165	2 165	772	772	522	522
宁夏	62 045	58 685	39 584	36 455	5 875	5 780
新疆(兵团)	7 333 822	617 097	5 841 654	486 592	267 620	14 146
新疆(农业)	53 518	32 482	45 536	27 475	3 326	1 905
新疆(畜牧)	48 289	5 312	40 407	4 445	3 361	370
热科院						
广州	41 585	40 272	33 700	32 766	4 706	4 599
南京	9 834	235	8 837	200	891	61

6-1续表2

地　区	产品销售税金及附加（万元）	国有（万元）	产品销售利润（万元）	国有（万元）	利润总额（万元）	国有（万元）
全国农垦	**1 070 617**	**182 242**	**5 136 536**	**878 838**	**3 614 590**	**636 463**
北　京	1 182	759	33 749	13 222	23 757	14 616
天　津	9 886	9 747	19 304	19 472	3 557	3 726
河　北	114 955	99 422	259 109	38 501	198 855	37 945
山　西	1 386		3 163		2 862	−11
内蒙古	17 953	196	129 455	5 634	160 156	1 599
辽　宁	369 035	169	754 991	−491	412 712	−748
吉　林	3 084	12	7 214	481	6 836	237
黑龙江	42 050	2 740	496 637	43 613	198 729	−4177
上　海	15 539	15 539	218 230	218 230	226 858	226 858
江　苏	9 846	6 636	184 789	101 712	120 941	83 675
浙　江	6 682	7	232 866	69	80 551	7
安　徽	1 497	265	9 306	1 135	2 767	−47
福　建	19 867	2 299	38 971	7 616	33 665	6 073
江　西	14 366	2 384	204 130	36 337	171 161	39 243
山　东	2 024	154	25 062	215	25 002	215
河　南	3 871	1 673	20 368	9 444	13 946	1 787
湖　北	305 818	6 897	968 492	60 521	791 069	51 829
湖　南	8 442	2 140	12 486	9 074	11 650	8 998
广　东	22 845	4 277	251 285	38 792	54 184	16 481
广　西	17 018	4 199	396 720	105 394	242 343	47 840
海　南	2 597	1 389	28 256	4 986	8 949	−4 748
重　庆	1 264	764	33 081	13 015	16 783	1 130
四　川	2 039	49	716	118	2 548	21
贵　州	153	153	508	508	210	210
云　南	1 014	829	6 801	6 153	8 310	7 407
陕　西	2 428	2 428	36 532	36 532	20 498	20 498
甘　肃	6 894	6 874	43 797	40 264	18 745	18 335
青　海	319	319	552	552	552	552
宁　夏	4 360	4 359	12 191	12 056	4 149	4 149
新疆(兵团)	61 163	4 853	696 586	50 407	745 662	50 807
新疆(农业)	715	487	3 707	2 122	1 879	854
新疆(畜牧)	87	10	4 435	488	4 153	498
热科院						
广　州	225	212	2 954	2 695	452	631
南　京	13	2	93	−29	100	−27

6-1续表3

地区	#亏损企业亏损额（万元）		固定资产原值（万元）		#生产经营用（万元）	
		国有（万元）		国有（万元）		国有（万元）
全国农垦	**346 954**	**94 384**	**23 456 858**	**5 018 306**	**12 738 021**	**3 512 861**
北京	590	1 165	226 762	148 040	216 568	146 156
天津	4 301	4 132	156 235	155 174	153 835	152 856
河北	7 651	2 018	903 040	208 206	700 020	123 201
山西	28	11	24 805	103	20 682	30
内蒙古	195	195	335 665	50 430	307 826	49 952
辽宁	4 742	1 072	2 515 883	12 014	1 900 854	11 944
吉林	15	15	45 311	5 266	12 359	3 222
黑龙江	22 275	13 248	2 068 220	439 987	1 882 080	382 789
上海	18 275	18 275	838 239	838 239	737 650	737 650
江苏	2 356	1 711	390 238	210 522	365 226	204 199
浙江	7 588	5	868 984	650	536 749	648
安徽	1 080	136	68 110	20 140	58 828	19 654
福建	2 810	317	420 361	10 738	266 934	4 803
江西	2 080	1 450	558 137	122 700	391 456	73 828
山东			90 442	2 584	86 460	2 584
河南	149	101	95 431	57 018	68 326	31 258
湖北	77 364	800	3 080 740	291 507	2 710 513	253 618
湖南	1 123	812	215 433	1 972	81 219	1 849
广东	2 687	2 687	455 045	407 319	427 058	382 899
广西	7 833	7 833	1 220 677	458 166	1 121 802	421 146
海南	9 339	8 678	162 167	75 970	144 507	63 207
重庆	3 159	3 159	151 994	93 073	149 742	90 821
四川	76	5	16 961	2 042	14 882	1 301
贵州	89	89	38 046	38 046	35 220	35 220
云南	4 158	3 254	102 009	95 400	50 381	45 887
陕西			7 569	7 569	300	300
甘肃	11 692	11 118	341 944	315 800	201 314	199 975
青海			756	756		
宁夏	934	909	57 668	56 756	41 004	40 284
新疆(兵团)	153 292	10 590	7 937 016	848 441		
新疆(农业)	443	393	24 093	22 756	20 457	14 029
新疆(畜牧)	235		16 978	2 037	15 002	1 800
热科院						
广州	358	179	20 164	18 347	17 032	15 215
南京	37	27	1 735	536	1 735	536

6-1续表4

地区	固定资产净值（万元）		本年折扣（万元）		从业人员年末人数（人）	
		国有（万元）		国有（万元）		国有（人）
全国农垦	**18 224 250**	**3 219 462**	**1 675 871**	**319 014**	**812 043**	**173 734**
北京	145 112	108 991	25 782	21 658	7 630	5 071
天津	94 308	93 982	8 256	8 224	2 728	2 669
河北	711 120	34 225	58 959	14 429	35 340	3 927
山西	18 372	6	2 336		3 067	100
内蒙古	292 344	37 399	25 676	5 502	7 461	1 512
辽宁	2 515 883	12 014	104 474	859	66 985	1 068
吉林	33 593	3 986	1 545	51	4 711	1 371
黑龙江	1 487 495	341 116	394 585	41 673	99 180	10 256
上海	449 201	449 201	44 902	44 902	28 885	28 885
江苏	260 882	156 853	37 884	13 955	34 109	9 739
浙江	505 670	84	61 587	15	26 040	256
安徽	49 370	14 584	4 150	674	4 525	822
福建	339 212	25 389	21 352	485	29 125	6 649
江西	403 260	71 352	25 733	5 761	72 367	12 709
山东	82 453	1 983	6 329	167	2 099	101
河南	67 067	36 109	9 103	2 253	7 920	5 075
湖北	2 694 043	235 603	150 194	24 715	108 231	10 362
湖南	183 093	1 676	32 340	296	31 110	2 796
广东	317 974	293 610	20 576	17 338	24 302	13 932
广西	850 606	292 735	95 984	20 388	44 713	13 709
海南	88 287	45 176	9 094	2 524	11 968	4 324
重庆	98 500	62 605	10 297	6 741	9 205	2 633
四川	8 559	998	1 200	60	1 833	439
贵州	34 012	34 012	710	710	1 284	1 284
云南	56 369	52 387	5 680	5 234	4 945	4 115
陕西	3 401	3 401	3 124	3 124	1 085	1 085
甘肃	213 914	200 148	21 377	20 589	7 146	6 382
青海	305	305	50	50	95	95
宁夏	39 200	38 677	2 241	2 176	1 708	1 658
新疆（兵团）	6 144 299	549 531	485 095	51 102	125 332	16 186
新疆（农业）	13 201	10 856	2 511	2 099	3 987	3 129
新疆（畜牧）	11 991	1 439	1 355	163	1 459	175
热科院						
广州	9 653	8 912	1 313	1 085	1 247	1 167
南京	1 502	117	77	12	221	53

6－1续表5

地 区	从业人员年平均人数（人）		从业人员年工资总额（万元）	
		国有（人）		国有（万元）
全国农垦	**793 756**	**170 678**	**2 268 484**	**532 977**
北京	7 878	5 370	33 352	20 165
天津	2 755	2 697	16 522	16 322
河北	35 056	3 789	111 758	15 337
山西	3 035	100	5 307	43
内蒙古	7 101	1 511	20 862	3 714
辽宁	66 880	1 008	210 228	1 645
吉林	4 724	1 366	4 553	326
黑龙江	80 883	9 974	201 400	21 050
上海	28 250	28 250	119 945	119 945
江苏	33 767	9 706	126 874	51 236
浙江	25 911	253	94 479	562
安徽	4 628	784	9 374	1 466
福建	32 359	6 795	43 342	4 791
江西	71 289	11 610	93 886	18 536
山东	2 100	102	5 237	241
河南	7 120	5 027	8 204	5 829
湖北	106 193	10 005	208 535	17 406
湖南	28 856	2 485	40 378	4 995
广东	22 620	12 317	71 577	33 241
广西	43 496	12 767	118 925	37 028
海南	12 522	4 325	30 111	10 292
重庆	9 294	2 691	30 945	13 558
四川	1 876	437	3 459	518
贵州	1 284	1 284	2 903	2 903
云南	4 749	4 115	10 829	9 678
陕西	1 080	1 080	7 964	7 964
甘肃	8 211	7 738	20 590	19 396
青海	94	94	261	261
宁夏	1 747	1 693	4 351	4 239
新疆（兵团）	131 081	16 788	595 922	79 126
新疆（农业）	4 179	3 176	6 485	4 906
新疆（畜牧）	1 296	151	3 394	475
热科院				
广州	1 218	1 131	6 130	5 715
南京	224	59	401	68

6-2 各垦区分行业工业企业个数和工业总产值

(2011年)

地区	企业个数(个)	工业总产值(万元)	#国有		#轻工业		#规模以上	
			企业个数(个)	工业总产值(万元)	企业个数(个)	工业总产值(万元)	企业个数(个)	工业总产值(万元)
全国农垦	**11 986**	**54 877 407**	**1 561**	**10 137 661**	**6 726**	**30 021 756**	**3 738**	**41 245 960**
北京	22	354 220	22	182 090	9	92 885	3	96 712
天津	22	217 620	21	216 655	20	156 106	18	216 957
河北	1 018	5 323 163	21	1 537 903	710	1 773 797	158	4 995 625
山西	54	26 734	1		8	3 598	36	15 500
内蒙古	82	645 546	17	87 523	33	104 892	24	213 149
辽宁	791	6 270 889	18	9 140	222	1 658 089	773	6 261 749
吉林	55	73 997	9	3 413	46	35 101	12	64 358
黑龙江	946	6 633 243	142	541 952	554	5 704 349	179	859 113
上海	91	2 107 685	91	2 107 685	76	1 986 634	75	2 086 187
江苏	367	1 362 452	21	591 176	139	754 461	89	484 276
浙江	142	2 961 011	4	1 173	35	846 580	19	2 224 637
安徽	155	221 560	11	41 143	118	120 677	43	183 103
福建	1 130	870 295	44	29 028	465	6 392	7	31 888
江西	912	2 791 857	77	155 607	671	1 660 521	197	2 379 808
山东	30	476 515	6	3 281	9	3 791	8	460 000
河南	58	229 263	36	98 082	26	103 745	5	185 185
湖北	2 442	8 338 209	84	586 237	1 859	6 694 192	583	7 431 973
湖南	336	914 505	118	276 105	212	498 699	160	392 756
广东	514	1 383 926	113	754 101	350	1 291 862	401	629 825
广西	607	3 541 482	68	796 230	257	1 710 128	248	3 151 004
海南	125	269 372	46	55 225	49	166 965	8	120 181
重庆	10	551 924	4	320 133	9	536 805	9	551 150
四川	12	31 368	6	705	1	1 192	1	11 008
贵州	5	45 089	5	45 089	4	45 047	3	43 552
云南	68	111 954	44	104 669	14	60 096	4	102 623
陕西	6	74 118	6	74 118	4	1 588	2	72 530
甘肃	61	260 186	57	242 739	50	149 140	9	125 382
青海	4	2 563	4	2 563			2	1 100
宁夏	55	92 698	17	57 439	38	71 093	4	48 267
新疆(兵团)	1 550	8 511 984	399	1 093 780	665	3 653 673	649	7 725 265
新疆(农业)	270	65 089	41	40 734	49	47 961	3	14 360
新疆(畜牧)	38	68 794	4	45 149	21	43 800	2	23 321
热科院								
广州	3	37 897	3	36 609	3	37 897	2	35 321
南京	5	10 199	1	185			2	8 094

6－2续表1

地 区	一、煤炭开采和洗选业		二、石油和天然气开采业		三、黑色金属矿采选业		四、有色金属矿采选业	
	企业个数（个）	工业总产值（万元）	企业个数（个）	工业总产值（万元）	企业个数（个）	工业总产值（万元）	企业个数（个）	工业总产值（万元）
全国农垦	**60**	**707 403**			**57**	**191 330**	**34**	**314 674**
北 京								
天 津								
河 北								
山 西								
内 蒙 古	3	298 843			19	59 434	12	6 180
辽 宁	6	7 902			4	35 407	3	1 080
吉 林								
黑 龙 江	5	51 221					2	49 656
上 海								
江 苏								
浙 江								
安 徽								
福 建	2	2 673					1	650
江 西	8	9 918			9	39 600	2	97 115
山 东								
河 南								
湖 北					5	12 000		
湖 南								
广 东								
广 西					4	16 451	8	132 742
海 南					4	949		
重 庆								
四 川								
贵 州								
云 南								
陕 西	2	72 530						
甘 肃								
青 海	1							
宁 夏	4	4 633						
新疆（兵团）	21	240 637			12	27 489	6	27 251
新疆（农业）	6	2 485						
新疆（畜牧）	2	16 561						
热 科 院								
广 州								
南 京								

6-2续表2

地区	五、非金属矿采选业		#采盐业		六、其他矿采选业		七、农副食品加工业	
	企业个数（个）	工业总产值（万元）	企业个数（个）	工业总产值（万元）	企业个数（个）	工业总产值（万元）	企业个数（个）	工业总产值（万元）
全国农垦	**381**	**422 010**	**205**	**17 832**	**92**	**67 971**	**1 890**	**12 242 658**
北京								
天津							2	7 391
河北	8	2 815	8	2 815			47	169 652
山西					38	15 831	4	3 274
内蒙古							15	16 109
辽宁	190	46 762	185	6 200			85	634 515
吉林							38	26 636
黑龙江	24	61 779					381	4 899 711
上海							19	720 296
江苏	1	378	1	378			44	249 284
浙江							6	107 475
安徽							35	53 383
福建	12	9 132	1	433	20	5 597	106	34 284
江西	7	4 228			21	15 792	56	84 222
山东	6	6 394	6	6 394			4	2 826
河南							18	112 563
湖北	1	814			3	17 950	452	1 779 580
湖南	6	2 965					107	446 300
广东	38	8 937	1	14			74	289 050
广西	32	196 616			6	10 526	47	690 338
海南							12	83 861
重庆							5	345 593
四川	2	249						
贵州							2	5 972
云南							3	35 139
陕西							1	340
甘肃	1	640	1	98			9	16 498
青海								
宁夏	1	112			3	429	12	11 427
新疆（兵团）	51	79 995	2	1 500	1	1 846	250	1 388 542
新疆（农业）	1	195					40	10 839
新疆（畜牧）							15	16 888
热科院								
广州								
南京							1	670

6-2续表3

地区	#谷物磨制业		饲料加工业		制糖业		八、食品制造业	
	企业个数（个）	工业总产值（万元）	企业个数（个）	工业总产值（万元）	企业个数（个）	工业总产值（万元）	企业个数（个）	工业总产值（万元）
全国农垦	**792**	**2 483 956**	**274**	**1 734 997**	**50**	**1 452 983**	**618**	**4 917 438**
北京							8	310 395
天津			1	306			3	35 913
河北	28	28 078	7	70 675			23	450 988
山西	1	18	2	3 116			4	324
内蒙古	8	5 471	1	3 117			10	179 049
辽宁	42	54 846	14	120 409	1	15 450	24	264 479
吉林	23	15 335						
黑龙江	268	1 843 301	24	45 916	3	27 881	46	497 049
上海	5	41 220	6	36 831	6	458 912	31	1 016 205
江苏			18	39 494			12	28 765
浙江			3	82 914			1	1 434
安徽	9	14 723	3	10 365			6	21 352
福建	24	1 077	12	5 217			62	24 670
江西	28	59 136	13	10 953			41	79 498
山东			2	1 405				
河南	10	89 038	4	23 525			5	30 021
湖北	163	125 994	58	401 162	10	42 930	147	412 336
湖南	62	41 306	26	160 410	2	68 817	30	59 640
广东	23	7 941	8	1 287	12	269 688	19	419 534
广西	5	32 041	16	157 540	9	411 659	22	169 984
海南	1	79	2	3 222	2	19 046	2	1 430
重庆			3	161 473			1	135 239
四川							4	1 527
贵州	1	2 550	1	3 422			2	39 075
云南			1	91	1	35 048	1	3 342
陕西			1	340			2	1 170
甘肃	1	127	3	3 194			4	6 395
青海								
宁夏	6	5 004	6	6 423			3	6 715
新疆（兵团）	45	101 505	27	368 959	4	103 552	94	663 678
新疆（农业）	30	9 534	5	1 305			5	7 143
新疆（畜牧）	9	5 632	6	11 256			5	26 351
热科院								
广州							1	23 737
南京			1	670				

6－2续表4

地区	#液体乳及乳制品制造业		罐头制造业		九、饮料制造业		十、烟草制品业	
	企业个数（个）	工业总产值（万元）	企业个数（个）	工业总产值（万元）	企业个数（个）	工业总产值（万元）	企业个数（个）	工业总产值（万元）
全国农垦	**129**	**2 682 475**	**79**	**573 608**	**499**	**1 914 420**	**1**	**229 187**
北京	2	199 769		5 511	2	340		
天津	3	35 913			5	78 241		
河北	11	449 102			7	4 229		
山西	1	235						
内蒙古	3	3 820			4	2 907		
辽宁	6	99 758			10	54 341		
吉林					1	12		
黑龙江	15	429 905			34	126 581		
上海	18	818 986	6	86 463	8	145 186		
江苏	2	6 560			4	1 181		
浙江	1	1 434			2	3 660		
安徽	1	18 279			19	12 168		
福建	2	550	7	2 890	68	38 842		
江西	1	4 022	5	17 748	18	48 829		
山东								
河南					8	2 450		
湖北	21	162 333	6	53 966	149	689 269	1	229 187
湖南			3	22 250	3	18 996		
广东	4	76 736	1	4 162	28	17 655		
广西	3	4 487	3	6 480	26	143 918		
海南					12	5 502		
重庆	1	135 239						
四川	3	1 247			3	18 313		
贵州	2	39 075						
云南					15	12 176		
陕西	2	1 170						
甘肃			2	2 212	6	73 092		
青海								
宁夏	1	2 437			11	45 144		
新疆（兵团）	18	140 666	44	365 446	54	368 354		
新疆（农业）	2	663	2	6 480	2	3 035		
新疆（畜牧）	5	26 351						
热科院								
广州	1	23 737						
南京								

6-2 续表 5

地　　区	十一、纺 织 业		十二、纺织服装、鞋、帽制造业		#纺织服装制造业		十三、皮革、毛皮、羽毛（绒）及其制品业	
	企业个数（个）	工业总产值（万元）	企业个数（个）	工业总产值（万元）	企业个数（个）	工业总产值（万元）	企业个数（个）	工业总产值（万元）
全国农垦	**511**	**2 206 228**	**420**	**909 648**	**219**	**588 489**	**456**	**1 086 667**
北　　京								
天　　津	1	3 023						
河　　北	27	56 633	43	146 803	11	142 197	6	1 522
山　　西								
内 蒙 古								
辽　　宁	6	41 270	12	44 717			1	2 010
吉　　林							1	6 380
黑 龙 江	21	32 916					1	1 293
上　　海								
江　　苏	10	21 637	32	95 253				
浙　　江	26	175 617	4	116 102	4	116 102		
安　　徽	4	21 806	10	4 234	10	4 234	1	12
福　　建	37	11 451	13	24 935	2	3 985	55	48 555
江　　西	19	102 426	20	35 406	13	28 408	293	913 941
山　　东								
河　　南	9	34 153						
湖　　北	184	794 522	192	363 097	96	262 019	43	69 340
湖　　南	9	73 761	3	4 496	3	3 825	2	2 415
广　　东	26	15 463	69	15 755	69	15 755	45	9 958
广　　西	27	71 077	11	46 886			7	30 786
海　　南								
重　　庆								
四　　川	1	272						
贵　　州								
云　　南								
陕　　西								
甘　　肃	4	2 999						
青　　海								
宁　　夏								
新疆（兵团）	85	721 839	11	11 965	11	11 965	1	455
新疆（农业）	15	25 363						
新疆（畜牧）								
热 科 院								
广　　州								
南　　京								

6-2续表6

地　区	十四、木材加工及竹、藤、棕、草制品业		十五、家具制造业		十六、造纸及纸制品业		#造纸业	
	企业个数（个）	工业总产值（万元）	企业个数（个）	工业总产值（万元）	企业个数（个）	工业总产值（万元）	企业个数（个）	工业总产值（万元）
全国农垦	**481**	**613 741**	**340**	**499 460**	**210**	**789 517**	**63**	**290 804**
北　京					1	1 751		
天　津					2	7 704		
河　北	8	826	28	122 813	27	89 218	6	37 415
山　西			1	70	1		1	
内蒙古	2	2 901						
辽　宁	10	31 157	10	15 090	5	37 041	1	216
吉　林	3	30			1	281	1	281
黑龙江	34	99 083	6	5 510	5	18 576	5	18 576
上　海								
江　苏			1	126	6	10 698		
浙　江	1	973	2	963	3	913		
安　徽	8	1 158			1	969		
福　建	105	46 508	51	20 067	30	45 349	2	1 270
江　西	83	93 016	11	32 387	23	98 006	13	44 530
山　东								
河　南					1	437		
湖　北	51	50 585	171	130 906	28	164 986	8	53 857
湖　南	4	8 050	21	86 144	16	123 409	9	30 221
广　东	30	12 009	10	10 394	5	10 496		
广　西	94	218 809	9	14 560	17	88 042	5	64 611
海　南	22	34 804	3	6 713	1	75		
重　庆			1	42 000				
四　川								
贵　州								
云　南	6	4 187						
陕　西	1	78						
甘　肃								
青　海								
宁　夏								
新疆（兵团）	16	9 404	12	11 655	35	90 284	11	39 266
新疆（农业）	3	163	3	62	1	720		
新疆（畜牧）					1	561	1	561
热科院								
广　州								
南　京								

6-2续表7

地区	十七、印刷业、记录媒介的复制业		十八、文教体育用品制造业		十九、石油加工、炼焦及核燃料加工业		二十、化学原料及化学制品制造业	
	企业个数（个）	工业总产值（万元）	企业个数（个）	工业总产值（万元）	企业个数（个）	工业总产值（万元）	企业个数（个）	工业总产值（万元）
全国农垦	**143**	**450 357**	**27**	**54 897**	**163**	**3 841 691**	**497**	**3 716 858**
北京							2	3 083
天津			2	1 250			1	33
河北	7	1 445	7	4 906	73	2 537 929	57	477 362
山西							1	550
内蒙古							1	265
辽宁	6	41 181			68	720 044	67	449 347
吉林	1	4						
黑龙江	5	11 260	1	1 450	2	44 882	31	110 067
上海	4	26 178					3	10 689
江苏	4	269	7	9 126			11	18 350
浙江	2	7 860	1	28 293			10	51 017
安徽	4	253	4	653				
福建	7	3 026	3	410	1	1 185	40	58 909
江西	9	3 072	1	265			35	211 131
山东					2	341 412	9	105 091
河南	1	110					1	16 741
湖北	31	239 577	1	8 544			47	229 191
湖南	4	599					8	34 386
广东	3	1 850					6	6 310
广西	18	96 488					37	191 011
海南	1	907					4	12 178
重庆								
四川								
贵州								
云南	2	1 207					3	3 292
陕西								
甘肃	1	576					7	11 020
青海								
宁夏							3	1 204
新疆(兵团)	33	14 495			17	196 239	113	1 715 631
新疆(农业)								
新疆(畜牧)								
热科院								
广州								
南京								

6-2 续表 8

地　区	#肥料制造业		日用化学产品制造业		二十一、医药制造业		#中药饮品加工业	
	企业个数（个）	工业总产值（万元）	企业个数（个）	工业总产值（万元）	企业个数（个）	工业总产值（万元）	企业个数（个）	工业总产值（万元）
全国农垦	**142**	**369 830**	**45**	**252 466**	**117**	**1 127 494**	**14**	**47 458**
北　京					3	31 376		
天　津								
河　北	6	25 609	3	7 580	5	11 996		
山　西					2	3 220		
内蒙古	1	265						
辽　宁					8	84 116		
吉　林					2	5 792	1	200
黑龙江	17	86 377			8	59 117	2	2 687
上　海	2	1 824			2	13 783		
江　苏	4	4 926			5	410 525		
浙　江					2	4 058		
安　徽					1	1 891		
福　建	1	229	13	31 271	3	4 854		
江　西	1	4 530	11	153 596	21	161 056	4	8 379
山　东								
河　南	1	16 741			2	14 597		
湖　北	11	27 863	3	14 075	25	160 069	2	12 040
湖　南								
广　东	4	6 063	2	247	1	110		
广　西	20	88 107						
海　南	2	8 866	2	3 312	7	58 983	1	8 215
重　庆					1	774		
四　川								
贵　州								
云　南	2	3 218						
陕　西								
甘　肃	3	1 875			7	28 037	1	3 200
青　海								
宁　夏	2	658	1	546				
新疆（兵团）	65	92 679	10	41 840	9	58 366	3	12 737
新疆（农业）					1	614		
新疆（畜牧）								
热科院								
广　州					2	14 160		
南　京								

6-2 续表 9

地区	中成药制造业		二十二、化学纤维制造业		二十三、橡胶制品业		二十四、塑料制品业	
	企业个数（个）	工业总产值（万元）	企业个数（个）	工业总产值（万元）	企业个数（个）	工业总产值（万元）	企业个数（个）	工业总产值（万元）
全国农垦	**43**	**328 900**	**72**	**869 502**	**104**	**472 219**	**470**	**1 212 489**
北京								
天津							1	11 883
河北	3	8 000	6	18 772	11	1 027	53	55 904
山西								
内蒙古							1	1 432
辽宁	2	14 760	2	7 589	21	351 507	30	179 552
吉林	1	5 592					1	251
黑龙江	5	54 553			1	939	9	7 040
上海	1	11 295					3	43 087
江苏							12	4 658
浙江			5	633 987			10	20 588
安徽	1	1 891					3	1 052
福建	3	4 854	40	3 211	21	11 421	51	35 965
江西	10	121 347	5	2 710	2	3 624	14	20 114
山东								
河南	1	12 480						
湖北	6	45 550	6	10 580	14	29 313	37	292 400
湖南							5	1 190
广东	1	110			17	14 220	5	65 880
广西					10	42 177	17	75 772
海南					3	4 302	5	1 520
重庆							1	13 199
四川								
贵州								
云南					1	12 102	2	1 074
陕西								
甘肃	5	14 274	1	8 702			4	4 558
青海								
宁夏								
新疆（兵团）	3	22 610	7	183 951	3	1 587	205	375 138
新疆（农业）							1	231
新疆（畜牧）								
热科院								
广州	1	11 584						
南京								

6-2续表10

地区	二十五、非金属矿制品业		#水泥制造业		砖瓦、石灰和轻质建筑材料制造业		二十六、黑色金属冶炼及压延加工业	
	企业个数(个)	工业总产值(万元)	企业个数(个)	工业总产值(万元)	企业个数(个)	工业总产值(万元)	企业个数(个)	工业总产值(万元)
全国农垦	**1 142**	**3 338 672**	**94**	**1 119 180**	**684**	**1 212 033**	**90**	**838 008**
北京	1	2 088			1	2 088	1	1 063
天津							1	57 683
河北	43	201 061	3	20 053	17	18 677	18	177 253
山西								
内蒙古	7	31 376	1	29 000	4	1 659		
辽宁	39	356 299	9	107 386	12	7 475	12	267 827
吉林	5	33 486	1	30 533	3	2 773	1	980
黑龙江	88	177 385	12	86 292	66	78 406		
上海	1	11 637						
江苏	27	22 576			15	13 669		
浙江	11	617 907	1	48 754	5	538 353		
安徽	29	20 338	2	8 760	19	10 978		
福建	166	187 022	5	46 593	82	60 247	9	14 996
江西	91	161 401	5	30 153	44	64 050		
山东	4	16 440	1	14 700	2	1 042		
河南	5	3 047	2	2 307	2	740		
湖北	171	372 576	17	108 970	108	143 733	15	78 336
湖南	60	24 794			35	10 090		
广东	34	33 671	2	16 926	32	16 745		
广西	76	168 167	4	19 557	55	119 542	14	103 110
海南	20	42 508	3	35 192	12	6 276		
重庆	1	15 119						
四川							1	5 838
贵州								
云南	16	9 470	2	6 414	12	2 818	1	3 960
陕西								
甘肃	6	89 769	4	89 318	1	125	3	11 421
青海	3	2 563			3	2 563		
宁夏	6	11 665			6	11 665		
新疆(兵团)	187	713 908	19	417 016	104	87 176	14	115 541
新疆(农业)	32	4 619			32	4 619		
新疆(畜牧)	13	7 779	1	1 256	12	6 523		
热科院								
广州								
南京								

6－2续表11

地区	二十七、有色金属冶炼及压延加工业		二十八、金属制品业		＃搪瓷制品制造业		不锈钢及类似日用金属制品制造业	
	企业个数（个）	工业总产值（万元）	企业个数（个）	工业总产值（万元）	企业个数（个）	工业总产值（万元）	企业个数（个）	工业总产值（万元）
全国农垦	**46**	**922 075**	**870**	**2 337 831**	**7**	**7 599**	**57**	**187 787**
北京	1	3 035	2	991				
天津			2	4 214				
河北			211	108 892	1	6 020	3	7 934
山西			2	1 405				
内蒙古	5	42 455						
辽宁	12	108 707	29	488 258			5	69 861
吉林	1	145						
黑龙江	1	2 088	15	16 224				
上海			10	52 447				
江苏								
浙江	5	127 620	31	489 998				
安徽			8	40 559				
福建			76	154 330			19	34 924
江西			21	56 334	6	1 579	4	29 568
山东			1	125				
河南								
湖北	7	40 363	349	621 143			8	25 622
湖南			3	4 885			3	4 885
广东			17	64 285			1	1 900
广西	8	70 467	18	126 370			6	10 529
海南			1	552				
重庆								
四川								
贵州								
云南			2	3 997				
陕西								
甘肃								
青海								
宁夏			11	7 285			8	2 564
新疆（兵团）	6	527 195	61	95 538				
新疆（农业）								
新疆（畜牧）								
热科院								
广州								
南京								

6-2续表12

地区	二十九、通用设备制造业		三十、专用设备制造业		#农、林、牧、渔专用机械制造业		三十一、交通运输设备制造业	
	企业个数（个）	工业总产值（万元）	企业个数（个）	工业总产值（万元）	企业个数（个）	工业总产值（万元）	企业个数（个）	工业总产值（万元）
全国农垦	**209**	**875 722**	**302**	**818 274**	**131**	**211 793**	**396**	**2 319 465**
北京								
天津	1	3 831						
河北	33	71 876	18	73 307	1	1 693	120	253 037
山西			1	2 060				
内蒙古								
辽宁	27	358 147	30	284 265	3	2 176	23	739 838
吉林								
黑龙江	10	17 149	44	82 031	37	70 170	6	3 546
上海	2	47 023	6	16 163				
江苏	37	70 154	8	15 414	2	2 170		
浙江	2	778					10	343 537
安徽	3	3 995	5	6 695	2	387	3	11 649
福建	20	12 530	39	5 605	3	5 177	21	14 193
江西	4	48 289	7	4 255	3	1 571	10	9 394
山东	1	3 000					2	40
河南	3	5 355						
湖北	27	160 073	38	149 512	2	1 302	85	427 563
湖南	3	5 129	6	3 011	6	1 662	22	5 546
广东			13	8 445	6	7 903	34	7 318
广西	4	42 281	12	76 058	3	31 751	46	490 091
海南			4	2 453	2	289	5	10 538
重庆								
四川								
贵州								
云南			3	1 955				
陕西								
甘肃	1							
青海								
宁夏								
新疆（兵团）	28	16 768	68	87 045	61	85 541	8	3 110
新疆（农业）							1	65
新疆（畜牧）								
热科院								
广州								
南京	3	9 344						

6-2续表13

地　　区	#交通运输设备修理业		三十二、电气机械及器材制造业		#家用电力器具制造业		三十三、通信设备、计算机及其电子设备制造业	
	企业个数（个）	工业总产值（万元）	企业个数（个）	工业总产值（万元）	企业个数（个）	工业总产值（万元）	企业个数（个）	工业总产值（万元）
全国农垦	**103**	**51 506**	**106**	**1 082 597**	**3**	**248 657**	**65**	**680 562**
北　　京							1	97
天　　津			1	6 454				
河　　北	12	2 332	13	83 274			1	400
山　　西								
内 蒙 古								
辽　　宁	2	23 158	9	152 888			3	164 892
吉　　林								
黑 龙 江								
上　　海								
江　　苏							28	68 268
浙　　江			4	120 940				
安　　徽			1	148				
福　　建	13	1 161	6	7 936			4	3 325
江　　西	1	331	4	1 860	2	800	9	352 058
山　　东	2	40						
河　　南								
湖　　北	16	794	35	587 104	1	247 857	12	45 248
湖　　南	10	1 932						
广　　东	34	7 318						
广　　西	6	3 769	11	110 324			6	42 744
海　　南	5	10 538						
重　　庆								
四　　川								
贵　　州								
云　　南								
陕　　西								
甘　　肃								
青　　海								
宁　　夏								
新疆（兵团）	1	68	21	11 484			1	3 530
新疆（农业）	1	65						
新疆（畜牧）								
热 科 院								
广　　州								
南　　京			1	185				

6－2续表14

地　区	#家用视听设备制造业		三十四、仪器仪表及文化、办公机械制造业		三十五、工艺品及其他制造业		#工艺美术品制造业	
	企业个数（个）	工业总产值（万元）	企业个数（个）	工业总产值（万元）	企业个数（个）	工业总产值（万元）	企业个数（个）	工业总产值（万元）
全国农垦	**5**	**28 660**	**118**	**266 333**	**478**	**1 015 861**	**34**	**70 863**
北　京								
天　津								
河　北			100	23 798	1	460	1	460
山　西								
内蒙古								
辽　宁			10	158 759	22	94 162		
吉　林								
黑龙江								
上　海								
江　苏					118	335 790		
浙　江			2	62 963				
安　徽					3	7 525		
福　建			1	2 110	32	21 956	21	6 496
江　西	3	8 844	1	84	29	49 077	7	39 209
山　东								
河　南					4	6 673		
湖　北	2	19 816	3	9 080	59	26 702	1	8 544
湖　南					10	3 685		
广　东					32	371 472	2	1 397
广　西			1	9 539	7	49 617	1	14 328
海　南								
重　庆								
四　川								
贵　州								
云　南								
陕　西								
甘　肃					5	1 775		
青　海								
宁　夏					1	4 085		
新疆（兵团）					3	33 812	1	429
新疆（农业）					152	9 071		
新疆（畜牧）								
热科院								
广　州								
南　京								

6-2续表15

地　　区	三十六、废弃资源和废旧材料回收加工业		三十七、电力、燃气及水的生产和供应业		#电力生产业	
	企业个数（个）	工业总产值（万元）	企业个数（个）	工业总产值（万元）	企业个数（个）	工业总产值（万元）
全国农垦	**4**	**21 889**	**517**	**1 465 608**	**212**	**728 686**
北　　京						
天　　津						
河　　北			17	174 967	3	36 811
山　　西						
内 蒙 古			3	4 595		
辽　　宁			7	47 740	1	9 454
吉　　林						
黑 龙 江			166	256 690	8	29 037
上　　海			2	4 991		
江　　苏						
浙　　江			2	44 328	2	44 328
安　　徽			7	11 719	4	11 534
福　　建			28	14 598	19	6 186
江　　西			38	52 748	24	32 435
山　　东			1	1 187		
河　　南			1	3 116		
湖　　北			53	136 263	7	91 639
湖　　南			14	5 104	4	2 526
广　　东			8	1 114	8	1 114
广　　西			12	16 531	4	11 338
海　　南			19	2 097	18	2 025
重　　庆						
四　　川			1	5 170	1	5 170
贵　　州			1	42	1	42
云　　南			13	20 053	11	19 764
陕　　西						
甘　　肃			2	4 704	2	4 704
青　　海						
宁　　夏						
新疆（兵团）	4	21 889	113	656 712	87	419 794
新疆（农业）			7	484	6	130
新疆（畜牧）			2	654	2	654
热 科 院						
广　　州						
南　　京						

6-2续表16

地　　区	燃气生产和供应业		水的生产和供应业	
	企业个数（个）	工业总产值（万元）	企业个数（个）	工业总产值（万元）
全国农垦	**21**	**87 795**	**133**	**112 860**
北　　京				
天　　津				
河　　北	5	68 070	3	12 010
山　　西				
内 蒙 古			3	4 595
辽　　宁			3	2 400
吉　　林				
黑 龙 江			34	17 836
上　　海			1	3 936
江　　苏				
浙　　江				
安　　徽			3	185
福　　建	1	3 990	4	444
江　　西	2	40	4	435
山　　东				
河　　南				
湖　　北	4	695	42	43 929
湖　　南			10	2 578
广　　东				
广　　西	3	2 752	4	2 332
海　　南	1	72		
重　　庆				
四　　川				
贵　　州				
云　　南				
陕　　西				
甘　　肃				
青　　海				
宁　　夏				
新疆（兵团）	5	12 176	21	22 138
新疆（农业）			1	42
新疆（畜牧）				
热 科 院				
广　　州				
南　　京				

6-3 主要工业产品产量

（2011 年）

地　区	一、煤炭采选业	二、黑色金属矿采选业	三、有色金属矿采选业		四、非金属矿采选业			
	原煤（吨）	锰矿石（吨）	钨精矿（实物量）（吨）	钨精矿（折合量）（吨）	石灰石（吨）	原盐（吨）	石棉（吨）	工业原料云母（吨）
全国农垦	**33 828 806**	**38 360**	**50**		**3 466 910**	**543 383**	**680**	
北　京								
天　津								
河　北						118 000		
山　西								
内蒙古	19 666 002				40 000			
辽　宁						51 374	30	
吉　林								
黑龙江	667 798							
上　海								
江　苏						15 764		
浙　江								
安　徽					1 200 531			
福　建	106 200				281 402	12 005		
江　西	258 762		50		841 556		650	
山　东						346 040		
河　南								
湖　北								
湖　南					50 986			
广　东						200		
广　西		33 345			781 515			
海　南								
重　庆								
四　川	669							
贵　州								
云　南		5 015						
陕　西	1 509 491							
甘　肃								
青　海								
宁　夏	65 318							
新疆（兵团）	11 413 450							
新疆（农业）	129 116				60 920			
新疆（畜牧）	12 000				210 000			
热科院								
广　州								
南　京								

6-3续表1

地　区	五、农副食品加工业						
	大米（吨）	小麦粉（吨）	配合饲料（吨）	混合饲料（吨）	饲料添加剂（吨）	食用植物油（吨）	机制糖（吨）
全国农垦	**7 876 767**	**854 369**	**2 752 049**	**3 094 266**	**30 465**	**2 276 083**	**2 069 886**
北　京							
天　津					55		
河　北	55 340	6 982	150 887	66 966		30 813	
山　西			11 868		380		
内蒙古	2 000	47 206	550	35 191		66 970	
辽　宁	357 181	2 700	39 443	76 512		23 237	
吉　林	59 085						
黑龙江	4 665 189	281 405	215 009	205 017		1 126 424	37 699
上　海	82 179		113 785	36 464			656 209
江　苏	294 768	2 732	57 243	43 208		12 989	
浙　江			286 462				
安　徽	45 033	58 668	23 315	39 629		2 938	
福　建	77 561	8 000	5 970	2 230	3 875	820	
江　西	930 214	1 902	14 500	13 390		14 478	
山　东		890		370			
河　南		54 201		89 500		2 721	
湖　北	993 777	154 543	759 637	316 276		571 528	
湖　南	77 105	2 415	10 905	1 033 956	22 144	3 516	4 349
广　东	17 603		5 167			1 960	437 270
广　西	92 585		255 617	122 465	2 333	468	675 545
海　南	4 995					70	29 575
重　庆			465 800				
四　川							
贵　州	3 266		21 070				
云　南	200						61 501
陕　西						1 980	
甘　肃			10 080				
青　海							
宁　夏	8 295			25 986		13	
新疆（兵团）	96 584	215 325	257 942	937 094		398 827	167 738
新疆（农业）	10 392	15 613	3 347	11 030		10 490	
新疆（畜牧）	3 415	1 787	43 452	35 682	1 678	5 841	
热科院							
广　州							
南　京				3 300			

6－3续表2

地区	六、食品制造业							
	糖果（吨）	糕点（吨）	乳制品（吨）					罐头（吨）
				奶粉（吨）	炼乳（吨）	液体乳（吨）		
							酸奶（吨）	
全国农垦	**59 195**	**38 071**	**2 678 149**	**150 226**	**1 975**	**2 352 961**	**644 291**	**981 645**
北京		15 643	239 343	6 538	18	156 658	76 129	6 157
天津			63 665	249		63 416	16 907	
河北			469 077	23 842		445 235	7 092	
山西			770			770	45	
内蒙古		263	23 414	21 045		2 369		
辽宁		7 593	124 505	7 500		111 578	9 795	
吉林								
黑龙江		6 901	282 439	72 435		206 795	31 388	429
上海	22 007	2 700	768 445	15 736		733 712	306 067	52 914
江苏								
浙江			6 690			6 690	8	
安徽			18 350	1 350		17 000	4 720	
福建	970	1 991	2 880			1 295	50	1 576
江西	350	186	700					460
山东								
河南			12 922			12 922	12 922	
湖北	33 620	2 754	91 788			91 220	91 220	52 657
湖南	2 089	40	5 486			5 486	5 486	7 010
广东			87 951			81 531	6 420	5 501
广西			3 415		82	3 333	900	8 426
海南								
重庆			195 888			195 888	42 724	
四川			2 189	5		2 184	1 237	
贵州			43 566			43 566	2 130	
云南								
陕西			3 670			3 670	200	
甘肃								
青海								
宁夏			19 816			19 000	816	
新疆(兵团)	159		122 403			88 061		837 189
新疆(农业)			539	273		266	185	9 326
新疆(畜牧)			57 876	242		32 858	25 018	
热科院								
广州			30 362	1 011	1 875	27 458	2 832	
南京								

6－3续表3

地　区	六、食品制造业		七、饮料制造业						
	味精（吨）	淀粉（吨）	饮料酒（混合量）（千升）	白酒（千升）	啤酒（千升）	葡萄酒（千升）	软饮料（吨）	麦乳精（吨）	精制茶（吨）
全国农垦	**37 488**	**387 642**	**1 568 299**	**163 530**	**1 224 000**	**59 518**	**3 282 474**		**25 235**
北　京			20			20			
天　津			38 565			38 565	5 205		
河　北			4 642	4 607		35			
山　西									
内蒙古		120	1 349	1 349			10 325		
辽　宁			375 009	12 824	362 185		6 535		
吉　林			23	23					
黑龙江		65 287	60 675	60 675			378 682		
上　海	16 186		98 300	2 623			513 174		
江　苏									
浙　江			60	60					1 845
安　徽			5 554	1 954			712		5 150
福　建		2 073	5 098	473			3 910		4 624
江　西	450	14 620	42 755	2 096	39 939		120		
山　东									
河　南			4 440	1 420		3 020			7
湖　北		8	366 060	11 679	354 381		1 566 883		301
湖　南			4 412	2 997		342			4 536
广　东		1 200	2 638	1 827					78
广　西		299 618	14 528	1 799			300 646		702
海　南		3 545	149	149			3 846		1 194
重　庆									
四　川			7 164	7 164					420
贵　州									1 588
云　南			400	400					4 790
陕　西									
甘　肃		1 171	178 035	278	171 257	6 500			
青　海									
宁　夏			166 275	494	162 216	3 565			
新疆（兵团）	20 852		187 980	45 222	134 022	6 720	492 436		
新疆（农业）			4 168	3 417		751			
新疆（畜牧）									
热科院									
广　州									
南　京									

6－3续表 4

地　区	八、纺 织 业						
	纱（万吨）	布（万米）	印染布（万米）	毛巾（万条）	床褥单（万条）	袜子（万条）	毛线（吨）
全国农垦	**52.82**	**69 503**	**46 135**	**179**			**3 235**
北　京							
天　津							
河　北	0.01	8 176	1 036				3 235
山　西							
内蒙古							
辽　宁							
吉　林							
黑龙江							
上　海							
江　苏	2.66		5 026				
浙　江		31 244	39 354				
安　徽	0.96						
福　建		1 946					
江　西	3.00	2 029	719				
山　东							
河　南	1.36	23					
湖　北	19.60	20 462					
湖　南	3.70	234		179			
广　东							
广　西							
海　南							
重　庆							
四　川							
贵　州							
云　南							
陕　西							
甘　肃							
青　海							
宁　夏							
新疆（兵团）	19.30	5389					
新疆（农业）	2.23						
新疆（畜牧）							
热科院							
广　州							
南　京							

6－3续表5

地　区	八、纺织业							九、纺织服装、鞋、帽制造业	
	呢绒（万米）	毛毯（万条）	麻袋（万条）	丝织品（万米）	针织服装（万件）	剑麻制品（万元）	剑麻绳（吨）	梭织服装（万件）	布鞋（万双）
全国农垦	**87**		**267**		**6 103.15**	**49 251**	**17 560**	**7 381.29**	**754**
北　京									
天　津									
河　北			267		70.20			1 676.58	
山　西									
内蒙古									
辽　宁					530.00				150
吉　林									
黑龙江					6.95				
上　海									
江　苏					3 728.00				
浙　江					650.00			500.00	
安　徽								96.30	
福　建					65.00			26.00	556
江　西					85.00			60.00	
山　东									
河　南									
湖　北								3 904.00	
湖　南					356.00				
广　东						415	3 293	1 111.00	
广　西					35.00	48 836	14 267		48
海　南									
重　庆									
四　川									
贵　州									
云　南									
陕　西									
甘　肃									
青　海									
宁　夏									
新疆（兵团）	87				577.00			7.41	
新疆（农业）									
新疆（畜牧）									
热科院									
广　州									
南　京									

6－3续表6

地　　区	十、皮革、毛皮、羽绒及其制品业					十一、木材加工及竹、藤、棕、草制品业	
	鞣制皮革（折合牛皮）（万张）	皮鞋（万双）	皮革服装（万件）	毛皮服装（万件）	羽绒服装（万件）	锯材（万立方米）	胶合板（立方米）
全国农垦	**1 078**	**648.52**	**45.01**		**4348**	**134.37**	**1 123 062**
北　京							
天　津							
河　北	53	40.00					15 300
山　西							
内蒙古						2.78	39 273
辽　宁						1.00	
吉　林							
黑龙江						27.98	
上　海							
江　苏					123		
浙　江							
安　徽		0.16					
福　建	900	560.00	45.00			67.90	86 862
江　西					4225	1.77	38 071
山　东							
河　南							
湖　北		7.20				0.94	
湖　南		12.00				0.40	3 735
广　东		28.94				1.84	
广　西	125					10.39	743 862
海　南						16.21	12 612
重　庆							
四　川							
贵　州							
云　南							8 691
陕　西							
甘　肃							
青　海							
宁　夏							
新疆(兵团)		0.22	0.01				144 833
新疆(农业)						2.20	29 823
新疆(畜牧)						0.96	
热科院							
广　州							
南　京							

6－3续表7

地　区	十一、木材加工及竹、藤、棕、草制品业		十二、家具制造业		十三、造纸及纸制品业	十四、印刷业、记录媒介的复制	十五、文教体育用品制造业	十六、石油加工及炼焦业
	纤维板（立方米）	刨花板（立方米）	家具（万件）	家具（万元）	机制纸及纸板（吨）	书刊印刷品（万令）	玩具（万元）	汽油（吨）
全国农垦	**215 634**	**228 691**	**10984.55**	**339 135**	**554 816**	**2 624.49**	**2 520**	**8 630**
北　京					3 500			
天　津					5 878			
河　北	4		175.00	127 320	94 454			30
山　西			0.70	70				
内蒙古					1 830			
辽　宁	1 231	2 748	144.85	15 838	3 415	1 150.00		8 600
吉　林					6 800			
黑龙江			2.76	3 129	36 144			
上　海								
江　苏							36	
浙　江			2.00	1 000				
安　徽						0.69	474	
福　建	7 500		10 160.06	16 372	66 865	190.00	400	
江　西	1 307	824	15.00	300	47 337	1 206.00	1 008	
山　东								
河　南					2 430	10.00		
湖　北	72 117		77.77	95 503	32 974	30.00		
湖　南	9 365	2 572			38 670	31.00	602	
广　东		17 271	262.07	14 349	17 547	6.10		
广　西	122 577	199 611	7.00	14 560	59 331			
海　南			24.00	6 860				
重　庆			95.00	42 000				
四　川								
贵　州								
云　南						0.70		
陕　西	1223							
甘　肃								
青　海								
宁　夏								
新疆（兵团）	310	5 665	18.34	1 834	135 218			
新疆（农业）								
新疆（畜牧）					2 423			
热科院								
广　州								
南　京								

6-3续表8

地　　区	十六、石油加工及炼焦业			十七、化学原料及化学制品制造业				
	柴油（吨）	石油沥青（吨）	焦炭（吨）	硫酸（吨）	氢氧化钠（烧碱）（吨）	无水碳酸钠（纯碱）（吨）	电石（吨）	合成氨（吨）
全国农垦	**356 851**	**659 266**	**1 985 595**	**224 521**	**705 136**		**1 678 677**	**213 144**
北　　京								
天　　津								
河　　北	180 019		203 122	25 729				
山　　西								
内 蒙 古								
辽　　宁	9 633	278 516						
吉　　林								
黑 龙 江			127 873					181 861
上　　海								
江　　苏								
浙　　江								
安　　徽								
福　　建					80			
江　　西				5 200				
山　　东	167 199	360 000						
河　　南				114 367				
湖　　北				5 623				
湖　　南								
广　　东								
广　　西								27 800
海　　南								
重　　庆								
四　　川								
贵　　州								
云　　南								
陕　　西								
甘　　肃					14 742			
青　　海								
宁　　夏								
新疆（兵团）		20 750	1 654 600	73 602	690 314		1 678 677	3 483
新疆（农业）								
新疆（畜牧）								
热 科 院								
广　　州								
南　　京								

6-3续表9

地区	十七、化学原料及化学制品制造业							
	农用氮磷钾化学肥料总计（折纯量）（吨）				化学农药（折有效成分100%）（吨）	酒精（吨）	油漆（吨）	染料（吨）
		氮肥（吨）	磷肥（吨）	钾肥（吨）				
全国农垦	**497 031**	**304 841**	**95 921**	**49 820**	**698**	**385 705**	**2 565**	**43 693**
北京								
天津								
河北	7 350	2 352	3 432	1 566	127			3 478
山西								
内蒙古								
辽宁	5 695	3 870	1 095	730	59			
吉林								
黑龙江	150 565	145 622	2 098	2 845		20 000		
上海								
江苏	920	120	630	170				
浙江								
安徽								
福建	40	28	6	6				40 190
江西	4 960		4 960		150			25
山东								
河南	10 423		10 423			115 898		
湖北	16 046		16 046				2 400	
湖南						172		
广东						43 547		
广西	127 257	80 707	23 513	23 037		200 209	165	
海南						1 763		
重庆								
四川								
贵州								
云南	12 369					4 116		
陕西								
甘肃	27 533		27 533					
青海								
宁夏								
新疆（兵团）	133 873	72 142	6 185	21 466	362			
新疆（农业）								
新疆（畜牧）								
热科院								
广州								
南京								

6-3 续表 10

地　区	十七、化学原料及化学制品制造业					十八、医药制造业		十九、化学纤维制造业
	塑料树脂及共聚物（塑料）（吨）	烟花爆竹（万元）	松香（吨）	肥皂（吨）	合成洗涤剂（吨）	化学原料药（吨）	中成药（吨）	锦纶（吨）
全国农垦	**1 054 709**	**16 451**	**2 314**		**586**	**41 402**	**22 909**	**1 300**
北　京						394		
天　津								
河　北					36	220		
山　西	3 200				550	370		
内 蒙 古								
辽　宁	4 415							
吉　林							300	
黑 龙 江						408	2 708	
上　海							25	
江　苏						9 976	204	
浙　江						260	250	
安　徽							310	
福　建	8 680						66	1 300
江　西		3 187				2 894	5 774	
山　东								
河　南							2 512	
湖　北		6 714				26 804	7 522	
湖　南						50		
广　东			34				12	
广　西		6 550	2 280					
海　南								
重　庆								
四　川								
贵　州								
云　南								
陕　西								
甘　肃								
青　海								
宁　夏								
新疆（兵团）	1 038 133					26	806	
新疆（农业）	281							
新疆（畜牧）								
热 科 院								
广　州							2 420	
南　京								

6-3续表11

地区	二十、橡胶制品业				二十一、塑料制品业		二十二、非金属矿物制品业	
	轮胎外胎（万条）	三角带（万A米）	胶鞋（万双）	橡胶杂件（万元）	塑料制品（吨）	#农用地膜（吨）	水泥（万吨）	砖（万块）
全国农垦	**10**	**10**	**2 035**	**35 388**	**680 307**	**77 352**	**2 747.09**	**1 265 631**
北京								
天津					5 464			
河北				26	2 589	85	48.90	20 427
山西								
内蒙古					2 620		90.00	45 392
辽宁							36.00	24 035
吉林							85.00	1 200
黑龙江							220.80	163 989
上海					31 545			
江苏					2 002			23 872
浙江					160		120.00	1 150
安徽					965		22.83	9 785
福建	6	10	1 260	6 328	6 680	420	65.00	21 645
江西					3 252	56	76.00	144 192
山东								1 380
河南							8.87	4 006
湖北				2 945	174 231		252.00	254 398
湖南					122			16 013
广东	4				260		61.74	41 451
广西				26 089	43 535		53.76	102 857
海南					616	376	90.00	3 990
重庆								
四川								430
贵州								46
云南			775		689		18.30	6 585
陕西								
甘肃							230.89	
青海								1 440
宁夏								29 791
新疆（兵团）	0				405 577	76 415	1 207.00	294 131
新疆（农业）								35 646
新疆（畜牧）							60.00	17 780
热科院								
广州								
南京								

6－3 续表 12

地　区	二十二、非金属矿物制品业						二十三、黑色金属冶炼及压延加工业	
	瓦（万片）	建筑石灰（万吨）	油毡（万卷）	日用玻璃制品（吨）	釉面砖（万平方米）	日用陶瓷（万件）	生铁（吨）	钢（吨）
全国农垦	**34 480**	**87**		**31 031**	**1 645**	**12 360**	**224 477**	**34 288**
北　京								
天　津								
河　北								
山　西								
内蒙古								
辽　宁	8							
吉　林		6						
黑龙江	79	21						
上　海								
江　苏								
浙　江								
安　徽								
福　建	830	9			945	720	6 020	400
江　西	13 592	20		897		11 470		
山　东								
河　南								
湖　北	7 749	9						
湖　南	4 125							
广　东								
广　西		1			700	170	66 424	288
海　南	74							
重　庆								
四　川								
贵　州								
云　南								
陕　西								
甘　肃								
青　海								
宁　夏								
新疆（兵团）	175			30 134			152 033	33 600
新疆（农业）								
新疆（畜牧）	7 848	21						
热科院								
广　州								
南　京								

6－3 续表 13

地　区	二十三、黑色金属冶炼及压延加工业	二十四、有色金属冶炼及压延加工业	二十五、金属制品业			二十六、通用设备制造业		二十七、专用设备制造业
	成品钢材（吨）	黄金（千克）	铸铁管（吨）	金属门窗（吨）	锁（万把）	泵（包括工业泵和农用水泵）（万台）	轴承（套）	橡胶粗加工机械（台）
全国农垦	**493 824**	**3 420**	**20 891**	**46 886**	**1 194**	**3.82**	**8 078 235**	**4 738**
北　京	276							
天　津								
河　北	420 113			156	10	1.60		
山　西								
内蒙古								
辽　宁	2 452		5 763					
吉　林								
黑龙江		150						
上　海					1 184		6 410 000	
江　苏								
浙　江						0.30		
安　徽							1 350 000	
福　建	17 250		14 883	2 152			235	3 600
江　西		3 270					50 000	
山　东						1.50		
河　南								
湖　北				1 220				
湖　南				82				
广　东								558
广　西	53 733			43 178			268 000	
海　南				98				226
重　庆								
四　川								
贵　州								
云　南								354
陕　西								
甘　肃								
青　海								
宁　夏								
新疆（兵团）						0.42		
新疆（农业）			245					
新疆（畜牧）								
热科院								
广　州								
南　京								

6-3续表 14

计量单位：台

地　　区	二十七、专用设备制造业							
	剑麻纤维加工机械（台）	剑麻制品加工机械（台）	胶麻种植管理机械（台）	食品机械（台）	粮食加工机械（台）	榨油机（台）	机动饲料粉碎机（台）	纺织机械（台）
全国农垦	**565**	**672**		**1 350**	**25**			
北　　京								
天　　津								
河　　北								
山　　西								
内 蒙 古								
辽　　宁								
吉　　林								
黑 龙 江								
上　　海								
江　　苏								
浙　　江								
安　　徽				1 350				
福　　建	505	672			21			
江　　西								
山　　东								
河　　南								
湖　　北					4			
湖　　南								
广　　东	60							
广　　西								
海　　南								
重　　庆								
四　　川								
贵　　州								
云　　南								
陕　　西								
甘　　肃								
青　　海								
宁　　夏								
新疆（兵团）								
新疆（农业）								
新疆（畜牧）								
热 科 院								
广　　州								
南　　京								

6-3续表15

地　区	二十七、专用设备制造业							
	种植机械（台）	机引耕作机械（台）	机动脱粒机（台）	机动割晒机（台）	扬场机（台）	饲料加工机械（台）	畜禽饲养机械（台）	渔业机械（台）
全国农垦	**64 378**	**18 331**	**18**	**466**	**3 000**	**24**	**30**	**10**
北　京								
天　津								
河　北								
山　西								
内蒙古		368						
辽　宁								
吉　林								
黑龙江	64 378	17 963						
上　海						20		
江　苏								
浙　江								
安　徽								
福　建						4	30	10
江　西								
山　东								
河　南								
湖　北			18		3 000			
湖　南								
广　东								
广　西				466				
海　南								
重　庆								
四　川								
贵　州								
云　南								
陕　西								
甘　肃								
青　海								
宁　夏								
新疆（兵团）								
新疆（农业）								
新疆（畜牧）								
热科院								
广　州								
南　京								

6－3续表16

地　　区	二十七、专用设备制造业					二十八、交通运输设备制造业			
	中小农具（万件）	拖拉机配件（万元）	农机具配件（万件）	联合收割机配件（万元）	拖拉机大修（台）	改装汽车（辆）	汽车配件（万元）	汽车大中修（辆）	农用运输车（辆）
全国农垦	**18.29**	**5 974**	**1 593**	**1 105**	**922**	**1 491**	**407 767**	**11 164**	**5 781**
北　　京									
天　　津									
河　　北							9 598		
山　　西									
内 蒙 古	0.49				8		10	15	
辽　　宁	2.40								50
吉　　林									4 500
黑 龙 江	3.40	2 144		1 105	523				
上　　海									
江　　苏		3 820					14 237		
浙　　江							11 700		
安　　徽							4 368		
福　　建	11.00	10	1 505			300	2 166	112	1 231
江　　西							7 599		
山　　东								89	
河　　南									
湖　　北	1.00		1		146		3 290	211	
湖　　南			25				593	420	
广　　东					88			7 987	
广　　西			2		137	1 191	354 206	1 572	
海　　南								675	
重　　庆									
四　　川									
贵　　州									
云　　南									
陕　　西									
甘　　肃									
青　　海									
宁　　夏									
新疆（兵团）									
新疆（农业）								83	
新疆（畜牧）			60		20				
热 科 院									
广　　州									
南　　京									

6-3 续表 17

地区	二十九、电气机械及器材制造业			三十、通信设备、计算机及其电子设备制造业	三十一、仪器仪表及文化、办公机械制造业	三十二、工艺品及其他制造业	三十三、电力、燃气及水的生产和供应业		
	电动机（台）	电动机（万千瓦）	电线（千米）	电子元件（万只）	电度表（万只）	地毯（万平方米）	发电量（万千瓦时）	# 火电（万千瓦时）	水电（万千瓦时）
全国农垦	**7 766**	**319**	**312 681**	**577 417**		**1 047**	**2 259 531**	**1 977 056**	**225 384**
北京				47					
天津			37 831						
河北						20	40 380		
山西									
内蒙古									
辽宁	113	3							
吉林									
黑龙江							57 665	53 213	4 452
上海									
江苏				44 987					
浙江							15 779	15 779	
安徽							13 000	13 000	
福建	5 050	236		932		1 000	11 472		11 472
江西							20 442		20 442
山东									
河南									
湖北	20	80	4 800				13 480	11 950	1 530
湖南							5 985		5 985
广东						27	14 283	13 695	588
广西			270 050	531 451			20 109	18 308	1 801
海南							6 606		6 606
重庆									
四川							21 316		21 316
贵州							120		120
云南							38 045		38 045
陕西									
甘肃							2 210	2 210	
青海									
宁夏									
新疆（兵团）							1 975 873	1 846 701	112 461
新疆（农业）							2 200	2 200	
新疆（畜牧）							566		566
热科院									
广州									
南京	2 583								

6－4　农垦大中型工业

企业名称	行业类别	中型	增加值（现价）（万元）	排序
河北省中海石油中捷石化	石油加工	中型	358 225	1
海南天然橡胶产业集团股份有限公司	橡胶制品	龙头企业	342 418	2
黑龙江省九三粮油工业集团有限公司	食用植物油加工	大型	209 326	3
*广西农垦糖业集团有限公司	农副食品加工业	大型	192 784	4
上海农工商超市（集团）有限公司	超级市场零售	大型	186 493	5
新疆兵团天能化工有限公司	初级形态的塑料及合成树脂制造	大型	178 460	6
新疆兵团天辰化工有限公司	初级形态的塑料及合成树脂制造	大型	163 382	7
上海光明乳业股份有限公司	液体乳及乳制品制造	大型	153 951	8
*湖南正虹科技发展有限公司	饲料加工业	大型	150 724	9
中国英茂糖业有限公司	制糖	大型	150 506	10
湖北益海嘉里（武汉）粮油工业有限公司	食用植物油加工	中型	138 542	11
江苏正大天晴药业股份有限公司	医药	大型	135 214	12
新疆兵团农六师铝业有限责任公司	铝冶炼	大型	108 453	13
新疆兵团农四师伊力特实业股份有限公司	白酒制造	大型	87 936	14
浙江红剑集团有限公司	化学纤维制造业	大型	81 097	15
江西九江市共青场鸭鸭股份公司	纺织服装	大型	75 127	16
湖北TCL空调器（武汉）有限公司	家用空气调节器制造	中型	73 366	17
河北省蒙牛塞北乳业有限公司	乳业	中型	68 430	18
新疆兵团农六师煤电有限公司	火力发电	中型	65 049	19
黑龙江省完达山乳业股份有限公司	液体乳及乳制品制造	大型	64 379	20
湖北武汉双汇食品有限公司	畜禽屠宰	中型	61 646	21
浙江中国重汽集团杭州发动机有限公司	交通运输设备制造业	大型	59 705	22
广西农垦永新畜牧集团有限公司	畜牧业	龙头	53 059	23
上海光明乳业股份有限公司	液体乳及乳制品制造	大型	48 715	24
广西上上糖业有限公司	制糖	大型	47 921	25
河北省唐山市利源金属制品有限公司	黑色金属冶炼压延业	中型	43 610	26
新疆天富热电股份有限公司（母公司）	火力发电	大型	42 857	27
湖北友芝友乳业有限责任公司	液体乳及乳制品制造	中型	41 897	28
黑龙江省北大荒肉业有限公司	畜禽屠宰	大型	41 500	29
*广西农垦明阳生化科技股份有限公司	农副食品加工业	大型	40 413	30
浙江协和集团有限公司	金属制造业	中型	40 173	31
江西九江市共青场江西回圆服饰有限公司	纺织服装	大型	39 682	32
新疆兵团石河子开发区天业化工有限责任公司	初级形态的塑料及合成树脂制造	大型	38 944	33
上海石库门酿酒有限公司	酒精制造	大型	38 725	34
广西农垦糖业集团昌菱制糖有限公司	农副食品加工业	中型	38 182	35
北京三元食品股份有限	液体乳及乳制品制造业	中型	37 817	36
新疆青松建材化工（集团）股份有限公司	水泥制造	大型	37 020	37
广西农垦集团柳兴制糖有限公司	农副食品加工业	中型	35 617	38
新疆兵团农四师伊犁南岗建材有限责任公司	水泥制造	大型	34 014	39
南京正大天晴制药有限公司	医药	中型	33 582	40

企业、龙头企业一览表

总产值（现价）（万元）	排序	销售产值（万元）	排序	年末资产总额（万元）	排序	固定资产原值年末数（万元）	排序	年平均职工人数（人）	排序
1 423 790	3	1 281 411	3	232 290	29	113 205	30	1 090	99
1 050 915	5	1 050 915	6	1 115 006	3	148 426	15	75 703	1
2 361 867	1	2 344 242	1	2 696 505	1	300 157	6	3 173	35
546 465	9	48 700	111	631 289	10	330 805	5	7 921	11
1 626 663	2	1 626 444	2	690 677	9	229 252	10	38 050	2
664 655	6	647 759	7	715 480	7	506 286	3	4 178	28
586 380	7	566 754	9	762 775	4	716 600	1	4 614	25
1 209 466	4	1 190 952	5	736 183	5	391 575	4	12 008	10
201 673	26	165 318	34	96 234	66	58 731	47	5 260	21
295 963	17	320 067	16	253 858	23	128 085	19	4 831	23
468 046	11	465 185	11	253 424	24	80 848	39	1 056	104
286 353	20	272 036	21	189 474	35	80 264	41	3 666	31
427 672	12	427 672	13	1 317 545	2	697 847	2	2 437	48
128 221	42	125 536	45	194 537	31	61 500	46	2 580	42
586 149	8	584 627	8	241 963	27	114 418	28	2 165	57
365 583	14	342 877	15	152 794	43	28 492	113	6 903	15
247 857	23	228 511	23	60 913	106	16 615	169	1 868	68
228 100	24	186 373	28	61 315	104	38 690	86	225	360
96 741	58	96 741	59	285 637	21	247 493	8	630	191
307 314	162	275 394	20	340 953	16	208 980	11	13 294	8
208 264	25	186 392	27	84 402	74	92 268	33	6 900	16
249 869	22	275 877	19	318 830	17	178 292	13	2 281	51
120 209	47	118 204	48	42 011	140	16 452	170	1 318	90
382 195	13	381 727	14	498 977	12	124 163	23	2 624	40
140 732	40	115 073	49	93 343	68	53 433	50	1 085	100
150 382	35	146 171	37	19 128	240	6 040	288	3 939	29
81 337	73	81 337	71	703 645	8	265 117	7	3 572	32
141 544	38	141 544	39	55 394	113	49 913	57	2 116	58
331 317	15	314 220	17	112 333	54	30 014	109	3 218	34
104 183	55	168 235	31	246 523	26	2 262	350	1 912	64
525 767	10	510 556	10	297 514	20	47 413	62	669	170
193 100	28	178 653	30	723 159	6	12 516	203	7 488	13
143 191	37	137 080	41	108 451	57	130 143	17	1 072	102
94 476	63	97 351	58	111 438	56	80 679	40	1 325	89
109 050	52	81 632	70	127 945	53	41 435	77	922	121
157 275	33	205 621	25	373 211	15	83 620	37	13 730	7
73 061	83	68 568	82	383 445	14	117 975	26	1 977	62
85 000	69	74 871	77	137 661	47	43 420	68	848	131
78 972	75	77 029	75	174 576	38	120 758	24	1 598	75
77 222	78	72 908	79	30 712	183	9 116	236	1 370	86

6－4 续表 1

企 业 名 称	行 业 类 别	中型	增加值（现价）（万元）	排序
*湖南正虹海原绿色食品有限公司	肉制品加工业	中型	33 170	41
新疆天盛实业有限公司	棉、化纤纺织加工	大型	32 886	42
江西九江市共青场江西深傲服装有限公司	纺织服装	大型	32 272	43
新疆兵团农六师大黄山煤矿	烟煤和无烟煤的开采洗选	中型	32 132	44
河北省蒙牛乳业（察北）有限公司	乳品制造	中型	31 048	45
新疆兵团库车县科兴煤炭事业有限责任公司	烟煤和无烟煤的开采洗选	中型	30 146	46
黑龙江省北大荒丰缘集团有限公司	谷物磨制	大型	30 015	47
浙江达利（中国）有限公司	纺织业	大型	29 147	48
河北省张家口察哈尔乳业有限公司	乳品制造	中型	27 926	49
重庆市天友乳业股份有限公司	农产品加工	大型	26 973	50
*中法合营王朝葡萄酿酒有限公司	饮料 制造业	中型	26 433	51
*广东省丰收糖业发展有限公司	制糖业	大型	26 385	52
新疆大黄山鸿基焦化有限责任公司	炼焦	大型	26 297	53
新疆青松水泥有限责任公司	水泥制造	中型	25 868	54
新疆天康畜牧生物技术股份有限公司	饲料加工	中型	25 425	55
湖北联塑科技发展（武汉）有限公司	塑料板、管、型材的制造	中型	25 299	56
江西上饶市新岗山场新岗山异 VC 钠厂	化工	中型	24 850	57
广西农垦糖业集团红河制糖有限公司	农副食品加工业	中型	24 788	58
新疆兵团石河子开发区天业热电有限责任公司	火力发电	中型	24 224	59
辽宁铁岭新优特彩板有限公司	有色金属冶炼及压延加工业	中型	24 201	60
山东东营齐润化工有限公司	石油化工	中型	23 782	61
江西上饶市大茅山场金山金矿	黄金采选业	中型	23 560	62
北京华都峪口禽业公司	饲养加工业	大型	23 554	63
广西柳州市威鹏汽车配件制造有限公司	交通运输设备制造业	中型	23 326	64
湖北武汉玛丽文化用品有限公司	本册印制	中型	22 734	65
*广东广垦糖业集团公司	制糖业	中型	22 101	66
黑龙江省北大荒米业有限公司	谷物磨制	大型	21 505	67
辽宁华润雪花啤酒（鞍山）有限公司	饮料制造	中型	21 403	68
北京大发正大有限公司	饲养加工业	大型	21 256	69
辽宁铁岭方向电子有限公司	计算机整机制造	中型	20 189	70
新疆生产建设兵团农一师电力公司	电力供应	大型	19 942	71
广西农垦国有金光农场	农业	龙头	19 154	72
广西柳州市双飞电器厂	交通运输设备制造业	大型	18 723	73
新疆兵团石河子天富南热电有限公司	火力发电	中型	18 673	74
湖北东风扬子江汽车（武汉）有限责任公司	改装汽车制造	中型	18 650	75
新疆兵团库尔勒金川矿业有限公司	烟煤和无烟煤的开采洗选	中型	18 458	76
黑龙江省北大荒马铃薯集团有限公司	淀粉及淀粉制品的制造	中型	18 310	77
辽宁大成（铁岭）农牧有限公司	农副产品加工	中型	18 299	78
湖北武汉艾帕克汽车配件有限公司	汽车零部件及配件制造	中型	18 274	79
黑龙江省清河泉米业有限责任公司	谷物磨制	中型	18 177	80

总产值（现价）（万元）	排序	销售产值（万元）	排序	年末资产总额（万元）	排序	固定资产原值年末数（万元）	排序	年平均职工人数（人）	排序
36 150	157	35 000	155	13 089	289	10 200	225	563	213
126 870	43	123 527	46	470 539	13	245 738	9	6 393	17
157 043	34	150 521	36	130 512	52	1 095	370	1 885	66
37 436	151	37 436	144	97 968	65	63 152	45	1 331	87
121 117	46	120 549	47	29 575	190	14 944	180	541	221
35 768	160	38 456	141	91 364	69	11 796	212	385	300
125 600	44	133 880	43	165 736	42	54 205	49	1 329	88
110 975	51	113 659	51	192 657	33	40 993	80	2 225	54
39 429	144	15 434	268	31 402	179	24 361	127	273	353
135 239	41	134 753	42	100 569	64	71 762	42	2 470	47
70 749	87	89 579	65	169 821	41	81 227	38	553	217
95 142	61	100 350	56	85 290	71	54 593	48	5 524	19
82 449	70	80 032	73	235 475	28	172 434	14	1 710	71
52 649	110	52 034	102	111 585	55	51 360	55	743	153
113 564	50	105 695	53	217 042	30	39 610	85	846	132
85 470	68	85 340	67	45 970	130	20 539	146	1 267	92
89 754	64	50 000	108	14 586	272	8 152	251	536	225
65 174	92	49 420	110	65 974	96	35 690	91	802	140
46 921	123	40 661	134	84 754	73	99 860	31	588	203
115 243	49	114 909	50	68 609	91	41 400	78	589	202
287 808	19	279 173	18	107 542	59	32 605	99	445	269
87 594	66	60 000	94	39 460	150	16 807	168	2 280	52
108 262	53	108 262	52	74 260	85	53 427	51	13 215	9
65 730	91	62 443	90	38 731	153	8 505	246	350	316
76 803	79	66 944	84	82 783	76	47 443	61	2 530	44
116 322	48	92 220	62	248 240	25	52 627	52	3 470	33
250 394	21	227 193	24	596 234	11	114 180	29	1 692	72
32 382	179	32 162	172	24 340	211	2 851	342	16 410	5
197 060	27	197 060	26	68 128	92	52 534	53	18 730	4
105 447	54	103 735	54	29 700	189	9 042	239	34 377	3
42 334	135	42 334	126	193 345	32	99 002	32	1 121	97
28 827	191	27 789	186	132 948	51	12 958	198	2 480	46
48 700	118	48 700	111	32 700	173	12 880	201	2 350	50
33 633	170	33 633	161	105 005	60	127 185	21	393	296
63 008	93	51 055	106	81 926	77	28 760	112	2 539	43
27 310	195	26 270	196	63 208	101	40 672	82	1 281	91
71 622	86	53 839	101	149 202	44	90 882	34	799	141
101 663	56	103 333	55	48 667	123	22 300	139	1 658	73
61 737	95	61 737	92	63 620	100	46 977	63	1 214	94
62 680	94	62 680	89	6 638	348	2 814	343	653	176

6-4 续表 2

企业名称	行业类别	中型	增加值（现价）（万元）	排序
湖北荷贝克电源系统（武汉）有限公司	电池制造	中型	17 957	81
辽宁铁岭冀东专用车有限公司	改装车制造	中型	17 892	82
广西农垦集团防城制糖有限公司	农副食品加工业	中型	17 845	83
广西崇左市扶绥东正木业有限公司	木材加工及竹、藤、棕、草制品业	中型	17 670	84
湖北武汉百事可乐饮料有限公司	碳酸饮料制造	中型	17 619	85
黑龙江省红兴隆农垦跃进山建龙矿业	铁矿采选	中型	17 604	86
新疆兵团农七师电力公司	电力供应	中型	17 323	87
湖北武汉长兴电器发展有限公司	配电开关控制设备制造	中型	17 246	88
湖北伟福科技工业（武汉）有限公司	汽车零部件及配件制造	中型	17 216	89
重庆市星星门业有限公司	家具制造业	大型	17 103	90
*广东省燕塘乳业有限公司	食品制造业	中型	16 831	91
浙江金首水泥有限公司	制造业	中型	16 785	92
湖北建华管桩有限公司	水泥制品制造	中型	16 678	93
广西农垦集团金光制糖有限公司	农副食品加工业	大型	16 444	94
广西柳州市永兴赛福机械制造有限公司	专用设备制造业	中型	16 072	95
黑龙江省光明松鹤乳品有限责任公司	液体乳及乳制品制造	大型	15 831	96
北京华都肉鸡公司	饲养加工业	大型	15 814	97
新疆兵团库车青松水泥有限责任公司	水泥制造	中型	15 654	98
西夏嘉酿啤酒有限公司	精制茶加工	大型	15 289	99
广西柳州市运力专用汽车有限公司	交通运输设备制造业	中型	15 000	100
新疆绿翔糖业有限责任公司	制糖	中型	14 845	101
湖北际华三五零六纺织服装有限公司	纺织服装制造	中型	14 716	102
浙江兆丰股份有限公司	交通运输设备制造业	中型	14 680	103
浙江盛达铁塔有限公司	金属制造业	中型	14 644	104
广西农垦糖业集团良圻制糖有限公司	农副食品加工业	中型	14 341	105
上海黄海农贸总公司	农业	大型	14 022	106
光明乳业（德州）有限公司	液体乳及乳制品制造	中型	13 875	107
*广东省广前糖业发展有限公司	制糖业	中型	13 828	108
黑龙江省人和米业有限公司	谷物磨制	中型	13 722	109
广东省燕塘亨氏联合有限公司	食品制造业	中型	13 705	110
黑龙江东隆化工集团有限公司	炼焦	中型	13 683	111
新疆天业股份有限公司（母公司）	无机碱制造	大型	13 613	112
辽宁营口建华管桩有限公司	混凝土管桩	中型	13 500	113
上海乳品四厂有限公司	液体乳及乳制品制造	中型	13 171	114
新疆兵团石河子郑氏化纤有限公司	化纤浆粕制造	中型	13 096	115
湖北武汉新世界制冷工业有限公司	制冷、空调设备制造	中型	13 067	116
*广东省广垦橡胶集团有限公司	农业	大型	12 702	117
湖北武汉航达航空科技发展有限公司	飞机制造及修理	中型	12 688	118
新疆顶津食品有限公司	茶饮料及其他软饮料制造	中型	12 544	119
河北省唐山北田石油开发有限公司	石油天然气	中型	12 478	120

总产值（现价）（万元）	排序	销售产值（万元）	排序	年末资产总额（万元）	排序	固定资产原值年末数(万元)	排序	年平均职工人数(人)	排序
60 666	97	48 350	113	33 910	166	14 760	184	978	112
81 348	72	81 108	72	32 126	175	8 300	249	550	218
57 091	101	44 149	124	59 402	111	35 782	89	742	154
50 485	112	46 466	119	17 909	249	8 649	244	262	355
59 525	98	62 720	88	27 028	200	12 897	200	1 410	81
45 306	127	45 306	121	4 062	365	1 764	363	650	179
49 686	115	49 686	109	144 810	45	115 963	27	760	149
58 263	99	51 306	105	28 187	196	15 029	179	851	130
58 162	100	58 162	96	48 023	124	27 031	115	1 467	79
42 000	136	42 145	128	60 002	109	32 196	100	5 080	22
76 264	80	77 262	74	31 513	177	29 457	111	5 581	18
48 754	117	48 303	114	74 917	84	36 343	88	347	320
56 345	102	57 167	99	41 487	144	13 279	194	2 185	56
45 109	128	35 256	154	69 818	89	23 289	132	1 025	107
43 414	132	41 243	132	47 304	127	10 408	221	350	316
95 442	60	91 169	64	63 868	99	41 802	75	1 483	78
185 856	29	185 856	29	52 936	118	26 957	116	14 931	6
23 596	217	24 279	213	69 498	90	25 734	122	284	347
38 280	149	37 744	143	40 646	148	33 469	98	833	134
38 605	148	36 680	148	83 593	75	18 328	157	650	179
37 233	152	32 274	170	47 472	125	45 102	64	583	206
49 715	114	57 956	97	42 602	138	42 139	72	4 563	26
39 321	145	35 331	153	42 126	139	21 162	144	683	167
97 223	57	128 179	44	104 987	61	17 708	162	832	135
40 974	142	32 278	169	34 465	162	10 147	227	650	179
47 957	120	31 908	173	49 962	121	21 736	141	649	183
70 691	88	69 692	81	37 457	155	23 286	133	560	215
68 213	89	62 267	91	137 937	46	43 668	67	2 969	37
43 895	131	25 958	201	17 285	252	6 291	285	388	298
47 447	122	47 890	117	23 569	218	13 705	187	4 678	24
38 735	146	39 439	138	26 898	201	12 537	202	635	189
88 598	65	83 078	69	277 232	22	124 953	22	2 066	59
45 000	129	45 000	122	24 500	209	21 500	143	300	339
60 915	96	60 911	93	18 593	244	10 650	219	233	358
35 673	161	33 340	164	30 074	187	9 500	234	382	303
44 145	130	44 437	123	46 446	129	25 875	119	1 870	67
292 892	18	438 332	12	297 712	19	49 148	58	3 767	30
42 865	133	35 721	150	46 614	128	22 227	140	865	127
50 434	113	50 873	107	28 556	194	30 053	107	535	227
25 611	208	25 611	204	14 471	276	20 682	145	307	336

6-4续表3

企业名称	行业类别	中型	增加值（现价）（万元）	排序
黑龙江北大荒药业有限公司	中成药制造	中型	12 194	121
河北省唐山冀东石油机械有限公司	洪炉、熔炉、电炉制造业	中型	12 106	122
新疆绿原糖业有限公司	制糖	中型	12 064	123
新疆昌平矿业有限责任公司	烟煤和无烟煤的开采洗选	中型	11 994	124
辽宁陆平机器股份有限公司	专用设备制造业	中型	11 943	125
北京滦平华都食品有限公司	食品制造业	大型	11 938	126
广西柳州市新兴二化一厂	非金属矿物制品业	中型	11 866	127
广西柳州市成业电器股份有限公司	通信设备、计算机及其电子设备制造业	中型	11 507	128
新疆天业节水灌溉股份有限公司	塑料板、管、型材的制造	大型	11 507	129
黑龙江红兴隆农垦小清河米业有限公司	谷物磨制	中型	11 333	130
广西农垦永新畜牧集团西江有限公司	畜牧业	龙头	11 188	131
辽宁阜新小东北食品有限公司	食品制造业	中型	11 127	132
黑龙江省兴隆水泥有限公司	水泥制造	中型	10 636	133
广西农垦糖业集团黔江制糖有限公司	农副食品加工业	中型	10 585	134
江苏省金象减速机有限公司	机械	中型	10 478	135
广西农垦集团星星制糖有限公司	农副食品加工业	中型	10 432	136
新疆万翔化纤有限公司	棉、化纤纺织加工	中型	10 336	137
辽宁盘锦华润雪花啤酒厂	饮料制造	中型	10 320	138
北京家禽育种有限公司	种禽饲养业	中型	10 304	139
承德苏垦银河连杆股份有限公司	机械	中型	10 292	140
江苏正大丰海制药有限公司	医药	中型	10 257	141
广西横县良圻造纸厂	造纸及纸制品业	中型	10 227	142
湖北卓尔雪龙纺织有限公司	棉、化纤纺织加工	中型	10 168	143
河北省河北汇源炼焦集团有限公司唐海丰源焦化分公司	炼焦	中型	10 084	144
河北省唐山市腾龙畜禽养殖有限公司	畜牧业	龙头	10 042	145
新疆兵团农六师碳素有限公司	其他未列明的制造业	中型	10 027	146
新疆燕京啤酒有限公司	啤酒制造	中型	9 965	147
湖北黄冈霞客环保色纺有限公司	棉、化纤纺织加工	中型	9 861	148
广西柳州市汉森机械制造有限公司	专用设备制造业	中型	9 734	149
辽宁华晨汽车（铁岭）专用车有限公司	专用设备制造业	中型	9 658	150
*广东省华海糖业发展有限公司	制糖业	中型	9 633	151
*黑龙江农垦爱邦实业有限公司	谷物磨制	龙头	9 530	152
北京辛普劳食品有限公司	食品加工业	中型	9 511	153
辽宁营口大新不锈钢有限公司	不锈钢及类似日用金属制品制造业	中型	9 500	154
新疆兵团农四师电力公司	水力发电	中型	9 463	155
上海冠生园食品有限公司	糖果、巧克力制造	大型	9 436	156
广州风行牛奶有限公司	液体乳及乳制品	中型	9 397	157
*黑龙江省农垦龙王食品有限责任公司	豆制品制造	龙头	9 258	158
新疆顶益食品有限公司	方便面及其他方便食品制造	中型	9 245	159
辽宁铁岭特种阀门有限公司	专用设备制造业	中型	9 241	160

总产值（现价）（万元）	排序	销售产值（万元）	排序	年末资产总额（万元）	排序	固定资产原值年末数(万元)	排序	年平均职工人数(人)	排序
34 996	164	38 973	139	52 960	117	30 205	103	1 742	69
41 082	140	41 082	133	30 473	184	48 660	60	430	275
32 436	178	28 110	181	44 826	131	24 212	128	493	248
21 611	229	21 333	225	100 854	63	31 728	101	1 117	98
54 154	106	64 745	86	78 205	78	35 400	94	1 649	74
140 810	39	140 810	40	76 536	80	43 051	69	7 560	12
33 620	171	33 620	162	28 690	193	8 620	245	400	292
29 183	187	29 150	179	9 970	317	5 200	304	430	275
77 531	76	65 005	85	107 685	58	41 006	79	1 378	85
37 139	153	37 139	147	2 936	375	897	378	550	218
23 217	219	23 217	218	8 599	329	3 991	330	286	346
11 127	315	4 257	371	9 646	319	1 001	373	480	254
32 989	175	32 989	166	17 779	250	10 894	216	427	280
30 241	183	30 383	176	33 736	167	6 889	272	525	233
23 519	218	24 722	209	41 245	145	17 622	163	649	183
27 948	193	27 374	189	23 429	219	12 139	206	570	209
38 648	147	38 648	140	8 543	330	1 831	361	423	283
21 469	230	21 316	226	14 342	279	9 631	233	750	151
22 392	226	22 392	222	39 540	149	138 497	16	4 517	27
23 000	220	22 336	223	23 353	221	9 708	232	668	171
25 836	204	28 067	182	24 510	208	13 468	190	720	157
25 849	203	25 849	203	7 538	338	2 897	339	481	253
35 555	162	35 493	152	21 016	231	8 066	252	989	111
34 937	166	34 937	156	31 228	180	35 710	90	300	339
17 000	256	17 000	246	10 250	314	4 266	322	200	366
28 890	189	28 890	180	189 242	36	120 232	25	500	244
35 834	159	35 602	151	40 946	146	31 371	102	799	141
34 480	167	34 410	159	17 211	253	20 163	149	783	145
25 630	207	24 365	210	24 354	210	5 404	300	300	339
46 342	124	4 593	369	76 798	79	30 100	106	768	147
27 660	194	22 460	221	9 720	318	30 170	105	1 900	65
38 242	150	42 438	125	14 780	271	3 243	335	217	363
33 438	173	33 503	163	34 156	164	19 217	152	2 745	39
47 500	121	47 500	118	22 400	225	18 650	153	1 000	110
25 197	209	25 197	206	70 520	88	42 839	70	538	223
41 099	139	40 040	136	52 436	119	13 400	191	884	124
33 310	174	32 873	167	48 760	122	17 217	167	873	126
24 262	215	24 281	212	11 427	304	7 861	256	225	360
33 531	172	41 572	130	16 915	255	18 269	159	538	223
41 165	137	40 177	135	20 771	232	11 500	214	525	233

6－4续表4

企业名称	行业类别	中型	增加值（现价）（万元）	排序
湖南德科纺织有限公司	纺织业	中型	9 240	161
新疆兵团农十师新疆屯南煤业有限责任	烟煤和无烟煤的开采洗选	中型	9 207	162
广西宾阳县黎塘恒丰化肥公司	化学原料及化学制品制造业	中型	9 175	163
新疆天然物产贸易有限公司	烟煤和无烟煤的开采洗选	中型	8 939	164
新疆石河子八棉纺织有限公司	棉、化纤纺织加工	中型	8 802	165
新疆兵团农七师柳沟红番茄制品有限公司	蔬菜、水果罐头制造	中型	8 739	166
北京艾莱发喜食品有限	液体乳及乳制品制造业	中型	8 725	167
新疆兵团农十三师红山煤业总厂	烟煤和无烟煤的开采洗选	中型	8 466	168
上海申光高强度螺栓有限公司	金属制厨用器皿及餐具制造	中型	8 317	169
河北鑫泉焦化有限公司	石油制品业	中型	8 310	170
重庆正大有限公司	农产品加工	中型	8 273	171
上海正广和饮用水有限公司	啤酒制造	中型	8 270	172
天津光明梦得乳品有限公司	液体乳及乳制品制造	中型	8 263	173
辽宁铁岭杨氏集团实业有限公司	农副产品加工	中型	8 245	174
辽宁阜新鲁花浓香花生油有限公司	食品加工业	中型	8 207	175
北京太洋药业有限公司	化学药品制剂制造业	中型	8 175	176
新疆兵团石河子天富农电有限责任公司	电力供应	中型	8 110	177
浙江杭州钱鸿集团有限公司	童车	大型	8 061	178
浙江杭申集团有限公司	日用电器制造	中型	7 956	179
湖北武汉市新特装潢印刷有限公司	包装装潢及其他印刷	中型	7 603	180
新疆兵团河南宏展实业有限责任公司	饲料加工	大型	7 574	181
新疆兵团农四师绿华糖业有限责任公司	制糖	中型	7 477	182
辽宁阜新伊利乳业有限责任公司	食品制造业	中型	7 422	183
广州光明乳品有限公司	液体乳及乳制品制造	中型	7 385	184
黑龙江省牡丹江垦区连珠山水泥厂	水泥制造	中型	7 367	185
黑龙江省建三江分局电业局	电力供应	中型	7 168	186
新疆银纺棉业有限责任公司	棉、化纤纺织加工	中型	7 102	187
浙江杭州凯尔达电焊机有限公司	金属制造业	中型	7 032	188
新疆兵团石河子佳美包装工贸有限公司	纸和纸板容器的制造	中型	6 992	189
新疆兵团农七师一三零团昌恒纺织有限责任公司	棉、化纤纺织加工	中型	6 945	190
河北省唐山市三元食品有限公司	食品制造业	中型	6 939	191
河南省孟州市华兴公司	农加	中型	6 933	192
辽宁北票市电力电杆有限公司	非金属矿物制品业	中型	6 900	193
云南农垦版纳电力公司	水力发电	中型	6 864	194
新疆兵团农七师奎屯锦孚纺织有限责任公司	棉、化纤纺织加工	中型	6 816	195
新疆天宏新八棉产业有限公司	棉、化纤纺织加工	中型	6 798	196
黑龙江省牡丹江农垦供电有限公司	电力供应	中型	6 784	197
新疆兵团农四师七十一团双新煤业集团公司	炼焦	中型	6 763	198
新疆兵团农五师电力公司	电力供应	中型	6 729	199
浙江杭州永磁集团有限公司	金属制造业	中型	6 726	200

总产值（现价）（万元）	排序	销售产值（万元）	排序	年末资产总额（万元）	排序	固定资产原值年末数（万元）	排序	年平均职工人数（人）	排序
15 532	275	11 800	306	11 500	302	5 600	297	810	138
14 115	291	16 335	253	39 406	151	25 312	124	1 026	106
24 724	212	24 724	208	6 768	346	6 429	280	460	262
12 560	304	12 560	297	53 239	116	15 784	172	362	314
30 547	181	27 929	185	73 837	86	40 876	81	2 018	60
33 797	169	16 669	249	34 914	160	18 025	160	430	275
42 494	134	39 712	137	25 361	204	13 285	193	2 621	41
10 025	328	10 102	322	16 661	256	11 907	210	501	243
36 500	155	29 936	178	33 125	170	4 661	309	671	168
181 300	30	160 195	35	87 162	70	34 900	97	455	264
77 351	77	76 865	76	15 035	270	9 062	238	311	335
19 243	238	18 423	234	18 436	246	10 126	228	749	152
41 159	138	41 472	131	32 169	174	12 073	207	337	323
33 952	168	33 667	160	25 316	205	13 500	188	654	174
41 034	141	26 482	195	59 452	110	16 281	171	327	327
26 545	201	23 366	217	22 764	223	18 445	156	3 074	36
9 792	332	9 792	326	64 105	98	66 724	44	597	200
123 940	45	1 235 572	4	136 050	49	25 859	120	962	115
95 668	59	93 351	61	189 592	34	30 019	108	1 143	96
25 687	206	26 040	200	34 418	163	10 334	223	720	158
95 135	62	96 524	60	33 464	169	10 243	224	1 030	105
22 547	225	25 921	202	24 808	207	13 308	192	532	229
37 108	154	37 219	146	14 378	277	6 836	274	300	339
30 307	182	30 414	175	18 684	242	12 510	204	1 003	109
22 770	222	22 161	224	19 346	239	6 886	273	399	294
26 692	198	26 692	193	33 595	168	39 656	84	634	190
36 271	156	34 532	158	15 926	262	15 673	173	951	116
18 166	243	18 182	237	43 015	137	992	374	322	328
20 168	234	19 821	230	9 995	316	4 394	320	420	284
30 930	180	26 687	194	36 327	159	43 902	66	892	123
26 688	199	259 414	22	16 174	260	17 497	164	622	193
87 236	67	86 115	66	61 019	105	35 602	93	742	154
18 000	245	18 000	239	6 100	351	7 600	263	282	349
17 606	248	17 539	241	31 213	181	34 901	96	651	178
32 943	176	33 276	165	54 503	115	39 941	83	1 083	101
25 131	210	23 654	216	29 288	191	15 306	176	807	139
20 700	233	20 700	227	27 696	197	29 575	110	638	187
13 784	292	11 772	308	37 023	157	6 183	287	827	136
12 875	302	12 875	294	44 038	134	51 630	54	775	146
52 953	109	47 953	115	76 204	81	9 099	237	654	174

6-4续表5

企 业 名 称	行 业 类 别	中型	增加值（现价）（万元）	排序
上海都市农商社有限公司	房地产开发经营	中型	6 661	201
广西剑麻集团有限公司	纺织业	龙头	6 621	202
广西柳州市华侨紧固件厂	交通运输设备制造业	中型	6 510	203
青海格尔木农垦集团有限公司	农业	中型	6 495	204
新疆天富煤业有限公司	烟煤和无烟煤的开采洗选	中型	6 398	205
河北省现代牧业（察北）有限公司	奶牛养殖	龙头	6 240	206
新疆西部合盛硅业有限公司	其他稀有金属冶炼	中型	6 067	207
上海梅林食品有限公司	肉、禽类罐头制造	中型	6 051	208
广西农垦集团西江制糖有限公司	农副食品加工业	中型	5 980	209
新疆新赛精纺有限公司	棉、化纤纺织加工	中型	5 951	210
新疆兵团五家渠中基制品有限责任公司	蔬菜、水果和坚果加工	中型	5 900	211
重庆大正畜牧科技有限公司	生猪养殖	龙头	5 842	212
江西南昌市桑海场江西南昌桑海制药厂	中成药制造	中型	5 826	213
湖北武汉金鼎食品有限公司	方便面及其他方便食品制	中型	5 802	214
新疆海龙化纤有限公司	人造纤维（纤维素纤维）制造	中型	5 670	215
广西防城港市垌美炼铁厂	黑色金属冶炼及压延加工业	中型	5 663	216
江苏正大清江制药有限公司	医药	中型	5 661	217
浙江大地钢结构有限公司	金属制造业	中型	5 654	218
安徽皖垦种业有限公司	种子加工	龙头	5 586	219
海南椰威糖业有限公司	制糖	中型	5 543	220
广西农垦国有源头农场	农业	龙头	5 513	221
四川宜宾市叙府酒业有限公司	工业	中型	5 498	222
安徽益益乳业有限公司	乳业	中型	5 484	223
广西玉林市博白澳林五金制品厂	工艺品及其他制造业	中型	5 470	224
浙江杭州萧山雅马哈乐器有限公司	制造业	中型	5 443	225
黑龙江省名山农场盛泰木业有限责任公司	锯材加工	中型	5 304	226
江西南昌市桑海场江西南昌济生制药厂	中成药制造	中型	5 284	227
新疆兵团华芳石河子纺织有限公司	棉、化纤纺织加工	大型	5 226	228
*湖南伟业农牧发展有限公司	饲料加工	中型	5 130	229
黑龙江省宝泉岭电业局	电力供应	中型	5 082	230
上海浦东金环医疗用品股份有限公司	机械零部件加工及设备修理	中型	5 067	231
黑龙江农垦北大荒南华糖业有限公司	制糖	中型	5 026	232
黑龙江省北大荒股份浩良河化肥厂分公司	氮肥制造	大型	5 010	233
新疆兵团农四师博乐南岗建材有限责任公司	水泥制造	中型	4 995	234
重庆双桥正大有限公司	农产品加工	龙头	4 906	235
湖南常德天宏纸业有限公司	造纸业	中型	4 898	236
湖北黄冈裕龙纺织印染有限公司	棉、化纤纺织加工	中型	4 875	237
江西上饶市旭光场旭光造纸厂	造纸	中型	4 830	238
湖北武汉五景药业有限公司	化学药品制剂制造	中型	4 805	239
辽宁营口海宇农水产品有限公司	农副产品加工	中型	4 800	240

总产值（现价）（万元）	排序	销售产值（万元）	排序	年末资产总额（万元）	排序	固定资产原值年末数(万元)	排序	年平均职工人数(人)	排序
145 207	36	145 253	38	75 661	82	41 809	74	710	160
48 809	116	18 089	238	24 020	215	9 959	231	854	129
16 781	257	16 781	248	9 180	326	6 520	278	650	179
9 766	333	6 650	346	13 603	282	8 312	248	1 392	84
9 890	331	9 890	324	44 369	132	24 748	126	350	316
15 600	272	15 600	266	51 700	120	49 000	59	245	357
45 397	126	32 234	171	103 220	62	41 696	76	1 176	95
28 846	190	28 016	183	25 625	203	10 793	218	407	289
17 061	254	15 167	273	12 630	294	4 246	324	365	313
19 500	236	11 497	310	41 713	143	23 752	129	597	200
51 165	111	30 144	177	172 739	39	84 253	36	698	165
15 175	280	15 175	272	47 357	126	15 359	175	704	163
29 344	185	26 922	192	7 159	342	4 250	323	2 205	55
19 602	235	27 025	190	14 294	280	6 933	271	932	119
72 910	84	84 310	68	133 327	50	127 669	20	925	120
15 840	268	15 840	260	1 860	387	1 050	372	328	326
17 712	247	16 533	250	15 151	268	5 816	292	502	242
56 201	103	52 001	103	75 000	83	14 526	185	536	225
8 035	345	37 878	142	37 100	156	11 885	211	344	321
13 765	293	11 858	304	12 222	296	5 595	298	425	281
9 128	337	9 128	331	31 475	178	5 055	306	818	137
17 586	250	17 414	243	22 132	227	4 499	315	598	199
18 279	241	17 424	242	28 265	195	5 068	305	706	161
14 328	290	14 212	281	3 572	367	3 370	333	305	337
28 293	192	27 464	188	34 752	161	18 311	158	565	211
13 600	294	13 600	285	3 395	369	541	384	76	382
35 506	163	34 805	157	14 571	273	6 987	270	2 392	49
79 377	74	62 917	87	93 675	67	69 929	43	1 433	80
7 123	352	6 310	352	5 900	354	5 480	299	320	330
14 946	283	14 946	275	26 017	202	26 272	117	584	205
13 470	297	13 470	286	13 360	286	2 761	344	370	311
21 710	228	13 465	287	43 850	135	22 694	136	490	249
55 589	104	68 263	83	136 577	48	185 648	12	1 916	63
11 794	310	11 881	303	22 669	224	20 175	148	405	290
46 197	125	47 897	116	12 974	292	6 703	275	224	362
15 930	265	15 000	274	5 500	358	6 400	282	640	185
17 045	255	17 002	245	10 531	311	4 624	310	539	222
16 120	262	15 280	270	7 200	341	23 680	130	320	330
16 232	261	11 316	313	12 175	298	5 236	303	658	173
24 000	216	24 000	214	9 500	322	7 600	263	500	244

6-4续表6

企业名称	行业类别	中型	增加值（现价）（万元）	排序
新疆兵团巴音郭楞蒙古自治州石棉矿	石棉、云母矿采选	中型	4 781	241
湖南益阳丰源纸业	造纸业	中型	4 765	242
湖北武汉市华昌硅酸盐制品有限公司	黏土砖瓦及建筑砌块制造	中型	4 764	243
新疆石河子中发化工有限责任公司	初级形态的塑料及合成树脂制造	中型	4 692	244
湖北 TCL 照明电器（武汉）有限公司	照明灯具制造	中型	4 663	245
黑龙江省建三江农垦三江热电有限责任公司	火力发电	中型	4 632	246
北京荷美尔食品有限公司	食品制造业	中型	4 618	247
湖北武汉电信光电科技有限公司	电线电缆制造	中型	4 618	248
上海思乐得不锈钢制品有限公司	稀有稀土金属压延加工	中型	4 615	249
广西柳州市圣美康医疗器械有限公司	专用设备制造业	中型	4 561	250
*黑龙江省建三江农垦荣氏粮油工贸有限责任公司	食用植物油加工	龙头	4 560	251
海南金路水泥厂	水泥制造	中型	4 508	252
新疆兵团阿拉尔新农棉浆有限责任公司	化纤浆粕制造	中型	4 506	253
新疆天润生物科技股份有限公司	液体乳及乳制品制造	中型	4 481	254
内蒙古合适佳公司	食品制造	中型	4 421	255
湖北武汉采之韵服饰有限公司	纺织服装制造	中型	4 396	256
重庆广安正大有限公司	农产品加工	龙头	4 333	257
新疆雁池新型材料有限公司	水泥制造	中型	4 316	258
浙江杭州汽发铸造有限公司	交通运输设备制造业	中型	4 302	259
*黑龙江省建三江农垦双盛米业有限责任公司	谷物磨制	龙头	4 290	260
浙江欣达钢管有限公司	金属制造业	中型	4 240	261
新疆兵团五家渠华孚有限公司	棉、化纤纺织加工	中型	4 175	262
海南蔚蓝海洋食品有限公司	水产品冷冻加工	中型	4 169	263
河北省唐山龙禹水泥制品有限公司	非金属矿物制造业	中型	4 058	264
四川全兴酒业有限公司	酒精制造	中型	4 057	265
新疆华兴玻璃有限公司	日用玻璃制品及玻璃包装容器制造	中型	4 047	266
海南照丰水产有限公司	水产品冷冻加工	中型	4 043	267
*黑龙江省兴安岭乳业有限公司	液体乳及乳制品制造	龙头	3 976	268
新疆天宏纸业股份有限公司（母公司）	机制纸及纸板制造	中型	3 952	269
江苏省农垦米业有限公司	加工	中型	3 948	270
山东东营市大地化工集团有限公司	石油化工	中型	3 942	271
山东济宁南阳湖农场	农业	中型	3 936	272
新疆兵团石河子市长运生化有限责任公司	食品及饲料添加剂制造	中型	3 934	273
上海梅林（荣成）食品有限公司	蔬菜、水果罐头制造	中型	3 933	274
福建省龙岩市合丰水泥有限公司	水泥制造业	中型	3 899	275
新疆天达生物工程有限公司	味精制造	中型	3 830	276
广东省四明燕塘乳业有限公司	食品制造业	中型	3 790	277
重庆市提爱思塑料制品有限公司	塑料制品	中型	3 737	278
上海梅林股份（绵阳）有限公司	肉、禽类罐头制造	中型	3 736	279
新疆兵团阿克苏新农乳业有限责任公司	液体乳及乳制品制造	中型	3 714	280

总产值（现价）（万元）	排序	销售产值（万元）	排序	年末资产总额（万元）	排序	固定资产原值年末数（万元）	排序	年平均职工人数（人）	排序
14 978	282	12 282	300	9 400	323	5 616	296	618	196
15 800	269	12 500	298	8 500	332	5 280	302	560	215
16 096	263	16 096	254	7 288	340	7 663	260	692	166
48 110	119	45 920	120	18 943	241	35 617	92	500	244
15 753	270	14 808	277	17 039	254	3 781	331	322	328
15 279	277	11 333	312	41 834	141	38 525	87	429	279
20 833	232	19 134	231	15 882	263	13 051	197	2 927	38
15 600	272	16 000	255	18 164	247	1 988	358	971	114
24 393	213	23 189	219	11 520	301	4 394	319	440	271
10 725	321	10 200	321	9 400	324	2 086	354	360	315
40 359	143	41 980	129	10 679	310	5 709	294	134	375
26 656	200	27 616	187	31 810	176	3 077	337	568	210
73 101	82	56 239	100	67 825	94	23 600	131	532	229
26 127	202	24 363	211	32 856	171	19 560	150	652	177
66 200	90	58 640	95	64 856	97	18 558	154	301	338
14 852	284	14 852	276	15 743	265	13 902	186	2 530	44
35 970	158	35 970	149	5 890	355	2 755	345	205	365
17 596	249	15 950	256	10 154	315	4 593	312	320	330
29 019	188	28 012	184	11 459	303	8 488	247	510	238
17 158	253	16 859	247	13 307	288	4 592	313	50	385
16 286	260	15 930	257	16 646	257	8 276	250	461	261
26 928	196	26 928	191	14 362	278	5 717	293	636	188
19 276	237	14 476	279	14 569	274	7 281	265	620	194
13 580	295	13 217	289	10 303	313	18 015	161	280	351
15 903	266	15 698	263	30 251	186	4 329	321	473	255
12 052	309	14 385	280	20 715	233	17 438	165	320	330
21 214	231	20 087	229	21 597	229	6 365	283	736	156
7 861	347	7 861	338	17 369	251	935	376	207	364
15 175	281	15 897	258	27 504	198	25 946	118	943	117
74 306	81	74 306	78	62 122	102	12 024	208	533	228
53 604	107	57 601	98	41 725	142	7 606	262	550	218
10 645	322	6 524	349	18 529	245	7 681	259	580	207
14 654	287	11 369	311	15 377	266	22 318	138	470	256
13 173	299	15 823	262	28 935	192	13 064	196	910	122
16 000	264	15 526	267	14 520	275	7 705	258	619	195
24 287	214	18 842	232	24 109	213	15 417	174	500	244
11 083	317	10 362	317	11 647	300	11 129	215	1 399	83
14 705	286	13 690	284	9 195	325	4 127	328	280	351
26 788	197	25 214	205	24 259	212	9 991	230	532	229
15 569	274	12 464	299	22 274	226	10 155	226	385	300

6－4续表7

企业名称	行业类别	中型	增加值（现价）（万元）	排序
新疆北屯电力工业有限公司	电力供应	中型	3 710	281
辽宁大连三寰农场	食品加工业	中型	3 702	282
河南省焦作市方便面厂	食品	中型	3 701	283
新疆红星科健镁合金有限公司	镁冶炼	中型	3 674	284
辽宁阜新德美客食品有限公司	食品加工业	中型	3 648	285
海南泉溢食品有限公司	水产品冷冻加工	中型	3 646	286
新疆石河子银河纺织有限责任公司	棉、化纤纺织加工	中型	3 642	287
广州市花城制药厂	医药	中型	3 592	288
*广东省湛江农垦畜牧有限公司	农业	中型	3 569	289
新疆兵团奇台宏源化工有限责任公司	炼焦	中型	3 550	290
新疆兵团哈密红山化工有限责任公司	无机盐制造	中型	3 537	291
江西抚州市长红场长红振宇集团	竹制品	中型	3 533	292
云南南湖橡胶厂	橡胶制品	中型	3 506	293
黑龙江红兴隆电力有限公司	电力供应	中型	3 461	294
黑龙江乌苏里江制药有限公司	中成药制造	中型	3 437	295
新疆白杨水泥制品有限责任公司	水泥制品制造	中型	3 424	296
广西柳州市动力宝有限公司	电气机械及器材制造业	中型	3 394	297
广西剑麻集团山圩剑麻制品有限公司	纺织业	中型	3 341	298
上海白沙合水糖业有限公司	制糖	中型	3 305	299
湖北武汉飘飘食品集团有限公司	肉制品及副产品加工	中型	3 283	300
广西玉林市国利选矿公司	有色金属矿采选业	中型	3 231	301
黑龙江省九三农垦电业局	电力供应	中型	3 199	302
内蒙古麦福劳公司	食品加工	中型	3 172	303
*黑龙江省建三江农垦北斗星粮油工贸有限公司	谷物磨制	龙头	3 159	304
广西南宁市金光淀粉公司	农副食品加工业	中型	3 157	305
新疆芳婷针纺织有限责任公司	纺织服装制造	中型	3 155	306
湖南大通湖口口香米业	食品加工业	中型	3 102	307
新疆兵团农七师奎屯天北矿业投资有限公司	烟煤和无烟煤的开采洗选	中型	3 079	308
新疆华世丹药业股份有限公司	化学药品制剂制造	中型	3 075	309
湖南大通湖三星养殖	肉制品加工业	中型	3 050	310
黑龙江农垦九三亚麻产业有限公司	麻制品制造	中型	3 039	311
新疆兵团农七师伊犁特糖业有限公司	制糖	中型	2 990	312
北京安德鲁水果食品有限公司	食品加工业	中型	2 973	313
广西柳州市恒达动力机械制造有限公司	专用设备制造业	中型	2 899	314
广西农垦钦州企业总公司	渔业、工业	龙头	2 848	315
新疆兵团图木舒克市前海棉纺织有限责任公司	棉、化纤纺织加工	中型	2 841	316
四川西昌泸山铁合金有限责任公司	工业	中型	2 836	317
新疆光大山河化工科技有限公司	棉及化纤制品制造	中型	2 827	318
*广东省东方剑麻集团有限公司	农业	大型	2 776	319
新疆爱立泽纺织有限公司	棉、化纤纺织加工	中型	2 768	320

总产值（现价）（万元）	排序	销售产值（万元）	排序	年末资产总额（万元）	排序	固定资产原值年末数（万元）	排序	年平均职工人数（人）	排序
8 927	338	8 927	334	33 923	165	24 905	125	438	272
13 192	298	13 159	290	6 813	345	2 639	346	5 358	20
21 922	227	26 136	198	6 099	352	5 699	295	1 510	77
22 808	221	20 640	228	37 730	154	27 738	114	660	172
18 240	242	17 892	240	13 584	283	4 084	329	450	265
17 364	251	15 422	269	12 305	295	934	377	350	316
22 636	223	23 673	215	55 018	114	20 397	147	561	214
11 584	311	11 182	314	10 527	312	9 014	240	489	251
13 571	296	13 110	291	13 046	290	7 166	269	1 726	70
18 330	240	18 330	235	3 154	373	2 153	352	367	312
8 442	343	7 442	343	8 061	333	6 307	284	375	309
18 160	244	17 250	244	10 690	308	5 900	289	2 235	53
12 102	308	11 497	309	12 811	293	2 866	341	458	263
15 634	271	15 634	265	24 071	214	25 591	123	630	191
6 534	356	5 230	365	60 140	108	12 193	205	878	125
8 689	340	9 044	332	11 277	307	3 252	334	371	310
8 014	346	7 613	341	19 655	238	7 893	254	300	339
9 218	336	12 825	295	13 485	285	8 995	241	446	268
12 716	303	12 065	302	12 163	299	13 224	195	512	237
11 092	316	9 431	329	30 257	185	19 227	151	702	164
8 640	341	8 640	335	14 000	281	10 000	229	330	325
10 000	330	10 000	323	16 497	258	18 527	155	403	291
8 875	339	9 373	330	22 081	228	15 299	177	268	354
12 454	305	15 637	264	2 485	383	557	383	41	388
6 979	353	6 460	350	9 615	320	3 203	336	186	368
10 953	320	10 991	315	16 308	259	2 053	356	786	144
12 300	306	10 300	318	4 800	362	2 100	353	7 000	14
7 813	348	7 813	339	60 562	107	7 872	255	462	260
17 340	252	18 827	233	20 439	235	5 315	301	509	239
12 180	307	10 560	316	3 200	371	2 000	357	565	211
10 018	329	9 626	328	3 560	368	300	388	389	297
11 337	313	6 249	353	21 416	230	7 948	253	395	295
11 345	312	11 790	307	8 509	331	4 407	318	1 231	93
6 308	358	5 993	357	3 170	372	659	381	300	339
5 954	362	5 875	359	5 967	353	4 587	314	378	304
11 009	318	10 237	320	11 425	305	6 510	279	450	265
11 008	319	11 803	305	23 367	220	6 266	286	449	267
17 899	246	12 229	301	67 320	95	25 755	121	520	235
9 725	334	9 881	325	85 200	72	12 956	199	1 983	61
14 772	285	13 415	288	38 901	152	35 363	95	442	270

6－4 续表 8

企业名称	行业类别	中型	增加值（现价）（万元）	排序
浙江银河食品有限公司	食品加工业	中型	2 764	321
新疆鸿盛纺织有限公司	棉、化纤纺织加工	中型	2 732	322
新疆嘉和毛纺织有限公司	毛纺织	中型	2 642	323
新疆兵团哈密星鑫镍铁合金有限责任公司	炼铁	中型	2 624	324
新疆兵团阿拉尔市佳纺纺织有限公司	棉、化纤纺织加工	中型	2 512	325
湖北纽兰药业有限公司	中成药制造	中型	2 511	326
新疆兵团石河子开发区青松天业水泥有限公司	水泥制造	中型	2 453	327
天津海河乳业有限 公司	食品 制造业	中型	2 444	328
河南省黄泛区绿源化工公司	化工	中型	2 378	329
上海向明轴承有限公司	建筑、家具用金属配件制造	中型	2 369	330
河南省淅川县制药集团	制药	大型	2 289	331
河北省张家口察北草原乳业有限公司	乳品制造	龙头	2 199	332
上海新三花薄膜有限公司	橡胶板、管、带的制造	中型	2 159	333
湖北武汉长印包装印务有限公司	纸和纸板容器的制造	中型	2 132	334
河北省唐山市三水岗岩水泥有限公司	非金属矿物制造业	中型	2 036	335
江西宜春市千州场国营奉新县干洲综合垦殖场	农垦企业	中型	2 026	336
新疆兵团农四师伊犁南岗化工有限责任公司	无机盐制造	中型	2 018	337
河北省察北乳业有限责任公司	乳品制造	龙头	2 016	338
广东省绿洲水泥厂	建筑材料制品业	中型	1 775	339
新疆兵团农五师新疆博乐新赛油脂有限公司	食用植物油加工	中型	1 749	340
上海鲜花港企业发展有限公司	中药材的种植	中型	1 747	341
湖北爱立德家庭用品有限公司	金属家具制造	中型	1 731	342
湖北武汉市东西湖自来水公司	自来水的生产和供应	中型	1 717	343
*黑龙江省北珠精米公司	谷物磨制	龙头	1 674	344
江苏省勤奋药业有限公司	医药	中型	1 671	345
海南如来木业有限公司	木质家具制造	中型	1 664	346
海南红华糖业有限公司	制糖	中型	1 647	347
重庆今普食品有限公司	农产品加工	中型	1 583	348
上海大瀛食品有限公司	肉制品及副产品加工	龙头	1 583	348
广西农垦金光乳业有限公司	畜牧业、工业	龙头	1 580	350
海南三叶制药厂有限公司	化学药品制剂制造	中型	1 552	351
*广东省农垦集团进出口有限公司	农业	中型	1 550	352
重庆华牧实业（集团）有限公司	生猪养殖及加工	中型	1 510	353
黑龙江省哈尔滨龙垦麦芽有限公司	啤酒制造	中型	1 500	354
西夏王葡萄酒业有限公司	葡萄酒制造	中型	1 483	355
安徽华阳河棉花产业化集团	轧花	龙头	1 450	356
江苏省新曹农场缫丝厂	纺织	中型	1 420	357
黑龙江省九三分局南华糖业	制糖	中型	1 419	358
新疆兵团石河子市义展纺织有限公司	棉、化纤纺织加工	中型	1 396	359
广西农垦茶业集团有限公司	饮料制造业	龙头	1 329	360

总产值（现价）（万元）	排序	销售产值（万元）	排序	年末资产总额（万元）	排序	固定资产原值年末数(万元)	排序	年平均职工人数(人)	排序
15 863	267	13 976	282	15 141	269	8 754	243	530	232
10 379	325	7 949	337	7 096	343	6 573	277	343	322
10 333	326	12 900	293	11 301	306	4 479	316	670	169
29 852	184	37 434	145	18 651	243	1 333	366	425	281
6 256	359	6 237	354	2 600	380	2 464	347	412	286
8 482	342	6 836	345	7 762	335	4 221	325	759	150
7 775	349	7 511	342	23 857	216	23 085	135	376	307
32 591	177	31 260	174	32 756	172	22 467	137	639	186
16 741	258	16 502	251	13 342	287	10 893	217	468	257
10 523	324	8 599	336	4 812	361	1 983	359	418	285
12 905	300	12 905	292	44 065	133	17 340	166	977	113
2 748	381	2 748	379	2 347	385	2 368	349	174	370
18 706	239	18 208	236	6 872	344	2 371	348	431	274
7 203	351	6 460	351	7 591	336	4 435	317	936	118
6 787	354	6 604	347	3 117	374	1 714	364	400	292
10 609	323	8 996	333	2 373	384	475	386	1 565	76
25 782	205	26 046	199	68 121	93	13 487	189	576	208
5 506	366	6 020	356	2 614	379	817	379	60	383
6 062	361	4 907	367	6 657	347	8 759	242	507	240
14 486	289	15 824	261	31 033	182	7 216	266	377	306
14 495	288	14 495	278	25 111	206	42 745	71	250	356
5 848	363	5 848	360	9 507	321	4 818	307	713	159
5 800	364	5 800	361	27 309	199	23 222	134	787	143
5 675	365	5 768	362	2 624	378	515	385	38	389
3 402	375	3 574	375	2 825	376	2 083	355	92	380
6 463	357	6 574	348	15 872	264	7 211	267	482	252
5 281	367	5 281	364	3 644	366	6 682	276	409	287
167 647	31	168 007	32	19 791	237	14 844	182	378	304
15 220	278	15 220	271	8 966	327	4 206	327	282	349
2 896	380	2 721	380	8 811	328	5 820	291	296	345
10 162	327	5 956	358	7 471	339	14 855	181	1 025	107
4 975	369	98 598	57	20 568	234	169	390	430	275
16 473	259	16 473	252	61 922	103	4 215	326	464	259
53 590	108	51 472	104	174 966	37	84 596	35	520	235
3 375	376	3 025	376	16 172	261	7 178	268	111	378
11 186	314	10 260	319	5 451	359	6 426	281	432	273
7 328	350	7 223	344	4 326	364	1 184	367	320	330
6 172	360	6 172	355	20 248	236	7 641	261	408	288
6 759	355	5 003	366	6 241	350	3 619	332	376	307
12 885	301	12 730	296	13 557	284	1 931	360	336	324

6-4 续表 9

企 业 名 称	行 业 类 别	中型	增加值（现价）（万元）	排序
广西贵港市黄浦江（贵港）制衣有限公司	纺织服装、鞋、帽制造业	中型	1 260	361
广东湛江碧丽华模压木制品有限公司	木材加工制造业	中型	1 178	362
黑龙江红兴隆农垦宝利采金有限公司	金矿采选	中型	1 139	363
上海一只鼎食品有限公司	水产品罐头制造	龙头	1 127	364
广西合浦县珠光陶瓷厂	其他采矿业	中型	1 105	365
新疆唐成棉业有限公司	棉、化纤纺织加工	中型	1 084	366
黑龙江省北大荒纸业有限责任公司	机制纸及纸板制造	中型	1 016	367
河南省黄泛区天鹰缸套公司	机械	中型	939	368
辽宁中山铸业有限公司	黑色金属冶炼及压延加工业	龙头	926	369
新疆新光油脂有限公司	食用植物油加工	中型	915	370
江苏省农垦麦芽有限公司	加工	中型	899	371
安徽雁湖面粉有限公司	碾磨业	中型	887	372
江西九江市茅山头场九针三厂	纺织服装	中型	846	373
* 黑龙江省北大荒牛业	畜禽屠宰	龙头	759	374
新疆兵团阿拉尔市金鲁纺织有限责任公司	棉、化纤纺织加工	中型	724	375
江西鹰潭市青年场鹰潭市大地蔬菜制品有限公司	食品制造	中型	614	376
* 黑龙江省绥化农垦晨环生物科技有限责任公司	有机肥料及微生物肥料制造	龙头	464	377
* 重庆市长江农产品批发有限公司	农产品批发	龙头	405	378
安徽省青草湖酒业公司	酿酒	龙头	317	379
安徽倮倮米业有限公司	碾磨业	龙头	262	380
安徽普济圩金迈米业公司	碾磨业	龙头	220	381
* 重庆市三峡生态渔业发展有限公司	水产养殖	龙头	212	382
安徽省安禽有限公司	禽业养殖	龙头	195	383
* 重庆市渝人园林工程有限公司	园林	龙头	118	384
安徽省绿魁茶业有限公司	茶叶	龙头	110	385
宁夏贺兰山清真牛羊肉产业集团公司	畜禽屠宰	中型	94	386
广西来宾农垦糖业集团天成纸业有限公司	造纸及纸制品业	中型		387
新疆兵团石河子南山水泥厂	水泥制造	中型	−324	388
* 黑龙江北大荒冰雪食品有限公司	蔬菜、水果和坚果加工	龙头	−610	389
上海海丰米业有限公司	谷物磨制	龙头	−631	390
重庆今普食品有限公司	畜禽屠宰	中型	−5 221	391
新疆兵团天津中辰番茄制品有限公司	蔬菜、水果罐头制造	中型	−10 216	392
新疆中基番茄制品有限责任公司	蔬菜、水果罐头制造	大型	−13 934	393

总产值（现价）（万元）	排序	销售产值（万元）	排序	年末资产总额（万元）	排序	固定资产原值年末数(万元)	排序	年平均职工人数(人)	排序
2 125	384	2 125	383	3 386	370	3 062	338	586	204
4 508	370	4 174	372	15 357	267	21 706	142	863	128
4 350	371	5 666	363	6 268	349	2 869	340	506	241
8 398	344	7 727	340	5 811	356	1 083	371	193	367
2 550	382	2 550	381	2 000	386	1 800	362	465	258
22 556	224	22 556	220	57 834	112	7 779	257	846	132
15 390	276	13 937	283	40 647	147	30 186	104	1 066	103
4 015	374	3 780	374	7 832	334	4 622	311	384	302
4 065	372	4 602	368	1 562	389	80	393	149	373
29 262	186	25 008	207	36 426	158	9 469	235	490	249
25 008	211	26 138	197	23 353	221	44 284	65	174	370
15 192	279	15 849	259	10 680	309	4 706	308	155	372
3 200	377	3 000	377	543	393	1 159	368	705	162
3 035	379	2 872	378	12 198	297	10 352	222	284	347
3 082	378	2 201	382	29 824	188	12 000	209	182	369
2 049	385	1 925	385	865	391	790	380	129	376
2 183	383	1 988	384	2 773	377	940	375	141	374
1 596	388	1 590	387	7 554	337	167	391	17	392
1 260	390	1 245	389	2 516	381	1 442	365	85	381
4 024	373	4 050	373	5 146	360	633	382	50	385
4 975	368	4 570	370	2 516	382	1 148	369	98	379
212	393	789	391	4 516	363	2 189	351	34	391
1 813	386	1 232	390	607	392	239	389	53	384
1 652	387	1 652	386	1 542	390	127	392	10	393
1 380	389	1 291	388	1 823	388	448	387	42	387
301	392	301	392	5 578	357	5 840	290	36	390
34 987	165	32 598	168	71 737	87	41 916	73	600	198
9 662	335	9 662	327	18 083	248	15 216	178	767	148
635	391	128	393	13 012	291	11 721	213	125	377
71 656	85	71 317	80	43 261	136	10 561	220	232	359
167 647	31	168 007	32	23 770	217	14 791	183	388	298
81 539	71	91 348	63	170 407	40	51 201	56	609	197
54 160	105	42 256	127	317 522	18	128 281	18	1 403	82

建筑业、交通运输业、批发零售贸易、餐饮业

7－1　建筑业基本情况

（2011 年）

地　　区	年末单位个数（个）		有工作量的单位个数（个）		年末从业人员（人）		全年从业人员报酬（万元）	
		国有（个）		国有（个）		国有（人）		国有（万元）
全国农垦	**3 495**	**523**	**3 316**	**507**	**360 692**	**110 009**	**1 400 241**	**373 414**
北　　京	3	3	2	2	81	81	284	284
天　　津	3	3	3	3	72	72	720	720
河　　北	132	9	130	8	8 655	1 257	22 510	5 128
山　　西								
内 蒙 古	212	1	201	1	5 520	10	5 731	15
辽　　宁	304	11	301	11	21 410	1 682	59 366	18 252
吉　　林	67		50		1 262		1 359	
黑 龙 江	269	37	269	37	56 824	21 816	194 260	53 530
上　　海	6	6	6	6	2 011	2 011	5 589	5 589
江　　苏	74	7	72	7	3 555	508	20 140	1 682
浙　　江								
安　　徽	163	5	162	4	3 778	2 303	10 318	7 245
福　　建	276		182		2 833		3 366	
江　　西	70	22	49	15	10 043	4 153	13 814	6 383
山　　东	6	1	6	1	317	9	934	27
河　　南	13	1	13	1	1 198	800	1 382	519
湖　　北	530	14	530	13	93 457	36 055	235 762	65 159
湖　　南	189	95	189	95	10 700	4 780	16 700	9 300
广　　东	259	15	259	15	7 619	1 904	22 367	4 441
广　　西	201	16	201	16	24 390	1 997	71 352	4 942
海　　南	324	62	324	62	26 196	9 719	73 800	25 125
重　　庆	1	1	1	1	44	44	300	300
四　　川	1				17		71	
贵　　州								
云　　南	11	5	5	3	179	57	475	166
陕　　西								
甘　　肃	20	4	16	3	599	107	1 561	262
青　　海								
宁　　夏	23	3	15	3	2 486	238	8 728	460
新疆（兵团）	272	188	264	186	74 181	19 438	621 253	162 790
新疆（农业）	65	14	65	14	2 050	968	2 480	1 095
新疆（畜牧）	1		1		1 215		5 620	
热 科 院								
广　　州								
南　　京								

7-1续表

地　区	年末固定资产原值（万元）		年末拥有机械设备总台数（台）		全年施工房屋建筑面积（万平方米）		房屋建筑竣工面积（万平方米）	
		国有（万元）		国有（台）		国有(万平方米)		国有(万平方米)
全国农垦	**1 620 483**	**635 028**	**67 439**	**26 727**	**10 994**	**5 942**	**5 797**	**1 822**
北　京	1 012	1 012	24	24	3	3	3	3
天　津	565	565						
河　北	27 023	8 410	3 695	972	112	8	62	
山　西								
内蒙古	3 693	281	509	6	25		24	
辽　宁	80 465	4 452	3 589	398	563	73	368	63
吉　林	1 634		139		15		10	
黑龙江	185 968	32 616	4 551	642	723	135	637	77
上　海	6 049	6 049	96	96	117	117	28	28
江　苏	44 855	3 895	942	66	24	3	20	2
浙　江								
安　徽	1 970	299	393	218	83	52	27	8
福　建	874		329		46		26	
江　西	17 423	10 621	2 168	1 282	221	96	141	75
山　东	1 084	5	150	10	15	1	13	1
河　南	2 529	2 399	459	340	12	9	6	4
湖　北	275 565	36 171	20 160	952	4 332	2 470	2 160	289
湖　南	23 500	15 800	4 880	4 176	166	65	121	40
广　东	12 198	2 501	543	43	128	9	108	8
广　西	372 818	33 011	3 989	678	695	38	288	30
海　南	60 684	10 195	2 587	1 546	333	85	238	45
重　庆	2 042	2 042	6	6	40	40	28	28
四　川					2		2	
贵　州								
云　南	441	60	22	11	9	8	7	6
陕　西								
甘　肃	1 815	765	57	16	11	11	9	9
青　海								
宁　夏	1 336	293	421	43	30	1	14	1
新疆(兵团)	488 236	459 589	16 996	14 847	3 251	2 699	1 435	1 095
新疆(农业)	6 054	3 997	698	355	36	19	21	10
新疆(畜牧)	650		36		2		1	
热科院								
广　州								
南　京								

7－2 交通运输业基本情况

（2011 年）

地　区	年末单位个数（个）		年末从业人员（人）		全年从业人员报酬（万元）		年末固定资产原值（万元）	
		国有（个）		国有（人）		国有（万元）		国有（万元）
全国农垦	**31 064**	**234**	**185 325**	**32 201**	**501 850**	**88 102**	**1 471 915**	**296 187**
北　京	5	4	2 350	2 174	3 492	2 769	34 735	28 249
天　津	1	1	10	10	54	54	15	15
河　北	4 729	3	9 768	45	24 305	85	77 231	321
山　西	46		97		174		553	
内蒙古	1 499	1	2 184	17	7 304	40	18 551	233
辽　宁	6 276	1	16 584	5	36 594	30	87 921	1 314
吉　林	503		1 959		2 098		6 197	
黑龙江	90	87	24 186	2 910	42 486	3 628	261 370	40 046
上　海	53	53	22 676	22 676	63 350	63 350	165 653	165 653
江　苏	39		2 241		9 922		17 616	
浙　江	5		121		1 889		6 351	
安　徽	566		1 004		2 859		7 130	
福　建	1 068		1 787		3 976		6 857	
江　西	247	8	1 569	207	2 838	785	3 403	1 546
山　东	46		75		262		582	
河　南								
湖　北	10 874	4	16 048	297	40 568	846	489 625	3 771
湖　南	542	6	3 647	545	5 062	790	10 780	2 750
广　东	1 011	8	4 309	1 091	15 393	7 670	20 243	6 284
广　西	8	1	9 869	13	24 155	35	132 167	12 864
海　南	20	8	7 776	226	16 701	1 174	26 764	4 408
重　庆								
四　川								
贵　州								
云　南	2 130	32	3 136	167	4 542	390	27 244	6 634
陕　西								
甘　肃	66		129		366		1 240	
青　海								
宁　夏	674		1 148		2 302		5 297	
新疆（兵团）	36	8	51 497	1 680	187 995	6 133	51 798	19 944
新疆（农业）	515	9	1 005	138	2 482	323	8 910	2 155
新疆（畜牧）	14		135		653		3 562	
热科院								
广　州								
南　京	1		15		29		121	

7-2 续表 1

地 区	年末拥有主要运输工具（台）		载货汽车（辆）		载货汽车（吨位）	
		国有（台）		国有（辆）		国有（吨位）
全国农垦	**142 108**	**16 936**	**82 042**	**2 855**	**718 357**	**19 839**
北 京	1 868	1 748	135	15	379	28
天 津	318	318				
河 北	5 355	16	4 301	7	30 597	55
山 西	32		21		301	
内 蒙 古	1 503	10	1 304	10	5 357	100
辽 宁	11 906	41	4 667	41	26 183	115
吉 林	1 845		1 410		8 258	
黑 龙 江	23 505	466	9 706	111	110 893	907
上 海	10 263	10 263	641	641	3 644	3 644
江 苏	1 157		781		9 803	
浙 江	60		46		1 879	
安 徽	694		456		3 115	
福 建	1 150		906		3 941	
江 西	777	243	715	190	7 353	1 185
山 东	75		47		250	
河 南						
湖 北	17 704	251	15 274	58	98 106	2 561
湖 南	1 613	560	1 226	485	5 993	2 730
广 东	2 209	596	1 317	9	8 001	43
广 西	9 616	105	4 075	42	31 410	185
海 南	2 116	44	1 602	34	10 629	105
重 庆						
四 川						
贵 州						
云 南	4 327	511	1 216	156	5 263	478
陕 西						
甘 肃	124		88		1 409	
青 海						
宁 夏	801		329		3 534	
新疆（兵团）	41 935	1 534	30 797	874	335 126	6 520
新疆（农业）	925	230	790	182	4 745	1 183
新疆（畜牧）	214		185		2 154	
热 科 院						
广 州						
南 京	16		7		35	

7－2续表2

地　　区	年末拥有主要运输工具			
	载客汽车（辆）		载客汽车（客位）	
		国有（辆）		国有（客位）
全国农垦	**46 884**	**13 981**	**371 415**	**102 039**
北　　京	1 733	1 733	6 932	6 932
天　　津	318	318	1 272	1 272
河　　北	1 050	9	9 887	36
山　　西	11		198	
内 蒙 古	199		1 139	
辽　　宁	1 576		10 988	
吉　　林	407		1 307	
黑 龙 江	12 678	345	71 667	8 083
上　　海	9 622	9 622	63 747	63 747
江　　苏	376		2 076	
浙　　江	14		517	
安　　徽	145		1 965	
福　　建	65		698	
江　　西	62	53	869	684
山　　东	28		140	
河　　南				
湖　　北	2 430	193	36 167	2 061
湖　　南	387	75	6 270	2 088
广　　东	892	587	8 402	2 935
广　　西	431	10	4 275	260
海　　南	514	10	6 049	288
重　　庆				
四　　川				
贵　　州				
云　　南	2 148	345	13 513	1 664
陕　　西				
甘　　肃	33		414	
青　　海				
宁　　夏	472		4 359	
新疆(兵团)	11 138	660	115 091	11 529
新疆(农业)	135	21	3 200	460
新疆(畜牧)	12		245	
热 科 院				
广　　州				
南　　京	8		28	

7－3 批发零售业基本情况

（2011 年）

地区	年末单位个数（个）		年末从业人员（人）		全年从业人员报酬（万元）		营业网点个数（个）	
		国有（个）		国有（人）		国有（万元）		国有（个）
全国农垦	**64 712**	**1 023**	**429 298**	**70 045**	**1 034 389**	**208 775**	**168 244**	**8 531**
北京	6	4	487	399	4 318	1 838	52	28
天津	7	7	478	478	3 016	3 016	158	158
河北	5 310	13	15 729	284	20 925	306	7 292	16
山西	866	1	2 721	60	3 438	20	884	3
内蒙古	4 939	14	11 443	439	29 752	1 589	5 881	51
辽宁	6 913	48	28 226	165	46 056	175	8 087	75
吉林	977	2	3 372	8	1 532	5	498	
黑龙江	443	186	50 910	4 880	90 951	6 655	26 823	2 272
上海	237	237	51 193	51 193	152 492	152 492	4 594	4 594
江苏	4 216	3	11 804	452	35 215	1 698	2 684	3
浙江	26		457		1 383		24	
安徽	1 821	10	5 330	92	6 763	171	2 359	8
福建	2 278	3	5 757	13	4 622	27	1 821	7
江西	2 286	24	11 733	445	20 672	711	1 805	50
山东	170	5	569	78	980	174	158	14
河南	222	11	1 103	291	1 397	534	199	40
湖北	22 702	19	55 911	695	94 589	1 419	23 933	31
湖南	4 945	7	16 326	44	17 668	89	5 701	10
广东	2 762	62	8 939	477	21 418	2 021	2 654	55
广西	112	26	17 898	461	49 112	1 345	7 257	29
海南	28	23	19 737	1 807	33 675	8 600	9 542	31
重庆	2	2	21	21	115	115		
四川								
贵州								
云南	184	12	3 101	356	3 350	894	2 331	155
陕西	31	31	110	110	192	192	31	31
甘肃	150	10	311	162	846	524	116	7
青海								
宁夏	991	3	2 062	147	2 832	352	1 075	52
新疆(兵团)	1 402	238	97 921	5 922	377 430	22 826	51 371	785
新疆(农业)	616	18	1 786	520	1 710	675	739	24
新疆(畜牧)	13		3 757		7 542		120	
热科院	1	1	18	18	105	105	2	2
广州	3	3	28	28	207	207		
南京	53		60		86		53	

7-3续表

地 区	年末固定资产原值（万元）		年末营业用房面积（平方米）		销售总额或营业收入（万元）	
		国有（万元）		国有（平方米）		国有（万元）
全国农垦	**2 376 505**	**1 067 048**	**13 286 337**	**3 310 440**	**30 697 655**	**18 004 653**
北京	20 034	13 078	21 814	17 056	219 194	125 522
天津	34 964	34 964	389 056	389 056	610 769	610 769
河北	117 331	55 297	177 321	28 014	1 554 422	127 126
山西	3 542	43	25 153	2 070	218 220	
内蒙古	26 937	11 330	161 710	46 238	187 139	69 227
辽宁	92 518	2 951	581 303	5 159	514 824	1 732
吉林	3 747	44	117 422		7 159	
黑龙江	505 748	263 714	2 448 685	833 474	5 695 435	4 185 117
上海	324 716	324 716	1 220 599	1 220 599	6 586 761	6 586 761
江苏	76 352	13 828	370 591	6 050	767 406	24 768
浙江	10 761		4 805		31 157	
安徽	14 792	1 680	167 709	16 610	94 922	5 814
福建	6 623	14	86 084	55	83 603	159
江西	31 134	10 408	262 924	49 825	111 204	9 515
山东	1 632	52	13 880	1 330	8 711	1 601
河南	5 391	4 324	47 025	33 207	32 893	17 092
湖北	188 546	3 824	964 656	33 057	2 388 582	1 113 495
湖南	13 560	35	145 026	2 790	82 346	997
广东	76 648	58 418	172 124	40 382	746 514	532 908
广西	189 665	16 454	673 865	10 087	1 346 648	160 391
海南	69 258	34 072	503 458	144 812	861 944	737 506
重庆	167	167	6 947	6 947	6 638	6 638
四川						
贵州						
云南	13 197	6 993	88 321	24 071	48 555	30 586
陕西	491	491	3 295	3 295	388	388
甘肃	5 143	4 548	8 807	3 609	33 882	32 660
青海						
宁夏	6 231	2 706	36 895	2 575	28 862	15 483
新疆（兵团）	533 125	201 258	4 531 386	368 895	8 357 773	3 578 812
新疆（农业）	3 735	1 395	51 860	20 017	38 381	15 481
新疆（畜牧）	66		1 256		17 315	
热科院	30	30	1 000	1 000	654	654
广州	214	214	160	160	13 450	13 450
南京	207		1 200		1 905	

7－4　餐饮业基本情况

（2011年）

地　　区	年末单位个数（个）		年末从业人员（人）		全年从业人员报酬（万元）		营业网点个数（个）	
		国有（个）		国有（人）		国有（万元）		国有（人）
全国农垦	**14 960**	**289**	**148 297**	**13 723**	**322 786**	**35 157**	**48 269**	**502**
北　　京	10	8	6 958	650	40 292	2 925	189	25
天　　津	2	2	14	14	71	71	2	2
河　　北	1 175	3	6 215	57	8 485	106	1 400	2
山　　西	174		357		396		174	
内 蒙 古	1 935	7	2 970	103	5 923	214	1 831	6
辽　　宁	1 447	8	10 853	125	16 389	113	5 137	12
吉　　林	317		1 182		660		143	
黑 龙 江	72	47	22 613	1 693	38 406	2 671	8 048	60
上　　海	13	13	1 656	1 656	5 046	5 046	75	75
江　　苏	471	2	2 161	132	5 862	308	241	1
浙　　江	38	6	214	21	681	63	47	16
安　　徽	412	9	4 301	2 930	7 148	4 708	656	96
福　　建	393	3	1 591	20	1 923	27	430	1
江　　西	709	8	4 622	129	7 902	95	786	6
山　　东	43		130		194		45	
河　　南	67		397		323		56	
湖　　北	5 235	10	14 827	109	20 535	265	5 461	11
湖　　南	859	5	4 087	30	9 058	49	1 120	5
广　　东	459	18	3 538	654	10 124	3 116	446	17
广　　西	27	5	5 482	103	13 080	229	1 134	5
海　　南	28	25	7 438	1 189	14 750	4 971	1 716	16
重　　庆	3	3	402	402	1 538	1 538	3	3
四　　川	3	2	29	21	10			
贵　　州								
云　　南	69	16	2 013	468	2 678	842	4 007	12
陕　　西	20	20	218	218	202	202	21	21
甘　　肃	44	8	317	189	668	476	40	5
青　　海	2	1	19	19	55	50	1	1
宁　　夏	373	5	1 751	650	2 837	1 448	405	7
新疆（兵团）	151	26	40 490	1 980	105 846	5 176	14 241	68
新疆（农业）	390	26	1 315	66	1 265	72	395	26
新疆（畜牧）								
热 科 院	3	3	95	95	376	376	3	3
广　　州								
南　　京	16		42		61		16	

7-4续表

地　区	年末固定资产原值（万元）		年末营业用房面积（平方米）		销售总额或营业收入（万元）	
		国有（万元）		国有（平方米）		国有（万元）
全国农垦	**1 117 402**	**382 311**	**4 416 211**	**846 249**	**1 914 926**	**177 792**
北　京	143 446	39 058	107 851	64 021	251 499	13 604
天　津	590	590	473	473	320	320
河　北	35 352	1 372	96 693	1 559	171 994	506
山　西	163		3 089		42 873	
内蒙古	10 937	1 821	148 463	13 176	8 581	849
辽　宁	77 001	5 001	259 886	5 986	123 017	1 552
吉　林	2 066		27 553		1 742	
黑龙江	185 178	58 868	997 071	180 532	312 140	28 853
上　海	44 787	44 787	107 252	107 252	23 300	23 300
江　苏	14 001	1 534	68 219	3 640	24 773	2 205
浙　江	536	165	8 444	5 124	1 698	48
安　徽	18 407	12 146	82 868	35 244	40 318	31 110
福　建	18 379	16	102 131	134	12 554	99
江　西	18 861	1 896	110 138	17 243	70 758	346
山　东	381		5 510		2 082	
河　南	999		11 217		1 200	
湖　北	41 699	2 907	329 862	14 950	72 417	5 015
湖　南	8 866	32	56 812	488	11 454	390
广　东	30 755	19 147	169 261	60 070	50 177	11 507
广　西	59 489	11 288	194 850	12 575	133 640	1 405
海　南	83 634	41 738	266 933	113 061	44 888	12 515
重　庆	9 147	9 147	31 481	31 481	5 030	5 030
四　川	504	5	5 130	3 130	240	
贵　州						
云　南	23 301	15 530	204 084	59 352	10 947	4 280
陕　西	1 844	1 844	35 800	35 800	966	966
甘　肃	4 542	4 464	30 611	29 161	1 882	1 433
青　海	322	322	1 406	1 406	102	102
宁　夏	16 043	13 490	48 945	20 735	9 423	4 891
新疆（兵团）	261 254	92 101	865 894	22 021	481 498	26 515
新疆（农业）	2 250	523	32 115	3 265	2 080	418
新疆（畜牧）						
热科院	2 518	2 518	4 370	4 370	533	533
广　州						
南　京	150		1 800		800	

7－5　服务业基本情况

（2011年）

地　　区	年末单位个数（个）		年末从业人员（人）		全年从业人员报酬（万元）		营业网点个数（个）	
		国有（个）		国有（人）		国有（万元）		国有（个）
全国农垦	**22 786**	**520**	**169 714**	**40 384**	**332 353**	**99 868**	**57 669**	**758**
北　　京	57	55	2 409	2 339	13 812	13 306	17	15
天　　津	10	10	296	296	3 883	3 883	10	10
河　　北	4 570	2	21 291	23	35 392	53	4 518	2
山　　西	47		178		194		47	
内 蒙 古	850	4	1 537	44	3 060	132	112	3
辽　　宁	3 154	4	11 368	90	18 154	95	2 721	93
吉　　林	232	1	549	10	330	25	197	
黑 龙 江	46	32	22 449	5 632	36 690	5 416	481	57
上　　海	44	44	1 976	1 976	10 652	10 652	24	24
江　　苏	1 447	6	3 978	985	15 991	1 740	938	3
浙　　江	113	4	1 152	85	5 791	176	106	1
安　　徽	751	7	1 900	184	2 295	190	818	9
福　　建	657	4	1 791	191	1 983	122	587	4
江　　西	139	4	1 336	40	2 281	66	213	44
山　　东	105	1	348	1	715	5	103	
河　　南	38	2	199	33	178	10	32	
湖　　北	4 085	7	9 082	121	12 632	136	4 444	7
湖　　南	3 215	9	5 776	415	7 631	530	3 685	14
广　　东	1 632	57	6 335	1 619	19 296	9 374	1 564	54
广　　西	23	9	5 319	168	11 063	474	1 686	9
海　　南	45	28	12 149	970	18 062	2 358	2 592	19
重　　庆								
四　　川	2	2	304	304	220	220		
贵　　州								
云　　南	128	11	1 859	231	2 047	561	474	31
陕　　西	17	17	177	177	312	312	44	44
甘　　肃	37	11	138	103	263	188	76	54
青　　海	3	3	123		621		882	
宁　　夏	658	6	2 559	779	4 691	2 370	654	6
新疆(兵团)	261	135	51 059	22 506	97 312	41 605	30 232	217
新疆(农业)	364	35	1 035	180	994	163	365	37
新疆(畜牧)								
热 科 院	1	1	700	700	3 622	3 622	1	1
广　　州	9	9	182	182	2 084	2 084		
南　　京	46		160		102		46	

7－5 续表

地　　区	年末固定资产原值（万元）		年末营业用房面积（平方米）		销售总额或营业收入（万元）	
		国有（万元）		国有（平方米）		国有（万元）
全国农垦	**989 842**	**520 571**	**4 447 490**	**1 673 740**	**1 525 333**	**351 924**
北　　京	107 914	105 125	148 267	137 467	80 228	79 023
天　　津	27 203	27 203	181 196	181 196	21 232	21 232
河　　北	98 498	180	149 106	140	285 214	140
山　　西	163		825		10 703	
内 蒙 古	2 013	288	12 551	1 960	2 511	602
辽　　宁	65 016	1 102	288 638	3 105	106 496	2 856
吉　　林	535	72	14 830		463	45
黑 龙 江	89 002	12 119	502 959	70 113	316 408	16 265
上　　海	79 899	79 899	18 408	18 408	67 476	67 476
江　　苏	52 791	14 788	209 659	85 000	119 826	32 322
浙　　江	4 248	667	7 727	500	24 486	337
安　　徽	4 022	667	26 827	4 766	9 193	930
福　　建	9 663	562	42 486	1 058	7 969	1 265
江　　西	13 342	2 495	64 555	21 903	25 176	13 232
山　　东	936	2	5 182		1 695	15
河　　南	910	371	9 099	5 326	829	21
湖　　北	18 078	2 880	134 327	35 195	33 181	525
湖　　南	8 120	1 876	38 835	907	15 857	645
广　　东	91 153	81 984	232 079	182 774	71 659	35 569
广　　西	28 329	1 602	146 604	23 178	85 746	4 094
海　　南	17 879	8 386	157 271	59 132	32 116	4 740
重　　庆						
四　　川	6 799	6 799	516	516	250	250
贵　　州						
云　　南	11 755	5 457	141 388	63 143	7 810	2 001
陕　　西	3 758	3 758	9 765	9 765	3 010	3 010
甘　　肃	8 025	7 944	14 145	13 268	1 562	1 446
青　　海	16 425		100 803		3 213	
宁　　夏	36 713	31 646	41 452	19 802	21 742	16 902
新疆(兵团)	136 833	76 200	1 554 917	573 964	152 164	32 800
新疆(农业)	4 140	1 024	31 370	941	2 651	1 300
新疆(畜牧)						
热 科 院	6 413	6 413	924	924	9 066	9 066
广　　州	39 061	39 061	159 289	159 289	3 815	3 815
南　　京	206		1 490		1 586	

商品量、出口、物资

8－1 农业商品产值及商品量

（2011 年）

地区	农业商品产值（万元）	主要农产品商品量						
		粮豆合计（吨）		棉花（吨）	油料（吨）	肉类（吨）		肉猪（万头）
			大豆（吨）				猪肉（吨）	
全国农垦	**23 792 369**	**28 209 291**	**1 435 291**	**1 621 156**	**742 666**	**2 576 983**	**1 534 249**	**1 944.12**
北京	836 635	2 514	26			222 797	4 989	6.06
天津	52 081	16 807	116	1 651	15	952	192	0.19
河北	622 102	368 936	3 236	26 125	2 035	56 077	33 310	46.71
山西	14 890	20 790	10	161	137	819	605	0.84
内蒙古	576 288	1 283 255	172 795		255 380	72 620	8 016	8.00
辽宁	1 095 159	1 117 264	12 167		12 881	207 292	97 265	103.67
吉林	236 969	597 673	8 138		14 582	52 751	20 634	27.07
黑龙江	7 822 270	19 147 649	1 155 463		25 363	645 360	421 370	559.20
上海	332 936	299 944	338	210	244	31 444	29 361	43.18
江苏	446 727	627 631	1 319	4 474	2 050	82 136	21 786	26.25
浙江	70 162	10 918	1 924	69	92	26 411	26 322	38.16
安徽	168 873	356 605	27 052	5 887	1 966	10 751	4 682	5.52
福建	155 334	41 059	1 758		3 427	43 852	37 978	53.00
江西	318 333	366 964	2 184	9 551	17 215	79 717	73 835	84.97
山东	62 359	45 020	2 264	4 970	274	12 925	2 186	2.42
河南	109 512	217 705	9 788	3 060	9 431	26 664	25 006	35.27
湖北	1 065 256	738 292	11 715	81 388	83 306	170 416	144 891	181.10
湖南	509 620	460 977	2 082	12 590	46 710	138 210	134 975	145.00
广东	436 510	44 911	420		5 001	71 758	54 570	63.94
广西	597 201	3 653	196		2 705	95 784	90 964	129.94
海南	1 277 911	99 184	391		4 154	81 213	65 756	71.87
重庆	33 448	20	4		6	8 902	5 042	5.90
四川	5 867	1 273	3		21	2 357	640	0.63
贵州	16 283	3 775	26		277	237	189	0.20
云南	475 183	49 500				5 050	4 010	4.80
陕西	29 548	53 707	954	1 001	974	1 788	1 582	1.83
甘肃	127 909	234 022	20	8 811	14 232	2 685	653	0.75
青海	23 803	27 325			9 813	2 595	96	0.13
宁夏	189 967	306 179	53		6 864	5 505	3 362	4.48
新疆(兵团)	5 556 944	1 241 896	17 790	1 293 053	178 701	382 317	213 477	285.05
新疆(农业)	227 440	222 272	3 060	73 667	11 000	10 680	4 415	5.60
新疆(畜牧)	283 026	201 570		94 488	33 810	24 350	1 688	1.95
热科院	4 598					442	402	0.45
广州	9 506							
南京	1 720					125		

8-2 出口商品总金额

计量单位：万元

地区	总金额				其中：工业品金额		
	2011年	2010年	2011年比2010年增长（%）	排序	2011年	2010年	2011年比2010年增长（%）
全国农垦	**6 569 085**	**5 415 011**	**21.3**		**5930184**	**4682466**	**26.6**
北京	69 862	53 591	30.4	11	12144	11023	10.2
天津	4 966	4 438	11.9	18	4966	4129	20.3
河北	94 703	76 160	24.3	9	79502	63909	24.4
山西							
内蒙古	592	459	29.0	24		459	
辽宁	211 933	224 240	−5.5	6	195443	206877	−5.5
吉林	1 500	1 200	25.0	22			
黑龙江	314 382	415 334	−24.3	4	138412	169552	−18.4
上海	90 979	71 619	27.0	10	88066	69784	26.2
江苏	29 749	29 348	1.4	14	12467	11278	10.5
浙江	326 913	228 305	43.2	3	326913	228305	43.2
安徽							
福建	32 764	39 329	−16.7	13	17377	29543	−41.2
江西	187 795	117 929	59.2	7	166653	102561	62.5
山东							
河南	4 303	1 882	128.6	19			
湖北	233 855	164 427	42.2	5	190 625	142 387	33.9
湖南	24 488	24 021	1.9	15	17 689	17 350	2.0
广东	512 324	452 321	13.3	2	467 867	441 674	5.9
广西	113 431	105 172	7.9	8	101 306	94 134	7.6
海南	55 984	47 410	18.1	12	55 304	46 908	17.9
重庆							
四川	128						
贵州							
云南	1 942	2 292	−15.3	21	1 942	2 292	−15.3
陕西							
甘肃	1 077	7 893	−86.4	23	1 077	7 893	−86.4
青海							
宁夏	6 584	7 998	−17.7	17			
新疆（兵团）	4 236 499	3 327 814	27.3	1	4 052 432	3 032 407	33.6
新疆（农业）	9 750	9 540	2.2	16			
新疆（畜牧）							
热科院							
广州	2 584	2 289	12.9	20			
南京							

8－3 外贸出口供货商品量

（2011年）

种类和地区	计量单位	出口供货商品数量	种类和地区	计量单位	出口供货商品数量
大豆	**吨**	**128 045**	**干辣椒**	**吨**	**528**
黑龙江		128 045	新疆（兵团）		528
玉米	**吨**	**33 090**	**蘑菇**	**吨**	**49**
黑龙江		33 090	新疆（兵团）		49
甜瓜	**吨**	**550**	**水果**	**吨**	**103 436**
新疆（农业）		550	北京		1 500
白瓜子	**吨**	**12 586**	辽宁		6 705
黑龙江		12 586	湖南		5 049
食用油籽	**吨**	**371**	广西		27 874
新疆（兵团）		371	**柑橘**	**吨**	**34 364**
莲子	**吨**	**255**	湖南		5 049
湖南		255	广西		23 693
红小豆	**吨**	**15 680**	新疆（兵团）		5 622
黑龙江		15 680	**甜橙**	**吨**	**4 181**
芸豆	**吨**	**103 654**	广西		4 181
黑龙江		103 654	**苹果**	**吨**	**35 885**
小黄豆	**吨**	**10 050**	辽宁		6 387
黑龙江		10 050	新疆（兵团）		12 633
蔬菜	**吨**	**143 240**	新疆（农业）		16 865
河北		3 383	**香梨**	**吨**	**28 073**
黑龙江		63 939	新疆（兵团）		6 358
上海		5 162	新疆（农业）		21 715
浙江		19 960	**黄桃**	**吨**	**113**
福建		21 050	辽宁		113
湖南		5 601	**葡萄**	**吨**	**680**
宁夏		15 199	新疆（农业）		680
新疆（兵团）		7 953	**枣**	**吨**	**140**
新疆（农业）		993	新疆（农业）		140
新鲜蔬菜	**吨**	**93 024**	**食用干果**	**吨**	**8 362**
河北		3 383	新疆（兵团）		8 362
黑龙江		61 950	**调味品**	**吨**	**6 334**
上海		5 162	北京		84
福建		16 050	辽宁		6 250
湖南		5 601	**白胡椒**	**吨**	**177**
新疆（农业）		878	海南		177
速冻蔬菜	**吨**	**20 993**	**猪**	**头**	**212 185**
黑龙江		918	河南		24 160
浙江		19 960	湖南		15 786
新疆（农业）		115	江西		88 104
脱水蔬菜	**吨**	**6 071**	湖北		40 300
黑龙江		1 071	广东		28 070
福建		5 000	广西		15 765

8-3续表1

种类和地区	计量单位	出口供货商品数量	种类和地区	计量单位	出口供货商品数量
瘦肉型猪	头	**212 081**	**皮张类**	张	**34 000**
河南		24 160	黑龙江		34 000
湖北		40 300	**绒类**	吨	**58**
湖南		15 786	黑龙江		58
江西		88 000	**山羊绒**	吨	**58**
广东		28 070	黑龙江		58
广西		15 765	**鱼类**	吨	**15 845**
兼用型猪	头	**104**	河北		961
江西		104	辽宁		600
家禽	吨	**82 768**	湖南		9 879
北京		82 700	广东		4 405
湖北		68	**海水鱼**	吨	**1 561**
鸭	吨	**82 768**	河北		961
北京		82 700	辽宁		600
湖北		68	**淡水鱼**	吨	**14 284**
猪肉	吨	**6 670**	湖南		9 879
北京		55	广东		4 405
黑龙江		3 790	**虾类**	吨	**9 543**
广东		2 475	江西		111
新疆（兵团）		350	广东		9 432
鲜猪肉	吨	**2 475**	**对虾**	吨	**9 432**
广东		2 475	广东		9 432
冻猪肉	吨	**3 845**	**龙虾**	吨	**111**
北京		55	江西		111
黑龙江		3 790	**鹿茸**	千克	**600**
家禽肉	吨	**20 563**	黑龙江		600
北京		19 803	**甘草**	吨	**20**
辽宁		760	新疆（兵团）		20
鸡肉	吨	**19 629**	**原料药**	吨	**1 760**
北京		19 629	黑龙江		1 760
鸭肉	吨	**934**	**大米**	吨	**55 758**
北京		174	黑龙江		50 358
辽宁		760	新疆（兵团）		5 400
肠衣	把	**1 190 000**	**食用油类**	吨	**3 638**
黑龙江		1 190 000	黑龙江		3 638
猪肠衣	把	**1 190 000**	**味精**	吨	**502**
黑龙江		1 190 000	上海		502
牛奶	吨	**5 382**	**淀粉**	吨	**24 963**
广州		5 382	广西		24 963
蜂蜜	吨	**1 500**	**再制蛋**	吨	**1 387**
吉林		1 500	湖北		1 387

8-3 续表 2

种类和地区	计量单位	出口供货商品数量	种类和地区	计量单位	出口供货商品数量
松花蛋	**吨**	**942**	浙江		1 800
湖北		942	湖南		9
咸蛋	**吨**	**445**	**精制红茶**	**吨**	**87**
湖北		445	福建		87
乳制品	**吨**	**1 000**	**甜菜粕**	**吨**	**6 733**
黑龙江		1 000	黑龙江		6 733
奶粉	**吨**	**1 000**	**豆粕**	**吨**	**19 876**
黑龙江		1 000	黑龙江		19 876
咸蕨菜	**吨**	**200**	**苇帘**	**万片**	**100**
黑龙江		200	河北		100
罐头	**吨**	**43 087**	**柳编织品**	**万件**	**47**
黑龙江		56	黑龙江		23
上海		26 306	广西		24
湖北		9 599	**雕花家具**	**件**	**1 440**
广东		1 950	辽宁		1 440
广西		5 176	**地毯**	**平方米**	**91 700**
猪肉罐头	**吨**	**56**	广东		91 700
黑龙江		56	**服装**	**万件**	**3 323**
水果罐头	**吨**	**16 115**	河北		81
湖北		8 989	辽宁		1
广东		1 950	江苏		34
广西		5 176	浙江		1 203
蔬菜罐头	**吨**	**659**	江西		88
湖北		610	湖北		91
新疆（兵团）		49	广东		1 076
酒类	**吨**	**281**	新疆（兵团）		749
天津		41	**工艺品**	**万件**	**10 316**
上海		240	辽宁		295
葡萄酒	**吨**	**41**	福建		10 018
天津		41	广西		3
黄酒	**吨**	**67**	**棉布·呢绒·丝制品**	**万件**	**5 282**
上海		67	浙江		5 282
茶叶	**吨**	**3 534**	**棉纱**	**万件**	**451 126**
浙江		1 800	新疆（兵团）		451 126
福建		137	**胶鞋**	**万双**	**160**
湖南		9	福建		160
四川		345	**多用车**	**台**	**559 263**
云南		1 243	黑龙江		603
红茶	**吨**	**1 267**	湖北		558 660
福建		24	**活性炭**	**吨**	**5 100**
云南		1 243	江西		5 100
绿茶	**吨**	**1 809**			

8－4 主要物资消费

（2011 年）

地　区	钢材（吨）	木材（立方米）	水泥（吨）	纯碱（吨）	烧碱（吨）	化肥（实物量）（吨）	聚乙烯、聚丙烯（吨）
全国农垦	**2 997 708**	**2 843 153**	**14 274 331**	**41 441**	**87 676**	**5 108 701**	**223 290**
北　京	5 850	1 435	13 820		123	931	
天　津	1 330	10	583		9	2 190	5 478
河　北	57 679	29 410	392 716	8 241	93	60 011	5 002
山　西	7 850	53	254			10 995	1
内蒙古	18 673	33 153	143 449	18	3	185 778	1 291
辽　宁	196 385	493 399	725 549	7 351	5 195	181 591	1 879
吉　林	5 884	7 962	44 698	3 800	260	122 689	249
黑龙江	252 366	341 428	1 821 966	2 956	5 558	1 103 742	28 178
上　海	66 536	6 398	206 652			49 967	14 373
江　苏	138 048	9 247	353 564	204	1 635	131 612	107
浙　江	149 886	940	129 513	1 341		9 401	529
安　徽	46 258	21 591	123 511		65	71 290	250
福　建	40 360	28 201	105 755	334	7	57 087	55
江　西	67 186	64 648	855 596	2 467	1 134	93 000	1 543
山　东	3 205	4 789	17 930			9 753	4
河　南	4 723	1 545	28 628	160	12	52 223	48
湖　北	252 612	217 777	910 266	859	1 600	521 125	4 456
湖　南	61 302	105 480	375 509	5 396	260	147 954	259
广　东	73 105	37 472	372 160	10	201	236 603	
广　西	315 989	629 949	1 630 627	353	25 458	178 308	2 973
海　南	131 129	158 776	760 496	25	250	232 888	193
重　庆	8 735	1 197	18 602			70	
四　川	1 034	84	4 480	29	4	357	15
贵　州	1 044	906	13 899			7 822	
云　南	19 244	53 383	81 357	10	2	67 844	820
陕　西	3 351	115	3 041			10 535	47
甘　肃	4 886	934	31 505		18	67 888	1 172
青　海	214	700	1 486			11 910	
宁　夏	17 284	8 324	84 450	4	393	82 181	38
新疆(兵团)	1 019 612	471 329	4 677 241	7 873	45 297	1 263 887	151 400
新疆(农业)	16 750	89 550	279 610	10	82	56 960	2 930
新疆(畜牧)	7 642	22 930	60 337			78 667	
热科院	366	36	5 059			1 442	1
广　州	40	2	23	1	18		
南　京	1 150						

8-4 续表 1

地　　区	原煤（吨）	原煤（吨标准煤）	焦炭（吨）	焦炭（吨标准煤）	汽油（吨）	汽油（吨标准煤）
全国农垦	**30 618 399**	**22 178 247**	**1 654 465**	**1 607 088**	**999 121**	**1 439 014**
北　　京	192 122	137 235			17 752	26 116
天　　津	18 555	13 254			2 500	3 677
河　　北	1 088 826	778 023	4 242	4 120	11 207	16 474
山　　西	14 189	10 135			1 574	2 316
内 蒙 古	251 085	179 023	260	283	10 935	16 089
辽　　宁	914 247	653 047	203 341	197 525	191 391	281 613
吉　　林	40 028	29 671	1	1	29 595	41 948
黑 龙 江	4 383 161	3 022 422	2 611	2 536	140 208	206 194
上　　海	90 933	64 953			98 949	145 594
江　　苏	53 179	37 985			8 292	12 200
浙　　江	616 040	440 030			2 078	3 056
安　　徽	20 526	14 662	636	618	1 438	2 116
福　　建	76 982	55 816	29 396	28 524	7 006	8 973
江　　西	162 051	39 700	60		15 048	13 019
山　　东	12 944	9 245			471	692
河　　南	118 768	84 836			3 917	5 763
湖　　北	406 453	290 207	25 063	24 346	80 469	118 401
湖　　南	335 634	234 944			29 136	43 704
广　　东	192 641	137 600			26 786	39 412
广　　西	467 061	333 622			23 405	34 438
海　　南	292	209	68	66	26 425	38 882
重　　庆	879	628			344	506
四　　川	1 395	996			113	167
贵　　州	4 023	4 023			521	767
云　　南	69 138	49 385			3 401	5 004
陕　　西	8 976	6 197	227	221	1 271	1 870
甘　　肃	517 125	369 382	3 248	3 155	2 880	4 238
青　　海	9 739	5 650			838	958
宁　　夏	115 385	82 419	120	117	2 658	3 911
新疆(兵团)	19 637 617	14 523 735	1 385 192	1 345 576	222 949	328 047
新疆(农业)	76 775	54 690			11 125	16 368
新疆(畜牧)	721 569	514 479			10 134	16 315
热 科 院					14 185	9
广　　州	35	25			112	164
南　　京	25	18			9	13

8-4续表2

地 区	柴油（吨）	柴油（吨标准煤）	电力（万千瓦时）	电力（吨标准煤）	其他燃料（吨标准煤）
全国农垦	**1 729 643**	**2 497 481**	**4 268 272**	**5 277 431**	**3 059 066**
北 京	6 133	8 936	39 177	48 151	15 310
天 津	909	1 324	10 984	13 500	
河 北	24 847	36 352	148 944	182 086	6 434
山 西	2 008	2 926	2 417	2 971	
内 蒙 古	49 233	71 736	70 016	86 049	
辽 宁	169 498	246 976	293 053	360 162	12 779
吉 林	30 739	44 790	34 362	42 227	11 293
黑 龙 江	454 613	662 393	287 485	353 177	492 381
上 海	21 805	31 772	62 883	77 283	33 650
江 苏	28 541	41 587	50 439	61 989	
浙 江	7 373	10 742	90 479	11 010	220
安 徽	11 859	17 280	9 521	11 701	
福 建	12 290	10 495	34 372	17 484	807
江 西	23 631	16 752	66 633	68 744	7 165
山 东	1 562	2 274	4 297	5 280	
河 南	6 586	9 596	18 739	23 049	
湖 北	80 084	116 691	210 668	204 642	214 985
湖 南	19 546	28 443	74 432	93 040	
广 东	30 512	44 459	49 800	61 203	1 586
广 西	34 929	50 895	73 746	81 445	11 062
海 南	37 408	54 508	52 139	170 495	
重 庆	2 570	3 745	11 165	13 722	8 871
四 川	72	105	44 028	143 531	
贵 州	330	480	167	205	
云 南	4 242	6 242	10 172	12 501	
陕 西	4 377	6 377	1 999	2 457	3
甘 肃	9 123	13 293	57 546	70 724	34
青 海	2 460	1 378	315	261	
宁 夏	11 933	17 388	10 368	12 742	242
新疆（兵团）	608 022	885 949	2 339 531	2 875 283	2 230 120
新疆（农业）	15 410	22 450	91 635	112 619	7 065
新疆（畜牧）	16 420	28 373	14 865	53 514	
热 科 院	50	4	459	11	1
广 州	526	767	1 178	3 853	5 059
南 京	2	3	260	320	

科研、教育、卫生

9－1　农垦科研基本情况

（2011 年）

地区	个数（个）	职工（人）			科技经费（万元）				实验地面积（公顷）
			科技人员（人）	工人（人）		国家拨款（万元）	省地局自筹（万元）	企业自筹（万元）	
全国农垦	**328**	**15 906**	**9 135**	**6 386**	**210 955**	**92 761**	**39 935**	**77 250**	**9 854**
北京	9	476	266	210	18 308	2 350	187	15 771	100
天津	3	112	67	11	954	50	904		
河北	9	181	129	47	1 634	1 118	379	137	144
山西	3	182	17	164	123	3		120	73
内蒙古	14	157	95	62	395	30	70	295	98
辽宁	28	619	371	239	687	402	15	271	267
吉林	2	18	11	7	12			12	
黑龙江	23	871	513	358	6 850	5 590	1 260		248
上海	1	6	5						
江苏	22	577	457	120	34 799	49		34 750	434
浙江									
安徽	9	208	65	142	95		3	92	91
福建									
江西	7	714	416	194	2 422	20		2 052	27
山东	4	42	15	27	74		5	69	57
河南	14	319	167	152	368		96	272	298
湖北	30	1 274	367	868	2 740	75	918	1 747	520
湖南	22	651	438	213	956	185	55	716	1 845
广东	16	254	139	103	4 054	3 649	19	386	819
广西	3	644	241	226	6 083	4 173	601	650	315
海南	13	390	241	149	1 263	769	420	74	205
重庆	2	53	50	3	853	530		323	15
四川	2	92	74	18	180			180	
贵州									
云南	4	658	279	379	3 377	1 659	276	1 442	706
陕西									
甘肃	11	271	188	83	2 159	1 437	102	619	2 055
青海	4	87	41	46	309	50		259	149
宁夏	2	57	34	23	72	20		52	
新疆（兵团）	45	3 887	3 048	839	82 389	33 423	33 423	15 543	1 207
新疆（农业）	8	111	92	19	180			180	
新疆（畜牧）	3	12	8	2	13			13	30
热科院	15	2 983	1 301	1 682	39 607	37 179	1 203	1 225	152
广州									
南京									

9－2 部、省、地属科研单位基本情况

(2011 年)

地区	个数(个)	职工（人）			科技经费（万元）				实验地面积(公顷)
			科技人员(人)	工人（人）		国家拨款(万元)	省地局自筹（万元）	企业自筹(万元)	
全国农垦	**79**	**7 571**	**4 027**	**3 327**	**127 672**	**56 749**	**32 147**	**11 286**	**2 767**
北京	2	345	160	185	1 207	870	187	150	100
天津	3	112	67	11	954	50	904		
河北	1	56	35	20	1 465	1 118	347		93
山西									
内蒙古	2	52	33	19	87		69	18	7
辽宁	1	218	129	89	320	290	10	20	235
吉林									
黑龙江	23	871	513	358	6 850	5 590	1 260		248
上海									
江苏									
浙江									
安徽									
福建									
江西									
山东									
河南	3	96	80	16	288		89	199	27
湖北	6	210	102	108	1 028		578	450	14
湖南									
广东	4	122	87	29	3 162	3 086		76	207
广西	2	552	189	187	4 845	4 173	13		310
海南	6	323	205	118	1 156	767	380	9	87
重庆	1	25	25		530	530			15
四川									
贵州									
云南	4	658	279	379	3 377	1 659	276	1 442	706
陕西									
甘肃	1	137	80	57	1 437	1 437			
青海									
宁夏									
新疆（兵团）	5	811	742	69	61 359		26 831	7 697	566
新疆（农业）									
新疆（畜牧）									
热科院	15	2 983	1 301	1 682	39 607	37 179	1 203	1 225	152
广州									
南京									

9－3 场属科研单位基本情况

（2011年）

地区	个数（个）	职工（人）			科技经费（万元）				实验地面积（公顷）
			科技人员（人）	工人（人）		国家拨款（万元）	省地局自筹（万元）	企业自筹（万元）	
全国农垦	**249**	**8 335**	**5 108**	**3 059**	**83 282**	**2 589**	**7 789**	**65 963**	**7 087**
北京	7	131	106	25	17 101	1 480		15 621	
天津									
河北	8	125	94	27	169		32	137	51
山西	3	182	17	164	123	3		120	73
内蒙古	12	105	62	43	308	30	1	277	91
辽宁	27	401	242	150	367	112	5	251	32
吉林	2	18	11	7	12			12	
黑龙江									
上海	1	6	5						
江苏	22	577	457	120	34 799	49		34 750	434
浙江									
安徽	9	208	65	142	95		3	92	91
福建									
江西	7	714	416	194	2 422	20		2 052	27
山东	4	42	15	27	74		5	69	57
河南	11	223	87	136	80		7	73	271
湖北	24	1 064	265	760	1 712	75	340	1 297	506
湖南	22	651	438	213	956	185	55	716	1 845
广东	12	132	52	74	892	563	19	310	612
广西	1	92	52	39	1 238		588	650	5
海南	7	67	36	31	107	2	40	65	118
重庆	1	28	25	3	323			323	
四川	2	92	74	18	180			180	
贵州									
云南									
陕西									
甘肃	10	134	108	26	721		102	619	2 055
青海	4	87	41	46	309	50		259	149
宁夏	2	57	34	23	72	20		52	
新疆（兵团）	40	3 076	2 306	770	21 030		6 592	7 846	641
新疆（农业）	8	111	92	19	180			180	
新疆（畜牧）	3	12	8	2	13			13	30
热科院									
广州									
南京									

9-4 农垦各类学校基本情况

(2011年)

地区	学校数（所）	教职工（人）		在校学生合计（人）		当年毕业生人数（人）
			教师（人）		新招生（人）	
全国农垦	**1 334**	**123 460**	**91 458**	**1 275 718**	**308 229**	**324 771**
北京	1	17	3	251		291
天津	1	10				
河北	113	4 548	3 872	47 284	12 024	12 916
山西	4	122	111	906	130	196
内蒙古	32	882	782	3 981	818	850
辽宁						
吉林						
黑龙江	184	36 903	33 237	361 513	71 536	92 741
上海	1	32	17	1 305	387	286
江苏						
浙江						
安徽						
福建						
江西	55	1 069	886	12 659	3 831	2 539
山东						
河南	41	868	747	16 110	2 576	3 104
湖北	274	11 918	10 320	140 360	36 090	36 995
湖南	78	3 200	2 652	55 508	13 316	13 376
广东	149	5 408	3 884	99 317	24 965	22 170
广西	2	682	383	13 059	4 675	4 275
海南	4	493	304	5 203	2 150	1 186
重庆						
四川						
贵州						
云南	2	183	157	3 107	1 007	854
陕西	1	29	29	1 511	695	419
甘肃	5	121	101	8 449	2 358	1 127
青海	17	487	439	4 277	438	568
宁夏	1	49	34	881	460	426
新疆(兵团)	344	55 280	32 508	489 328	127 859	128 018
新疆(农业)						
新疆(畜牧)	15	768	701	4 073	786	349
热科院	9	290	238	3 829	1 148	887
广州						
南京	1	101	53	2 807	980	1 198

9－5 普通高等学校基本情况

(2011 年)

地 区	学校数（所）	教职工（人）		在校学生合计（人）		当年毕业生人数（人）
			教师（人）		新招生（人）	
全国农垦	**10**	**7 919**	**4 809**	**93 687**	**27 448**	**25 025**
北 京						
天 津						
河 北						
山 西						
内 蒙 古						
辽 宁						
吉 林						
黑 龙 江	3	2 558	1 502	28 270	8 292	7 924
上 海						
江 苏						
浙 江						
安 徽						
福 建						
江 西						
山 东						
河 南						
湖 北						
湖 南						
广 东	1	984	368	17 964	6 319	5 204
广 西						
海 南						
重 庆						
四 川						
贵 州						
云 南	1	157	142	3 107	1 007	854
陕 西						
甘 肃						
青 海						
宁 夏						
新疆(兵团)	5	4 220	2 797	44 346	11 830	11 043
新疆(农业)						
新疆(畜牧)						
热 科 院						
广 州						
南 京						

9－6 成人高等学校基本情况

（2011 年）

地 区	学校数（所）	教职工（人）		在校学生合计（人）		当年毕业生人数（人）
			教师（人）		新招生（人）	
全国农垦	**15**	**2 381**	**1 576**	**41 806**	**16 239**	**12 010**
北京	1	17	3	251		291
天津						
河北	1	44	36			
山西						
内蒙古						
辽宁						
吉林						
黑龙江	1	183	101	2 710	1 015	512
上海	1	32	17	1 305	387	286
江苏						
浙江						
安徽						
福建						
江西						
山东						
河南						
湖北	1	104	75	2 011	1 060	1 647
湖南	5	364	361	3 550	2 320	1 123
广东						
广西	1	582	310	11 596	4 113	3 718
海南						
重庆						
四川						
贵州						
云南	1	26	15			
陕西						
甘肃	1	45	35	7 597	2 038	798
青海						
宁夏				512	380	164
新疆（兵团）	2	984	623	12 274	4 926	3 471
新疆（农业）						
新疆（畜牧）						
热科院						
广州						
南京						

9－7 普通中等专业学校基本情况

（2011年）

地区	学校数（所）	教职工（人）		在校学生合计（人）		当年毕业生人数（人）
			教师（人）		新招生（人）	
全国农垦	**33**	**3 299**	**1 991**	**63 152**	**22 805**	**18 029**
北京						
天津						
河北	1	34	30	1 221	184	363
山西						
内蒙古	1	71	32	360	158	265
辽宁						
吉林						
黑龙江	2	256	118	3 461	1 195	692
上海						
江苏						
浙江						
安徽						
福建						
江西	1	161	82	4 119	1 412	1 129
山东						
河南						
湖北	2	240	182	7 668	3 143	2 533
湖南						
广东	1	384	228	11 791	2 512	2 112
广西						
海南	3	348	194	3 512	1 642	677
重庆						
四川						
贵州						
云南						
陕西	1	29	29	1 511	695	419
甘肃						
青海						
宁夏						
新疆（兵团）	21	1 776	1 096	29 509	11 864	9 839
新疆（农业）						
新疆（畜牧）						
热科院						
广州						
南京						

9－8 成人中等专业学校基本情况

(2011年)

地区	学校数（所）	教职工（人）	教师（人）	在校学生合计（人）	新招生（人）	当年毕业生人数（人）
全国农垦	**9**	**380**	**266**	**55 146**	**17 048**	**32 550**
北京						
天津	1	10				
河北	1	7	5	54	16	21
山西						
内蒙古						
辽宁						
吉林						
黑龙江	1	35	29	44 240	12 089	28 016
上海						
江苏						
浙江						
安徽						
福建						
江西						
山东						
河南						
湖北						
湖南						
广东	1	38	28	435	259	260
广西						
海南						
重庆						
四川						
贵州						
云南						
陕西						
甘肃	1	42	34	540	250	270
青海	1	14	11	327		23
宁夏	1	49	34	369	80	262
新疆（兵团）	1	84	72	6 374	3 374	2 500
新疆（农业）						
新疆（畜牧）						
热科院						
广州						
南京	1	101	53	2 807	980	1 198

9－9 普通中学基本情况

（2011 年）

地　　区	学校数（所）	教职工（人）		在校学生合计（人）		当年毕业生人数（人）
			教师（人）		新招生（人）	
全国农垦	**562**	**65 619**	**44 263**	**463 998**	**136 674**	**138 274**
北　　京						
天　　津						
河　　北	17	1 768	1 486	16 699	5 663	7 116
山　　西	1	22	19	29		13
内 蒙 古	5	137	125	986	218	139
辽　　宁						
吉　　林						
黑 龙 江	124	21 011	19 865	155 083	32 243	34 157
上　　海						
江　　苏						
浙　　江						
安　　徽						
福　　建						
江　　西	5	185	183	1 047	276	161
山　　东						
河　　南	6	257	220	3 854	1 036	1 163
湖　　北	79	6 010	5 022	55 154	18 804	19 487
湖　　南	15	650	635	10 670	4 349	4 311
广　　东	47	1 671	1 307	27 092	8 861	7 034
广　　西	1	100	73	1 463	562	557
海　　南	1	145	110	1 691	508	509
重　　庆						
四　　川						
贵　　州						
云　　南						
陕　　西						
甘　　肃	1	14	12	88	28	26
青　　海	6	304	276	2 539	239	355
宁　　夏						
新疆（兵团）	246	32 924	14 589	184 582	62 718	62 275
新疆（农业）						
新疆（畜牧）	5	219	187	812	391	349
热 科 院	3	202	154	2 209	778	622
广　　州						
南　　京						

9－10 职业中学基本情况

(2011 年)

地　区	学校数（所）	教职工（人）		在校学生合计（人）		当年毕业生人数（人）
			教师（人）		新招生（人）	
全国农垦	**13**	**473**	**370**	**5 651**	**2 192**	**1 790**
北　京						
天　津						
河　北	2	235	187	3 333	1 421	1 190
山　西						
内蒙古						
辽　宁						
吉　林						
黑龙江	6	97	67	766	485	118
上　海						
江　苏						
浙　江						
安　徽						
福　建						
江　西	2	67	50	622	208	175
山　东						
河　南						
湖　北	2	58	53	841	78	224
湖　南						
广　东						
广　西						
海　南						
重　庆						
四　川						
贵　州						
云　南						
陕　西						
甘　肃						
青　海						
宁　夏						
新疆(兵团)	1	16	13	89		83
新疆(农业)						
新疆(畜牧)						
热科院						
广　州						
南　京						

9－11 小学基本情况

(2011 年)

地　区	学校数（所）	教职工（人）		在校学生合计（人）		当年毕业生人数（人）
			教师（人）		新招生（人）	
全国农垦	**692**	**43 389**	**38 183**	**552 278**	**85 823**	**97 093**
北　京						
天　津						
河　北	91	2 460	2 128	25 977	4 740	4 226
山　西	3	100	92	877	130	183
内蒙古	26	674	625	2 635	442	446
辽　宁						
吉　林						
黑龙江	47	12 763	11 555	126 983	16 217	21 322
上　海						
江　苏						
浙　江						
安　徽						
福　建						
江　西	47	656	571	6 871	1 935	1 074
山　东						
河　南	35	611	527	12 256	1 540	1 941
湖　北	190	5 506	4 988	74 686	13 005	13 104
湖　南	58	2 186	1 656	41 288	6 647	7 942
广　东	99	2 331	1 953	42 035	7 014	7 560
广　西						
海　南						
重　庆						
四　川						
贵　州						
云　南						
陕　西						
甘　肃	2	20	20	224	42	33
青　海	10	169	152	1411	199	190
宁　夏						
新疆(兵团)	68	15276	13318	212154	33147	38807
新疆(农业)						
新疆(畜牧)	10	549	514	3261	395	
热科院	6	88	84	1620	370	265
广　州						
南　京						

9－12 农垦卫生事业基本情况

（2011 年）

地区	医疗单位个数（个）	医院（个）	疗养院（个）	病床（张）	职工合计（人）	医务人员（人）	医生（人）
全国农垦	**5 709**	**1 053**	**6**	**61 836**	**72 230**	**62 671**	**29 213**
北京	1	1		50	11	7	4
天津	6	3		70	25	23	9
河北	129	36		1 549	1 691	1 464	731
山西	8	6		45	53	42	24
内蒙古	299	59		1 221	1 755	1 480	815
辽宁	696	118		2 723	2 328	1 864	988
吉林	73	29		635	599	387	218
黑龙江	1 863	123	1	12 873	14 397	12 614	8 674
上海	3	3		1 044	438	370	182
江苏	18	18		1 062	1 135	583	552
浙江							
安徽	89	26		999	765	622	326
福建	94	13	1	147	245	212	63
江西	58	39		551	662	553	259
山东	12	2		40	31	22	13
河南	66	17		566	678	485	250
湖北	597	80	3	5 816	6 502	5 522	2 604
湖南	79	47		1 423	1 401	980	530
广东	62	54	1	4 956	4 114	3 332	1 544
广西	13	13		211	194	169	93
海南	96	91		6 091	8 953	7 258	2 852
重庆	1	1		20	20	20	12
四川							
贵州	7	7		15	15	15	7
云南							
陕西	11	11		155	139	83	45
甘肃	36	26		641	340	253	102
青海	13	9		225	188	131	75
宁夏							
新疆（兵团）	1 356	210		18 575	25 387	24 085	8 172
新疆（农业）							
新疆（畜牧）	15	10		125	147	85	62
热科院	8	1		8	17	10	7
广州							
南京							

9－13 省局、地区属卫生事业基本情况

（2011年）

地　　区	医疗单位个数（个）			病床（张）	职工合计（人）		
		医院（个）	疗养院（个）			医务人员（人）	
							医生（人）
全国农垦	**150**	**55**	**2**	**20 984**	**24 577**	**21 739**	**7 279**
北　　京							
天　　津							
河　　北							
山　　西							
内 蒙 古	5	3		438	691	528	287
辽　　宁							
吉　　林							
黑 龙 江	69	11	1	5 448	5 419	5 101	1 927
上　　海	1	1		1 007	426	358	177
江　　苏							
浙　　江							
安　　徽							
福　　建							
江　　西							
山　　东							
河　　南							
湖　　北	22	12		1 802	1 840	1 558	525
湖　　南							
广　　东	5	4	1	2 137	1 929	1 539	598
广　　西							
海　　南	4	3		2 564	3 966	3 067	1 049
重　　庆							
四　　川							
贵　　州							
云　　南							
陕　　西	1	1		50	69	42	16
甘　　肃							
青　　海							
宁　　夏							
新疆（兵团）	43	20		7 538	10 237	9 546	2 700
新疆（农业）							
新疆（畜牧）							
热 科 院							
广　　州							
南　　京							

9－14 场（厂）属卫生事业基本情况

（2011年）

地区	医疗单位个数（个）			病床（张）	职工合计（人）		
		医院（个）	疗养院（个）			医务人员（人）	
							医生（人）
全国农垦	**3 902**	**850**	**4**	**36 496**	**43 128**	**37 158**	**19 643**
北京	1	1		50	11	7	4
天津	3	3		70	21	19	6
河北	39	18		1 032	1 207	1 037	439
山西	5	5		41	41	34	18
内蒙古	88	50		688	858	751	362
辽宁	88	71		1 273	1 186	953	476
吉林	30	23		439	481	314	166
黑龙江	1 794	112		7 425	8 978	7 513	6 747
上海	2	2		37	12	12	5
江苏	18	18		1 062	1 135	583	552
浙江							
安徽	15	13		429	323	245	122
福建	48	13	1	115	161	132	54
江西	27	24		454	529	443	210
山东	8	2		36	25	17	11
河南	25	17		359	526	394	180
湖北	137	60	3	3 208	3 292	2 724	1 297
湖南	35	24		1 155	1 130	809	427
广东	55	50		2 819	2 160	1 771	931
广西	13	13		211	194	169	93
海南	89	88		3 527	4 987	4 191	1 803
重庆	1	1		20	20	20	12
四川							
贵州	7	7		15	15	15	7
云南							
陕西	7	7		102	65	38	27
甘肃	20	20		554	281	211	82
青海	11	7		205	176	122	71
宁夏							
新疆(兵团)	1 313	190		11 037	15 150	14 539	5 472
新疆(农业)							
新疆(畜牧)	15	10		125	147	85	62
热科院	8	1		8	17	10	7
广州							
南京							

9－15 分场属卫生事业基本情况

（2011 年）

地区	医疗单位个数（个）			病床（张）	职工合计（人）		
		医院（个）	疗养院（个）			医务人员（人）	
							医生（人）
全国农垦	**1 589**	**144**		**3 877**	**4 136**	**3 449**	**2 121**
北京							
天津	3	3			4	4	3
河北	90	18		517	484	427	292
山西	3	1		4	12	8	6
内蒙古	206	6		95	206	201	166
辽宁	605	47		1 447	1 139	908	509
吉林	43	6		196	118	73	52
黑龙江							
上海							
江苏							
浙江							
安徽	12	6		94	56	55	37
福建	46			32	84	80	9
江西	31	15		97	133	110	49
山东	4			4	6	5	2
河南	41			207	152	91	70
湖北	438	8		806	1 370	1 240	782
湖南	44	23		268	271	171	103
广东	2				25	22	15
广西							
海南							
重庆							
四川							
贵州							
云南							
陕西	3	3		3	5	3	2
甘肃	16	6		87	59	42	20
青海	2	2		20	12	9	4
宁夏							
新疆（兵团）							
新疆（农业）							
新疆（畜牧）							
热科院							
广州							
南京							

附　录

附录一　中华人民共和国2011年国民经济和社会发展统计公报[1]

中华人民共和国2011年
国民经济和社会发展统计公报

中华人民共和国国家统计局

2012年2月22日

2011年，面对复杂严峻的国内外环境，全国各族人民在党中央、国务院的正确领导下，坚持以邓小平理论和“三个代表”重要思想为指导，坚持以科学发展为主题、以加快转变经济发展方式为主线，全面贯彻落实加强和改善宏观调控的各项政策措施，国民经济保持平稳较快发展，各项社会事业取得新的进步，实现了“十二五”时期良好开局。

一、综合

初步核算，全年国内生产总值[2]471 564亿元，比上年增长9.2%。其中，第一产业增加值47 712亿元，增长4.5%；第二产业增加值220 592亿元，增长10.6%；第三产业增加值203 260亿元，增长8.9%。第一产业增加值占国内生产总值的比重为10.1%，第二产业增加值比重为46.8%，第三产业增加值比重为43.1%。

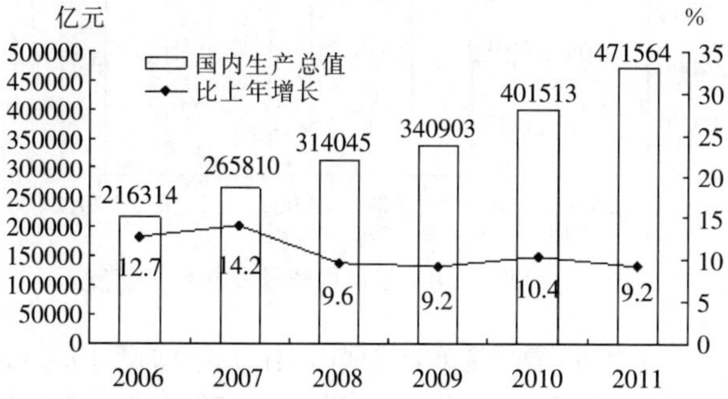

图1　2006—2011年国内生产总值及其增长速度

全年居民消费价格比上年上涨5.4%，其中食品价格上涨11.8%。固定资产投资价格上涨6.6%。工业生产者出厂价格上涨6.0%。工业生产者购进价格上涨9.1%。农产品生产价格[3]上涨16.5%。

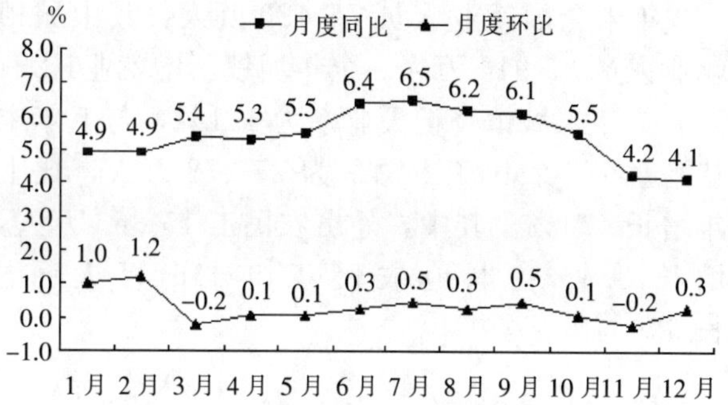

图2　2011年居民消费价格月度涨跌幅度

表1　2011年居民消费价格比上年涨跌幅度

单位：%

指标	全国	城市	农村
居民消费价格	5.4	5.3	5.8
其中：食　品	11.8	11.6	12.4
烟酒及用品	2.8	3.0	2.4
衣　着	2.1	2.2	1.9
家庭设备用品及维修服务	2.4	2.7	1.5
医疗保健和个人用品	3.4	3.4	3.3
交通和通信	0.5	0.2	1.3
娱乐教育文化用品及服务	0.4	0.3	0.8
居　住	5.3	5.1	5.7

70个大中城市新建商品住宅销售价格月环比下降的城市个数逐步增加。12月份，70个大中城市中，环比价格下降的城市为52个，比1月份增加49个。

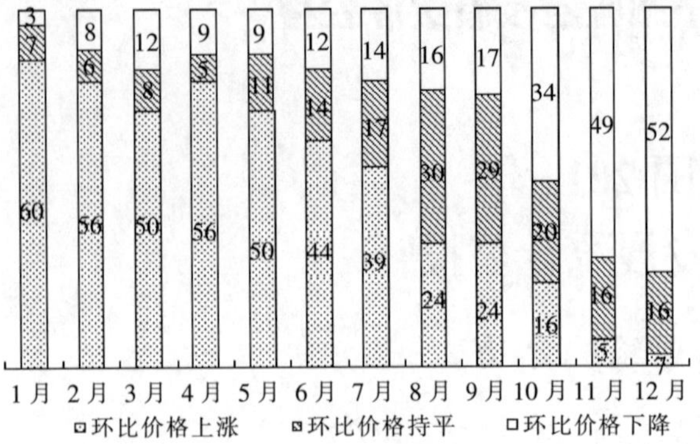

图 3　2011 年新建商品住宅月环比价格下降、持平、上涨城市个数变化情况

年末全国就业人员 76 420 万人，其中城镇就业人员 35 914 万人。全年城镇新增就业1 221 万人。年末城镇登记失业率为 4.1%，与上年末持平。全年农民工[4]总量为 25 278 万人，比上年增长 4.4%。其中，外出农民工 15 863 万人，增长 3.4%；本地农民工 9 415 万人，增长 5.9%。

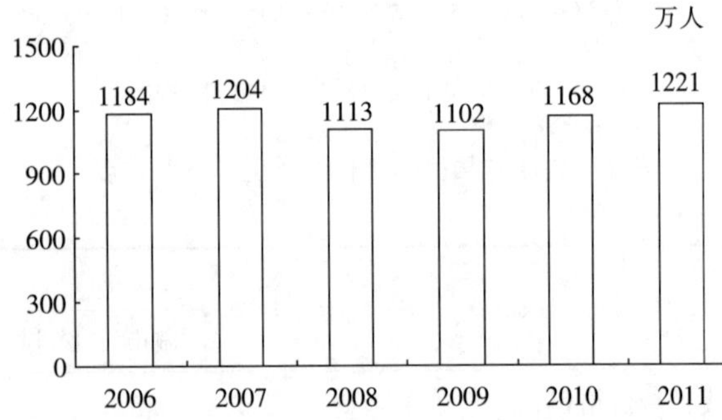

图 4　2006—2011 年城镇新增就业人数

年末国家外汇储备 31 811 亿美元，比上年末增加 3 338 亿美元。年末人民币汇率为 1 美元兑 6.300 9 元人民币，比上年末升值 5.1%。

图 5　2006—2011 年年末国家外汇储备及其增长速率

全年公共财政收入[5] 103 740 亿元，比上年增加 20 639 亿元，增长 24.8%；其中税收收入 897 20亿元，增加 16 510 亿元，增长 22.6%。

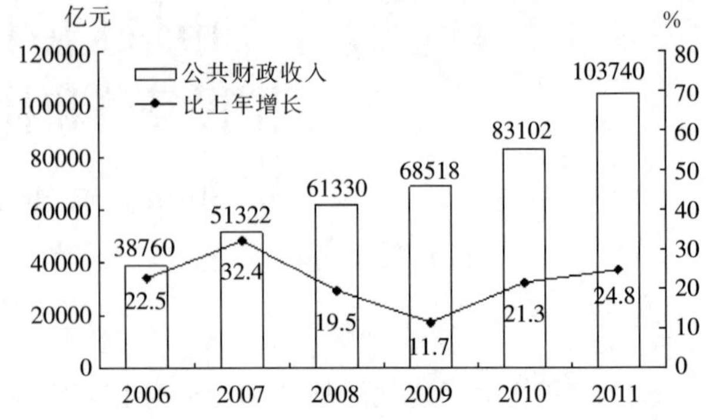

图 6　2006—2011 年公共财政收入[6]及其增长速度

二、农业

全年粮食种植面积 11 057 万公顷，比上年增加 70 万公顷；棉花种植面积 504 万公顷，增加 19 万公顷；油料种植面积 1 379 万公顷，减少 10 万公顷；糖料种植面积 195 万公顷，增加 4 万公顷。

全年粮食产量 57 121 万吨，比上年增加 2 473 万吨，增产 4.5%。其中，夏粮产量 12 627 万吨，增产 2.5%；早稻产量 3 276 万吨，增产 4.5%；秋粮产量 41 218 万吨，增产 5.1%。

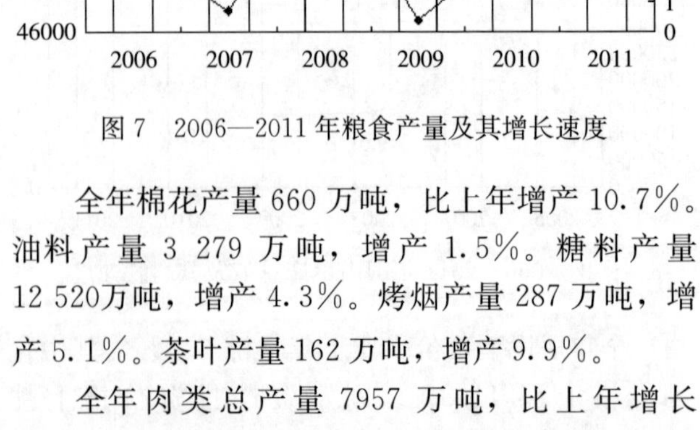

图 7　2006—2011 年粮食产量及其增长速度

全年棉花产量 660 万吨，比上年增产 10.7%。油料产量 3 279 万吨，增产 1.5%。糖料产量 12 520万吨，增产 4.3%。烤烟产量 287 万吨，增产 5.1%。茶叶产量 162 万吨，增产 9.9%。

全年肉类总产量 7957 万吨，比上年增长 0.4%。其中，猪肉产量 5 053 万吨，下降 0.4%；牛肉产量 648 万吨，下降 0.9%；羊肉产量 393 万吨，下降 1.4%。年末生猪存栏 46 767 万头，增长

0.7%；生猪出栏 66 170 万头，下降 0.8%。禽蛋产量 2 811 万吨，增长 1.8%。牛奶产量 3 656 万吨，增长 2.2%。

全年水产品产量 5 600 万吨，比上年增长 4.2%。其中，养殖水产品产量 4 026 万吨，增长 5.2%；捕捞水产品产量 1 574 万吨，增长 1.9%。

全年木材产量 7 272 万立方米，比上年下降 10.1%。

全年新增有效灌溉面积 181 万公顷，新增节水灌溉面积 221 万公顷。

三、工业和建筑业

全年全部工业增加值 188 572 亿元，比上年增长 10.7%。规模以上工业增加值[7]增长 13.9%。在规模以上工业中，国有及国有控股企业增长 9.9%；集体企业增长 9.3%，股份制企业增长 15.8%，外商及港澳台商投资企业增长 10.4%；私营企业增长 19.5%。轻工业增长 13.0%，重工业增长 14.3%。

全年规模以上工业中，农副食品加工业增加值比上年增长 14.1%，纺织业增长 8.3%，通用设备制造业增长 17.4%，专用设备制造业增长 19.8%，交通运输设备制造业增长 12.0%，通信设备、计算机及其他电子设备制造业增长 15.9%，电气机械及器材制造业增长 14.5%。六大高耗能行业[8]增加值比上年增长 12.3%，其中，非金属矿物制品业增长 18.4%，化学原料及化学制品制造业增长 14.7%，有色金属冶炼及压延加工业增长 13.6%，黑色金属冶炼及压延加工业增长 9.7%，电力、热力的生产和供应业增长 10.1%，石油加工、炼焦及核燃料加工业增长 7.6%。高技术制造业增加值比上年增长 16.5%。

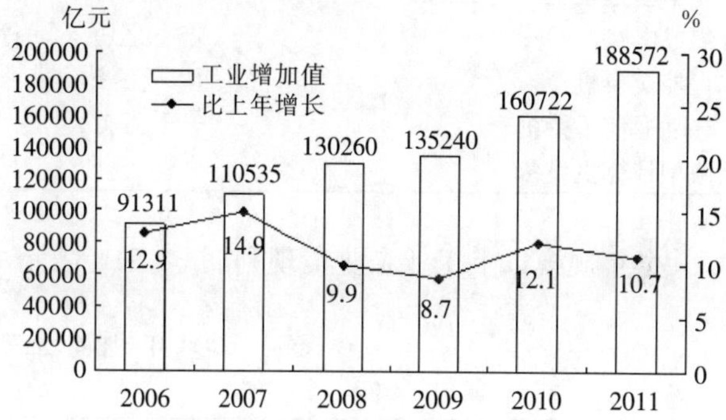

图 8　2006—2011 年全部工业增加值及其增长速度

表 2　2011 年主要工业产品产量及其增长速度

产品名称	单　位	产　量	比上年增长（%）
纱	万吨	2 900.0	6.7
布	亿米	837.0	4.6
化学纤维	万吨	3 390.0	9.7
成品糖	万吨	1 187.4	6.2
卷　烟	亿支	24 474.0	3.0
彩色电视机	万台	12 231.4	3.4
其中：液晶电视机	万台	10 298.5	15.2
家用电冰箱	万台	8 699.2	19.2
房间空气调节器	万台	13 912.5	27.8
一次能源生产总量	亿吨标准煤	31.8	7.0
原　煤	亿吨	35.2	8.7
原　油	亿吨	2.04	0.3
天然气	亿立方米	1 030.6	8.7
发电量	亿千瓦时	47 000.7	11.7
其中：火电	亿千瓦时	38 253.2	14.8
水电	亿千瓦时	6 940.4	−3.9
核电	亿千瓦时	863.5	16.9
粗　钢	万吨	68 388.3	7.3
钢　材[9]	万吨	88 258.2	9.9
十种有色金属	万吨	3 434.0	10.0
其中：精炼铜（电解铜）	万吨	517.9	12.9
原铝（电解铝）	万吨	1 767.7	12.1

（续）

产品名称	单 位	产 量	比上年增长（%）
氧化铝	万吨	3 417.2	18.1
水 泥	亿吨	20.9	10.8
硫 酸	万吨	7 466.4	5.3
纯 碱	万吨	2 308.2	13.4
烧 碱	万吨	2 466.2	10.7
乙 烯	万吨	1 527.5	7.5
化 肥（折 100%）	万吨	6 217.2	−1.9
发电机组（发电设备）	万千瓦	14 410.4	11.9
汽 车	万辆	1 841.6	0.8
其中：基本型乘用车（轿车）	万辆	1 012.7	5.8
大中型拖拉机	万台	40.2	19.3
集成电路	亿块	719.6	10.3
程控交换机	万线	3 034.0	−3.3
移动通信手持机	万台	113 257.6	13.5
微型计算机设备	万台	32 036.7	30.3

全年规模以上工业企业实现利润 54 544 亿元， 比上年增长 25.4%。

表 3 2011 年规模以上工业企业实现利润及其增长速度

单位：亿元

指 标	利润总额	比上年同期增长（%）
规模以上工业	54 544	25.4
其中：国有及国有控股企业	14 989	15.0
其中：集体企业	882	34.0
股份制企业	31 651	31.2
外商及港澳台商投资企业	14 038	10.6
其中：私营企业	16 620	46.0

全年全社会建筑业增加值 32 020 亿元，比上年增长 10.0%。全国具有资质等级的总承包和专业承包建筑业企业实现利润 4 241 亿元，增长 24.4%，其中国有及国有控股企业 1 172 亿元，增长 36.0%。

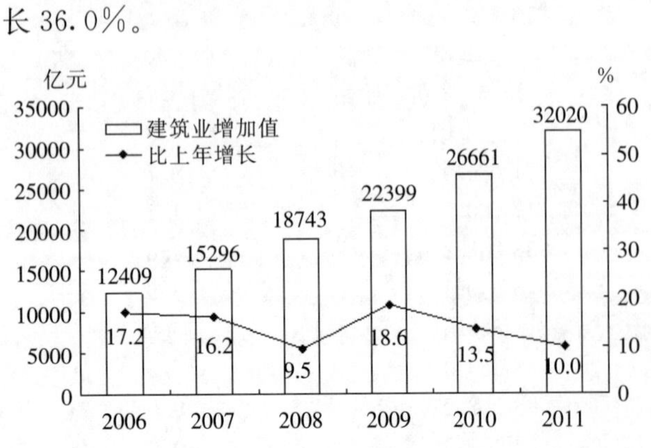

图 9 2006—2011 年建筑业增加值及其增长速度

四、固定资产投资

全年全社会固定资产投资[10] 311 022 亿元，比上年增长 23.6%，扣除价格因素，实际增长

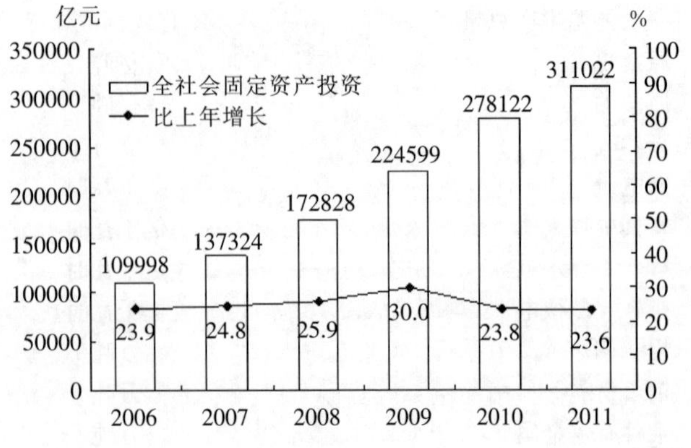

图 10 2006—2011 年社会固定资产投资及其增长速度

15.9%。其中，固定资产投资（不含农户）301 933亿元，增长23.8%；农户投资9 089亿元，增长15.3%。东部地区投资[11]130 319亿元，比上年增长20.1%；中部地区投资70 783亿元，增长27.5%；西部地区投资71 849亿元，增长28.7%；东北地区投资32 687亿元，增长30.4%。

表4 2011年分行业固定资产投资（不含农户）及其增长速度

单位：亿元

行 业	投资额	比上年增长（%）
总 计	**301 933**	**23.8**
农、林、牧、渔业	6 792	25.0
采矿业	11 810	21.4
其中：煤炭开采及洗选业	4 897	25.9
石油和天然气开采业	3 057	12.5
制造业	102 594	31.8
其中：农副食品加工业	5 229	44.1
食品制造业	2 386	23.1
纺织业	3 669	30.9
纺织服装、鞋、帽制造业	2 267	43.0
石油加工、炼焦及核燃料加工业	2 234	10.1
化学原料及化学制品制造业	8 899	26.4
非金属矿物制品业	10 448	31.8
黑色金属冶炼及压延加工业	3 860	14.6
有色金属冶炼及压延加工业	3 861	36.4
金属制品业	5 045	23.1
通用设备制造业	7 702	30.6
专用设备制造业	5 893	39.2
交通运输设备制造业	8 406	27.2
电气机械及器材制造业	7 851	44.6
通信设备、计算机及其他电子设备制造业	5 266	34.2
电力、燃气及水的生产和供应业	14 607	3.8
其中：电力、热力的生产与供应业	11 557	1.8
建筑业	3 253	42.9
交通运输、仓储和邮政业	27 260	1.8
信息传输、计算机服务和软件业	2 161	0.4
批发和零售业	7 322	40.1
住宿和餐饮业	3 916	34.3
金融业	628	42.0
房地产业[12]	75 685	29.7
租赁和商务服务业	3 374	40.3
科学研究、技术服务和地质勘查业	1 650	39.4
水利、环境和公共设施管理业	24 537	14.2
居民服务和其他服务业	1 217	52.9
教育	3 882	13.7
卫生、社会保障和社会福利业	2 331	28.1
文化、体育和娱乐业	3 148	21.3
公共管理和社会组织	5 766	18.1

在固定资产投资（不含农户）中，第一产业投资 6 792 亿元，比上年增长 25.0%；第二产业投资 132 263亿元，增长 27.3%；第三产业投资 162 877 亿元，增长 21.1%。

表 5　2011 年固定资产投资新增主要生产能力

指　　标	单位	绝对数
新增发电机组容量	万千瓦	9 041
新增 220 千伏及以上变电设备	万千伏安	20 906
新建铁路投产里程	公里	2 167
其中：高速铁路[13]	公里	1 421
增建铁路复线投产里程	公里	1 889
电气化铁路投产里程	公里	3 398
新建公路	公里	55 285
其中：高速公路	公里	9 124
港口万吨级码头泊位新增吞吐能力	万吨	26 639
新增光缆线路长度	万公里	209
新增数字蜂窝移动电话交换机容量	万户	20 406

全年房地产开发投资 61 740 亿元，比上年增长 27.9%。其中，住宅投资 44 308 亿元，增长 30.2%；办公楼投资 2 544 亿元，增长 40.7%；商业营业用房投资 7 370 亿元，增长 30.5%。

全年新开工建设城镇保障性安居工程住房 1 043 万套（户），基本建成城镇保障性安居工程住房 432 万套。

表 6　2011 年房地产开发和销售主要指标完成情况及其增长速度

指　　标	单　　位	绝对数	比上年增长（%）
投资额	亿元	61740	27.9
其中：住宅	亿元	44 308	30.2
其中：90 平方米及以下	亿元	13 637	28.0
房屋施工面积	万平方米	507 959	25.3
其中：住宅	万平方米	388 439	23.4
房屋新开工面积	万平方米	190 083	16.2
其中：住宅	万平方米	146 035	12.9
房屋竣工面积	万平方米	89 244	13.3
其中：住宅	万平方米	71 692	13.0
商品房销售面积	万平方米	109 946	4.9
其中：住宅	万平方米	97 030	3.9
本年资金来源	亿元	83 246	14.1
其中：国内贷款	亿元	12 564	0.0
其中：个人按揭贷款	亿元	8 360	−12.2
本年购置土地面积	万平方米	40 973	2.6
土地成交价款	亿元	8 049	−1.9

五、国内贸易

全年社会消费品零售总额 183 919 亿元，比上年增长 17.1%，扣除价格因素，实际增长 11.6%。按经营地统计[14]，城镇消费品零售额 159 552 亿元，增长 17.2%；乡村消费品零售额 24 367 亿元，增长 16.7%。按消费形态统计，商品零售额 163 284亿元，增长 17.2%；餐饮收入额 20 635 亿元，增长 16.9%。

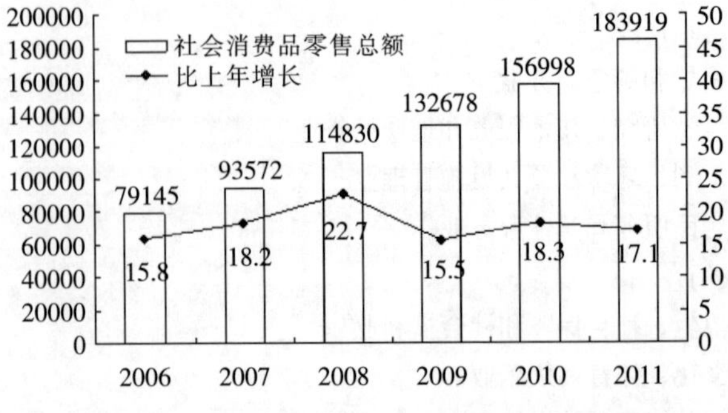

图 11　2006—2011 年社会消费品零售总额及其增长速度

在限额以上企业商品零售额中，汽车类零售额比上年增长14.6%，粮油类增长29.1%，肉禽蛋类增长27.6%，服装类增长25.1%，日用品类增长24.1%，文化办公用品类增长27.6%，通讯器材类增长27.5%，化妆品类增长18.7%，金银珠宝类增长42.1%，中西药品类增长21.5%，家用电器和音像器材类增长21.6%，家具类增长32.8%，建筑及装潢材料类增长30.1%。

六、对外经济

全年货物进出口总额36 421亿美元，比上年增长22.5%。其中，出口18 986亿美元，增长20.3%；进口17 435亿美元，增长24.9%。进出口差额（出口减进口）1 551亿美元，比上年减少264亿美元。

表7 2011年货物进出口总额及其增长速度

单位：亿美元

指 标	绝对数	比上年增长（%）
货物进出口总额	36 421	22.5
货物出口额	18 986	20.3
其中：一般贸易	9 171	27.3
加工贸易	8 354	12.9
其中：机电产品	10 856	16.3
高新技术产品	5 488	11.5
其中：国有企业	2 672	14.1
外商投资企业	9 953	15.4
其他企业	6 360	32.2
货物进口额	17 435	24.9
其中：一般贸易	10 075	31.0
加工贸易	4 698	12.5
其中：机电产品	7 533	14.1
高新技术产品	4 630	12.2
其中：国有企业	4 934	27.1
外商投资企业	8 648	17.1
其他企业	3 852	42.9
进出口差额（出口减进口）	1 551	—

表8 2011年主要商品出口数量、金额及其增长速度

商品名称	单位	数量	比上年增长（%）	金额（亿美元）	比上年增长（%）
煤	万吨	1 466	−23.0	27	20.6
钢材	万吨	4 888	14.9	513	39.2
纺织纱线、织物及制品	—	—	—	947	22.9
服装及衣着附件	—	—	—	1 532	18.3
鞋类	—	—	—	417	17.1
家具及其零件	—	—	—	379	15.0
自动数据处理设备及其部件	万台	183 427	10.1	1 763	7.5
手持或车载无线电话	万台	87 509	15.5	628	34.3
集装箱	万个	324	29.6	114	57.7
液晶显示板	万个	244 141	8.5	295	11.5
汽车（包括整套散件）	万辆	82	52.2	99	60.5

表9 2011年主要商品进口数量、金额及其增长速度

商品名称	数量（万吨）	比上年增长（%）	金额（亿美元）	比上年增长（%）
谷物及谷物粉	545	−4.6	20	33.8
大豆	5 264	−3.9	298	18.9
食用植物油	657	−4.4	77	28.0
铁矿砂及其精矿	68 608	10.9	1 124	40.9
氧化铝	188	−56.4	8	−48.1
煤	18 240	10.8	209	23.6
原油	25 378	6.0	1 967	45.3
成品油	4 060	10.1	327	45.5
初级形状的塑料	2 304	−3.7	472	8.3
纸浆	1 445	27.1	119	35.3
钢材	1 558	−5.2	216	7.3
未锻造的铜及铜材	407	−5.1	368	12.0

表 10　2011 年对主要国家和地区货物进出口额及其增长速度

国家和地区	出口额（亿美元）	比上年增长（%）	进口额（亿美元）	比上年增长（%）
欧盟	3 560	14.4	2 112	25.4
美国	3 245	14.5	1 222	19.6
中国香港	2 680	22.8	155	26.4
东盟	1 701	23.1	1 928	24.6
日本	1 483	22.5	1 946	10.1
韩国	829	20.6	1 627	17.6
印度	505	23.5	234	12.1
俄罗斯	389	31.4	403	55.6
中国台湾	351	18.3	1 249	7.9

表 11　2011 年非金融领域外商直接投资及其增长速度

行　业	企业数（家）	比上年增长（%）	实际使用金额（亿美元）	比上年增长（%）
总　　计	27 712	1.1	1 160.1	9.7
其中：农、林、牧、渔业	865	−6.9	20.1	5.1
制造业	11 114	0.6	521.0	5.1
电力、燃气及水的生产和供应业	214	1.9	21.2	−0.3
交通运输、仓储和邮政业	413	4.3	31.9	42.2
信息传输、计算机服务和软件业	993	−5.1	27.0	8.5
批发和零售业	7 259	7.0	84.2	27.7
房地产业	466	−32.4	268.8	12.1
租赁和商务服务业	3 518	2.9	83.8	17.6
居民服务和其他服务业	212	−2.3	18.8	−8.2

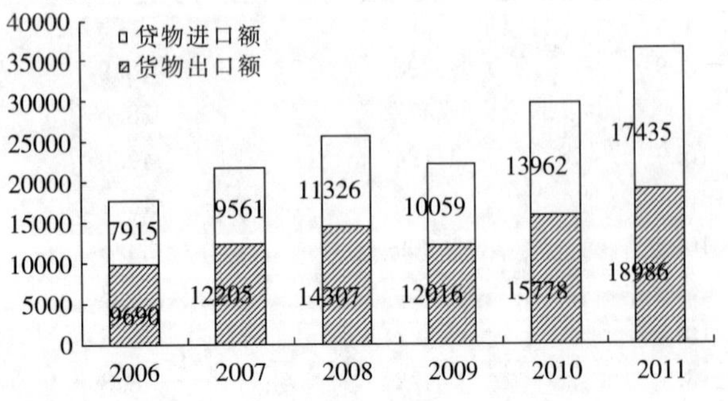

图 12　2006—2011 年货物进出口总额

全年非金融领域新批外商直接投资企业 27 712 家，比上年增长 1.1%。实际使用外商直接投资金额 1 160 亿美元，增长 9.7%。

全年非金融类对外直接投资额 601 亿美元，比上年增长 1.8%。

全年对外承包工程业务完成营业额 1 034 亿美元，比上年增长 12.2%；对外劳务合作派出各类劳务人员 45.2 万人，增加 4.1 万人。

七、交通、邮电和旅游

全年货物运输总量 369 亿吨，比上年增长 13.7%。货物运输周转量 159 014 亿吨公里，增长 12.1%。

表 12 2011 年各种运输方式完成货物运输量及其增长速度

指 标	单 位	绝对数	比上年增长（%）
货物运输总量	亿吨	368.5	13.7
铁路	亿吨	39.3	8.0
公路	亿吨	281.3	14.9
水运	亿吨	42.3	11.7
民航	万吨	552.8	−1.8
管道	亿吨	5.4	9.0
货物运输周转量	亿吨公里	159 014.1	12.1
铁路	亿吨公里	29 465.8	6.6
公路	亿吨公里	51 333.2	18.3
水运	亿吨公里	75 196.2	9.9
民航	亿吨公里	171.7	−4.0
管道	亿吨公里	2 847.2	29.6

表 13 2011 年各种运输方式完成旅客运输量及其增长速度

指标	单位	绝对数	比上年增长（%）
旅客运输总量	亿人	351.8	7.6
铁路	亿人	18.6	11.1
公路	亿人	327.9	7.4
水运	亿人	2.4	8.6
民航	亿人	2.9	9.2
旅客运输周转量	亿人公里	30 935.8	10.9
铁路	亿人公里	9 612.3	9.7
公路	亿人公里	16 732.6	11.4
水运	亿人公里	74.2	2.6
民航	亿人公里	4 516.7	11.8

全年规模以上港口完成货物吞吐量 90.7 亿吨，比上年增长 11.9%，其中外贸货物吞吐量 27.5 亿吨，增长 10.8%。规模以上港口集装箱吞吐量 16 231万标准箱，增长 11.4%。

年末全国民用汽车保有量达到 10 578 万辆（包括三轮汽车和低速货车 1 228 万辆），比上年末增长 16.4%，其中私人汽车保有量 7 872 万辆，增长 20.4%。民用轿车保有量 4 962 万辆，增长 23.2%，其中私人轿车 4 322 万辆，增长 25.5%。

全年完成邮电业务总量[15] 13 379 亿元，比上年增长 16.5%。其中，邮政业务总量 1 608 亿元，增长 25.0%；电信业务总量 11 772 亿元，增长 15.5%。全年局用交换机容量减少 3 070 万门，总容量 43 467 万门；新增移动电话交换机容量[16] 20 406万户，达到 170 691 万户。年末固定电话用户 28 512 万户。其中，城市电话用户 19 110 万户，农村电话用户 9 402 万户。新增移动电话用户 12 725万户，年末达到 98 625 万户，其中 3G 移动电话用户[17] 12 842 万户。年末全国固定及移动电话用户总数达到 127 137 万户，比上年末增加 11 802万户。电话普及率达到 94.9 部/百人。互联网上网人数 5.13 亿人，互联网普及率达到 38.3%。

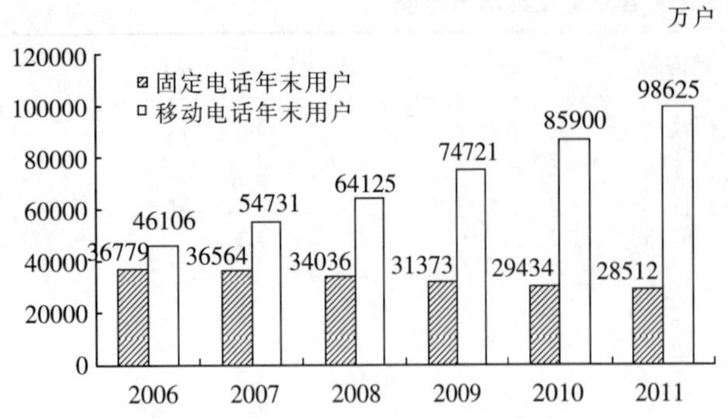

图 13　2006—2011 年年末电话用户数

全年国内出游人数 26.4 亿人次，比上年增长 13.2%；国内旅游收入 19 306 亿元，增长 23.6%。入境旅游人数 13 542 万人次，增长 1.2%。其中，外国人 2 711 万人次，增长 3.8%；香港、澳门和台湾同胞 10 831 万人次，增长 0.6%。在入境旅游者中，过夜旅游者 5 758 万人次，增长 3.4%。国际旅游外汇收入 485 亿美元，增长 5.8%。国内居民出境人数 7 025 万人次，增长 22.4%。其中因私出境 6 412 万人次，增长 24.5%，占出境人数的 91.3%。

八、金融

年末广义货币供应量（M_2）余额为 85.2 万亿元，比上年末增长 13.6%；狭义货币供应量（M_1）余额为 29.0 万亿元，增长 7.9%；流通中现金（M_0）余额为 5.1 万亿元，增长 13.8%。

年末全部金融机构本外币各项存款余额 82.7 万亿元，比年初增加 9.9 万亿元，其中人民币各项存款余额 80.9 万亿元，增加 9.6 万亿元。全部金融机构本外币各项贷款余额 58.2 万亿元，增加 7.9 万亿元，其中人民币各项贷款余额 54.8 万亿元，增加 7.5 万亿元。

表 14　2011 年年末全部金融机构本外币存贷款余额及其增长速度

单位：亿元

指　　标	年末数	比上年末增长（%）
各项存款余额	826 701	13.5
其中：住户存款	351 957	15.5
其中：人民币	348 046	15.7
非金融企业存款	313 981	9.5
各项贷款余额	581 893	15.9
其中：境内短期贷款	217 480	21.8
境内中长期贷款	333 747	11.8

全年农村金融合作机构（农村信用社、农村合作银行、农村商业银行）人民币贷款余额 66 778 亿元，比年初增加 10 012 亿元。全部金融机构人民币消费贷款余额 88 717 亿元，增加 14 803 亿元。其中，个人短期消费贷款余额 13 555 亿元，增加 3 965亿元；个人中长期消费贷款余额 75 162 亿元，增加 10 838 亿元。

全年上市公司通过境内市场累计筹资6 780 亿元，比上年减少 3 495 亿元。其中，首次公开发行 A 股 282 只，筹资 2 825 亿元，减少 2 058亿元；A 股再筹资（包括配股、公开增发、非公开增发、认股权证）筹资 2 248 亿元，减少 1 824 亿元；上市公司通过发行可转债、可分离债、公司债筹资 1 707 亿元，增加 387 亿元。全年公开发行创业板股票 128 只，筹资 791 亿元。

全年发行非上市公司企业（公司）债券 3 485 亿元，比上年减少 142 亿元。企业发行短期融资券 8 029 亿元，增加 1 287 亿元；中期票据 7 270 亿元，增加 2 346 亿元。

全年保险公司原保险保费收入[18] 14 339 亿元，比上年增长[19] 10.5%，其中寿险业务原保险保费收入 8 696 亿元；健康险和意外伤害险业务原保险保费收入 1 025 亿元；财产险业务原保险保费收入 4 618 亿元。支付各类赔款及给付 3 929 亿元，其中寿险业务给付 1 301 亿元；健康险和意外伤害险赔款及给付 441 亿元；财产险业务赔款 2 187 亿元。

九、教育、科学技术和文化

全年研究生教育招生 56.0 万人，在学研究生 164.6 万人，毕业生 43.0 万人。普通高等教育本专科招生 681.5 万人，在校生 2 308.5 万人，毕业生 608.2 万人。各类中等职业教育招生 808.9 万人，在校生 2 196.6 万人，毕业生 662.7 万人。全国普通高中招生 850.8 万人，在校生 2 454.8 万人，毕业生 787.7 万人。全国初中招生 1 634.7 万人，在校生 5 066.8 万人，毕业生 1 736.7 万人。普通小学招生 1 736.8 万人，在校生 9 926.4 万人，毕业生 1 662.8 万人。特殊教育招生 6.4 万人，在校生 39.9 万人，毕业生 4.4 万人。幼儿园在园幼儿 3 424.4 万人。

全年研究与试验发展（R&D）经费支出 8 610

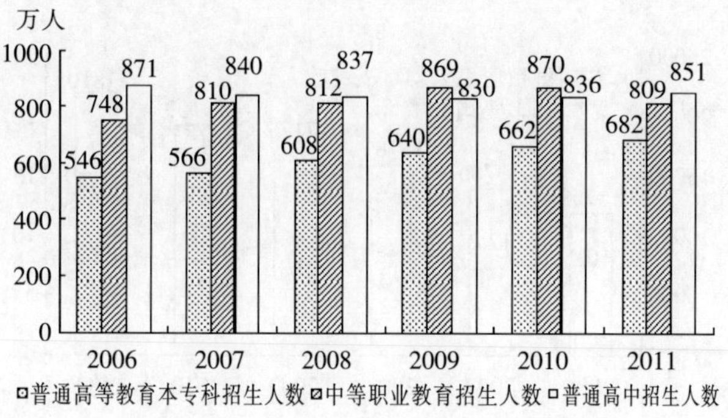

图14　2006—2011年普通高等教育、中等职业教育及普通高中招生人数

亿元，比上年增长21.9%，占国内生产总值的1.83%，其中基础研究经费396亿元。全年国家安排了952项科技支撑计划课题，524项“863”计划课题。累计建设国家工程研究中心130个，国家工程实验室119个。累计建设国家地方联合工程研究中心101个，国家地方联合工程实验室116个。国家认定企业技术中心达到793家。省级企业技术中心达到6 824家。实施新兴产业创投计划，累计支持设立61家创业投资企业，投资创业企业108家。全年受理境内外专利申请163.3万件，其中境内申请147.9万件，占90.5%。受理境内外发明专利申请52.6万件，其中境内申请40.4万件，占76.7%。全年授予专利权96.1万件，其中境内授权86.4万件，占89.9%。授予发明专利权17.2万件，其中境内授权10.6万件，占61.5%。截至年底，有效专利274.0万件，其中境内有效专利220.2万件，占80.4%；有效发明专利69.7万件，其中境内有效发明专利31.8万件，占45.7%。全年共签订技术合同25.6万项，技术合同成交金额4 763.6亿元，比上年增长21.9%。全年成功发射卫星19次。天宫一号目标飞行器和神舟八号飞船成功发射并实现空中交会对接。载人深潜器“蛟龙”号成功完成5 000米海试。

年末全国共有产品检测实验室25 669个，其中国家检测中心476个。全国现有产品质量、体系认证机构174个，已累计完成对83 549个企业的产品认证。全国共有法定计量技术机构3 740个，全年强制检定计量器具6 179万台（件）。全年制定、修订国家标准1 993项，其中新制定1 559项。全年中央气象台和省级气象台共发布气象预警信号4 034次，警报4 337次。全国共有地震台站1 480个，地震监测台网32个。全国共有海洋观测站74个。测绘地理信息部门公开出版地图2 103种。

年末全国文化系统共有艺术表演团体2 481个，博物馆2 571个，全国共有公共图书馆2 925个，文化馆3 276个。广播电台197座，电视台213座，广播电视台2 153座，教育电视台44个。有线电视用户20 152万户，有线数字电视用户11 455万户。年末广播节目综合人口覆盖率为97.1%；电视节目综合人口覆盖率为97.8%。全年生产电视剧469部14 939集，动画电视261 444分钟。全年生产故事影片558部，科教、纪录、动画和特种影片[20] 131部。出版各类报纸467亿份，各类期刊33亿册，图书77亿册（张）。年末全国共有档案馆4 107个，已开放各类档案10 376万卷（件）。

全年运动员在24个大项中获得138个世界冠军，共有4人1队8次创8项世界纪录。

十、卫生和社会服务

年末全国共有医疗卫生机构953 432个，其中医院21 638个，乡镇卫生院37 374个，社区卫生服务中心（站）32 812个，诊所（卫生所、医务室）177 754个，村卫生室659 596个，疾病预防控制中心3 499个，卫生监督所（中心）3 005个。卫生技术人员620万人，其中执业医师和执业助理医师251万人，注册护士224万人。医疗卫生机构床位515万张，其中医院368万张，乡镇卫生院103万张。全年甲、乙类法定报告传染病发病人数323.8万例，报告死亡15 264人；报告传染病发病率241.44/10万，死亡率1.14/10万。

年末全国共有各类提供住宿的社会服务机构[21] 4.5万个，床位367.2万张，收养救助各类人员279.6万人。其中，农村养老服务机构3.2万个，床位232.6万张，收养各类人员182.8万人。各类社区服务设施14.8万个，其中，社区服务中心1.4万个，社区服务站4.9万个。年末2 276.8万城市居民得到政府最低生活保障，比上年末减少33.7万人；5 313.5万农村居民得到政府最低生活保障，增加99.5万人；552.0万农村居民得到政府五保救济[22]，减少4.3万人。全年救助城市医疗困难群众711.4万人次，救助农村医疗困难群众1 558.1万人次；资助1 276.5万城镇困难群众参加城镇医疗保险，资助4 544.3万农村困难群众参加新型农村合作医疗。

十一、人口、人民生活和社会保障

年末全国大陆总人口为 134 735 万人，比上年末增加 644 万人，其中城镇人口为 69 079 万人，占总人口比重首次超过 50%，达到 51.3%。全年出生人口 1 604 万人，出生率为 11.93‰；死亡人口 960 万人，死亡率为 7.14‰；自然增长率为 4.79‰。出生人口性别比为 117.78。全国人户分离的人口[23]为 2.71 亿人，其中流动人口[24]为 2.30 亿人。

表 15　2011 年年末人口数及其构成

单位：万人

指　　标	年末数	比重（%）
全国总人口	134 735	100.0
其中：城镇	69 079	51.3
乡村	65 656	48.7
其中：男性	69 068	51.3
女性	65 667	48.7
其中：0～14 岁	22 164	16.5
15～59 岁	94 072	69.8
60 岁及以上	18 499	13.7
其中：65 岁及以上	12 288	9.1

全年农村居民人均纯收入 6 977 元，比上年增长 17.9%，扣除价格因素，实际增长 11.4%；农村居民人均纯收入中位数[25]为 6 194 元，增长 19.1%。城镇居民人均可支配收入 21 810 元，比上年增长 14.1%，扣除价格因素，实际增长 8.4%；城镇居民人均可支配收入中位数为 19 118 元，增长 13.5%。农村居民食品消费支出占消费总支出的比重为 40.4%，城镇为 36.3%。

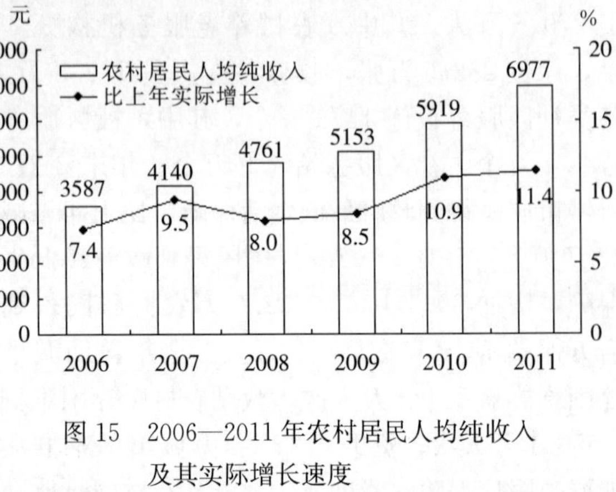

图 15　2006—2011 年农村居民人均纯收入及其实际增长速度

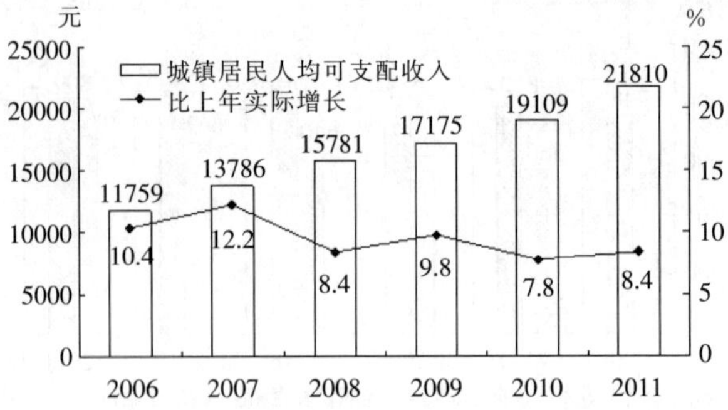

图 16　2006—2011 年城镇居民人均可支配收入及其实际增长速度

年末全国参加城镇职工基本养老保险人数 28 392万人，比上年末增加 2 685 万人。其中，参保职工 21 574 万人，参保离退休人员 6 819 万人。参加城镇基本医疗保险的人数 47 291 万人，增加 4 028万人。其中，参加城镇职工基本医疗保险[26]人数 25 226 万人，参加城镇居民基本医疗保险人数 22 066 万人。参加城镇基本医疗保险的农民工 4641 万人，增加 58 万人。参加失业保险的人数 14 317万人，增加 941 万人。参加工伤保险的人数 17 689万人，增加 1 528 万人，其中参加工伤保险的农民工 6 837 万人，增加 537 万人。参加生育保险的人数 13 880 万人，增加 1 544 万人。截至 9 月底，2 646 个县（市、区）开展了新型农村合作医疗工作，新型农村合作医疗参合率 97.5%；新型农村合作医疗基金支出总额为 1 114 亿元，受益 8.4 亿人次。全国列入国家新型农村社会养老保险试点地区参保人数 32 643 万人。年末全国领取失业保险金人数为 197 万人。2011 年，国家将农村扶贫标准提高到年人均纯收入 2 300 元（2010 年不变价），按照新标准，年末农村扶贫对象为 12 238 万人。

十二、资源、环境和安全生产

全年全国国有建设用地供应总量[27] 58.8 万公顷，比上年增长 37.2%。其中，工矿仓储用地 19.3 万公顷，增长 26.2%；房地产用地[28] 16.7 万公顷，增长 9.2%；基础设施等其他用地 22.8 万公顷，增长 86.1%。

全年水资源总量 24 022 亿立方米。全年平均降水量 567 毫米。年末全国 422 座大型水库蓄水总量 1 956 亿立方米，比上年末少蓄水 69 亿立方米。全年总用水量 6 080 亿立方米，比上年增长 1.0%。

其中，生活用水增长2.5%，工业用水增长0.9%，农业用水增长0.8%，生态补水下降4.0%。万元国内生产总值用水量[29] 139立方米，比上年下降7.3%。万元工业增加值用水量82立方米，下降8.9%。人均用水量452立方米，增长0.4%。

全年完成造林面积614万公顷，其中人工造林414万公顷。林业重点工程完成造林面积311万公顷，占全部造林面积的50.7%。截至年底，自然保护区达到2 640个，其中国家级自然保护区335个。新增水土流失治理面积3.9万平方公里，新增实施水土流失地区封育保护面积2.8万平方公里。截至年底，已确权集体林地面积为17 333万公顷，其中发放林权证的面积为15 100万公顷。

全年平均气温为9.3℃，共有7个台风登陆。

初步核算，全年能源消费总量34.8亿吨标准煤，比上年增长7.0%。煤炭消费量增长9.7%；原油消费量增长2.7%；天然气消费量增长12.0%；电力消费量增长11.7%。全国万元国内生产总值能耗下降2.01%。主要原材料消费[30]中，钢材消费量8.4亿吨，增长9.0%；精炼铜消费量786万吨，增长5.2%；电解铝消费量1724万吨，增长12.1%；乙烯消费量1528万吨，增长7.5%；水泥消费量20.7亿吨，增长11.2%。

七大水系的398个水质监测断面中，Ⅰ～Ⅲ类水质断面比例占56.3%，比上年提高0.3个百分点；劣Ⅴ类水质断面比例占15.3%，下降2.0个百分点。七大水系水质总体上保持稳定。

近岸海域301个海水水质监测点中，达到国家一、二类海水水质标准的监测点占62.8%，三类海水占12.0%，四类、劣四类海水占25.2%。

在监测的330个城市中，有293个城市空气质量达到二级以上（含二级）标准，占监测城市数的88.8%；有33个城市为三级，占10.0%；有4个城市为劣三级，占1.2%。在监测的316个城市中，城市区域声环境质量好的城市占5.1%，较好的占72.8%，轻度污染的占21.5%，中度污染的占0.6%。

年末城市污水处理厂日处理能力达11 255万立方米，比上年末增长7.8%；城市污水处理率达到82.6%，提高0.3个百分点。集中供热面积45.6亿平方米，增长4.6%。建成区绿地率达到34.7%，提高0.2个百分点。

全年各类自然灾害造成直接经济损失3 096亿元，比上年下降42.0%。全年农作物受灾面积3 247万公顷，下降13.2%，其中绝收289万公顷，下降40.5%。全年因洪涝、滑坡和泥石流灾害造成直接经济损失1 260亿元，下降64.0%。全年因旱灾造成直接经济损失928亿元，增长22.6%。全年因低温冷冻和雪灾造成直接经济损失290亿元，下降8.9%。全年因海洋灾害造成直接经济损失60.5亿元，下降54.4%。全年累计发生赤潮面积1 145平方公里，下降89.5%。全年大陆地区共发生5级以上地震17次，成灾15次，造成直接经济损失60.1亿元。全年共发生森林火灾5 550起，下降28.1%。

全年各类生产安全事故共死亡75 572人，比上年下降5.0%。亿元国内生产总值生产安全事故死亡人数为0.173人，下降13.9%；工矿商贸企业就业人员10万人生产安全事故死亡人数为1.88人，下降11.7%；道路交通万车死亡人数为2.8人，下降12.5%；煤矿百万吨死亡人数为0.564人，下降24.7%。

注释：

[1] 本公报中数据均为初步统计数。各项统计数据均未包括香港特别行政区、澳门特别行政区和台湾省。部分数据因四舍五入的原因，存在着与分项合计不等的情况。

[2] 国内生产总值、各产业增加值绝对数按现价计算，增长速度按不变价格计算。

[3] 农产品生产价格是指农产品生产者直接出售其产品时的价格。

[4] 年度农民工数量包括年内在本乡镇以外从业6个月以上的外出农民工和在本乡镇内从事非农产业6个月以上的本地农民工两部分。

[5] 公共财政收入是指政府凭借国家政治权力，以社会管理者身份筹集以税收为主体的财政收入，与以往年份财政收入指标口径一致。

[6] 图中2006年至2010年数据为公共财政收入决算数，2011年为执行数。

[7] 从2011年开始，纳入规模以上工业统计范围的工业企业起点标准从年主营业务收入500万元提高到2 000万元。

[8] 六大高耗能行业分别为：化学原料及化学制品制造业、非金属矿物制品业、黑色金属冶炼及压延加工业、有色金属冶炼及压延加工业、石油加工炼焦及核燃料加工业、电力热力的生产和供应业。

[9] 钢材产量及消费量数据中均含部分使用钢材加工成其他钢材的重复计算因素。

[10] 从 2011 年开始，固定资产投资统计的起点标准从计划总投资 50 万元提高到 500 万元，因此 2011 年全社会固定资产投资绝对数与 2010 年不可比，但比上年增速是按可比口径计算的。与此同时，月度投资统计制度将统计范围从城镇扩大到城镇和农村企事业组织，并定义为“固定资产投资（不含农户）”。

[11] 固定资产投资按东部、中部、西部和东北地区计算的合计数据小于全国数据，是因为有部分跨地区的投资未计算在地区数据中。其中，东部地区是指北京、天津、河北、上海、江苏、浙江、福建、山东、广东和海南 10 省市；中部地区是指山西、安徽、江西、河南、湖北和湖南 6 省；西部地区是指内蒙古、广西、重庆、四川、贵州、云南、西藏、陕西、甘肃、青海、宁夏和新疆 12 省（区、市）；东北地区是指辽宁、吉林和黑龙江 3 省。

[12] 房地产业投资除房地产开发投资外，还包括建设单位自建房屋以及物业管理、中介服务和其他房地产投资。

[13] 高速铁路是指最高营运速度达到 200 公里/小时及以上的铁路。

[14] 从 2010 年起，社会消费品零售总额统计采用新的分组，即将经营单位所在地分组由“市”、“县”、“县以下”改为“城镇”、“乡村”；取消按行业分组，新设按“商品零售额”和“餐饮收入额”两种消费形态的分组。

[15] 邮电业务总量按 2010 年不变价格计算，2001 年至 2010 年按照 2000 年不变价格计算，因此 2011 年邮电业务总量绝对数与 2010 年不可比，但比上年增速是按可比口径计算的。

[16] 移动电话交换机容量是指移动电话交换机根据一定话务模型和交换机处理能力计算出来的最大同时服务用户的数量。

[17] 3G 是指第三代蜂窝移动通信系统（3rd—generation，简称 3G），3G 移动电话用户是指报告期末在计费系统拥有使用信息、占用 3G 网络资源的在网用户。

[18] 原保险保费收入是指保险企业确认的原保险合同保费收入。

[19] 原保险保费收入同比增速是按照行业 2011 年全面实施《企业会计准则解释第 2 号》后的口径测算。

[20] 特种影片是指那些采用与常规影院放映在技术、设备、节目方面不同的电影展示方式，如巨幕电影、立体电影、立体特效（4D）电影、动感电影、球幕电影等。

[21] 提供住宿的社会服务机构除收养性机构外，还包括救助类机构、社区类机构以及军休所、军供站等机构。

[22] 农村五保救济是指老年、残疾和未满 16 周岁的村民，无劳动能力、无生活来源又无法定赡养、抚养、扶养义务人，或者其法定赡养、抚养、扶养义务人无赡养、抚养、扶养能力的村民，在吃、穿、住、医、葬方面得到的生活照顾和物质帮助。

[23] 人户分离的人口是指居住地与户口登记地所在的乡镇街道不一致且离开户口登记地半年以上的人口。

[24] 流动人口是指人户分离人口中不包括市辖区内人户分离的人口。市辖区内人户分离的人口是指一个直辖市或地级市所辖区内和区与区之间，居住地和户口登记地不在同一乡镇街道的人口。

[25] 人均收入中位数是指将所有调查户按人均收入水平从低到高顺序排列，处于最中间位置的调查户的人均收入。

[26] 城镇职工基本医疗保险人数包括参保职工和参保退休人员。城镇居民基本医疗保险的参保对象是不属于城镇职工基本医疗保险覆盖范围的城镇非从业人员。

[27] 国有建设用地供应总量是指报告期市、县人民政府根据年度土地供应计划依法以出让、划拨、租赁等方式将国有建设用地使用权提供给单位或个人使用的国有建设用地总量。

[28] 房地产用地是指商服用地和住宅用地的总和。

[29] 万元国内生产总值用水量、万元工业增加值用水量和万元国内生产总值能耗按 2010 年不变价格计算，2006 年至 2010 年按照 2005 年不变价格计算，因此 2011 年绝对数与 2010 年不可比，但比上年增速是按可比口径计算的。

[30] 主要原材料消费量是指表观消费量，即产品产量加上产品净进口量（进口—出口），没有包括库存变动。

资料来源：本公报中城镇新增就业、登记失业率、社会保障数据来自人力资源社会保障部；外汇储备和汇率数据来自外汇局；财政数据来自财政部；水产品产量数据来自农业部；木材产量、林业、森林火灾数据来自林业局；灌溉面积、水资源数据来自水利部；新增发电机组容量、新增 220 千伏及以上变电设备数据来自中电联；新建铁路投产里程、增建铁路复线投产里程、电气化铁路投产里程、铁路运输数据来自铁道部；新建公路、港口万吨级码头泊位新增吞吐能力、公路运输、水运、港口货物吞吐量数据来自交通运输部；新增光缆线路长度、新增数字蜂窝移动电话交换机容量、电话用户、上网人数等通信数据来自工业和信息化部；保障性住房、城市污水处理、集中供热面积、建成区绿地率来自住房城乡建设部；货物进出口数据来自海关总署；外商直接投资、对外直接投资、对外承包工程、对外劳务合作等数据来自商务部；民

航数据来自民航局；管道数据来自中石油、中石化；民用汽车数据来自公安部；邮政业务总量数据来自邮政局；旅游数据来自旅游局、公安部；货币金融数据来自人民银行；上市公司数据来自证监会；企业债券、国家工程研究中心、企业技术中心、新兴产业创投等数据来自发展改革委；保险业数据来自保监会；教育数据来自教育部；安排科技计划课题、技术合同等数据来自科技部；专利数据来自知识产权局；发射卫星数据来自国防科工局；质量检验、国家标准制定修订数据来自质检总局；气象预警、平均气温、登陆台风数据来自气象局；地震数据来自地震局；测绘数据来自测绘局；海洋观测站、海洋灾害造成直接经济损失、发生赤潮面积来自海洋局；艺术表演团体、博物馆、公共图书馆、文化馆数据来自文化部；广播、电视、电影数据来自广电总局；报纸、期刊、图书数据来自新闻出版总署；档案数据来自档案局；体育数据来自体育总局；卫生、新农合数据来自卫生部；社会服务、低保和五保救济数据、各类自然灾害造成直接经济损失、农作物受灾面积、洪涝滑坡和泥石流灾害造成直接经济损失、旱灾造成直接经济损失、低温冷冻和雪灾造成直接经济损失来自民政部；国有建设用地供应数据来自国土资源部；环境监测数据来自环境保护部；安全生产数据来自安全监管总局；其他数据均来自国家统计局。

附录二 中国农业统计资料选编

全国主要农作物面积和产量增减情况

面积：千公顷
单位 总产量：粮食：万吨，其他：吨
公顷产量：千克

项 目	2011年			2010年			2011年比2010年增减			
	播种面积	总产量	公顷产量	播种面积	总产量	公顷产量	播种面积	总产量 绝对数	总产量 %	公顷产量
农作物总播种面积	**162 283.2**			**160 674.8**			**1 608.4**			
一、粮食作物合计	110 573.0	57 120.9	5 166	109 876.1	54 647.7	4 974	696.9	2 473.2	4.5	192
其中：夏收粮食	27 557.6	12 638.7	4 586	27 440.3	12 315.0	4 488	117.3	323.7	2.6	98
秋收粮食	77 265.9	41 206.7	5 333	76 640.0	39 199.0	5 115	625.9	2 007.7	5.1	218
（一）谷物	91 015.8	51 939.4	5 707	89 850.6	49 637.1	5 524	1 165.2	2 302.3	4.6	183
1. 稻谷	30 057.0	20 100.1	6 687	29 873.4	19 576.1	6 553	183.6	524.0	2.7	134
2. 小麦	24 270.4	11 740.1	4 837	24 256.5	11 518.1	4 748	13.9	222.0	1.9	89
3. 玉米	33 541.7	19 278.1	5 748	32 500.1	17 724.5	5 454	1 041.6	1 553.6	8.8	294
（二）豆类合计	10 651.4	1 908.4	1 792	11 275.7	1 896.5	1 682	−624.3	11.9	0.6	110
其中：大豆	7 888.5	1 448.5	1 836	8 515.8	1 508.3	1 771	−627.3	−59.8	−4.0	65
（三）薯类（折粮）	8 905.8	3 273.1	3 675	8 749.8	3 114.1	3 559	156.0	159.0	5.1	116
其中：马铃薯	5 424.0	1 765.8	3 256	5 205.1	1 630.7	3 133	218.9	135.1	8.3	123
二、油料作物	13 855.1	33 067 571	2 387	13 889.6	32 301 308	2 326	−34.5	766 263	2.4	61
其中：花生	4 581.4	16 046 363	3 502	4 527.3	15 643 871	3 455	54.1	402 492	2.6	47
油菜籽	7 347.4	13 425 566	1 827	7 369.7	13 081 860	1 775	−22.3	343 706	2.6	52
三、棉花	5 037.8	6 588 959	1 308	4 848.7	5 961 132	1 229	189.1	627 827	10.5	79
四、糖类合计	1 947.8	125 165 421	64 261	1 905.0	120 084 889	63 036	42.8	5 080 532	4.2	1 225
（一）甘蔗	1 721.2	114 434 620	66 485	1 686.3	110 788 737	65 700	34.9	3 645 883	3.3	785
（二）甜菜	226.6	10 730 801	47 362	218.7	9 296 152	42 499	7.9	1 434 649	15.4	4 863
五、蔬菜类	19 639.2	679 296 745	34 589	18 999.9	650 994 077	34 263	639.3	28 302 668	4.3	326
六、瓜果类	2 389.3	86 848 810	36 350	2 389.4	85 361 811	35 726	−0.1	1 486 999	2	624

注：附录二数据来自2011全国农业提要，正式数据以国家统计公布为准。

各地区主要农作物播种面积和产量（一）

地　区	农作物总播种面积（千公顷）	一、粮食作物合计			（一）谷　物		
		播种面积（千公顷）	产量（万吨）	公顷产量（千克）	播种面积（千公顷）	产量（万吨）	公顷产量（千克）
全国合计	**162 283.2**	**110 573.0**	**57 120.9**	**5 166**	**91 015.8**	**51 939.4**	**5 707**
北　京	302.6	209.4	121.8	5 816	200.8	119.3	5 943
天　津	468.0	310.8	161.8	5 207	296.8	159.5	5 375
河　北	8 773.7	6 286.1	3 172.6	5 047	5 836.2	3 032.3	5 196
山　西	3 797.4	3 287.9	1 193.0	3 629	2 774.3	1138.4	4 103
内蒙古	7 109.9	5 561.5	2 387.5	4 293	3 819.3	2012.2	5 268
辽　宁	4 145.7	3 169.8	2 035.5	6 422	2 943.3	1933.5	6 569
吉　林	5 222.3	4 545.1	3 171.0	6 977	3 977.0	3015.3	7 582
黑龙江	12 222.9	11 502.9	5 570.6	4 843	7 865.9	4 858.2	6 176
上　海	400.6	186.3	122.0	6 544	179.0	119.6	6 680
江　苏	7 663.3	5 319.2	3 307.8	6 219	4 926.6	3 186.4	6 468
浙　江	2 462.7	1 254.1	781.6	6 232	1 033.0	704.6	6821
安　徽	9 022.9	6 621.5	3 135.5	4 735	5 485.0	2 974.0	5 422
福　建	2 285.8	1 226.8	672.8	5 484	895.1	533.2	5 957
江　西	5 486.8	3 650.1	2 052.8	5 624	3 359.6	1 964.3	5 847
山　东	10 865.4	7 145.8	4 426.3	6 194	6 739.0	4 194.9	6 225
河　南	14 258.6	9 859.9	5 542.5	5 621	9 055.4	5 308.1	5 862
湖　北	8 009.6	4 122.1	2 388.5	5 794	3 627.7	2 249.2	6 200
湖　南	8 402.0	4 879.6	2 939.4	6 024	4 455.0	2 779.5	6 239
广　东	4 572.0	2 530.4	1 361.0	5 378	2 121.6	1 178.5	5 555
广　西	5 996.5	3 072.8	1 429.9	4 653	2 665.8	1 333.2	5 001
海　南	838.4	430.6	188.0	4 367	342.2	155.4	4 542
重　庆	3 413.1	2 259.4	1 126.9	4 988	1 316.4	799.2	6 071
四　川	9 565.6	6 440.5	3 291.6	5 111	4 787.1	2 753.7	5 752
贵　州	5 021.2	3 055.6	876.9	2 870	1 829.0	615.6	3 366
云　南	6 667.5	4 326.9	1 673.6	3 868	3 118.4	1 368.9	4 390
西　藏	241.4	170.2	93.7	5 509	163.1	91.0	5 581
陕　西	4 181.0	3 134.9	1 194.7	3 811	2 582.4	1 069.8	4 142
甘　肃	4 094.8	2 833.7	1 014.6	3 581	1 956.9	750.9	3 837
青　海	547.7	279.4	103.4	3 699	159.1	59.4	3 736
宁　夏	1 260.4	852.4	359.0	4 211	589.1	309.7	5 258
新　疆	4 983.5	2 047.5	1 224.7	5 981	1 916.1	1 171.7	6 115

各地区主要农作物播种面积和产量（二）

地　　区	其中：稻谷			（二）豆类合计			其中：大豆		
	播种面积（千公顷）	产量（万吨）	公顷产量（千克）	播种面积（千公顷）	产量（万吨）	公顷产量（千克）	播种面积（千公顷）	产量（万吨）	公顷产量（千克）
全国合计	**30 057.0**	**20 100.1**	**6 687**	**10 651.4**	**1 908.4**	**1 792**	**7 888.5**	**1 448.5**	**1 836**
北　　京	0.2	0.2	6 522	6.3	1.2	1 879	5.4	1.1	2 011
天　　津	14.2	10.7	7 528	12.8	1.7	1 348	12.4	1.7	1 366
河　　北	83.0	60.2	7 249	179.3	35.7	1 992	136.1	29.5	2 169
山　　西	1.0	0.5	4 902	321.3	24.4	760	198.0	16.2	820
内 蒙 古	90.0	77.9	8 657	1 022.5	171.3	1 676	687.6	137.2	1 996
辽　　宁	659.6	505.1	7 658	143.4	37.0	2 580	120.2	34.1	2 837
吉　　林	691.0	623.5	9 020	481.9	101.3	2 101	304.8	78.8	2 585
黑 龙 江	2 945.6	2 062.1	7 001	3 386.7	577.8	1 706	3 201.7	541.3	1 691
上　　海	106.1	88.9	8 379	6.2	1.5	2 468	3.4	0.9	2 674
江　　苏	2 248.6	1 864.2	8 290	333.2	82.8	2 486	219.7	57.6	2 622
浙　　江	894.8	649.0	7 254	124.4	31.6	2 541	51.1	14.0	2 748
安　　徽	2 230.8	1 387.1	6 218	969.0	115.0	1 187	885.9	107.5	1 213
福　　建	845.3	514.2	6 082	80.6	19.9	2 474	62.5	15.3	2 442
江　　西	3 317.7	1 950.1	5 878	154.2	28.7	1 857	95.2	20.7	2 178
山　　东	124.5	104.0	8 348	166.2	43.3	2 603	156.2	40.6	2 599
河　　南	638.0	474.5	7 437	505.9	95.2	1 881	445.7	88.0	1 975
湖　　北	2 036.2	1 616.9	7 941	190.7	39.5	2 073	101.6	23.9	2 349
湖　　南	4 066.3	2 575.4	6 334	171.3	41.1	2 397	92.3	23.5	2 546
广　　东	1 940.9	1 096.9	5 651	77.2	18.2	2 355	59.7	13.5	2 259
广　　西	2 078.5	1 084.1	5 216	168.8	28.9	1 711	111.9	20.1	1 798
海　　南	318.6	145.1	4 555	8.5	2.3	2 729	3.6	0.9	2 493
重　　庆	686.5	493.5	7 189	224.6	43.5	1 936	95.4	18.7	1 955
四　　川	2 007.9	1 527.1	7 605	441.1	96.2	2 181	225.0	48.0	2 133
贵　　州	681.5	303.9	4 460	314.0	22.0	700	131.3	7.1	541
云　　南	1 073.5	668.7	6 229	574.6	125.7	2 188	125.3	24.3	1 942
西　　藏	1.0	0.6	6 000	6.5	2.4	3 643	0.2	0.1	3 529
陕　　西	120.9	84.5	6 988	225.3	44.6	1 981	174.4	37.7	2 163
甘　　肃				199.6	34.8	1 744	91.0	15.8	1 740
青　　海				32.3	7.1	2 185			
宁　　夏	83.9	70.8	8 430	38.9	4.7	1 214	13.2	3.2	2 445
新　　疆	70.6	60.6	8 590	84.3	29.1	3 454	77.8	27.1	3 485

各地区主要农作物播种面积和产量（三）

地区	（三）薯类（折粮）			二、油料作物			其中：油菜籽		
	播种面积（千公顷）	产量（万吨）	公顷产量（千克）	播种面积（千公顷）	产量（吨）	公顷产量（千克）	播种面积（千公顷）	产量（吨）	公顷产量（千克）
全国合计	**8 905.8**	**3 273.1**	**3 675**	**13 855.1**	**33 067 573**	**2 387**	**7 347.4**	**13 425 567**	**1 827**
北京	2.4	1.3	5 447	4.9	13 922	2 853		6	150
天津	1.2	0.6	4 828	2.2	6 631	2 960			
河北	270.6	104.6	3 864	453.1	1 417 786	3 129	21.0	30 203	1 436
山西	192.3	30.2	1 571	150.0	187 044	1 247	5.9	5 888	991
内蒙古	719.7	204.0	2 835	717.0	1 338 765	1 867	218.7	240 235	1 099
辽宁	83.1	65.0	7 822	392.0	1 197 565	3 055	0.4	758	2 049
吉林	86.3	54.5	6 319	245.1	695 563	2 868			
黑龙江	250.3	134.7	5 379	148.6	232 691	1 566	0.5	1 313	2 575
上海	1.1	0.8	7 434	8.5	18 647	2 178	7.6	16 385	2 150
江苏	59.4	38.6	6 493	552.3	1 440 526	2 608	441.3	1 052 453	2 385
浙江	96.8	45.4	4 689	196.0	398 538	2 033	171.6	335 900	1 958
安徽	167.6	46.5	2 773	878.3	2 137 502	2 434	640.4	1 227 783	1 917
福建	251.2	119.7	4 766	112.5	274 630	2 440	11.6	15 903	1 369
江西	136.2	59.9	4 394	732.4	1 135 852	1 551	542.6	666 568	1 228
山东	240.7	188.1	7 816	806.7	3 410 001	4 227	8.7	21 895	2 525
河南	298.7	139.3	4 663	1 578.9	5 323 635	3 372	383.5	773 187	2 016
湖北	303.6	99.8	3 288	1 429.6	3 047 171	2 132	1 141.4	2 203 900	1 931
湖南	253.3	118.8	4 690	1 295.5	2 152 868	1 662	1 167.2	1 819 606	1 559
广东	331.6	164.2	4 953	343.3	918 994	2 677	6.7	7 940	1 182
广西	238.3	67.8	2 847	202.7	501 400	2 474	15.5	16 084	1 038
海南	79.9	30.3	3 793	40.4	99 351	2 459			
重庆	718.4	284.3	3 957	257.1	465 073	1 809	196.2	351 400	1 791
四川	1 212.3	441.7	3 643	1 232.8	2 784 476	2 259	964.3	2 143 669	2 223
贵州	912.6	239.3	2 622	536.1	788 503	1 471	489.0	718 090	1 469
云南	633.9	178.9	2 823	342.3	607 467	1 775	272.9	518 445	1 900
西藏	0.6	0.4	5 806	24.0	63 515	2 644	23.9	63 276	2 645
陕西	327.1	80.3	2 455	300.8	589 665	1 960	203.3	383 621	1 887
甘肃	677.2	228.9	3 380	351.1	635 194	1 809	184.8	331 446	1 794
青海	88.1	36.9	4 189	167.9	332 854	1 982	163.6	326 924	1 999
宁夏	224.5	44.5	1 983	88.7	184 097	2 077	0.4	900	2 143
新疆	47.1	24.0	5 083	264.3	667 647	2 526	64.2	151 789	2 354

各地区主要农作物播种面积和产量（四）

地区	三、棉花			四、糖类合计		
	播种面积（千公顷）	产量（吨）	公顷产量（千克）	播种面积（千公顷）	产量（吨）	公顷产量（千克）
全国合计	**5 037.8**	**6 588 959**	**1 308**	**1 947.8**	**125 165 421**	**64 261**
北京	0.4	515	1 170			
天津	60.0	72 275	1 204			
河北	632.5	653 445	1 033	12.5	465 164	37 243
山西	53.3	63 364	1 188	5.6	324 347	57 816
内蒙古	1.6	2 328	1 446	39.2	1 577 177	40 224
辽宁	0.4	736	1 840	1.8	77 977	44 558
吉林	6.7	12 088	1 812	5.0	162 734	32 482
黑龙江				82.0	2 749 830	33 526
上海	2.5	4 812	1 940	0.2	10 894	64 082
江苏	239.3	246 795	1 032	1.6	96 073	58 940
浙江	21.7	32 357	1 489	11.3	711 121	62 764
安徽	350.4	378 000	1 079	5.4	216 360	39 919
福建	0.1	73	730	9.2	559 721	60 905
江西	82.0	142 853	1 743	14.0	628 475	44 891
山东	752.6	784 586	1 043		166	
河南	396.7	382 350	964	4.0	266 897	67 398
湖北	488.7	525 800	1 076	7.8	324 883	41 652
湖南	192.4	227 000	1 180	14.5	722 298	49 814
广东				160.3	13 900 283	86 736
广西	2.3	2 271	975	1 091.6	72 699 640	66 599
海南				60.5	3 877 682	64 073
重庆	0.2	94	627	3.4	118 048	34 925
四川	16.0	14 600	913	18.8	879 575	46 687
贵州	1.6	1 029	643	12.0	436 224	36 292
云南	0.3	445	1 648	306.7	18 987 767	61 902
西藏						
陕西	50.3	67 447	1 341	0.1	1 556	31 120
甘肃	47.9	75 958	1 585	4.8	180 827	37 361
青海				…	110	11 000
宁夏					90	
新疆	1 638.1	2 897 738	1 769	75.4	5 189 502	68 799

各地区主要农作物播种面积和产量（五）

地　区	五、蔬菜类			六、瓜果类		
	播种面积（千公顷）	产量（吨）	公顷产量（千克）	播种面积（千公顷）	产量（吨）	公顷产量（千克）
全国合计	**19 639.2**	**679 296 746**	**34 589**	**2 389.3**	**86 848 811**	**36 350**
北　京	66.8	2 968 701	44 442	8.2	378 007	46 098
天　津	87.1	4 312 955	49 512	5.6	296 935	53 119
河　北	1 157.9	73 843 022	63 775	105.2	5 140 816	48 858
山　西	228.6	9 819 032	42 957	24.8	625 462	25 210
内蒙古	270.8	14 401 687	53 176	66.3	2 546 076	38 431
辽　宁	465.4	28 325 107	60 862	50.4	2 363 536	46 896
吉　林	236.9	9 713 801	41 011	52.3	1 650 799	31 552
黑龙江	223.1	7 899 314	35 402	61.7	2 256 497	36 572
上　海	136.3	4 082 408	29 954	14.1	477 417	33 956
江　苏	1 260.2	45 868 841	36 398	140.4	4 884 959	34 796
浙　江	624.5	18 156 147	29 075	106.0	3 129 308	29 530
安　徽	789.0	22 139 877	28 061	171.1	6 048 331	35 343
福　建	679.4	16 234 115	23 897	36.1	819 483	22 726
江　西	535.5	11 657 454	21 768	72.8	1 929 232	26 497
山　东	1 791.2	91 809 332	51 255	273.4	13 623 347	49 824
河　南	1 720.1	67 097 382	39 008	329.1	15 805 419	48 022
湖　北	1 062.2	33 586 000	31 619	99.0	3 334 045	33 674
湖　南	1 193.8	33 374 000	27 956	136.3	3 389 351	24 863
广　东	1 208.8	28 509 924	23 585	41.9	1 092 285	26 069
广　西	1 040.7	22 464 013	21 585	106.9	2 791 719	26 123
海　南	225.0	4 690 592	20 850	32.2	955 219	29 628
重　庆	618.6	14 079 653	22 759	21.5	402 134	18 713
四　川	1 205.7	35 736 467	29 641	49.6	1 246 830	25 138
贵　州	708.5	12 500 528	17 643	25.1	485 077	19 318
云　南	735.1	13 400 000	18 228	28.4	710 355	24 995
西　藏	22.4	600 705	26 817	0.1	3 680	26 286
陕　西	458.3	14 325 047	31 258	78.4	2 544 661	32 449
甘　肃	415.4	13 205 952	31 791	50.5	1 895 696	37 516
青　海	42.0	1 446 133	34 399	0.7	30 862	43 468
宁　夏	107.3	4 387 053	40 886	82.2	1 648 193	20 058
新　疆	322.6	18 661 504	57 845	118.9	4 343 080	36 543

全国牧业主要产品生产情况

项　　目	计量单位	2011 年	2010 年	2011 年比 2010 年增减	
				绝对数	%
一、牲畜存栏量					
（一）大牲畜存栏	万头	11 966.2	12 238.5	−272.3	−2.2
1. 牛	万头	10 360.5	10 626.4	−265.9	−2.5
2. 马	万头	670.9	677.1	−6.2	−0.9
3. 驴	万头	647.8	639.7	8.1	1.3
4. 骡	万头	259.8	269.7	−9.9	−3.7
5. 骆驼	万头	27.3	25.6	1.7	6.6
（二）猪	万头	46 766.9	46 460.0	306.9	0.7
（三）羊	万只	28 235.8	28 087.9	147.9	0.5
二、肉类总产量	万吨	7 957.8	7 925.8	32.0	0.4
其中：猪牛羊肉产量	万吨	6 093.7	6 123.2	−29.5	−0.5
1. 猪肉产量	万吨	5 053.1	5 071.2	−18.1	−0.4
平均产肉量	千克/头	76.4	76.0	0.4	0.5
2. 牛肉产量	万吨	647.5	653.1	−5.6	−0.9
平均产肉量	千克/头	138.6	138.5	0.1	0.1
3. 羊肉产量	万吨	393.1	398.9	−5.8	−1.5
平均每头产肉量	千克/头	14.7	14.7		
三、其他畜产品产量					
1. 牛奶产量	万吨	3 657.8	3 575.6	82.2	2.3
2. 山羊毛产量	吨	44 047.0	42 713.8	1 333.2	3.1
3. 绵羊毛产量	吨	393 072.0	386 768.3	6 303.7	1.6
其中：细羊毛	吨	132 836.0	123 173.5	9 662.5	7.8
其中：半细羊毛	吨	120 119.0	114 944.3	5 174.7	4.5
4. 蜂蜜产量	万吨	43.1	40.1	3.0	7.5
5. 禽蛋产量	万吨	2 811.4	2 762.7	48.7	1.8

全国主要农业机械年末拥有量

项　　目	计量单位	数　量	项　　目	计量单位	数　量
一、农业机械总动力	万千瓦	97 734.66	2. 农用水泵	万台	2 173.79
1. 柴油发动机动力	万千瓦	78 536.31	3. 节水灌溉类机械	万套	168.48
2. 汽油发动机动力	万千瓦	2 872.37	（四）田间管理机械		
3. 电动机动力	万千瓦	16 259.41	1. 机动喷雾（粉）机	万台	518.08
4. 其他机械动力	万千瓦	66.57	2. 茶叶修剪机	万台	20.37
二、拖拉机及配套机械			（五）收获机械		
（一）拖拉机	万台	2 255.87	1. 联合收获机	万台	111.37
	万千瓦	30 305.78	2. 割晒机	万台	49.43
1. 大中型	万台	440.64	3. 其他收获机械	万台	112.50
	万千瓦	12 850.15	（六）收获后处理机械		
2. 小型	万台	1 815.22	1. 机动脱粒机	万台	1 001.87
	万千瓦	17 420.97	2. 谷物烘干机	万台	4.21
（二）拖拉机配套农具			3. 种子加工机械	万台	3.05
1. 大中型	万部	698.95	4. 保鲜贮藏设备	万台（套）	5.23
2. 小型	万部	3 062.01	（七）设施农业设备		
三、种植业机械			1. 水稻工厂化育秧设备	万套	0.79
（一）耕整地及种植机械			2. 温室	万平方米	1 266 255.91
1. 耕整机	万台	528.90	四、农产品初加工机械		
2. 机耕船	万艘	15.47	（一）农产品初加工动力机械	万台	1 421.70
3. 机引犁	万台	1 304.43		万千瓦	8 692.17
4. 深松机	万台	18.53	（二）农产品初加工作业机械	万台	1 286.64
5. 机引耙	万台	755.09	五、畜牧养殖机械	**万台**	**637.70**
（二）种植施肥机械			六、渔业机械	**万台**	**301.56**
1. 播种机	万台	553.79	七、林果业机械	**万台**	**21.15**
其中：免耕播种机	万台	71.79	八、运输机械		
精少量播种机	万台	334.57	1. 农用运输车	万台	1 381.54
2. 水稻种植机械			2. 手扶变型运输机	万台	86.86
（1）水稻直播机	万台	2.99	3. 农用挂车	万台	795.52
（2）水稻插秧机	万台	42.70	九、农田基本建设机械	**万台**	**42.86**
（3）水稻浅栽机	万台	0.91	十、其他机械		
3. 化肥深施机	万台	74.02	其中：农用飞机	架	111
4. 地膜覆盖机	万台	44.82	十一、农业机械原值和净值		
（三）农用排灌机械			1. 农业机械原值	亿元	7 114.64
1. 排灌动力机械	万台	2 284.06	2. 农业机械净值	亿元	5 198.65

附录三 全国农垦系统实施无公害食品发展情况

绿色、有机食品、无公害农产品生产情况（一）

（2011 年）

项　目	认证个数（个）	带动农户数量（户）	已认证绿色食品				已认证有机食品		已认证无公害农产品	
			A 级		AA 级					
			面积（公顷）	产量（吨）	面积（公顷）	产量（吨）	面积（公顷）	产量（吨）	面积（公顷）	产量（吨）
一、种植业										
（一）主要农作物	1 043	533 311	2 323 898	14 306 644	504	34	183 517	844 343	2 484 310	15 200 932
1. 水稻	249	123 997	696 813	6 255 481	504	34	44 601	232 322	1 196 395	9 102 293
2. 小麦	87	22 991	123 024	501 361			27 214	81 394	154 273	649 256
3. 玉米	92	42 175	278 433	2 166 386			28 654	213 049	277 611	1 905 348
4. 大豆	136	51 922	558 819	1 094 001			61 871	143 188	573 587	1 327 406
5. 油料	11	16 163	33 814	50 350					18 198	33 665
6. 糖料	15	159 621	439 547	2 404 223			400	24 000	6 937	114 442
7. 药材	5	558							477	1 683
8. 蔬菜	244	71 515	11 408	333 764			876	34 736	57 813	924 927
9. 其他	204	44 369	182 039	1 501 078			19 900	115 654	199 019	1 141 912
（二）茶叶	76	35 994	7 384	5 063	1 090	1 099	5 870	1 384	6 200	7 026
（三）水果	166	44 165	103 752	465 788	32	2 880	2 524	10 628	52 078	633 308
#1. 香蕉	5	1 870	5 000	20 000					1 132	35 125
2. 苹果	34	4 313	14 520	55 552			32	800	10 574	59 092
3. 柑橘、橙、柚	25	8 547	20 879	74 360	32	2 880			8 161	32 251
4. 梨	9	1 072	17 053	138 739					225	160
5. 桃	5	872	3 406	7 785					57	1 400
6. 葡萄	12	3 648	4 675	60 110			277	4 111	11 531	75 271
7. 菠萝	2	3 800	400	5 500					1 000	23 000
8. 荔枝	9	4 436							2 587	6 191
9. 龙眼	7	1 391							855	3 480
10. 芒果	11	8 884	8 000	8 000					8 718	143 070
11. 西瓜	18	2 611	2 705	13 030					4 559	216 041
12. 其他水果	29	2 721	27 115	82 712			2 215	5 717	2 678	38 228
（四）食用菌	25		67	6 000					136	8 503
二、渔业										
1. 淡水鱼	102	13 938	1 925	19 556			17 417	11 957	14 759	51 891
2. 海水鱼	1	82							500	421
3. 虾	9	1 215					1 384	3 050	4 705	20 910
4. 蟹	12	6 847	3 141	2 917			11 667	3 416	2 758	1 860
5. 甲鱼	2	300					20	100	37	227
6. 贝	2	100	600						600	3 500
7. 其他水产品	11	3 102	1 073	7 612	198	110	198	110	24	180

绿色、有机食品、无公害农产品生产情况（二）

（2011年）

项　目	认证个数（个）	带动农户数量（户）	已认证绿色食品				已认证有机食品		已认证无公害农产品	
			A级		AA级					
			数量（万头、万只）	产量（吨）	数量（万头、万只）	产量（吨）	数量（万头、万只）	产量（吨）	数量（万头、万只）	产量（吨）
三、畜牧业										
（一）家畜类	128	32 471	10	229 337	6 001	60	2	70 000	351 261	516 706
1. 生猪	80	23 348		1 487	6 001	60			351 227	299 430
2. 肉牛	17	2 880	5	1 000					12	23 642
3. 奶牛	23	3 337	4	226 400			2	70 000	4	190 635
4. 羊	6	2 900	1	450					13	2 855
5. 其他家畜	2	6							3	144
（二）禽类	51	7 483	11	4 225	1	18	3	860	13 309	170 785
1. 肉鸡	17	5 758			1	12			12 782	134 439
2. 蛋鸡	26	1 230		4 105		6			248	35 613
3. 鸭	4	163							275	13
4. 其他禽类	4	332	11	120			3	860	5	720
四、加工品										
1. 面粉加工类	52	4 407		40 238		700		1 475		43 325
2. 蔬菜加工类	19	4 570		55 000				3 702		
3. 饮品类	18	369		122 562				900		200
4. 乳制品	108	21 842		244 852				210 553		
5. 果脯类										
6. 酒类	56	5 322		183 852						163 566

附录四 西藏国有农场基本情况

西藏国有农场基本情况统计表（一）

项　　目	计量单位	合计	易贡农场	察隅农场	米林农场	八一农场
1. 人口						
人口总数	人	5 225	1 447	494	1 035	2 249
其中：在职职工人数	人	1 275	110	58	111	996
退休职工人数	人	1 116	505	107	282	222
离休职工人数	人					
中小学在校生人数	人	580	289	55	147	89
2. 土地面积	万亩	4.45	0.64	1.33	0.98	1.5
其中：耕地面积	万亩	1.13	0.35	0.11	0.56	0.11
草原面积	万亩	0.35			0.06	0.29
林地面积	万亩	0.74		0.34		0.40
果园面积	万亩	0.48	0.07	0.05	0.36	
茶园面积	万亩	0.22	0.22			
橡胶园面积	万亩					
水产养殖面积	万亩	0.006				0.006
3. 生产总值	万元	16 016	474	567	3 865	11 110
其中：第一产业增加值	万元	7 817	354	395	718	6 350
第二产业增加值	万元	1 909		112	1 797	
第三产业增加值	万元	6 290	120	60	1 350	4 760
4. 收入						
农场销售总收入	万元	1 953	120	200	161	1 472
职均年收入	元	9 155	4 300	6 658	16 665	9 000
人均年收入	元	4 409	1 900	4 400	6 039	5 300
5. 住房年末实有面积	万平方米	18.43	5.75	1.45	4.11	7.12
6. 农业机械化程度						
农业机械总动力	万千瓦	0.10	0.02	0.02	0.03	0.03
7. 化肥、电使用量						
农场用电总量	千瓦时					
农田化肥施用总量	吨					

西藏国有农场基本情况统计表（二）

项　目	计量单位	合计	易贡农场	察隅农场	米林农场	八一农场
1. 农作物总播种面积	万亩	1.19	0.35	0.13	0.58	0.13
2. 粮豆作物播种面积	万亩	0.95	0.18	0.11	0.56	0.1
产量	吨	1 770	600	56	856	258
亩产量	千克	186	333	51	153	258
3. 棉花播种面积	万亩					
总产量	吨					
亩产量	千克					
4. 油料作物播种面积	万亩	0.21	0.17	0.02	0.02	0.002
总产量	吨	256	165	60	25	6
亩产量	千克	122	97	300	125	300
5. 糖料作物播种面积	万亩	0.001		0.001		
总产量	吨	4		4		
亩产量	千克	400		400		
6. 干胶总产量	吨					
7. 水果总产量	吨	1 121	7	6	1 108	
8. 茶叶总产量	吨	27	27			
9. 肉类总产量	吨	662	53	45	492	72
10. 禽蛋总产量	吨	271	5		260	6
11. 水产品总产量	吨	6				6
12. 牛奶总产量	吨	101	60	18	3	20

附录五 内蒙古海拉尔农牧场管理局2011年基本情况

内蒙古海拉尔农牧场管理局2011年主要经济指标表

指标名称	计量单位	数　量	指标名称	计量单位	数　量
一、基本情况			其中：小麦播种面积	公顷	66 228
单位个数	个	25	公顷产量	千克	2 484
其中：国有农场	个	16	小麦总产量	吨	164 512
总人口	人	86 165	四、畜牧业生产指标		
职工人数	人	11 259	牧业年度牲畜总头数	头、匹、只	542 488
土地总面积	公顷	1 364 885	其中：大畜存栏	头、匹	171 247
其中：耕地面积	公顷	306 494	小畜存栏	只	371 241
草原面积	公顷	629 172	生猪存栏	头	40 352
农业机械总动力	千瓦	544 871	梅花鹿存栏	只	
大中型农用拖拉机	台	4 953	年末牲畜总头数	头、匹、只	557 403
小型农用拖拉机	台	10 919	其中：大畜存栏	头、匹	166 595
联合收割机	台	824	小畜存栏	只	348 843
二、综合指标			生猪存栏	头	41 965
生产总值	万元	201 049	梅花鹿存栏	只	
其中：第一产业增加值	万元	166 585	五、特色养殖		
第二产业增加值	万元	19 634	年末实有獭兔	只	4 228
其中：工业增加值	万元	18 917	年末实有貂	只	
第三产业增加值	万元	14 830	年末实有貉	只	
自营经济增加值	万元	96 436	六、畜产品产量		
农垦人均纯收入	元/年	16 765	肉类总产量	吨	13 050
农牧场人均收入	元/年	17 442	牛奶总产量	吨	348 255
人均生产总值	元/年	23 333	绵羊毛产量	吨	759
职均收入	元/年	34 769	山羊绒产量	吨	2
利润总额	万元	49 319	禽蛋总产量	吨	1 060
固定资产投资	万元	61 527	蜂蜜总产量	吨	1 269
其中：国有投资	万元	48 083	七、工业产品产量		
工农业总产值（现行价）	万元	415 010	马铃薯雪花全粉	吨	8 068
其中：农业总产值	万元	278 914	面粉	吨	984
工业总产值	万元	136 096	植物油	吨	61 658
三、农作物总播种面积	公顷	263 765	干酪素	吨	
其中：粮食大豆播种面积	公顷	157 698	奶粉	吨	21 045
公顷产量	千克	2 896	奶油	吨	
粮豆总产量	吨	456 766	混合饲料	吨	2 310
其中：油菜播种面积	公顷	102 495	石灰	吨	8 000
公顷产量	千克	1 670	红砖	万块	3 729
油菜总产量	吨	171 180			

内蒙古海拉尔农牧场管理局2011年经济和社会发展统计公报

2011年，海拉尔垦区认真贯彻中央决策部署，贯彻落实全国和自治区农业工作会议、农垦专业会议精神，认真贯彻中央1号文件精神，以科学发展观统揽全局，冷静沉着、创新思路，战胜了各种自然灾害，农业生产再获丰收，农牧场人均纯收入较快增长。使海拉尔农垦继续保持良好发展局面。为经济平稳较快发展、维护社会和谐稳定作出了重大贡献。

一、综合

2011年海拉尔垦区经济继续保持稳健增长。产业结构、产品结构进一步优化，经济运行质量进一步提高。2011年海拉尔垦区实现生产总值201 049万元，同比增长10.8%。其中，第一产业增加值166 585万元，同比增长10.4%；第二产业增加值19 634万元，同比增长9.5%；第三产业增加值14 830万元，同比增长17.4%。实现人均生产总值23 333元，同比增长25.5%。人均收入16 766元，同比增长8.6%。垦区实现利润49 319.2万元，同比增长6.1%。其中，统一经营实现利润33 595万元，同比增长1.6%。

二、农牧业

2011年，海拉尔垦区认真贯彻落实中央1号文件精神及中央支持农业特别是粮食生产的政策措施，极大地调动了广大职工群众的积极性，面对严重自然灾害的影响，垦区上下采取措施，积极应对，将灾害带来的负面影响降到了最低，为垦区今后经济的持续、健康、快速发展奠定了坚实的基础。

2011年垦区实现农业总产值（现行价）278 914万元，同比增长6.4%，其中，种植业产值168 617.8万元，同比增长2.2%，牧业产值110 041万元，同比增长13.5%。

农业坚持以防灾减灾为中心，进一步提升现代农业发展水平，加大结构调整力度，引进试验推广先进的科学技术，为发展现代农业提供了强大的技术支撑。2011年总播种面积395.6万亩，同比增长5.8%，粮油总产量62.83万吨，同比增长3.1%，其中，粮豆总产量45.6吨，同比增长1.9%，油料总产量17.1万吨，同比增长6.6%（表1）。其中小麦播种面积99.3万亩，同比下降2.8%

表1 2011年垦区主要农产品产量

产品名称	计量单位	2011年实际	同比增长（%）
粮豆油合计	万吨	62.83	3.1
1. 粮豆合计	万吨	45.6	1.9
其中：小麦	万吨	16.5	−12.1
大麦	万吨	9.9	10.1
大豆	万吨	3.45	−22.9
2. 油料	万吨	17.1	6.6

海拉尔垦区农业生产从育种到粮食销售实现全程机械化，农业机械化装备程度不断提高，进一步改善了垦区农业生产条件，以满足农业生产的需要。2011年机械总动力54.4万千瓦，同比增长7.3%；拥有各类拖拉机15 872台，联合收割机824台；全年化肥施用量（折纯量）3.49万吨。

2011年海拉尔垦区进一步加大对畜牧业的政策扶持和项目带动，畜牧业快速发展的基础和机制已经形成。年内各类牲畜存栏55.7万头（匹、只），同比增长11.8%，各类牲畜出栏率35.5%（表2）。

表2 2011年牲畜头数及主要畜产品产量

产品名称	计量单位	2011年实际	同比增长（%）
年末牲畜存栏	头、匹、只	557 403	11.8
其中：牛	头	161 020	3.1
羊	只	348 843	16.2
猪	头	41 965	12.5
各类牲畜出栏	头、匹、只	176 884	13.2
出栏率	%	35.5	−11.5
肉类总产量	吨	13 050.2	29
牛奶总产量	吨	348 255	11.9
羊毛总产量	吨	759	34.5

三、工业、商贸

工业生产态势良好，发展平稳。2011 年垦区坚持以改扩建工程和培育龙头企业为突破口，强力推进产业化进程。年内实现工业增加值（现价）18 917万元，同比增长 10.1%，完成工业总产值（现价）136 096 万元，同比增长 1.8%。

2011 年海拉尔垦区主要工业产品产量见表 3。

表 3　2011 年主要工业产品产量

产品名称	计量单位	2011 年实际	同比增长（%）
马铃薯全粉	吨	8 068	5.4
红砖	万块	3 729	10.1
奶粉	吨	21 045	−5.6
植物油	吨	61 658	7.2

2011 年垦区实现进出口商品总金额 592 万元，实现社会商品零售额 28 354 万元。

四、固定资产投资

2011 年垦区固定资产投资较 2010 年有所下降。垦区全年完成固定资产投资 61 427.6 万元，同比增长 18.7%，当年新增固定资产 48 888.6 万元，同比增长 28.4%。

进一步优化资金投向，以龙头企业为骨干、以农牧业为基础的产业化经营格局正在形成。

用于第一产业的投资 47 304.5 万元，占总投资的 77%；用于第二产业的投资 5 251 万元，占总投资的 8.5%；用于第三产业的投资 8 872 万元，占总投资的 14.5%。

2011 年垦区自主投资进一步增强，在固定资产投资中，自筹资金 46 269.8 万元，占总投资的 75.3%，占投资比重最大，表明垦区经济自主增长的能力增强。

五、非国有经济

随着垦区企业改制的进一步深入，非国有经济经营范围不断扩展，一、二、三产业中的非国有经济成分逐步扩大，垦区经济结构进一步优化，2011 年完成非国有经济生产总值 96 436.2 万元，占垦区经济总量的 47.9%，同比增长 52.1%。

附录六　内蒙古大兴安岭农场管理局2011年基本情况

内蒙古大兴安岭农场管理局2011年主要经济指标表

指标名称	计量单位	数　量	指标名称	计量单位	数　量
一、基本情况			三、农作物播种面积		
单位个数	个	24	其中：粮食大豆播种面积	公顷	79 657
其中：国有农场	个	8	公顷产量	千克	3 001
总人口	人	62 631	粮豆总产量	吨	239 075
土地总面积	公顷	1 269 467	＃小麦播种面积	公顷	17 055
其中：耕地面积	公顷	80 756	公顷产量	千克	4 115
草原面积	公顷	55 006	总产量	吨	70 192
农业机械总动力	万千瓦	20	大豆播种面积	公顷	58 419
大中型拖拉机	台	687	公顷产量	千克	2 367
联合收割机	台	428	总产量	吨	138 260
二、综合指标			四、年末牲畜头数		
生产总值	万元	91 919	其中：大畜存栏	头	23 525
其中：第一产业增加值	万元	59 700	小畜存栏	只	208 321
第二产业增加值	万元	10 651	生猪存栏	头	3 539
第三产业增加值	万元	21 568	鹿存栏	只	1 049
利润总额	万元	8 022	五、畜产品水产品产量		
人均纯收入	元/年	10 799	肉类总产量	吨	4 354
人均生产总值	元/年	14 676	牛奶总产量	吨	4 793
固定资产投资	万元	27 263	绵羊毛产量	吨	1 020
其中：国有投资	万元	10 789	山羊绒产量	吨	12
工农业总产值	万元	131 848	禽蛋产量	吨	1 428
其中：工业总产值	万元	15 888	鹿茸产量	吨	1 318
农业总产值	万元	115 960	鱼类总产量	吨	159

内蒙古大兴安岭垦区2011年经济和社会发展统计公报

2011年，垦区按照着力转变农牧业发展方式、着力构建工业体系、着力加强小城镇建设、着力改善民生的“十二五”规划总体目标，以产业化为主攻方向，以转变发展方式为主线，大力调整种植结构，强力发展以乳业为主的畜牧业，突出发展以农畜产品加工、销售业为主的非农产业，不断促进自营经济和经贸流通旅游业的快速发展，使“十二五”开局之年各项工作都取得了突破性的进展。

一、经济综合指标完成情况

2011年垦区实现工农业总产值13.2亿元，比2010年（下同）增长22.2%；实现生产总值9.23亿元，增长26.1%；第一产业增加值5.97亿元，增长37.6%；第二产业增加值1.1亿元，增长7.4%；第三产业增加值2.16亿元，增长12.5%；人均纯收入10 799元，增长20.9%；利润总额8 022万元，增长30.8%。完成固定资产投资27 263万元。

二、农牧业生产情况

全年实现农业总产值115 960万元，完成农、林、牧、渔业增加值59 700万元，同比增长22.87%，其中，种植业产值77 922万元，同比增长19.6%，畜牧业产值24 172万元，同比增长17.69%

2011年垦区农业生产虽然前期受到自然灾害的影响，但仍实现粮食总产23.9万吨，比2010年增长19.5%。粮食亩均产量实现200.1千克，增长15.7%；其中，小麦实现单产274千克/亩、大豆单产158千克/亩、玉米单产492千克/亩，创造了历史以来最好成绩，实现了粮食总产、粮食单产、种植业效益三超历史。产品回收也是历年来完成最好、最快的一年。

垦区农业坚持以防灾减灾为重点，进一步加强现代农业发展水平，加大结构调整力度，积极引进和推广先进农业科学新技术，优化农机装备，为发展现代农业提供了强大的保障。2011年全局播种面积7 9657公顷，同比增长0.9%，粮食总产23.9万吨，同比增长19.5%。垦区的农业机械化装备不断提高，农业机械化水平达到95%。2011年机械总动力达到20.2万千瓦。

在种植业结构调整上，本着减豆、增麦、扩玉薯，适度种好杂粮和特色高效经济作物的原则，采用强有力的措施，有效限制长残效除草剂和农药的使用，大豆、小麦、经饲种植比例为5∶3∶2，建立三区轮作制度，进一步优化种植业结构。小麦种植面积17 055公顷，是近几年新高。新增蓝莓、白瓜子、水飞蓟等高效特色种植，全局种植结构正向科学化、市场化、产业化方向迈进，创历史最好水平。

抗春旱、抵御低温寡照，采取了各种有力措施，有效降低了灾害损失。探索完善“六统两分”的经营管理机制，积累了宝贵的经验。有效开展了以科技之冬培训为主的系列科技培训活动，2011年继续开展了“8191”科技示范工程，推广测土配方施肥技术72 000公顷；增产叶面肥施用53 000公顷；以“全安”和“云大-120”为主的解毒、促熟、增产技术53 000公顷；推广以深松和联合整地为主的保护性耕作技术26 000公顷；推广小麦平窄密栽培技术17 055公顷；推广大豆大垄高台技术4 000公顷；推广玉米高产栽培技术及高产新品种示范3 899公顷。通过推广以上技术，在春季播种、夏季管理、秋季收获上保障了农作物获得高产，涌现了一批高产典型户和农场。巴彦农场大豆万亩高产创建示范区平均亩产达到200千克；欧肯河农场万亩小麦高产示范区平均亩产达到403千克；南部农场玉米平均亩产500千克。全局粮食总产达到23.9万吨，平均亩产200千克粮食总产和单产均创历史最好水平。

加速推进农机装备更新，落实国家农机购置补贴资金600万元，农机更新总投资达2 560万元，更新大型机械214台（套），受益农户342户。严格执行《物资生产资料经营管理规定》，化肥和部分农药实现了统一供应，切实降低了农药残留，为下一步种植业结构调整奠定了基础。虽然垦区遭受了较严重的自然灾害，2011年的产品资金回收工作十分出色，不论是从时间上，还是数量、质量上都是历史最好的，超额完成了任务。垦区通过努力争取国家粮食临时储备指标，不仅实现良好的销售价格，促进企业增效、职工增收，而且为兴安绿源公司找到了一条出路，弥补了加工不足的损失，实现自我生存和发展。

全面落实各项惠农政策，垦区职工群众得到了实惠。2011年垦区享受各项惠农政策补贴总计达7 309万元，其中，良种补贴1 114万元，农机补贴600万元，粮食直补355万元，农资综合补贴5 180万元，测土配方施肥补贴60万元，动物防疫补助肥极大地促进了员工增收，提高了种粮积极性；全面加入农业保险，解除了员工的后顾之忧，降低了农业生产的风险，为员工增收致富提供了保障。

——推动科技进步，园区建设。由科技人员、致富能手组成讲师团，深入到农场、连队对职工群众进行科技培训，与一线的科技人员相互交流农业生产经验。定期举办现场观摩、地头指导、入户服务、专家咨询等活动，使广大职工“能看到、能听到、能问到、能学到”，创新了科技培训模式。累计办班10期，培训职工5 000人次，发放科技挂图5 000份、栽培技术明白纸4万张。通过印发宣传资料、科技挂图等，使种养技术简单易懂，可操作性强，容易被职工掌握。而且户均至少一份《农作物栽培技术明白纸》，至少1名了解政策和技术明白人，印发《农牧业技术手册》7 000册，切实增强了广大干部职工的科技意识，提高了科技素质。

2011年垦区继续承担高产创建项目，落实国家级示范点两片。其中，巴彦农场落实大豆万亩示范片1个，欧肯河农场落实小麦万亩示范片1个。两个农场对高产创建项目高度重视，指派具体人员负责此项工作，按照上级部门的要求，制订详细的实施方案，成立了领导小组、技术小组，做到了人员直接到队、措施直接到田、培训直接到户、技术要领直接到人的“四直接”服务模式，使高产创建活动建成为农业新技术示范推广的平台、科技人员的讲台、员工和种田大户的看台、粮食生产的展示台、宣传垦区的舞台，充分发挥了农垦现代化农业生产的示范带头作用。

2011年9月26日，自治区高产创建项目验收组对项目进行了实地测产验收，小麦万亩示范片平均亩产403.8千克，大豆万亩示范片平均亩产204.2千克，项目顺利通过了自治区级的验收。

——新垦区建设、基础设施和危旧房建设步伐加快。2011年，全局实施了危旧房改造、基础设施建设、公益卫生事业建设、农牧业发展、城镇环境建设、住宅楼建设等项目，为进一步加快新农垦建设奠定了坚实基础。2011年实施危旧房改造1 843户，总面积15.2万平方米，总投资3 317万元。经过3年来垦区上下的共同努力，基本完成了9 898户的开工建设任务，目前8 055户居民已喜迁新居。垦区还投资2 272万元实施了“一事一议”项目36项，进一步改善了员工的生产生活环境。同时社会保障覆盖面进一步扩大，开展了“五七工”和失业人员参保工作。国有企业改制等遗留问题正逐步化解，员工群众得到了更多实惠，加快了和谐、富裕、文明的新垦区建设步伐。

——畜牧业发展势头良好，畜牧防疫工作全面落实。2011年垦区继续坚持“乳、肉、草”的发展战略，稳步发展乳业，通过农场垫资、补贴、提供饲料地、个人集资等多种渠道，大力扶持奶牛养殖，奶牛存栏量已超过6 000多头。加大畜牧业基础设施建设力度，已经建设奶牛小区四处，可容纳奶牛2 000头以上；肉牛小区两处，可容纳肉牛1 000头以上；肉羊养殖小区一处，可容纳肉羊2 000只以上。2011年全局牲畜存栏总量29.2万头（只），完成了年初下达的牧业发展指标任务。全局动物综合防疫密度达到98%以上，全年未出现重大动物疫情。

垦区特别重视畜舍建设，提出了可以由农场垫资或垫红砖等生产资料的办法鼓励职工建设标准化畜舍，使牲畜越冬入舍率达到100%。通过各方努力，2011年度牧业用于畜舍建设投入资金达近2 100万元，新建畜舍15万平方米。

2011年垦区动医工作从认真贯彻落实呼伦贝市农牧业工作会议精神入手，积极加强动物保健工作，提高动物产品质量，保证人民群众动物食品安全，以兴牧富民为目的，有力地保障了垦区畜牧业生产的健康快速发展。

针对牛羊猪口蹄疫全部注射了疫苗，猪蓝耳病疫苗全部注射，到2011年6月底，已经完成防疫电子档案的全部登录工作。

布鲁氏菌病防治工作继续贯彻免疫、检疫、监测相结合，淘汰病畜及血检阳性牲畜的综合防治措施，对成幼畜全部进行了免疫，密度达100%。

——职工自营经济快速发展，促进了增收致富。在《垦区职工自营经济发展规定》和自营经济发展基金的引导、扶持下，职工对发展自营经济认识逐步提高、积极性不断增强，通过采取“一帮一”扶贫等方式，帮助职工群众发展自营经济，实现了“户有一策，人有一业”。自营经济增加值39 353万元，增长16.77%。自营经济人均收入4 984元，占人均纯收入的46.15%。

三、工业和建筑业

垦区工业格局实施重大调整。2011年垦区对煤、电、热企业进行了整体股权转让，基本实现了平稳过渡，摆脱了亏损的包袱。垦区场办工业方兴未艾，东方红面粉厂重新启动；借助危旧房改造，各农场的建材、制砖业蓬勃兴起，一些小型的工商业逐步扩大发展；对原有的建筑材料厂成功实现公司制改造，并为垦区的危房改造工程提供了优质材料，实现了良好的效益。

2011年垦区工业步入增长阶段，结构调整成效显著，产销衔接良好，产品销售正常，全部工业增加值完成7 124万元，工业全员劳动生产率41 493元/人，按照“肉、油、水、薯”的发展思路，已经建立起垦区工业经济的新框架。

建筑业生产增长较快。全年实现建筑业增加值3 527万元，房屋建筑施工面积10.6万平方米，建筑业企业年末固定资产原值2 034万元，全年承包的施工单位单项工程320个，建筑业企业全员劳动生产率15 768元/人。

四、运输业、批发零售贸易业、服务业基本情况

运输业年末458个，从业人员530人，从业人员劳动报酬2 309万元，全年完成货运周转量125.4万吨，客运周转量68万人次，实现营业总收入6 242万元，完成运输业增加值2 965万元。

批发零售贸易业、餐饮业、服务业共有营业单位总数1 994个，拥有固定资产原值11 242万元，营业用房面积64 415平方米，从业人员2 353人，从业人员报酬5 519万元，完成商品销售额和营业收入59 510万元，完成商业、餐饮业和服务业增加值10 418万元。

五、文化、卫生

——文化事业稳步发展。全局共有有线电视台9座，电视转播发射台2座，电视人口覆盖率100%。

——扎实开展学习实践科学发展观活动，垦区精神文明和企业文化建设不断提高。通过扎实有效开展深入学习实践科学发展观活动，形成了科学发展的思路，垦区上下对5年再造一个新垦区充满了信心和斗志。通过迎接全市两个文明建设经验交流会的召开，举办第四届垦区文化艺术节、第二届职工篮球赛，进一步丰富了精神文明建设和职工文体生活。通过全力打造自治区新的经济增长及大学习、大讨论，十七届五中、六中全会精神学习宣讲，领导干部下基层走访调研，“三抓一建”等系列活动，加强了基层党组织建设，转变了干部作风，提高了干部政治素质，密切了党群干群关系。实施人才兴垦战略，提升了干部素质。编印出版了《干部教育读本》、《劳动模范风采录》、《廉政故事选编》等书籍，在广大干部员工中引起强烈反响。出版了大型画册《辉煌五十年》，举办了大型“农业成果展览”，展现了集团化改革发展取得的辉煌成就，更加坚定了建设农垦、发展农垦的信心和决心。

——垦区卫生事业得到加强。医疗卫生条件进一步改善，初步建立起了疫情等突发公共卫生应急机制。垦区现有卫生医疗机构81个，其中，医院9所，生产队卫生室72所。垦区医疗卫生单位拥有病床276张，其中，医院拥有病床211张，生产队卫生室拥有病床65张。年末拥有职工473人，其中，医务人员362人，医院拥有医务技术人员294人，生产队卫生室拥有医务技术人员68人。垦区十分重视卫生工作，加大资金投入，提高了整体医疗水平，为垦区职工就医创造良好的医疗环境。垦区中心医院被呼伦贝尔市确定为出血热治疗的定点医院，几年来，出血热治愈率达到100%。

六、人口、人民生活和社会保障

人口自然增长率继续在较低水平。2011年垦区人口出生率为4.53‰；人口死亡率为3.18‰；人口自然增长率为1.35‰。年末垦区总人口达

62 631人。

垦区员工共享受优农、惠农补贴资金达 7 270 万元，在职员工医疗保险、工伤保险全面启动，覆盖面达 100%。截至 2011 年年底，全局享受低保待遇家庭总数 3 652 户，享受待遇人口 6 437 人，发放低保资金 1 719 万元。为 542 名医疗救助人口发放医疗救助金 57 万元。人均纯收入达到 10 799 元，职工群众生活质量大幅度提高。

2011 年，在农业部农垦局和呼伦贝尔市委、市政府的正确领导下，坚持以邓小平理论、“三个代表”重要思想、党的十七届六中全会精神和科学发展观为指导，按照“优工强牧兴农大力发展非国有经济”的方针，不断深化改革、加快发展、强化管理、维护稳定，紧紧依靠广大干部员工，战胜了各种困难和挑战，赢得了垦区经济发展、社会进步、政治稳定的良好局面，圆满完成年初确定的各项目标，取得显著的经济效益和社会效益。垦区“十二五”的目标任务已经确定，在农业部农垦局、呼伦贝尔市的坚强领导下，以思想的大解放、观念的大更新，推进作风的大转变、工作的大落实，实现经济的大发展、事业的大进步，奋力实现经济社会发展新跨越！

附录七　2011年全国农垦大事记

全国农垦2011年大事记

一　月

1日　黑龙江北大荒集团总公司、广东省农垦集团公司纳入中央国有资本经营预算实施范围。

5日　安徽省委常委、副省长赵树丛慰问安徽农垦九连山茶场特困职工杨良标。

7日　海南橡胶（601118）在上海证券交易所上市。海南橡胶成功发行7.86亿股，募集资金47.08亿，是A股有史以来的天然橡胶第一股。

8日　中华全国总工会副主席倪健民一行赴广东湛江垦区开展2011年“送温暖”慰问活动。

12日　海南省农垦集团将下属的22家投资公司重组为中南投资集团、中源集团、中新集团三大集团。其中，中南投资公司与保亭新星富源、金茂、三道，五指山海垦畅好投资公司，共同组建为中南投资集团。万宁东和、新中，澄迈红光，海口红明、三江，定安南海、中瑞，琼海东太、东红、东升投资公司，共同组建为中源集团。三亚立才、南新、南滨，陵水南平、岭门，乐东乐光、保国投资公司，共同组建为中新集团。

13日　陕西农垦集团有限责任公司董事长杨浩民向在喀麦隆访问的回良玉副总理汇报了陕西农垦实施“走出去”战略等情况。

14日　广西壮族自治区农垦工作会议在南宁召开。广西壮族自治区党委副书记陈际瓦对会议的召开作出重要批示，自治区副主席陈章良、自治区政协副主席蒋济雄出席会议并作重要讲话。

15日　台湾屏东县民众服务社理事长蔡明镇率“台湾南部农会江苏合作交流之旅代表团”一行访问江苏农垦。

20日　重庆市农业投资集团有限公司2011年工作会在银河大酒店召开。重庆市人大副主任郑洪、市政协副主席陈贵云到会并作重要指示。

21日　江西省国有农垦企业改革工作推进会在南昌召开。江西省委常委、副省长、省七个系统国企改革工作小组副组长陈达恒出席会议并讲话。江西省人大副主任、省总工会主席、省七个系统国企改革工作小组副组长姚亚平主持会议并作会议小结，江西省政协副主席、省七个系统国企改革工作小组副组长胡幼桃出席会议。

22日　安徽农垦集团与宣城市人民政府举行宣城承接产业转移示范区农垦示范园合作签约仪式。

23日　宁夏农垦工作会议召开，宁夏回族自治区副主席郝林海出席会议并作重要讲话。

27日　湖北省委常委、常务副省长李宪生，省人大常委会副主任蒋大国慰问湖北农垦退休老干部。

28日　黑龙江省委书记吉炳轩在黑龙江省委常委、哈尔滨市委书记盖如垠等的陪同下，到黑龙江农垦北大荒物流集团配送中心调研。

1月　中国第一个高度集约化专门饲养成母牛的牛场——三元种业渠头2 500头成母牛场建设工程竣工并投入使用。

二　月

3日　黑龙江省委副书记、省长王宪魁在省政协副主席、省长助理、省政府秘书长郭晓华等的陪同下，到黑龙江农垦八五一〇农场考察。

5日　津巴布韦副总统穆菊茹考察湖北农垦津巴布韦辛巴农场。

9日　湖北农垦联丰公司莫桑比克农业技术示范中心旱稻试种成功。

11日　全国人大常委会委员龚学平一行到光

明食品集团海丰农场及海丰生态奶牛场考察。

12日 上海市委常委、统战部部长杨晓渡一行到上海西郊国际农产品交易中心考察。

13日 云南省政府在宾川县召开全省农垦改革工作推进会议。云南省副省长孔垂柱作了重要讲话。

15日 湖北省农垦工作会议在武昌召开。湖北省副省长赵斌等出席了会议。

16日 全国人大常委会教科文卫委员会副主任李志坚率调研组到天津海河乳业有限公司进行《中华人民共和国食品安全法》贯彻情况调研。天津市人大常委会副主任李亚力陪同调研。

16日 由海南农垦现代物流有限责任公司投资重组并控股的云南陆航物流服务有限公司在云南省昆明市经济开发区物流园区揭牌，海南橡胶集团投资3 800万元，控股80%。

22日 “广西农垦杯”广西壮族自治区党委办公厅（室）系统、自治区农垦系统书法摄影作品展开展仪式在自治区博物馆隆重举行。广西壮族自治区党委常委、秘书长、办公厅主任余远辉，自治区政协副主席蒋济雄等出席了仪式。

23日 江苏农垦和上海城投合作发起设立的“江苏农垦诚鼎创业投资中心”签约仪式在上海举行，标志着江苏农垦在资本运作上取得了新的突破。

24日 甘肃省副省长泽巴足、省长助理夏红民一行到甘肃农垦考察。

25日 黑龙江省副省长徐广国到黑龙江农垦晨环生物制剂有限公司调研。

25日 原江苏省副省长凌启鸿到江苏农垦东辛农场，就现代农业、农产品安全等问题进行调研。

26日 中国农业科学院宁夏农垦现代农业示范基地挂牌仪式在宁夏农垦平吉堡现代农业示范园区举行。中国农业科学院院长翟虎渠，宁夏回族自治区党委副书记于革胜、自治区政府副主席郝林海等出席挂牌仪式。

28日 海南农垦新星、加来农场成建制移交保亭、临高县属地化管理签约仪式在海南举行。这标志着海南农垦农场移交地方属地化管理试点工作进入实质性操作阶段。

28日 广西首只农业企业债券——广西农垦集团有限责任公司10亿元企业债券发行仪式在南宁举行。

三　月

2日 上海市副市长艾宝俊到光明食品集团光明乳业调研。

3日 天津市副市长李文喜到天津农垦集团总公司机关调研指导工作。

4日 哈吉·亚当·尤素夫·阿卜杜拉率苏丹全国大会党考察团一行访问广西农垦。

6日 中共中央政治局常委、中央政法委书记周永康在第十一届全国人大四次会议黑龙江代表团全体会议上讲话时指出，国家安全首先是粮食安全，黑龙江垦区为保证国家粮食安全做出了巨大贡献，因此，应该把黑龙江垦区的现代化大农业建设作为重点给予全方位的支持，今后，北大荒要为国家粮食安全做出更大的贡献，同时还要努力让垦区职工过上更好的生活。

8日 甘肃农垦亚盛股份公司8亿元（首期4亿元）中期票据成功注册发行。

9日 广西农垦明阳生化集团股份有限公司東埔寨30万吨/年木薯淀粉、30万吨/年燃料乙醇（一期10万吨/年木薯淀粉工程）项目专家论证会在南宁召开。

10日 江西省南昌市组织专题研究国有农垦企业改革工作，江西省委常委、市委书记余欣荣出席并提出具体要求。

11日 云南西双版纳垦区22座国有制胶厂移交西双版纳景阳橡胶有限责任公司经营管理。

15日 黑龙江垦区现代化大农业新闻发布会暨经济合作项目签约仪式在北京人民大会堂隆重举行。全国人大常委会副委员长周铁农，黑龙江省副省长孙永波，农业部总经济师杨绍品等出席新闻发布会暨经济合作项目签约仪式。

16日 宁夏回族自治区政协副主席解孟林一行到宁夏农垦调研。

17日 国家质检总局副局长蒲长城到黑龙江农垦完达山乳业检查指导工作。

18日 广西壮族自治区副主席陈章良、自治区统战部副部长熊春寒率中国欧美同学会会员一行到广西农垦明阳工业区考察。

18日 天津市政协副主席何荣林到天津海河乳业有限公司考察指导工作。

21 日 农业部办公厅和财政部办公厅联合下发了《农业部办公厅 财政部办公厅关于印发〈2011 年中央财政天然橡胶良种补贴项目实施指导意见〉的通知》（农办财［2011］35 号），明确 2011 年在优势区域内补贴 42.9 万亩胶园，补贴良种苗木 1415.7 万株。

23 日 宁夏回族自治区人大副主任马瑞文到宁夏农垦局调研。

25 日 广西农垦糖业集团良圻生物科技有限公司年产 2 万吨木糖、木糖醇联产 2 千吨 L-阿拉伯糖建设项目开工奠基仪式在良圻举行。

25 日 上海市政协副主席、浦东新区区长姜樑考察 2011 年上海鲜花港第七届新品郁金香花展的筹备情况。

26 日 安徽农垦第一家股份公司——安徽皖垦种业股份有限公司在合肥市天鹅湖大酒店举行揭牌庆典仪式。安徽省副省长黄海嵩和农业部农垦局局长李伟国共同为该公司揭牌。

26 日 国家农业综合开发办公室副主任黄家玉到广东垦区调研农业综合开发项目。农业部农垦局巡视员何子阳等陪同调研。

27 日 国务院在北京人民大会堂召开全国造林绿化表彰动员大会，新疆生产建设兵团农八师一五〇团、黑龙江省农垦建三江管理局、江苏省国营新洋农场被评为国土绿化突出贡献单位，黑龙江省农垦田路成、广东省农垦林家斌、新疆生产建设兵团马军武被评为国土绿化突出贡献人物。

28 日 黑龙江省政协副主席、民建黑龙江省委主委孙东生到黑龙江垦区了解民建成员的工作生活情况。

28 日 宁夏回族自治区副主席姚爱兴一行深入宁夏农垦前进、暖泉、玉泉营和渠口四个农场项目区工程施工现场，对农垦 2010 年度土地开发整理重大工程项目建设情况进行督查。

28 日 中央农村工作领导办公室二组副局长陈良彪、农业部农垦局副局长彭剑良一行 4 人对海南农垦管理体制改革进行调研。

28 日 非粮生物质酶解国家重点实验室科研综合楼奠基暨广西农垦明阳生化集团股份有限公司成立、"年产 10 万吨木薯变性淀粉高技术产业化示范工程"及"木薯废渣及黄浆综合利用项目"竣工仪式隆重举行，广西壮族自治区政协副主席、广西科学院院长黄日波等出席仪式并致辞。

29 日 广西壮族自治区政协副主席蒋培兰率政协调研组到广西农垦柳兴制糖有限公司，就"促进食品工业快速发展"专题进行调研。

29 日 上海市委常委、常务副市长杨雄一行考察了光明食品集团长江现代农业基地。

30 日 天津市委副书记何立峰到天津王朝酒公司考察指导工作。

30 日 云南省政府副省长孔垂柱到西双版纳调研农垦改革发展工作。

31 日 国家质检总局局长支树平到三元食品检查指导工作，实地检查了生产车间、库房及检验室、科研中心。

31 日 中共中央政治局委员、中央书记处书记、中组部部长李源潮，中共中央政治局委员、北京市委书记刘淇到北京农垦凯拓三元公司进行调研。

31 日 光明食品集团与上海市农科院签署农业发展战略合作协议，并为上海优质稻米工程研究中心暨"中国水稻研究所上海新品种实验站"揭牌，标志着上海地区优质稻米工程研究和种源农业发展进入新阶段。上海市委常委、市政法委书记吴志明出席揭牌签约仪式并讲话。

2011 年 3 月"两会"期间，中共中央政治局常委、国务院总理温家宝，中共中央政治局常委、国务院副总理李克强，中共中央政治局委员、国务院副总理回良玉，分别做出批示，对海南农垦 3 年来管理体制改革取得的成绩予以充分肯定。

四　月

1 日 宁夏回族自治区党委书记张毅在自治区党委常委、党委秘书长蔡国英，自治区主席助理屈冬玉等的陪同下，到宁夏农垦平吉堡第五奶牛场进行调研。

1 日 农业部农垦局公布第三批农垦农产品质量追溯系统建设项目通过建设期验收名单。

5 日 黑龙江省副省长吕维峰到黑龙江农垦建三江管理局调研。

8 日 斯洛伐克尼特拉市市长约瑟夫·德沃恩茨和联合工业有限公司总裁爱德华·舍波一行访问河北省中捷友谊农场。

9 日 农业部副部长高鸿宾、黑龙江省副省长吕维峰到哈尔滨国际会展中心视察 2011 中国黑龙江畜牧产业博览会黑龙江农垦展区。

11日　农业部办公厅和财政部办公厅联合印发了《农业部办公厅 财政部办公厅关于印发〈天然橡胶良种补贴项目验收办法（暂行）〉的通知》（农办财［2011］36号），这是第一个良种补贴类验收办法。

14日　广西壮族自治区党委副书记陈际瓦到广西农垦王灵农场和广西农垦红河工业集中区进行调研。

15日　黑龙江省委书记吉炳轩在黑龙江省委常委、哈尔滨市委书记盖如垠，省委常委、省委秘书长刘国中，副省长吕维峰等的陪同下，到黑龙江农垦闫家岗农场调研。

15日　北京市委副书记、市政协主席王安顺一行到北京农垦凯拓三元公司调研。

15日　中国医药质量管理协会在北京隆重召开"第三批药品质量诚信建设示范企业"表彰大会，江苏正大天晴药业被评为全国医药行业"药品质量诚信建设示范企业"，同时跻身"化学制药行业创新型企业品牌十强"。

15日　上海市人大常委会主任刘云耕一行考察了光明食品集团云南科技开发有限公司西双版纳石斛组培、种植和深加工生产基地。

19—20日　中共中央政治局委员、国务院副总理回良玉到黑龙江农垦视察。

20日　黑龙江省副省长于莎燕一行到黑龙江农垦海林农场就推进重点旅游名镇建设工作进行专题调研。

22—24日　由中国农垦经济研究会主办，重庆农垦承办的中国农垦经济研究会理事长会议在重庆银河大酒店举行。农业部原副部长刘成果，农业部农垦局局长李伟国，中国农垦经济研究会理事长魏克佳出席会议。

26日　青海省委书记、省人大常委会主任强卫，青海省委副书记、省长骆惠宁一行38人，在海南省委副书记、省长罗保铭等的陪同下到海南农垦南田农场考察。

26日　学生饮用奶计划部际协调小组下发了关于加强学生饮用奶计划监管工作的紧急通知，对进一步保证学生奶质量安全提出要求。

27日　海博股份公司与光明食品集团光明米业公司在海博大厦举行米业物流战略合作框架协议。

27日　全国人大农业委员会一行50余人在上海市人大常委会副主任杨定华等的陪同下，参观考察了上海鲜花港。

29日　黑龙江省省长王宪魁，副省长徐广国分别到黑龙江农垦宝泉岭管理局经济开发区调研。

4月29日至5月2日　新疆兵团党委常委、农八师石河子市党委书记、农八师政委、石河子市人大常委会主任宋志国等一行26人到黑龙江农垦完达山阳光乳业公司、北大荒现代农业园、北大荒通用航空公司、建三江管理局和红兴隆管理局考察现代农业发展和城镇建设情况。

4月　国家发展和改革委员会、农业部、住房和城乡建设部正式下达了国有垦区危房改造项目2011年中央预算内投资计划，标志农垦危房改造范围扩大到全国垦区，当年改造危房任务45.71万户。

五　月

5日　云南省农垦总局和西双版纳傣族自治区州人民政府在景洪市举行工作座谈会，双方按照云发［2009］19号文件精神，就农垦集团公司资产及债务移交等具体问题形成一致意见。

6日　湖北省委常委、省委秘书长李春明考察湖北农垦津巴布韦联丰公司烟叶种植项目。

7—8日　黑龙江省省长王宪魁先后到黑龙江农垦宁安农场、海林农场调研。

9日　中华全国总工会副主席王炯一行到海南农垦南田农场实地考察了正在规划建设的全国劳模疗休养基地。

11—12日　黑龙江省委副书记、常务副省长杜家毫一行到黑龙江农垦建三江管理局七星农场旅游名镇规划现场、勤得利农场灌区建设现场、黑瞎子岛北大荒现代生态园施工现场等地调研。

12日　上海光明食品集团益民食品集团与上海糖酒集团正式签署战略合作框架协议，在发展食品产业、加强品牌建设、延伸市场通路等方面实行全面合作。

13日　上海市副市长姜平一行考察了上海西郊国际农产品交易中心（一期）项目。

16日　澳大利亚驻广州总领事馆副总领事唐杰夫一行拜访广东省农垦集团公司。

17日　由越南政府农业部、财政部联合组成的农业保险考察团参观考察了安徽农垦寿西湖农场现代农业示范区和皖垦种业寿县分公司。

17 日 上海市人大常委会主任刘云耕一行考察了上海西郊国际农产品交易中心。

18 日 内蒙古自治区党委常委、宣传部长乌兰到海拉尔垦区调研。

20 日 重庆市委副书记张轩、重庆市副市长吴刚一行前往重庆农投集团天友乳业公司视察，重点对天友乳品质量安全情况进行检查。

20 日 中国企业联合会、中国企业家协会执行副会长尹援平一行到光明食品集团烟糖集团就企业文化建设工作调研。

22 日 黑龙江省副省长徐广国到黑龙江农垦完达山乳业北安公司考察。

22—23 日 农业部农垦局组织的“奶业提升 农垦先行——农垦奶牛场现代化管理培训计划”在北京启动，农业部总经济师杨绍品参加启动仪式。

24 日 国家统计局副局长张为民率全国粮食稳定增产行动督导组到海拉尔垦区调研。

24—25 日 全国农垦扶贫开发工作会议在广东垦区召开。农业部副部长高鸿宾出席会议并作重要讲话。

25 日 重庆市政法委书记刘光磊视察重庆农垦天友乳品质量安全生产情况。

25—26 日 中央纪委副书记李玉赋在黑龙江省委常委、省纪委书记李延芝，省纪委常委、秘书长杨涛等的陪同下到黑龙江农垦建三江管理局，就现代化大农业及党风廉政文化建设情况进行调研。

26 日 甘肃省副省长泽巴足到甘肃农垦集团莫高公司莫高酒庄调研。

28 日 印度尼西亚人力资源及移民部部长穆海明·伊斯坎达一行访问广东农垦。

31 日 由凯拓三元和系统作物实验室共建的国家现代农业科技城良种创制中心正式启动。科学技术部党组成员、副部长张来武，北京市委常委赵凤桐，北京大学前校长许智宏院士等领导及知名专家出席了揭牌仪式。

六　月

1—2 日 原上海市副市长、上海市人大常委会副主任周慕尧一行考察了光明食品集团海丰农场、上海农场和川东农场。

2 日 内蒙古自治区副主席刘新乐到海拉尔农垦免渡河农场就春播生产、现代农业发展和新垦区建设情况进行调研。

2 日 陕西省副省长祝列克考察陕西农垦现代农业建设情况。

4 日 老挝人民民主共和国政治局委员、常务副总理宋沙瓦·凌沙瓦率老挝中央、地方及企业领导一行 24 人考察了光明食品集团云南石斛生物科技开发有限公司。

5 日 中央统战部副部长黄跃金到黑龙江农垦海林农场考察循环经济发展情况。

6 日 财政部部长助理胡静林一行在甘肃省人大副主任、省财政厅党组书记周多明等的陪同下，到甘肃农垦条山农场调研节水灌溉。

7 日 中国驻朝鲜大使馆王治林参赞率国情调研团一行到黑龙江农垦九三粮油工业集团哈尔滨惠康食品有限公司考察。

8 日 重庆市人大副主任郑洪一行视察重庆农垦生猪养殖及整村推进工作。

8 日 广西壮族自治区党委常委、南宁市委书记车荣福到广西农垦明阳工业区调研南宁市社会管理创新综合基地建设和工作开展情况。

8 日 中国关工委主任顾秀莲在黑龙江省关工委主任孙维本，省委常委、省委秘书长刘国中等陪同下到北大荒现代农业园调研。

8 日 黑龙江省副省长于莎燕到黑龙江农垦红兴隆管理局考察北大荒南华糖业甜菜冲洗废水资源化利用环保科技示范项目。

9 日 2011 黑龙江（香港）活动周北大荒—香港合作项目签约仪式在香港世纪酒店举行。此次共有 9 个项目签约，总签约额 5.6 亿美元。

10 日 柬埔寨公共事务交通部部长黄文虎一行访问广西农垦，并就木薯产业合作事项进行了交流和磋商。

11 日 黑龙江省委书记吉炳轩到黑龙江农垦绥化肇东农机合作社调研，黑龙江省副省长吕维峰等陪同。

13 日 黑龙江省委书记吉炳轩到黑龙江农垦北大荒豆制品有限公司进行调研。黑龙江省委常委、哈尔滨市委书记盖如垠，省委常委、省委秘书长刘国中，黑龙江省副省长于莎燕等陪同。

15 日 黑龙江省委书记吉炳轩在黑龙江省委常委、省委秘书长刘国中等的陪同下参观第 22 届哈洽会北大荒集团展区。

15日 葡萄牙驻华大使苏亚雷斯，安哥拉驻华大使贝尔纳多，东帝汶驻华大使张芬霞、大使助理封伟超，佛得角驻华随员巴罗斯，澳门贸易投资促进局主席张祖荣，中国人民政治协商会议黑龙江省委员会常务委员、澳门黑龙江省经贸促进会会长、澳门中桥投资集团有限公司主席孙恩光一行到黑龙江垦区访问。

17—21日 黑龙江省委书记吉炳轩在黑龙江省委副书记、常务副省长杜家毫，副省长吕维峰等陪同下，到黑龙江农垦绥化、九三、北安管理局进行调研。

20日 安徽省委常委、副省长余欣荣到安徽农垦长江同马大堤皖河农场防汛堤段视察。

20—23日 科学技术部副部长张来武到黑龙江垦区考察，并为建三江国家农业科技园区揭牌。

21日 中共中央政治局委员、中央书记处书记、中宣部部长刘云山在内蒙古自治区党委书记、人大常委会主任胡春华，自治区党委常委、宣传部部长乌兰等的陪同下到海拉尔谢尔塔拉种牛场考察指导宣传思想文化和农村精神文明创建工作。

23日 四川省省长蒋巨峰、副省长黄彦蓉一行在黑龙江省省长王宪魁，副省长程幼东等的陪同下，到黑龙江农垦九三粮油工业集团哈尔滨惠康食品公司考察。

24日 上海证券交易所与中证指数有限公司宣布调整上证180、上证50等指数的样本股，中证指数有限公司宣布调整沪深300、中证100等指数样本股，上市未足半年的海南农垦海南橡胶同时入选上述四大指数，此次调整于7月1日正式生效。

25日 宁夏回族自治区党委常委、常务副主席齐同生慰问农垦系统伤残军人、劳动模范。

27日 黑龙江省省长王宪魁到黑龙江农垦黑瞎子岛建设工地进行调研。

28日 国务院农村综合改革领导小组办公室副主任黄维健一行到黑龙江农垦红兴隆管理局就公益事业建设一事一议财政奖补试点情况进行专题调研。

28日 上海市副市长姜平一行考察光明食品集团五四有限公司“都市菜园”农副产品专区。

28日 世界品牌实验室在北京发布了2011年（第八届）“中国500最具价值品牌排行榜”，“北大荒”以品牌价值276.88亿元名列排行榜第42位，比去年提高3个位次。

28—29日 黑龙江省场县共建农业现场会在黑龙江农垦九三管理局召开，黑龙江省委副书记、常务副省长杜家毫在会上做重要讲话，黑龙江省副省长吕维峰出席。

30日 宁夏回族自治区党委书记张毅在宁夏回族自治区党委常委、组织部部长徐松南，自治区党委常委、秘书长蔡国英，自治区党委常委、宁夏军区政委王志宏等的陪同下专程看望慰问了老红军、老农垦许学道。

七 月

6日 黑龙江省政协主席杜宇新率黑龙江省政协水利建设督导检查组到查哈阳灌区视察灌区续建配套与节水改造工程。黑龙江省政协副主席李继纯，省政协常委、副秘书长赵学礼等陪同。

6日 上海市人大常委会副主任胡延照一行考察光明食品集团海丰万头奶牛场和标准化水产养殖场。

6日 上海市副市长姜平一行对光明食品集团“五三”计划的实施情况进行调研。

7日 中共中央政治局委员、十一届全国人大常委会副委员长、中华全国总工会主席王兆国到黑龙江垦区视察。

8日 甘肃省农垦集团公司与中国农业发展银行甘肃省分行举行战略合作框架协议签字仪式，双方签订50亿元额度。

9日 国务委员、公安部部长孟建柱率国务院副秘书长汪永清，公安部副部长陈智敏，外交部部长助理刘振民等一行50余人视察了海拉尔三元乳业有限公司，内蒙古自治区党委书记、自治区人大常委会主任胡春华，内蒙古自治区党委常委、秘书长符太增，自治区副主席、公安厅厅长赵黎平等陪同。

11日 江西省委副书记、省支持共青城发展领导小组组长张裔炯出席江西农垦共青城重大项目开工仪式和省支持共青城发展领导小组第七次会议。

11日 朝中友好协会中央委员会委员长、朝鲜保健相崔昌植率朝中友好协会代表团到北京农垦南郊农场（原红星中朝友好公社）参观座谈。

12 日 宁夏回族自治区主席王正伟到宁夏农垦玉泉营葡萄标准化种植示范园区调研，宁夏回族自治区副主席屈冬玉等领导陪同。

12—13 日 原上海市副市长、上海市人大常委会副主任周慕尧考察了光明食品集团长江总公司、牛奶集团奶牛科普馆和光明米业现代农业基地。

14 日 上海市委副书记、市长韩正率领上海市政府 12 个部门的相关人员到黑龙江农垦牡丹江管理局调研。黑龙江省委副书记、常务副省长杜家亳等陪同。

14 日 农业部党组书记、部长韩长赋率农业部有关负责同志调研宁夏农垦现代农业示范园区马铃薯脱毒种薯三级繁育体系，宁夏回族自治区主席王正伟、副主席屈冬玉等陪同。

15 日 国务院扶贫办和国家开发银行共同牵头，首农集团和武强县政府共同合作，由首农集团华都集团负责实施建设的“首农集团河北武强华都肉鸡产业扶贫项目”举行签字仪式。

16 日 全国人大农业与农村委员会调研组到黑龙江农垦北大荒现代农业园和九三粮油工业集团哈尔滨惠康食品有限公司调研。

16 日 广西壮族自治区副主席陈章良一行考察了光明食品集团农工商超市 118 广场及光明乳品二厂。

17 日 中国人民解放军总政治部副主任、中央军委纪委书记童世平上将一行到黑龙江农垦建三江管理局考察。

18 日 全国政协常委、港澳台侨委员会主任，海峡两岸关系协会会长陈云林率港澳台侨委员会部分领导到黑龙江农垦牡丹江管理局，就现代化大农业、小城镇建设以及现代化农机装备情况进行考察。

18 日 北京农垦三元种业举办“奶牛全群单产再创新纪录”媒体发布会，三元绿荷 29 个核心牧场 2.5 万头成母牛，2010 年头年单产达到 10 278千克，再次刷新我国大群体奶牛单产新纪录，牛奶的平均乳脂率、乳蛋白率、体细胞数、细菌总数等指标，也远远超过国家标准，达到欧盟标准。

19 日 中共第十五、十六届中央委员，原国务委员唐家璇到黑龙江农垦九三管理局考察。

20 日 国务院农村综合改革工作小组批复同意《中央直属垦区国有农场基层单位公益事业建设一事一议财政奖补实施方案》，正式将黑龙江和广东垦区纳入一事一议财政奖补政策范围。

21 日 广东省原省长朱森林率广东省老干部考察团参观了北大荒博物馆，黑龙江省副省长徐广国、省人大常委会原副主任刘汉武等陪同。

21 日 江苏省委副书记朱善璐率江苏省委考察团一行到黑龙江农垦建三江管理局，对垦区现代化大农业发展及城镇建设等情况进行考察。

21 日 黑龙江省副省长吕维峰率全省促农增收结构调整调研组到黑龙江农垦宁安农场，对农场发挥资源优势、实现农业产业结构调整等情况进行调研。

21 日 民政部、农业部联合下发《关于进一步做好农垦国有农场救灾工作的通知》（民发［2011］109 号），明确在自然灾害应急救助、过渡期救助和倒损住房恢复重建阶段，将农垦国有农场受灾人员纳入民政自然灾害救助范围，在政策上解决了这一长达数十年的遗留问题。

22 日 国务委员兼公安部部长孟建柱视察宁夏农垦沙湖自然保护区，宁夏回族自治区主席王正伟、副主席齐同生、自治区党委常委、政法委书记苏德良等陪同。

22 日 宁夏中国 2011 年马铃薯大会的会议代表在宁夏回族自治区副主席屈冬玉等的陪同下，参观了宁夏农垦马铃薯良种繁育基地。

22 日 上海市委副书记、市长韩正一行到上海光明食品集团旗下的五四有限公司“都市菜园”长宁古蓉菜场店调研蔬菜市场供需情况。

23 日 朝鲜驻华大使池在龙一行到黑龙江农垦九三粮油工业集团哈尔滨惠康食品有限公司参观。

24 日 中央巡视组副组长郭林一行到黑龙江农垦九三管理局，就垦区现代化大农业和城镇化建设情况进行调研。

26 日 云南省副省长孔垂柱到云南农垦河口垦区橡胶林地察看了橡胶树受灾情况，并对恢复生产和解决职工生活困难作出指示。

27 日 全国人大常委会副委员长乌云其木格视察宁夏农垦沙湖自然保护区，宁夏回族自治区主席王正伟等陪同。

27 日 国防大学校长王喜斌上将率全国人大调研组到宁夏农垦沙湖自然保护区调研，宁夏回族自治区副主席李锐等陪同。

28—29 日　江西省国有垦区危房改造培训班在南昌举行。江西省副省长朱虹亲临培训班并作重要讲话。

31 日　中央文明办专职副主任王世民考察宁夏农垦沙湖旅游股份有限公司创建全国文明单位工作。

31 日　上海光明食品集团与新疆生产建设兵团在乌鲁木齐市举行合作合资签字仪式。上海市政协主席冯国勤，新疆生产建设兵团政委车俊、司令员华士飞，新疆维吾尔自治区政协副主席黄昌元等出席了签字仪式。

7 月　住房和城乡建设部、农业部、国家林业局在包头联合召开垦区、林区保障性安居工程推进会。农业部副部长高鸿宾到会讲话。

八　月

1 日　全国人大常务委员会委员、中国残疾人联合会副主席、中国残疾人福利基金会理事长汤小泉率中国残疾人联合会调研组到黑龙江农垦红兴隆管理局，就残疾人福利保障工作进行调研。

2 日　重庆农业投资集团与宁夏中宁县人民政府、以色列阿菲金公司、以色列融智投资国际公司在宁夏回族自治区银川市隆重举行共建宁夏中以合作万头奶牛示范牧场项目签约仪式。以色列驻华大使安泰毅、宁夏回族自治区主席助理刘云等出席签约仪式。

2 日　光明食品集团光明乳业举行乳业生物技术国家重点实验室揭幕仪式。全国政协副主席、科学技术部部长万钢，上海市人大副主任胡延照，上海市副市长沈晓明等出席仪式并为实验室揭幕。

3 日　津巴布韦西马绍纳兰省省长怀卜·齐达瑞凯瑞考察安徽农垦皖津公司。

3 日　国家工商总局副局长付双建一行在黑龙江省副省长孙尧等的陪同下，到黑龙江农垦完达山阳光乳业公司和北大荒现代农业园调研。

3 日　云南省农垦总局印发了《云南省农垦总局云南农垦集团有限责任公司过渡期机构设置方案》(云垦局［2011］121 号)。文件规定，改革期间，云南省农垦总局和云南农垦集团公司实行“两块牌子、一套班子”的管理体制，综合设置总局与集团公司 10 个部门。

3—6 日　农业部副部长陈晓华一行先后到黑龙江农垦闫家岗农场考察设施农业建设情况，到八五七农场、北大荒股份八五六分公司和八五〇农场就垦区现代化大农业建设及农业生产质量安全工作进行调研。

4—6 日　黑龙江省委书记吉炳轩到黑龙江农垦牡丹江管理局调研。

6 日　全国人大常委会副委员长、民进中央主席严隽琪在黑龙江省人大常委会副主任符凤春等的陪同下到黑龙江农垦建三江管理局，考察现代化大农业建设情况。

6—7 日　黑龙江省委书记吉炳轩到黑龙江农垦红兴隆管理局，就城镇建设、现代农业、生态旅游和场县共建等工作进行调研。

6—7 日　国家发展和改革委员会副主任解振华到黑龙江农垦北安管理局考察。

7—8 日　黑龙江省委书记吉炳轩到黑龙江农垦建三江管理局就小城镇建设及旅游业发展情况进行调研。

8 日　全国政协第十一届委员会社会和法制委员会副主任王巨禄、全国政协第十一届委员会提案委员会副主任阳安江到黑龙江农垦格球山农场考察。

9 日　黑龙江省副省长吕维峰到黑龙江农垦宝泉岭管理局江萝、二九〇灌区，就水利工程建设情况进行调研。

9 日　首个反映中国所有上市公司内部控制与风险管理能力的“迪博·中国上市公司内部控制指数”在北京发布，北大荒农业股份有限公司以 891.39 的内部控制指数跻身综合排名 100 强，位居第 65 位。

9 日　黑龙江省委书记吉炳轩在检查黑龙江农垦修建的建虎高速公路建设情况时，为公路命名“三江高速”。

9—11 日　中共中央政治局委员、中央军委副主席徐才厚在黑龙江省委书记吉炳轩，省长王宪魁，省委副书记、常务副省长杜家毫等的陪同下到黑龙江农垦建三江、牡丹江管理局，视察垦区现代化大农业、城镇、旅游业和边防建设情况。

10 日　海南省原省委书记阮崇武，海南省人大原副主任韩至中、王守初，省政协原副主席肖策能一行参观了海南农垦博物馆，并对海南农垦管理体制改革所取得的成绩给予高度评价。

10—11 日 柬埔寨班迭棉吉省省长翁恩率考察团到黑龙江农垦宝泉岭管理局，考察现代化大农业建设、工业发展、城镇建设及社会事业等工作。

10—14 日 农业部副部长高鸿宾、农业部畜牧业司司长王智才、农业部农垦局局长李伟国等一行到海拉尔垦区、大兴安岭垦区考察指导工作。

11 日 全国牧区工作会议在呼伦贝尔市召开。中共中央政治局委员、国务院副总理回良玉在农业部部长韩长赋，内蒙古自治区党委书记胡春华、自治区主席巴特尔等陪同下到海拉尔农垦谢尔塔拉种牛场考察。

11—12 日 安哥拉农业、农村发展和渔业部国务秘书若泽阿玛鲁塔蒂率安哥拉农业部代表团一行到黑龙江垦区，考察现代化大农业建设、科研教育、生态养殖等方面工作。

12 日 黑龙江省委书记吉炳轩一行在黑龙江省委常委、大庆市委书记韩学键等陪同下到黑龙江农垦和平牧场，就北大荒现代烟草示范基地和农场小城镇建设等情况进行调研。

13 日 沈阳军区副参谋长、少将孙福林到黑龙江省农垦红星农场参观。

15 日 北京农垦三元种业与河南新乡市津都奶业有限公司签订了《养殖基地租赁协议》，标志着三元种业京津冀鲁豫养殖格局初步形成。

15 日 中纪委驻农业部纪检组组长朱保成一行 6 人深入到黑龙江省农垦建三江管理局，就现代化大农业及廉政文化建设情况进行考察。

17 日 广东省人大常委会副主任、省总工会主席邓维龙率广东省人大视察组，到广东农垦阳江农垦局“双到”扶贫开发点阳西县新圩镇田安村视察。

18 日 阿根廷黑河省政府和北大荒商贸集团共同举办的北大荒农业开发项目启动暨阿根廷北大荒股份有限公司成立揭牌剪彩仪式在阿根廷首都布宜诺斯艾利斯市举行。

18 日 光明食品集团光明米业有限公司隆重举行“光明种业有限公司揭牌暨稻麦新品种种权转让签约仪式”。

18—19 日 黑龙江省委常委、大庆市委书记韩学键率党政学习考察团到黑龙江农垦牡丹江、建三江管理局，就现代化大农业建设、城镇化、农业产业化经营、旅游资源开发利用和北大荒精神教育等情况进行考察调研。

22—26 日 全国政协副主席、澳门特别行政区前行政长官何厚铧先后在黑龙江副省长孙尧、黑龙江省政协副主席李继纯等的陪同下，参观北大荒博物馆并考察了黑龙江农垦红兴隆、建三江管理局。

23 日 黑龙江副省长徐广国到黑龙江农垦和平牧场，就北大荒现代烟草示范基地建设情况进行调研。

23 日 广东省副省长刘昆一行到广东省农垦总局调研。

25 日 黑龙江省军区政委马学义参观北大荒博物馆。

25—27 日 津巴布韦国防部准将毛伊一行对安徽农垦进行非正式访问，并参观考察安徽农垦寿西湖农场。

27 日 黑龙江省政协主席杜宇新在牡丹江市政协主席王同堂等的陪同下到黑龙江农垦宁安农场，就场市共建情况进行调研。

27—28 日 黑龙江省委副书记、常务副省长杜家毫到黑龙江农垦红兴隆管理局，考察现代化大农业和城镇化建设情况。

29 日 中国上海光明食品集团与澳大利亚玛纳森食品集团在悉尼签署战略合作协议。

8 月 29 日至 9 月 2 日 住房和城乡建设部巡查专员陈静到江西新余、南昌、抚州、鹰潭等地检查督导垦区危房改造进展情况。

30 日 宁夏回族自治区副主席李锐先后深入宁夏农垦保障房工程建设示范区、平吉堡奶牛场乳香花园等建设工地，了解宁夏农垦保障房建设进展情况。

8 月 30 日至 9 月 1 日 农业部副部长高鸿宾、农业部农垦局局长李伟国在宁夏回族自治区副主席屈冬玉等的陪同下，到宁夏农垦平吉堡现代农业示范园区、茂盛草业公司、西夏王酒业公司、玉泉营葡萄优质种苗繁育中心进行调研。

31 日 农业部在宁夏垦区召开全国部分垦区国有农场管理体制改革研讨会。农业部副部长高鸿宾出席会议并作重要讲话，宁夏回族自治区副主席屈冬玉到会致辞，中央农办副局长陈良彪应邀出席会议并讲话。农业部农垦局局长李伟国主持会议。

九 月

1日 中国奶协副会长兼秘书长谷继承一行参观了上海市奶牛研究所实验牧场。

1—2日 农业部农垦局组织召开部分农垦成品油供应体系建设座谈会，11个南方垦区主管部门负责人以及中国海洋石油公司的有关领导参加了会议。

3日 黑龙江省委副书记、常务副省长杜家毫到黑龙江农垦逊克农场，就蓝莓产业发展情况进行调研。

3日 中国企业联合会、中国企业家协会向社会发布了中国企业500强名单。北大荒集团总公司位列2011中国企业500强第79位，上海光明食品（集团）有限公司位列第77位。

3日 第二届中国北大荒大豆节在黑龙江农垦九三管理局国际会展中心隆重开幕。农业部总经济师杨绍品宣布大豆节开幕，农业部农垦局局长李伟国在开幕式上讲话。

3日 中共中央政治局委员、国务院副总理回良玉到黑龙江农垦视察粮食和农业生产工作。农业部部长韩长赋，国务院副秘书长丁学东，黑龙江省委书记吉炳轩、省长王宪魁、副省长吕维峰等陪同。

3—4日 世界银行行长罗伯特·佐利克率领世界银行代表团一行到黑龙江农垦建三江管理局考察世界银行贷款项目实施情况及垦区现代化大农业发展情况。财政部副部长李勇，黑龙江省副省长吕维峰、省政协副主席郭晓华等陪同考察。

4日 湖北省委书记李鸿忠率湖北省省直有关部门负责同志到湖北农垦五三农场等就“中国农谷”建设、新农村建设、农业农村经济发展情况进行调研。

5日 中共中央政治局委员、国务院副总理张德江在工业和信息化部部长苗圩，国务院国资委主任王勇，黑龙江省委书记吉炳轩、省长王宪魁、省委常委哈尔滨市委书记盖如垠、副省长徐广国等的陪同下，到黑龙江农垦完达山阳光乳业有限公司视察。

5日 云南省农垦总局组织申报的“云南天然橡胶产业关键技术研究与集成示范”项目正式列入国家科技支撑计划，获得国家科技支撑计划专项经费1 277万元。

6日 上海市人大常委会主任刘云耕一行在黑龙江省委副书记、常务副省长杜家毫等的陪同下，到黑龙江农垦建三江管理局考察。

6日 新疆生产建设兵团党委常委、副司令员刘新齐一行到黑龙江垦区参观考察。

6日 江西省委副书记、代省长鹿心社到江西农垦余干县康山垦殖场调研考察鄱阳湖生态经济区建设和滨湖现代农业发展情况。

6日 海南省委原副书记、纪委书记蔡长松，省政协原常务副主席洪寿祥等老干部一行参观了海南农垦博物馆。

7日 江西省副省长姚木根到江西省农垦办检查指导工作。

8日 国家开发银行与首农集团正式签署《支持首都“菜篮子”三保障体系建设合作协议》。中共中央政治局委员、北京市委书记刘淇，国开行董事长陈元、行长蒋超良，北京市常务副市长吉林、北京市委常委牛有成、北京市委常委秘书长李士祥、副市长夏占义等出席签约仪式。

9日 江西省部分重点市、县农垦企业改革培训班在南昌举行。江西省委常委、省人大副主任陈达恒出席会议并作重要讲话，省政协副主席胡幼桃做工作报告，省人大副主任、省总工会主席姚亚平主持培训班。

10日 《全国农垦实施“走出去”战略五年规划（2011—2015）》正式印发。

10日 光明食品集团上海糖酒集团成立六十周年庆祝大会隆重举行。上海市政协主席冯国勤、上海市人大常委会副主任胡延照、上海商业联合会会长任文燕等出席了庆典仪式。

12日 上海市委副书记、市长韩正，副市长艾宝俊、姜平一行到光明食品集团五四有限公司“都市菜园”周末平价蔬菜社区直供点考察。

14日 宁夏回族自治区副主席郝林海在宁夏回族自治区主席助理刘云等的陪同下，到宁夏农垦连湖农场、玉泉营农场调研供港蔬菜和葡萄产业。

14日 中共中央书记处书记、中央纪委副书记何勇在宁夏回族自治区党委书记张毅、自治区主席王正伟的陪同下，到宁夏农垦沙湖旅游股份公司进行调研。

14—16日 广东省人大常委会主任欧广源一行访问马来西亚砂捞越州，并视察广东农垦驻马来西亚企业。

15 日 中共中央政治局委员、国务委员刘延东到北京农垦凯拓三元生物农业技术有限公司调研前沿技术研发和人才团队建设工作。北京市常务副市长吉林、北京市委常委赵凤桐等陪同。

15 日 浙江省政协党组副书记、副主席斯鑫良到浙江农垦余杭农场调研。

15 日 宁夏回族自治区人大常委会副主任马秀芬一行到宁夏农垦玉泉营农场，督办人大代表提出的"关于加快发展贺兰山东麓葡萄产业的建议"。

15—18 日 遵照回良玉副总理和农业部领导在《海南槟榔黄花病迅速扩展农民难以应对，需采取更有力防控措施》（中央电台信息专报第 236 期）上的批示精神，农业部农垦局派员赴海南调研槟榔黄化病发生发展及防控情况，形成了《关于海南省槟榔黄化病有关情况的报告》（农专报［2011］30 号），并报回良玉副总理。

16 日 宁夏回族自治区党委原副书记刘丰富等自治区党委、人大、政协、检察院的 30 余位省级离退休干部到宁夏垦区考察指导工作。

16—19 日 全国政协常委、全国政协经济委员会主任张左己到黑龙江农垦牡丹江管理局，就城镇建设、旅游农业等进行考察。

17—18 日 中纪委驻中国科学院纪检组组长李志刚率中央检查组到黑龙江农垦红兴隆管理局，检查小城镇建设、居民保障性住房建设以及灌渠枢纽工程等情况。

19 日 广垦橡胶集团有限公司与中财保险广东省分公司签署橡胶树风灾保险协议书，正式启动广东垦区橡胶风灾保险机制。

19—22 日 台湾民意代表王进士、台湾总工会副理事长蔡明镇、台湾屏东市农会理事长简仁弘等一行到江苏农垦访问交流。

21 日 中共中央政治局常委、全国政协主席贾庆林，在宁夏回族自治区党委书记张毅、自治区主席王正伟等的陪同下视察宁夏农垦玉泉营酿酒葡萄标准化种植基地。

21 日 水利部副部长李国英到黑龙江农垦勤得利灌区考察。

21—23 日 住房和城乡建设部督查组先后到江西省新干县、鄱阳县督导检查危房改造建设项目。

22 日 由审计署总审计师孙宝厚及农业部、监察部、审计署、国家统计局相关负责人一行组成的省级政府耕地保护检查组，在黑龙江省副省长于莎燕等陪同下到黑龙江农垦建三江管理局，对管理局 2006—2010 年耕地保护责任目标履行情况进行检查。

22 日 匈牙利国会副主席乌伊海伊·伊什特万一行，在宁夏回族自治区政协副主席陶源等的陪同下考察了宁夏农垦葡萄产业。

22 日 中央政治局委员、上海市委书记俞正声到上海光明食品集团调研。

23 日 北大荒米业集团（香港）有限公司在香港注册成立。这是国内稻米行业在香港注册成立的首家离岸公司。

24 日 美国爱荷华州州长特里·布兰斯塔德一行 7 人，在美国驻沈阳总领事谭森、经济领事华德雷，辽宁省省外事办常务副主任王海军等的陪同下，参观了黑龙江农垦九三粮油工业集团哈尔滨惠康食品公司、北大荒豆制品公司。

26 日 中央编办一司副司长马震率中央编办联合调研组到黑龙江垦区调研检法司管理体制和机构编制问题。

27 日 江西省委办公厅、省政府办公厅印发《关于表彰"党旗引领致富路，携手共建新农村"定点包扶贫困村工作先进单位和先进个人的通报》（赣办字［2011］49 号），江西省农垦办被评为 2007—2010 年定点包扶工作先进单位，省农垦建筑管理站万新民同志被评为定点包扶工作先进个人。

27—29 日 黑龙江省委书记吉炳轩一行到黑龙江农垦宝泉岭、建三江管理局调研。

28 日 十一届全国人大财经委员会副主任徐光春到甘肃农垦莫高国际酒庄视察工作。

29 日 黑龙江省委常委、组织部部长徐泽洲到黑龙江农垦九三管理局，就现代化大农业、鹤山-双山城乡一体化示范区建设情况进行调研。

29 日 第 17 号强台风"纳沙"在广东徐闻沿海登陆，造成广东农垦经济损失 7.42 亿元，其中直接经济损失 5.51 亿元。

30 日 黑龙江省委、省政府在建三江管理局召开推进建三江城市化建设专题会议。黑龙江省委书记吉炳轩主持会议并作重要讲话，省长王宪魁在会上发表讲话，省政协主席杜宇新，省委副书记杜家毫，省委常委、常务副省长刘国中，省人大常委会副主任刘东辉等出席会议。

30日　由黑龙江农垦修建的三江高速公路通车暨建抚高速公路开工庆典仪式在建三江管理局举行。黑龙江省委书记吉炳轩，省长王宪魁，省政协主席杜宇新，省委副书记杜家毫，省人大常委会副主任、党组书记刘东辉等出席。

30日　由上海市浦东新区人民政府主办、光明食品（集团）有限公司、上海建工（集团）股份有限公司、上海农工商房地产（集团）股份有限公司承办的上海市保障性住房航头拓展基地举行开工仪式。上海市委副书记、市长韩正，市委常委、浦东新区区委书记徐麟，副市长沈骏等出席仪式。

9月　第17届（2011年）中国最有价值品牌100榜揭晓。北大荒农业股份有限公司连续第四年入围该榜，品牌价值58.75亿元，位列第47位。

9月　《全国农垦经济和社会发展第十二个五年规划》正式印发。

9—10月　农业部农垦局完成黑龙江、广东、海南垦区清理化解三垦区义务教育债务工作考核验收工作。共化解三垦区义务教育债务26.64亿元，并通过了国务院农村综合改革工作小组的验收。

十　月

9日　中共中央原政治局常委、原中央纪委书记吴官正视察宁夏农垦沙湖自然保护区。

10日　安徽省副省长倪发科到安徽农垦普济圩农场调研农垦保障性住房建设。

10—14日　首农集团承办的2011年京津沪渝穗五垦区交流座谈会在北京举行，农业部副部长高鸿宾、北京市政协副主席熊大新、农业部农垦局局长李伟国等出席。

12日　北大荒农业股份有限公司凭借诚信经营和良好的业绩，荣登“2011中国上市公司诚信企业100强”排行榜，成为黑龙江省唯一入选该排行榜的上市公司。

12日　安徽农垦集团与交通银行安徽分行在合肥签署全面合作协议。

13日　河北省委书记张庆黎到北京农垦滦平华都公司视察肉鸡产业化扶贫项目。

14日　内蒙古自治区党委常委曹征海一行到内蒙古垦区调研。

14日　江苏农垦·日本三幸制果株式会社项目洽谈会在南京举行，重点就大米深加工的合作事宜进行了商谈。

15日　广西农垦建垦60周年纪念大会在南宁隆重举行。农业部部长韩长赋，广西壮族自治区党委书记、人大常委会主任郭声琨，广西壮族自治区主席马飚、政协主席马铁山，云南省委副书记、代省长李纪恒等分别发贺信或题词。广西壮族自治区党委副书记陈际瓦、自治区人大常委会副主任覃瑞祥、自治区副主席陈章良、自治区政协副主席蒋济雄，农业部农垦局局长李伟国等出席了纪念大会。

17日　上海市副市长姜平一行考察了光明食品集团种业集团东台粒粒丰工厂化育苗中心。

17—18日　上海市人大常委会主任刘云耕一行先后考察了光明食品集团川东农场粮食加工仓储中心及沼气发电站和海丰总公司现代农业建设情况。

18日　东北地区耕地保护战略研究黑龙江农垦系统调研座谈会在黑龙江农垦建三江管理局召开。中华全国供销合作总社监事会主任蒋省三、国家土地督察沈阳局局长崔岩、国务院发展研究中心农村经济研究部副部长刘守英等出席。

18日　宁夏回族自治区党委副书记、银川市市委书记崔波和自治区人大副主任马秀芬、自治区副主席郝林海、自治区政协副主席解孟林一行到宁夏农垦太阳梁移民工程一线调研。

20日　中央文明办农村精神文明建设专项督查组一行到黑龙江垦区，对创建全国文明村镇工作进行复查验收。

21日　原全国人大常委会副委员长周光召一行到光明食品集团海湾国家森林公园参观考察。

23日　广西壮族自治区党委书记、自治区人大常委会主任郭声琨，广西壮族自治区自治区主席马飚、自治区党委副书记陈际瓦、自治区党委常委秘书长余远辉先后到中国—东盟博览会农业展广西农垦展区巡视。

24日　广西农垦越南归仁“年产10万吨木薯变性淀粉及其配套项目”《土地使用权证》交接仪式在南宁举行，标志着明阳生化集团在越南归仁投资的“广西农垦（越南归仁）年产10万吨木薯变性淀粉及其配套项目”正式落户越南。

24日　中央创先争优活动领导小组办公室《深入开展创先争优活动简报》以《广东省农垦集团突出“四个融入”创先争优推进企业科学发展》

为题，登载了广东农垦创先争优活动经验做法。

24 日 上海市人大常委会副主任钟燕群率上海市部分人大代表考察了光明乳业乳品二厂。

27 日 中共中央宣传部、司法部授予海拉尔农垦（集团）有限责任公司为 2006—2010 年全国法制宣传教育先进单位，这是呼伦贝尔市开展普法依法治理工作 25 年来，唯一受到国家级表彰的企业。

28 日 首农集团三元食品公司、北控集团、台湾耐斯集团等多股东共同投资成立的新公司签约奠基仪式在京举行。海峡交流基金会董事长江丙坤，海峡两岸关系协会会长陈云林，北京市委常委、统战部长牛有成，农业部农垦局局长李伟国等出席了仪式。此次三元爱之味的合作，是在海峡两岸经济合作框架协议（ECFA）签订后的首个成功项目，对于推动两地经贸合作走向深入有着重要的意义。

28 日 世界“杂交水稻之父”、国家杂交水稻研究中心主任、中国工程院院士——袁隆平到广西农垦明阳管区参观考察。

29 日 宁夏回族自治区主席王正伟、自治区政协主席项宗西、自治区党委副书记崔波、自治区人大常委会副主任马瑞文、自治区副主席李锐、自治区政协副主席解孟林等考察宁夏农垦沙湖水镇建设。

30 日 国务院副总理回良玉视察了第九届中国国际农产品交易会光明食品集团展区。

10 月 黑龙江农垦雁窝岛国家级湿地已通过验收，被正式批准为国家 AAA 级旅游景区。

10 月 农垦系统粮食总产量首次突破 600 亿斤大关，达到 638 亿斤，比上年增产 47 亿斤，实现“八连增”。

10 月 31 日至 11 月 5 日 由农业部承办的天然橡胶生产国联合会 2011 年年会在海南省海口市召开。大会主题为“积极应对市场变化，确保天然橡胶的稳定供给”，农业部总经济师杨绍品、农垦局局长李伟国出席大会并讲话。

十 一 月

1 日 “神舟八号”飞船在酒泉卫星发射中心发射升空，黑龙江八一农垦大学筛选的 7 个甜瓜品种和 4 个西瓜品种搭载“神八”飞入太空，进行航天育种实验。

3 日 柬埔寨王国参议院国务秘书索克敏勋爵一行到广西农垦明阳生化集团参观考察。

4 日 黑龙江总局党委（扩大）会议召开。农业部副部长高鸿宾、黑龙江省副省长吕维峰出席会议并讲话。黑龙江省政府副秘书长金济滨宣读了《省委、省政府关于表彰黑龙江垦区粮食工作的决定》，农业部农垦局局长李伟国宣读了《农业部关于表彰黑龙江省农垦总局粮食总产突破 400 亿斤的决定》，中国农林水利工会主席盛明富宣读了《中华全国总工会关于授予黑龙江省农垦总局全国五一劳动奖状的决定》。

4 日 经国家发展和改革委员会、中国证监会、中国人民银行审批，宁夏农垦集团有限公司债券正式核准发行，发债金额 18 亿元人民币。

8 日 首农集团三元食品公司、新华联控股、新华联全资子公司株洲润坤科技发展有限公司及湖南太子奶集团生物科技有限责任公司管理人、株洲太子奶生物科技发展有限公司管理人、湖南太子奶集团供销有限公司管理人（合并简称“太子奶管理人”）四方签署了《重整协议》，至此，三元与新华联组成的联合体正式接手太子奶。

9 日 安徽农垦与中国石油天然气股份有限公司在徽商大会暨自主创新要素对接会上，举行资源合作开发及配套设施建设项目签约仪式。

10 日 农业部印发《关于加强中央直属垦区国有农场基层单位公益事业建设一事一议筹资筹劳和财政奖补工作的意见》。

10 日 原上海市副市长、上海市人大常委会副主任周慕尧考察上海海湾国家森林公园。

15 日 西藏自治区原党委书记阴法唐在宁夏回族自治区党委常委、政法委书记苏德良等的陪同下调研宁夏农垦沙湖自然保护区。

16 日 江苏农垦云台农场荣获“全国出口食品农产品质量安全典型示范区”称号。

17 日 天津农垦集团总公司保加利亚公司成立仪式在保加利亚西北部城市维丁举行。中国农业部副部长高鸿宾、保加利亚农业部部长奈德诺夫、中国驻保加利亚大使郭业洲出席仪式。

17 日 安徽省委常委、副省长余欣荣率团出访津巴布韦，并就深化安徽农垦与津巴布韦国防部战略合作关系进行洽谈，津巴布韦国防部部长姆南嘎哇、陆军司令奇文嘎、国防部秘书长如希瓦耶、国防部将军毛伊以及中国驻津巴布韦大使忻顺康等出席。

17日　江苏省委书记罗志军考察江苏金象传动设备股份有限公司新区。

20日　黑龙江省军区副政委王炳跃到黑龙江农垦香坊农场北大荒现代农业园，对丰富青少年校外实践教育基地教育内容、开展国防知识普及等工作进行调研。

21日　宁夏回族自治区人大常委会副主任马瑞文一行到宁夏农垦就渠口太阳梁生态移民项目区建设情况进行调研。

22日　甘肃省政协主席冯健身、副主席张津梁一行考察甘肃农垦莫高酒庄。

22日　光明食品集团新西兰 Synlait Milk 2号工厂竣工投产，新西兰贸易部长 Tim Groser 和中国驻新西兰大使馆政务参赞程雷到现场祝贺。

23日　由中国智慧工程研究会、中国联合国协会主办，光明食品集团承办的联合国千年发展目标中国行启动仪式暨信息发布会在上海举行。光明食品集团获“联合国千年发展目标金奖”荣誉。

25日　黑龙江省农垦总局暨北大荒集团与北京二商集团举行“强强联手——构建食品安全产业链”战略合作协议签约仪式在京举行。北京市副市长夏占义等出席。

25日　农业部批复同意广东农垦集团公司将所属三家企业持有广东燕塘乳业股份有限公司的国有法人股份，按国家规定比例划转给全国社会保障基金理事会。

26日　江苏农垦米业荣获中国稻米博览会和中国国际农展会金奖。

28日　宁夏农垦集团在银川悦海宾馆举办宁夏农垦18亿元公司债券发行仪式，庆祝公司18亿元债券成功发行并全部售出。

29日　黑龙江省委副书记杜家毫一行到黑龙江农垦牡丹江管理局，就推进沿乌苏里江4县（市）城镇化建设工作进行调研。

30日　联合国环境组智库主席奥克·哈克夫、美国中美新农村发展促进会会长刘程清心一行，在黑龙江省新农村建设促进会名誉会长沈根荣、省新农村建设促进会会长刘桐年等的陪同下，到黑龙江农垦九三管理局考察。

11月　中国对外经济贸易统计学会发布了“2010年中国对外贸易500强企业”名单。黑龙江农垦九三粮油工业集团以年11亿美元进出口额入围名单，名列第263位；北大荒集团天津大豆科技公司以年7.7亿美元进出口额名列第369位。

11月　黑龙江农垦下属的北大荒米业集团、九三粮油工业集团两家企业被认定为“2011中国工业行业排头兵”企业。

十二月

2日　江苏农垦云台农场被批准设立“江苏省花果山外向型农业示范区”。

2日　“2011新疆生产建设兵团上海光明食品节”开幕式举行。上海市副市长姜平，新疆生产建设兵团党委常委、副司令孔星隆等参加了开幕仪式。

6日　柬埔寨王国参议院秘书长翁萨勒一行参观考察河南农垦。

13日　沈阳军区副司令员王晓军少将、沈阳军区联勤部政委宋凤鸣少将一行参观了北大荒博物馆。

13日　国际宇航科学院院士、原航天部710所所长兼载人航天发展部主任、中国航天科技集团航天育种研究中心主任孙永成一行，到广西农垦就木薯生物能源合作事宜进行了交流。

15日　泰国农业与合作社部副部长鹏萨·乍能巴设（Pornsak Jarernprasert）率团到访广东农垦。

16日　中科院院士谢华安，中国工程院院士陈温福、罗锡文等7位专家，对黑龙江农垦科学院完成的“寒地水稻优质高产生产技术体系创建及应用”和“寒地水稻智能化育秧技术研究及推广应用”两个重点科研项目进行了成果鉴定，鉴定委员会专家认为，这两项研究成果分别达到国际先进水平和国内外同类研究领先水平。

17日　中共中央候补委员、西双版纳傣族自治州州委副书记、州长刀林荫一行参观考察了上海鲜花港。

20日　中央精神文明建设指导委员会在北京召开全国精神文明建设工作表彰大会，隆重表彰第三届全国文明城市、文明村镇、文明单位。黑龙江垦区九三粮油工业集团荣获“全国文明单位”称号，宁夏农垦沙湖旅游风景区荣获“全国文明单位”称号，黑龙江农垦海林农场、前进农场第十六管理区、八五六农场第十管理区荣获“全国文明村镇”称号。

20 日 津巴布韦国防部准将、皖津公司副董事长伊柯阮姆巴一行到访安徽农垦，考察了皖垦食品集团、龙亢农场和寿西湖农场。

23 日 海南省委副书记李宪生到海南农垦考察。

26 日 国务院在北京人民大会堂隆重举行全国粮食生产奖励大会，全国农垦系统有 5 个产粮大场、10 名突出贡献的农业科技人员、3 名先进工作者和 20 名种粮售粮大户获得表彰。

28 日 纪念海南农垦创建 60 周年庆祝大会在海南省人大会堂召开。海南省委书记罗保铭同志接见了“海南农垦 60 年 60 名杰出人物”，海南省委副书记、代省长蒋定之出席大会并作重要讲话。

29 日 全国农垦工作会议在京召开。农业部副部长高鸿宾出席会议并作重要讲话，会议由农业部农垦局局长李伟国主持。

30 日 农业部副部长高鸿宾对人民日报记者张毅采写的关于广西农垦改革发展的文章《老标兵的新作为》作出重要批示，对广西农垦的发展成就给予了充分肯定。

12 月 中国食品工业协会发布了 2011 年度优秀食品工业出口企业名单，黑龙江农垦九三粮油工业集团名列其中，成为黑龙江省唯一一家入选该名单的企业。

12 月 黑龙江农垦北大荒米业集团、完达山乳业股份有限公司获得了“全国绿色食品示范企业”称号。

12 月 国家认监委表彰了全国首批 11 个“国家有机产品认证示范创建区”，黑龙江农垦红星农场入围，综合成绩排名第三。

12 月 北大荒现代农业园被评为“全国休闲农业与乡村旅游四星级企业”，是黑龙江省唯一一家获此殊荣的企业。

12 月 陕西农垦集团与金巢国际集团股份有限公司签订组建“中喀金巢英考农业开发有限公司”协议。

12 月《农业部 国家发展和改革委员会 财政部 国土资源部 住房和城乡建设部关于做好农垦危房改造工作的意见》印发。

2011 年 全国农垦企业实现利润 173.07 亿元，创历史最高水平。

河南省黄泛区农场

河南省黄泛区农场是1951年1月根据周恩来总理的指示，在闻名中外的黄泛区腹地——河南省西华、扶沟两县境内，以原黄泛区复兴局为基础正式组建的。60年来，经过几代农垦人的艰苦奋斗，昔日荒沙飞舞、盐碱成片的不毛之地，今天已变成农田俊秀、道路宽广、厂房林立、林茂粮丰的“中原明珠”。

如今的黄泛区农场是河南省唯一的大型农垦企业，拥有土地14.7万亩，果园近万亩，职工12 000多名，具有高级技术职称者209人，其中正高级7人，享有政府特殊津贴的专家2人。目前，总场下辖16个农业企业，4个场管行政村，9个场参控股工商企业，6个大型集约化养猪场，22个行政事业单位，1个正团级武装部，1 200多家个体工商户及私营企业，13个周口市、西华县驻场单位，常住人口4.5万多人。农场及参控股企业总资产5.4亿元，年产值7.5亿元，是河南省最大的农作物良种繁育基地、果蔬贮藏基地、生猪出口基地，拥有全省最大的过磷酸钙生产厂家及全国重要的船舶和化机缸套生产厂家。

黄泛区农场先后获得“全国五一劳动奖状”、国家“绿色农业示范区建设单位”、“全国农垦现代农业示范区”、“全国粮食生产先进单位”、“农业产业化国家重点龙头企业”、“全国农业标准化示范农场”等荣誉称号。

河南秋乐种业科技股份有限公司

河南秋乐种业科技股份有限公司是在原河南农科院种业有限公司基础上整体改制而成，是以河南省农业高新技术集团为第一大股东，联合河南省有实力的农业科研单位、创投公司及公司高管共同出资组建的育繁推一体化集团型种子公司。

公司主营玉米、小麦、花生、棉花、油菜等主要农作物种子，其中玉米杂交种子为公司的拳头产品，连续多年全国市场份额超过4%。公司下属有金娃娃、豫研、维特、甘肃秋乐和直属研发机构河南秋乐种业科学研究院有限公司5个全资子公司，目前注册资本1.14亿元，注册地址是郑州国家高新技术区冬青西街98号。

公司已通过ISO 9001：2008版国际质量体系认证、河南省诚信计量示范单位认证，先后被评为河南省农业产业化龙头企业、河南省科技企业、河南省高新技术企业、河南省A级纳税信用企业、河南省银行业信用优良客户，是河南省重点上市后备企业。2010年被评为中国种业骨干企业第九名，2012年，公司技术中心被认定为国家级企业技术中心，同时还承担了国家发展和改革委员会、科学技术部、农业部及省内多项重大农业产业化示范工程项目和研发、技术推广项目。

联系电话：0371–65729230，65729232

Henan Qiule Seed Industry Science & Technology Co.,Ltd.

Henan Qiule Seed Industry Science & Technology Co.,Ltd. comes from overall restructuring based on the former Henan Academy of Agricultural Sciences Co., Ltd. It is a group type seed company integrating incubation, breeding and promotion. With its largest shareholder being Henan Agricultural High & New Technological Group, it was constructed by joint contribution of powerful agricultural research institutes, venture capital companies and corporate executives.

The company is mainly involved in the seeds of major crops such as corn, wheat, peanut, cotton and cole. Among these crops, corn hybrid seeds are the leading product of the company, as they have won more than 4% market share nationwide for many consecutive years. The Company has five wholly owned subsidiaries, Jinwawa, Yuyan, Weite, Gansu Qiule, and direct R & D institute Henan Qiule Seed Industry Scientific Research Institute Co., Ltd., and a current registered capital of 114 million yuan. It is registered at West Dongqing Street No.98, National High & New Technology Zone, Zhengzhou City.

It has passed ISO 9001: 2008 International Quality System Certification, Henan Province Demonstration Unit Certification on Integrity Measurement, and has been rewarded as Leading Enterprise on Agricultural Industrialization in Henan Province, Henan Province Scientific and Technological Enterprise, Henan High-tech Enterprise, Henan Province A Class Tax Credit Enterprise and Henan Credit Customer in Banking Industry. It is a key enterprise in Henan Province and reserved to be listed. In 2010, it was elected as the ninth of China Backbone Enterprises in the Seed Industry; in 2012, the technology center of the company was recognized as a national level technology center of enterprise. At the same time, it undertook many major demonstration projects of agricultural industrialization and research and technology promotion programs of National Development and Reform Commission, Ministry of Science and Technology, Ministry of Agriculture and Henan Province.

Contact tel.: 86-371-65729230 / 65729232

河南金娃娃种业有限公司

河南秋乐种业科技股份有限公司的全资子公司，注册资本3 000万元。河南省高新技术企业。公司主营业务为玉米杂交种，郑单958、郑黄糯2号是公司的拳头产品，销售范围已覆盖河南全省及冀、鲁、苏、皖等十多个省市，全国市场份额超过1.5%。

联系电话：0371–68878528，68878558

Henan Jinwawa Seed Industry Co., Ltd.

It is a wholly-owned subsidiary of Henan Qiule Seed Industry Science & Technology Co., Ltd. with registered capital of 30 million yuan. As a high & new technology enterprise of Henan Province, it is mainly engaged in corn hybrid seeds with leading products of Zhengdan 958 and Zhenghuangnuo 2. Its sales range has covered more than ten provinces and cities such as Henan Province, Hebei Province, Shandong Province, Jiangsu Province and Anhui Province accounting for more than 1.5% market share in nationwide.

Contact tel.: 86-371-68878528 / 68878558

河南豫研种子科技有限公司

河南秋乐种业科技股份有限公司的全资子公司，注册资本3 000万元，具有进出口经营权。公司是河南省首批“高新技术企业”，2008年底通过ISO 9001：2008国际质量管理体系认证。公司拥有“豫研”、“豫杂”、“银山”、“豫油”等注册商标。公司主营花生、棉花、油菜、大豆、玉米、小麦等主要农作物种子，销售网络覆盖全国10多个省份，公司经营的远杂9102是目前中国种植面积最大的花生品种。

联系电话：0371-65739049，65700551

Henan Yuyan Seed Technology Co., Ltd.

It is a wholly-owned subsidiary of HeNan Qiule Seed Industry Science & Technology Co., Ltd. with a registered capital of 30 million yuan and is granted import and export operation rights. It is one of the first batch of “High-tech Enterprises” in Henan Province. At the end of 2008, the company passed ISO 9001: 2008 international quality management system certification. Registered trademarks owned by the company include “Yuyan”, “Yuza”, “Yinshan”, “Yuyou”, etc. The company mainly deals in peanut, cotton, cole, soybean, corn, wheat and other crop seeds. Its sales network covers over 10 provinces all over the country, and the peanut variety Yuanza 9102 currently owns the largest plantation area in China.

Contact tel.: 86-371-65739049 / 65700551

河南维特种子有限公司

河南秋乐种业科技股份有限公司的全资子公司，是一家高科技小麦种子专业企业，注册资金3 000万元，注册商标有“大平原”、“金麦郎”。公司拥有自主知识产权品种花培5号、郑麦366、郑麦9023、郑麦7698等小麦新品种。

联系电话：0371-65852782，65738036

Henan Weite Seed Co., Ltd.

It is a wholly-owned subsidiary of Henan Qiule Seed Industry Science & Technology Co.,Ltd. and a professional enterprise for high-tech wheat seeds. It has a registered capital of 30 million yuan and the trademarks of "Dapingyuan" and "Jinmailang". The company owns new wheat varieties with independent intellectual property, including Huapei No.5, Zhengmai 366, Zhengmai 9023, Zhengmai 7698 and others.

Contact tel.: 86-371-65852782 / 65738036

甘肃秋乐种业有限公司

河南秋乐种业科技股份有限公司下属的全资子公司，注册资金3 000万元，注册地址在甘肃省张掖市。公司主要以生产独立研发的具有自主知识产权的品种，如郑单958、郑单136、浚单22和秋乐151为主，目前制种基地超过8万亩。2011年公司投资3 000多万元，建成了标准化玉米种子加工中心，现有果穗、籽粒烘干线两条，成套加工线2条；2012年在沿河滩购买土地259亩，计划投资2.8亿元，建设国际一流、国内领先的种子加工中心，一期工程预计2012年9月建成投入使用。

联系电话：0936-8555787

Gansu Qiule Seed Industry Co., Ltd.

It is a wholly-owned subsidiary under Henan Qiule Seed Industry Science & Technology Co.,Ltd. with a registered capital of 30 million yuan. Its registered place is in Zhangye City, Gansu Province. The company mainly produces varieties independently researched & developed. Independent intellectual property includes Zhengdan 958, Zhengdan 136, Jundan 22 and Qiule 151 with seed production bases exceeding 80 thousand mu at present. In 2011, the company invested more than 30 million yuan to build a standardized corn seed processing center with two lines for drying corn ear and seeds and 2 complete processing lines. In 2012, it purchased 259 mu of land along the bend of a river and planned to invest 280 million yuan to build a world-class and domestic leading seed processing center. The first phase of the project is expected to be completed and put into use in September 2012.

Contact tel.: 86-936-8555787

河南秋乐种业科学研究院有限公司

河南秋乐种业科技股份有限公司的直属研发机构，注册资本500万元，下辖国家级企业技术中心和黄淮海重点作物实验室，资源创新研究所、玉米育种研究所、小麦育种研究所和经济作物研究所4个研究所；分子育种实验室、细胞工程实验室、基因工程实验室和双单倍体实验室4个实验室；技术带头人为公司董事长张新友，高级职称人员29人，国务院特贴及河南省优秀专家16人，博士21人。

Henan Qiule Seed Industry Scientific Research Institute Co., Ltd.

It is a R & D institute under Henan Qiule Seed Industry Science & Technology Co.,Ltd. with a registered capital of 5 million yuan, and it administers a State-level Enterprise Technology Center, the Huanghuaihai Key Crop Laboratory, and four other institutes including the Institute for Resources Innovation, Maize Breeding Research Institute, Wheat Breeding Research Institute and the Economic Crop Research Institute. It also administers four laboratories including the Molecular Breeding Laboratory, Cell Engineering Laboratory, Gene Engineering Laboratory and Doubled Haploid Laboratory. The company has chairman Zhang Xinyou as its technology leader, and 29 people with senior professional titles. Additionally it has 16 outstanding experts from Henan Province, who enjoy special allowance of State Council, and 21 doctors.

科研成果和质量保证

公司拥有世界上唯一一个试管薯高效生产技术发明专利：高效生产马铃薯试管薯的方法及其培养盒（ZL02131125.0），该专利解决了培养容器通气与多层放置的矛盾，有效提高了单位培养室试管薯生产效率。另外，在产品质量方面，运用M-RT-PCR进行病毒检测，以确保种薯质量。

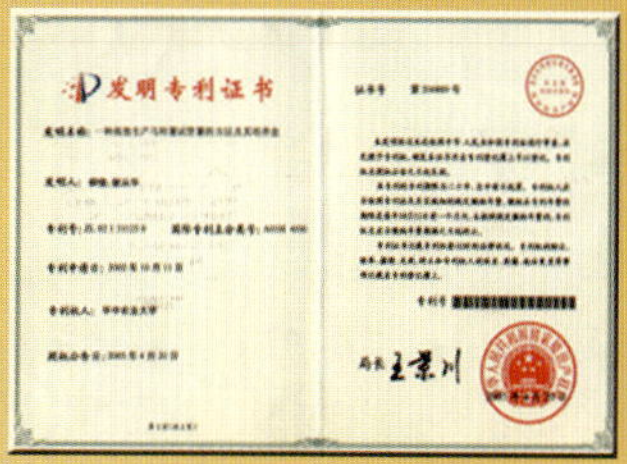

企业荣誉

农业产业化国家重点龙头企业

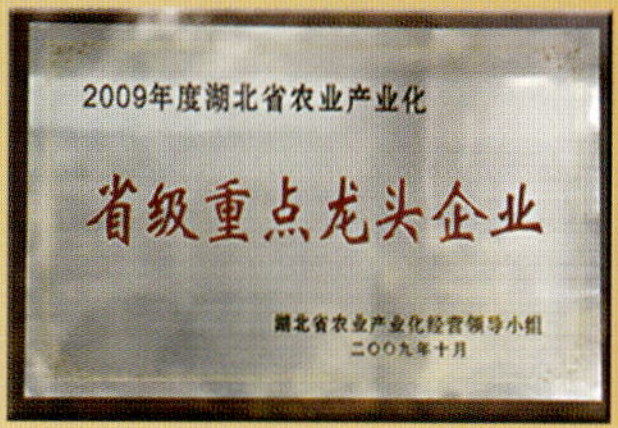

经济效益

公司及控股分子公司销售收入从2009年的1亿元增加到2011年的6亿元，在近三年里公司累计实现销售收入近11亿元。

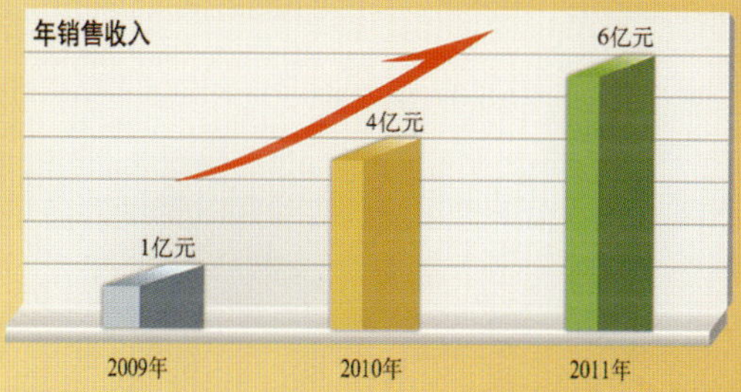

社会效益

增加就业机会，促进社会和谐；使农业增产，农民增收；构建马铃薯生产的良种供应体系，推动整个产业发展。

话：027-59368601　传真：027-59368601-8015；027-59368608-8050（销售）

“三驾马车”强力驱动宁夏农垦跨越式发展

长期以来，宁夏农垦始终以较高的机械化水平和科技化水平成为全区农业先进生产力的代表，肩负着自治区保障农副产品供给、引领示范现代农业等重要职能。宁夏农垦集团现已发展成为产、加、销一体化和贸、工、农一条龙的行业体系，企业总资产117亿元，位列宁夏回族自治区百强企业第14位，是目前全区最大的现代农业企业。培育了1个国家AAAAA级沙湖旅游景区和2个国家级、7个自治区级农业产业化龙头企业，形成了酿造、畜牧水产、果蔬三大农产品加工产业集群；建成了一批国家级和自治区级现代农业示范基地和科技示范园区，培育了七大优势产业；成功打造出 “西夏王”、“沙湖”、“贺兰山”等十大自治区品牌。

“西夏王”美酒成就“紫色梦想”

2012年4月，在上海举办的第五届“亚洲葡萄酒质量大赛”结果日前出炉，宁夏农垦西夏王葡萄酒业有限公司生产的“赤霞珠干红”葡萄酒喜获金奖。5月，《中国工商报》刊出国家工商行政管理总局商标局认定并公布的410件驰名商标名单中，宁夏农垦西夏王葡萄酒业公司的“西夏王”商标被评为中国驰名商标。6月，中国国际葡萄酒·烈酒品评赛在山东蓬莱落幕，宁夏农垦西夏王葡萄酒业公司选送的霞多丽精品干白获得国产葡萄酒6个金奖之一。

西夏王葡萄酒业有限公司隶属于宁夏百强企业之一的宁夏农垦集团，是宁夏建立最早、规模最大，集产品研发、生产、营销于一体的专业化葡萄酒加工企业，也是国内最早建立的一批葡萄酒加工企业。目前，西夏王葡萄酒厂是国家级农业产业化龙头企业，年产量达3万吨，生产出的“西夏王”葡萄酒曾多次荣膺国际、国内大奖。30年来，宁夏农垦立足于贺兰山东麓得天独厚的自然条件和发展优势，大力发展葡萄种植和葡萄酒加工业，种植了宁夏第一棵酿酒葡萄，建成了宁夏第一个葡萄酒厂，生产出宁夏第一杯葡萄酒，现拥有葡萄种植面积13万亩，建成了年产200吨高端葡萄酒的西夏王玉泉国际葡萄酒庄，为“西夏王”葡萄酒进军高端市场领域迈出了坚实的一步。已成为宁夏葡萄种植及葡萄酒加工的一支主要力量，在全区葡萄产业发展中发挥了重要的引领和示范作用。

未来5～10年，宁夏农垦将积极投入宁夏贺兰山东麓葡萄文化长廊建设，继续大力推进贺兰山东麓农垦30万亩大型葡萄基地建设；倾力打造玉泉营葡萄酒加工园区，逐步形成以农垦西夏王酒业为龙头，年产17万吨葡萄酒加工产能的高标准葡萄生态加工产业区。

“贺兰山”奶业“宁夏奶牛的摇篮”

宁夏农垦贺兰山奶业有限公司前身是宁夏农垦平吉堡奶牛场，奶牛养殖业开始于1962年，被誉为“宁夏奶牛的摇篮”。经过半个世纪的发展，奶牛良种繁育体系健全，实现了机械化挤奶、机械化饲养、机械化清粪、机械化收贮饲草料，企业实施标准化管理，成为农业部第一批现代化奶牛养殖示范场，以及自治区首家通过AAAA级标准化良好行为企业确认的农业企业，产品质量安全有保证。奶牛良种化、生产机械化、产业体系化的优势得以体现。

目前公司直接管理5个规模奶牛场，监管10个奶牛养殖园区，奶牛存栏15 600头，现有奶牛专业技术人才50余名，奶牛科技研究所1个、动物防疫站1所、饲料加工厂1个。在全区示范推广DHI技术、TMR技术、胚胎移植、性控繁殖、信息化等多项国内外先进技术，2007—2009年主持和参与的奶产业项目连续3次获得自治区科技进步奖。2011年参与全国农垦高产攻关的两个奶牛场分别取得小组第一、第三的好成绩，全公司奶牛单产达到9 890千克，其中有两个分场达到10 300千克，全面跨入全国高产行列，年产优质牛奶65 000多吨，年利润1 600万元，职均收入24 000多元，在宁夏乃至全国处于领先水平。

宁夏农垦成功发行的18亿企业债券，将助推宁夏农垦奶产业发展迈上一个新的台阶。作为自治区农业产业化重点龙头企业，贺兰山奶业公司将依托自身优势，充分发挥示范带动作用，加快发展为一个优质、高产、高效、安全的现代奶业企业，为宁夏农垦大发展增添新的光彩。

“沙湖”秀色“水绕沙丘天下绝”

也许很多人不知道宁夏在哪里，但是喜欢旅游的人一定知道沙湖。

鸟的天堂、鱼的世界、游人的乐园，秋季的沙湖，伴着落日的余晖和摇曳的苇花，颇有“落霞与孤鹜齐飞，秋水共长天一色”的诗意。那飘忽的动感让人几乎产生错觉，以为自己也会变成一只小小鸟，融入这精灵的飞舞中。

宁夏农垦沙湖旅游区面积198千米^2，用于旅游开发的面积为80.10千米^2（湖泊面积45千米^2，沙漠面积22.52千米^2），平均水深2.2米，以自然景观为主题，沙、水、苇、鸟、鱼、山、荷等资源要素有机结合，是一处融江南水乡与大漠风光为一体的塞上明珠，是中国35个王牌景点之一，全国文明风景旅游区示范点，国家首批AAAAA级旅游景区，中国十大魅力休闲旅游湖泊，中国旅游百强景区，目前已成为宁夏对外展示自身形象的重要窗口。

沙湖，凭借它独特的旅游资源，一直稳居宁夏旅游业的头把交椅，年接待游客达到100万人次，销售收入超过2亿元。

近年来，农垦沙湖旅游股份公司不断探索新的发展模式，面向市场抓规划，强化管理树形象，塑造品牌扩影响，挖掘文化显特色，勇于创新谋发展，使沙湖从小鱼湖到旅游胜地，从名不见经传到中国百强，从最初不足5万人的游客接待量到如今的百万旅游人次。梳理沙湖20多年的发展历程，沙湖建立了一支引领宁夏旅游发展的优秀人才队伍，探索出了在西部地区发展特色旅游的新路子，树立了一个鲜活而有影响力的旅游品牌，促进了地方经济、社会与文化的全面发展。